通鉴纪事本末 一

〔宋〕袁 枢 撰

中 华 书 局

图书在版编目(CIP)数据

通鉴纪事本末/(宋)袁枢撰. —北京:中华书局,2023.6
(中华国学文库)
ISBN 978-7-101-16218-9

Ⅰ.通… Ⅱ.袁… Ⅲ.中国历史-古代史-纪事本末体
Ⅳ.K204.4

中国国家版本馆 CIP 数据核字(2023)第 084102 号

书　　名　通鉴纪事本末(全五册)
撰　　者　〔宋〕袁　枢
丛 书 名　中华国学文库
责任编辑　许　桁
责任印制　陈丽娜
出版发行　中华书局
　　　　　(北京市丰台区太平桥西里 38 号　100073)
　　　　　http://www.zhbc.com.cn
　　　　　E-mail:zhbc@zhbc.com.cn
印　　刷　河北新华第一印刷有限责任公司
版　　次　2023 年 6 月第 1 版
　　　　　2023 年 6 月第 1 次印刷
规　　格　开本/880×1230 毫米　1/32
　　　　　印张 104⅞　插页 10　字数 2760 千字
印　　数　1-3000 册
国际书号　ISBN 978-7-101-16218-9
定　　价　360.00 元

中华国学文库出版缘起

《中华国学文库》的出版缘起，要从九十年前说起。

1920年，中华书局在创办人陆费伯鸿先生的主持下，开始编纂《四部备要》。这套汇集三百三十六种典籍的大型丛书，精选经史子集的“最要之书”，校订成“通行善本”，以精雅的仿宋体铅字排印。一经推出，即以其选目实用、文字准确、品相精美、价格低廉的鲜明特点，最大限度地满足了国人研治学问、阅读典籍的需要，广受欢迎。丛书中的许多品种，至今仍为常用之书。

新中国成立之后，党和国家倡导系统整理中国传统文献典籍。六十馀年来，在新的学术理念和新的整理方法的指导下，数千种古籍得到了系统整理，并涌现出许多精校精注整理本，已成为超越前代的新善本，为学界所必备。

同时，随着中华民族以前所未有的自信快速发展，全社会对中国固有的学术文化——国学，也表现出前所未有的关注和重视。让中华文化的优秀成果得到继承和创新，并在世界范围内进行传播和弘扬，普惠全人类，已经成为中华民族的历史使命。当此之时，符合当代国民阅读需要的权威的国学经典读本的出现，实为当务之急。于是，《中华国学文库》应运而生。

《中华国学文库》是我们追慕前贤、服务当代的产物，因此，它自当具备以下三个基本特点：

一、《文库》所选均为中国学术文化的“最要之书”。举凡哲学、历史、文学、宗教、科学、艺术等各类基本典籍，只要是公认的国学经典，皆在此列。

二、《文库》所选均为代表当代最新学术水平的“最善之本”，即经过精校精注的最有品质的整理本。其中既有传统旧注本的点校整理本，如朱熹《四书章句集注》，也有获得学界定评的新校新注本，如余嘉锡《世说新语笺疏》。总之，不以新旧为别，惟以善本是求。

三、《文库》所选均以新式标点、简体横排刊印。中国古籍向以繁体竖排为标准样式。时至当代，繁体竖排的标准古籍整理方式仍通行于学术界，但绝大多数国人早已习惯于现代通行的简体横排的图书样式。《文库》作为服务当代公众的国学读本，标准简体字横排本自当是恰当的选择。

《中华国学文库》将逐年分辑出版，每辑十种，一次推出；期以十年，以毕其功。在此，我们诚挚希望得到学术界、出版界同仁的襄助和广大读者的支持。

中华书局自 1912 年成立，至今已近百岁。我们将《中华国学文库》当作向中华书局百年诞辰敬献的一份贺礼，更是向致力于中华民族和平崛起、实现复兴大业的全国人民敬献的一份厚礼。我们自当努力，让《中华国学文库》当得起这份重任，这份荣誉。

中华书局编辑部

2010 年 12 月

通鉴纪事本末总目

前　记

一

通鉴纪事本末四十二卷，宋袁枢撰。枢字机仲，建州建安（今福建建瓯县）人，生于宋高宗绍兴元年（1131），卒于宋宁宗开禧元年（1205）。孝宗初，试礼部词赋第一，调温州判官，后为礼部试官。乾道九年（1173），出为严州教授，通鉴纪事本末就是在这个时期编纂的。嗣任太府丞兼国史馆编修官，累迁工部侍郎兼国子祭酒，知江陵府。

本书共分二百三十九个题目，始于三家分晋，终于世宗征淮南，总括了一千三百六十余年的"治乱兴衰之迹"。

纪事本末的形式，由来已久。我国最早的史籍尚书，就有若干篇是记事之首尾的。自左传以后的编年体史书，多以纪事本末体作为补充的形式，以济编年之有时而穷。但纪事本末之成为一种独立的体裁，是从袁枢这部书开始的。清代史学家章学诚说它有"文省于纪传，事豁于编年"的好处（文史通义书教下），是基本上符合实际情况的。明清两代仿照这部书的续补之作继起不绝。现在历朝的纪事本末已经连续起来，可以从远古一直通到清末。

袁书所依据的资治通鉴，是一部长达二百九十四卷的编年体通史，向以取材宏富，记事详明，文字洗练，为历来学者所推许。但作者是站在汉族统治者的立场来修史的，用意在于以史为鉴，求有资于“治道”，其最终目的乃是巩固封建政权的统治。所以记载历代王朝和邻国的关系，就不能不是大国主义的态度；对于兄弟民族的历史，不能没有歪曲；描述反抗统治者的农民起义，也不能不是站在敌对的立场。并且它记事的重心在“治乱之迹”，对于经济制度的因革，则语焉不详，至于文化史的发展嬗变，谈到的更少。

袁书把通鉴中一千余年间的大事，归纳成二百多个题目，全书脉络清楚，每事首尾明晰，省去读者不少翻检之劳，它对于史料的整辑排比之功是值得肯定的。但是它取材全据通鉴，袁枢自己没什么增补，连原文也不大更动。由于袁书是以事为纲，把同类材料都抄撮在一起，通鉴中的大国主义、大汉族主义和敌视农民起义的思想观点显得更为突出。加以编者在标题的用字上，是有意识地在表示褒贬，例如对于封建王朝和邻国之间的战争、汉族统治者和兄弟民族之间的战争，往往用“讨”、“平”一类的字样，对于农民起义，多称为某某之乱，就使得本书维护汉族封建统治的色彩愈加鲜明。这里正反映出，袁枢的历史观绝不比通鉴的作者司马光有任何进步之处。至于本书的立题，也说明编者的识见并不高明。固然，纪事本末体和编年体有所不同，袁枢不可能把通鉴所有的史实囊括无遗，但是像府兵、漕运、土地制度之类的重要问题，通鉴里不是没有记载，而我们在纪事本末中却找不到这样的专题。因此，以史实来说，袁书也只是记述了“治乱兴衰”的表面现象，就连与“治乱”密切相关的某些制度措施，也没有能提供多少资料。

二

本书淳熙三年(1176)初刊于严州郡学，世称宋小字本。宝祐五年(1257)，赵与篙以严州本字小且讹，又改用大字重刻于湖州，此即所谓宋大字本。两种宋本皆存。大字本的书板明初尚存南监，所以印本更多些。明末张溥曾就袁书加上自己的“论正”，晚清江西、广雅等书局诸本皆据张溥论正本刊刻。

宋大字本商务印书馆曾据以影印，列入四部丛刊。由于这个本子比较接近原书面貌，即用为底本，校点分段。通鉴是袁书所据的蓝本，因此曾取胡克家本通鉴对校一过。发现歧异，并就北京图书馆所藏宋小字本参校。大字本误而小字本不误者，迳行改正。凡两本皆误，据通鉴校改处，都加有方圆括号：方括号表示增，仍用大字；圆括号表示删，用小字排印。限于水平，错误恐所难免，希望读者随时指正。

顾士铸　一九六三年九月

通鉴纪事本末叙

初，予与子袁子同为太学官，子袁子录也，予博士也，志同志，行同行，言同言也。后一年，子袁子分教严陵。后一年，予出守临漳，相见于严陵，相劳苦，相乐，且相楙以学。子袁子因出书一编，盖通鉴之本末也。予读之，大抵搴事之成以后于其萌，提事之微以先于其明，其情匿而泄，其故悉而约，其作窕而檵，其究遐而迩，其于治乱存亡，盖病之源医之方也。予每读通鉴之书，见事之肇于斯，则惜其事之不竟于斯。盖事以年隔，年以事析，遭其初莫绎其终，揽其终莫志其初，如山之峨，如海之茫，盖编年系日，其体然也。今读子袁子此书，如生乎其时，亲见乎其事，使人喜，使人悲，使人鼓舞未既而继之以叹且泣也。嗟乎！由周秦以来，曰诸侯，曰大盗，曰女主，曰外戚，曰宦官，曰权臣，曰夷狄，曰藩镇，国之病亦不一矣，而其源不一哉。盖安史之乱则林甫之为也，藩镇之乱则令孜之为也，其源不一哉。得其病之之源，则得其医之之方矣，此书是也。有国者不可以无此书，前有奸而不察，后有邪而不悟。学者不可以无此书，进有行而无征，退有蓄而无宗。此书也，其入通鉴之户欤？虽然，觌人之病，戚人之病，理人之病，得人之病，至于身之病不懵焉，不讳焉，不医之距焉，不医而缪其医焉，古亦稀矣。彼暗而此昭，宜也切于人，纾于身，可哀也夫！

淳熙元年三月戊子庐陵杨万里叙

通鉴纪事本末卷第一

建安袁枢 编

三家分晋

周威烈王二十三年，初命晋大夫魏斯、赵籍、韩虔为诸侯。

臣光曰：臣闻天子之职莫大于礼，礼莫大于分，分莫大于名。何谓礼？纪纲是也。何谓分？君臣是也。何谓名？公侯卿大夫是也。

夫以四海之广，兆民之众，受制于一人，虽有绝伦之力，高世之智，莫敢不奔走而服役者，岂非以礼为之纲纪哉！是故天子统三公，三公率诸侯，诸侯制卿大夫，卿大夫治士庶人。贵以临贱，贱以承贵。上之使下，犹心腹之运手足，根本之制支叶；下之事上，犹手足之卫心腹，支叶之庇本根。然后能上下相保，而国家治安。故曰天子之职莫大于礼也。

文王序易，以乾、坤为首。孔子系之曰："天尊地卑，乾坤定矣。卑高以陈，贵贱位矣。"言君臣之位，犹天地之不可易也。春秋抑诸侯，尊周室，王人虽微，序于诸侯之上，以是见圣人于君臣之际，未尝不惓惓也。非有桀、纣之暴，汤、武之仁，人归之，天命之，君臣之分，当守节伏死而已矣。是故以微子而代纣则成汤配天矣，以季札而君吴则太伯血食矣，然二子宁亡国而不为者，诚以礼之大节不可乱也。故曰礼莫大于分也。

夫礼，辨贵贱，序亲疏，裁群物，制庶事。非名不著，非器不形。名以命之，器以别之，然后上下粲然有伦，此礼之大经也。名器既亡，则礼安得独存哉！昔仲叔于奚有功于卫，辞邑而请繁缨，孔子以为不如多与之邑。惟器与名，不可以假人，君之所司也，政亡则国家从之。卫君待孔子而为政，孔子欲先正名，以为名不正则民无所措手足。夫繁缨，小物也，而孔子惜之；正名，细务也，而孔子先之：诚以名器既乱，则上下无以相有故也。夫事未有不生于微而成于著。圣人之虑远，故能谨其微而治之；众人之识近，故必待其著而后救之。治其微则用力寡而功多，救其著则竭力而不能及也。易曰"履霜坚冰至"，书曰"一日二日万几"，谓此类也。故曰分莫大于名也。

乌呼！幽、厉失德，周道日衰，纲纪散坏，下陵上替，诸侯专征，大夫擅政，礼之大体什丧七八矣，然文、武之祀犹绵绵相属者，盖以周之子孙尚能守其名分故也。何以言之？昔晋文公有大功于王室，请隧于襄王，襄王不许，曰："王章也。未有代德而有二王，亦叔父之所恶也。不然，叔父有地而隧，又何请焉！"文公于是乎惧而不敢违。是故以周之地则不大于曹、滕，以周之民则不众于邾、莒，然历数百年，宗主天下，虽以晋、楚、齐、秦之强不敢加者，何哉？徒以名分尚存故也。至于季氏之于鲁，田常之于齐，白公之于楚，智伯之于晋，其势皆足以逐君而自为，然而卒不敢者，岂其力不足而心不忍哉，乃畏奸名犯分而天下共诛之也。今晋大夫暴蔑其君，剖分晋国，天子既不能讨，又宠秩之，使列于诸侯，是区区之名分复不能守而并弃之也。先王之礼，于斯尽矣！

或者以为当是之时，周室微弱，三晋强盛，虽欲勿许，其可得乎！是大不然。夫三晋虽强，苟不顾天下之诛而犯义侵礼，则不请于天子而自立矣。不请于天子而自立，则为悖逆之臣，天下苟有桓、文之君，必奉礼义而征之。今请于天子而天子许之，是受天子之命而为诸侯也，谁得而讨之！故三晋之列于诸侯，非三晋之坏礼，乃天子自坏之也。

乌呼！君臣之礼既坏矣，则天下以智力相雄长，遂使圣贤之后为诸侯者，社稷无不泯绝，生民之类糜灭几尽，岂不哀哉！

初，智宣子将以瑶为后，智果曰："不如宵也。瑶之贤于人者五，其不逮者一也。美须长大则贤，射御足力则贤，伎艺毕给则贤，巧文辩慧则贤，强毅果敢则贤，如是而甚不仁。夫以其五贤陵人，而以不仁行之，其谁能待之！若果立瑶也，智宗必灭。"弗听。智果别族于太史，为辅氏。

赵简子之子，长曰伯鲁，幼曰无恤。将置后，不知所立，乃书训戒之辞于二简，以授二子，曰："谨识之！"三年而问之，伯鲁不能举其辞；求其简，已失之矣。问无恤，诵其辞甚习；求其简，出诸袖中而奏之。于是简子以无恤为贤，立以为后。

简子使尹铎为晋阳，请曰："以为茧丝乎？抑为保障乎？"简子曰："保障哉！"尹铎损其户数。简子谓无恤曰："晋国有难，而无以尹铎为少，无以晋阳为远，必以为归！”

及智宣子卒，智襄子为政，与韩康子、魏桓子宴于蓝台。智伯戏康子而侮段规。智国闻之，谏曰：“主不备，难必至矣！”智伯曰：“难将由我。我不为难，谁敢兴之！”对曰：“不然。夏书有之曰：‘一人三失，怨岂在明，不见是图。’夫君子能勤小物，故无大患。今主一宴而耻人之君相，又弗备，曰‘不敢兴难’，无乃不可乎！蚋蚁蜂虿，皆能害人，况君相乎！”弗听。

智伯请地于韩康子，康子欲弗与。段规曰：“智伯好利而愎，不与将伐我，不如与之。彼狃于得地，必请于他人，他人不与，必向之以兵，然则我得免于患，而待事之变矣。”康子曰：“善。”使使者致万家之邑于智伯。智伯悦。又求地于魏桓子，桓子欲弗与。任章曰：“何故弗与？”桓子曰：“无故索地，故弗与。”任章曰：“无故索地，诸大夫必惧。吾与之地，智伯必骄。彼骄而轻敌，此惧而相亲，以相亲之兵，待轻敌之人，智氏之命必不长矣。周书曰：‘将欲败之，必姑辅之。将欲取之，必姑与之。’主不如与之以骄智伯，然后可以择交而图智氏矣，奈何独以吾为智氏质乎！”桓子曰：“善。”复与之万家之邑一。

智伯又求蔡、皋狼之地于赵襄子，襄子弗与。智伯怒，帅韩、魏之甲以攻赵氏。襄子将出，曰：“吾何走乎？”从者曰：“长子近，且城厚完。”襄子曰：“民罢力以完之，又毙死以守之，其谁与我？”从者曰：“邯郸之仓库实。”襄子曰：“浚民之膏泽以实之，又因而杀之，其谁与我？其晋阳乎，先主之所属也，尹铎之所宽也，民必和矣。”乃走晋阳。

三家以国人围而灌之，城不浸者三版。沈灶产蛙，民无叛意。智伯行水，魏桓子御，韩康子骖乘。智伯曰：“吾乃今知水可以亡人国也。”桓子肘康子，康子履桓子之跗，以汾水可以灌安邑，绛水可以灌平阳也。絺疵谓智伯曰：“韩、魏必反矣。”智伯曰：“子何以知之？”絺疵曰：“以人事知之。夫从韩、魏之兵而攻赵，赵亡，难必及韩、魏矣。今约胜赵而三分其地，城不没者三版，人马相食，城降有日，而二子无喜志，有忧色，是非反而何？”明日，智伯以絺疵之言告二子，二子曰：“此夫谗臣欲为赵氏游说，使主疑于二家，而懈于攻赵氏也。不然，夫二家岂不利朝夕分赵氏之田，而欲为危难不可成之事乎！”二子出，絺疵入曰：“主何以臣之言告二子也？”智伯曰：“子何以知之？”对曰：“臣见其视臣端而趋疾，知臣得其情故也。”智伯不悛，絺疵请使于齐。

赵襄子使张孟谈潜出见二子，曰：“臣闻唇亡则齿寒。今智伯帅韩、魏而攻赵，赵亡，则韩、魏为之次矣！”二子曰：“我心知其然也，恐事未遂而谋泄，则祸立至矣。”张孟谈曰：“谋出二主之口，入臣之耳，何伤也！”二子乃阴与张孟谈约，为之期日而遣之。襄子夜使人杀守堤之吏，而决水灌智伯军。智伯军救水而乱，韩、魏翼而击之，襄子将卒犯其前，大败智伯之众，遂杀智伯，尽灭智氏之族，唯辅果在。

臣光曰：智伯之亡也，才胜德也。夫才与德异，而世俗莫之能辨，通谓之贤，此其所以失人也。夫聪察强毅之谓才，正直中和之谓德。才者德之资也，德者才之帅也。云梦之竹，天下之劲也，然而不矫揉，不羽括，则不能以入坚。棠溪之金，天下之利也，然而不镕范，不砥砺，则不能以击强。是故才德全尽谓之圣人，才德兼亡谓之愚人。德胜才谓之君子，才胜德谓之小人。凡取人之术，苟不得圣人、君子而与之，与其得小人，不若得愚人。何则？君子挟才以为善，小人挟才以为恶。挟才以为善者,善无不至矣;挟才以为恶者,恶亦无不至矣。愚者虽欲为不善,智不能周,力不能胜,譬之乳狗搏人,人得而制之。小人智足以遂其奸,勇足以决其暴,是虎而翼者也,其为害岂不多哉!夫德者人之所严,而才者人之所爱;爱者易亲,严者易疏,是以察者多蔽于才而遗于德。自古昔以来,国之乱臣,家之败子,才有余而德不足,以至于颠覆者多矣,岂特智伯哉!故为国为家者苟能审于才德之分,而知所先后,又何失人之足患哉!

三家分智氏之田。赵襄子漆智伯之头以为饮器。智伯之臣豫让欲为之报仇,乃诈为刑人,挟匕首,入襄子宫中涂厕。襄子如厕心动,索之,获豫让。左右欲杀之,襄子曰:"智伯死无后,而此人欲为报仇,真义士也!吾谨避之耳。"乃舍之。豫让又漆身为癞,吞炭为哑,行乞于市,其妻不识也。行见其友,其友识之,为之泣曰:"以子之才,臣事赵孟,必得近幸。子乃为所欲为,顾不易邪?何乃自苦如此!求以报仇,不亦难乎!"豫让曰:"不可。既已委质为臣,而又求杀之,是二心也。凡吾所为者,极难耳。然所以为此者,将以愧天下后世之为人臣怀二心者也。"襄子出,豫让伏于桥下。襄子至桥,马惊,索之,得豫让,遂杀之。

襄子为伯鲁之不立也,有子五人,不肯置后。封伯鲁之子于代,曰代成君,早卒,立其子浣为赵氏后。襄子卒,弟桓子逐浣而自立,一年卒。赵氏之人曰:"桓子立非襄主意。"乃共杀其子,复迎浣而立之,是为献子。献子生籍,是为烈侯。魏斯者,桓子之孙也,是为文侯。韩康子生武子,武子生虔,是为景侯。

韩借师于魏以伐赵,文侯曰:"寡人与赵,兄弟也,不敢闻命。"赵借师于魏以伐韩,文侯应之亦然。二国皆怒而去。已而知文侯以讲于己也，皆朝于魏。魏由是始大于三晋，诸侯莫能与之争。

秦并六国

周显王七年，秦献公薨，子孝公立。孝公生二十一年矣。是时河、山以东强国六，淮、泗之间小国十余。楚、魏与秦接界。魏筑长城，自郑滨洛以北有上郡；楚自汉中，南有巴、黔中。皆以夷翟遇秦，摈斥之，不得与中国之会盟。于是孝公发愤，布德修政，欲以强秦。

八年，孝公令国中曰："昔我穆公，自岐、雍之间修德行武，东平晋乱，以河为界，西霸戎翟，广地千里，天子致伯，诸侯毕贺，为后世开业，甚光美。会往者厉、躁、简公、出子之不宁，国家内忧，未遑外事。三晋攻夺我先君河西地，丑莫大焉。献公即位，镇抚边境，徙治栎阳，且欲东伐，复穆公之故地，修穆公之政令。寡人思念先君之意，常痛于心。宾客群臣有能出奇计强秦者，吾且尊官，与之分土。"于是卫公孙鞅闻是令下，乃西入秦。

公孙鞅者，卫之庶孙也，好刑名之学。事魏相公叔痤，痤知其贤，未及进。会病，魏惠王往问之曰："公叔病有如不可讳，将奈社稷何？"公叔曰："痤之中庶子卫鞅，年虽少，有奇才，愿君举国而听之。"王嘿然。公叔曰："君即不听用鞅，必杀之，无令出境。"王许诺而去。公叔召鞅谢曰："吾先君而后臣，故先为君谋，后以告子。子必速行矣！"鞅曰："君不能用子之言任臣，又安能用子之言杀臣乎！"卒不去。王出，谓左右曰："公叔病甚，悲乎，欲令寡人以国听卫鞅也！既又劝寡人杀之，岂不悖哉！"卫鞅既至秦，因嬖臣景监以求见孝公，说以富国强兵之术。公大悦，与议国事。

十年，卫鞅欲变法，秦人不悦。卫鞅言于秦孝公曰："夫民不可与虑始，可与乐成。论至德者不和于俗，成大功者不谋于众。是以圣人苟可以强国，不法其故。"甘龙曰："不然。缘法而治者，吏习而民安之。"卫鞅曰："常人安于故俗，学者溺于所闻。以此两者，居官守法可也，非所与论于法之外也。智者作法，愚者制焉；贤者更礼，不肖者拘焉。"公曰："善。"以卫鞅为左庶长，卒定变法之令。令民为什伍而相收司、连坐，告奸者与斩敌首同赏，不告奸者与降敌同罚。有军功者各以率受上爵；为私斗者各以轻重被刑大小。僇力本业，耕织致粟帛多者复其身；事末利及怠而贫者，举以为收孥。宗室非有军功论，不得属籍。明尊卑爵秩等级，各以差次名田宅、臣妾、衣服。有功者显荣，无功者虽富无所芬华。

令既具，未布，恐民之不信，乃立三丈之木于国都市南门，募民有能徙置北门者予十金。民怪之，莫敢徙。复曰"能徙者予五十金"。有一人徙之，辄予五十金。乃下令。

令行期年，秦民之国都言新令之不便者以千数。于是太子犯法。卫鞅曰："法之不行，自上犯之。"太子，君嗣也，不可施刑，刑其傅公子虔，黥其师公孙贾。明日，秦人皆趋令。行之十年，秦国道不拾遗，山无盗贼，民勇于公战，怯于私斗，乡邑大治。秦民初言令不便者，有来言令便者。卫鞅曰："此皆乱法之民也。"尽迁之于边。其后民莫敢议令。

臣光曰：夫信者，人君之大宝也。国保于民，民保于信。非信无以使民，非民无以守国。是故古之王者不欺四海，霸者不欺四邻。善为国者不欺其民，善为家者不欺其亲。不善者反之，欺其邻国，欺其百姓，甚者欺其兄弟，欺其父子。上不信下，下不信上，上下离心，以至于败。所利不能药其所伤，所获不能补其所亡，岂不哀哉！昔齐桓公不背曹沫之盟，晋文公不贪伐原之利，魏文侯不弃虞人之期，秦孝公不废徙木之赏。此四君者道非粹白，而商君尤称刻薄，又处战攻之世，天下趋于诈力，犹且不敢忘信以畜其民，况为四海治平之政者哉！　韩懿侯薨，子昭侯立。

十一年，秦败韩师于西山。

十四年，秦孝公、魏惠王会于杜平。

十五年，秦败魏师于元里，斩首七千级，取少梁。

十七年，秦大良造卫鞅伐魏。

十八年，秦卫鞅围魏固阳，降之。

十九年，秦商鞅筑冀阙宫庭于咸阳，徙都之。令民父子、兄弟同室内息者为禁。并诸小乡聚集为一县，县置令、丞，凡三十一县。废井田，开阡陌。平斗、桶、权、衡、丈、尺。　赵成侯薨，太子肃侯立。

二十一年，秦商鞅更为赋税法，行之。

二十六年，王致伯于秦，诸侯皆贺秦。秦孝公使公子少官帅师会诸侯于逢泽以朝王。

二十九年，卫鞅言于秦孝公曰："秦之与魏，譬若人之有腹心之疾，非魏并秦，秦即并魏。何者？魏居岭厄之西，都安邑，与秦界河，而独擅山东之利，利则西侵秦，病则东收地。今以君之贤圣，国赖以盛。而魏往年大破于齐，诸侯畔之，可因此时伐魏。魏不支秦，必东徙，然后秦据河、山之固，东乡以制诸侯，此帝王之业也。”公从之，使卫鞅将兵伐魏。魏使公子卬将而御之。军既相距，卫鞅遗公子卬书曰：“吾始与公子欢，今俱为两国将，不忍相攻，可与公子面相见，盟，乐饮而罢兵，以安秦、魏之民。”公子卬以为然，乃相与会；盟已，饮，而卫鞅伏甲士袭虏公子卬，因攻魏师，大破之。魏惠王恐，使使献河西之地于秦以和。因去安邑，徙都大梁。乃叹曰：“吾恨不用公叔之言！”秦封卫鞅商于十五邑，号曰商君。　楚宣王薨，子威王商立。

三十一年，秦孝公薨，子惠文王立。公子虔之徒告商君欲反，发吏捕之。商君亡之魏，魏人不受，复纳之秦。商君乃与其徒之商于，发兵北击郑。秦人攻商君，杀之，车裂以徇，尽灭其家。

三十四年，秦伐韩，拔宜阳。

三十六年。初，洛阳人苏秦说秦王以兼天下之术，秦王不用其言。苏秦乃去，说燕文公曰：“燕之所以不犯寇被甲兵者，以赵之为蔽其南也。且秦之攻燕也，战于千里之外；赵之攻燕也，战于百里之内。夫不忧百里之患，而重千里之外，计无过于此者。愿大王与赵从亲，天下为一，则燕国必无患矣。”

文公从之，资苏秦车马，以说赵肃侯曰：“当今之时，山东之建国莫强于赵，秦之所害亦莫如赵。然而秦不敢举兵伐赵者，畏韩、魏之议其后也。秦之攻韩、魏也，无有名山大川之限，稍蚕食之，傅国都而止。韩、魏不能支秦，必入臣于秦。秦无韩、魏之规，则祸中于赵矣。臣以天下之图案之，诸侯之地五倍于秦，料度诸侯之卒十倍于秦。六国为一，并力西乡而攻秦，秦必破矣。夫衡人者皆欲割诸侯之地以与秦，秦成则其身富荣，国被秦患而不与其忧，是故衡人日夜务以秦权恐愒诸侯，以求割地，故愿大王熟计之也。窃为大王计,莫如一韩、魏、齐、楚、燕、赵为从亲以畔秦。令天下之将相会于洹水之上,通质结盟,约曰:'秦攻一国,五国各出锐师,或挠秦,或救之。有不如约者,五国共伐之!'诸侯从亲以摈秦,秦甲必不敢出于函谷以害山东矣。"肃侯大说,厚待苏秦,尊宠赐赉之,以约于诸侯。

会秦使犀首伐魏,大败其师四万余人,禽将龙贾,取雕阴,且欲东兵。苏秦恐秦兵至赵而败从约,念莫可使用于秦者,乃激怒张仪,入之于秦。

张仪者,魏人,与苏秦俱事鬼谷先生,学纵横之术,苏秦自以为不及也。仪游诸侯无所遇,困于楚,苏秦故召而辱之。仪怒,念诸侯独秦能苦赵,遂入秦。苏秦阴遣其舍人赍金币资仪,仪得见秦王。秦王说之,以为客卿。舍人辞去,曰:"苏君忧秦伐赵败从约,以为非君莫能得秦柄,故激怒君,使臣阴奉给君资,尽苏君之计谋也。"张仪曰:"嗟乎,此在吾术中而不悟,吾不及苏君明矣!为吾谢苏君,苏君之时,仪何敢言!"

于是苏秦说韩宣惠王曰:"韩地方九百余里,带甲数十万,天下之强弓、劲弩、利剑皆从韩出。韩卒超足而射,百发不暇止。以韩卒之勇,被坚甲,跖劲弩,带利剑,一人当百,不足言也。大王事秦,秦必求宜阳、成皋。今兹效之,明年又复求割地。与则无地以给之,不与则弃前功,受后祸。且大王之地有尽,而秦之求无已,以有尽之地,逆无已之求,此所谓市怨结祸者也,不战而地已削矣。鄙谚曰:'宁为鸡口,无为牛后。'夫以大王之贤,挟强韩之兵,而有牛后之名,臣窃为大王羞之!"韩王从其言。

苏秦说魏王曰:"大王之地方千里,地名虽小,然而田舍庐庑之数,曾无所刍牧。人民之众,车马之多,日夜行不绝,輷輷殷殷，若有三军之众。臣窃量大王之国不下楚。今窃闻大王之卒，武士二十万，苍头二十万，奋击二十万，厮徒十万，车六百乘，骑五千匹。乃听于群臣之说，而欲臣事秦，愿大王熟察之！故敝邑赵王使臣效愚计，奉明约，在大王之诏诏之。"魏王听之。

苏秦说齐王曰："齐四塞之国，地方二千余里，带甲数十万，粟如丘山。三军之良，五家之兵，进如锋矢，战如雷霆，解如风雨，即有军役，未尝倍泰山，绝清河，涉渤海也。临淄之中七万户，臣窃度之，不下户三男子，不待发于远县，而临淄之卒固已二十一万矣。临淄甚富而实，其民无不斗鸡、走狗、六博、阘鞠。临淄之涂，车毂击，人肩摩，连衽成帷，挥汗成雨。夫韩、魏之所以重畏秦者，为与秦接境壤也。兵出而相当，不十日而战，胜存亡之机决矣。韩、魏战而胜秦，则兵半折，四境不守；战而不胜，则国已危亡随其后。是故韩、魏之所以重与秦战，而轻为之臣也。今秦之攻齐则不然，倍韩、魏之地，过卫阳晋之道，经乎亢父之险，车不得方轨，骑不得比行，百人守险，千人不敢过也。秦虽欲深入则狼顾，恐韩、魏之议其后也。是故恫疑、虚喝、骄矜而不敢进，则秦之不能害齐亦明矣。夫不深料秦之无奈齐何，而欲西面而事之，是群臣之计过也。今无臣事秦之名，而有强国之实，臣是故愿大王少留意计之！"齐王许之。

乃西南说楚威王曰："楚，天下之强国也，地方六千余里，带甲百万，车千乘，骑万匹，粟支十年，此霸王之资也。秦之所害莫如楚，楚强则秦弱，秦强则楚弱，其势不两立。故为大王计，莫如从亲以孤秦。臣请令山东之国，奉四时之献，以承大王之明诏。委社稷，奉宗庙，练士厉兵，在大王之所用之。故从亲则诸侯割地以事楚，衡合则楚割地以事秦，此两策者相去远矣，大王何居焉?”楚王亦许之。

于是苏秦为从约长,并相六国。北报赵,车骑辎重拟于王者。 韩高门成。昭侯薨,子宣惠王立。 齐威王薨,子宣王辟强立。 燕文公薨,子易王立。

三十七年,秦惠王使犀首欺齐、魏,与共伐赵,以败从约。赵肃侯让苏秦,苏秦恐,请使燕,必报齐。苏秦去赵而从约皆解。赵人决河水以灌齐、魏之师,〔齐、魏之师〕乃去。

魏以阴晋为和于秦,实华阴。

三十九年,秦伐魏,围焦、曲沃。魏入少梁、河西地于秦。

四十年,秦伐魏,渡河取汾阴、皮氏,拔焦。 楚威王薨,子怀王槐立。

四十一年,秦公子华、张仪帅师围魏蒲阳,取之。张仪言于秦王,请以蒲阳复与魏,而使公子繇质于魏。仪因说魏王曰:“秦之遇魏甚厚,魏不可以无礼于秦。”魏因尽入上郡十五县以谢焉。仪归而相秦。

四十二年,秦归焦、曲沃于魏。 四十三年,赵肃侯薨,子武灵王立。

四十四年,夏四月戊午,秦初称王。

四十五年,秦张仪帅师伐魏,取陕。

四十六年,秦张仪及齐、楚之相会啮桑。

四十七年,秦张仪自啮桑还而免相,相魏,欲令魏先事秦,而诸侯效之。魏王不听。秦王伐魏,取曲沃、平周,复阴厚张仪益甚。

四十八年,王崩,子慎靓王定立。 燕易王薨,子哙立。

周慎靓王二年,秦伐韩,取鄢。 魏惠王薨,子襄王立。

三年，楚、赵、魏、韩、燕同伐秦，攻函谷关。秦人出兵逆之，五国之师皆败走。

四年，秦败韩师于修鱼，斩首八万级，虏其将鲰、申差于浊泽。诸侯振恐。

齐大夫与苏秦争宠，使人刺秦，杀之。

张仪说魏襄王曰："梁地方不至千里，卒不过三十万，地四平，无名山大川之限，卒戍楚、韩、齐、赵之境，守亭障者不下十万，梁之地势固战场也。夫诸侯之约从，盟洹水之上，结为兄弟以相坚也。今亲兄弟同父母，尚有争钱财相杀伤，而欲恃反覆苏秦之余谋，其不可成亦明矣。大王不事秦，秦下兵攻河外，据卷、衍、酸枣，劫卫取阳晋，则赵不南，赵不南而梁不北，梁不北则从道绝，从道绝则大王之国欲毋危不可得也。故愿大王审定计议，且赐骸骨。"魏王乃倍从约，而因仪以请成于秦。张仪归，复相秦。

五年，巴、蜀相攻击，俱告急于秦。秦惠王欲伐蜀，以为道险狭难至，而韩又来侵，犹豫未能决。司马错请伐蜀。张仪曰："不如伐韩。"王曰："请闻其说。"仪曰："亲魏善楚，下兵三川，攻新城、宜阳，以临二周之郊，据九鼎，按图籍，挟天子以令于天下，天下莫敢不听，此王业也。臣闻争名者于朝，争利者于市。今三川、周室，天下之朝市也，而王不争焉，顾争于戎翟，去王业远矣。"司马错曰："不然。臣闻之，欲富国者务广其地，欲强兵者务富其民，欲王者务博其德，三资者备而王随之矣。今王地小民贫，故臣愿先从事于易。夫蜀，西僻之国，而戎翟之长也，有桀、纣之乱，以秦攻之，譬如使豺狼逐群羊。得其地足以广国，取其财足以富民，缮兵不伤众，而彼已服焉。拔一国而天下不以为暴，利尽西海而天下不以为贪，是我一举而名实附也，而又有禁暴止乱之名。今攻韩，劫天子，恶名也，而未必利也，又有不义之名，而攻天下所不欲，危矣。臣请论其故：周，天下之宗室也；齐，韩之与国也。周自知失九鼎，韩自知亡三川，将二国并力合谋，以因乎齐、赵而求解乎楚、魏，以鼎与楚，以地与魏，王弗能止也。此臣之所谓危也。不如伐蜀完。”王从错计，起兵伐蜀。十月，取之。贬蜀王，更号为侯，而使陈庄相蜀。蜀既属秦，秦以益强富厚，轻诸侯。　燕王哙以国让其相子之。

六年，王崩，子赧王延立。

周赧王元年，魏人叛秦。秦人伐魏，取曲沃而归其人。又败韩于岸门，韩太子仓入质于秦以和。　齐伐燕，取子之醢之，遂杀王哙。　齐宣王薨，子湣王地立。

二年，秦右更疾伐赵，拔蔺，虏其将庄豹。

秦王欲伐齐，患齐、楚之从亲，乃使张仪至楚，说楚王曰：“大王诚能听臣，闭关绝约于齐，臣请献商於之地六百里，使秦女得为大王箕帚之妾，秦、楚娶妇嫁女，长为兄弟之国。”楚王说而许之。群臣皆贺，陈轸独吊。王怒曰：“寡人不兴师而得六百里地，何吊也？”对曰：“不然。以臣观之，商於之地不可得而齐、秦合，齐、秦合则患必至矣！”王曰：“有说乎？”对曰：“夫秦之所以重楚者，以其有齐也。今闭关绝约于齐则楚孤，秦奚贪夫孤国而与之商於之地六百里！张仪至秦，必负王。是王北绝齐交，西生患于秦也，两国之兵必俱至。为王计者，不若阴合而阳绝于齐，使人随张仪，苟与吾地，绝齐未晚也。”王曰：“愿陈子闭口毋复言，以待寡人得地。”乃以相印授张仪，厚赐之。遂闭关绝约于齐，使一将军随张仪至秦。

张仪佯堕车，不朝三月。楚王闻之，曰："仪以寡人绝齐未甚邪？"乃使勇士宋遗借宋之符，北骂齐王。齐王大怒，折节而事秦，齐、秦之交合，张仪乃朝，见楚使者曰："子何不受地？从某至某，广袤六里。"使者怒，还报楚王。楚王大怒，欲发兵而攻秦。陈轸曰："轸可发口言乎？攻之不如因赂以一名都，与之并兵而攻齐，是我亡地于秦，取偿于齐也。今王已绝于齐，而责欺于秦，是吾合秦、齐之交而来天下之兵也，国必大伤矣！"楚王不听，使屈匄帅师伐秦，秦亦发兵使庶长章击之。

三年春，秦师及楚战于丹阳，楚师大败；斩甲士八万，虏屈匄及列侯、执圭七十余人，遂取汉中郡。楚王悉发国内兵以复袭秦，战于蓝田，楚师大败。韩、魏闻楚之困，南袭楚，至邓。楚人闻之，乃引兵归，割两城以请平于秦。燕人共立太子平，是为昭王。韩宣惠王薨，子襄王仓立。

四年，秦惠王使人告楚怀王，请以武关之外易黔中地。楚王曰："不愿易地，愿得张仪而献黔中地。"张仪闻之，请行。王曰："楚将甘心于子，奈何行？"张仪曰："秦强楚弱，大王在，楚不宜敢取臣。且臣善其嬖臣靳尚，靳尚得事幸姬郑袖，袖之言，王无不听者。"遂往。楚王囚，将杀之。靳尚谓郑袖曰："秦王甚爱张仪，将以上庸六县及美女赎之。王重地尊秦，秦女必贵而夫人斥矣。"于是郑袖日夜泣于楚王曰："臣各为其主耳。今杀张仪，秦必大怒。妾请子母俱迁江南，毋为秦所鱼肉也。"王乃赦张仪而厚礼之。

张仪因说楚王曰："夫为从者，无以异于驱群羊而攻猛虎，不格明矣。今王不事秦，秦劫韩驱梁而攻楚，则楚危矣。秦西有巴、蜀，治船积粟，浮岷江而下，一日行三百余里，不至十日而距扞关，扞关惊则从境以东尽城守矣，黔中、巫郡非王之有。秦举甲出武关，则北地绝。秦兵之攻楚也，危难在三月之内，而楚待诸侯之救在半岁之外。夫待弱国之救，忘强秦之祸，此臣所为大王患也。大王诚能听臣，请令秦、楚长为兄弟之国，无相攻伐。"楚王已得张仪而重出黔中地，乃许之。

张仪遂之韩，说韩王曰："韩地险恶山居，五谷所生，非菽而麦，国无二岁之食。见卒不过二十万，秦被甲百余万。山东之士被甲蒙胄而会战，秦人捐甲徒裼以趋敌，左挈人头，右挟生虏。夫战孟贲、乌获之士以攻不服之弱国，无异垂千钧之重于鸟卵之上，必无幸矣。大王不事秦，秦下甲据宜阳，塞成皋，则王之国分矣，鸿台之宫，桑林之苑，非王之有也。为大王计，莫如事秦而攻楚，以转祸而悦秦，计无便于此者。"韩王许之。

张仪归报，秦王封以六邑，号武信君。复使东说齐王曰："从人说大王者必曰：'齐蔽于三晋，地广民众，兵强士勇，虽有百秦，将无奈齐何。'大王贤其说而不计其实。今秦、楚嫁女娶妇，为昆弟之国。韩献宜阳；梁效河外；赵王入朝，割河间以事秦。大王不事秦，秦驱韩、梁攻齐之南地，悉赵兵渡清河，指博关，临淄、即墨非王之有也。国一日见攻，虽欲事秦，不可得也。"齐王许张仪。

张仪去，西说赵王曰："大王收率天下以摈秦，秦兵不敢出函谷关十五年。大王之威行于山东，敝邑恐惧，缮甲厉兵，力田积粟，愁居慑处，不敢动摇，唯大王有意督过之也。今以大王之力，举巴、蜀，并汉中。包两周，守白马之津。秦虽僻远，然而心忿含怒之日久矣。今秦有敝甲凋兵军于渑池，愿渡河逾漳，据番吾，会邯郸之下，愿以甲子合战，正殷纣之事。谨使使臣先闻左右。

今楚与秦为昆弟之国，而韩、梁称东藩之臣，齐献鱼盐之地，此断赵之右肩也。夫断右肩而与人斗，失其党而孤居，求欲毋危，得乎！今秦发三将军：其一军塞午道，告齐使渡清河，军于邯郸之东；一军军成皋，驱韩、梁军于河外；一军军于渑池。约四国为一以攻赵，赵服，必四分其地。臣窃为大王计，莫如与秦王面相约而口相结，常为兄弟之国也。"赵王许之。

张仪乃北之燕，说燕王曰："今赵王已入朝，效河间以事秦。大王不事秦，秦下甲云中、九原，驱赵而攻燕，则易水、长城非大王之有也。且今时齐、赵之于秦犹郡县也，不敢妄举师以攻伐。今王事秦，长无齐、赵之患矣。"燕王请献常山之尾五城以和。

张仪归报，未至咸阳，秦惠王薨，子武王立。武王自为太子时不说张仪，及即位，群臣多毁短之。诸侯闻仪与秦王有隙，皆畔衡，复合从。

五年，张仪说秦武王曰："为王计者，东方有变，然后王可以多割得地也。臣闻齐王甚憎臣，臣之所在必伐之。臣愿乞其不肖之身以之梁，齐必伐梁，齐、梁交兵而不能相去，王以其间伐韩，入三川，挟天子，案图籍，此王业也。"王许之。齐王果伐梁，梁王恐。张仪曰："王勿患也，请令齐罢兵。"乃使其舍人之楚，借使谓齐王曰："甚矣王之托仪于秦也！"齐王曰："何故？"楚使者曰："张仪之去秦也，固与秦王谋矣，欲齐、梁相攻而令秦取三川也。今王果伐梁，是王内罢国而外伐与国，以信仪于秦王也。"齐王乃解兵还。张仪相魏一岁，卒。

仪与苏秦皆以纵横之术游诸侯，致位富贵，天下争慕效之。又有魏人公孙衍者，号曰犀首，亦以谈说显名。其余苏代、苏厉、周最、楼缓之徒，纷纷遍于天下，务以辩诈相高，不可胜纪，而仪、秦、衍最著。

秦王、魏王会于临晋。

六年，秦初置丞相，以樗里疾为右丞相。

七年，秦、魏会于应。

秦王使甘茂约魏以伐韩，而令向寿辅行。甘茂至魏，令向寿还，谓王曰："魏听臣矣，然愿王勿伐。"王迎甘茂于息壤而问其故，对曰："宜阳大县，其实郡也。今王倍数险，行千里，攻之难。鲁人有与曾参同姓名者杀人，人告其母，其母织自若也。及三人告之，其母投杼下机，逾墙而走。臣之贤不若曾参，王之信臣又不如其母，疑臣者非特三人，臣恐大王之投杼也。魏文侯令乐羊将而攻中山，三年而拔之。反而论功，文侯示之谤书一箧。乐羊再拜稽首曰：'此非臣之功，君之力也。'今臣，羁旅之臣也。樗里子、公孙奭挟韩而议之，王必听之，是王欺魏王，而臣受公仲侈之怨也。"王曰："寡人弗听也，请与子盟。"乃盟于息壤。秋，甘茂、庶长封帅师伐宜阳。

八年，甘茂攻宜阳，五月而不拔，樗里子、公孙奭果争之。秦王召甘茂，欲罢兵。甘茂曰："息壤在彼。"王曰："有之。"因大悉起兵以佐甘茂，斩首六万，遂拔宜阳。韩公仲侈入谢于秦以请平。

秦武王好以力戏，力士任鄙、乌获、孟说皆至大官。八月，王与孟说举鼎，绝脉而薨，族孟说。武王无子，异母弟稷为质于燕，国人逆而立之，是为昭襄王。

九年，秦昭王使向寿平宜阳，而使樗里子、甘茂伐魏。甘茂言于王，以武遂复归之韩。向寿、公孙奭争之，不能得，由此怨谗甘茂。茂惧，辍伐魏蒲阪，亡去。樗里子与魏讲而罢兵。甘茂奔齐。

赵王使楼缓之秦。

楚王与齐、韩合从。

十年，秦宣太后异父弟曰穰侯魏冉，同父弟曰华阳君芈戎；王之同母弟曰高陵君、泾阳君。魏冉最贤，自惠王、武王时任职用事。武王薨，诸弟争立，唯魏冉力能立昭王。昭王即位，以冉为将军，卫咸阳。是岁，庶长壮及大臣、诸公子谋作乱，魏冉诛之，及惠文后皆不得良死，悼武王后出归于魏，王兄弟不善者魏冉皆灭之。王少，宣太后自治事，任魏冉为政，威震秦国。

十一年，秦王、楚王盟于黄棘。秦复与楚上庸。

十二年，秦取魏蒲阪、晋阳、封陵，又取韩武遂。

齐、韩、魏以楚负其从亲，合兵伐楚。楚王使太子横为质于秦而请救。秦客卿通将兵救楚，三国引兵去。

十三年，秦王、魏王，韩太子婴会于临晋，韩太子至咸阳而归。秦复与魏蒲阪。

秦大夫有私与楚太子斗者，太子杀之，亡归。

十四年，秦人取韩穰。

秦庶长奂会韩、魏、齐兵伐楚，败其师于重丘，杀其将唐昧，遂取重丘。

十五年，秦泾阳君为质于齐。

秦华阳君伐楚，大破楚师，斩首三万，杀其将景缺，取楚襄城。楚王恐，使太子为质于齐以请平。

秦樗里疾卒，以赵人楼缓为丞相。

十六年五月，赵武灵王传国于少子何，自号主父。主父欲使子治国，身胡服，将士大夫西北略胡地，将自云中、九原南袭咸阳。于是诈自为使者，入秦，欲以观秦地形及秦王之为人。秦王不知，已而怪其状甚伟，非人臣之度，使人逐之；主父行已脱关矣，审问之，乃主父也。秦人大惊。

齐王、魏王会于韩。

秦人伐楚，取八城。秦王遗楚王书曰："始寡人与王约为弟兄，盟于黄棘，太子入质，至欢也。太子陵杀寡人之重臣，不谢而亡去，寡人诚不胜怒，使兵侵君王之边。今闻君王乃令太子质于齐以求平。寡人与楚接境，婚姻相亲。而今秦、楚不欢，则无以令诸侯。寡人愿与君王会武关，面相约，结盟而去，寡人之愿也。"

楚王患之，欲往恐见欺，欲不往恐秦益怒。昭睢曰："毋行而发兵自守耳！秦，虎狼也，有并诸侯之心，不可信也！"怀王之子子兰劝王行，王乃入秦。秦王令一将军诈为王，伏兵武关，楚王至则闭关劫之，与西至咸阳，朝章台，如藩臣礼，要以割巫、黔中郡。楚王欲盟，秦王欲先得地。楚王怒曰："秦诈我，而又强要我以地！"因不复许。秦人留之。

楚大臣患之，乃相与谋曰："吾王在秦不得还，要以割地，而太子为质于齐。齐、秦合谋，则楚无国矣！"欲立王子之在国者。昭睢曰："王与太子俱困于诸侯，而今又倍王命而立其庶子，不宜。"乃诈赴于齐。齐湣王召群臣谋之，或曰："不若留太子以求楚之淮北。"齐相曰："不可。郢中立王，是吾抱空质而行不义于天下也。"其人曰："不然。郢中立王，因与其新王市曰：'予我下东国，吾为王杀太子。不然，将与三国共立之。'"齐王卒用其相计而归楚太子，楚人立之。

秦王闻孟尝君之贤，使泾阳君为质于齐以请。孟尝君来入秦，秦王以为丞相。

十七年，或谓秦王曰："孟尝君相秦，必先齐而后秦，秦其危哉！"秦王乃以楼缓为相，囚孟尝君，欲杀之。孟尝君使人求解于秦王幸姬，姬曰："愿得君狐白裘。"孟尝君有狐白裘，已献之秦王，无以应姬求。客有善为狗盗者，入秦藏中，盗狐白裘以献姬，姬乃为之言于王而遣之。王后悔，使追之。孟尝君至关，关法鸡鸣而出客，时尚蚤，追者将至。客有善为鸡鸣者，野鸡闻之皆鸣，孟尝君乃得脱归。

楚人告于秦曰："赖社稷神灵，国有王矣！"秦王怒，发兵出武关击楚，斩首五万，取十六城。

十八年，楚怀王亡归。秦人觉之，遮楚道，怀王从间道走赵。赵主父在代，赵人不敢受。怀王将走魏，秦人追及之，以归。

十九年，楚怀王发病，薨于秦，秦人归其丧。楚人皆怜之，如悲亲戚。诸侯由是不直秦。

齐、韩、魏、赵、宋同击秦，至盐氏而还。秦与韩武遂，与魏封陵以和。 魏襄王薨，子昭王立。 韩襄王薨，子厘王咎立。

二十年，秦尉错伐魏襄城。

秦楼缓免相，魏冉代之。

二十一年。秦败魏师于解。

二十二年，韩公孙喜、魏人伐秦。穰侯荐左更白起于秦王，以代向寿将兵，败魏师、韩师于伊阙，斩首二十四万级，虏公孙喜，拔五城。秦王以白起为国尉。

秦王遗楚王书曰："楚倍秦，秦且率诸侯伐楚。愿王之饬士卒，得一乐战！"楚王患之，乃复与秦和亲。

二十三年，楚襄王迎妇于秦。

臣光曰：甚哉秦之无道也，杀其父而劫其子；楚之不竞也，忍其父而婚其仇。乌呼，楚之君诚得其道，臣诚得其人，秦虽强，乌得陵之哉！善乎荀卿论之曰："夫道，善用之则百里之地可以独立，不善用之则楚六千里而为仇人役。"故人主不务得道而广有其势，是其所以危也。

秦魏冉谢病免，以客卿烛寿为丞相。

二十四年，秦伐韩，拔宛。

秦烛寿免，魏冉复为丞相，封于穰与陶，谓之穰侯。

二十五年，魏入河东地四百里，韩入武遂地二百里于秦。

二十六年，秦大良造白起、客卿错伐魏，至轵，取城大小六十一。

二十七年冬十月，秦王称西帝，遣使立齐王为东帝，欲约与共伐赵。苏代自燕来，齐王曰："秦使魏冉致帝，子以为何如？"对曰："愿王受之而勿称也。秦称之，天下安之，王乃称之，无后也。秦称之，天下恶之；王因勿称，以收天下，此大资也。且伐赵孰与伐桀宋利？今王不如释帝以收天下之望，发兵以伐桀宋，宋举则楚、赵、梁、卫皆惧矣。是我以名尊秦，而令天下憎之，所谓以卑为尊也。"齐王从之，称帝二日而复归之。十二月，吕礼自齐入秦，秦王亦去帝，复称王。

秦攻赵，拔杜阳。

二十八年，秦攻魏，拔新垣、曲阳。

二十九年，秦司马错击魏河内。魏献安邑以和，秦出其人归之魏。

秦败韩师于夏山。

三十年，秦王会楚王于宛，会赵王于中阳。

秦蒙武击齐，拔九城。

燕昭王与乐毅谋伐齐。乐毅曰："齐，霸国之余业也，地大人众，未易独攻也。王必欲伐之，莫如约赵及楚、魏。"于是使乐毅约赵，别使使者连楚、魏，且令赵啖秦以伐齐之利。诸侯害齐王之骄暴，皆争合谋与燕伐齐。

三十一年，燕王悉起兵，以乐毅为上将军。秦尉斯离帅师与三晋之师会之。赵王以相国印授乐毅，乐毅并将秦、魏、韩、赵之兵以伐齐。齐湣王悉国中之众以拒之，战于济西，齐师大败。齐湣王出走，楚淖齿执之，弑王于鼓里。

秦王、魏王、韩王会于京师。

三十二年，秦、赵会于穰。秦拔魏安城，兵至大梁而还。

赵王得楚和氏璧，秦昭王欲之，请易以十五城。赵王欲勿与，畏秦强；欲与之，恐见欺。以问蔺相如，对曰："秦以城求璧而王不许，曲在我矣。我与之璧而秦不与我城，则曲在秦。均之二策，宁许以负秦。臣愿奉璧而往，使秦城不入，臣请完璧而归之。"赵王遣之。相如至秦，秦王无意偿赵城。相如乃以诈绐秦王，复取璧，遣从者怀之，间行归赵，而以身待命于秦。秦王以为贤而弗诛，礼而归之。赵王以相如为上大夫。　齐王子法章亡在莒，齐亡臣相与求之，立以为齐王。

三十三年，秦伐赵，拔两城。

三十四年，秦伐赵，拔石城。

秦穰侯复为丞相。

楚欲与齐、韩共伐秦，因欲图周。王使东周武公谓楚令尹昭子曰："周不可图也。"昭子曰："乃图周则无之。虽然，何不可图？"武公曰："西周之地，绝长补短，不过百里。名为天下共主，裂其地不足以肥国，得其众不足以劲兵。虽然，攻之者名为弑君；然而犹有欲攻之者，见祭器在焉故也。夫虎肉臊而兵利身，人犹攻之，若使泽中之麋蒙虎之皮，人之攻之也必万倍矣。裂楚之地足以肥国，诎楚之名足以尊王。今子欲诛残天下之共主，居三代之传器，器南则兵至矣！”于是楚计辍不行。

三十五年，秦白起败赵军，斩首二万，取代光狼城。又使司马错发陇西兵，因蜀攻楚黔中，拔之。楚献汉北及上庸地。

三十六年，秦白起伐楚，取鄢、邓、西陵。

秦王使使者告赵王，愿为好会于河外渑池。赵王欲毋行。廉颇、蔺相如计曰："王不行，示赵弱且怯也。”赵王遂行，相如从。廉颇送至境，与王诀曰："王行，度道里会遇之礼毕，还不过三十日。三十日不还，则请立太子以绝秦望。”王许之。会于渑池，王与赵王饮，酒酣，秦王请赵王鼓瑟，赵王鼓之。蔺相如复请秦王击缶，秦王不肯。相如曰："五步之内，臣请得以颈血溅大王矣！”左右欲刃相如，相如张目叱之，左右皆靡。王不怿，为一击缶。罢酒，秦终不能有加于赵。赵人亦盛为之备，秦不敢动。赵王归国，以蔺相如为上卿。　燕昭王薨，太子惠王立。

三十七年，秦大良造白起伐楚，拔郢，烧夷陵。楚襄王兵散，遂不复战，东北徙都于陈。秦以郢置南郡，封白起为武安君。

三十八年，秦武安君定巫、黔中，初置黔中郡。　魏昭王薨，子安厘王立。

三十九年，秦武安君伐魏，拔两城。

四十年，秦相国穰侯伐魏。韩暴鸢救魏，穰侯大破之，斩首四万。暴鸢走开封，魏纳八城以和。穰侯复伐魏，走芒卯，入北宅，遂围大梁，魏人割温以和。

四十一年，魏复与齐合从。秦穰侯伐魏，拔四城，斩首四万。

四十二年，赵人、魏人伐韩华阳。韩人告急于秦，秦王弗救。韩相国谓陈筮曰："事急矣，愿公虽病，为一宿之行。"陈筮如秦，见穰侯。穰侯曰："事急乎？故使公来。"陈筮曰："未急也。"穰侯怒曰："何也？"陈筮曰："彼韩急则将变而他从，以未急，故复来耳。"穰侯曰："请发兵矣。"乃与武安君及客卿胡阳救韩，八日而至，败魏军于华阳之下，走芒卯，虏三将，斩首十三万。武安君又与赵将贾偃战，沉其卒二万人于河。魏段干子请割南阳予秦以和。苏代谓魏王曰："欲玺者段干子也，欲地者秦也。今王使欲地者制玺，欲玺者制地，魏地尽矣！夫以地事秦，犹抱薪救火，薪不尽，火不灭。"王曰："是则然也。虽然，事始已行，不可更矣。"对曰："夫博之所以贵枭者，便则食，不便则止。今何王之用智不如用枭也！"魏王不听，卒以南阳为和，实修武。

韩、魏既服于秦，秦王将使武安君与韩、魏伐楚，未行，而楚使者黄歇至，闻之，畏秦乘胜一举而灭楚也，乃上书曰："臣闻物至则反，冬、夏是也。致至则危，累棋是也。今大国之地，遍天下有其二垂，此从生民已来，万乘之地未尝有也。先王三世不忘接地于齐，以绝从亲之要。今王使盛桥守事于韩，盛桥以其地入秦，是王不用甲，不信威，而得百里之地，王可谓能矣！王又举甲而攻魏，杜大梁之门，举河内，拔燕、酸枣、虚、桃，入邢，魏之兵云翔而不敢救，王之功亦多矣！王休甲息众，二年而后复之，又并蒲、衍、首、垣以临仁、平丘，黄、济阳婴城而魏氏服。王又割濮磨之北，注齐、秦之要，绝楚、赵之脊，天下五合六聚而不敢救，王之威亦单矣！王若能保功守威，绌攻取之心，而肥仁义之地，使无后患，三王不足四，五伯不足六也。王若负人徒之众，仗兵革之强，乘毁魏之威，而欲以力臣天下之主，臣恐其有后患也！诗曰'靡不有初，鲜克有终。'易曰'狐涉水，濡其尾。'此言始之易，终之难也。昔吴之信越也，从而伐齐，既胜齐人于艾陵，还为越王禽三江之浦。智氏之信韩、魏也，从而伐赵，攻晋阳城，胜有日矣，韩、魏叛之，杀智伯瑶于凿台之下。今王妒楚之不毁，而忘毁楚之强韩、魏也，臣为王虑而不取也。夫楚国，援也；邻国，敌也。今王信韩、魏之善王，此正吴之信越也，臣恐韩、魏卑辞除患而实欲欺大国也。何则？王无重世之德于韩、魏，而有累世之怨焉。夫韩、魏父子兄弟接踵而死于秦者将十世矣。故韩、魏之不亡，秦社稷之忧也，今王资之与攻楚，不亦过乎！且攻楚将恶出兵？王将借路于仇雠之韩、魏乎，兵出之日而王忧其不反也。王若不借路于仇雠之韩、魏，必攻随水右壤。此皆广川大水，山林溪谷，不食之地，是王有毁楚之名而无得地之实也。且王攻楚之日，四国必悉起兵以应王，秦、楚之兵构而不离，魏氏将出而攻留、方与、铚、湖陵、砀、萧、相，故宋必尽。齐人南面攻楚，泗上必举。此皆平原四达，膏腴之地，如此则天下之国莫强于齐、魏矣。臣为王虑，莫若善楚。秦、楚合而为一以临韩，韩必敛手而朝，王施以东山之险，带以曲河之利，韩必为关内之侯。若是而王以十万戍郑，梁氏寒心，许、鄢陵婴城，而上蔡、召陵不往来也，如此而魏亦关内侯矣。王壹善楚而关内两万乘之主注地于齐，齐右壤可拱手而取也。王之地一经两海，要约天下，是燕、赵无齐、楚，齐、楚无燕、赵也。然后危动燕、赵，直摇齐、楚，此四国者，不待痛而服矣。"王从之，止武安君而谢韩、魏，使黄歇归，约亲于楚。 韩厘王薨，子桓惠王立。

四十三年，楚以左徒黄歇侍太子完为质于秦。

秦置南阳郡。秦、魏、楚共伐燕。　燕惠王薨，子武成王立。

四十五年，秦伐赵，围阏与。赵王召廉颇、乐乘而问之曰："可救否?"皆曰："道远险狭，难救。"问赵奢，赵奢对曰："道远险狭，譬犹两鼠斗于穴中，将勇者胜。"王乃令赵奢将兵救之。去邯郸三十里而止，令军中曰："有以军事谏者死！"秦师军武安西，鼓噪勒兵，武安屋瓦尽振。赵军中候有一人言急救武安，赵奢立斩之。坚壁留二十八日不行，复益增垒。秦间入赵军，赵奢善食而遣之。间以报秦将，秦将大喜曰："夫去国三十里而军不行，乃增垒，阏与非赵地也！"赵奢既已遣间，卷甲而趋，一日一夜而至，去阏与五十里而军。军垒成，秦师闻之，悉甲而往。赵军士许历请以军事谏，赵奢进之。许历曰："秦人不意赵至此，其来气盛，将军必厚集其陈以待之。不然，必败。"赵奢曰："请受教。"许历请刑，赵奢曰："胥，后令邯郸。"许历复请谏，曰："先据北山上者胜，后至者败。"赵奢许诺，即发万人趋之。秦师后至，争山不得上，赵奢纵兵击秦师，秦师大败，解阏与而还。赵王封奢为马服君。

穰侯言客卿灶于秦王，使伐齐，取刚、寿，以广其陶邑。

初，魏人范雎从中大夫须贾使于齐，齐襄王闻其辩口，私赐之金及牛酒。须贾以为雎以国阴事告齐也，归而告其相魏齐。魏齐怒，笞击范雎，折胁折齿。雎佯死，卷以箦，置厕中，使客醉者更溺之，以惩后，令无妄言者。范雎谓守者曰："能出我，我必有厚谢。"守者乃请弃箦中死人。魏齐醉，曰："可矣。"范雎得出。魏齐悔，复召求之。魏人郑安平遂操范雎亡匿，更名姓曰张禄。

秦谒者王稽使于魏，范雎夜见王稽，稽潜载与俱归，荐之于王。王见之于离宫,雎佯为不知永巷而入其中。王来而宦者怒,逐之,曰:“王至!”范雎谬曰:“秦安得王?秦独有太后、穰侯耳!”王微闻其言,乃屏左右,跽而请曰:“先生何以幸教寡人?”对曰:“唯唯。”如是者三。王曰:“先生卒不幸教寡人邪?”范雎曰:“非敢然也!臣,羁旅之臣也,交疏于王,而所愿陈者皆匡君之事,处人骨肉之间,愿效愚忠而未知王之心也,此所以王三问而不敢对者也。臣知今日言之于前,明日伏诛于后,然臣不敢避也。且死者,人之所必不免也,苟可以少有补于秦而死,此臣之所大愿也。独恐臣死之后,天下杜口裹足,莫肯乡秦耳。”王跽曰:“先生是何言也!今者寡人得见先生,是天以寡人溷先生,而存先王之宗庙也。事无大小,上及太后,下至大臣,愿先生悉以教寡人,无疑寡人也。”范雎拜,王亦拜。范雎曰:“以秦国之大,士卒之勇,以治诸侯,譬若走韩卢而搏蹇兔也。而闭关十五年,不敢窥兵于山东者,是穰侯为秦谋不忠,而大王之计亦有所失也。”王跽曰:“寡人愿闻失计。”然左右多窃听者,范雎未敢言内,先言外事,以观王之俯仰。因进曰:“夫穰侯越韩、魏而攻齐刚、寿,非计也。齐湣王南攻楚,破军杀将,再辟地千里,而齐尺寸之地无得焉者,岂不欲得地哉?形势不能有也。诸侯见齐之罢敝,起兵而伐齐,大破之,齐几于亡,以其伐楚而肥韩、魏也。今王不如远交而近攻,得寸则王之寸也,得尺则王之尺也。今夫韩、魏,中国之处而天下之枢也,王若欲霸,必亲中国以为天下枢,以威楚、赵。楚强则附赵,赵强则附楚,楚、赵皆附,齐必惧矣。齐附则韩、魏因可虏也。”王曰:“善。”乃以范雎为客卿,与谋兵事。

四十六年,秦中更胡伤攻赵阏与,不拔。

四十七年，秦王用范雎之谋，使五大夫绾伐魏，拔怀。

四十八年，秦悼太子质于魏而卒。

四十九年，秦拔魏邢丘。范雎日益亲用事，因承间说王曰："臣居山东时，闻齐之有孟尝君，不闻有王；闻秦有太后、穰侯，不闻有王。夫擅国之谓王，能利害之谓王，制杀生之谓王。今太后擅行不顾，穰侯出使不报，华阳、泾阳等击断无讳，高陵进退不请，四贵备而国不危者，未之有也。为此四贵者下，乃所谓无王也。穰侯使者操王之重，决制于诸侯，剖符于天下，征敌伐国，莫敢不听。战胜攻取则利归于陶，战败则结怨于百姓而祸归于社稷。臣又闻之，木实繁者披其枝，披其枝者伤其心。大其都者危其国，尊其臣者卑其主。淖齿管齐，射王股，擢王筋，悬之于庙梁，宿昔而死。李兑管赵，囚主父于沙丘，百日而饿死。今臣观四贵之用事，此亦淖齿、李兑之类也。且夫三代之所以亡国者，君专授政于臣，纵酒弋猎。其所授者妒贤疾能，御下蔽上，以成其私，不为主计，而主不觉悟，故失其国。今自有秩以上至诸大吏，下及王左右，无非相国之人者。见王独立于朝，臣窃为王恐，万世之后有秦国者非王子孙也！"王以为然，于是废太后，逐穰侯、高陵、华阳、泾阳君于关外，以范雎为丞相，封为应侯。

魏王使须贾聘于秦，应侯敝衣间步而往见之。须贾惊曰："范叔固无恙乎！"留坐饮食，取一绨袍赠之。遂为须贾御而至相府，曰："我为君先入通于相君。"须贾怪其久不出，问于门下，门下曰："无范叔。乡者，吾相张君也。"须贾知见欺，乃膝行入谢罪。应侯坐，责让之，且曰："尔所以得不死者，以绨袍恋恋，尚有故人之意耳！"乃大供具，请诸侯宾客，坐须贾于堂下，置莝、豆其前而马食之。使归告魏王曰："速斩魏齐头来！不然，且屠大梁。”须贾还，以告魏齐，魏齐奔赵，匿于平原君家。　赵惠文王薨，子孝成王丹立。

五十年，秦宣太后薨。九月，穰侯出之陶。

臣光曰：穰侯援立昭王，除其灾害，荐白起为将，南取鄢郢，东属地于齐，使天下诸侯稽首而事秦。秦益强大者，穰侯之功也。虽其专恣骄贪足以贾祸，亦未至尽如范雎之言。若雎者，亦非能为秦忠谋，直欲得穰侯之处，故搤其吭而夺之耳。遂使秦王绝母子之义，失舅甥之恩。要之，雎真倾危之士哉！

秦王以子安国君为太子。

秦伐赵，取三城。赵王新立，太后用事，求救于齐。齐人曰：“必以长安君为质。”太后不可，齐师不出。大臣强谏。太后明谓左右曰：“复言长安君为质者，老妇必唾其面。”左师触龙愿见太后，太后盛气而胥之入。左师公徐趋而坐，自谢曰：“老臣病足，不得见久矣。窃自恕，而恐太后体之有所苦也，故愿望见太后。”太后曰：“老妇恃辇而行。”曰：“食得毋衰乎？”曰：“恃粥耳。”太后不和之色稍解。左师公曰：“老臣贱息舒祺，最少，不肖，而臣衰，窃怜爱之，愿得补黑衣之缺以卫王宫，昧死以闻。”太后曰：“诺。年几何矣？”对曰：“十五岁矣。虽少，愿及未填沟壑而托之。”太后曰：“丈夫亦爱少子乎？”对曰：“甚于妇人。”太后笑曰：“妇人异甚。”对曰：“老臣窃以为媪之爱燕后贤于长安君。”太后曰：“君过矣，不若长安君之甚。”左师公曰：“父母爱其子，则为之计深远。媪之送燕后也，持其踵而泣，念其远也，亦哀之矣。已行，非不思也，祭祀则祝之曰：‘必勿使反！’岂非为之计长久，为子孙相继为王也哉！”太后曰：“然。”左师公曰：“今三世以前，至于赵王之子孙为侯者，其继有在者乎？”曰：“无有。”曰：“此其近者祸及其身，远者及其子孙。岂人主之子侯则不善哉？位尊而无功，奉厚而无劳，而挟重器多也。今媪尊长安君之位，而封之以膏腴之地，多与之重器，而不及今令有功于国，一旦山陵崩，长安君何以自托于赵哉！”太后曰：“诺。恣君之所使之。”于是为长安君约车百乘，质于齐，齐师乃出。秦师退。　齐襄王薨，子建立。

五十一年，秦武安君伐韩，拔九城，斩首五万。

五十二年，秦武安君伐韩，取南阳，攻太行道，绝之。

楚顷襄王疾病，黄歇言于应侯曰：“今楚王疾恐不起，秦不如归其太子。太子得立，其事秦必重，而德相国无穷，是亲与国而得储万乘也。不归，则咸阳布衣耳；楚更立君，必不事秦，是失与国而绝万乘之和，非计也。”应侯以告王，王曰：“令太子之傅先往问疾，反而后图之。”黄歇与太子谋曰：“秦之留太子，欲以求利也，今太子力未能有以利秦也。而阳文君子二人在中，王若卒大命，太子不在，阳文君子必立为后，太子不得奉宗庙矣。不如亡秦，与使者俱出；臣请止，以死当之。”太子因变服为楚使者御以出关，而黄歇守舍，常为太子谢病。度太子已远，乃自言于王曰：“楚太子已归出远矣，歇愿赐死！”王怒，欲听之。应侯曰：“歇为人臣，出身以徇其主，太子立，必用歇。不如无罪而归之，以亲楚。”王从之。黄歇至楚三月，秋，楚顷襄王薨，考烈王即位，以黄歇为相，封以淮北地，号曰春申君。

五十三年，楚人纳州于秦以平。

武安君伐韩，拔野王，上党路绝。上党守冯亭与其民谋曰：“郑道已绝，秦兵日进，韩不能应，不如以上党归赵。赵受我，秦必攻之。赵被秦兵必亲韩，韩、赵为一则可以当秦矣。”乃遣使者告于赵曰：“韩不能守上党，入之秦。其吏民皆安为赵，不乐为秦。有城市邑十七，愿再拜献之大王。”赵王以告平阳君豹，对曰：“圣人甚祸无故之利。”王曰：“人乐吾德，何谓无故？”对曰：“秦蚕食韩地，中绝，不令相通，固自以为坐而受上党也。韩氏所以不入于秦者，欲嫁其祸于赵也。秦服其劳而赵受其利，虽强大不能得之于弱小，弱小固能得之于强大乎？岂得谓之非无故哉！不如勿受。”王以告平原君，平原君请受之。王乃使平原君往受地，以万户都三封其太守为华阳君，以千户都三封其县令为侯，吏民皆益爵三级。冯亭垂涕不见使者，曰：“吾不忍卖主地而食之也！”

五十五年，秦左庶长王龁攻上党，拔之。上党民走赵。赵廉颇军于长平以按据上党民。王龁因伐赵，赵军战数不胜，亡一裨将、四尉。赵王与楼昌、虞卿谋，楼昌请发重使为媾。虞卿曰：“今制媾者在秦。秦必欲破王之军矣，虽往请媾，秦将不听。不如发使以重宝附楚、魏，楚、魏受之，则秦疑天下之合从，媾乃可成也。”王不听，使郑朱媾于秦，秦受之。王谓虞卿曰：“秦内郑朱矣。”对曰：“王必不得媾而军破矣！何则？天下之贺战胜者皆在秦矣。夫郑朱贵人也，秦王、应侯必显重之以示天下。天下见王之媾于秦必不救王，秦知天下之不救王，则媾不可得成矣。”既而秦果显郑朱而不与赵媾。

秦数败赵兵，廉颇坚壁不出。赵王以颇失亡多而更怯不战，怒，数让之。应侯又使人行千金于赵为反间，曰：“秦之所畏，独畏马服君之子赵括为将耳！廉颇易与，且降矣。”赵王遂以赵括代颇将。蔺相如曰：“王以名使括，若胶柱鼓瑟耳。括徒能读其父书传，不知合变也。”王不听。初，赵括自少时学兵法，以天下莫能当。尝与其父奢言兵事，奢不能难，然不谓善。括母问其故，奢曰：“兵，死地也，而括易言之。使赵不将括则已，若必将之，破赵军者必括也！”及括将行，其母上书言括不可使。王曰：“何以？”对曰：“始妾事其父，时为将，身所奉饭而进食者以十数，所友者以百数。王及宗室所赏赐者，尽以与军吏士大夫。受命之日，不问家事。今括一旦为将，东乡而朝，军吏无敢仰视之者。王所赐金帛，归藏于家，而日视便利田宅可买者买之。王以为如其父，父子异心，愿王勿遣！”王曰：“母置之，吾已决矣！”母因曰：“即如有不称，妾请无随坐。”赵王许之。

秦王闻括已为赵将，乃阴使武安君为上将军而王龁为裨将，令军中“有敢泄武安君将者斩！”赵括至军，悉更约束，易置军吏，出兵击秦师。武安君佯败而走，张二奇兵以劫之。赵括乘胜追造秦壁，壁坚拒不得入。奇兵二万五千人绝赵军之后，又五千骑绝赵壁间。赵军分而为二，粮道绝。武安君出轻兵击之，赵战不利，因筑壁坚守以待救至。秦王闻赵食道绝，自如河内，发民年十五以上悉诣长平，遮绝赵救兵及粮食。齐人、楚人救赵。赵人乏食，请粟于齐，齐王弗许。周子曰：“夫赵之于齐、楚，扞蔽也，犹齿之有唇也，唇亡则齿寒。今日亡赵，明日患及齐、楚矣。救赵之务，宜若奉漏瓮沃焦釜然。且救赵，高义也；却秦师，显名也。义救亡国，威却强秦，不务为此而爱粟，为国计者过矣！”齐王弗听。九月，赵军食绝四十六日，皆内阴相杀食。急来攻秦垒，欲出为四队，四五复之，不能出。赵括自出锐卒搏战，秦人射杀之。赵师大败，卒四十万人皆降。武安君曰：“秦已拔上党，上党民不乐为秦而归赵。赵卒反覆，非尽杀之，恐为乱。”乃挟诈而尽坑杀之，遗其小者二百四十人归赵。前后斩首虏四十五万人。赵人大震。

五十六年十月，武安君分军为三。王龁攻赵武安、皮牢，拔之。司马梗北定太原，尽有上党地。韩、魏恐，使苏代厚币说应侯曰："武安君即围邯郸乎？"曰："然。"苏代曰："赵亡则秦王王矣。武安君为三公，君能为之下乎？虽无欲为之下，固不得已矣。秦尝攻韩，围邢丘，困上党，上党之民皆反为赵，天下不乐为秦民之日久矣。今亡赵，北地入燕，东地入齐，南地入韩、魏，则君之所得民无几何人矣。不如因而割之，无以为武安君功也。"应侯言于秦王曰："秦兵劳，请许韩、赵之割地以和，且休士卒。"王听之，割韩垣雍、赵六城以和。正月，皆罢兵。武安君由是与应侯有隙。

赵王将使赵郝约事于秦，割六县。虞卿谓赵王曰："秦之攻王也，倦而归乎？王以其力尚能进，爱王而弗攻乎？"王曰："秦不遗余力矣，必以倦而归也。"虞卿曰："秦以其力攻其所不能取，倦而归，王又以其力之所不能取以送之，是助秦自攻也。来年秦攻王，王无救矣！"赵王计未定。楼缓至赵，赵王与之计之。楼缓曰："虞卿得其一，不得其二。秦、赵构难而天下皆说，何也？曰：'吾且因强而乘弱矣。'今赵不如亟割地为和以疑天下，慰秦之心。不然，天下将因秦之怒，乘赵之敝，瓜分之。赵且亡，何秦之图乎！"虞卿闻之，复见曰："危哉楼子之计，是愈疑天下，而何慰秦之心哉！独不言其示天下弱乎？且臣言勿与者，非固勿与而已也。秦索六城于王，而王以六城赂齐。齐，秦之深仇也，其听王不待辞之毕也。则是王失之于齐而取偿于秦，而示天下有能为也。王以此发声，兵未窥于境，臣见秦之重赂至赵而反媾于王也。从秦为媾，韩、魏闻之必尽重王。是王一举而结三国之亲，而与秦易道也。”赵王曰：“善。”使虞卿东见齐王，与之谋秦。虞卿未返，秦使者已在赵矣。楼缓闻之，亡去。赵王封虞卿以一城。

秦之始伐赵也，魏王问于诸大夫，皆以为秦伐赵，于魏便。孔斌曰：“何谓也？”曰：“胜赵则吾因而服焉，不胜赵则可承敝而击之。”子顺曰：“不然。秦自孝公以来，战未尝屈，今又属其良将，何敝之承！”大夫曰：“纵其胜赵，于我何损？邻之羞，国之福也。”子顺曰：“秦，贪暴之国也，胜赵必复他求，吾恐于时魏受其师也。先人有言：‘燕雀处屋，子母相哺，呴呴焉相乐也，自以为安矣。灶突炎上，栋宇将焚，燕雀颜不变，不知祸之将及己也。’今子不悟赵破患将及己，可以人而同于燕雀乎？”子顺者，孔子六世孙也。子顺相魏凡九月，陈大计辄不用，退而以病致仕。人谓子顺曰：“王不用子，子其行乎？”答曰：“行将何之？山东之国将并于秦，秦为不义，义所不入。”遂寝于家。新垣固请子顺曰：“贤者所在，必兴化致治。今子相魏，未闻异政而即自退，意者志不得乎，何去之速也？”子顺曰：“以无异政，所以自退也。且死病无良医。今秦有吞食天下之心，以义事之，固不获安。救亡不暇，何化之兴！昔伊挚在夏，吕望在商，而二国不治。岂伊、吕之不欲哉？势不可也。当今山东之国敝而不振，三晋割地以求安，二周折而入秦，燕、齐、楚已屈服矣。以此观之，不出二十年，天下其尽为秦乎！”

秦王欲为应侯必报其仇，闻魏齐在平原君所，乃为好言诱平原君至秦而执之。遣使谓赵王曰：“不得齐首，吾不出王弟于关。”魏齐穷，抵虞卿，虞卿弃相印，与魏齐偕亡。至魏，欲因信陵君以走楚。信陵君意难见之，魏齐怒，自杀。赵王卒取其首以与秦，秦乃归平原君。九月，五大夫王陵将兵复伐赵。武安君病，不任行。

五十七年正月，王陵攻邯郸，少利，益发卒佐陵，陵亡五校。武安君病愈，王欲使代之。武安君曰："邯郸实未易攻也，且诸侯之救日至。彼诸侯怨秦之日久矣，秦虽胜于长平，士卒死者过半，国内空，远绝河山而争人国都，赵应其内，诸侯攻其外，破秦军必矣。"王自命不行，乃使应侯请之。武安君终辞疾不肯行，乃以王龁代王陵。

赵王使平原君求救于楚，平原君约其门下食客文武备具者二十人与之俱，得十九人，余无可取者。毛遂自荐于平原君。平原君曰："夫贤士之处世也，譬若锥之处囊中，其末立见。今先生处胜之门下三年于此矣，左右未有所称诵，胜未有所闻，是先生无所有也。先生不能，先生留！"毛遂曰："臣乃今日请处囊中耳。使遂蚤得处囊中，乃颖脱而出，非特其末见而已。"平原君乃与之俱，十九人相与目笑之。平原君至楚，与楚王言合从之利害，日出而言之，日中不决。毛遂按剑历阶而上，谓平原君曰："从之利害，两言而决耳。今日出而言，日中不决，何也！"楚王怒，叱曰："胡不下！吾乃与而君言，汝何为者也！"毛遂按剑而前曰："王之所以叱遂者，以楚国之众也。今十步之内，王不得恃楚国之众也！王之命悬于遂手。吾君在前，叱者何也！且遂闻汤以七十里之地王天下，文王以百里之壤而臣诸侯，岂其士卒众多哉？诚能据其势而奋其威也。今楚地方五千里，持戟百万，此霸王之资也。以楚之强，天下弗能当。白起小竖子耳，率数万之众，兴师以与楚战，一战而举鄢郢，再战而烧夷陵，三战而辱王之先人。此百世之怨，而赵之所羞，而王弗知恶焉。合从者为楚，非为赵也。吾君在前，叱者何也！”楚王曰：“唯唯，诚若先生之言，谨奉社稷以从。”毛遂曰：“从定乎？”楚王曰：“定矣。”毛遂谓楚王之左右曰：“取鸡、狗、马之血来。”毛遂奉铜盘而跪进之楚王，曰：“王当歃血以定从，次者吾君，次者遂。”遂定从于殿上。毛遂左手持盘血而右手招十九人曰：“公相与歃此血于堂下。公等录录，所谓因人成事者也。”平原君已定从而归，至于赵，曰：“胜不敢复相天下士矣。”遂以毛遂为上客。

于是楚王使春申君将兵救赵，魏王亦使将军晋鄙将兵十万救赵。秦王使谓魏王曰：“吾攻赵，旦暮且下，诸侯敢救之者，吾已拔赵必移兵先击之！”魏王恐，遣人止晋鄙，留兵壁邺，名为救赵，实挟两端。又使将军新垣衍间入邯郸，因平原君说赵王，欲共尊秦为帝，以却其兵。齐人鲁仲连在邯郸，闻之，往见新垣衍曰：“彼秦者，弃礼义而上首功之国也。彼即肆然而为帝于天下，则连有蹈东海而死耳，不愿为之民也！且梁未睹秦称帝之害故耳，吾将使秦王烹醢梁王。”新垣衍快然不悦曰：“先生恶能使秦王烹醢梁王！”鲁仲连曰：“固也，吾将言之。昔者九侯、鄂侯、文王，纣之三公也。九侯有子而好，献之于纣，纣以为恶，醢九侯。鄂侯争之强，辩之疾，故脯鄂侯。文王闻之，喟然而叹，故拘之牖里之库百日，欲令之死。今秦万乘之国也，梁亦万乘之国也，俱据万乘之国，各有称王之名，奈何睹其一战而胜，欲从而帝之，卒就脯醢之地乎！且秦无已而帝，则将行其天子之礼以号令于天下，则且变易诸侯之大臣，彼将夺其所不肖而与其所贤，夺其所憎而与其所爱，彼又将使其子女谗妾为诸侯妃姬，处梁之宫，梁王安得晏然而已乎！而将军又何以得故宠乎！”新垣衍起，再拜曰："吾乃今知先生天下之士也。吾请出，不敢复言帝秦矣！"

初，魏公子无忌仁而下士，致食客三千人。魏有隐士曰侯嬴，年七十，家贫，为大梁夷门监者。公子置酒大会宾客，坐定，公子从车骑虚左自迎侯生。侯生摄敝衣冠，直上载公子上坐，不让。公子执辔愈恭。侯生又谓公子曰："臣有客在市屠中，愿枉车骑过之。"公子引车入市，侯生下见其客朱亥，睥睨，故久立，与其客语，微察公子。公子色愈和。乃谢客就车，至公子家。公子引侯生坐上坐，遍赞宾客，宾客皆惊。及秦围赵，赵平原君之夫人，公子无忌之姊也，平原君使者冠盖相属于魏，让公子曰："胜所以自附于婚姻者，以公子之高义，能急人之困也。今邯郸旦暮降秦，而魏救不至，纵公子轻胜弃之，独不怜公子姊邪！"公子患之，数请魏王敕晋鄙令救赵，及宾客辩士游说万端，王终不听。公子乃属宾客约车骑百余乘，欲赴斗以死于赵。过夷门，见侯生。侯生曰："公子勉之矣，老臣不能从！"公子去，行数里，心不快，复还见侯生。侯生笑曰："臣固知公子之还也。今公子无他端而欲赴秦军，譬如以肉投馁虎，何功之有？"公子再拜问计，侯嬴屏人曰："吾闻晋鄙兵符在王卧内，而如姬最幸，力能窃之。尝闻公子为如姬报其父仇，如姬欲为公子死，无所辞。公子诚一开口，则得虎符，夺晋鄙之兵，北救赵，西却秦，此五伯之功也。"公子如其言，果得兵符。公子行，侯生曰："将在外，君令有所不受。有如晋鄙合符而不授兵，复请之，则事危矣。臣客朱亥，其人力士，可与俱。晋鄙若听，大善；不听，可使击之。"于是公子请朱亥与俱。至邺，晋鄙合符，疑之，举手视公子曰："吾拥十万之众屯于境上，国之重任，今单车来代之，何如哉？"朱亥袖四十斤铁椎，椎杀晋鄙，公子遂勒兵下令军中曰："父子俱在军中者，父归；兄弟俱在军中者，兄归；独子无兄弟者，归养。”得选兵八万人，将之而进。

王龁久围邯郸不拔，诸侯来救，战数不利。武安君闻之曰："王不听吾计，今何如矣！”王闻之，怒，强起武安君。武安君称病笃，不肯起。 燕武成王薨，子孝王立。

五十八年十月，免武安君为士伍，迁之阴密。十二月，益发卒军汾城旁。武安君病，未行。诸侯攻王龁，龁数却，使者日至，王乃使人遣武安君，不得留咸阳中。武安君出咸阳西门十里，至杜邮。王与应侯群臣谋曰："白起之迁，意尚怏怏，有余言。”王乃使使者赐之剑，武安君遂自杀。秦人怜之，乡邑皆祭祀焉。

魏公子无忌大破秦师于邯郸下，王龁解邯郸围走。郑安平为赵所困，将二万人降赵，应侯由是得罪。

五十九年，秦将军摎伐韩，取阳城、负黍，斩首四万。伐赵，取二十余县，斩首虏九万。赧王恐，倍秦，与诸侯约从，将天下锐师出伊阙攻秦，令无得通阳城。秦王使将军摎攻西周，赧王入秦，顿首受罪，尽献其邑三十六、口三万。秦受其献，归赧王于周。是岁，赧王崩。

秦昭襄王五十二年，河东守王稽坐与诸侯通，弃市。应侯日以不怿。王临朝而叹，应侯请其故。王曰："今武安君死，而郑安平、王稽等皆畔，内无良将而外多敌国，吾是以忧！”应侯惧，不知所出。

燕客蔡泽闻之，西入秦，先使人宣言于应侯曰："蔡泽，天下雄辩之士，彼见王，必困君而夺君之位。”应侯怒，使人召之。蔡泽见应侯，礼又倨。应侯不快，因让之曰："子宣言欲代我相，请闻其说。”蔡泽曰："吁，君何见之晚也！夫四时之序，成功者去。

君独不见夫秦之商君，楚之吴起，越之大夫种，何足愿与？”应侯谬曰：“何为不可！此三子者，义之至也，忠之尽也。君子有杀身以成名，死无所恨。”蔡泽曰：“夫人立功，岂不期于成全邪！身名俱全者上也，名可法而身死者次也，名僇辱而身全者下也。夫商君、吴起、大夫种，其为人臣尽忠致功则可愿矣。闳夭、周公，岂不亦忠且圣乎！三子之可愿，孰与闳夭、周公哉？”应侯曰：“善。”蔡泽曰：“然则君之主惇厚旧故，不倍功臣，孰与孝公、楚王、越王？”曰：“未知何如。”蔡泽曰：“君之功能孰与三子？”曰：“不若。”蔡泽曰：“然则君身不退，患恐甚于三子矣。语曰：‘日中则移，月满则亏。’进退赢缩，与时变化，圣人之道也。今君之怨已雠而德已报，意欲至矣而无变计，窃为君危之！”应侯遂延以为上客，因荐于王。王召见与语，大悦，拜为客卿。应侯因谢病免。王新悦蔡泽计画，遂以为相国。泽为相数月，免。

周民东亡，秦人取其宝器，迁西周公于𢠸狐之聚。燕孝王薨，子喜立。

五十三年，摎伐魏，取吴城。韩王入朝。魏举国听令。

五十六年秋，王薨，孝文王立，以子楚为太子。

孝文王元年冬十月己亥，王即位，三日薨。子楚立，是为庄襄王。

庄襄王元年，吕不韦为相国。

东周君与诸侯谋伐秦，王使相国帅师讨灭之，迁东周君于阳人聚。周既不祀。周比亡，凡有七邑：河南、洛阳、谷城、平阴、偃师、巩、缑氏。

以河南、洛阳十万户封相国不韦为文信侯。

蒙骜伐韩，取成皋、荥阳，初置三川郡。

二年，蒙骜伐赵，定太原，取榆次、狼孟等三十七城。

三年，王龁攻上党诸城，悉拔之，初置太原郡。

蒙骜帅师伐魏，取高都、汲。魏师数败，魏王患之，乃使人请信陵君于赵。信陵君畏得罪，不肯还，诫门下曰："有敢为魏使通者死！"宾客莫敢谏。毛公、薛公见信陵君曰："公子所以重于诸侯者，徒以有魏也。今魏急而公子不恤，一旦秦人克大梁，夷先王之宗庙，公子当何面目立天下乎！"语未卒，信陵君色变，趣驾还魏。魏王持信陵君而泣，以为上将军。信陵君使人求援于诸侯，诸侯闻信陵君复为魏将，皆遣兵救魏。信陵君率五国之师败蒙骜于河外，蒙骜遁走。信陵君追至函谷关，抑之而还。

安陵人缩高之子仕于秦，秦使之守管。信陵君攻之不下，使人谓安陵君曰："君其遣缩高，吾将仕之以五大夫，使为执节尉。"安陵君曰："安陵，小国也，不能必使其民。使者自往请之。"使吏导使者至缩高之所，使者致信陵君之命。缩高曰："君之幸高也，将使高攻管也。夫父攻子守，人之笑也。见臣而下，是倍主也。父教子倍，亦非君之所喜。敢再拜辞！"使者以报信陵君。信陵君大怒，遣使之安陵君所曰："安陵之地，亦犹魏也。今吾攻管而不下，则秦兵及我，社稷必危矣。愿君生束缩高而致之！若君弗致，无忌将发十万之师以造安陵之城下。"安陵君曰："吾先君成侯受诏襄王以守此城也，手受太府之宪。宪之上篇曰：'子弑父，臣弑君，有常不赦。国虽大赦，降城亡子不得与焉。'今缩高辞大位以全父子之义，而君曰'必生致之'，是使我负襄王之诏而废太府之宪也。虽死，终不敢行！"缩高闻之曰："信陵君为人悍猛而自用，此辞反必为国祸。吾已全己，无违人臣之义矣，岂可使吾君有魏患乎！"乃之使者之舍，刎颈而死。

五月丙午，王薨，太子政立，生十三年矣，国事皆委于文信侯，号称仲父。

始皇帝元年。韩欲疲秦人使无东伐，乃使水工郑国为间于秦，凿泾水自仲山为渠，并北山，东注洛。中作而觉，秦人欲杀之。郑国曰："臣为韩延数年之命，然渠成，亦秦万世之利也。"乃使卒为之。注填阏之水溉舄卤之地四万余顷，收皆亩一钟，关中由是益富饶。　二年，赵孝成王薨，子悼襄王立。

三年，蒙骜伐韩，取十二城。

四年春，蒙骜伐魏，取旸、有诡。三月，军罢。

秦质子归自赵，赵太子出归国。　魏安厘王薨，子景湣王立。

五年，蒙骜伐魏，取酸枣、燕、虚、长平、雍丘、山阳等二十城，初置东郡。

六年，楚、赵、魏、韩、卫合从以伐秦。楚王为从长，春申君用事，取寿陵。至函谷，秦师出，五国之师皆败走。楚王以咎春申君，春申君以此益疏。观津人朱英谓春申君曰："人皆以楚为强，君用之而弱。其于英不然。先君时，秦善楚，二十年而不攻楚，何也？秦逾黾厄之塞而攻楚，不便；假道于两周，背韩、魏而攻楚，不可。今则不然。魏旦暮亡，不能爱许、鄢陵。魏割以与秦，秦兵去陈百六十里。臣之所观者，见秦、楚之日斗也。"楚于是去陈，徙寿春，命曰郢。春申君就封于吴，行相事。

秦拔魏朝歌及卫濮阳，卫元君率其支属徙居野王，阻其山以保魏之河内。

七年，伐魏，取汲。

蒙骜卒。　八年，韩桓惠王薨，子安立。

九年，伐魏，取垣、蒲。杨端和伐魏，取衍氏。

十年，文信侯免相，出就国。

宗室大臣议曰："诸侯人来仕者，皆为其主游间耳，请一切逐之。"于是大索逐客。客卿楚人李斯亦在逐中，行，且上书曰："昔穆公求士，西取由余于戎，东得百里奚于宛，迎蹇叔于宋，求丕豹、公孙支于晋，并国二十，遂霸西戎。孝公用商鞅之法，诸侯亲服，至今治强。惠王用张仪之计，散六国之从，使之事秦。昭王得范雎，强公室，杜私门。此四君者，皆以客之功。由此观之，客何负于秦哉！夫色、乐、珠、玉不产于秦，而王服御者众；取人则不然，不问可否，不论曲直，非秦者去，为客者逐。是所重者在乎色、乐、珠、玉，而所轻者在乎人民也。臣闻太山不辞土壤，故能成其大；河海不择细流，故能就其深；王者不却众庶，故能明其德。此五帝、三王之所以无敌也。今乃弃黔首以资敌国，却宾客以业诸侯，所谓藉寇兵而赍盗粮者也。"王乃召李斯，复其官，除逐客之令。李斯至骊邑而还。王卒用李斯之谋，阴遣辩士赍金玉游说诸侯，诸侯名士可下以财者厚遗结之，不肯者利剑刺之，离其君臣之计，然后使良将随其后，数年之中，卒兼天下。

十一年，赵人伐燕，取狸阳。兵未罢，将军王翦、桓齮、杨端和伐赵，攻邺，取九城。王翦攻阏与、橑阳，桓齮取邺、安阳。赵悼襄王薨，子幽缪王迁立。

十二年，发四郡兵助魏伐楚。

十三年，桓齮伐赵，败赵将扈辄于平阳，斩首十万，杀扈辄。赵王以李牧为大将军，复战于宜安、肥下，秦师败绩，桓齮奔还。

十四年，桓齮伐赵，取宜安、平阳、武城。

韩王纳地效玺，请为藩臣，使韩非来聘。非因上书说王曰："今秦地方数千里，师名百万，号令赏罚，天下不如。臣昧死愿望见大王，言所以破天下从之计。大王诚听臣说，一举而天下之从不破，赵不举，韩不亡，荆、魏不臣，齐、燕不亲，霸王之名不成，四邻诸侯不朝，大王斩臣以徇国，以戒为王谋不忠者也。”王悦之，未任用。李斯嫉之曰：“韩非，韩之诸公子也。今欲并诸侯，非终为韩不为秦，此人情也。今王不用，久留而归之，此自遗患也，不如以法诛之。”王以为然，下吏治非。李斯使人遗非药，令早自杀。韩非欲自陈，不得见。王后悔，使赦之，非已死矣。

臣光曰：臣闻君子亲其亲以及人之亲，爱其国以及人之国，是以功大名美而享有百福也。今非为秦画谋，而首欲覆其宗国以售其言，罪固不容死矣！

十五年，王大兴师伐赵，一军抵邺，一军抵太原。取狼孟、番吾，遇李牧而还。

初，燕太子丹尝质于赵，与王善。王即位，丹为质于秦，王不礼焉。丹怒，亡归。

十六年，韩献南阳地。九月，发卒受地于韩。

魏人献地。

十七年，内史胜灭韩，虏韩王安，以其地置颍川郡。

十八年，王翦将上地兵，下井陉，端和将河内兵，共伐赵。赵李牧、司马尚御之。秦人多与赵王嬖臣郭开金，使毁牧及尚，言其欲反。赵王使赵葱及齐将颜聚代之。李牧不受命，赵人捕而杀之。废司马尚。

十九年，王翦击赵军，大破之，杀赵葱，颜聚亡。遂克邯郸，虏赵王迁。王如邯郸，故与母家有仇怨者皆杀之。还，从太原、上郡归。

王翦屯中山以临燕。赵公子嘉帅其宗数百人奔代，自立为代王，赵之亡大夫稍稍归之，与燕合兵，军上谷。

燕太子丹怨王，欲报之，以问其傅鞠武。鞠武请西约三晋，南连齐、楚，北媾匈奴以图秦。太子曰："太傅之计，旷日弥久，令人心惛然，恐不能须也。"顷之，将军樊於期得罪亡之燕，太子受而舍之。鞠武谏曰："夫以秦王之暴而积怒于燕，足为寒心，又况闻樊将军之所在乎！是谓'委肉当饿虎之蹊'也。愿太子疾遣樊将军入匈奴。"太子曰："樊将军穷困于天下，归身于丹，是固丹命卒之时也。愿更虑之。"鞠武曰："夫行危以求安，造祸以为福，计浅而怨深，连结一人之后交，不顾国家之大害，所谓'资怨而助祸'矣！"太子不听。

太子闻卫人荆轲之贤，卑辞厚礼而请见之。谓轲曰："今秦已虏韩王，又举兵南伐楚，北临赵。赵不能支秦，则祸必至于燕。燕小弱，数困于兵，何足以当秦！诸侯服秦，莫敢合从。丹之私计愚，以为诚得天下之勇士使于秦，劫秦王，使悉反诸侯侵地，若曹沫之与齐桓公，则大善矣。即不可，因而刺杀之。彼大将擅兵于外而内有乱，则君臣相疑，以其间诸侯得合从，其破秦必矣。唯荆卿留意焉。"荆轲许之。于是舍荆卿于上舍，太子日造门下。所以奉养荆轲，无所不至。及王翦灭赵，太子闻之惧，欲遣荆轲行。荆轲曰："今行而无信，则秦未可亲也。诚得樊将军首与燕督亢之地图，奉献秦王，秦王必说见臣，臣乃有以报。"太子曰："樊将军穷困来归丹，丹不忍也。"荆轲乃私见樊於期曰："秦之遇将军可谓深矣，父母宗族皆为戮没。今闻购将军首金千斤，邑万家，将奈何？"於期太息流涕曰："计将安出？"荆卿曰："愿得将军之首以献秦王，秦王必喜而见臣。臣左手把其袖，右手揕其胸，则将军之仇报而燕见陵之愧除矣！"樊於期曰："此臣之日夜切齿腐心也。"遂自刎。太子闻之,奔往,伏哭,然已无奈何,遂以函盛其首。太子豫求天下之利匕首,使工以药焠之,以试人,血濡缕,人无不立死者。乃装为遣荆轲,以燕勇士秦舞阳为之副,使入秦。　楚幽王薨,国人立其弟郝。三月,郝庶兄负刍杀之自立。　魏景湣王薨,子假立。

二十年,荆轲至咸阳,因王宠臣蒙嘉卑辞以求见。王大喜,朝服,设九宾而见之。荆轲奉图以进于王,图穷而匕首见,因把王袖而揕之。未至身,王惊起,袖绝。荆轲逐王,王环柱而走。群臣皆愕,卒起不意,尽失其度。而秦法,群臣侍殿上者不得操尺寸之兵;左右以手共搏之,且曰"王负剑!"负剑,王遂拔以击荆轲,断其左股。荆轲废,乃引匕首擿王,中铜柱。自知事不就,骂曰:"事所以不成者,以欲生劫之,必得约契以报太子也!"遂体解荆轲以徇。王于是大怒,益发兵诣赵,就王翦以伐燕,与燕师、〔代师〕战于易水之西,大破之。

二十一年冬十月,王翦拔蓟,燕王及太子率其精兵东保辽东,李信急追之。代王嘉遗燕王书,令杀太子丹以献。丹匿衍水中,燕王使使斩丹欲以献王,王复进兵攻之。

王贲伐楚,取十余城,王问于将军李信曰:"吾欲取荆,于将军度用几何人而足?"李信曰:"不过用二十万。"王以问王翦,王翦曰:"非六十万人不可。"王曰:"王将军老矣,何怯也!"遂使李信、蒙恬将二十万人伐楚。王翦因谢病归频阳。

二十二年,王贲伐魏,引河沟以灌大梁。三月城坏,魏王假降,杀之,遂灭魏。

王使人谓安陵君曰:"寡人欲以五百里地易安陵。"安陵君曰:"大王加惠,以大易小,甚幸。虽然,臣受地于魏之先王,愿终守之，弗敢易。”王义而许之。

李信攻平舆，蒙恬攻寝，大破楚军。信又攻鄢郢，破之。于是引兵而西，与蒙恬会城父。楚人因随之，三日三夜不顿舍，大败李信，入两壁，杀七都尉。李信奔还。王闻之大怒，自至频阳谢王翦曰：“寡人不用将军谋，李信果辱秦军！将军虽病，独忍弃寡人乎！”王翦谢病不能将。王曰：“已矣，勿复言！”王翦曰：“必不得已用臣，非六十万人不可。”王曰：“为听将军计耳。”于是王翦将六十万人伐楚，王送至霸上。

二十三年，王翦取陈以南至平舆。楚人闻王翦益军而来，乃悉国中兵以御之。王翦坚壁不与战，楚人数挑战，终不出。王翦日休士洗沐，而善饮食，抚循之，亲与士卒同食。久之，王翦使人问：“军中戏乎？”对曰：“方投石、超距。”王翦曰：“可用矣。”楚既不得战，乃引而东。王翦追之，令壮士击，大破楚师。至蕲南，杀其将军项燕，楚师遂败走。王翦因乘胜略定城邑。

二十四年，王翦、蒙武虏楚王负刍，以其地置楚郡。

二十五年，大兴兵，使王贲攻辽东，虏燕王喜。

臣光曰：燕丹不胜一朝之忿，以犯虎狼之秦，轻虑浅谋，挑怨速祸，使召公之庙，不祀忽诸，罪孰大焉！而论者或谓之贤，岂不过哉！夫为国家者，任官以才，立政以礼，怀民以仁，交邻以信；是以官得其人，政得其节，百姓怀其德，四邻亲其义。夫如是，则国家安如磐石，炽如焱火，触之者碎，犯之者焦，虽有强暴之国，尚何足畏哉！丹释此不为，顾以万乘之国，决匹夫之怒，逞盗贼之谋，功隳身僇，社稷为墟，不亦悲哉！夫其膝行蒲伏，非恭也；复言重诺，非信也；糜金散玉，非惠也；刎首决腹，非勇也。要之谋不远而动不义，其楚白公胜之流乎！荆轲怀其豢养之私，不顾七族，欲以尺八匕首强燕而弱秦，不亦愚乎！故扬子论之，以要离为蛛蝥之靡，聂政为壮士之靡，荆轲为刺客之靡，皆不可谓之义。又曰“荆轲，君子盗诸”。善哉！

王贲攻代，虏代王嘉。

王翦悉定荆江南地，降百越之君，置会稽郡。

初，齐君王后贤，事秦谨，与诸侯信，齐亦东边海上。秦日夜攻三晋、燕、楚，五国各自救，以故齐王建立四十余年不受兵。及君王后且死，戒王建曰："群臣之可用者某。"王曰："请书之。"君王后曰："善。"王取笔牍受言，君王后曰："老妇已忘矣。"君王后死，后胜相齐，多受秦间金。宾客入秦，秦又多与金。客皆为反间，劝王朝秦，不修攻战之备，不助五国攻秦，秦以故得灭五国。

齐王将入朝，雍门司马前曰："所为立王者，为社稷耶？为王耶？"王曰："为社稷。"司马曰："为社稷立王，王何以去社稷而入秦？"齐王还车而反。即墨大夫闻之，见齐王曰："齐地方数千里，带甲数百万。夫三晋大夫皆不便秦而在阿、甄之间者百数，王收而与之百万人之众，使收三晋之故地，即临晋之关可以入矣。鄢郢大夫不欲为秦而在城南下者百数，王收而与之百万之师，使收楚故地，即武关可以入矣。如此，则齐威可立，秦国可亡，岂特保其国家而已哉！"齐王不听。

二十六年，王贲自燕南攻齐，猝入临淄，民莫敢格者。秦使人诱齐王，约封以五百里之地。齐王遂降，秦迁之共，处之松柏之间，饿而死。齐人怨王建不早与诸侯合从，听奸人宾客以亡其国，歌之曰："松耶柏耶！住建共者客耶！"疾建用客之不详也。

臣光曰：从衡之说虽反覆百端，然大要合从者，六国之利也。昔先王建万国，亲诸侯，使之朝聘以相交，飨宴以相乐，会盟以相结者，无他，欲其同心戮力以保家国也。向使六国能以信义相亲，则秦虽强暴，安得而亡之哉！夫三晋者齐、楚之藩蔽，齐、楚者三晋之根柢，形势相资，表里相依。故以三晋而攻齐、楚，自绝其根柢也。以齐、楚而攻三晋，自撤其藩蔽也。安有撤其藩蔽以媚盗，曰"盗将爱我而不攻"，岂不悖哉！

豪桀亡秦

秦始皇帝二十六年，王初并天下，自以为德兼三皇，功过五帝，乃更号曰"皇帝"，命为"制"，令为"诏"，自称曰"朕"。追尊庄襄王为太上皇。制曰："死而以行为谥，则是子议父，臣议君也，甚无谓。自今以来，除谥法。朕为始皇帝，后世以计数，二世、三世至于万世，传之无穷。"

二十七年，始皇巡陇西、北地，至鸡头山，过回中焉。作信宫渭南；已，更命曰极庙。自极庙道通骊山。作甘泉前殿，筑甬道，自咸阳属之。治驰道于天下。

二十八年，始皇东行郡县，上邹峄山，立石颂功业。于是召集鲁儒生七十人，至泰山下，议封禅。诸儒或曰："古者封禅，为蒲车，恶伤山之土石、草木；扫地而祭，席因菹秸。"议各乖异。始皇以其难施用，由此绌儒生。而遂除车道，上自太山阳至颠，立石颂德；从阴道下，禅于梁父。其礼颇采太祝之祀雍上帝所用，而封藏皆秘之，世不得而记也。于是始皇遂东游海上，行礼祠名山、大川及八神。始皇南登琅邪，大乐之，留三月。作琅邪台，立石颂德，明得意。

初，燕人宋无忌、羡门子高之徒，称有仙道、形解销化之术，燕、齐迂怪之士皆争传习之。自齐威王、宣王、燕昭王皆信其言，使人入海求蓬莱、方丈、瀛洲。云此三神山在勃海中，去人不远；患且至，则风引船去。尝有至者，诸仙人及不死之药皆在焉。及始皇至海上，诸方士齐人徐市等争上书言之，请得齐戒与童男女求之。于是遣徐市发童男女数千人入海求之。船交海中，皆以风为解，曰未能至，望见之焉。始皇还，过彭城，齐戒祷祠，欲出周鼎泗水。使千人没水求之，弗得。乃西南渡淮水，之衡山、南郡，浮江至湘山祠，逢大风，几不能渡。上问博士曰："湘君何神？"对曰："闻之，尧女，舜之妻葬此。"始皇大怒，使刑徒三千人皆伐湘山树，赭其山。遂自南郡由武关归。

初，韩人张良，其父、祖以上五世相韩。及韩亡，良散千金之产，欲为韩报仇。

二十九年，始皇东游，至阳武博浪沙中，张良令力士操铁椎狙击始皇，误中副车。始皇惊，求，弗得，令天下大索十日。始皇遂登之罘，刻石。旋，之琅邪，道上党入。

三十二年，始皇之碣石，使燕人卢生求羡门。刻碣石门。坏城郭，决通堤坊。始皇巡北边，从上郡入。卢生使入海还，因奏录图书曰："亡秦者胡也。"始皇乃遣将军蒙恬发兵三十万人，北伐匈奴。

三十三年，发诸尝逋亡人、赘婿、贾人为兵，略取南越陆梁地，置桂林、南海、象郡。以谪徙民五十万人戍五岭，与越杂处。

蒙恬斥逐匈奴，收河南地为四十四县。筑长城，因地形，用制险塞，起临洮，至辽东，延袤万余里。于是渡河，据阳山，逶迤而北。暴师于外十余年。

三十四年，丞相李斯上书曰："异时诸侯并争，厚招游学。今天下已定，法令出一，百姓当家则力农工，士则学习法令。今诸生不师今而学古，以非当世，惑乱黔首。相与非法教，人闻令下，则各以其学议之。入则心非，出则巷议，夸主以为名，异趣以为高，率群下以造谤。如此弗禁，则主势降乎上，党与成乎下。禁之便。臣请史官非秦记皆烧之。非博士官所职，天下有藏诗、书、百家语者，皆诣守、尉杂烧之。有敢偶语诗、书，弃市。以古非今者族。吏见知不举，与同罪。令下三十日不烧，黥为城旦。所不去者，医药、卜筮、种树之书。若欲有学法令，以吏为师。"制曰："可。"

三十五年，使蒙恬除直道，道九原抵云阳，堑山堙谷千八百里，数年不就。

始皇以为咸阳人多，先王之宫廷小，乃营作朝宫渭南上林苑中。先作前殿阿房，东西五百步，南北五十丈，上可以坐万人，下可以建五丈旗。周驰为阁道，自殿下直抵南山。表南山之颠以为阙。为复道，自阿房渡渭，属之咸阳，以象天极阁道绝汉抵营室也。隐宫、徒刑者七十余万人，乃分作阿房宫或作骊山。发北山石椁，写蜀、荆地材皆至。关中计宫三百，关外四百余。于是立石东海上朐界中，以为秦东门。因徙三万家骊邑，五万家云阳，皆复不事十岁。

卢生说始皇曰："方中，人主时为微行以辟恶鬼。恶鬼辟，真人至。愿上所居宫毋令人知，然后不死之药殆可得也。"始皇曰："吾慕真人！"自谓"真人"，不称"朕"。乃令咸阳之旁二百里内宫观二百七十，复道、甬道相连，帷帐、钟鼓、美人充之，各案署不移徙。行所幸，有言其处者，罪死。始皇幸梁山宫，从山上见丞相车骑众，弗善也。中人以告丞相，丞相后损车骑。始皇怒曰："此中人泄吾语！"案问，莫服，捕时在旁者尽杀之。自是后莫知行之所在。群臣受决事者，悉于咸阳宫。

侯生、卢生相与讥议始皇，因亡去。始皇闻之大怒，曰："卢生等吾尊赐之甚厚，今乃诽谤我。诸生在咸阳者，吾使人廉问，或为妖言以乱黔首。"于是使御史悉案问诸生。诸生传相告引，乃自除犯禁者四百六十余人，皆坑之咸阳，使天下知之，以惩后。益发谪徙边。始皇长子扶苏谏曰："诸生皆诵法孔子，今上皆重法绳之，臣恐天下不安。"始皇怒，使扶苏北监蒙恬军于上郡。

三十六年，有陨石于东郡，或刻其石曰"始皇死而地分"。始皇使御史逐问，莫服，尽取石旁居人诛之，燔其石。

三十七年冬十月癸丑，始皇出游，左丞相斯从，右丞相去疾守。始皇二十余子，少子胡亥最爱，请从，上许之。始皇西至平原津而病，乃令中车府令行符玺事赵高为书赐扶苏曰："与丧，会咸阳而葬。"书已封，在赵高所，未付使者。秋七月丙寅，始皇崩于沙丘平台。丞相斯为上崩在外，恐诸公子及天下有变，乃秘之不发丧。棺载辒凉车中，故幸宦者骖乘，所至上食、百官奏事如故，宦者辄从车中可其奏事。独胡亥、赵高及幸宦者五六人知之。

初，始皇尊宠蒙氏，信任之。蒙恬任外将，蒙毅常居中参谋议，名为忠信，故虽诸将相莫敢与之争。赵高者，生而隐宫，始皇闻其强力，通于狱法，举以为中车府令，使教胡亥决狱，胡亥幸之。赵高有罪，始皇使蒙毅治之。毅当高法应死，始皇以高敏于事，赦之，复其官。赵高既雅得幸于胡亥，又怨蒙氏，乃说胡亥，请诈以始皇命诛扶苏而立胡亥为太子。胡亥然其计。赵高曰:"不与丞相谋,恐事不能成。"乃见丞相斯曰:"上赐长子书及符玺皆在胡亥所,定太子在君侯与高之口耳。事将何如?"斯曰:"安得亡国之言!此非人臣所当议也!"高曰:"君侯材能、谋虑、功高、无怨、长子信之,此五者皆孰与蒙恬?"斯曰:"不及也。"高曰:"然则长子即位,必用蒙恬为丞相,君侯终不怀通侯之印归乡里明矣。胡亥慈仁笃厚,可以为嗣。愿君审计而定之!"丞相斯以为然,乃相与谋,诈为受始皇诏,立胡亥为太子。更为书赐扶苏,数以不能辟地立功,士卒多耗,反数上书直言诽谤,日夜怨望不得罢归为太子。将军恬不矫正,知其谋。皆赐死,以兵属裨将王离。扶苏发书,泣,入内舍,欲自杀。蒙恬曰:"陛下居外,未立太子,使臣将三十万众守边,公子为监,此天下重任也。今一使者来,即自杀,安知其非诈?复请而后死,未暮也。"使者数趣之,扶苏谓蒙恬曰:"父赐子死,尚安复请。"即自杀。蒙恬不肯死,使者以属吏,系诸阳周。更置李斯舍人为护军,还报。胡亥已闻扶苏死,即欲释蒙恬。会蒙毅为始皇出祷山川,还至。赵高言于胡亥曰:"先帝欲举贤立太子久矣,而毅谏以为不可,不若诛之。"乃系诸代。遂从井陉抵九原。会暑,辒车臭,乃诏从官令车载一石鲍鱼以乱之。从直道至咸阳,发丧。太子胡亥袭位。

二世欲诛蒙恬兄弟,二世兄子子婴谏曰:"赵王迁杀李牧而用颜聚,齐王建杀其故世忠臣而用后胜,卒皆亡国。蒙氏,秦之大臣、谋士也,而陛下欲一旦弃去之。诛杀忠臣而立无节行之人,是内使群臣不相信,而外使斗士之意离也。"二世弗听,遂杀蒙毅及内史恬。恬曰:"自吾先人及至子孙,积功信于秦三世矣。今臣将兵三十余万,身虽囚系,其势足以倍畔。然自知必死而守义者，不敢辱先人之教以不忘先帝也。”乃吞药自杀。

二世元年春，二世东行郡县，李斯从。到碣石，并海，南至会稽。而尽刻始皇所立刻石，旁著大臣从者名，以章先帝成功盛德而还。夏四月，二世至咸阳，谓赵高曰：“夫人生居世间也，譬犹骋六骥过决隙也。吾既已临天下矣，欲悉耳目之所好，穷心志之所乐，以终吾年寿，可乎？”高曰：“此贤主之所能行，而昏乱主之所禁也。虽然，有所未可，臣请言之。夫沙丘之谋，诸公子及大臣皆疑焉，而诸公子尽帝兄，大臣又先帝之所置也。今陛下初立，此其属意怏怏皆不服，恐为变。臣战战栗栗，唯恐不终，陛下安得为此乐乎！”二世曰：“为之奈何？”赵高曰：“陛下严法而刻刑，令有罪者相坐，诛灭大臣及宗室；然后收举遗民，贫者富之，贱者贵之。尽除去先帝之故臣，更置陛下之所亲信者。此则阴德归陛下，害除而奸谋塞，群臣莫不被润泽，蒙厚德，陛下则高枕肆志宠乐矣。计莫出于此。”二世然之，乃更为法律，务益刻深。大臣诸公子有罪，辄下高，令鞠治之。于是公子十二人僇死咸阳市，十公主矺死于杜，财物入于县官，相连逮者不可胜数。

公子将闾昆弟三人囚于内宫，议其罪独后。二世使使令将闾曰：“公子不臣，罪当死，吏致法焉。”将闾曰：“阙廷之礼，吾未尝敢不从宾赞也；廊庙之位，吾未尝敢失节也；受命应对，吾未尝敢失辞也。何谓不臣？愿闻罪而死。”使者曰：“臣不得与谋，奉书从事。”将闾乃仰天大呼天者三，曰：“吾无罪！”昆弟三人皆流涕，拔剑自杀。宗室振恐。

公子高欲奔，恐收族，乃上书曰：“先帝无恙时，臣入则赐食，出则乘舆。御府之衣，臣得赐之；中厩之宝马，臣得赐之。臣当从死而不能，为人子不孝，为人臣不忠。不孝不忠者，无名以立于世。臣请从死,愿葬骊山之足。唯上幸哀怜之!”书上,二世大说,召赵高而示之曰:“此可谓急乎?”赵高曰:“人臣当忧死而不暇,何变之得谋!”二世可其书,赐钱十万以葬。

复作阿房宫,尽征材士五万人为屯卫咸阳,令教射。狗马禽兽当食者多,度不足,下调郡县,转输菽粟刍稿,皆令自赍粮食,咸阳三百里内不得食其谷。

秋七月,阳城人陈胜、阳夏人吴广起兵于蕲。是时,发闾左戍渔阳九百人屯大泽乡,陈胜、吴广皆为屯长。会天大雨,道不通,度已失期。失期,法皆斩。陈胜、吴广因天下之愁怨,乃杀将尉,召令徒属曰:“公等皆失期当斩;假令毋斩,而戍死者固什六七。且壮士不死则已,死则举大名耳,王侯将相,宁有种乎!”众皆从之。乃诈称公子扶苏、项燕,为坛而盟,称大楚。陈胜自立为将军,吴广为都尉。攻大泽乡,拔之,收而攻蕲。蕲下,乃令符离人葛婴将兵徇蕲以东,攻铚、酂、苦、柘、谯,皆下之。行收兵。比至陈,车六七百乘,骑千余,卒数万人。攻陈,乃入据陈。

初,大梁人张耳、陈馀,相与为刎颈交。秦灭魏,闻二人魏之名士,重赏购求之。张耳、陈馀乃变名姓,俱之陈。陈涉既入陈,张耳、陈馀诣门上谒,陈涉素闻其贤,大喜。陈中豪桀父老请立涉为楚王,涉以问张耳、陈馀。耳、馀对曰:“秦为无道,灭人社稷,暴虐百姓。将军出万死之计,为天下除残也。今始至陈而王之,示天下私。愿将军毋王,急引兵而西,遣人立六国后,自为树党,为秦益敌。敌多则力分,与众则兵强。如此,野无交兵,县无守城,诛暴秦,据咸阳以令诸侯。诸侯亡而得立,以德服之,如此则帝业成矣。今独王陈,恐天下懈也。”陈涉不听,遂自立为王,号张楚。

当是时，诸郡县苦秦法，争杀长吏以应涉。谒者使从东方来，以反者闻。二世怒，下之吏。后使者至，上问之，对曰："群盗鼠窃狗偷，郡守、尉方逐捕，今尽得，不足忧也。"上悦。

陈王以吴叔为假王，监诸将以西击荥阳。

张耳、陈馀复说陈王，请奇兵北略赵地。于是陈王以故所善陈人武臣为将军，邵骚为护军，以张耳、陈馀为左右校尉，予卒三千人徇赵。

陈王又令汝阴人邓宗徇九江郡。当此时，楚兵数千人为聚者，不可胜数。

葛婴至东城，立襄强为楚王。闻陈王已立，因杀襄强还报。陈王诛杀葛婴。

陈王令魏人周市北徇魏地。以上蔡人房君蔡赐为上柱国。陈王闻周文，陈之贤人也，习兵，乃与之将军印，使西击秦。

武臣等从白马渡河，至诸县，说其豪桀，豪桀皆应之。乃行收兵，得数万人。号武臣为武信君，下赵十余城，余皆城守。乃引兵东北击范阳，范阳蒯彻说武信君曰："足下必将战胜而后略地，攻得然后下城，臣窃以为过矣。诚听臣之计，可不攻而降城，不战而略地，传檄而千里定，可乎？"武信君曰："何谓也？"彻曰："范阳令徐公畏死而贪，欲先天下降。君若以为秦所置吏，诛杀如前十城，则边地之城皆为金城汤池，不可攻也。君若赍臣侯印以授范阳令，使乘朱轮华毂，驱驰燕、赵之郊，即燕、赵城可毋战而降矣。"武信君曰："善。"以车百乘、骑二百、侯印迎徐公，燕、赵闻之，不战以城下者三十余城。

陈王既遣周章，以秦政之乱，有轻秦之意，不复设备。博士孔鲋谏曰："臣闻兵法'不恃敌之不我攻，恃吾不可攻'。今王恃敌而不自恃，若跌而不振，悔之无及也！”陈王曰：“寡人之军，先生无累焉。”

周文行收兵至关，车千乘，卒数十万，至戏军焉。二世乃大惊，与群臣谋曰：“奈何？”少府章邯曰：“盗已至，众强，今发近县不及矣。骊山徒多，请赦之，授兵以击之。”二世乃大赦天下，使章邯免骊山徒、人奴产子，悉发以击楚军，大败之，周文走。

张耳、陈馀至邯郸，闻周章却，又闻诸将为陈王徇地还者多以谗毁得罪诛，乃说武信君，令自王。八月，武信君自立为赵王，以陈馀为大将军，张耳为右丞相，邵骚为左丞相。使人报陈王。陈王大怒，欲尽族武信君等家而发兵击赵。柱国房君谏曰：“秦未亡而诛武信君等家，此生一秦也。不如因而贺之，使急引兵西击秦。”陈王然之，从其计，徙系武信君等家宫中，封张耳子敖为成都君，使使者贺赵，令趣发兵西入关。张耳、陈余说赵王曰：“王王赵，非楚意，特以计贺王。楚已灭秦，必加兵于赵。愿王毋西兵，北徇燕、代，南收河内以自广。赵南据大河，北有燕、代，楚虽胜秦，必不敢制赵，不胜秦，必重赵。赵乘秦、楚之敝，可以得志于天下。”赵王以为然，因不西兵，而使韩广略燕，李良略常山，张黡略上党。

九月，沛人刘邦起兵于沛，下相人项梁起兵于吴，狄人田儋起兵于齐。

刘邦字季，初为泗上亭长，为县送徒骊山，徒多道亡。自度比至皆亡之，到丰西泽中亭，止饮，夜乃解纵所送徒曰：“公等皆去，吾亦从此逝矣。”徒中壮士愿从者十余人。刘季亡匿于芒、砀山泽岩石之间，数有奇怪，沛中子弟闻之，多欲附者。及陈涉起，沛令欲以沛应之。掾主吏萧何、曹参曰：“君为秦吏，今欲背之，率沛子弟，恐不听。愿君召诸亡在外者，可得数百人，因劫众，众不敢不听。”乃令樊哙召刘季。刘季之众已数十百人矣，沛令后悔，恐其有变，乃闭城城守，欲诛萧、曹。萧、曹恐，逾城保刘季。刘季乃书帛射城上，遗沛父老，为陈利害。父老乃率子弟共杀沛令，开门迎刘季，立以为沛公。萧、曹等为收沛子弟得二三千人，以应诸侯。

项梁者，楚将项燕子也。尝杀人，与兄子籍避仇吴中。吴中贤士大夫皆出其下。会稽守殷通闻陈涉起，欲发兵以应涉，使项梁及桓楚将。是时，桓楚亡在泽中。梁曰：“桓楚亡，人莫知其处，独籍知之耳。”梁乃出诫籍，持剑居外。梁复入，与守坐，曰：“请召籍，使受命召桓楚。”守曰：“诺。”梁召籍入，须臾，梁眴籍曰：“可行矣！”于是籍遂拔剑斩守头。项梁持守头，佩其印绶。门下大惊，扰乱，籍所击杀数十百人，一府中皆慑伏，莫敢起。梁乃召故所知豪吏，谕以所为起大事，遂举吴中兵，使人收下县，得精兵八千人。梁为会稽守，籍为裨将，徇下县。籍是时年二十四。

田儋者，故齐王族也。儋从弟荣，荣弟横，皆豪健，宗强，能得人。周市徇地至狄，狄城守。田儋佯为缚其奴，从少年之廷，欲谒杀奴，见狄令，因击杀令，而召豪吏子弟曰：“诸侯皆反秦自立。齐，古之建国也。儋，田氏，当王。”遂自立为齐王，发兵以击周市。周市军还去。田儋率兵东略定齐地。

韩广将兵北徇燕，燕地豪桀欲共立广为燕王。韩广乃自立为燕王。

周市自狄还，至魏地，欲立故魏公子宁陵君咎为王。咎在陈，不得之魏。魏地已定，诸侯皆欲立周市为魏王。市曰：“天下昏乱，忠臣乃见。今天下共畔秦，其义必立魏王后乃可。”诸侯固请立市，市终辞不受。迎魏咎于陈，五反，陈王乃遣之。立咎为魏王，市为魏相。

二年冬十月，泗川监平将兵围沛公于丰。沛公出与战，破之，令雍齿守丰。十一月，沛公引兵之薛。泗川守壮兵败于薛，走至戚，沛公左司马得杀之。

周章出关，止屯曹阳，二月余，章邯追败之，复走渑池。十余日，章邯击，大破之。周文自刎，军遂不战。

吴叔围荥阳，李由为三川守，守荥阳，叔弗能下。楚将军田臧等相与谋曰：“周章军已破矣，秦兵旦暮至。我围荥阳，城弗能下，秦兵至，必大败。不如少遗兵守荥阳，悉精兵迎秦军。今假王骄，不知兵权，不足与计事，恐败。”因相与矫王令以诛吴叔，献其首于陈王。陈王使使赐田臧楚令尹印，使为上将。田臧乃使诸将李归等守荥阳，自以精兵西迎秦军于敖仓。与战，田臧死，军破。章邯进兵击李归等荥阳下，破之，李归等死。阳城人邓说将兵居郯，章邯别将击破之。铚人伍逢将兵居许，章邯击破之。两军皆散走陈，陈王诛邓说。

二世数诮让李斯：“居三公位，如何令盗如此！”李斯恐惧，重爵禄，不知所出。乃阿二世意，以书对曰：“夫贤主者，必能行督责之术者也。故申子曰‘有天下而不恣睢，命之曰以天下为桎梏’者，无他焉，不能督责，而顾以其身劳于天下之民，若尧、禹然，故谓之‘桎梏’也。夫不能修申、韩之明术，行督责之道，专以天下自适也，而徒务苦形劳神，以身徇百姓，则是黔首之役，非畜天下者也，何足贵哉！故明主能行督责之术以独断于上，则权不在臣下，然后能灭仁义之涂，绝谏说之辩，荦然行恣睢之心而莫之敢逆。如此，群臣、百姓救过不给，何变之敢图！”二世说。于是行督责益严，税民深者为明吏，杀人众者为忠臣，刑者相半于道，而死人日成积于市，秦民益骇惧思乱。

赵李良已定常山，还报赵王，赵王复使良略太原。至石邑，秦兵塞井陉，未能前。秦将诈为二世书以招良，良得书未信，还之邯郸，益请兵。未至，道逢赵王姊出饮，从百余骑，良望见，以为王，伏谒道旁。王姊醉，不知其将，使骑谢李良。李良素贵，起，惭其从官。从官有一人曰：“天下畔秦，能者先立。且赵王素出将军下，今女儿乃不为将军下车，请追杀之。”李良已得秦书，固欲反赵，未决，因此怒，遣人追杀王姊，因将其兵袭邯郸。邯郸不知，竟杀赵王、邵骚。赵人多为张耳、陈馀耳目者，以故二人独得脱。

陈人秦嘉、符离人朱鸡石等起兵，围东海守于郯。

二世益遣长史司马欣、董翳佐章邯击盗。章邯已破伍逢，击陈柱国房君杀之，又进击陈西张贺军。陈王出监战，张贺死。腊月，陈王之汝阴，还，至下城父，其御庄贾杀陈王以降。

赵张耳、陈馀收其散兵，得数万人，击李良。良败走，归章邯。客有说耳、馀曰：“两君羁旅，而欲附赵，难可独立。立赵后，辅以谊，可就功。”乃求得赵歇。春正月，耳、馀立歇为赵王，居信都。

东阳宁君、秦嘉闻陈王军败，乃立景驹为楚王。

黥布者，六人也，姓英氏。坐法黥，以刑徒论输骊山，骊山之徒数十万人，布皆与其徒长豪桀交通，乃率其曹耦，亡之江中为群盗。番阳令吴芮甚得江湖间心，号曰番君。布往见之，其众已数千人，番君乃以女妻之，使将其兵击秦。

楚王景驹在留，沛公往从之。张良亦聚少年百余人，欲往从景驹，道遇沛公，遂属焉。沛公拜良为厩将。良数以太公兵法说沛公，沛公善之，常用其策。良为他人言，皆不省。良曰："沛公殆天授。"故遂从不去。

沛公与良俱见景驹，欲请兵以攻丰。时章邯司马𡰖将兵北定楚地，屠相，至砀。东阳宁君、沛公引兵西，与战萧西，不利，还，收兵聚留。二月，攻砀，三日拔之，收砀兵得六千人，与故合九千人。三月，攻下邑，拔之。还击丰，不下。

广陵人召平为陈王徇广陵，未下，闻陈王败走，章邯且至，乃渡江，矫陈王令，拜项梁为楚上柱国。曰："江东已定，急引兵西击秦。"梁乃以八千人渡江而西。闻陈婴已下东阳，使使欲与连和俱西。陈婴者，故东阳令史，居县中，素信谨，称为长者。东阳少年杀其令，相聚得二万人，欲立婴为王。婴母谓婴曰："自我为汝家妇，未尝闻汝先世之有贵者。今暴得大名，不祥。不如有所属，事成犹得封侯，事败易以亡，非世所指名也。"婴乃不敢为王，谓其军吏曰："项氏世世将家，有名于楚。今欲举大事，将非其人不可，我倚名族，亡秦必矣。"其众从之，乃以其兵属梁。

英布既破秦军，引兵而东，闻项梁西渡淮，布与蒲将军皆以其兵属焉。项梁众凡六七万人，军下邳。景驹、秦嘉军彭城东，欲以距梁。梁谓军吏曰："陈王先首事，战不利，未闻所在。今秦嘉倍陈王而立景驹，逆无道！"乃进兵击秦嘉。秦嘉军败走，追之，至胡陵。嘉还战，一日，嘉死，军降。景驹走死梁地。梁已并秦嘉军，军胡陵，将引军而西。章邯军至栗，项梁使别将朱鸡石、余樊君与战。余樊君死，朱鸡石军败，亡走胡陵。梁乃引兵入薛，诛朱鸡石。沛公从骑百余往见梁，梁与沛公卒五千人，五大夫将十人。沛公还，引兵攻丰，拔之，雍齿奔魏。项梁使项羽别攻襄城，襄城坚守不下。已拔，皆坑之，还报。梁闻陈王定死，召诸别将会薛计事，沛公亦往焉。

居鄛人范增，年七十，素居家，好奇计，往说项梁曰："陈胜败，固当。夫秦灭六国，楚最无罪，自怀王入秦不反，楚人怜之至今，故楚南公曰：'楚虽三户，亡秦必楚。'今陈胜首事，不立楚后而自立，其势不长。今君起江东，楚蜂起之将皆争附君者，以君世世楚将，为能复立楚之后也。"于是项梁然其言，乃求得楚怀王孙心于民间，为人牧羊。夏六月，立以为楚怀王，从民望也。陈婴为上柱国，封五县，与怀王都盱眙。项梁自号为武信君。

张良说项梁曰："君已立楚后，而韩诸公子横阳君成最贤，可立为王，益树党。"项梁使良求韩成，立以为韩王。以良为司徒，与韩王将千余人西略韩地，得数城，秦辄复取之，往来为游兵颍川。

章邯已破陈王，乃进兵击魏王于临济。魏王使周市出，请救于齐、楚，齐王儋及楚将项它皆将兵随市救魏。章邯夜衔枚击，大破齐、楚军于临济下，杀齐王及周市。魏王咎为其民约降，约定，自烧杀。其弟豹亡走楚，楚怀王予魏豹数千人，复徇魏地。齐田荣收其兄儋余兵东走东阿，章邯追围之。齐人闻齐王儋死，乃立故齐王建之弟假为王，田角为相，角弟间为将，以距诸侯。

秋七月，大霖雨，武信君引兵攻亢父，闻田荣之急，乃引兵击破章邯军东阿下，章邯走而西。田荣引兵东归齐。武信君独追北，使项羽、沛公别攻城阳，屠之。楚军军濮阳东，复与章邯战，又破之。章邯复振，守濮阳，环水。沛公、项羽去，攻定陶。

八月，田荣击逐齐王假，假亡走楚，田角亡走赵。田间前救赵，因留不敢归。田荣乃立儋子市为齐王，荣相之，田横为将，平齐地。章邯兵益盛，项梁数使使告齐、赵发兵共击章邯。田荣曰："楚杀田假，赵杀角、间，乃出兵。"楚、赵不许，田荣怒，终不肯出兵。

郎中令赵高恃恩专恣，以私怨诛杀人众多。恐大臣入朝奏事言之，乃说二世曰："天子所以贵者，但以闻声，群臣莫得见其面故也。且陛下富于春秋，未必尽通诸事，今坐朝廷，谴举有不当者，则见短于大臣，非所以示神明于天下也。陛下不如深拱禁中，与臣及侍中习法者待事，事来有以揆之。如此则大臣不敢奏疑事，天下称圣主矣。"二世用其计，乃不坐朝廷见大臣，常居禁中。赵高侍中用事，事皆决于赵高。

高闻李斯以为言，乃见丞相曰："关东群盗多，今上急益发繇，治阿房宫，聚狗马无用之物。臣欲谏，为位贱。此真君侯之事，君何不谏？"李斯曰："固也，吾欲言之久矣。今时上不坐朝廷，常居深宫，吾所言者，不可传也，欲见，无闲。"赵高曰："君诚能谏，请为君候上闲，语君。"于是赵高待二世方燕乐，妇女居前，使人告丞相："上方闲，可奏事。"丞相至宫门上谒，如此者三。二世怒曰："吾常多闲日，丞相不来。吾方燕私，丞相辄来请事。丞相岂少我哉？且固我哉？"赵高因曰："夫沙丘之谋，丞相与焉。今陛下已立为帝，而丞相贵不益，此其意亦望裂地而王矣。且陛下不问臣，臣不敢言。丞相长男李由为三川守，楚盗陈胜等皆丞相傍县之子，以故楚盗公行，过三川，城守不肯击。高闻其文书相往来，未得其审，故未敢以闻。且丞相居外，权重于陛下。"二世以为然，欲按丞相，恐其不审，乃先使人按验三川守与盗通状。

李斯闻之，因上书言赵高之短曰："高擅利擅害，与陛下无异。昔田常相齐简公，窃其恩威，下得百姓，上得群臣，卒弑简公而取齐国，此天下所明知也。今高有邪佚之志，危反之行，私家之富，若田氏之于齐矣，而又贪欲无厌，求利不止，列势次主，其欲无穷。劫陛下之威信，其志若韩玘为韩安相也。陛下不图，臣恐其必为变也！"二世曰："何哉？夫高，故宦人也，然不为安肆志，不以危易心，洁行修善，自使至此，以忠得进，以信守位，朕实贤之，而君疑之，何也？且朕非属赵君，当谁任哉？且赵君为人，精廉强力，下知人情，上能适朕，君其勿疑。"二世雅爱信高，恐李斯杀之，乃私告赵高。高曰："丞相所患者独高，高已死，丞相即欲为田常所为。"

是时盗贼益多，而关中卒发东击盗者无已。右丞相冯去疾、左丞相李斯、将军冯劫进谏曰："关东群盗并起，秦发兵诛击，所杀亡甚众，然犹不止。盗多，皆以戍漕转作事苦，赋税大也。请且止阿房宫作者，减省四边戍转。"二世曰："凡所为贵有天下者，得肆意极欲，主重明法，下不敢为非，以制御海内矣。夫虞、夏之主，贵为天子，亲处穷苦之实，以徇百姓，尚何于法？且先帝起诸侯，兼天下，天下已定，外攘四夷以安边境，作宫室以章得意，而君观先帝功业有绪。今朕即位二年之间，群盗并起，君不能禁，又欲罢先帝之所为，是上无以报先帝，次不为朕尽忠力，何以在位！"下去疾、斯、劫吏，案责他罪。去疾、劫自杀。独李斯就狱，二世以属赵高治之。责斯与子由谋反状，皆收捕宗族、宾客。赵高治斯，搒掠千余，不胜痛，自诬服。

斯所以不死者，自负其辩，有功，实无反心，欲上书自陈，幸二世寤而赦之。乃从狱中上书曰："臣为丞相治民，三十余年矣。

逮秦地之狭隘，不过千里，兵数十万。臣尽薄材，阴行谋臣，资之金玉，使游说诸侯。阴修甲兵，饬政教，官斗士，尊功臣。故终以胁韩弱魏，破燕、赵，夷齐、楚，卒兼六国，虏其王，立秦为天子。又北逐胡貉，南定百越，以见秦之强。更克画，平斗斛度量文章，布之天下，以树秦之名。此皆臣之罪也，臣当死久矣。上幸尽其能力，乃得至今。愿陛下察之。”书上，赵高使吏弃去不奏，曰："囚安得上书！"

赵高使其客十余辈诈为御史、谒者、侍中，更往覆讯斯。斯更以其实对，辄使人复搒之。后二世使人验斯，斯以为如前，终不敢更言。辞服，奏当上，二世喜曰："微赵君，几为丞相所卖！"及二世所使案三川守由者至，则楚兵已击杀之。使者来，会丞相下吏，高皆妄为反辞以相傅会。遂具斯五刑论，腰斩咸阳市。斯出狱，与其中子俱执，顾谓其中子曰："吾欲与若复牵黄犬俱出上蔡东门逐狡兔，岂可得乎！"遂父子相哭而夷三族。二世乃以赵高为丞相，事无大小皆决焉。

项梁已破章邯于东阿，引兵西，北至定陶，再破秦军。项羽、沛公又与秦军战于雍丘，大破之，斩李由。项梁益轻秦，有骄色。宋义谏曰："战胜而将骄卒惰者败。今卒少惰矣，秦兵日益，臣为君畏之！"项梁弗听。乃使宋义使于齐，道遇齐使者高陵君显，曰："公将见武信君乎？"曰："然。"曰："臣论武信君军必败。公徐行即免死，疾行则及祸。"二世悉起兵益章邯，击楚军，大破之定陶，项梁死。

项羽、沛公攻外黄未下，去，攻陈留。闻武信君死，士卒恐，乃与将军吕臣引兵而东，徙怀王自盱眙都彭城。吕臣军彭城东，项羽军彭城西，沛公军砀。

魏豹下魏二十余城，楚怀王立豹为魏王。

章邯已破项梁，以为楚地兵不足忧，乃渡河，北击赵，大破之。引兵至邯郸，皆徙其民河内，夷其城郭。张耳与赵王歇走入钜鹿城，王离围之。陈馀北收常山兵，得数万人，军钜鹿北，章邯军钜鹿南棘原。赵数请救于楚。

高陵君显在楚，见楚王曰："宋义论武信君之军必败，居数日，军果败。兵未战而先见败征，此可谓知兵矣。"王召宋义与计事而大说之，因置以为上将军，项羽为次将，范增为末将，以救赵。诸别将皆属宋义，号为卿子冠军。

怀王遣沛公西入关。

三年冬十月，宋义行至安阳，留四十六日不进。项羽曰："秦围赵急，宜疾引兵渡河，楚击其外，赵应其内，破秦军必矣。"宋义曰："不然。夫搏牛之虻不可以破虮虱，今秦攻赵，战胜则兵罢，我承其敝；不胜，则我引兵鼓行而西，必举秦矣。故不如先斗秦、赵。夫被坚执锐，义不如公；坐运筹策，公不如义。"因下令军中曰："有猛如虎，很如羊，贪如狼，强不可使者，皆斩之！"乃遣其子宋襄相齐，身送之，至无盐，饮酒高会。天寒大雨，士卒冻饥。项羽曰："将戮力而攻秦，久留不行。今岁饥民贫，士卒食半菽，军无见粮，乃饮酒高会，不引兵渡河，因赵食，与赵并力攻秦，乃曰'承其敝'。夫以秦之强，攻新造之赵，其势必举赵。赵举秦强，何敝之承？且国兵新破，王坐不安席，扫境内而专属于将军，国家安危，在此一举。今不恤士卒而徇其私，非社稷之臣也！"

十一月，项羽晨朝上将军宋义，即其帐中斩宋义头，出令军中曰："宋义与齐谋反楚，楚王阴令籍诛之。"当是时，诸将皆慑服，莫敢枝梧。皆曰："首立楚者，将军家也。今将军诛乱。"乃相与共立羽为假上将军。使人追宋义子,及之齐,杀之。使桓楚报命于怀王。怀王因使羽为上将军。

十二月,沛公引兵至栗,遇刚武侯,夺其军四千余人,并之。与魏将皇欣、武满军合攻秦军,破之。

章邯筑甬道属河,饷王离。王离兵食多,急攻钜鹿。钜鹿城中食尽,兵少,张耳数使人召前陈馀。陈馀度兵少,不敌秦,不敢前。数月,张耳大怒,怨陈馀,使张黡、陈泽往让陈馀曰:"始吾与公为刎颈交,今王与耳旦暮且死,而公拥兵数万不肯相救,安在其相为死!苟必信,胡不赴秦军俱死,且有十一二相全。"陈馀曰:"吾度前终不能救赵,徒尽亡军。且余所以不俱死,欲为赵王、张君报秦。今必俱死,如以肉委饿虎,何益?"张黡、陈泽要以俱死,馀乃使黡、泽将五千人先尝秦军,至,皆没。当是时,齐师、燕师皆来救赵,张敖亦北收代兵,得万余人来,皆壁馀旁,未敢击秦。

项羽已杀卿子冠军,威震楚国。乃遣当阳君、蒲将军将卒二万渡河,救钜鹿。战少利,绝章邯甬道,王离军乏食。陈馀复请兵。项羽乃悉引兵渡河,皆沉船,破釜甑,烧庐舍,持三日粮,以示士卒必死,无一还心。于是至则围王离,与秦军遇,九战,大破之,章邯引兵却。诸侯兵乃敢进击秦军,遂杀苏角,虏王离。涉间不降,自烧杀。当是时,楚兵冠诸侯,军救钜鹿者十余壁,莫敢纵兵。及楚击秦,诸侯将皆从壁上观。楚战士无不一当十,呼声动天地,诸侯军无不人人惴恐。于是已破秦军,项羽召见诸侯将,诸侯将入辕门,无不膝行而前,莫敢仰视。项羽由是始为诸侯上将军,诸侯皆属焉。

于是赵王歇及张耳乃得出钜鹿城,谢诸侯。张耳与陈馀相见，责让陈馀，以不肯救赵。及问张黡、陈泽所在，疑陈馀杀之，数以问馀。馀怒曰："不意君之望臣深也，岂以臣为重去将印哉！"乃脱解印绶，推予张耳，张耳亦愕不受。陈馀起如厕。客有说张耳曰："臣闻'天与不取，反受其咎'。今陈将军与君印，君不受，反天不祥。急取之！"张耳乃佩其印，收其麾下。而陈馀还，亦望张耳不让，遂趋出，独与麾下所善数百人之河上泽中渔猎。赵王歇还信都。

春二月，沛公北击昌邑，过彭越，越以其兵从沛公。越，昌邑人，常渔钜野泽中，为群盗。陈胜、项梁之起，泽间少年相聚百余人，往从彭越，曰："请仲为长。"越谢曰："臣不愿也。"诸少年强请，乃许。与期旦日日出会，后期者斩。旦日日出，十余人后，后者至日中。于是越谢曰："臣老，诸君强以为长。今期而多后，不可尽诛，诛最后者一人。"令校长斩之。皆笑曰："何至是？请后不敢。"于是越引一人斩之，设坛祭，令徒属，皆大惊，莫敢仰视。乃略地，收诸侯散卒，得千余人，遂助沛公攻昌邑。

昌邑未下，沛公引兵西过高阳。高阳人郦食其家贫落魄，为里监门。沛公麾下骑士适食其里中人，食其见，谓曰："诸侯将过高阳者数十人，吾问其将皆握龊，好苛礼，自用，不能听大度之言。吾闻沛公慢而易人，多大略，此真吾所愿从游，莫为我先。若见沛公，谓曰'臣里中有郦生，年六十余，长八尺，人皆谓之狂生，生自谓我非狂生'。"骑士曰："沛公不好儒，诸客冠儒冠来者，沛公辄解其冠，溲溺其中。与人言，常大骂。未可以儒生说也。"郦生曰："第言之。"骑士从容言如郦生所诫者。

沛公至高阳传舍，使人召郦生。郦生至，入谒，沛公方倨床使两女子洗足，而见郦生。郦生入，则长揖不拜，曰："足下欲助秦攻诸侯乎？且欲率诸侯破秦也?”沛公骂曰:“竖儒！天下同苦秦久矣,故诸侯相率而攻秦,何谓助秦攻诸侯乎?”郦生曰:“必聚徒合义兵诛无道秦,不宜倨见长者。”于是沛公辍洗,起摄衣,延郦生上坐,谢之。郦生因言六国从横时。沛公喜,赐郦生食,问曰:“计将安出?”郦生曰:“足下起纠合之众,收散乱之兵,不满万人,欲以径入强秦,此所谓探虎口者也。夫陈留,天下之冲,四通五达之郊也,今其城中又多积粟。臣善其令,请得使之,令下足下。即不听,足下举兵攻之,臣为内应。”于是遣郦生行,沛公引兵随之,遂下陈留。号郦食其为广野君。郦生言其弟商,时商聚少年得四千人来属沛公,沛公以为将,将陈留兵以从。郦生常为说客,使诸侯。

三月,沛公攻开封,未拔。西,与秦将杨熊会战白马,又战曲遇东,大破之。杨熊走之荥阳,二世使使者斩之以徇。

夏四月,沛公南攻颍川,屠之。〔因〕张良,遂略韩地。时赵别将司马卬方欲渡河入关,沛公乃北攻平阴,绝河津南。战洛阳东,军不利,南出轘辕。张良引兵从沛公,沛公令韩王成留守阳翟,与良俱南。六月,与南阳守齮战犨东,破之。略南阳郡,南阳守走,保城守宛。沛公引兵过宛西。张良谏曰:“沛公虽欲急入关,秦兵尚众,距险。今不下宛,宛从后击,强秦在前,此危道也。”于是沛公乃夜引军从他道还,偃旗帜,迟明,围宛城三匝。南阳守欲自刭,其舍人陈恢曰:“死未晚也。”乃逾城见沛公曰:“臣闻足下约,先入咸阳者王之。今足下留守宛,宛郡县连城数十,其吏民自以为降必死,故皆坚守乘城。今足下尽日止攻,士死伤者必多,引兵去宛,宛必随足下后。足下前则失咸阳之约,后有强宛之患。为足下计,莫若约降,封其守,因使止守,引其甲卒与之西。诸城未下者,闻声争开门而待足下,足下通行无所累。”沛公曰:“善。”秋七月,南阳守齮降,封为殷侯。封陈恢千户。引兵西,无不下者。至丹水,高武侯鳃、襄侯王陵降。还攻胡阳,遇番君别将梅鋗,与偕攻析、郦,皆降。所过毋得虏掠,秦民皆喜。

王离军既没,章邯军棘原,项羽军漳南,相持未战。秦军数却,二世使人让章邯。章邯恐,使长史欣请事。至咸阳,留司马门三日,赵高不见,有不信之心。长史欣恐,还走其军,不敢出故道。赵高果使人追之,不及。欣至军,报曰:“赵高用事于中,下无可为者。今战能胜,高必疾妒吾功;不能胜,不免于死。愿将军熟计之!”陈馀亦遗章邯书曰:“白起为秦将,南征鄢郢,北坑马服,攻城略地,不可胜计,而竟赐死。蒙恬为秦将,北逐戎人,开榆中地数千里,竟斩阳周。何者? 功多,秦不能尽封,因以法诛之。今将军为秦将三岁矣,所亡失以十万数,而诸侯并起滋益多。彼赵高素谀日久,今事急,亦恐二世诛之,故欲以法诛将军以塞责,使人更代将军以脱其祸。夫将军居外久,多内却,有功亦诛,无功亦诛。且天之亡秦,无愚智皆知之。今将军内不能直谏,外为亡国将,孤特独立而欲常存,岂不哀哉! 将军何不还兵与诸侯为从,约共攻秦,分王其地,南面称孤,此孰与身伏鈇质,妻子为戮乎?”章邯狐疑,阴使候始成使项羽,欲约。约未成,项羽使蒲将军日夜引兵渡三户,军漳南,与秦军战,再破之。项羽悉引兵击秦军汙水上,大破之。

章邯使人见项羽,欲约。项羽召军吏谋曰:“粮少,欲听其约。”军吏皆曰:“善。”项羽乃与期洹水南殷虚上。已盟,章邯见项羽而流涕,为言赵高。项羽乃立章邯为雍王,置楚军中。使长史欣为上将军，将秦军为前行。

初，中丞相赵高欲专秦权，恐群臣不听，乃先设验，持鹿献于二世曰："马也。"二世笑曰："丞相误邪？谓鹿为马。"问左右，左右或默，或言马以阿顺赵高，或言鹿者，高因阴中诸言鹿者以法。后群臣皆畏高，莫敢言其过。

高前数言"关东盗无能为也"，及项羽虏王离等，而章邯等军数败，上书请益助。自关以东，大抵尽畔秦吏应诸侯，诸侯咸率其众西乡。八月，沛公将数万人攻武关，屠之。高恐二世怒，诛及其身，乃谢病不朝见。〔二世〕使使责让高以盗贼事。高惧，乃阴与其婿咸阳令阎乐及弟赵成谋曰："上不听谏，今事急，欲归祸于吾。欲易置上，更立子婴。子婴仁俭，百姓皆载其言。"乃使郎中令为内应，诈为有大贼，令乐召吏发卒追，劫乐母置高舍。遣乐将吏卒千余人至望夷宫殿门，缚卫令、仆射，曰："贼入此，何不止？"卫令曰："周庐设卒甚谨，安得贼，敢入宫？"乐遂斩卫令，直将吏入，行射郎、宦者。郎、宦者大惊，或走或格，格者辄死，死者数十人。郎中令与乐俱入，射上幄坐帏。二世怒，召左右，左右皆惶扰不斗。旁有宦者一人侍，不敢去。二世入内，谓曰："公何不早告我，乃至于此！"宦者曰："臣不敢言，故得全。使臣早言，皆已诛，安得至今？"阎乐前即二世，数曰："足下骄恣，诛杀无道，天下共畔足下，足下其自为计！"二世曰："丞相可得见否？"乐曰："不可。"二世曰："吾愿得一郡为王。"弗许。又曰："愿为万户侯。"弗许。曰："愿与妻子为黔首，比诸公子。"阎乐曰："臣受命于丞相，为天下诛足下，足下虽多言，臣不敢报。"麾其兵进。二世自杀。阎乐归报赵高，赵高乃悉召诸大臣、公子，告以诛二世之状。曰："秦故王国，始皇君天下，故称帝。今六国复自立，秦地益小，乃以空名为帝，不可。宜为王如故，便。”乃立子婴为秦王，以黔首葬二世杜南宜春苑中。

九月，赵高令子婴斋，当庙见，受玉玺。斋五日，子婴与其子二人谋曰：“丞相高杀二世望夷宫，恐群臣诛之，乃佯以义立我。我闻赵高乃与楚约，灭秦宗室而分王关中。今使我斋见庙，此欲因庙中杀我。我称病不行，丞相必自来，来则杀之。”高使人请子婴数辈，子婴不行。高果自往，曰：“宗庙重事，王奈何不行？”子婴遂刺杀高于斋宫，三族高家以徇。

遣将将兵距峣关，沛公欲击之。张良曰：“秦兵尚强，未可轻。愿先遣人益张旗帜于山上为疑兵，使郦食其、陆贾往说秦将，啖以利。”秦将果欲连和，沛公欲许之。张良曰：“此独其将欲叛，恐其士卒不从，不如因其懈怠击之。”沛公引兵绕峣关，逾蒉山，击秦军，大破之蓝田南。遂至蓝田，又战其北，秦兵大败。

汉高祖元年冬十月，沛公至霸上，秦王子婴素车白马，系颈以组，封皇帝玺、符、节，降轵道旁。诸将或言诛秦王。沛公曰：“始怀王遣我，固以能宽容。且人已降，杀之不祥。”乃以属吏。

贾谊论曰：秦以区区之地，致万乘之权，招八州而朝同列，百有余年，然后以六合为家，殽、函为宫。一夫作难而七庙堕，身死人手，为天下笑者，何也？仁谊不施，而攻守之势异也。

通鉴纪事本末卷第二

高帝灭楚

秦二世二年。初，楚怀王与诸将约，先入定关中者王之。当是时，秦兵强，常乘胜逐北，诸将莫利先入关。独项羽怨秦之杀项梁，奋，愿与沛公西入关。怀王诸老将皆曰："项羽为人剽悍猾贼。尝攻襄城，襄城无遗类，皆坑之，诸所过无不残灭。且楚数进取，前陈王、项梁皆败。不如更遣长者，扶义而西，告谕秦父兄。秦父兄苦其主久矣，今诚得长者往，无侵暴，宜可下。项羽不可遣；独沛公素宽大长者，可遣。"怀王乃不许项羽，而遣沛公西略地，收陈王、项梁散卒以伐秦。

汉高祖元年冬十月，沛公西入咸阳，诸将皆争走金帛财物之府分之，萧何独先入收秦丞相府图籍藏之，以此沛公得具知天下厄塞、户口多少、强弱之处。沛公见秦宫室、帷帐、狗马、重宝、妇女以千数，意欲留居之。樊哙谏曰："沛公欲有天下耶？将为富家翁耶？凡此奢丽之物，皆秦所以亡也，沛公何用焉！愿急还霸上，无留宫中。"沛公不听。张良曰："秦为无道，故沛公得至此。夫为天下除残贼，宜缟素为资。今始入秦，即安其乐，此所谓'助桀为虐’。且忠言逆耳利于行，毒药苦口利于病，愿沛公听樊哙言。”沛公乃还军霸上。

十一月，沛公悉召诸县父老豪桀谓曰：“父老苦秦苛法久矣。吾与诸侯约，先入关者王之，吾当王关中。与父老约，法三章耳：杀人者死，伤人及盗抵罪。余悉除去秦法。诸吏民皆案堵如故。凡吾所以来，为父老除害，非有所侵暴，无恐。且吾所以还军霸上，待诸侯至而定约束耳。”乃使人与秦吏行县乡邑，告谕之。秦民大喜，争持牛羊酒食献飨军士。沛公又让不受，曰：“仓粟多，非乏，不欲费民。”民又益喜，唯恐沛公不为秦王。

项羽既定河北，率诸侯兵欲西入关。先是，诸侯吏卒、繇使、屯戍过秦中者，秦中吏卒遇之多无状。及章邯以秦军降诸侯，诸侯吏卒乘胜多奴虏使之，轻折辱秦吏卒。秦吏卒多怨，窃言曰：“章将军等诈吾属降诸侯。今能入关破秦，大善；即不能，诸侯虏吾属而东，秦又尽诛吾父母妻子，奈何？”诸将微闻其计，以告项羽。项羽召黥布、蒲将军计曰：“秦吏卒尚众，其心不服。至关不听，事必危。不如击杀之，而独与章邯、长史欣、都尉翳入秦。”于是楚军夜击坑秦卒二十余万人新安城南。

或说沛公曰：“秦富十倍天下，地形强。闻项羽号章邯为雍王，王关中，今则来，沛公恐不得有此。可急使兵守函谷关，无内诸侯军，稍征关中兵以自益，距之。”沛公然其计，从之。已而项羽至关，关门闭。闻沛公已定关中，大怒，使黥布等攻破函谷关。十二月，项羽进至戏。沛公左司马曹无伤使人言项羽曰：“沛公欲王关中，令子婴为相，珍宝尽有之。”欲以求封。项羽大怒，飨士卒，期旦日击沛公军。当是时，项羽兵四十万，号百万，在新丰鸿门。沛公兵十万，号二十万，在霸上。范增说项羽曰：“沛公居山东时，贪财好色。今入关，财物无所取，妇女无所幸，此其志不在小。吾令人望其气，皆为龙虎，成五采，此天子气也。急击勿失。"

楚左尹项伯者，项羽季父也，素善张良，乃夜驰之沛公军，私见张良，具告以事，欲呼与俱去，曰："毋俱死也。"张良曰："臣为韩王送沛公，沛公今有急，亡去不义，不可不语。"良乃入，具告沛公。沛公大惊。良曰："料公士卒足以当项羽乎？"沛公默然，曰："固不如也。且为之奈何？"张良曰："请往谓项伯，言沛公之不敢叛也。"沛公曰："君为我呼入。"良出，固要项伯，项伯即入见沛公。沛公奉卮酒为寿，约为婚姻，曰："吾入关，秋毫不敢有所近，籍吏民，封府库而待将军。所以遣将守关者，备他盗之出入与非常也。日夜望将军至，岂敢反乎！愿伯具言臣之不敢倍德也。"项伯许诺，谓沛公曰："旦日不可不蚤自来谢。"沛公曰："诺。"于是项伯复夜去，至军中，具以沛公言报项羽。因言曰："沛公不先破关中，公岂敢入乎？今人有大功而击之，不义也。不如因善遇之。"项羽许诺。

沛公旦日从百余骑来见项羽鸿门，谢曰："臣与将军戮力而攻秦，将军战河北，臣战河南，不自意能先入关破秦，得复见将军于此。今者有小人之言，令将军与臣有隙。"项羽曰："此沛公左司马曹无伤言之；不然，籍何以生此！"项羽因留沛公与饮。范增数目项羽，举所佩玉玦以示之者三，项羽默然不应。范增起，出召项庄，谓曰："君王为人不忍，若入前为寿，寿毕，请以剑舞，因击沛公于坐，杀之。不者，若属皆且为所虏。"庄则入为寿。寿毕，曰："军中无以为乐，请以剑舞。"项羽曰："诺。"项庄拔剑起舞，项伯亦拔剑起舞，常以身翼蔽沛公，庄不得击。于是张良至军门，见樊哙。哙曰："今日之事何如？"良曰："今项庄拔剑舞，其意常在沛公也。"哙曰："此迫矣，臣请入，与之同命。"哙即带剑拥盾入军门，卫士欲止不内，樊哙侧其盾以撞，卫士仆地，遂入，披帷立，瞋目视项羽，头发上指，目眦尽裂。项羽按剑而跽曰："客何为者？"张良曰："沛公之参乘樊哙也。"项羽曰："壮士！赐之卮酒。"哙立而饮之。项羽曰："壮士！复能饮乎？"樊哙曰："臣死且不避，卮酒安足辞！夫秦有虎狼之心，杀人如不能举，刑人如恐不胜，天下皆叛之。怀王与诸将约曰：'先破秦入咸阳者王之。'今沛公先破秦入咸阳，豪毛不敢有所近，还军霸上，以待将军。劳苦而功高如此，未有封爵之赏，而听细人之说，欲诛有功之人。此亡秦之续耳，窃为将军不取也！"项羽未有以应，曰："坐。"樊哙从良坐。

坐须臾，沛公起如厕，因招樊哙出。沛公曰："今者出，未辞也，为之奈何？"樊哙曰："如今人方为刀俎，我方为鱼肉，何辞为！"于是遂去。鸿门去霸上四十里，沛公则置车骑，脱身独骑，樊哙、夏侯婴、靳强、纪信等四人持剑盾步走，从骊山下，道芷阳间行趣霸上。留张良使谢项羽，以白璧献羽，玉斗与亚父。沛公谓良曰："从此道至吾军，不过二十里耳。度我至军中，公乃入。"沛公已去，间至军中，张良入谢曰："沛公不胜杯杓，不能辞。谨使臣良奉白璧一双，再拜献将军足下；玉斗一双，再拜奉亚父足下。"项羽曰："沛公安在？"良曰："闻将军有意督过之，脱身独去，已至军矣。"项羽则受璧，置之坐上。亚父受玉斗，置之地，拔剑撞而破之。曰："唉！竖子不足与谋。夺将军天下者，必沛公也，吾属今为之虏矣。"沛公至军，立诛杀曹无伤。

居数日，项羽引兵西屠咸阳，杀秦降王子婴，烧秦宫室，火三月不灭。收其货宝、妇女而东。秦民大失望。

韩生说项羽曰："关中阻山带河，四塞之地，地肥饶，可都以霸。"项羽见秦宫室皆已烧残破，又心思东归，曰："富贵不归故乡，如衣绣夜行，谁知之者！"韩生退曰："人言楚人沐猴而冠耳，果然。"项羽闻之，烹韩生。

项羽使人致命怀王，怀王曰："如约。"项羽怒曰："怀王者，吾家所立耳，非有功伐，何以得专主约！天下初发难时，假立诸侯后以伐秦。然身被坚执锐首事，暴露于野三年，灭秦定天下者，皆将相诸君与籍之力也。怀王虽无功，固当分其地而王之。"诸将皆曰："善。"春正月，羽阳尊怀王为义帝，曰："古之帝者，地方千里，必居上游。"乃徙义帝于江南，都郴。

二月，羽分天下王诸将。羽自立为西楚霸王，王梁、楚地九郡，都彭城。羽与范增疑沛公，而业已讲解，又恶负约，乃阴谋曰："巴、蜀道险，秦之迁人皆居之。"乃曰："巴、蜀亦关中地也。"故立沛公为汉王，王巴、蜀、汉中，都南郑。而三分关中，王秦降将，以距塞汉路。章邯为雍王，王咸阳以西，都废丘。长史欣者，故为栎阳狱掾，尝有德于项梁；都尉董翳者，本劝章邯降楚。故立欣为塞王，王咸阳以东至河，都栎阳；立翳为翟王，王上郡，都高奴。项羽欲自取梁地，乃徙魏王豹为西魏王，王河东，都平阳。瑕丘申阳者，张耳嬖臣也，先下河南郡，迎楚河上，故立申阳为河南王，都洛阳。韩王成因故都，都阳翟。赵将司马卬定河内，数有功，故立为殷王，王河内，都朝歌。徙赵王歇为代王。赵相张耳素贤，又从入关，故立耳为常山王，王赵地，治襄国。当阳君黥布为楚将，常冠军，故立布为九江王，都六。番君吴芮率百越佐诸侯，又从入关，故立芮为衡山王，都邾。义帝柱国共敖将兵击南郡，功多，因立敖为临江王，都江陵。徙燕王韩广为辽东王，都无终。燕将臧荼从楚救赵，因从入关，故立荼为燕王，都蓟。徙齐王田市为胶东王，都即墨。齐将田都从楚救赵，因从入关，故立都为齐王，都临淄。项羽方渡河救赵，田安下济北数城，引其兵降项羽，故立安为济北王，都博阳。田荣数负项梁，又不肯将兵从楚击秦，以故不封。成安君陈馀弃将印去，不从入关，亦不封。客多说项羽曰："张耳、陈馀一体有功于赵，今耳为王，馀不可以不封。"羽不得已，闻其在南皮，因环封之三县。番君将梅鋗功多，封十万户侯。

汉王怒，欲攻项羽，周勃、灌婴、樊哙皆劝之。萧何谏曰："虽王汉中之恶，不犹愈于死乎？"汉王曰："何为乃死也？"何曰："今众弗如，百战百败，不死何为？夫能诎于一人之下，而信于万乘之上者，汤、武是也。臣愿大王王汉中，养其民以致贤人，收用巴、蜀，还定三秦，天下可图也。"汉王曰："善。"乃遂就国，以何为丞相。汉王赐张良金百镒，珠二斗，良具以献项伯。汉王亦因令良厚遗项伯，使尽请汉中地，项王许之。

夏四月，诸侯罢戏下兵，各就国。项王使卒三万人从汉王之国。楚与诸侯之慕从者数万人，从杜南入蚀中。张良送至褒中，汉王遣良归韩。良因说汉王烧绝所过栈道，以备诸侯盗兵，且示项羽无东意。

六月，田荣杀齐王市，自立为齐王。

初，淮阴人韩信，家贫无行，不得推择为吏。及项梁渡淮，信杖剑从之，居麾下，无所知名。项梁败，又属项羽，羽以为郎中；数以策干羽，羽不用。汉王之入蜀，信亡楚归汉。信数与萧何语，何奇之。汉王至南郑，诸将及士卒皆歌讴思东归，多道亡者。

信度何等已数言王，王不我用，即亡去。何闻信亡，不及以闻，自追之。人有言王曰："丞相何亡。"王大怒，如失左右手。居一二日何来谒王，王且怒且喜，骂何曰："若亡，何也？"何曰："臣不敢亡也，臣追亡者耳。"王曰："若所追者谁？"何曰："韩信也。"王复骂曰："诸将亡者以十数，公无所追，追信，诈也！"何曰："诸将易得耳。至如信者，国士无双。王必欲长王汉中，无所事信；必欲争天下，非信无可与计事者。顾王策安所决耳。"王曰："吾亦欲东耳，安能郁郁久居此乎！"何曰："计必欲东，能用信，信即留；不能用，信终亡耳。"王曰："吾为公以为将。"何曰："虽为将，信不留。"王曰："以为大将。"何曰："幸甚。"于是王欲召信拜之。何曰："王素慢无礼，今拜大将，如呼小儿，此乃信所以去也。王必欲拜之，择良日，斋戒，设坛场，具礼，乃可耳。"王许之。诸将皆喜，人人各自以为得大将。至拜大将，乃韩信也，一军皆惊。

信拜礼毕，上坐。王曰："丞相数言将军，将军何以教寡人计策？"信辞谢，因王问曰："今东乡争权天下，岂非项王邪？"汉王曰："然。"曰："大王自料勇悍仁强孰与项王？"汉王默然良久，曰："不如也。"信再拜贺曰："惟信亦以为大王不如也。然臣尝事之，请言项王之为人也。项王喑恶叱咤，千人皆废，然不能任属贤将，此特匹夫之勇耳。项王见人恭敬慈爱，言语呕呕，人有疾病，涕泣分食饮；至使人有功当封爵者，印刓敝，忍不能予，此所谓妇人之仁也。项王虽霸天下而臣诸侯，不居关中而都彭城。背义帝之约，而以亲爱王，诸侯不平。逐其故主而王其将相，又迁逐义帝置江南，所过无不残灭，百姓不亲附，特劫于威强耳。名虽为霸，实失天下心，故其强易弱。今大王诚能反其道，任天下武勇，何所不诛！以天下城邑封功臣，何所不服！以义兵从思东归之士，何所不散！且三秦王为秦将，将秦子弟数岁矣，所杀亡不可胜计，又欺其众降诸侯，至新安，项王诈坑秦降卒二十余万，唯独邯、欣、翳得脱。秦父兄怨此三人，痛入骨髓。今楚强以威王此三人，秦民莫爱也。大王之入武关，秋毫无所害，除秦苛法，与秦民约法三章，秦民无不欲得大王王秦者。于诸侯之约，大王当王关中，关中民咸知之。大王失职入汉中，秦民无不恨者。今大王举而东，三秦可传檄而定也。"于是汉王大喜，自以为得信晚。遂听信计，部署诸将所击。留萧何收巴、蜀租，给军粮食。

八月，汉王引兵从故道出，袭雍，雍王章邯迎击汉陈仓。雍兵败，还走；止，战好畤，又败，走废丘。汉王遂定雍地，东至咸阳，引兵围雍王于废丘，而遣诸将略地。塞王欣、翟王翳皆降，以其地为渭南、河上、上郡。令将军薛欧、王吸出武关，因王陵兵以迎太公、吕后。项王闻之，发兵距之阳夏，不得前。王陵者，沛人也，先聚党数千人居南阳，至是始以兵属汉。项王取陵母置军中，陵使至，则东乡坐陵母，欲以招陵。陵母私送使者，泣曰："愿为老妾语陵，善事汉王。汉王长者，终得天下，毋以老妾故持二心。妾以死送使者！"遂伏剑而死。项王怒，烹陵母。

项王以故吴令郑昌为韩王，以距汉。

张良遗项王书曰："汉王失职，欲得关中，如约即止，不敢东。"又以齐、梁反书遗项王曰："齐欲与赵并灭楚。"项王以此故无西意，而北击齐。

〔是岁〕，项王使趣义帝行，其群臣左右稍稍叛之。

二年冬十月，项王密使九江、衡山、临江王击义帝，杀之江中。

陈馀悉三县兵与齐兵共袭常山。常山王张耳败走汉，谒汉王于废丘，汉王厚遇之。陈馀迎赵王于代，复为赵王。赵王德陈馀，立以为代王。陈馀为赵王弱，国初定，不之国，留傅赵王而使夏说以相国守代。

张良自韩间行归汉，汉王以为成信侯。良多病，未尝特将，常为画策臣，时时从汉王。

汉王如陕，镇抚关外父老。

河南王申阳降，置河南郡。

汉王以韩襄王孙信为韩太尉，将兵略韩地。信急击韩王昌于阳城，昌降。十一月，立信为韩王，常将韩兵从汉王。

汉王还都栎阳。诸将拔陇西。

春正月，项王北至城阳。齐王荣将兵会战，败走平原，平原民杀之。项王复立田假为齐王。遂北至北海，烧夷城郭、室屋，坑田荣降卒，系虏其老弱妇女，所过多所残灭。齐民相聚叛之。

汉将拔北地，虏雍王弟平。

三月，汉王自临晋渡河，魏王豹降，将兵从。下河内，虏殷王卬，置河内郡。

初，阳武人陈平事魏王咎于临济，为太仆，说魏王，不听。人或谗之，平亡去。后事项羽，赐爵为卿。殷王反楚，项羽使平击降之，还，拜为都尉，赐金二十镒。居无何，汉王攻下殷，项王怒，将诛定殷将吏。平惧，乃封其金与印，使使归项王，而挺身间行，杖剑亡。渡河，归汉王于修武，因魏无知求见汉王。汉王召入，赐食，遣罢就舍。平曰："臣为事来，所言不可以过今日。"于是汉王与语而说之，问曰："子之居楚何官？"曰："为都尉。"是日即拜平为都尉，使为参乘，典护军。诸将尽欢曰："大王一日得楚之亡卒，未知其高下，而即与同载，反使监护长者。”汉王闻之，愈益幸平。

汉王南渡平阴津，至洛阳。新城三老董公遮说王曰：“臣闻顺德者昌，逆德者亡。兵出无名，事故不成。故曰明其为贼，敌乃可服。项羽为无道，放杀其主，天下之贼也。夫仁不以勇，义不以力，大王宜率三军之众为之素服，以告诸侯而伐之，则四海之内莫不仰德，此三王之举也。”于是汉王为义帝发丧，袒而大哭，哀临三日。发使告诸侯曰：“天下共立义帝，北面事之。今项羽放杀义帝江南，大逆无道！寡人悉发关中兵，收三河士，南浮江、汉以下，愿从诸侯王击楚之杀义帝者。”使者至赵，陈馀曰：“汉杀张耳乃从。”于是汉王求人类张耳者斩之，持其头遗陈馀，馀乃遣兵助汉。

田荣弟横收散卒得数万人，起城阳。夏四月，立荣子广为齐王，以拒楚。项王因留，连战未能下。虽闻汉东，既击齐，欲遂破之而后击汉，汉王以故得率诸侯兵凡五十六万人伐楚。到外黄，彭越将其兵三万余人归汉。汉王曰：“彭将军收魏地得十余城，欲急立魏后。今西魏王豹，真魏后。”乃拜彭越为魏相国，擅将其兵略定梁地。汉王遂入彭城，收其货宝、美人，日置酒高会。项王闻之，令诸将击齐，而自以精兵三万人南，从鲁出胡陵至萧。晨，击汉军而东至彭城，日中，大破汉军。汉军皆走，相随入榖、泗水，死者十余万人。汉卒皆南走山，楚又追击，至灵壁东睢水上。汉军却，为楚所挤，卒十余万人皆入睢水，水为之不流。围汉王三匝。会大风从西北起，折木发屋，扬沙石，窈冥昼晦，逢迎楚军大乱，坏散，而汉王乃得与数十骑遁去。欲过沛，收家室，而楚亦使人之沛取汉王家；家皆亡，不与汉王相见。汉王道逢孝惠、鲁元公主，载以行。楚骑追之，汉王急，推堕二子车下。滕公为太仆，常下收载之。如是者三。曰："今虽急，不可以驱，奈何弃之！"故徐行。汉王怒，欲斩之者十余，滕公卒保护，脱二子。审食其从太公、吕后间行求汉王，不相遇，反遇楚军。楚军与归，项王常置军中为质。是时，吕后兄周吕侯为汉将兵，居下邑，汉王间往从之，稍稍收其士卒。诸侯皆背汉，复与楚。塞王欣、翟王翳亡降楚。

田横进攻田假，假走楚，楚杀之。横遂复定三齐之地。

汉王问群臣曰："吾欲捐关以东等弃之，谁可与共功者？"张良曰："九江王布，楚枭将，与项王有隙；彭越与齐反梁地，此两人可急使。而汉王之将，独韩信可属大事，当一面。即欲捐之，捐之此三人，则楚可破也。"

初，项王击齐，征兵九江，九江王布称病不往，遣将将军数千人行。汉之破楚彭城，布又称病不佐楚。楚王由此怨布，数使使者诮让，召布。布愈恐，不敢往。项王方北忧齐、赵，西患汉，所与者独九江王，又多布材，欲亲用之，以故未之击。汉王自下邑徙军砀，遂至虞。谓左右曰："如彼等者，无足与计天下事。"谒者随何进曰："不审陛下所谓。"汉王曰："孰能为我使九江，令之发兵倍楚？留项王数月，我之取天下可以百全。"随何曰："臣请使之。"汉王使与二十人俱。

五月，汉王至荥阳，诸败军皆会，萧何亦发关中老弱未傅者悉诣荥阳，汉军复大振。楚起于彭城，常乘胜逐北，与汉战荥阳南京、索间。楚骑来众，汉王择军中可为骑将者，皆推故秦骑士重泉人李必、骆甲。汉王欲拜之，必、甲曰："臣故秦民，恐军不信，臣愿得大王左右善骑者傅之。"乃拜灌婴为中大夫，令李必、骆甲为左右校尉，将骑兵击楚骑于荥阳东，大破之，楚以故不能过荥阳而西。汉王军荥阳，筑甬道属之河，以取敖仓粟。

魏王豹谒归视亲疾，至则绝河津，反为楚。

六月，汉王还栎阳。

汉兵引水灌废丘，废丘降，章邯自杀。尽定雍地，以为中地、北地、陇西郡。

秋八月，汉王如荥阳，命萧何守关中侍太子，为法令约束，立宗庙、社稷、宫室、县邑，事有不及奏决者辄以便宜施行，上来，以闻。计关中户口，转漕、调兵以给军，未尝乏绝。

汉王使郦食其往说魏王豹，且召之。豹不听，曰："汉王慢而侮人，骂詈诸侯、群臣如骂奴耳，吾不忍复见也！"于是汉王以韩信为左丞相，与灌婴、曹参俱击魏。汉王问食其："魏大将谁也？"对曰："柏直。"王曰："是口尚乳臭，安能当韩信！""骑将谁也？"曰："冯敬。"曰："是秦将冯无择子也，虽贤，不能当灌婴。""步卒将谁也？"曰："项它。"曰："不能当曹参。吾无患矣！"韩信亦问郦生："魏得无用周叔为大将乎？"郦生曰："柏直也。"信曰："竖子耳！"遂进兵。魏王盛兵蒲坂以塞临晋。信乃益为疑兵，陈船欲渡临晋，而伏兵从夏阳以木罂渡军，袭安邑。魏王豹惊，引兵迎信。九月，信击虏豹，传诣荥阳。悉定魏地，置河东、上党、太原郡。

汉之败于彭城而西也，陈馀亦觉张耳不死，即背汉。韩信既定魏，使人请兵三万人，愿以北举燕、赵，东击齐，南绝楚粮道。汉王许之，乃遣张耳与俱，引兵东，北击赵、代。后九月，信破代兵，禽夏说于阏与。信之下魏破代，汉辄使人收其精兵诣荥阳以距楚。

三年冬十月，韩信、张耳以兵数万东击赵。赵王及成安君陈馀闻之，聚兵井陉口，号二十万。广武君李左车说成安君曰："韩信、张耳乘胜而去国远斗，其锋不可当。臣闻千里馈粮，士有饥色。樵苏后爨，师不宿饱。今井陉之道，车不得方轨，骑不得成列，行数百里，其势粮食必在其后。愿足下假臣奇兵三万人，从间路绝其辎重，足下深沟高垒勿与战。彼前不得斗，退不得还，野无所掠，不至十日而两将之头可致于麾下，否则必为二子所禽矣！"成安君尝自称义兵，不用诈谋奇计，曰："韩信兵少而疲，如此避而不击，则诸侯谓吾怯，而轻来伐我矣。"

韩信使人间视，知其不用广武君策，则大喜，乃敢引兵遂下。未至井陉口三十里，止舍。夜半传发，选轻骑二千人，人持一赤帜，从间道萆山而望赵军，诫曰："赵见我走，必空壁逐我，若疾入赵壁，拔赵帜，立汉赤帜。"令其裨将传餐，曰："今日破赵会食。"诸将皆莫信，佯应曰："诺。"信曰："赵已先据便地为壁，且彼未见吾大将旗鼓，未肯击前行，恐吾至阻险而还也。"乃使万人先行，出，背水陈。赵军望见而大笑。平旦，信建大将旗鼓，〔鼓〕行出井陉口，赵开壁击之，大战良久。于是信与张耳佯弃鼓旗走水上军，水上军开入之，复疾战。赵果空壁争汉旗鼓，逐信、耳。信、耳已入水上军，军皆殊死战，不可败。信所出奇兵二千骑，共候赵空壁逐利，则驰入赵壁，皆拔赵旗，立汉赤帜二千。赵军已不能得信等，欲还归壁，壁皆汉赤帜，见而大惊，以为汉皆已得赵王将矣。兵遂乱，遁走，赵将虽斩之，不能禁也。于是汉兵夹击，大破赵军，斩成安君泜水上，禽赵王歇。

诸将效首虏，毕贺，因问信曰："兵法'右倍山陵，前左水泽'。今者将军令臣等反背水陈，曰'破赵会食'，臣等不服，然竟以胜,此何术也?”信曰:“此在兵法,顾诸君不察耳。兵法不曰‘陷之死地而后生,置之亡地而后存’?且信非得素拊循士大夫也,此所谓‘驱市人而战之’,其势非置之死地,使人人自为战;今予之生地,皆走,宁尚可得而用之乎!”诸将皆服,曰:“善,非臣所及也。”

信募生得广武君者予千金。有缚致麾下者,信解其缚,东乡坐,师事之。问曰:“仆欲北攻燕,东伐齐,何若而有功?”广武君辞谢曰:“臣败亡之虏,何足以权大事乎!”信曰:“仆闻之,百里奚居虞而虞亡,在秦而秦霸,非愚于虞而智于秦也,用与不用,听与不听也。诚令成安君听足下计,若信者亦已为禽矣。以不用足下,故信得侍耳。今仆委心归计,愿足下勿辞。”广武君曰:“今将军涉西河,虏魏王,禽夏说,东下井陉,不终朝而破赵二十万众,诛成安君。名闻海内,威震天下,农夫莫不辍耕释耒,褕衣甘食,倾耳以待命者,此将军之所长也。然而众劳卒罢,其实难用。今将军欲举倦敝之兵,顿之燕坚城之下,欲战不得,攻之不拔,情见势屈,旷日持久,粮食单竭,燕既不服,齐必距境以自强。燕、齐相持而不下,则刘、项之权未有所分也,此将军所短也。善用兵者,不以短击长,而以长击短。”韩信曰:“然则何由?”广武君对曰:“方今为将军计,莫如按甲休兵,镇抚赵民,百里之内,牛酒日至,以飨士大夫,北首燕路,而后遣辩士奉咫尺之书,暴其所长于燕,燕必不敢不听从。燕已从而东临齐,虽有智者,亦不知为齐计矣。如是,则天下事皆可图也。兵固有先声而后实者,此之谓也。”韩信曰:“善。”从其策,发使使燕,燕从风而靡。遣使报汉,且请以张耳王赵,汉王许之。楚数使奇兵渡河击赵,张耳、韩信往来救赵,因行定赵城邑,发兵诣汉。

十一月，随何至九江，九江太宰主之，三日不得见。随何说太宰曰："王之不见何，必以楚为强，以汉为弱也，此臣之所以为使。使何得见，言之而是，大王所欲闻也；言之而非，使何等二十人伏斧质九江市，足以明王倍汉而与楚也。"太宰乃言之王，王见之。随何曰："汉王使臣敬进书大王御者，窃怪大王与楚何亲也？"九江王曰："寡人北乡而臣事之。"随何曰："大王与项王俱列为诸侯，北乡而臣事之者，必以楚为强，可以托国也。项王伐齐，身负版筑，为士卒先。大王宜悉九江之众，身自将之，为楚前锋，今乃发四千人以助楚。夫北面而臣事人者，固若是乎？汉王入彭城，项王未出齐也。大王宜悉九江之兵渡淮，日夜会战彭城下。大王乃抚万人之众，无一人渡淮者，垂拱而观其孰胜。夫托国于人者，固若是乎？大王提空名以乡楚，而欲厚自托，臣窃为大王不取也。然而大王不背楚者，以汉为弱也。夫楚兵虽强，天下负之以不义之名，以其背盟约而杀义帝也。汉王收诸侯，还守成皋、荥阳，下蜀、汉之粟，深沟壁垒，分卒守徼乘塞。楚人深入敌国八九百里，老弱转粮千里之外。汉坚守而不动，楚进则不得攻，退则不能解，故曰楚兵不足恃也。使楚胜汉，则诸侯自危惧而相救。夫楚之强，适足以致天下之兵耳。故楚不如汉，其势易见也。今大王不与万全之汉，而自托于危亡之楚，臣窃为大王惑之。臣非以九江之兵足以亡楚也，大王发兵而倍楚，项王必留；留数月，汉之取天下可以万全。臣请与大王提剑而归汉，汉王必裂地而封大王，又况九江必大王有也。"九江王曰："请奉命。"阴许畔楚与汉，未敢泄也。

楚使者在九江，舍传舍，方急责布发兵。随何直入，坐楚使者上曰："九江王已归汉，楚何以得发兵？"布愕然。楚使者起，何因说布曰:“事已构,可遂杀楚使者,无使归,而疾走汉并力。”布曰:“如使者教。”于是杀楚使者,因起兵而攻楚。楚使项声、龙且攻九江,数月,龙且破九江军。布欲引兵走汉,恐楚兵杀之,乃间行与何俱归汉。

十二月,九江王至汉,汉王方踞床洗足,召布入见。布大怒,悔来,欲自杀。及出就舍,帐御、饮食、从官皆如汉王居,布又大喜过望。于是乃使人入九江。楚已使项伯收九江兵,尽杀布妻子。布使者颇得故人幸臣,将众数千人归汉。汉益九江王兵,与俱屯成皋。

楚数侵夺汉甬道,汉军乏食。汉王与郦食其谋桡楚权。食其曰:“昔汤伐桀,封其后于杞;武王伐纣,封其后于宋。今秦失德弃义,侵伐诸侯,灭其社稷,使无立锥之地。陛下诚能复立六国之后,此其君臣、百姓必皆戴陛下之德,莫不乡风慕义,愿为臣妾。德义已行,陛下南乡称霸,楚必敛衽而朝。”汉王曰:“善。趣刻印,先生因行佩之矣。”食其未行,张良从外来谒,汉王方食,曰:“子房前,客有为我计桡楚权者。”具以郦生语告良,曰:“何如?”良曰:“谁为陛下画此计者?陛下事去矣!”汉王曰:“何哉?”对曰:“臣请借前箸为大王筹之。昔汤、武封桀、纣之后者,度能制其死生之命也。今陛下能制项籍之死命乎?其不可一也。武王入殷,表商容之闾,释箕子之囚,封比干之墓。今陛下能乎?其不可二也。发巨桥之粟,散鹿台之钱,以赐贫穷。今陛下能乎?其不可三也。殷事已毕,偃革为轩,倒载干戈,示天下不复用兵。今陛下能乎?其不可四也。休马华山之阳,示以无为。今陛下能乎?其不可五也。放牛桃林之阴,以示不复输积。今陛下能乎?其不可六也。天下游士,离其亲戚,弃坟墓,去故旧，从陛下游者，徒欲日夜望咫尺之地。今复立六国之后，天下游士各归事其主，从其亲戚，反其故旧坟墓，陛下与谁取天下乎？其不可七也。且夫楚唯无强，六国立者复桡而从之，陛下焉得而臣之？其不可八也。诚用客之谋，陛下事去矣！”汉王辍食吐哺，骂曰：“竖儒，几败而公事！”令趣销印。

荀悦论曰：夫立策决胜之术，其要有三：一曰形，二曰势，三曰情。形者言其大体得失之数也，势者言其临时之宜进退之机也，情者言其心志可否之实也。故策同、事等而功殊者，三术不同也。

初，张耳、陈馀说陈涉以复六国，自为树党，郦生亦说汉王。所以说者同而得失异者，陈涉之起，天下皆欲亡秦，而楚、汉之分未有所定，今天下未必欲亡项也。故立六国，于陈涉所谓多己之党而益秦之敌也。且陈涉未能专天下之地也，所谓取非其有以与于人，行虚惠而获实福也。立六国，于汉王所谓割己之有而以资敌，设虚名而受实祸也。此同事而异形者也。

及宋义待秦、赵之毙，与昔卞庄刺虎同说者也。施之战国之时，邻国相攻，无临时之急则可也。战国之立，其日久矣，一战胜败，未必以存亡也。其势非能急于亡敌国也，进乘利，退自保，故累力待时，承敌之毙，其势然也。今楚、赵所起，其与秦势不并立，安危之机，呼吸成变，进则定功，退则受祸。此同事而异势者也。

伐赵之役，韩信军于泜水之上，而赵不能败。彭城之难，汉王战于睢水之上，士卒皆赴入睢水，而楚兵大胜。何则？赵兵出国迎战，见可而进，知难而退，怀内顾之心，无出死之计；韩信军孤在水上，士卒必死，无有二心，此信之所以胜也。汉王深入敌国，置酒高会，士卒逸豫，战心不固；楚以强大之威而丧其国都，士卒皆有愤激之气，救败赴亡之急，以决一旦之命，此汉之所以败也。且韩信选精兵以守，而赵以内顾之士攻之。项羽选精兵以攻，而汉以怠惰之卒应之。此同事而异情者也。

故曰：权不可预设，变不可先图，与时迁移，应物变化，设策之机也。

汉王谓陈平曰："天下纷纷，何时定乎？"陈平曰："项王骨鲠之臣，亚父、钟离眜、龙且、周殷之属，不过数人耳。大王诚能出捐数万斤金，行反间，间其君臣，以疑其心。项王为人意忌信谗，必内相诛，汉因举兵而攻之，破楚必矣。"汉王曰："善。"乃出黄金四万斤与平，恣所为，不问其出入。平多以金纵反间于楚军，宣言诸将钟离眜等为项王将，功多矣，然而终不得裂地而王，欲与汉为一，以灭项氏而分王其地。项羽果意不信钟离眜等。

夏四月，楚围汉王于荥阳，急，汉王请和，割荥阳以西者为汉。亚父劝羽急攻荥阳，汉王患之。项王使使至汉，陈平使为太牢具，举进，见楚使，即佯惊曰："吾以为亚父使，乃项王使！"复持去，更以恶草具进楚使。楚使归，具以报项王。项王果大疑亚父。亚父欲急攻下荥阳城，项王不信，不肯听。亚父闻项王疑之，乃怒曰："天下事大定矣，君王自为之！愿请骸骨！"归，未至彭城，疽发背而死。

五月，将军纪信言于汉王曰："事急矣，臣请诳楚，王可以间出。"于是陈平夜出女子东门二千余人，楚因四面击之。纪信乃乘王车，黄屋左纛，曰："食尽，汉王降楚。"楚皆呼万岁，之城东观。以故汉王得与数十骑出西门遁去。令韩王信与周苛、魏豹、枞公守荥阳。羽见纪信,问:“汉王安在?”曰:“已出,去矣。”羽烧杀信。周苛、枞公相谓曰:“反国之王,难与守城。”因杀魏豹。

汉王出荥阳至成皋,入关,收兵欲复东。辕生说汉王曰:“汉与楚相距荥阳数岁,汉常困。愿君王出武关,项王必引兵南走,王深壁勿战,令荥阳、成皋间且得休息。使韩信等得安辑河北赵地,连燕、齐,君王乃复走荥阳。如此,则楚所备者多,力分;汉得休息,复与之战,破之必矣。”汉王从其计,出军宛、叶间,与黥布行收兵。羽闻汉王在宛,果引兵南。汉王坚壁不与战。

汉王之败彭城解而西也,彭越皆亡其所下城,独将其兵北居河上,常往来为汉游兵击楚,绝其后粮。是月,彭越渡睢,与项声、薛公战下邳,破杀薛公。羽乃使终公守成皋,而自东击彭越。汉王引兵北击破终公,复军成皋。

六月,羽已破走彭越,闻汉复军成皋,乃引兵西拔荥阳城,生得周苛。羽谓苛:“为我将,以公为上将军,封三万户。”周苛骂曰:“若不趋降汉,今为虏矣!若非汉王敌也。”羽烹周苛,并杀枞公,而虏韩王信,遂围成皋。汉王逃,独与滕公共车出成皋玉门,北渡河,宿小修武传舍。晨,自称汉使,驰入赵壁。张耳、韩信未起,即其卧内夺其印符,以麾召诸将,易置之。信、耳起,乃知汉王来,大惊。汉王既夺两人军,即令张耳循行备守赵地;拜韩信为相国,收赵兵未发者击齐。诸将稍稍得出成皋从汉王。楚遂拔成皋,欲西,汉使兵距之巩,令其不得西。

秋七月,汉王得韩信军,复大振。八月,引兵临河,南乡军小修武,欲复与楚战。郎中郑忠说止汉王,使高垒深堑,勿与战。汉王听其计,使将军刘贾、卢绾将卒二万人,骑数百,渡白马津入楚地，佐彭越，烧楚积聚，以破其业，无以给项王军食而已。楚兵击刘贾，贾辄坚壁不肯与战，而与彭越相保。

彭越攻徇梁地，下睢阳、外黄等十七城。九月，项王谓大司马曹咎曰："谨守成皋，即汉王欲挑战，慎勿与战，勿令得东而已。我十五日必定梁地，复从将军。"羽引兵东行，击陈留、外黄、睢阳等城，皆下之。

汉王欲捐成皋以东，屯巩、洛以距楚。郦生曰："臣闻知天之天者，王事可成。王者以民为天，而民以食为天。夫敖仓，天下转输久矣，臣闻其下乃有藏粟甚多。楚人拔荥阳，不坚守敖仓，乃引而东，令適卒分守成皋，此乃天所以资汉也。方今楚易取而汉反却，自夺其便，臣窃以为过矣。且两雄不俱立，楚、汉久相持不决，海内摇荡，农夫释耒，工女下机，天下之心未有所定也。愿足下急复进兵，收取荥阳，据敖仓之粟，塞成皋之险，杜太行之道，距飞狐之口，守白马之津，以示诸侯形制之势，则天下知所归矣。"王从之，乃复谋取敖仓。

食其又说王曰："方今燕、赵已定，唯齐未下，诸田宗强，负海、岱，阻河、济，南近于楚，人多变诈。足下虽遣数万师，未可以岁月破也。臣请得奉明诏，说齐王，使为汉而称东藩。"上曰："善。"

乃使郦生说齐王曰："王知天下之所归乎？"王曰："不知也。天下何所归？"郦生曰："归汉。"曰："先生何以言之？"曰："汉王先入咸阳，项王负约，王之汉中。项王迁杀义帝，汉王闻之，起蜀、汉之兵击三秦，出关而责义帝之处。收天下之兵，立诸侯之后。降城即以侯其将，得赂即以分其士，与天下同其利，豪英贤才皆乐为之用。项王有倍约之名，杀义帝之负；于人之功无所记，于人之罪无所忘；战胜而不得其赏，拔城而不得其封；非项氏莫得用事，天下畔之，贤才怨之，而莫为之用。故天下之事归于汉王，可坐而策也。夫汉王发蜀、汉，定三秦，涉西河，破北魏，出井陉，诛成安君，此非人之力也，天之福也。今已据敖仓之粟，塞成皋之险，守白马之津，杜太行之阪，距飞狐之口，天下后服者先亡矣。王疾先下汉王，齐国可得而保也；不然，危亡可立而待也。”先是，齐闻韩信且东兵，使华无伤、田解将重兵屯历下以距汉。及纳郦生之言，遣使与汉平，乃罢历下守战备，与郦生日纵酒为乐。韩信引兵东，未度平原，闻郦食其已说下齐，欲止。辩士蒯彻说信曰："将军受诏击齐，而汉独发间使下齐。宁有诏止将军乎，何以得毋行也？且郦生一士，伏轼掉三寸之舌，下齐七十余城；将军以数万众，岁余乃下赵五十余城。为将数岁，反不如一竖儒之功乎！”于是信然之，遂渡河。

四年冬十月，信袭破齐历下军，遂至临淄。齐王以郦生为卖己，乃烹之。引兵东走高密，使使之楚请救。田横走博阳，守相田光走城阳，将军田既军于胶东。

楚大司马咎守成皋，汉数挑战，楚军不出。使人辱之，数日，咎怒，渡兵汜水。士卒半渡，汉击之，大破楚军，尽得楚国金玉、货赂，咎及司马欣皆自刭汜水上。汉王引兵渡河，复取成皋，军广武，就敖仓食。

项羽下梁地十余城，闻成皋破，乃引兵还。汉军方围钟离眜于荥阳东，闻羽至，尽走险阻。羽亦军广武，与汉相守数月。楚军食少，项王患之，乃为高俎，置太公其上，告汉王曰："今不急下，吾烹太公。”汉王曰："吾与羽俱北面受命怀王，约为兄弟，吾翁即若翁，必欲烹而翁，幸分我一杯羹。”项王怒，欲杀之。项伯曰："天下事未可知，且为天下者不顾家，虽杀之无益，祇益祸耳。"项王从之。

项王谓汉王曰："天下匈匈数岁者，徒以吾两人耳。愿与汉王挑战，决雌雄，毋徒苦天下之民父子为也。"汉王笑谢曰："吾宁斗智，不能斗力。"项王三令壮士出挑战，汉有善骑射者楼烦，辄射杀之。项王大怒，乃自被甲持戟挑战。楼烦欲射之，项王瞋目叱之，楼烦目不敢视，手不敢发，遂走还入壁，不敢复出。汉王使人间问之，乃项王也。汉王大惊。

于是项王乃即汉王相与临广武间而语。羽欲与汉王独身挑战。汉王数羽曰："羽负约，王我于蜀、汉，罪一。矫杀卿子冠军，罪二。救赵不还报，而擅劫诸侯兵入关，罪三。烧秦宫室，掘始皇帝冢，收私其财，罪四。杀秦降王子婴，罪五。诈坑秦子弟新安二十万，罪六。王诸将善地，而徙逐故主，罪七。出逐义帝，彭城自都之，夺韩王地，并王梁、楚，多自与，罪八。使人阴杀义帝江南，罪九。为政不平，主约不信，天下所不容，大逆无道，罪十也。吾以义兵从诸侯诛残贼，使刑余罪人击公，何苦乃与公挑战！"羽大怒，伏弩射中汉王。汉王伤胸，乃扪足曰："虏中吾指。"汉王病创卧，张良强请汉王起行劳军，以安士卒，毋令楚乘胜。汉王出行军，疾甚，因驰入成皋。

韩信已定临淄，遂东追齐王。项王使龙且将兵，号二十万，以救齐，与齐王合军高密。客或说龙且曰："汉兵远斗穷战，其锋不可当。齐、楚自居其地，兵易败散。不如深壁，令齐王使其信臣招所亡城，亡城闻王在，楚来救，必反汉。汉兵二千里客居齐地，齐城皆反之，其势无所得食，可无战而降也。"龙且曰："吾平生知韩信为人，易与耳。寄食于漂母，无资身之策；受辱于袴下，无兼人之勇；不足畏也。且夫救齐，不战而降之，吾何功？今战而胜之，齐之半可得也。”

十一月，齐、楚与汉夹潍水而陈。韩信夜令人为万余囊，满盛沙，壅水上流，引军半渡击龙且，佯不胜，还走。龙且果喜曰：“固知信怯也！”遂追信。信使人决壅囊，水大至，龙且军太半不得渡。即急击，杀龙且。水东军散走，齐王广亡去。信遂追北至城阳，虏齐王广。汉将灌婴追得齐守相田光，进至博阳。田横闻齐王死，自立为齐王，还击婴。婴败横军于嬴下，田横亡走梁，归彭越。婴进击齐将田吸于千乘，曹参击田既于胶东，皆杀之，尽定齐地。

立张耳为赵王。

汉王疾愈，西入关，至栎阳，枭故塞王欣头栎阳市。留四日，复如军，军广武。

春二月，遣张良操印立韩信为齐王，征其兵击楚。项王闻龙且死，大惧，使盱台人武涉往说齐王信。信不忍倍汉，遂谢蒯彻。语在诸将之叛。

秋八月，汉王下令：“军士不幸死者，吏为衣衾棺敛，转送其家。”四方归心焉。

项王自知少助；食尽，韩信又进兵击楚，羽患之。汉遣侯公说羽，请太公。羽乃与汉约，中分天下，割洪沟以西为汉，以东为楚。九月，楚归太公、吕后，引兵解而东归。汉王欲西归，张良、陈平说曰：“汉有天下太半，而诸侯皆附；楚兵疲食尽，此天亡之时也。今释弗击，此谓养虎自遗患也。”汉王从之。

五年冬十月，汉王追项羽至固陵，与齐王信、魏相国越期会击楚。信、越不至，楚击汉军，大破之。汉王复坚壁自守，谓张良曰："诸侯不从，奈何？"对曰："楚兵且破，二人未有分地，其不至固宜。君王能与共天下，可立致也。齐王信之立，非君王意，信亦不自坚。彭越本定梁地，始君王以魏豹故拜越为相国，今豹死，越亦望王，而君王不早定。今能取睢阳以北至穀城皆以王彭越，从陈以东傅海与齐王信。信家在楚，其意欲复得故邑。能出捐此地以许两人，使各自为战，则楚易破也。"汉王从之。于是韩信、彭越皆引兵来。

十一月，刘贾南渡淮，围寿春，遣人诱楚大司马周殷。殷畔楚，以舒屠六，举九江兵迎黥布，并行屠城父，随刘贾皆会。

十二月，项王至垓下，兵少食尽，与汉战不胜，入壁。汉军及诸侯兵围之数重。项王夜闻汉军四面皆楚歌，乃大惊曰："汉皆已得楚乎？是何楚人之多也！"则夜起，饮帐中。悲歌忼慨，泣数行下，左右皆泣，莫能仰视。于是项王乘其骏马名骓，麾下壮士骑从者八百余人，直夜溃围南出，驰走。平明，汉军乃觉之，令骑将灌婴以五千骑追之。项王渡淮，骑能属者才百余人。至阴陵，迷失道，问一田父，田父绐曰"左"。左，乃陷大泽中，以故汉追及之。

项王乃复引兵而东，至东城，乃有二十八骑，汉骑追者数千人。项王自度不得脱，谓其骑曰："吾起兵至今八岁矣，身七十余战，未尝败北，遂霸有天下。然今卒困于此，此天之亡我，非战之罪也！今日固决死，愿为诸君快战，必溃围，斩将，刈旗，三胜之，令诸君知天亡我，非战之罪也！"乃分其骑以为四队，四乡。汉军围之数重。项王谓其骑曰："吾为公取彼一将。"令四面骑驰下，期山东为三处。于是项王大呼驰下，汉军皆披靡，遂斩汉一将。是时，郎中骑杨喜追项王，项王瞋目而叱之，喜人马俱惊，辟易数里。项王与其骑会为三处。汉军不知项王所在，乃分军为三，复围之。项王乃驰，复斩汉二都尉，杀数十百人。复聚其骑，亡其两骑耳。乃谓其骑曰："何如？"骑皆伏曰："如大王言。"

于是项王欲东渡乌江，乌江亭长檥船待，谓项王曰："江东虽小，地方千里，众数十万人，亦足王也。愿大王急渡。今独臣有船，汉军至，无以渡。"项王笑曰："天之亡我，我何渡为！且籍与江东子弟八千人渡江而西，今无一人还，纵江东父兄怜而王我，我何面目见之？纵彼不言，籍独不愧于心乎！"乃以其所乘骓马赐亭长。令骑皆下马步行，持短兵接战。独籍所杀汉军数百人，身亦被十余创。顾见汉骑司马吕马童曰："若非吾故人乎？"马童面之，指示中郎骑王翳曰："此项王也。"项王乃曰："吾闻汉购我头千金，邑万户，吾为若德。"乃刎而死。王翳取其头，余骑相蹂践争项王，相杀者数十人。最其后，杨喜、吕马童及郎中吕胜、杨武各得其一体。五人共会其体，皆是，故分其户，封五人皆为列侯。

楚地悉定，独鲁不下。汉王引天下兵欲屠之。至其城下，犹闻弦诵之声。为其守礼义之国，为主死节，乃持项王头以示鲁父兄，鲁乃降。汉王以鲁公礼葬项王于谷城，亲为发哀，哭之而去。诸项氏枝属皆不诛。封项伯等四人皆为列侯，赐姓刘氏。诸民略在楚者，皆归之。

> 太史公曰：羽起陇亩之中，三年，遂将五诸侯灭秦，分裂天下而封王侯，政由羽出，位虽不终，近古以来未尝有也。及羽背关怀楚，放逐义帝而自立，怨王侯叛己，难矣。自矜功伐，奋其私智，而不师古，谓霸王之业，欲以力征经营天下，五年，卒亡其国，身死东城，尚不觉寤而不自责，乃引"天

亡我，非用兵之罪也”，岂不谬哉！

扬子法言：或问：“楚败垓下，方死，曰‘天也’，谅乎？”曰：“汉屈群策，群策屈群力，楚憝群策而自屈其力。屈人者克，自屈者负，天曷故焉！”

春正月，诸侯王皆上疏，请尊汉王为皇帝。二月甲午，王即皇帝位于汜水之阳。

帝西都洛阳。夏五月，帝置酒洛阳南宫，上曰：“彻侯、诸将毋敢隐朕，皆言其情，吾所以有天下者何？项氏之所以失天下者何？”高起、王陵对曰：“陛下使人攻城略地，因以与之，与天下同其利。项羽不然，有功者害之，贤者疑之，此其所以失天下也。”上曰：“公知其一，未知其二。夫运筹帷幄之中，决胜千里之外，吾不如子房。填国家，抚百姓，给饷馈，不绝粮道，吾不如萧何。连百万之众，战必胜，攻必取，吾不如韩信。三者皆人杰，吾能用之，此吾所以取天下者也。项羽有一范增而不能用，此所以为我禽也。”群臣说服。

齐人娄敬戍陇西，过洛阳，脱挽辂，衣羊裘，因齐人虞将军求见上。虞将军欲与之鲜衣，娄敬曰：“臣衣帛，衣帛见；衣褐，衣褐见；终不敢易衣。”于是虞将军入言上，上召见，问之。娄敬曰：“陛下都洛阳，岂欲与周室比隆哉？”上曰：“然。”娄敬曰：“陛下取天下与周异。周之先自后稷封邰，积德累善十有余世，至于太王、王季、文王、武王而诸侯自归之，遂灭殷，为天子。及成王即位，周公相焉，乃营洛邑，以为此天下之中也，诸侯四方纳贡职，道里均矣。有德则易以王，无德则易以亡。故周之盛时，天下和洽，诸侯、四夷莫不宾服，效其贡职；及其衰也，天下莫朝，周不能制也。非唯其德薄也，形势弱也。今陛下起丰、沛，卷蜀、汉，定三秦，与项羽战荥阳、成皋之间，大战七十，小战四十，使天下之民肝脑涂地，父子暴骨中野，不可胜数。哭泣之声未绝，伤夷者未起，而欲比隆于成、康之时，臣窃以为不侔也。且夫秦地被山带河，四塞以为固，卒然有急，百万之众，可立具也。因秦之故，资甚美膏腴之地，此所谓天府者也。陛下入关而都之，山东虽乱，秦之故地可全而有也。夫与人斗，不搤其亢，拊其背，未能全其胜也。今陛下案秦之故地，此亦搤天下之亢而拊其背也。"帝问群臣，群臣皆山东人，争言"周王数百年，秦二世即亡。洛阳东有成皋，西有殽、渑，倍河乡伊、洛；其固亦足恃也"。上问张良，良曰："洛阳虽有此固，其中小，不过数百里，田地薄，四面受敌，此非用武之国也。关中左殽、函，右陇、蜀，沃野千里，南有巴、蜀之饶，北有胡苑之利。阻三面而守，独以一面东制诸侯。诸侯安定，河、渭漕挽天下，西给京师；诸侯有变，顺流而下，足以委输。此所谓金城千里，天府之国也。娄敬说是也。"上即日车驾西都长安。拜娄敬为郎中，号曰奉春君，赐姓刘氏。

诸将之叛

汉高祖四年冬十月，韩信袭齐，已定临淄，遂东追齐王。项王使龙且将兵救齐，信击杀龙且，虏齐王广。韩信使人言汉王曰："齐伪诈多变，反覆之国也，南边楚。请为假王以镇之。"汉王发书，大怒，骂曰："吾困于此，旦暮望若来佐我，乃欲自立为王！"张良、陈平蹑汉王足，因附耳语曰："汉方不利，宁能禁信之自王乎？不如因而立之，善遇，使自为守；不然，变生。"汉王亦悟，因复骂曰："大丈夫定诸侯，即为真王耳，何以假为！"春二月，遣张良操印立韩信为齐王，征其兵击楚。

项王闻龙且死，大惧，使盱台人武涉往说齐王信曰："天下共苦秦久矣，相与戮力击秦。秦已破，计功割地，分土而王之，以休士卒。今汉王复兴兵而东，侵人之分，夺人之地，已破三秦，引兵出关，收诸侯之兵以东击楚，其意非尽吞天下者不休，其不知厌足如是甚也。且汉王不可必，身居项王掌握中数矣，项王怜而活之，然得脱，辄倍约，复击项王，其不可亲信如此。今足下虽自以与汉王为厚交，为之尽力用兵，必终为所禽矣。足下所以得须臾至今者，以项王尚存也。当今二王之事，权在足下。足下右投则汉王胜，左投则项王胜。项王今日亡，则次取足下。足下与项王有故，何不反汉，与楚连和，参分天下王之？今释此时，而自必于汉以击楚，且为智者固若此乎！"韩信谢曰："臣事项王，官不过郎中，位不过执戟，言不听，画不用，故倍楚而归汉。汉王授我上将军印，予我数万众，解衣衣我，推食食我，言听计用，故吾得以至于此。夫人深亲信我，我倍之，不祥，虽死不易！幸为信谢项王。"

武涉已去，蒯彻知天下权在信，乃以相人之术说信曰："仆相君之面，不过封侯，又危不安；相君之背，贵乃不可言。"韩信曰："何谓也？"蒯彻曰："天下初发难也，忧在亡秦而已。今楚、汉分争，使天下之人肝胆涂地，父子暴骸骨于中野，不可胜数。楚人越彭城，转斗逐北，乘利席卷，威震天下；然兵困于京、索之间，迫西山而不能进者，三年于此矣。汉王将数十万之众，距巩、雒，阻山、河之险，一日数战，无尺寸之功，折北不救，此所谓智勇俱困者也。百姓罢极怨望，无所归倚。以臣料之，其势非天下之贤圣固不能息天下之祸。当今两主之命县于足下，足下为汉则汉胜，与楚则楚胜。诚能听臣之计，莫若两利而俱存之，参分天下，鼎足而居，其势莫敢先动。夫以足下之贤圣，有甲兵之众，据强齐，从燕、赵，出空虚之地而制其后，因民之欲，西乡为百姓请命，则天下风走而响应矣，孰敢不听！割大弱强，以立诸侯，诸侯已立，天下服听而归德于齐。案齐之故，有胶、泗之地，深拱揖让，则天下之君王相率而朝于齐矣。盖闻天与弗取，反受其咎；时至不行，反受其殃。愿足下孰虑之。"韩信曰："汉王遇我甚厚，吾岂可以乡利而倍义乎！"蒯生曰："始常山王、成安君为布衣时，相与为刎颈之交，后争张黡、陈泽之事，常山王杀成安君泜水之南，头足异处。此二人相与，天下至欢也，然而卒相禽者何也？患生于多欲而人心难测也。今足下欲行忠信以交于汉王，必不能固于二君之相与也，而事多大于张黡、陈泽者。故臣以为足下必汉王之不危己，亦误矣。大夫种存亡越，霸句践，立功成名而身死亡。野兽已尽而猎狗烹。夫以交友言之，则不如张耳之与成安君者也；以忠信言之，则不过大夫种之于句践也。此二者足以观矣，愿足下深虑之！且臣闻勇略震主者身危，功盖天下者不赏。今足下戴震主之威，挟不赏之功，归楚，楚人不信，归汉，汉人震恐，足下欲持是安归乎？"韩信谢曰："先生且休矣，吾将念之。"后数日，蒯彻复说曰："夫听者，事之候也。计者，事之机也。听过计失而能久安者，鲜矣。故知者，决之断也。疑者，事之害也。审毫厘之小计，遗天下之大数，智诚知之，决弗敢行者，百事之祸也。夫功者，难成而易败，时者，难得而易失也。时乎，时不再来！"韩信犹豫，不忍倍汉，又自以为功多，汉终不夺我齐，遂谢。蒯彻因去，佯狂为巫。

五年冬十月，汉王追项羽至固陵，与韩信、彭越期会击楚。信、越不至，汉王用张良计分地以王二人。事见高帝灭楚。

十二月，汉王还至定陶，驰入齐王信壁，夺其军。春正月，更立齐王信为楚王，王淮北，都下邳。封魏相国建城侯彭越为梁王，王魏故地，都定陶。

六年冬十月，人有上书告楚王信反者。帝以问诸将，皆曰："亟发兵，坑竖子耳！"帝默然。又问陈平，陈平曰："人上书言信反，信知之乎？"曰："不知。"陈平曰："陛下精兵孰与楚？"上曰："不能过。"平曰："陛下诸将用兵有能过韩信者乎？"上曰："莫及也。"平曰："今兵不如楚精，而将不能及，举兵攻之，是趣之战也，窃为陛下危之。"上曰："为之奈何？"平曰："古者天子有巡狩，会诸侯。陛下第出伪游云梦，会诸侯于陈。陈，楚之西界，信闻天子以好出游，其势必无事而郊迎谒。谒而陛下因禽之，此特一力士之事耳。"帝以为然，乃发使告诸侯会陈，"吾将南游云梦"。上因随以行。

楚王信闻之，自疑惧，不知所为。或说信曰："斩钟离眛以谒上，上必喜，无患。"信从之。十二月，上会诸侯于陈，信持眛首谒上。上令武士缚信，载后车。信曰："果若人言：'狡兔死，走狗烹。高鸟尽，良弓藏。敌国破，谋臣亡。'天下已定，我固当烹。"上曰："人告公反。"遂械系信以归，因赦天下。

田肯贺上曰："陛下得韩信，又治秦中。秦，形胜之国也，带河阻山，地势便利，其以下兵于诸侯，譬犹居高屋之上建瓴水也。夫齐，东有琅邪、即墨之饶，南有泰山之固，西有浊河之限，北有勃海之利，地方二千里，持戟百万，此东西秦也，非亲子弟莫可使王齐者。"上曰："善。"赐金五百斤。上还，至洛阳，赦韩信，封为淮阴侯。

信知汉王畏恶其能，多称病，不朝从。居常鞅鞅，羞与绛、灌等列。尝过樊将军哙，哙跪拜送迎，言称臣，曰："大王乃肯临臣！"信出门，笑曰："生乃与哙等为伍！"上尝从容与信言诸将能将兵多少。上问曰："如我能将几何？"信曰："陛下不过能将十万。"上曰："于君何如？"曰："臣多多而益善耳。"上笑曰："多多益善，何为为我禽？"信曰："陛下不能将兵而善将将，此乃信之所以为陛下禽也。且陛下，所谓天授，非人力也。"

十年。初，上以阳夏侯陈豨为相国，监赵、代边兵。豨过辞淮阴侯，淮阴侯挈其手，辟左右，与之步于庭，仰天叹曰："子可与言乎？"豨曰："唯将军令之。"淮阴侯曰："公之所居，天下精兵处也，而公，陛下之信幸臣也。人言公之畔，陛下必不信；再至，陛下乃疑矣；三至，必怒而自将。吾为公从中起，天下可图也。"陈豨素知其能也，信之，曰："谨奉教。"

豨常慕魏无忌之养士，及为相守边，告归，过赵，宾客随之者千余乘，邯郸官舍皆满。赵相周昌求入见上，具言豨宾客甚盛，擅兵于外数岁，恐有变。上令人覆案豨客居代者诸不法事，多连引豨。豨恐，韩王信因使王黄、曼丘臣等说诱之。

太上皇崩，上使人召豨，豨称病不至。九月，遂与王黄等反，自立为代王，劫略赵、代。上自东击之，至邯郸，喜曰："豨不南据邯郸而阻漳水，吾知其无能为矣。"周昌奏："常山二十五城，亡其二十城，请诛守、尉。"上曰："守、尉反乎？"对曰："不。"上曰"是力不足，亡罪。"上令周昌选赵壮士可令将者，白见四人，上嫚骂曰："竖子能为将乎？"四人惭，皆伏地。上封各千户，以为将。左右谏曰："从入蜀、汉，伐楚，赏未遍行，今封此，何功？"上曰："非汝所知。陈豨反，赵、代地皆豨有。吾以羽檄征天下兵，未有至者，今计唯独邯郸中兵耳。吾何爱四千户不以慰赵子弟！”皆曰：“善。”又闻豨将皆故贾人，上曰：“吾知所以与之矣。”乃多以金购豨将，豨将多降。

十一年冬，上在邯郸。陈豨将侯敞将万余人游行，王黄将骑千余军曲逆，张春将卒万余人渡河攻聊城。汉将军郭蒙与齐将击，大破之。太尉周勃道太原入定代地，至马邑，不下，攻残之。赵利守东垣，帝攻拔之，更命曰真定。帝购王黄、曼丘臣以千金，其麾下皆生致之，于是陈豨军遂败。

淮阴侯信称病，不从击豨，阴使人至豨所，与通谋。信谋与家臣夜诈诏赦诸官徒、奴，欲发以袭吕后、太子。部署已定，待豨报。其舍人得罪于信，信囚欲杀之。春正月，舍人弟上变，告信欲反状于吕后。吕后欲召，恐其傥不就。乃与萧相国谋，诈令人从上所来，言豨已得，死，列侯群臣皆贺。相国绐信曰：“虽疾，强入贺。”信入，吕后使武士缚信，斩之长乐钟室。信方斩，曰：“吾悔不用蒯彻之计，乃为儿女子所诈，岂非天哉！”遂夷信三族。

臣光曰：世或以韩信为首建大策，与高祖起汉中，定三秦，遂分兵以北，禽魏、取代、仆赵、胁燕，东击齐而有之，南灭楚垓下。汉之所以得天下者，大抵皆信之功也。观其距蒯彻之说，迎高祖于陈，岂有反心哉？良由失职怏怏，遂陷悖逆。夫以卢绾里闬旧恩，犹南面王燕，信乃以列侯奉朝请，岂非高祖亦有负于信哉！臣以为高祖用诈谋禽信于陈，言负则有之，虽然，信亦有以取之也。始，汉与楚相距荥阳，信灭齐，不还报而自王。其后汉追楚至固陵，与信期共攻楚，而信不至。当是之时，高祖固有取信之心矣，顾力不能耳。及天下已定，则信复何恃哉？夫乘时以徼利者，市井之志也。酬功而报德者，士君子之心也。信以市井之志利其身，而以士君子之心望于人，不亦难哉！是故太史公论之曰：“假令韩信学道谦让，不伐己功，不矜其能，则庶几哉！于汉家勋可以比周、召、太公之徒，后世血食矣。不务出此，而天下已集，乃谋畔逆，夷灭宗族，不亦宜乎！”

上还洛阳，闻淮阴侯之死，且喜且怜之。问吕后曰：“信死亦何言？”吕后曰：“信言恨不用蒯彻计。”上曰：“是齐辩士蒯彻也。”乃诏齐捕蒯彻。蒯彻至，上曰：“若教淮阴侯反乎？”对曰：“然。臣固教之，竖子不用臣之策，故令自夷于此。如用臣之计，陛下安得而夷之乎！”上怒曰：“烹之！”彻曰：“嗟乎，冤哉烹也！”上曰：“若教韩信反，何冤？”对曰：“秦失其鹿，天下共逐之，高材疾足者先得焉。跖之狗吠尧，尧非不仁，狗固吠非其主。当是时，臣唯独知韩信，非知陛下也。且天下锐精持锋欲为陛下所为者甚众，顾力不能耳，又可尽烹之邪！”上曰：“置之。”

上之击陈豨也，征兵于梁，梁王称病，使将将兵诣邯郸。上怒，使人让之。梁王恐，欲自往谢。其将扈辄曰：“王始不往，见让而往，往则为禽矣。不如遂发兵反。”梁王不听。梁太仆得罪亡走汉，告梁王与扈辄谋反。于是上使使掩梁王，梁王不觉，遂囚之洛阳。有司治反形已具，请论如法。上赦以为庶人，传处蜀青衣。西至郑，逢吕后从长安来，彭王为吕后泣涕，自言无罪，愿处故昌邑。吕后许诺，与俱东。至洛阳，吕后白上曰：“彭王壮士，今徙之蜀，此自遗患，不如遂诛之。妾谨与俱来。”于是吕后乃令其舍人告彭越复谋反。廷尉王恬开奏请族之，上可其奏。三月，夷越三族，枭越首洛阳。下诏：“有收视者，辄捕之。”

梁大夫栾布使于齐还，奏事越头下，祠而哭之。吏捕以闻。上召布骂，欲烹之。方提趋汤，布顾曰：“愿一言而死。”上曰：

"何言?"布曰:"方上之困于彭城,败荥阳、成皋间,项王所以遂不能西者,徒以彭王居梁地,与汉合从苦楚也。当是之时,王一顾,与楚则汉破,与汉而楚破。且垓下之会,微彭王,项氏不亡。天下已定,彭王剖符受封,亦欲传之万世。今陛下一征兵于梁,彭王病不行,而陛下疑以为反,反形未具,以苛小案诛灭之,臣恐功臣人人自危也。今彭王已死,臣生不如死,请就烹。"于是上乃释布罪,拜为都尉。

秋七月,淮南王布反。初,淮阴侯死,布已心恐。及彭越诛,醢其肉以赐诸侯。使者至淮南,淮南王方猎,见醢,因大恐,阴令人部聚兵,候伺旁郡警急。布所幸姬病,就医,医家与中大夫贲赫对门,赫乃厚馈遗,从姬饮医家。王疑其与乱,欲捕赫。赫乘传诣长安上变,言布谋反有端,可先未发诛也。上读其书,语萧相国。相国曰:"布不宜有此,恐仇怨妄诬之。请系赫,使人微验淮南王。"淮南王布见赫以罪亡,上变,固已疑其言国阴事;汉使又来,颇有所验。遂族赫家,发兵反。反书闻,上乃赦贲赫,以为将军。

上召诸将问计,皆曰:"发兵击之,坑竖子耳,何能为乎!"汝阴侯滕公召故楚令尹薛公问之,令尹曰:"是固当反。"滕公曰:"上裂地而封之,疏爵而王之,其反何也?"令尹曰:"往年杀彭越,前年杀韩信,此三人者,同功一体之人也,自疑祸及身,故反耳。"滕公言之上,上乃召见,问薛公。薛公对曰:"布反不足怪也。使布出于上计,山东非汉之有也;出于中计,胜败之数未可知也;出于下计,陛下安枕而卧矣。"上曰:"何谓上计?"对曰:"东取吴,西取楚,并齐取鲁,传檄燕、赵,固守其所,山东非汉之有也。""何谓中计?""东取吴,西取楚,并韩取魏,据敖仓之粟,塞成皋之口，胜败之数未可知也。”“何谓下计？”“东取吴，西取下蔡，归重于越，身归长沙，陛下安枕而卧，汉无事矣。”上曰：“是计将安出？”对曰：“出下计。”上曰：“何谓废上、中计而出下计？”对曰：“布，故丽山之徒也，自致万乘之主，此皆为身，不顾后为百姓万世虑者也，故曰出下计。”上曰：“善。”封薛公千户。乃立皇子长为淮南王。

是时，上有疾，欲使太子往击黥布，太子客东园公、绮里季、夏黄公、角里先生说建成侯吕释之曰：“太子将兵，有功则位不益，无功则从此受祸矣。君何不急请吕后承间为上泣言：‘黥布，天下猛将也，善用兵。今诸将皆陛下故等夷，乃令太子将此属，无异使羊将狼，莫肯为用，且使布闻之则鼓行而西耳。上虽病，强载辎车，卧而护之，诸将不敢不尽力。上虽苦，为妻子自强。’”于是吕释之立夜见吕后。吕后承间为上泣涕而言，如四人意。上曰：“吾惟竖子固不足遣，而公自行耳！”

于是上自将兵而东，群臣居守，皆送至霸上。留侯病，自强起，至曲邮，见上曰：“臣宜从，病甚。楚人剽疾，愿上无与争锋。”因说上令太子为将军，监关中兵。上曰：“子房虽病，强卧而傅太子。”是时叔孙通为太傅，留侯行少傅事。发上郡、北地、陇西车骑、巴蜀材官及中尉卒三万人为皇太子卫，军霸上。

布之初反，谓其将曰：“上老矣，厌兵，必不能来。使诸将，诸将独患淮阴、彭越，今皆已死，余不足畏也。”故遂反。果如薛公之言，东击荆。荆王贾走，死富陵。尽劫其兵，渡淮击楚。楚发兵与战徐、僮间，为三军，欲以相救为奇。或说楚将曰：“布善用兵，民素畏之。且兵法，诸侯自战其地为散地。今别为三，彼败吾一军，余皆走，安能相救！”不听。布果破其一军，其二军散走。

布遂引兵而西。

十二年冬十月，上与布兵遇于蕲西。布兵精甚，上壁庸城，望布军置陈如项籍军，上恶之。与布相望见，遥谓布曰："何苦而反？"布曰："欲为帝耳。"上怒，骂之，遂大战。布军败，走渡淮，数止战，不利，与百余人走江南。上令别将追之。

汉别将击英布军洮水南北，皆大破之。布故与番君婚，以故长沙成王臣使人诱布，伪欲与亡走越。布信而随之，番阳人杀布兹乡民田舍。

周勃悉定代郡、雁门、云中地，斩陈豨于当城。

陈豨之反也，燕王绾发兵击其东北。当是时，陈豨使王黄求救匈奴，燕王绾亦使其臣张胜于匈奴，言豨等军破。张胜至胡，故燕王臧荼子衍出亡在胡，见张胜曰："公所以重于燕者，以习胡事也。燕所以久存者，以诸侯数反，兵连不决也。今公为燕，欲急灭豨等，豨等已尽，次亦至燕，公等亦且为虏矣。公何不令燕且缓陈豨而与胡和。事宽，得长王燕，即有汉急，可以安国。"张胜以为然，乃私令匈奴助豨等击燕。燕王绾疑张胜与胡反，上书请族张胜。胜还，具道所以为者。燕王乃诈论他人，脱胜家属，使得为匈奴间。而阴使范齐之陈豨所，欲令久亡，连兵勿决。

汉击黥布，豨常将兵居代。汉击斩豨，其裨将降，言燕王绾使范齐通计谋于豨所。帝使使召卢绾，绾称病。上又使辟阳侯审食其、御史大夫赵尧往迎燕王，因验问左右。绾愈恐，闭匿，谓其幸臣曰："非刘氏而王，独我与长沙耳。往年春，汉族淮阴，夏，诛彭越，皆吕氏计。今上病，属任吕后，吕后妇人，专欲以事诛异姓王者及大功臣。"乃遂称病不行，其左右皆亡匿。语颇泄，辟阳侯闻之，归具报上，上益怒。又得匈奴降者，言张胜亡在匈奴为燕使。于是上曰："卢绾果反矣！"春二月，使樊哙以相国将兵击绾，立皇子建为燕王。

卢绾与数千人居塞下候伺，幸上疾愈，自入谢。闻帝崩，遂亡入匈奴。

匈奴和亲

汉高祖六年。初，匈奴畏秦，北徙十余年。及秦灭，匈奴复稍南渡河。

单于头曼有太子曰冒顿。后有所爱阏氏生少子，头曼欲立之。是时东胡强而月氏盛，乃使冒顿质于月氏。既而头曼急击月氏，月氏欲杀冒顿。冒顿盗其善马，骑之亡归。头曼以为壮，令将万骑。冒顿乃作鸣镝，习勒其骑射。令曰："鸣镝所射而不悉射者，斩之！"冒顿乃以鸣镝自射其善马，既又射其爱妻，左右或不敢射者皆斩之。最后以鸣镝射单于善马，左右皆射之。于是冒顿知其可用，从头曼猎，以鸣镝射头曼，其左右亦皆随鸣镝而射。遂杀头曼，尽诛其后母与弟及大臣不听从者。冒顿自立为单于。

东胡闻冒顿立，乃使使谓冒顿，欲得头曼时千里马。冒顿问群臣，群臣皆曰："此匈奴宝马也，勿与。"冒顿曰："奈何与人邻国而爱一马乎！"遂与之。居顷之，东胡又使使谓冒顿，欲得单于一阏氏。冒顿复问左右，左右皆怒曰："东胡无道，乃求阏氏，请击之！"冒顿曰："奈何与人邻国爱一女子乎！"遂取所爱阏氏予东胡。东胡王愈益骄。东胡与匈奴中间有弃地，莫居千余里，各居其边，为瓯脱。东胡使使谓冒顿："此弃地，欲有之。"冒顿问群臣，群臣或曰："此弃地，予之亦可，勿与亦可。"于是冒顿大怒曰："地者国之本也，奈何予之!"诸言予之者皆斩之。冒顿上马，令国中有后出者斩，遂袭击东胡。东胡初轻冒顿，不为备，冒顿遂灭东胡。既归，又西击走月氏，南并楼烦、白羊河南王，遂侵燕、代，悉复收蒙恬所夺匈奴故地，与汉关故河南塞至朝那、肤施。是时汉兵方与项羽相距，中国罢于兵革，以故冒顿得自强，控弦之士三十余万，威服诸国。

秋，匈奴围韩王信于马邑，信数使使胡求和解。汉发兵救之，疑信数间使，有二心，使人责让信。信恐诛，九月，以马邑降匈奴。匈奴冒顿因引兵南逾句注，攻太原，至晋阳。

七年冬十月，上自将击韩王信，破其军于铜鞮，斩其将王喜。信亡走匈奴。白土人曼丘臣、王黄等立赵苗裔赵利为王，复收信败散兵，与信及匈奴谋攻汉。匈奴使左右贤王将万余骑，与王黄等屯广武以南，至晋阳。汉兵击之，匈奴辄败走，已复屯聚，汉兵乘胜追之。会天大寒雨雪，士卒堕指者什二三。

上居晋阳，闻冒顿居代谷，欲击之。使人觇匈奴，冒顿匿其壮士、肥牛马，但见老弱及羸畜。使者十辈来，皆言匈奴可击。上复使刘敬往使匈奴，未还，汉悉兵三十二万北逐之，逾句注。刘敬还报曰："两国相击，此宜夸矜见所长。今臣往，徒见羸瘠老弱，此必欲见短，伏奇兵以争利。愚以为匈奴不可击也。"是时汉兵已业行，上怒，骂刘敬曰："齐虏，以口舌得官，今乃妄言沮吾军!"械系敬广武。

帝先至平城，兵未尽到，冒顿纵精兵四十万骑，围帝于白登七日，汉兵中外不得相救饷。帝用陈平秘计，使使间厚遗阏氏。阏氏谓冒顿曰："两主不相困。今得汉地，而单于终非能居之也。

且汉主亦有神灵，单于察之。"冒顿与王黄、赵利期，而黄、利兵不来，疑其与汉有谋，乃解围之一角。会天大雾，汉使人往来，匈奴不觉。陈平请令强弩傅两矢外乡，从解角直出。帝出围，欲驱，太仆滕公固徐行。至平城，汉大军亦到，胡骑遂解去。汉亦罢兵归，令樊哙止定代地。上至广武赦刘敬，曰："吾不用公言，以困平城。吾皆已斩前使十辈矣。"乃封敬二千户为关内侯，号为建信侯。帝南过曲逆，曰："壮哉县，吾行天下，独见洛阳与是耳！"乃更封陈平为曲逆侯，尽食之。平从帝征伐，凡六出奇计，辄益封邑焉。

十二月，匈奴攻代，代王喜弃国自归，赦为郃阳侯。

八年。匈奴冒顿数苦北边，上患之，问刘敬。刘敬曰："天下初定，士卒罢于兵，未可以武服也。冒顿杀父代立，妻群母，以力为威，未可以仁义说也。独可以计久远，子孙为臣耳，然恐陛下不能为。"上曰："奈何？"对曰："陛下诚能以適长公主妻之，厚奉遗之，彼必慕以为阏氏，生子必为太子。陛下以岁时汉所余，彼所鲜，数问遗，因使辩士风谕以礼节。冒顿在，固为子婿，死，则外孙为单于。岂尝闻外孙敢与大父抗礼者哉！可无战以渐臣也。若陛下不能遣长公主，而令宗室及后宫诈称公主，彼知不肯贵近，无益也。"帝曰："善。"欲遣长公主，吕后日夜泣曰："妾唯太子、一女，奈何弃之匈奴！"上竟不能遣。

九年冬，上取家人子名为长公主，以妻单于，使刘敬往结和亲约。

臣光曰：建信侯谓冒顿残贼，不可以仁义说，而欲与为婚姻，何前后之相违也！夫骨肉之恩，尊卑之叙，唯仁义之人为能知之，奈何欲以此服冒顿哉？盖上世帝王之御夷狄也，服则怀之以德，叛则震之以威，未闻与为婚姻也。且冒顿视其父如禽兽而猎之，奚有于妇翁？建信侯之术，固已疏矣，况鲁元已为赵后，又可夺乎！

惠帝三年春，以宗室女为公主，嫁匈奴冒顿单于。是时冒顿方强，为书使使遗高后，辞极亵嫚。高后大怒，召将相大臣议斩其使者，发兵击之。樊哙曰："臣愿得十万众横行匈奴中。"中郎将季布曰："哙可斩也！前匈奴围高帝于平城，汉兵三十二万，哙为上将军不能解围。今歌吟之声未绝，伤夷者甫起，而哙欲摇动天下，妄言以十万众横行，是面谩也。且夷狄譬如禽兽，得其善言不足喜，恶言不足怒也。"高后曰："善。"令大谒者张释报书，深自谦逊以谢之，并遗以车二乘，马二驷。冒顿复使使来谢曰："未尝闻中国礼义，陛下幸而赦之。"因献马，遂和亲。

高后六年四月，匈奴寇狄道，攻阿阳。

七年冬十二月，匈奴寇狄道，略二千余人。

文帝前三年五月，匈奴右贤王入居河南地，侵盗上郡保塞蛮夷，杀略人民。上幸甘泉，遣丞相灌婴发车骑八万五千，诣高奴击右贤王，发中尉材官属卫将军，军长安。右贤王走出塞。

六年冬十月，匈奴单于遗汉书曰："前时皇帝言和亲事，称书意，合欢。汉边吏侵侮右贤王，右贤王不请，听后义卢侯难支等计，与汉吏相距。绝二主之约，离兄弟之亲，故罚右贤王，使之西求月氏，击之。以天之福，吏卒良，马力强，以夷灭月氏，尽斩杀降下，定之。楼兰、乌孙、呼揭及其旁二十六国，皆已为匈奴。诸引弓之民，并为一家。北州已定，愿寝兵休士卒养马，除前事，复故约，以安边民。皇帝即不欲匈奴近塞，则且诏吏民远舍。"帝报书曰："单于欲除前事，复故约，朕甚嘉之，此古圣王之志也。汉与匈奴约为兄弟，所以遗单于甚厚。倍约离兄弟之亲者，常在匈奴。然右贤王事已在赦前，单于勿深诛。单于若称书意，明告诸吏，使无负约；有信，敬如单于书。”

后顷之，冒顿死，子稽粥立，号曰老上单于。老上单于初立，帝复遣宗室女翁主为单于阏氏，使宦者燕人中行说傅翁主。说不欲行，汉强使之。说曰：“必我也，为汉患者。”中行说既至，因降单于，单于甚亲幸之。

初，匈奴好汉缯絮、食物。中行说曰：“匈奴人众不能当汉之一郡，然所以强者，以衣食异，无仰于汉也。今单于变俗，好汉物，汉物不过什二，则匈奴尽归于汉矣。其得汉缯絮，以驰草棘中，衣裤皆裂敝，以示不如旃裘之完善也。得汉食物，皆去之，以示不如湩酪之便美也。”于是说教单于左右疏记，以计课其人众畜牧。其遗汉书牍及印封皆令长大，倨傲其辞，自称“天地所生日月所置匈奴大单于”。汉使或訾笑匈奴俗无礼义者，中行说辄穷汉使曰：“匈奴约束径，易行；君臣简，可久。一国之政犹一体也，故匈奴虽乱必立宗种。今中国虽云有礼义，及亲属益疏则相杀夺，以至易姓，皆从此类也。嗟！土室之人，顾无多辞，喋喋占占。顾汉所输匈奴缯絮、米糵，令其量中、必善美而已矣，何以言为乎？且所给备善则已；不备，苦恶，则候秋熟，以骑驰蹂而稼穑耳。”

梁太傅贾谊上疏曰：“天下之势方倒县。凡天子者，天下之首。何也？上也。蛮夷者，天下之足。何也？下也。今匈奴嫚侮侵掠，至不敬也，而汉岁致金絮采缯以奉之。足反居上，首顾居下，倒县如此，莫之能解，犹为国有人乎？可为流涕者此也。今不猎猛敌而猎田彘，不搏反寇而搏畜菟，玩细娱而不图大患，德可远加而直数百里外，威令不伸，可为流涕者此也。”

十一年(冬十一月)〔夏六月〕，匈奴寇狄道。时匈奴数为边患，太子家令颍川晁错上言兵事曰：“兵法曰：‘有必胜之将，无必胜之民。’由此观之，安边境，立功名，在于良将，不可不择也。臣又闻用兵临战合刃之急者三：一曰得地形，二曰卒服习，三曰器用利。兵法，步兵、车骑、弓弩、长戟、矛鋋、剑楯之地，各有所宜，不得其宜者或十不当一。士不选练，卒不服习，起居不精，动静不集，趋利弗及，避难不毕，前击后解，与金鼓之指相失，此不习勒卒之过也，百不当十。兵不完利与空手同，甲不坚密与袒裼同，弩不可以及远与短兵同，射不能中与无矢同，中不能入与无镞同，此将不省兵之祸也，五不当一。故兵法曰：‘器械不利，以其卒予敌也；卒不可用，以其将予敌也；将不知兵，以其主予敌也；君不择将，以其国予敌也。’四者，兵之至要也。臣又闻小大异形，强弱异势，险易异备。夫卑身以事强，小国之形也；合小以攻大，敌国之形也；以蛮夷攻蛮夷，中国之形也。今匈奴地形、技艺与中国异：上下山阪，出入溪涧，中国之马弗与也；险道倾仄，且驰且射，中国之骑弗与也；风雨罢劳，饥渴不困，中国之人弗与也。此匈奴之长技也。若夫平原易地，轻车突骑，则匈奴之众易桡乱也；劲弩长戟，射疏及远，则匈奴之弓弗能格也；坚甲利刃，长短相杂，游弩往来，什伍俱前，则匈奴之兵弗能当也；材官驺发，矢道同的，则匈奴之革笥木荐弗能支也；下马地斗，剑戟相接，去就相薄，则匈奴之足弗能给也。此中国之长技也。以此观之，匈奴之长技三，中国之长技五，陛下又兴数十万之众，以诛数万之匈奴，众寡之计，以一击十之术也。虽然，兵凶器，战危事也，故以大为小，以强为弱，在俯仰之间耳。夫以人之死争胜，跌而不振，则悔之无及也。帝王之道，出于万全。今降胡、义渠、蛮夷之属来归谊者，其众数千，饮食、长技与匈奴同，可赐之坚甲、絮衣、劲弓、利矢，益以边郡之良骑，令明将能知其习俗和辑其心者，以陛下之明约将之。即有险阻，以此当之；平地通道，则以轻车材官制之。两军相为表里，各用其长技，衡加之以众，此万全之术也。”帝嘉之，赐错书，宠答焉。

错又上言曰：“臣闻秦起兵而攻胡、粤者，非以卫边地而救民死也，贪戾而欲广大也，故功未立而天下乱。且夫起兵而不知其势，战则为人禽，屯则卒积死。夫胡貉之人其性耐寒，扬粤之人其性耐暑，秦之戍卒不耐其水土，戍者死于边，输者偾于道。秦民见行，如往弃市，因以谪发之，名曰‘谪戍’。先发吏有谪及赘婿、贾人，后以尝有市籍者，又后以大父母、父母尝有市籍者，后入闾取其左。发之不顺，行者愤怨，有万死之害而亡铢两之报，死事之后不得一算之复，天下明知祸烈及已也。陈胜行戍，至于大泽，为天下先倡，天下从之如流水者，秦以威劫而行之之敝也。胡人衣食之业不著于地，其势易以扰乱边境，往来转徙，时至时去。此胡人之生业，而中国之所以离南亩也。今胡人数转牧行猎于塞下，以候备塞之卒，卒少则入。陛下不救，则边民绝望而有降敌之心；救之，少发则不足，多发，远县才至，则胡又已去。聚而不罢，为费甚大，罢之则胡复入。如此连年，则中国贫苦而民不安矣。陛下幸忧边境，遣将吏发卒以治塞，甚大惠也。然令远方之卒守塞，一岁而更，不知胡人之能。不如选常居者家室田作，且以备之，以便为之高城深堑。要害之处，通川之道，调立城邑，毋下千家。先为室屋，具田器，乃募民免罪、拜爵、复其家，予冬夏衣，禀食，能自给而止。塞下之民，禄利不厚，不可使久居危难之地。胡人入驱而能止其所驱者，以其半予之，县官为赎其民。如是则邑里相救助，赴胡不避死。非以德上也，欲全亲戚而利其财也。此与东方之戍卒，不习地势而心畏胡者，功相万也。以陛下之时，徙民实边，使远方无屯戍之事。塞下之民，父子相保，无系虏之患。利施后世，名称圣明，其与秦之行怨民，相去远矣。”上从其言，募民徙塞下。

错复言：“陛下幸募民徙以实塞下，使屯戍之事益省，输将之费益寡，甚大惠也。下吏诚能称厚惠，奉明法，存恤所徙之老弱，善遇其壮士，和辑其心而勿侵刻，使先至者安乐而不思故乡，则贫民相慕而劝往矣。臣闻古之徙民者，相其阴阳之和，尝其水泉之味，然后营邑立城，制里割宅，先为筑室，家置器物焉。民至有所居，作有所用，此民所以轻去故乡而劝之新邑也。为置医巫以救疾病，以修祭祀，男女有婚，生死相恤，坟墓相从，种树畜长，室屋完安，此所以使民乐其处而有长居之心也。臣又闻古之制边县以备敌也，使五家为伍，伍有长；十长一里，里有假士；四里一连，连有假五百；十连一邑，邑有假候：皆择其邑之贤材有护、习地形、知民心者。居则习民于射法，出则教民于应敌，故卒伍成于内，则军政定于外。服习以成，勿令迁徙，幼则同游，长则共事。夜战声相知，则足以相救，昼战目相见，则足以相识，欢爱之心足以相死。如此而劝以厚赏，威以重罚，则前死不还踵矣。所徙之民非壮有材者，但费衣粮，不可用也。未有材力，不得良吏，犹亡功也。陛下绝匈奴不与和亲，臣窃意其冬来南也。壹大治，则终身创矣。欲立威者始于折胶，来而不能困，使得气去，后未易服也。”

十四年冬，匈奴老上单于十四万骑入朝那、萧关，杀北地都尉印，虏人民畜产甚多；遂至彭阳，使奇兵入烧回中宫，候骑至雍甘泉。帝以中尉周舍、郎中令张武为将军，发车千乘，骑卒十万，军长安旁以备胡寇，而拜昌侯卢卿为上郡将军，宁侯魏遬为北地将军，隆虑侯周灶为陇西将军，屯三郡。上亲劳军，勒兵申教令，赐吏卒，自欲征匈奴。群臣谏，不听，皇太后固要，上乃止。于是以东阳侯张相如为大将军，成侯董赤、内史栾布皆为将军，击匈奴。单于留塞内，月余乃去。汉逐出塞即还，不能有所杀。

后二年，匈奴连岁入边，杀略人民、畜产甚多，云中、辽东最甚，郡万余人。上患之，乃使使遗匈奴书，单于亦使当户报谢，复与匈奴和亲。

三年，匈奴老上单于死，子军臣单于立。

六年冬，匈奴三万骑入上郡，三万骑入云中，所杀略甚众，烽火通于甘泉、长安。以中大夫令免为车骑将军，屯飞狐；故楚相苏意为将军，屯句注；将军张武屯北地；河内太守周亚夫为将军，次细柳；宗正刘礼为将军，次霸上；祝兹侯徐厉为将军，次棘门，以备胡。上自劳军，至霸上及棘门军，直驰入，将以下骑送迎。已而之细柳军，军士吏被甲，锐兵刃，彀弓弩持满。天子先驱至，不得入。先驱曰："天子且至。"军门都尉曰："将军令曰：'军中闻将军令，不闻天子之诏。'"居无何，上至，又不得入。于是上乃使使持节诏将军："吾欲入营劳军。"亚夫乃传言开壁门。壁门士请车骑曰："将军约，军中不得驱驰。"于是天子乃按辔徐行。至营，将军亚夫持兵揖曰："介胄之士不拜，请以军礼见。"天子为动，改容，式车，使人称谢："皇帝敬劳将军。"成礼而去。既出军门，群臣皆惊。上曰："嗟乎，此真将军矣！曩者霸上、棘门军，若儿戏耳，其将固可袭而虏也。至于亚夫，可得而犯邪！"

称善者久之。月余，汉兵至边，匈奴亦远塞，汉兵亦罢。乃拜周亚夫为中尉。

孝景元年夏四月，遣御史大夫青至代下与匈奴和亲。

二年秋，与匈奴和亲。

五年，遣公主嫁匈奴单于。

中二年春二月，匈奴入燕。

六年六月，匈奴入雁门，至武泉，入上郡，取苑马，吏卒战死者二千人。陇西李广为上郡太守，尝从百骑出，卒遇匈奴数千骑，见广，以为诱骑，皆惊，上山陈。广之百骑皆大恐，欲驰还走。广曰："吾去大军数十里，今如此以百骑走，匈奴追射我立尽。今我留，匈奴必以我为大军之诱，必不敢击我。"广令诸骑曰："前！"未到匈奴陈二里所，止，令曰："皆下马解鞍。"其骑曰："虏多且近，即有急，奈何？"广曰："彼虏以我为走；今皆解鞍，以示不走，用坚其意。"于是胡骑遂不敢击。有白马将出，护其兵，李广上马，与十余骑奔，射杀白马将，而复还至其骑中，解鞍，令士皆纵马卧。是时会暮，胡兵终怪之，不敢击。夜半时，胡兵亦以为汉有伏军于旁，欲夜取之，胡皆引兵而去。平旦，李广乃归其大军。

后二年三月，匈奴入雁门，太守冯敬与战，死。发车骑、材官屯雁门。

孝武建元六年，匈奴来请和亲，天子下其议。大行王恢，燕人也，习胡事，议曰："汉与匈奴和亲，率不过数岁，即复倍约。不如勿许，兴兵击之。"韩安国曰："匈奴迁徙鸟举，难得而制，自上古不属为人。今汉行数千里与之争利，则人马罢乏；虏以全制其敝，此危道也。不如和亲。"群臣议者多附安国，于是上许和亲。

诸吕之变

高祖十年。定陶戚姬有宠于上，生赵王如意。上以太子仁弱，谓如意类己，虽封为赵王，常留之长安。上之关东，戚姬常从，日夜啼泣，欲立其子。吕后年长，常留守，益疏。上欲废太子而立赵王，大臣争之，皆莫能得。御史大夫周昌廷争之强，上问其说。昌为人吃，又盛怒，曰："臣口不能言，然臣期期知其不可。陛下欲废太子，臣期期不奉诏。"上欣然而笑。吕后侧耳于东厢听，既罢，见昌，为跪谢曰："微君，太子几废！"时赵王年十岁，上忧万岁之后不全也，符玺御史赵尧请为赵王置贵强相，及吕后、太子、群臣素所敬惮者。上曰："谁可者？"尧曰："御史大夫昌，其人也。"上乃以昌相赵，而以尧代昌为御史大夫。

十二年十一月，上从破黥布归，疾益甚，愈欲易太子。张良谏，不听，因疾不视事。叔孙通谏曰："昔者晋献公以骊姬之故，废太子，立奚齐，晋国乱者数十年，为天下笑。秦以不蚤定扶苏，令赵高得以诈立胡亥，自使灭祀，此陛下所亲见。今太子仁孝，天下皆闻之。吕后与陛下攻苦食啖，其可背哉！陛下必欲废适而立少，臣愿先伏诛，以颈血污地。"帝曰："公罢矣，吾直戏耳。"叔孙通曰："太子，天下本，本一摇天下振动，奈何以天下为戏乎！"时大臣固争者多，上知群臣心皆不附赵王，乃止不立。

初，上击布时为流矢所中，行道，疾甚。吕后问曰："陛下百岁后，萧相国既死，谁令代之？"上曰："曹参可。"问其次，曰："王陵可，然少戆，陈平可以助之。陈平知有余，然难独任。周勃重厚少文，然安刘氏者必勃也，可令为太尉。"吕后复问其次，上曰：

"此后亦非乃所知也。"夏四月甲辰,帝崩于长乐宫。

五月己巳,太子即皇帝位,尊皇后曰皇太后。

太后令永巷囚戚夫人,髡钳,衣赭衣,令舂。遣使召赵王如意,使者三反,赵相周昌谓使者曰:"高帝属臣赵王,赵王年少。窃闻太后怨戚夫人,欲召赵王并诛之,臣不敢遣王,王且亦病,不能奉诏。"太后怒,先使人召昌。昌至长安,乃使人复召赵王。王来未到,帝知太后怒,自迎赵王霸上,与入宫,自挟与起居、饮食。太后欲杀之,不得间。

惠帝元年冬十二月,帝晨出射。赵王少,不能蚤起,太后使人持酖饮之。黎明,帝还,赵王已死。太后遂断戚夫人手足,去眼,煇耳,饮喑药,使居厕中,命曰"人彘"。居数日,乃召帝观人彘。帝见,问知其戚夫人,乃大哭,因病,岁余不能起。使人请太后曰:"此非人所为。臣为太后子,终不能治天下。"帝以此日饮为淫乐,不听政。

> 臣光曰:为人子者,父母有过则谏;谏而不听,则号泣而随之。安有守高祖之业,为天下之主,不忍母之残酷,遂弃国家而不恤,纵酒色以伤生。若孝惠者,可谓笃于小仁而未知大谊也。

六年冬十月,以王陵为右丞相,陈平为左丞相。〔夏〕,以周勃为太尉。

七年秋八月戊寅,帝崩于未央宫。初,吕太后命张皇后取他人子养之,而杀其母,以为太子。既葬,太子即皇帝位。年幼,太后临朝称制。

高后元年冬,太后议欲立诸吕为王,问右丞相陵。陵曰:"高帝刑白马盟曰:'非刘氏而王,天下共击之!'今王吕氏,非约也。”太后不说，问左丞相平、太尉勃。对曰：“高帝定天下，王子弟，今太后称制，王诸吕，无所不可。”太后喜。罢朝，王陵让陈平、绛侯曰：“始与高帝啑血盟，诸君不在邪？今高帝崩，太后女主，欲王吕氏，诸君纵欲阿意背约，何面目见高帝于地下乎！”陈平、绛侯曰：“于今面折廷争，臣不如君；全社稷，定刘氏之后，君亦不如臣。”陵无以应之。

十一月甲子，太后以王陵为帝太傅，实夺之相权，陵遂病免归。乃以左丞相平为右丞相；以辟阳侯审食其为左丞相，不治事，令监宫中，如郎中令。食其故得幸于太后，公卿皆因而决事。太后怨赵尧为赵隐王谋，乃抵尧罪。上党守任敖尝为沛狱吏，有德于太后，乃以为御史大夫。太后又追尊其父临泗侯吕公为宣王，兄周吕令武侯泽为悼武王，欲以王诸吕为渐。

太后欲王吕氏，乃先立所名孝惠子强为淮阳王，不疑为恒山王。使大谒者张释风大臣，大臣乃请立悼武王长子郦侯台为吕王，割齐之济南郡为吕国。

二年冬十一月，吕肃王台薨。

夏五月丙申，封齐悼惠王子章为朱虚侯，令入宿卫，又以吕禄女妻章。

四年夏四月丙申，太后封女弟嬃为临光侯。

少帝寖长，自知非皇后子，乃出言曰：“后安能杀吾母而名我？我壮，即为变！”太后闻之，幽之永巷中，言帝病，左右莫得见。太后语群臣曰：“今皇帝病久不已，失惑昏乱，不能继嗣治天下。其代之。”群臣皆顿首言：“皇太后为天下齐民计，所以安宗庙、社稷甚深，群臣顿首奉诏。”遂废帝，幽杀之。

五月丙辰，立恒山王义为帝，更名曰弘。不称元年，以太后制天下事故也。

六年冬十一月，立肃王弟产为吕王。

七年春正月，太后召赵幽王友。友以诸吕女为后，弗爱，爱他姬。诸吕女怒，去，谗之于太后曰："王言'吕氏安得王！太后百岁后，吾必击之'。"太后以故召赵王。赵王至，置邸，不得见，令卫围守之，弗与食。其群臣或窃馈，辄捕论之。丁丑，赵王饿死。

二月，徙梁王恢为赵王，吕王产为梁王。梁王不之国，为帝太傅。

吕媭女为将军营陵侯刘泽妻。泽者，高祖从祖昆弟也。齐人田生为之说大谒者张卿曰："诸吕之王也，诸大臣未大服。今营陵侯泽，诸刘最长。今卿言太后王之，吕氏王益固矣。"张卿入言太后，太后然之，乃割齐之琅邪郡封泽为琅邪王。

赵王恢之徙赵，心怀不乐。太后以吕产女为王后，王后从官皆诸吕，擅权，微伺赵王，赵王不得自恣。王有所爱姬，王后使人酖杀之。六月，王不胜悲愤，自杀。太后闻之，以为王用妇人弃宗庙礼，废其嗣。是时，诸吕擅权用事。朱虚侯章年二十，有气力，忿刘氏不得职。尝入侍太后燕饮，太后令章为酒吏。章自请曰："臣将种也，请得以军法行酒。"太后曰："可。"酒酣，章请为耕田歌，太后许之。章曰："深耕穊种，立苗欲疏，非其种者，锄而去之。"太后默然。顷之，诸吕有一人醉，亡酒，章追，拔剑斩之，而还报曰："有亡酒一人，臣谨行法斩之。"太后、左右皆大惊，业已许其军法，无以争也，因罢。自是之后，诸吕惮朱虚侯，虽大臣皆依朱虚侯，刘氏为益强。

陈平患诸吕，力不能制，恐祸及己，尝燕居深念。陆贾往，直入坐，而陈丞相不见。陆生曰："何念之深也？"陈平曰："生揣我何念？"陆生曰："足下极富贵，无欲矣，然有忧念，不过患诸吕、少主耳。"陈平曰："然。为之奈何？"陆生曰："天下安，注意相；天下危，注意将。将相和调，则士豫附，天下虽有变，权不分。为社稷计，在两君掌握耳。臣常欲谓太尉绛侯，绛侯与我戏，易吾言。君何不交欢太尉，深相结？"因为陈平画吕氏数事。陈平用其计，乃以五百金为绛侯寿，厚具乐饮；太尉报亦如之。两人深相结，吕氏谋益衰。

太后使使告代王欲徙王赵，代王谢之，愿守代边。太后乃立兄子吕禄为赵王，追尊禄父建成康侯释之为赵昭王。

八年冬十月辛丑，立吕肃王子东平侯通为燕王，封通弟庄为东平侯。

春三月，太后祓还，过轵道，见物如苍犬，撠太后掖，忽不复见。卜之，云"赵王如意为祟"。太后遂病掖伤。

夏四月，封中大谒者张释为建陵侯，以其劝王诸吕，赏之也。

秋七月，太后病甚，乃令赵王禄为上将军，居北军；吕王产居南军。太后诫产、禄曰："吕氏之王，大臣弗平。我即崩，帝年少，大臣恐为变。必据兵卫宫，慎毋送丧，为人所制。"辛巳，太后崩，遗诏大赦天下，以吕王产为相国，以吕禄女为帝后。

诸吕欲为乱，畏大臣绛、灌等，未敢发。朱虚侯以吕禄女为妇，故知其谋，乃阴令人告其兄齐王，欲令发兵西，朱虚侯、东牟侯为内应，以诛诸吕，立齐王为帝。齐王乃与其舅驷钧、郎中令祝午、中尉魏勃阴谋发兵。齐相召平弗听。八月丙午，齐王欲使人诛相，相闻之，乃发卒卫王宫。魏勃给召平曰："王欲发兵，非有汉虎符验也，而相君围王固善。勃请为君将兵卫王。"召平信之。勃既将兵，遂围相府，召平自杀。于是齐王以驷钧为相，魏勃为将军，祝午为内史，悉发国中兵。使祝午东诈琅邪王曰："吕氏作乱，齐王发兵欲西诛之。齐王自以年少，不习兵革之事，愿举国委大王。大王自高帝将也，请大王幸之临菑，见齐王计事。"琅邪王信之，西驰见齐王。齐王因留琅邪王，而使祝午尽发琅邪国兵，并将之。琅邪王说齐王曰："大王高皇帝適长孙也，当立。今诸大臣狐疑，未有所定，而泽于刘氏最为长年，大臣固待泽决计。今大王留臣，无为也，不如使我入关计事。"齐王以为然，乃益具车送琅邪王。琅邪王既行，齐遂举兵西攻济南，遗诸侯王书，陈诸吕之罪，欲举兵诛之。

相国吕产等闻之，乃遣颍阴侯灌婴将兵击之。灌婴至荥阳，谋曰："诸吕拥兵关中，欲危刘氏而自立。今我破齐还报，此益吕氏之资也。"乃留屯荥阳，使使谕齐王及诸侯与连和，以待吕氏变，共诛之。齐王闻之，乃还兵西界待约。

吕禄、吕产欲作乱，内惮绛侯、朱虚等，外畏齐、楚兵，又恐灌婴畔之，欲待灌婴兵与齐合而发，犹豫未决。

当是时，济川王太、淮阳王武、常山王朝及鲁王张偃皆年少，未之国，居长安。赵王禄、梁王产各将兵居南、北军，皆吕氏之人也。列侯、群臣莫自坚其命。

太尉绛侯勃不得主兵。曲周侯郦商老病，其子寄与吕禄善。绛侯乃与丞相陈平谋，使人劫郦商，令其子寄往给说吕禄曰："高帝与吕后共定天下，刘氏所立九王，吕氏所立三王，皆大臣之议，事已布告诸侯，诸侯皆以为宜。今太后崩，帝少，而足下佩赵王印，不急之国守藩，乃为上将将兵留此，为大臣诸侯所疑。足下何不归将印，以兵属太尉，请梁王归相国印，与大臣盟而之国。

齐兵必罢，大臣得安，足下高枕而王千里，此万世之利也。”吕禄信然其计，欲以兵属太尉，使人报吕产及诸吕老人。或以为便，或曰不便，计犹豫未有所决。吕禄信郦寄，时与出游猎。过其姑吕媭，媭大怒曰：“若为将而弃军，吕氏今无处矣！”乃悉出珠玉宝器散堂下，曰：“毋为他人守也。”

九月庚申旦，平阳侯窋行御史大夫事，见相国产计事。郎中令贾寿使从齐来，因数产曰：“王不早之国，今虽欲行，尚可得邪？”具以灌婴与齐、楚合从欲诛诸吕告产，且趣产急入宫。平阳侯颇闻其语，驰告丞相、太尉。

太尉欲入北军，不得入。襄平侯纪通尚符节，乃令持节矫内太尉北军。太尉复令郦寄与典客刘揭先说吕禄曰：“帝使太尉守北军，欲足下之国。急归将印辞去，不然，祸且起。”吕禄以为郦况不欺己，遂解印属典客，而以兵授太尉。太尉至军，吕禄已去。太尉入军门，行令军中曰：“为吕氏右袒，为刘氏左袒。”军中皆左袒。太尉遂将北军。然尚有南军。丞相平乃召朱虚侯章佐太尉，太尉令朱虚侯监军门，令平阳侯告卫尉：“毋入相国产殿门。”吕产不知吕禄已去北军，乃入未央宫欲为乱，至殿门，弗得入，徘徊往来。平阳侯恐弗胜，驰语太尉。太尉尚恐不胜诸吕，未敢公言诛之，乃谓朱虚侯曰：“急入宫卫帝。”朱虚侯请卒，太尉予卒千余人。入未央宫门，见产廷中。日餔时，遂击产，产走。天风大起，以故其从官乱，莫敢斗。逐产，杀之郎中府吏厕中。

朱虚侯已杀产，帝命谒者持节劳朱虚侯。朱虚侯欲夺其节，谒者不肯，朱虚侯则从与载，因节信驰走，斩长乐卫尉吕更始。还，驰入北军，报太尉。太尉起，拜贺朱虚侯曰：“所患独吕产，今已诛，天下定矣！”遂遣人分部悉捕诸吕男女，无少长皆斩之。辛西，捕斩吕禄而笞杀吕媭，使人诛燕王吕通，而废鲁王张偃。戊辰，徙济川王王梁。遣朱虚侯章以诛诸吕事告齐王，令罢兵。

灌婴在荥阳，闻魏勃本教齐王举兵，使使召魏勃至，责问之。勃曰："失火之家，岂暇先言丈人而后救火乎？"因退立，股战而栗，恐，不能言者，终无他语。灌将军熟视笑曰："人谓魏勃勇，妄庸人耳，何能为乎！"乃罢魏勃。灌婴兵亦罢荥阳归。

班固赞曰：孝文时，天下以郦寄为卖友。夫卖友者，谓见利而忘义也。若寄父为功臣，而又执劫，虽摧吕禄以安社稷，谊存君亲可也。

诸大臣相与阴谋曰："少帝及梁、淮阳、恒山王皆非真孝惠子也，吕后以计诈名他人子，杀其母，养后宫，令孝惠子之，立以为后，及诸王，以强吕氏。今皆已夷灭诸吕，而所立即长用事，吾属无类矣。不如视诸王最贤者立之。"或言："齐王，高帝长孙，可立也。"大臣皆曰："吕氏以外家恶而几危宗庙，乱功臣。今齐王舅驷钧虎而冠，即立齐王，复为吕氏矣。代王方今高帝见子，最长，仁孝宽厚。太后家薄氏谨良。且立长固顺，况以仁孝闻天下乎！"乃相与共阴使人召代王。

代王问左右，郎中令张武等曰："汉大臣皆故高帝时大将，习兵，多谋诈。此其属意非止此也，特畏高帝、吕太后威耳。今已诛诸吕，新啑血京师，此以迎大王为名，实不可信。愿大王称疾毋往，以观其变。"中尉宋昌进曰："群臣之议皆非也。夫秦失其政，诸侯豪桀并起，人人自以为得之者以万数，然卒践天子之位者，刘氏也，天下绝望，一矣。高帝封王子弟地，犬牙相制，此所谓磐石之宗也，天下服其强，二矣。汉兴，除秦苛政，约法令，施德惠，人人自安，难动摇，三矣。夫以吕太后之严，立诸吕为三王，擅权专制，然而太尉以一节入北军，一呼士皆左袒，为刘氏，叛诸吕，卒以灭之。此乃天授，非人力也。今大臣虽欲为变，百姓弗为使，其党宁能专一邪！方今内有朱虚、东牟之亲，外畏吴、楚、淮(阳)〔南〕、琅邪、齐、代之强。方今高帝子独淮南王与大王，大王又长，贤圣仁孝，闻于天下，故大臣因天下之心而欲迎立大王，大王勿疑也。”代王报太后计之，犹豫未定。卜之，兆得大横，占曰：“大横庚庚，余为天王，夏启以光。”代王曰：“寡人固已为王矣，又何王？”卜人曰：“所谓天王者，乃天子也。”于是代王遣太后弟薄昭往见绛侯，绛侯等具为昭言所以迎立王意。薄昭还报曰：“信矣，毋可疑者。”代王乃笑谓宋昌曰：“果如公言。”乃命宋昌参乘，张武等六人乘传从诣长安。至高陵休止，而使宋昌先驰之长安观变。昌至渭桥，丞相以下皆迎。昌还报。代王驰至渭桥，群臣拜谒称臣，代王下车答拜。太尉勃进曰：“愿请间。”宋昌曰：“所言公，公言之。所言私，王者无私。”太尉乃跪上天子玺符。代王谢曰：“至代邸而议之。”

后九月己酉晦，代王至长安，舍代邸，群臣从至邸。丞相陈平等皆再拜言曰：“子弘等皆非孝惠帝子，不当奉宗庙。大王高帝长子，宜为嗣。愿大王即天子位。”代王西乡让者三，南乡让者再，遂即天子位。群臣以礼次侍。

东牟侯兴居曰：“诛吕氏，臣无功，请得除宫。”乃与太仆汝阴侯滕公入宫，前谓少帝曰：“足下非刘氏子，不当立。”乃顾麾左右执戟者掊兵罢去。有数人不肯去兵，宦者令张释谕告，亦去兵。滕公乃召乘舆车载少帝出，少帝曰：“欲将我安之乎？”滕公曰：“出就舍。”舍少府。乃奉天子法驾，迎代王于邸，报曰：“宫谨除。”代王即夕入未央宫。有谒者十人持戟卫端门，曰：“天子在也，足下何为者而入？”代王乃谓太尉。太尉往谕，谒者十人皆掊兵而去，代王遂入。夜，拜宋昌为卫将军，镇抚南、北军。以张武为郎中令，行殿中。有司分部诛灭梁、淮阳、恒山王及少帝于邸。文帝还坐前殿，夜下诏书，赦天下。

文帝元年冬十月，陈平谢病，上问之，平曰："高祖时勃功不如臣，及诛诸吕，臣功亦不如勃，愿以右丞相让勃。"十一月辛巳，上徙平为左丞相，太尉勃为右丞相，大将军灌婴为太尉。诸吕所夺齐、楚故地，皆复与之。论诛诸吕功，右丞相勃以下益户、赐金各有差。绛侯朝罢趋出，意得甚。上礼之恭，常目送之。郎中安陵袁盎谏曰："诸吕悖逆，大臣相与共诛之。是时丞相为太尉，本兵柄，适会其成功。今丞相如有骄主色，陛下谦让；臣主失礼，窃为陛下弗取也。"后朝，上益庄，丞相益畏。

南越称藩

汉高帝十一年五月，诏立秦南海尉赵佗为南越王，使陆贾即授玺绶，与剖符通使，使和集百越，无为南边患害。

初，秦二世时，南海尉任嚣病且死，召龙川令赵佗语曰："秦为无道，天下苦之。闻陈胜等作乱，天下未知所安。南海僻远，吾恐盗兵侵地至此，欲兴兵绝新道，自备，待诸侯变，会病甚。且番禺负山险，阻南海，东西数千里，颇有中国人相辅，此亦一州之主也，可以立国。郡中长吏无足与言者，故召公告之。"即被佗书，行南海尉事。嚣死，佗即移檄告横浦、阳山、湟溪关曰："盗兵且至，急绝道聚兵自守！"因稍以法诛秦所置长吏，以其党为假守。秦已破灭，佗即击并桂林、象郡，自立为南越武王。

陆生至，尉佗魋结箕倨见陆生。陆生说佗曰："足下中国人，亲戚、昆弟坟墓在真定。今足下反天性，弃冠带，欲以区区之越与天子抗衡为敌国，祸且及身矣。且夫秦失其政，诸侯豪杰并起，唯汉王先入关，据咸阳。项羽倍约，自立为西楚霸王，诸侯皆属，可谓至强。然汉王起巴、蜀，鞭笞天下，遂诛项羽灭之。五年之间，海内平定，此非人力，天之所建也。天子闻君王王南越，不助天下诛暴逆，将相欲移兵而诛王，天子怜百姓新劳苦，故且休之，遣臣授君王印，剖符通使。君王宜郊迎，北面称臣，乃欲以新造未集之越，屈强于此。汉诚闻之，掘烧王先人冢，夷灭宗族，使一偏将将十万众临越，则越杀王降汉如反覆手耳。"于是尉佗乃蹶然起坐，谢陆生曰："居蛮夷中久，殊失礼义。"因问陆生曰："我孰与萧何、曹参、韩信贤？"陆生曰："王似贤也。"复曰："我孰与皇帝贤？"陆生曰："皇帝继五帝、三皇之业，统理中国。中国之人以亿计，地方万里，万物殷富，政由一家，自天地剖判未始有也。今王众不过数十万，皆蛮夷，崎岖山海间，譬若汉一郡耳，何乃比于汉！"尉佗大笑曰："吾不起中国，故王此。使我居中国，何遽不若汉？"乃留陆生，与饮数月，曰："越中无足与语，至生来，令我日闻所不闻。"赐陆生橐中装直千金，他送亦千金。陆生卒拜尉佗为南越王，令称臣，奉汉约。归报，帝大悦，拜贾为太中大夫。

高后四年夏五月，有司请禁南越关市铁器。南越王佗曰："高帝立我，通使物。今高后听谗臣，别异蛮夷，隔绝器物。此必长沙王计，欲倚中国击灭南越而并王之，自为功也。"

五年春，佗自称南越武帝，发兵攻长沙，败数县而去。

七年九月，遣隆虑侯周灶将兵击南越。

文帝元年。初，隆虑侯灶击南越，会暑湿，士卒大疫，兵不能隃领。岁余，高后崩，即罢兵。赵佗因此以兵威财物赂遗闽越、西瓯、骆，役属焉，东西万余里。乘黄屋，左纛，称制，与中国侔。

帝乃为佗亲冢在真定者置守邑，岁时奉祀。召其昆弟，尊官厚赐宠之。复使陆贾使南越，赐佗书曰："朕，高皇帝侧室之子也，弃外，奉北藩于代。道里辽远，壅蔽朴愚，未尝致书。高皇帝弃群臣，孝惠皇帝即世，高后自临事；不幸有疾，诸吕为变，赖功臣之力，诛之已毕。朕以王侯吏不释之故，不得不立，今即位。乃者闻王遗将军隆虑侯书，求亲昆弟，请罢长沙两将军。朕以王书罢将军博阳侯；亲昆弟在真定者，已遣人存问，修治先人冢。前日闻王发兵于边，为寇灾不止。当其时长沙苦之，南郡尤甚。虽王之国，庸独利乎？必多杀士卒，伤良将吏，寡人之妻，孤人之子，独人父母，得一亡十，朕不忍为也。朕欲定地犬牙相入者，以问吏，吏曰：'高皇帝所以介长沙土也。'朕不得擅变焉。今得王之地不足以为大，得王之财不足以为富，服领以南，王自治之。虽然，王之号为帝。两帝并立，亡一乘之使以通其道，是争也。争而不让，仁者不为也。愿与王分弃前恶，终今以来，通使如故。"

贾至南越，南越王恐，顿首谢罪，愿奉明诏，长为藩臣，奉贡职。于是下令国中曰："吾闻两雄不俱立，两贤不并世。汉皇帝贤天子。自今以来去帝制、黄屋、左纛。"因为书称："蛮夷大长老夫臣佗昧死再拜上书皇帝陛下：老夫，故越吏也，高皇帝幸赐臣佗玺，以为南越王。孝惠皇帝即位，义不忍绝，所以赐老夫者厚甚。高后用事，别异蛮夷，出令曰'毋与蛮夷越金铁田器、马牛羊；即予，予牡毋与牝'。老夫处僻，马牛羊齿已长，自以祭祀不修，有死罪，使内史藩、中尉高、御史平凡三辈上书谢过，皆不反。又风闻老夫父母坟墓已坏削，兄弟宗族已诛论。吏相与议曰：'今内不得振于汉，外亡以自高异。'故更号为帝，自帝其国，非敢有害于天下。高皇后闻之，大怒，削去南越之籍，使使不通。老夫窃疑长沙王谗臣，故发兵以伐其边。老夫处越四十九年，于今抱孙焉。然夙兴夜寐，寝不安席，食不甘味，目不视靡曼之色，耳不听钟鼓之音者，以不得事汉也。今陛下幸哀怜，复故号，通使汉如故，老夫死，骨不腐。改号，不敢为帝矣。"

七国之叛

汉景帝前三年。初，孝文时，吴太子入见，得侍皇太子饮、博。吴太子博，争道，不恭，皇太子引博局提吴太子杀之，遣其丧归葬。至吴，吴王愠曰："天下同宗，死长安即葬长安，何必来葬为！"复遣丧之长安葬。吴王由此稍失藩臣之礼，称疾不朝。京师知其以子故，系治验问吴使者。吴王恐，始有反谋。后使人为秋请，文帝复问之，使者对曰："王实不病。汉系治使者数辈，吴王恐，以故遂称病。夫'察见渊中鱼，不祥'。唯上弃前过，与之更始。"于是文帝乃赦吴使者归之，而赐吴王几杖，老，不朝。吴得释其罪，谋亦益解。然其居国以铜、盐故，百姓无赋，卒践更，辄与平贾；岁时存问茂材，赏赐闾里；他郡国吏欲来捕亡人者，公共禁弗予。如此者四十余年。

晁错数上书言吴过，可削。文帝宽，不忍罚，以此吴日益横。及帝即位，错说上曰："昔高帝初定天下，昆弟少，诸子弱，大封同姓，齐七十余城，楚四十余城，吴五十余城。封三庶孽，分天下半。今吴王前有太子之郄，诈称病不朝，于古法当诛。文帝弗忍，因赐几杖。德至厚，当改过自新，反益骄溢，即山铸钱，煮海水为盐，诱天下亡人谋作乱。今削之亦反，不削亦反。削之其反亟，祸小；不削反迟，祸大。”上令公卿、列侯、宗室杂议，莫敢难，独窦婴争之，由此与错有郄。及楚王戊来朝，错因言“戊往年为薄太后服，私奸服舍，请诛之”。诏赦，削东海郡。及前年，赵王有罪，削其常山郡；胶西王卬以卖爵事有奸，削其六县。

廷臣方议削吴。吴王恐削地无已，因发谋举事。念诸侯无足与计者，闻胶西王勇，好兵，诸侯皆畏惮之。于是使中大夫应高口说胶西王曰：“今者主上任用邪臣，听信谗贼，侵削诸侯，诛罚良重，日以益甚。语有之曰：‘狧糠及米。’吴与胶西，知名诸侯也，一时见察，不得安肆矣。吴王身有内疾，不能朝请二十余年，常患见疑，无以自白，胁肩累足，犹惧不见释。窃闻大王以爵事有过，所闻诸侯削地，罪不至此，此恐不止削地而已。”王曰：“有之。子将奈何？”高曰：“吴王自以与大王同忧，愿因时循理，弃躯以除患于天下，意亦可乎？”胶西王瞿然骇曰：“寡人何敢如是！主上虽急，固有死耳，安得不事？”高曰：“御史大夫晁错，营惑天子，侵夺诸侯。朝廷疾怨，诸侯皆有背叛之意，人事极矣。彗星出，蝗虫起，此万世一时，而愁劳，圣人所以起也。吴王内以晁错为诛，外从大王后车，方洋天下，所向者降，所指者下，莫敢不服。大王诚幸而许之一言，则吴王率楚王略函谷关，守荥阳敖仓之粟，距汉兵。治次舍，须大王。大王幸而临之，则天下可并，两主分割，不亦可乎？”王曰：“善。”归报吴王，吴王犹恐其不果，乃身自为使者至胶西，面约之。胶西群臣或闻王谋，谏曰：“诸侯地不能当汉十二，为叛逆以忧太后，非计也。今承一帝，尚云不易。假令事成,两主分争,患乃益生。”王不听,遂发使约齐、菑川、胶东、济南,皆许诺。

初,楚元王好书,与鲁申公、穆生、白生俱受诗于浮丘伯。及王楚,以三人为中大夫。穆生不耆酒,元王每置酒,常为穆生设醴。及子夷王、孙王戊即位,常设,后乃忘设焉。穆生退曰:“可以逝矣!醴酒不设,王之意怠。不去,楚人将钳我于市。”遂称疾卧。申公、白生强起之,曰:“独不念先王之德与?今王一旦失小礼,何足至此!”穆生曰:“易称‘知几其神乎!几者动之微,吉凶之先见者也。君子见几而作,不俟终日’。先王之所以礼吾三人者,为道存也。今而忽之,是忘道也。忘道之人,胡可与久处,岂为区区之礼哉!”遂谢病去。申公、白生独留。王戊稍淫暴,太傅韦孟作诗讽谏,不听,亦去,居于邹。戊因坐削地事,遂与吴通谋。申公、白生谏戊,戊胥靡之,衣之赭衣,使雅舂于市。休侯富使人谏王,王曰:“季父不吾与,我起,先取季父矣!”休侯惧,乃与母太夫人奔京师。

及削吴会稽、豫章郡书至,吴王遂先起兵,诛汉吏二千石以下。胶西、胶东、菑川、济南、楚、赵亦皆反。楚相张尚、太傅赵夷吾谏王戊,戊杀尚、夷吾。赵相建德、内史王悍谏王遂,遂烧杀建德、悍。齐王后悔,背约城守。济北王城坏未完,其郎中令劫守,王不得发兵。胶西王、胶东王为渠率,与菑川、济南共攻齐,围临菑。赵王遂发兵住其西界,欲待吴、楚俱进,北使匈奴与连兵。

吴王悉其士卒,下令国中曰:“寡人年六十二,身自将。少子年十四,亦为士卒先。诸年上与寡人同,下与少子等,皆发。”凡二十余万人。南使闽、东越,闽、东越亦发兵从。吴王起兵于广陵,西涉淮,因并楚兵,发使遗诸侯书,罪状晁错,欲合兵诛之。

吴、楚共攻梁，破棘壁，杀数万人，乘胜而前，锐甚。梁孝王遣将军击之，又败梁两军，士卒皆还走。梁王城守睢阳。

初，文帝且崩，戒太子曰："即有缓急，周亚夫真可任将兵。"及七国反书闻，上乃拜中尉周亚夫为太尉，将三十六将军往击吴、楚，遣曲周侯郦寄击赵，将军栾布击齐。复召窦婴拜为大将军，使屯荥阳，监齐、赵兵。

初，晁错所更令三十章，诸侯欢哗。错父闻之，从颍川来谓错曰："上初即位，公为政用事，侵削诸侯，疏人骨肉，口语多怨，公何为也？"错曰："固也。不如此，天子不尊，宗庙不安。"父曰："刘氏安矣，而晁氏危。吾去公归矣！"遂饮药死，曰："吾不忍见祸逮身。"后十余日，吴、楚七国俱反，以诛错为名。

上与错议出军事，错欲令上自将兵，而身居守。又言"徐、僮之旁吴所未下者，可以予吴"。错素与吴相袁盎不善，错所居坐，盎辄避；盎所居坐，错亦避；两人未尝同堂语。及错为御史大夫，使吏按盎受吴王财物，抵罪；诏赦以为庶人。吴、楚反，错谓丞、史曰："袁盎多受吴王金钱，专为蔽匿，言不反。今果反，欲请治，盎宜知其计谋。"丞、史曰："事未发，治之有绝。今兵西向，治之何益？且盎不宜有谋。"错犹与未决。人有告盎，盎恐，夜见窦婴，为言吴所以反，愿至前口对状。婴入言，上乃召盎。盎入见，上方与错调兵食。上问盎："今吴、楚反，于公意何如？"对曰："不足忧也。"上曰："吴王即山铸钱，煮海为盐，诱天下豪杰，白头举事，此其计不百全，岂发乎！何以言其无能为也？"对曰："吴铜、盐之利则有之，安得豪杰而诱之？诚令吴得豪杰，亦且辅而为谊，不反矣。吴所诱皆无赖子弟、亡命、铸钱奸人，故相诱以乱。"错曰："盎策之善。"上曰："计安出？"盎对曰："愿屏左右。"

上屏人，独错在。盎曰："臣所言，人臣不得知。"乃屏错。错趋避东厢，甚恨。上卒问盎，对曰："吴、楚相遗书，言'高皇帝王子弟各有分地，今贼臣晁错擅適诸侯，削夺之地'。以故反，欲西共诛错，复故地而罢。方今计独有斩错，发使赦吴、楚七国，复其故地，则兵可毋血刃而俱罢。"于是上默然良久，曰："顾诚何如，吾不爱一人以谢天下。"盎曰："愚计出此，唯上熟计之。"乃拜盎为太常，密装治行。后十余日，上令丞相青、中尉嘉、廷尉欧劾奏错："不称主上德信，欲疏群臣、百姓，又欲以城邑予吴，无臣子礼，大逆无道。错当要斩，父母、妻子、同产无少长皆弃市。"制曰："可。"错殊不知。壬子，上使中尉召错，绐载行市，错衣朝衣斩东市。上乃使袁盎与吴王弟子宗正德侯通使吴。

谒者仆射邓公为校尉，上书言军事，见上。上问曰："道军所来，闻晁错死，吴、楚罢不？"邓公曰："吴为反数十岁矣。发怒削地，以诛错为名，其意不在错也。且臣恐天下之士，拑口不敢复言矣。"上曰："何哉？"邓公曰："夫晁错患诸侯强大不可制，故请削之，以尊京师，万世之利也。计画始行，卒受大戮。内杜忠臣之口，外为诸侯报仇，臣窃为陛下不取也。"于是帝喟然长息，曰："公言善，吾亦恨之！"

袁盎、刘通至吴，吴、楚兵已攻梁壁矣。宗正以亲故，先入见，谕吴王令拜受诏。吴王闻袁盎来，知其欲说，笑而应曰："我已为东帝，尚谁拜？"不肯见盎，而留军中，欲劫使将。盎不肯，使人围守，且杀之。盎得间脱亡，归报。

太尉亚夫言于上曰："楚兵剽轻，难与争锋。愿以梁委之，绝其食道，乃可制也。"上许之。亚夫乘六乘传，将会兵荥阳。发至霸上，赵涉遮说亚夫曰："吴王素富，怀辑死士久矣。此知将军且行，必置间人于殽、渑阸狭之间。且兵事上神密，将军何不从此右去，走蓝田，出武关，抵洛阳。间不过差一二日，直入武库，击鸣鼓。诸侯闻之，以为将军从天而下也。”太尉如其计，至洛阳，喜曰：“七国反，吾乘传至此，不自意全。今吾据荥阳，荥阳以东无足忧者。”使吏搜殽、渑间，果得吴伏兵，乃请赵涉为护军。

太尉引兵东北走昌邑。吴攻梁急，梁数使使条侯求救，条侯不许。又使使愬条侯于上，上使告条侯救梁。亚夫不奉诏，坚壁不出，而使弓高侯等将轻骑兵出淮、泗口，绝吴、楚兵后，塞其饷道。梁使中大夫韩安国及楚相张尚弟羽为将军，羽力战，安国持重，乃得颇败吴兵。吴兵欲西，梁城守，不敢西，即走条侯军。会下邑，欲战，条侯坚壁不肯战。吴粮绝卒饥，数挑战，终不出。条侯军中夜惊，内相攻击，扰乱至帐下，亚夫坚卧不起，顷之复定。吴奔壁东南陬，亚夫使备西北，已而其精兵果奔西北，不得入。吴、楚士卒多饥死，叛散，乃引而去。

二月，亚夫出精兵追击，大破之。吴王濞弃其军，与壮士数千人夜亡走。楚王戊自杀。

吴王之初发也，吴臣田禄伯为大将军。田禄伯曰：“兵屯聚而西，无他奇道，难以立功。臣愿得五万人，别循江、淮而上，收淮南、长沙，入武关，与大王会，此亦一奇也。”吴王太子谏曰：“王以反为名，此兵难以借人。人亦且反王，奈何？且擅兵而别，多他利害，徒自损耳。”吴王即不许田禄伯。吴少将桓将军说王曰：“吴多步兵，步兵利险。汉多车骑，车骑利平地。愿大王所过城不下，直去，疾西据洛阳武库，食敖仓粟，阻山、河之险以令诸侯，虽无入关，天下固已定矣。大王徐行留下城邑，汉军车骑至，驰入梁、楚之郊，事败矣。”吴王问诸老将，老将曰：“此年少椎锋可耳，安知大虑。”于是王不用桓将军计。

王专并将兵，兵未度淮，诸宾客皆得为将、校尉、候、司马，独周丘不用。周丘者，下邳人，亡命吴，酤酒无行，王薄之，不任。周丘乃上谒，说王曰：“臣以无能，不得待罪行间。臣非敢求有所将也，愿请王一汉节，必有以报。”王乃予之。周丘得节，夜驰入下邳。下邳时闻吴反，皆城守。至传舍，召令入户，使从者以罪斩令，遂召昆弟所善豪吏告曰：“吴反，兵且至，屠下邳不过食顷。今先下，家室必完，能者封侯矣。”出乃相告，下邳皆下。周丘一夜得三万人，使人报吴王，遂将其兵，北略城邑。比至阳城，兵十余万，破阳城中尉军。闻吴王败走，自度无与共成功，即引兵归下邳，未至，疽发背死。

吴王之弃军亡也，军遂溃，往往稍降太尉条侯及梁军。吴王度淮走丹徒，保东越，兵可万余人，收聚亡卒。汉使人以利啖东越，东越即给吴王出劳军，使人纵杀吴王，盛其头，驰传以闻。吴太子驹亡走闽越。吴、楚反，凡三月，皆破灭。于是诸将乃以太尉谋为是，然梁王由此与太尉有隙。

三王之围临菑也，齐王使路中大夫告于天子。天子复令路中大夫还报，告齐王坚守，“汉兵今破吴楚矣”。路中大夫至，三国兵围临菑数重，无从入。三国将与路中大夫盟曰：“若反言‘汉已破矣，齐趣下三国，不且见屠’。”路中大夫既许，至城下，望见齐王曰：“汉已发兵百万，使太尉亚夫击破吴、楚，方引兵救齐。齐必坚守，无下！”三国将诛路中大夫。齐初围急，阴与三国通谋，约未定，会路中大夫从汉来，其大臣乃复劝王无下三国。会汉将栾布、平阳侯等兵至齐，击破三国兵，解围已。后闻齐初与三国有谋，将欲移兵伐齐。齐孝王惧，饮药自杀。

胶西、胶东、灾川王各引兵归国。胶西王徒跣，席藁、饮水谢太后。王太子德曰："汉兵还，臣观之已罢，可袭。愿收王余兵击之，不胜而逃入海，未晚也。"王曰："吾士卒皆已坏，不可用。"弓高侯韩颓当遗胶西王书曰："奉诏诛不义，降者赦，除其罪，复故；不降者灭之。王何处？须以从事。"王肉袒叩头，诣汉军壁谒曰："臣卬奉法不谨，惊骇百姓，乃苦将军远道至于穷国，敢请菹醢之罪。"弓高侯执金鼓见之，曰："王苦军事，愿闻王发兵状。"王顿首膝行对曰："今者晁错天子用事臣，变更高皇帝法令，侵夺诸侯地。卬等以为不义，恐其败乱天下，七国发兵且诛错。今闻错已诛，卬等谨已罢兵归。"将军曰："王苟以错为不善，则当以闻。(及)〔乃〕未有诏、虎符，擅发兵击义国？以此观之，意非徒欲诛错也。"乃出诏书，为王读之，曰："王其自图。"王曰："如卬等死有余罪！"遂自杀。太后、太子皆死。胶东王、菑川王、济南王皆伏诛。

郦将军兵至赵，赵王引兵还邯郸城守。郦寄攻之，七月不能下。匈奴闻吴、楚败，亦不肯入边。栾布破齐还，并兵引水灌赵城，城坏，王遂自杀。

帝以齐首善，以迫劫有谋，非其罪也，召立齐孝王太子寿，是为懿王。

济北王亦欲自杀，幸全其妻子。齐人公孙玃谓济北王曰："臣请试为大王明说梁王，通意天子。说而不用，死未晚也。"公孙玃遂见梁王曰："夫济北之地，东接强齐，南牵吴、越，北胁燕、赵。此四分五裂之国，权不足以自守，劲不足以扞寇，又非有奇怪云以待难也，虽坠言于吴，非其正计也。乡使济北见情实，示不从之端，则吴必先历齐，毕济北，招燕、赵而总之，如此则山东之从结而无隙矣。今吴王连诸侯之兵，驱白徒之众，西与天子争衡，济北独底节不下，使吴失与而无助，跬步独进，瓦解土崩，破败而不救者，未必非济北之力也。夫以区区之济北，而与诸侯争强，是以羔犊之弱而扞虎狼之敌也。守职不桡，可谓诚一矣。功义如此，尚见疑于上，胁肩低首，累足抚衿，使有自悔不前之心，非社稷之利也。臣恐藩臣守职者疑之！臣窃料之，能历西山，径长乐，抵未央，攘袂而正议者，独大王耳。上有全亡之功，下有安百姓之名，德沦于骨髓，恩加于无穷，愿大王留意详惟之。”孝王大说，使人驰以闻。济北王得不坐，徙封于菑川。

帝欲以吴王弟德哀侯广之子续吴，以楚元王子礼续楚。窦太后曰：“吴王老人也，宜为宗室顺善，今乃首率七国纷乱天下，奈何续其后！”不许吴，许立楚后。乙亥，徙淮阳王馀为鲁王，汝南王非为江都王，王故吴地。立宗正礼为楚王，立皇子端为胶西王，胜为中山王。

四年。初，吴、楚七国反，吴使者至淮南，淮南王欲发兵应之。其相曰：“王必欲应吴，臣愿为将。”王乃属之。相已将兵，因城守，不听王而为汉。汉亦使曲城侯将兵救淮南，以故得完。

吴使者至庐江，庐江王不应，而往来使越。至衡山，衡山王坚守，无二心。及吴、楚已破，衡山王入朝。上以为贞信，劳苦之，曰“南方卑湿”，徙王王于济北以褒之。庐江王以边越，数使使相交，徙为衡山王，王江北。

梁孝王骄纵

汉文帝前二年春三月，有司请立皇子为诸侯王。诏立皇子武为代王，参为太原王，揖为梁王。

五年。初，帝分代为二国，立皇子武为代王，参为太原王。是岁，徙代王武为淮阳王，以太原王参为代王，尽得故地。

六年，梁太傅贾谊上疏曰：

进言者皆曰天下已安已治矣，臣独以为未也。曰安且治者，非愚则谀，皆非事实知治乱之体者也。夫抱火厝之积薪之下而寝其上，火未及然，因谓之安。方今之势何以异此！陛下何不壹令臣得熟数之于前，因陈治安之策，试详择焉。

使为治，劳智虑，苦身体，乏钟鼓之乐，勿为可也。乐与今同，而加之诸侯轨道，兵革不动，匈奴宾服，百姓素朴，生为明帝，没为明神，名誉之美垂于无穷，使顾成之庙称为太宗，上配太祖，与汉亡极，立经陈纪，为万世法，虽有愚幼不肖之嗣，犹得蒙业而安。以陛下之明达，因使少知治体者得佐下风，致此非难也。

夫树国固必相疑之势，下数被其殃，上数爽其忧，甚非所以安上而全下也。今或亲弟谋为东帝，亲兄之子西乡而击，今吴又见告矣。天子春秋鼎盛，行义未过，德泽有加焉，犹尚如是，况莫大诸侯，权力且十此者乎！然而天下少安，何也？大国之王幼弱未壮，汉之所置傅、相方握其事。数年之后，诸侯之王大抵皆冠，血气方刚，汉之傅、相称病而赐罢，彼自丞、尉以上遍置私人。如此有异淮南、济北之为邪？此时而欲为治安，虽尧、舜不治。

黄帝曰："日中必熭，操刀必割。"今令此道顺而全安甚易，不肯蚤为，已乃堕骨肉之属而抗刭之，岂有异秦之季世乎！其异姓负强而动者，汉已幸而胜之矣，又不易其所以然。同姓袭是迹而动，既有征矣，其势尽又复〔然〕。殃祸之变，未知所移，明帝处之，尚不能以安，后世将如之何？

臣窃迹前事，大抵强者先反。长沙乃二万五千户耳，功少而最完，势疏而最忠，非独性异人也，亦形势然也。曩令樊、郦、绛、灌据数十城而王，今虽以残亡可也；令信、越之伦列为彻侯而居，虽至今存可也。然则天下之大计可知已。欲诸王之皆忠附，则莫若令如长沙王。欲臣子勿葅醢，则莫若令如樊、郦等。欲天下之治安，莫若众建诸侯而少其力。力少则易使以义，国小则亡邪心。令海内之势，如身之使臂，臂之使指，莫不制从，诸侯之君不敢有异心，辐凑并进而归命天子。割地定制，令齐、赵、楚各为若干国，使悼惠王、幽王、元王之子孙，毕以次各受祖之分地，〔地〕尽而止。其分地众而子孙少者，建以为国，空而置之，须其子孙生者举使君之。一寸之地，一人之众，天子亡所利焉，诚以定治而已。如此则卧赤子天下之上而安，植遗腹朝委裘而天下不乱。当时大治，后世诵圣，陛下谁惮而久不为此！

天下之势，方病大瘇，一胫之大几如要，一指之大几如股，平居不可屈伸，一二指搐。身虑无聊。失今不治，必为锢疾，后虽有扁鹊不能为已。病非徒瘇也，又苦蹠盭。元王之子，帝之从弟也，今之王者，从弟之子也。惠王之子，亲兄子也，今之王者，兄子之子也。亲者或亡分地以安天下，疏者或制大权以逼天子，臣故曰非徒病瘇也，又苦蹠盭。可痛哭者此病是也。

十一年夏六月，梁怀王揖薨，无子。贾谊复上疏曰："陛下即不定制，如今之势，不过一传再传，诸侯犹且人人恣而不制，豪植而大强，汉法不得行矣。陛下所以为蕃扞及皇太子之所恃者，唯淮阳、代二国耳。代北边匈奴，与强敌为邻，能自完则足矣。而淮阳之比大诸侯，仅如黑子之著面，适足以饵大国，而不足以有所禁御。方今制在陛下，制国而令子适足以为饵，岂可谓工哉！臣之愚计，愿举淮南地以益淮阳，而为梁王立后，割淮阳北边二三列城与东郡以益梁。不可者可徙代王而都睢阳。梁起于新郪以北著之河，淮阳包陈以南揵之江，则大诸侯之有异心者，破胆而不敢谋。梁足以扞齐、赵，淮阳足以禁吴、楚，陛下高枕，终无山东之忧矣，此二世之利也。当今恬然，适遇诸侯之皆少，数岁之后，陛下且见之矣。夫秦日夜苦心劳力，以除六国之祸。今陛下力制天下，颐指如意，高拱以成六国之祸，难以言智。苟身无事，畜乱、宿祸，熟视而不定，万年之后，传之老母、弱子，将使不宁，不可谓仁。"帝于是从谊计，徙淮阳王武为梁王，北界泰山，西至高阳，得大县四十余城。后岁余，贾谊亦死。死时年三十三矣。

景帝二年，梁孝王以窦太后少子故，有宠，王四十余城，居天下膏腴地。赏赐不可胜道，府库金钱且百巨万，珠玉宝器多于京师。筑东苑，方三百余里。广睢阳城七十里，大治宫室，为复道，自宫连属于平台三十余里。招延四方豪俊之士，如吴人枚乘、严忌、齐人羊胜、公孙诡、邹阳、蜀人司马相如之属皆从之游。每入朝，上使使持节，以乘舆驷马迎梁王于阙下。既至，宠幸无比，入则侍上同辇，出则同车，射猎上林中。因上疏请留，且半岁。梁侍中、郎、谒者著籍引，出入天子殿门，与汉宦官无异。

三年冬十月，梁王来朝。时上未置太子，与梁王宴饮，从容言曰："千秋万岁后传于王。"王辞谢，虽知非至言，然心内喜。太后亦然。詹事窦婴引卮酒进上曰："天下者，高祖之天下，父子相传，汉之约也，上何以得传梁王。"太后由此憎婴。婴因病免，太后除婴门籍，不得朝请。梁王以此益骄。

中(一)〔二〕年。初，梁孝王以至亲有功，吴、楚攻梁，梁王城守，事见七国之叛。得赐天子旌旗，从千乘万骑，出跸、入警。王宠信羊胜、公孙诡，以诡为中尉。胜、诡多奇邪计，欲使王求为汉嗣。栗太子之废也，太后意欲以梁王为嗣，尝因置酒谓帝曰："安车大驾，用梁王为寄。"帝跪席举身曰："诺。"罢酒，帝以访诸大臣。大臣袁盎等曰："不可。昔宋宣公不立子而立弟，以生祸乱，五世不绝。小不忍害大义，故春秋大居正。"由是太后议格，遂不复言。王又尝上书，愿赐容车之地，径至长乐宫，自使梁国士众筑作甬道，朝太后。袁盎等皆建以为不可。

梁王由此怨袁盎及议臣。乃与羊胜、公孙诡谋，阴使人刺杀袁盎及他议臣十余人。贼未得也。于是天子意梁，逐贼，果梁所为。上遣田叔、吕季主往按梁事，捕公孙诡、羊胜。诡、胜匿王后宫。使者十余辈至梁，责二千石急。梁相轩丘豹及内史韩安国以下举国大索，月余弗得。安国闻诡、胜匿王所，乃入见王而泣曰："主辱者臣死。大王无良臣，故纷纷至此。今胜、诡不得，请辞，赐死。"王曰："何至此？"安国泣数行下，曰："大王自度于皇帝孰与临江王亲？"王曰："弗如也。"安国曰："临江王适长太子，以一言过，废王临江；用宫垣事，卒自杀中尉府。何者？治天下终不用私乱公。今大王列在诸侯，訹邪臣浮说，犯上禁，挠明法。天子以太后故，不忍致法于大王。太后日夜涕泣，幸大王自改，大王终不觉寤。有如太后宫车即晏驾，大王尚谁攀乎！"语未卒，王泣数行，而下谢安国曰："吾今出胜、诡。"王乃令胜、诡皆自杀，出之。上由此怨望梁王。

梁王恐，使邹阳入长安见皇后兄王信，说曰："长君弟得幸于上，后宫莫及，而长君行迹多不循道理者。今袁盎事即穷竟，梁王伏诛，太后无所发怒，切齿侧目于贵臣，窃为足下忧之。"长君曰："为之奈何？"阳曰："长君诚能精为上言之，得毋竟梁事，长君必固自结于太后，太后厚德长君入于骨髓，而长君之弟幸于两宫，金城之固也。昔者舜之弟象，日以杀舜为事，及舜立为天子，封之于有庳。夫仁人之于兄弟，无藏怒，无宿怨，厚亲爱而已，是以后世称之。以是说天子，徼幸梁事不奏。"长君曰："诺。"乘间入言之，帝怒稍解。

是时太后忧梁事不食，日夜泣不止，帝亦患之。会田叔等按梁事来，还至霸昌厩，取火悉烧梁之狱辞，空手来见帝。帝曰："梁有之乎？"叔对曰："死罪！有之。"上曰："其事安在？"田叔曰："上毋以梁事为问也。"上曰："何也？"曰："今梁王不伏诛，是汉法不行也。伏法，而太后食不甘味，卧不安席，此忧在陛下也。"上大然之，使叔等谒太后，且曰："梁王不知也，造为之者，独在幸臣羊胜、公孙诡之属为之耳，谨已伏诛死。梁王无恙也。"太后闻之，立起坐餐，气平复。

梁王因上书请朝。既至关，茅兰说王，使乘布车，从两骑入，匿于长公主园。汉使使迎王，王已入关，车骑尽居外，不知王处。太后泣曰："帝果杀吾子。"帝忧恐。于是梁王伏斧质于阙下谢罪，太后、帝大喜，相泣，复如故。悉召王从官入关。然帝益疏王，不与同车辇矣。帝以田叔为贤，擢为鲁相。

六年冬十月，梁王来朝。上疏欲留，上弗许。王归国，意忽忽不乐。

夏四月，梁孝王薨。窦太后闻之，哭极哀，不食，曰："帝果杀吾子。"帝哀惧不知所为。与长公主计之，乃分梁为五国，尽立孝王男五人为王：买为梁王，明为济川王，彭离为济东王，定为山阳王，不识为济阴王。女五人，皆食汤沐邑。奏之太后，太后乃说，为帝加一餐。孝王未死时，财以巨万计，及死，藏府余黄金尚四十余万斤，他物称是。

通鉴纪事本末卷第三

汉通西南夷

汉武帝元光五年。初,王恢之讨东越也,使番阳令唐蒙风晓南越。南越食蒙以蜀枸酱,蒙问所从来,曰:“道西北牂柯江。牂柯江广数里,出番禺城下。”蒙归至长安,问蜀贾人,贾人曰:“独蜀出枸酱,多持窃出市夜郎。夜郎者,临牂柯江,江广百余步,足以行船。南越以财物役属夜郎,西至桐师,然亦不能臣使也。”蒙乃上书说上曰:“南越王黄屋、左纛,地东西万余里,名为外臣,实一州主也。今以长沙、豫章往,水道多绝,难行。窃闻夜郎所有精兵,可得十余万,浮船牂柯江,出其不意,此制越一奇也。诚以汉之强,巴、蜀之饶,通夜郎道,为置吏,甚易。”上许之。乃拜蒙为中郎将,将千人,食重万余人,从巴、蜀筰关入,遂见夜郎侯多同。蒙厚赐,喻以威德,约为置吏,使其子为令。夜郎旁小邑,皆贪汉缯帛,以为汉道险,终不能有也,乃且听蒙约。还报,上以为犍为郡。发巴、蜀卒治道,自僰道指牂柯江。作者数万人,士卒多物故,有逃亡者,用军兴法诛其渠率。巴、蜀民大惊恐。上闻之,使司马相如责唐蒙等,因谕告巴、蜀民以非上意。相如还报。

是时，邛、筰之君长，闻南夷与汉通，得赏赐多，多欲愿为内臣妾，请吏，比南夷。天子问相如，相如曰："邛、筰、冉、駹者近蜀，道亦易通。秦时尝通为郡县，至汉兴而罢。今诚复通，为置郡县，愈于南夷。"天子以为然，乃拜相如为中郎将，建节往使，及副使王然于等乘传，因巴、蜀吏币物以赂西夷。邛、筰、冉、駹、斯榆之君皆请为内臣，除边关。关益斥，西至沫、若水，南至牂柯为徼，通零关道，桥孙水以通邛都。为置一都尉，十余县，属蜀。天子大说。

是时，巴、蜀四郡凿山通西南夷道，千余里戍转相饷。数岁，道不通，士罢饿离暑湿死者甚众，西南夷又数反，发兵兴击，费以钜万计，而无功。上患之，诏使公孙弘视焉。还奏事，盛毁西南夷无所用，上不听。

元朔三年冬，以公孙弘为御史大夫。是时方通西南夷，东置苍海，北筑朔方之郡。公孙弘数谏，以为罢敝中国以奉无用之地，愿罢之。天子使朱买臣等难以置朔方之便，发十策，弘不得一。弘乃谢曰："山东鄙人，不知其便若是。愿罢西南夷、苍海，而专奉朔方。"上乃许之。春，罢苍海郡。

秋，罢西夷，独置南夷、夜郎两县、一都尉，稍令犍为自葆就，专力城朔方。

元狩元年。初，张骞自月氏还，为天子言身毒国去蜀不远。天子欣然，令骞因蜀、犍为发间使王然于等四道并出，出駹，出冉，出徙，出邛、僰，指求身毒国，各行一二千里，其北方闭氐、筰，南方闭嶲、昆明。昆明之属无君长，善寇盗，辄杀略汉使，终莫得通。于是汉以求身毒道，始通滇国。滇王当羌谓汉使者曰："汉孰与我大？"及夜郎侯亦然。以道不通，故各自以为一州主，不知汉广大。使者还，因盛言滇大国，足事亲附。天子注意焉，乃复事西南夷。

三年秋，上将讨昆明，以昆明有滇池方三百里，乃作昆明池，以习水战。是时法既益严，吏多废免。兵革数动，民多买复及五大夫，征发之士益鲜。于是除千夫、五大夫为吏，不欲者出马。以故吏弄法，皆谪令伐棘上林，穿昆明池。

元鼎六年冬，驰义侯发南夷兵欲以击南越。且兰君恐远行，旁国虏其老弱，乃与其众反，杀使者及犍为太守。汉乃发巴、蜀罪人尝击南越者八校尉，遣中郎将郭昌、卫广将而击之，诛且兰及邛君、笮侯，遂平南夷，为牂柯郡。夜郎侯始倚南越，南越已灭，夜郎遂入朝，上以为夜郎王。

冉、駹皆振恐，请臣，置吏。乃以邛都为越巂郡，笮都为沈黎郡，冉、駹为汶山郡，广汉西白马为武都郡。

元封二年。初，上使王然于以越破及诛南夷兵威风喻滇王入朝。滇王者，其众数万人，其旁东北有劳深、靡莫，皆同姓相杖，未肯听。劳深、靡莫数侵犯使者吏卒。于是上遣将军郭昌、中郎将卫广发巴、蜀兵击灭劳深、靡莫，以兵临滇。滇王举国降，请置吏，入朝。于是以为益州郡，赐滇王王印，复长其民。是时，汉灭两越，平西南夷，置初郡十七，且以其故俗治，毋赋税。南阳、汉中以往郡，各以地比，给初郡吏卒奉食、币物、传车、马被具。而初郡时时小反，杀吏，汉发南方吏卒往诛之，间岁万余人，费皆仰给大农。大农以均输、调盐铁助赋，故能赡之。然兵所过县，为以訾给毋乏而已，不敢言擅赋法矣。

六年。汉既通西南夷，开五郡，欲地接以前通大夏，岁遣使十余辈出此初郡，皆闭昆明，为所杀，夺币物。于是天子赦京师亡命，令从军，遣拔胡将军郭昌将以击之，斩首数十万。后复遣使，竟不得通。

昭帝始元元年夏，益州夷二十四邑三万余人皆反。遣水衡都尉吕破胡募吏民及发犍为、蜀郡奔命往击，大破之。

四年。西南夷姑缯、叶榆复反。遣水衡都尉吕辟胡将益州兵击之。辟胡不进，蛮夷遂杀益州太守，乘胜与辟胡战，士战及溺死者四千余人。冬，遣大鸿胪田广明击之。

六年。诏以钩町侯毋波率其邑君长人民击反者有功，立以为钩町王，赐田广明爵关内侯。

淮南谋反

汉文帝前三年。初，赵王敖献美人于高祖，得幸，有娠。及贯高事发，美人以坐系河内。美人母弟赵兼，因辟阳侯审食其言吕后，吕后妒，弗肯白。美人已生子，恚，即自杀。吏奉其子诣上，上悔，名之曰长，令吕后母之，而葬其母真定。后封长为淮南王。

淮南王蚤失母，常附吕后，故孝惠、吕后时无患。而常心怨辟阳侯，以为不强争之于吕后，使其母恨而死也。及帝即位，淮南王自以最亲，骄蹇，数不奉法，上常宽假之。是岁入朝，从上入苑囿猎，与上同车，常谓上"大兄"。王有材力，能扛鼎，乃往见辟阳侯，自袖铁椎椎辟阳侯，令从者魏敬刭之，驰走阙下，肉袒谢罪。帝伤其志为亲故，赦弗治。当是时，薄太后及太子诸大臣皆惮淮南王，淮南王以此归国益骄恣，出入称警跸，称制，拟于天子。袁盎谏曰："诸侯太骄，必生患。"上不听。

六年。淮南王长自作法令行于其国，逐汉所置吏，请自置相、二千石，帝曲意从之。又擅刑杀不辜及爵人至关内侯。数上书，不逊顺。帝重自切责之，乃令薄昭与书风谕之，引管、蔡及代顷王、济北王兴居以为儆戒。

王不说，令大夫但、士伍开章等七十人，与棘蒲侯柴武、太子奇谋，以辇车四十乘反谷口，令人使闽越、匈奴。

事觉，有司治之，使使召淮南王。王至长安，丞相张苍、典客冯敬、行御史大夫事与宗正、廷尉奏长罪当弃市。制曰："其赦长死罪，废勿王，徙处蜀郡严道邛邮。"尽诛所与谋者。载长以辎车，令县以次传之。

袁盎谏曰："上素骄淮南王，弗为置严傅、相，以故至此。淮南王为人刚，今暴摧折之，臣恐卒逢雾露病死，陛下有杀弟之名，奈何？"上曰："吾特苦之耳，今复之。"淮南王果愤恚，不食死。县传至雍，雍令发封，以死闻。上哭甚悲，谓袁盎曰："吾不听公言，卒亡淮南王。今为奈何？"盎曰："独斩丞相御史以谢天下，乃可。"上即令丞相、御史逮考诸县传送淮南王不发封馈侍者，皆弃市。以列侯葬淮南王于雍，置守冢三十户。

七年。民有歌淮南王曰："一尺布，尚可缝；一斗粟，尚可舂，兄弟二人不相容。"帝闻而病之。

八年夏，封淮南厉王子安等四人为列侯。贾谊知上必将复王之也，上疏谏曰："淮南王之悖逆无道，天下孰不知其罪！陛下幸而赦迁之，自疾而死，天下孰以王死之不当！今奉尊罪人之子，适足以负谤于天下耳。此人少壮，岂能忘其父哉。白公胜所为父报仇者，大父与叔父也。白公为乱，非欲取国代主，发忿快志，剡手以冲仇人之匈，固为俱靡而已。淮南虽小，黥布尝用之矣；汉存，特幸耳。夫擅仇人足以危汉之资，于策不便。予之众积之财，此非有子胥、白公报于广都之中，即疑有剸诸、荆轲起于两柱之间，所谓‘假贼兵为虎翼’者也，愿陛下少留计。”上弗听。

十一年夏六月，徙城阳王喜为淮南王。

十六年夏四月，徙淮南王喜复为城阳王，立淮南厉王子阜陵侯安为淮南王。

景帝前四年。初，七国反，淮南王欲发兵应之，其相将兵城守，不听王而为汉，淮南以故得完。事见七国之叛。

武帝建元二年冬十月，淮南王安来朝。上以安属为诸父而材高，甚尊重之，每宴见谈语，昏暮然后罢。安雅善武安侯田蚡，其入朝，武安侯迎之霸上，与语曰：“上无太子，王亲高皇帝孙，行仁义，天下莫不闻。宫车一日晏驾，非王尚谁立者？”安大喜，厚遗蚡金钱财物。

元朔二年冬，赐淮南王几杖，毋朝。

五年。初，淮南王安好读书属文，喜立名誉，招致宾客、方术之士数千人。其群臣、宾客多江、淮间轻薄士，常以厉王迁死感激安。建元六年，彗星见，或说王曰：“先吴军时，彗星出长数尺，然尚流血千里。今彗星竟天，天下兵当大起。”王心以为然，乃益治攻战具，积金钱。

郎中雷被获罪于太子迁。时有诏，欲从军者辄诣长安，被即愿奋击匈奴。太子恶被于王，斥免之，欲以禁后。是岁，被亡之长安，上书自明。事下廷尉治，踪迹连王，公卿请逮捕治王。太子迁谋令人衣卫士衣，持戟居王旁，汉使有非是者即刺杀之。因发兵反。天子使中尉宏即讯王，王视中尉颜色和，遂不发。公卿奏：“安壅阏奋击匈奴者，格明诏，当弃市。”诏削二县。既而安自伤曰："吾行仁义，反见削地，耻之。"于是为反谋益甚。

安与衡山王赐相责望，礼节间不相能。衡山王闻淮南王有反谋，恐为所并，亦结宾客为反具。以为淮南已西，欲发兵定江、淮之间而有之。衡山王后徐来谮太子爽于王，欲废之而立其弟孝。王囚太子而佩孝以王印，令招致宾客。宾客来者微知淮南、衡山有逆计，日夜从容劝之。王乃使孝客江都人枚赫、陈喜作輣车锻矢，刻天子玺、将相军吏印。秋，衡山王当入朝，过淮南，淮南王乃昆弟语，除前隙，约束反具。衡山王即上书谢病，上赐书不朝。

元狩元年。淮南王安与宾客左吴等日夜为反谋，案舆地图，部署兵所从入。诸使者道长安来，为妄言，言"上无男，汉不治"，即喜；即言"汉廷治，有男"，王怒，以为妄言，非也。王召中郎伍被与谋反事，被曰："王安得此亡国之语乎！臣见宫中生荆棘，露沾衣也。"王怒，系伍被父母，囚之。三月，复召问之，被曰："昔秦为无道，穷奢极虐，百姓思乱者十家而六七。高皇帝起于行陈之中，立为天子，此所谓蹈瑕候间，因秦之亡而动者也。今大王见高皇帝得天下之易也，独不观近世之吴、楚乎？夫吴王王四郡，国富民众，计定谋成，举兵而西；然破于大梁，奔走而东，身死祀绝者何？诚逆天道而不知时也。方今大王之兵，众不能十分吴、楚之一；天下安宁，万倍吴、楚之时。大王不从臣之计，今见大王弃千乘之君，赐绝命之书，为群臣先死于东宫也。"王涕泣而起。

王有孽子不害，最长，王弗爱，王后、太子皆不以为子、兄数。不害有子建，材高有气，常怨望太子，阴使人告太子谋杀汉中尉事，下廷尉治。王患之，欲发，复问伍被曰："公以为吴兴兵是邪？

非邪？”被曰：“非也。臣闻吴王悔之甚，愿王无为吴王之所悔。”王曰：“吴何知反！汉将一日过成皋者四十余人，今我绝成皋之口，据三川之险，招山东之兵，举事如此，左吴、赵贤、朱骄如皆以为什事九成，公独以为有祸无福，何也？必如公言，不可徼幸邪？”被曰：“必不得已，被有愚计。当今诸侯无异心，百姓无怨气，可伪为丞相、御史请书，徙郡国豪桀、高赀于朔方，益发甲卒，急其会日。又伪为诏狱书，逮诸侯、太子、幸臣。如此，则民怨、诸侯惧，即使辩士随而说之，傥可徼幸什得一乎！”王曰：“此可也。虽然，吾以为不至若此。”

于是王乃作皇帝玺，丞相、御史大夫、将军、军吏、中二千石及旁近郡太守、都尉印，汉使节。欲使人伪得罪而西，事大将军，一日发兵，即刺杀大将军。且曰：“汉廷大臣，独汲黯好直谏，守节死义，难惑以非，至如说丞相弘等，如发蒙振落耳。”王欲发国中兵，恐其相、二千石不听，王乃与伍被谋先杀相、二千石。又欲令人衣求盗衣，持羽檄从东方来，呼曰：“南越兵入界！”欲因以发兵。

会廷尉逮捕淮南太子，淮南王闻之，与太子谋，召相、二千石，欲杀而发兵。召相，相至，内史、中尉皆不至。王念独杀相无益也，即罢相。王犹豫，计未决。太子即自刭，不殊。

伍被自诣吏，告与淮南王谋反，踪迹如此。吏因捕太子、王后，围王宫，尽求捕王所与谋反宾客在国中者，索得反具，以闻。上下公卿治其党与，使宗正以符节治王。未至，十一月，淮南王安自刭，杀王后荼、太子迁，诸所与谋反者皆族。天子以伍被雅辞多引汉之美，欲勿诛。廷尉汤曰：“被首为王画反计，罪不可赦。”乃诛被。侍中庄助素与淮南王相结交，私论议，王厚赂遗助;上薄其罪,欲勿诛。张汤争,以为"助出入禁门,腹心之臣,而外与诸侯交私如此,不诛,后不可治"。助竟弃市。

衡山王上书请废太子爽,立其弟孝为太子。爽闻,即遣所善白嬴之长安上书,言孝作輣车锻矢,与王御者奸,欲以败孝。会有司捕所与淮南谋反者,得陈喜于衡山王子孝家。吏劾孝首匿喜,孝闻律"先自告除其罪",即先自告所与谋反者枚赫、陈喜等。公卿请逮捕衡山王治之,王自刭死。王后徐来、太子爽及孝皆弃市,所与谋反者皆族。凡淮南、衡山二狱,所连引列侯、二千石、豪桀等死者数万人。

汉通西域

汉武帝元朔三年。初,匈奴降者言:"月氏故居敦煌、祁连间,为强国,匈奴冒顿攻破之。老上单于杀月氏王,以其头为饮器,余众遁逃远去,怨匈奴,无与共击之。"上募能通使月氏者,汉中张骞以郎应募,出陇西,径匈奴中,单于得之,留骞十余岁。骞得间亡,乡月氏西走,数十日,至大宛。大宛闻汉之饶财,欲通不得,见骞,喜,为发导译抵康居,传致大月氏。大月氏太子为王,既击大夏,分其地而居之,地肥饶,少寇,殊无报胡之心。骞留岁余,竟不能得月氏要领,乃还,并南山,欲从羌中归,复为匈奴所得。留岁余,会伊稚斜逐于单,匈奴国内乱,骞乃与堂邑氏奴甘父逃归。上拜骞为太中大夫,甘父为奉使君。骞初行时百余人,去十三岁,唯二人得还。

元狩元年。初,张骞自月氏还,具为天子言西域诸国风俗:"大宛在汉正西,可万里。其俗土著,耕田。多善马,马汗血。有城郭、室屋，如中国。其东北则乌孙，东则于寘。于寘之西，则水皆西流注西海；其东，水东流注盐泽。盐泽潜行地下，其南则河源出焉。盐泽去长安可五千里。匈奴右方居盐泽以东，至陇西长城，南接羌，隔汉道焉。乌孙、康居、奄蔡、大月氏皆行国，随畜牧，与匈奴同俗。大夏在大宛西南，与大宛同俗。臣在大夏时，见邛竹杖蜀布，问曰：'安得此？'大夏国人曰：'吾贾人往市之身毒。身毒在大夏东南可数千里。其俗土著，与大夏同。以骞度之，大夏去汉万二千里，居汉西南。今身毒国又居大夏东南数千里，有蜀物，此其去蜀不远矣。今使大夏，从羌中，险，羌人恶之；少北，则为匈奴所得；从蜀宜径，又无寇。"天子既闻大宛及大夏、安息之属，皆大国，多奇物，土著，颇与中国同业，而兵弱，贵汉财物；其北有大月氏、康居之属，兵强，可以赂遗设利朝也。诚得而以义属之，则广地万里，重九译，致殊俗，威德遍于四海。欣然以骞言为然。

元鼎二年。浑邪王既降汉，汉兵击逐匈奴于幕北，自盐泽以东空无匈奴，西域道可通。于是张骞建言："乌孙王昆莫本为匈奴臣，后兵稍强，不肯复朝事匈奴，匈奴攻不胜而远之。今单于新困于汉，而故浑邪地空无人。蛮夷俗恋故地，又贪汉财物，今诚以此时厚币赂乌孙，招以益东，居故浑邪之地，与汉结昆弟，其势宜听，听则是断匈奴右臂也。既连乌孙，自其西大夏之属皆可招来而为外臣。"天子以为然，拜骞为中郎将，将三百人，马各二匹，牛羊以万数，赍金币帛直数千巨万，多持节副使，道可便，遣之他旁国。

骞既至乌孙，昆莫见骞，礼节甚倨。骞谕指曰："乌孙能东居故地，则汉遣公主为夫人，结为兄弟，共距匈奴，匈奴不足破也。"

乌孙自以远汉，未知其大小；素服属匈奴日久，且又近之，其大臣皆畏匈奴，不欲移徙。骞留久之，不能得其要领，因分遣副使使大宛、康居、大月氏、大夏、安息、身毒、于阗及诸旁国。乌孙发译道送骞还，使数十人，马数十匹，随骞报谢，因令窥汉大小。是岁骞还，到，拜为大行。后岁余，骞所遣使通大夏之属者皆颇与其人俱来，于是西域始通于汉矣。

西域凡三十六国，南北有大山，中央有河，东西六千余里，南北千余里，东则接汉玉门、阳关，西则限以葱岭。河有两原：一出葱岭，一出于阗，合流东注盐泽。盐泽去玉门、阳关三百余里。自玉门、阳关出西域有两道：从鄯善傍南山北，循河西行至莎车，为南道；南道西逾葱岭，则出大月氏、安息。自车师前王廷随北山循河西行至疏勒，为北道；北道西逾葱岭，则出大宛、康居、奄蔡焉。故皆役属匈奴。匈奴西边日逐王，置僮仆都尉，使领西域，常居焉耆、危须、尉黎间，赋税诸国，取富给焉。

乌孙王既不肯东还，汉乃于浑邪王故地置酒泉郡，稍发徙民以充实之。后又分置武威郡，以绝匈奴与羌通之道。

天子得宛汗血马，爱之，名曰“天马”。使者相望于道以求之。诸使外国，一辈大者数百，少者百余人，人所赍操大放博望侯时，其后益习而衰少焉。汉率一岁中使多者十余，少者五六辈；远者八九岁，近者数岁而反。

六年。博望侯既以通西域尊贵，其吏士争上书言外国奇怪利害，求使。天子为其绝远，非人所乐往，听其言，予节，募吏民，毋问所从来，为具备人众遣之，以广其道。来还，不能毋侵盗币物，及使失指，天子为其习之，辄覆按致重罪，以激怒令赎，复求使。使端无穷，而轻犯法。其吏卒亦辄复盛推外国所有，言大者予节，言小者为副，故妄言无行之徒皆争效之。其使皆贫人子，私县官赍物，欲贱市以私其利。外国亦厌汉使，人人有言轻重，度汉兵远不能至，而禁其食物以苦汉使。汉使乏绝积怨，至相攻击。而楼兰、车师小国，当空道，攻汉使王恢等尤甚，而匈奴奇兵又时遮击之。使者争言西域皆有城邑，兵弱易击。于是天子遣浮沮将军公孙贺将万五千骑出九原二千余里，至浮沮井而还。匈河将军赵破奴将万余骑出令居数千里至匈河水而还。以斥逐匈奴，不使遮汉使，皆不见匈奴一人。乃分武威、酒泉地置张掖、敦煌郡，徙民以实之。

元封三年冬十二月，上遣将军赵破奴击车师。破奴与轻骑七百余先至，虏楼兰王，遂破车师。因举兵威以困乌孙、大宛之属。春正月甲申，封破奴为浞野侯。王恢佐破奴击楼兰，封恢为浩侯。于是酒泉列亭障至玉门矣。

六年，乌孙使者见汉广大，归报其国，其国乃益重汉。匈奴闻乌孙与汉通，怒，欲击之；又其旁大宛、月氏之属皆事汉。乌孙于是恐，使使愿得尚汉公主，为昆弟。天子与群臣议，许之。乌孙以千匹马聘汉女。汉以江都王建女细君为公主，往妻乌孙，赠送甚盛，乌孙王昆莫以为右夫人。匈奴亦遣女妻昆莫，以为左夫人。公主自治宫室居，岁时一再与昆莫会，置酒饮食。昆莫年老，言语不通，公主悲愁思归；天子闻而怜之，间岁遣使者以帷帐、锦绣给遗焉。昆莫曰“我老”，欲使其孙岑娶尚公主。公主不听，上书言状。天子报曰：“从其国俗，欲与乌孙共灭胡。”岑娶遂妻公主。昆莫死，岑娶代立为昆弥。

是时，汉使西逾葱岭，抵安息。安息发使以大鸟卵及黎轩善眩人献于汉，及诸小国欢潜、大益、(车)〔姑〕师、扜冞、苏䪥之属，皆随汉使献见天子。天子大悦。西国使更来更去。天子每巡狩海上,悉从外国客,大都多人则过之,散财帛以赏赐,厚具以饶给之,以览示汉富厚焉。大角抵,出奇戏诸怪物,多聚观者,行赏赐,酒池肉林,令外国客遍观(名)〔各〕仓库府藏之积,见汉之广大,倾骇之。大宛左右多蒲萄,可以为酒;多苜蓿,天马嗜之。汉使采其实以来,天子种之于离宫别观旁,极望。然西域以近匈奴,常畏匈奴使,待之过于汉使焉。

太初元年,汉使入西域者言:"宛有善马,在贰师城,匿不肯与汉使。"天子使壮士车令等持千金及金马以请之。宛王与其群臣谋曰:"汉去我远,而盐水中数败,出其北有胡寇,出其南乏水草。又且往往而绝邑,乏食者多。汉使数百人为辈来,而常乏食,死者过半,是安能致大军乎?无奈我何。贰师马,宛宝马也。"遂不肯予汉使。汉使怒,妄言,椎金马而去。宛贵人怒曰:"汉使至轻我!"遣汉使去,令其东边郁成王遮攻杀汉使,取其财物。于是天子大怒。诸尝使宛姚定汉等言:"宛兵弱,诚以汉兵不过三千人,强弩射之,可尽虏矣。"天子尝使浞野侯以七百骑虏楼兰王,以定汉等言为然,而欲侯宠姬李氏,乃拜李夫人兄广利为贰师将军,发属国六千骑及郡国恶少年数万人,以往伐宛。期至贰师城取善马,故号"贰师将军"。赵始成为军正,故浩侯王恢使导军,而李哆为校尉,制军事。

二年,贰师将军之西也,既过盐水,当道小国各城守,不肯给食,攻之不能下。下者得食,不下者数日则去。比至郁成,士至者不过数千,皆饥罢。攻郁成,郁成大破之,所杀伤甚众。贰师将军与李哆、赵始成等计:"至郁成尚不能举,况至其王都乎?"引兵而还。至敦煌,士不过什一二。使使上书,言"道远多乏食,且士卒不患战而患饥，人少不足以拔宛。愿且罢兵，益发而复往”。天子闻之，大怒，使使遮玉门曰：“军有敢入者辄斩之！”贰师恐，因留敦煌。

三年，公卿议者皆愿罢宛军，专力攻胡。天子业出兵诛宛，宛小国而不能下，则大夏之属渐轻汉，而宛善马绝不来，乌孙、轮台易苦汉使，为外国笑。乃案言伐宛尤不便者邓光等，赦囚徒，发恶少年及边骑，岁余而出敦煌者六万人，负私从者不与。牛十万，马三万匹，驴橐驼以万数。赍粮，兵弩甚设，天下骚动，转相奉伐宛，五十余校尉。宛城中无井，汲城外流水，于是遣水工徙其城下水空以穴其城。益发戍甲卒十八万酒泉、张掖北，置居延、休屠，屯兵以卫酒泉，而发天下吏有罪者、亡命者及赘婿、贾人、故有市籍、父母、大父母有市籍者凡七科，适为兵，及载糒给贰师，转车人徒相连属。而拜习马者二人为执、驱马校尉，备破宛择取其善马云。

于是贰师后复行，兵多，所至小国莫不迎，出食给军。至轮台，轮台不下，攻数日，屠之。自此而西，平行至宛城，兵到者三万。宛兵迎击汉兵，汉兵射败之，宛兵走入保其城。贰师欲攻郁成城，恐留行而令宛益生诈，乃先至宛，决其水原，移之，则宛固已忧困，围其城，攻之四十余日。宛贵人谋曰：“王毋寡匿善马，杀汉使。今杀王而出善马，汉兵宜解；即不解，乃力战而死，未晚也。”宛贵人皆以为然，共杀王。其外城坏，虏宛贵人勇将煎靡。宛大恐，走入城中，持王毋寡头遣人使贰师，约曰：“汉无攻我，我尽出善马恣所取，而给汉军食。即不听我，我尽杀善马，康居之救又且至，至，我居内，康居居外，与汉军战。熟计之，何从？”是时康居候视汉兵尚盛，不敢进。贰师闻宛城中新得汉人，知穿井，而其内食尚多，计以为“来诛首恶者毋寡，毋寡头已至，如此不许则坚守，而康居候汉兵罢来救宛，破汉军必矣”。乃许宛之约。宛乃出其马，令汉自择之，而多出食食汉军。汉军取其善马数十匹，中马以下牝牡三千余匹。而立宛贵人之故时遇汉善者名昧蔡为宛王，与盟而罢兵。

初，贰师起敦煌西，分为数军，从南、北道。校尉王申生将千余人别至郁成，郁成王击灭之，数人脱亡，走贰师。贰师令搜粟都尉上官桀往攻破郁成。郁成王亡走康居，桀追至康居。康居闻汉已破宛，出郁成王与桀，桀令四骑士缚守诣贰师。上邽骑士赵弟恐失郁成王，拔剑击斩其首，追及贰师。

四年春，贰师将军来至京师。贰师所过小国闻宛破，皆使其子弟从入贡献，见天子，因为质焉。军还，入马千余匹。后行，军非乏食，战死不甚多，而将吏贪，不爱卒，侵牟之，以此物故者众。天子为万里而伐，不录其过。乃下诏封李广利为海西侯，封赵弟为新畤侯，以上官桀为少府，军官吏为九卿者三人，诸侯相、郡守、二千石百余人，千石以下千余人。奋行者官过其望，以谪过行，皆黜其劳。士卒赐直四万钱。

匈奴闻贰师征大宛，欲遮之，贰师兵盛，不敢当，即遣骑因楼兰候汉使后过者欲绝勿通。时汉军正任文将兵玉门关，捕得生口，知状，以闻。上诏文便道引兵捕楼兰王，将诣阙簿责。王对曰：“小国在大国间，不两属，无以自安。愿徙国入居汉地。”上直其言，遣归国，亦因使候司匈奴，匈奴自是不甚亲信楼兰。

自大宛破后，西域震惧，汉使入西域者益得职。于是自敦煌西至盐泽往往起亭，而轮台、渠犁皆有田卒数百人，置使者、校尉领护，以给使外国者。

后岁余，宛贵人以为昧蔡善谀，使我国遇屠，乃相与杀昧蔡，立毋寡昆弟蝉封为宛王，而遣其子入质于汉。汉因使使赂赐以镇抚之。蝉封与汉约，岁献天马二匹。

昭帝元凤四年。初，扜冞遣太子赖丹为质于龟兹。贰师击大宛还，将赖丹入至京师。霍光用桑弘羊前议，以赖丹为校尉，将军田轮台。龟兹贵人姑翼谓其王曰："赖丹本臣属吾国，今佩汉印绶来，迫吾国而田，必为害。"王即杀赖丹，而上书谢汉。

楼兰王死，匈奴先闻之，遣其质子安归归，得立为王。汉遣使诏新王令入朝，王辞不至。楼兰国最在东垂，近汉，当白龙堆，乏水草，常主发导，负水担粮，送迎汉使。又数为吏卒所寇，惩艾，不便与汉通。后复为匈奴反间，数遮杀汉使。其弟尉屠耆降汉，具言状。骏马监北地傅介子使大宛，诏因令责楼兰、龟兹。介子至楼兰、龟兹，责其王，皆谢服。介子从大宛还，到龟兹，会匈奴使从乌孙还，在龟兹，介子因率其吏士共诛斩匈奴使者。还奏事，诏拜介子为中郎，迁平乐监。

介子谓大将军霍光曰："楼兰、龟兹数反覆而不诛，无所惩艾。介子过龟兹时，其王近就人，易得也。愿往刺之，以威示诸国。"大将军曰："龟兹道远，且验之于楼兰。"于是白遣之。介子与士卒俱赍金币，扬言以赐外国为名。至楼兰，楼兰王意不亲介子。介子阳引去，至其西界，使译谓曰："汉使者持黄金、锦绣行赐诸国，王，不来受，我去之西国矣。"即出金币以示译。译还报王，王贪汉物，来见使者。介子与坐饮，陈物示之，饮酒皆醉。介子谓王曰："天子使我私报王。"王起，随介子入帐中屏语，壮士二人从后刺之，刃交胸，立死，其贵人左右皆散走。介子告谕以："王负汉，罪，天子遣我诛王，当更立弟尉屠耆在汉者。汉兵方至，毋敢动，自令灭国矣！”介子遂斩王安归首，驰传诣阙，县首北阙下。

乃立尉屠耆为王，更名其国为鄯善，为刻印章，赐以宫女为夫人，备车骑辎重。丞相率百官送至横门外，祖而遣之。王自请天子曰：“身在汉久，今归单弱，而前王有子在，恐为所杀。国中有伊循城，其地肥美，愿汉遣一将屯田积谷，令臣得依其威重。”于是汉遣司马一人、吏士四十人田伊循，以填抚之。秋七月乙巳，封范明友为平陵侯，傅介子为义阳侯。

臣光曰：王者之于戎狄，叛则讨之，服则舍之。今楼兰王既服其罪，又从而诛之，后有叛者不可得而怀矣。必以为有罪而讨之，则宜陈师鞠旅，明致其罚。今乃遣使者诱以金币而杀之，后有奉使诸国者复可信乎！且以大汉之强，而为盗贼之谋于蛮夷，不亦可羞哉，论者或美介子，以为奇功，过矣。

宣帝本始二年。初，乌孙公主死，汉复以楚王戊之孙解忧为公主，妻岑娶。岑娶胡妇子泥靡尚小，岑娶且死，以国与季父大禄子翁归靡，曰：“泥靡大，以国归之。”翁归靡既立，号肥王，复尚楚主，生三男两女。长男曰元贵靡，次曰万年，次曰大乐。上遣光禄大夫常惠持节护乌孙兵共击匈奴。事见匈奴归汉。

三年。上复遣常惠持金币还赐乌孙贵人有功者。惠因奏请：“龟兹国尝杀校尉赖丹，未伏诛，请便道击之。”帝不许。大将军霍光风惠以便宜从事。惠与吏士五百人俱至乌孙，还，过，发西国兵二万人，令副使发龟兹东国二万人，乌孙兵七千人，从三面攻龟兹。兵未合，先遣人责其王以前杀汉使状，王谢曰：“乃我先王时为贵人姑翼所误耳，我无罪。”惠曰：“即如此，缚姑翼来，吾置王。”王执姑翼诣惠，惠斩之而还。

元康元年。初，乌孙公主少子万年有宠于莎车王。莎车王死而无子，时万年在汉，莎车国人计欲自托于汉，又欲得乌孙心，上书请万年为莎车王。汉许之，遣使者奚充国送万年。万年初立，暴恶，国人不说。上令群臣举可使西域者，前将军韩增举上党冯奉世，以卫候使持节送大宛诸国客至伊循城。会故莎车王弟呼屠徵与旁国共杀其王万年及汉使者奚充国，自立为王。

神爵二年。乌孙昆弥翁归靡因长罗侯常惠上书：“愿以汉外孙元贵靡为嗣，得令复尚汉公主，结婚重亲，畔绝匈奴。”诏下公卿议，大鸿胪萧望之以为乌孙绝域，变故难保，不可许。上美乌孙新立大功，又重绝故业，乃以乌孙主解忧弟相夫为公主，盛为资送而遣之，使常惠送之，至敦煌。未出塞，闻翁归靡死，乌孙贵人共从本约立岑娶子泥靡为昆弥，号狂王。常惠上书：“愿留少主敦煌。”惠驰至乌孙，责让不立元贵靡为昆弥，还迎少主。事下公卿，望之复以为“乌孙持两端，难约结。今少主以元贵靡不立而还，信无负于夷狄，中国之福也。少主不止，繇役将兴”。天子从之，征还少主。

甘露元年夏四月，乌孙狂王复尚楚主解忧，生一男鸱靡，不与主和，又暴恶失众。汉使卫司马魏和意、副侯任昌至乌孙。公主言：“狂王为乌孙所患苦，易诛也。”遂谋置酒，使士拔剑击之。剑旁下，狂王伤，上马驰去。其子细沈瘦会兵围和意、昌及公主于赤谷城数月，都护郑吉发诸国兵救之，乃解去。汉遣中郎将张遵持医药治狂王，赐金帛，因收和意、昌，系琐，从尉犁槛车至长安，斩之。

初，肥王翁归靡胡妇子乌就屠，狂王伤时，惊，与诸翕侯俱去居北山中，扬言母家匈奴兵来，故众归之。后遂袭杀狂王，自立为昆弥。是岁，汉遣破羌将军辛武贤将兵万五千人至敦煌，通渠积谷，欲以讨之。

初，楚主侍者冯嫽能史书，习事，尝持汉节为公主使，城郭诸国敬信之，号曰冯夫人，为乌孙右大将妻。右大将与乌就屠相爱，都护郑吉使冯夫人说乌就屠以汉兵方出，必见灭，不如降。乌就屠恐，曰："愿得小号以自处。"帝征冯夫人自问状；遣谒者竺次、期门甘延寿为副，送冯夫人。冯夫人锦车持节，诏乌就屠诣长罗侯赤谷城，立元贵靡为大昆弥，乌就屠为小昆弥，皆赐印绶。破羌将军不出塞，还。后乌就屠不尽归诸翕侯民众，汉复遣长罗侯惠将三校屯赤谷，因为分别其人民、地界，大昆弥户六万余，小昆弥户四万余。然众心皆附小昆弥。

三年五月，乌孙大昆弥元贵靡及鸱靡皆病死，公主上书言："年老土思，愿得归骸骨，葬汉地。"天子闵而迎之。冬，至京师，待之一如公主之制。后二岁卒。

元贵靡子星靡代为大昆弥，弱。冯夫人上书："愿使乌孙，镇抚星靡。"汉遣之。都护韩宣奏："乌孙大吏大禄、大监皆可赐以金印紫绶，以尊辅大昆弥。"汉许之。其后段会宗为都护，乃招还亡叛，安定之。星靡死，子雌栗靡代立。

成帝建始四年。西域都护段会宗为乌孙兵所围，驿骑上书："愿发城郭、敦煌兵以自救。"丞相商、大将军凤及百寮议，数日不决。凤言"陈汤多筹策，习外国事，可问"。上召汤见宣室。汤击郅支时中寒病，两臂不屈申，汤入见，有诏毋拜，示以会宗奏。汤对曰："臣以为此必无可忧也。"上曰："何以言之？"汤曰："夫胡兵五而当汉兵一，何者？兵刃朴钝，弓弩不利。今闻颇得汉巧，然犹三而当一。又兵法曰‘客倍而主人半，然后敌’。今围会宗者人众不足以胜会宗，唯陛下勿忧。且兵轻行五十里，重行三十里。今会宗欲发城郭、敦煌，历时乃至，所谓报仇之兵，非救急之用也。”上曰：“奈何？其解可必乎？度何时解？”汤知乌孙瓦合，不能久攻，故事不过数日，因对曰：“已解矣。”屈指计其日，曰：“不出五日，当有吉语闻。”居四日，军书到，言已解。

阳朔四年闰九月，乌孙小昆弥乌就屠死，子拊离代立，为弟日贰所杀。汉遣使者立拊离子安日为小昆弥。日贰亡阻康居，安日使贵人姑莫匿等三人诈亡从日贰，刺杀之。于是西域诸国上书：“愿复得前都护段会宗。”上从之。城郭诸国闻之，皆翕然亲附。

元延二年。初，乌孙小昆弥安日为降民所杀，诸翕侯大乱。诏征故金城太守段会宗为左曹、中郎将、光禄大夫，使安辑乌孙，立安日弟末振将为小昆弥，定其国而还。时大昆弥雌栗靡勇健，末振将恐为所并，使贵人乌日领诈降，刺杀雌栗靡。汉欲以兵讨之而未能，遣中郎将段会宗立公主孙伊秩靡为大昆弥。久之，大昆弥、翕侯难栖杀末振将，安日子安犁靡代为小昆弥。汉恨不自诛末振将，复遣段会宗发戊己校尉诸国兵，即诛末振将太子番丘。会宗恐大兵入乌孙，惊番丘，亡逃不可得，即留所发兵垫娄地，选精兵三十弩径至昆弥所在，召番丘，责以末振将之罪，即手剑击杀番丘。官属以下惊恐，驰归。小昆弥安犁靡勒兵数千骑围会宗，会宗为言来诛之意，“今围守杀我，如取汉牛一毛耳。宛王、郅支头县藁街，乌孙所知也。”昆弥以下服，曰：“末振将负汉，诛其子可也，独不可告我，令饮食之邪？”会宗曰：“豫告，昆弥逃匿之，为大罪。即饮食以付我，伤骨肉恩。故不先告。”昆弥以下号泣罢去。会宗还，奏事，天子赐会宗爵关内侯，黄金百斤。会宗以难栖杀末振将，奏以为坚守都尉。责大禄、大监以雌栗靡见杀状，夺金印、紫绶，更与铜、墨云。末振将弟卑爰疐本共谋杀大昆弥，将众八万余口，北附康居，谋欲借兵兼并两昆弥。汉复遣会宗与都护孙建并力以备之。

自乌孙分立两昆弥，汉用忧劳，且无宁岁。时康居复遣子侍汉，贡献，都护郭舜上言："本匈奴盛时，非以兼有乌孙、康居故也。及其称臣妾，非以失二国也。汉虽皆受其质子，然三国内相输遗，交通如故，亦相候司，见便则发。合不能相亲信，离不能相臣役。以今言之，结配乌孙竟未有益，反为中国生事。然乌孙既结在前，今与匈奴俱称臣，义不可距。而康居骄黠，讫不肯拜使者。都护吏至其国，坐之乌孙诸使下，王及贵人先饮食已，乃饮啖都护吏，故为无所省以夸旁国。以此度之，何故遣子入侍？其欲贾市，为好辞之，诈也。匈奴百蛮大国，今事汉甚备；闻康居不拜，且使单于有悔自卑之意。宜归其侍子，绝勿复使，以章汉家不通无礼之国。"汉为其新通，重致远人，终羁縻不绝。

武帝伐匈奴

汉武帝元光二年。雁门马邑豪聂壹因大行王恢言："匈奴初和亲，亲信边，可诱以利致之，伏兵袭击，必破之道也。"上召问公卿，王恢曰："臣闻全代之时，北有强胡之敌，内连中国之兵，然尚得养老长幼，种树以时，仓廪常实，匈奴不轻侵也。今以陛下之威，海内为一，然匈奴侵盗不已者，无他，以不恐之故耳。臣窃以为击之便。"韩安国曰："臣闻高皇帝尝围于平城，七日不食。

及解围反位而无忿怒之心。夫圣人以天下为度者也，不以己私怒伤天下之功，故遣刘敬结和亲，至今为五世利。臣窃以为勿击便。”恢曰：“不然。高帝身被坚执锐，行几十年，所以不报平城之怨者，非力不能，所以休天下之心也。今边境数惊，士卒伤死，中国槥车相望，此仁人之所隐也。故曰击之便。”安国曰：“不然。臣闻用兵者以饱待饥，正治以待其乱，定舍以待其劳，故接兵覆众，伐国堕城，常坐而役敌国，此圣人之兵也。今将卷甲轻举，深入长驱，难以为功。从行则迫胁，衡行则中绝，疾则粮乏，徐则后利，不至千里，人马乏食。兵法曰‘遗人，获也’，臣故曰勿击便。”恢曰：“不然。臣今言击之者，固非发而深入也，将顺因单于之欲，诱而致之边，吾选枭骑、壮士，阴伏而处以为之备，审遮险阻以为其戒。吾势已定，或营其左，或营其右，或当其前，或绝其后，单于可禽，百全必取。”上从恢议。

夏六月，以御史大夫韩安国为护军将军，卫尉李广为骁骑将军，太仆公孙贺为轻车将军，大行王恢为将屯将军，太中大夫李息为材官将军，将车骑、材官三十余万匿马邑旁谷中，约单于入马邑，纵兵。阴使聂壹为间，亡入匈奴，谓单于曰：“吾能斩马邑令、丞以城降，财物可尽得。”单于爱信，以为然而许之。聂壹乃诈斩死罪囚，县其头马邑城下，示单于使者为信，曰：“马邑长吏已死，可急来。”于是单于穿塞将十万骑入武州塞。未至马邑百余里，见畜布野而无人牧者，怪之。乃攻亭，得雁门尉史，欲杀之，尉史乃告单于汉兵所居。单于大惊曰：“吾固疑之！”乃引兵还。出曰：“吾得尉史，天也。”以尉史为“天王”。塞下传言单于已去，汉兵追至塞，度弗及，乃皆罢兵。王恢主别从代出击胡辎重，闻单于还，兵多，亦不敢出。

上怒恢，恢曰："始约为入马邑城，兵与单于接，而臣击其辎重，可得利。今单于不至而还，臣以三万人众不敌，祇取辱。固知还而斩，然完陛下士三万人。"于是下恢廷尉。廷尉当："恢逗桡，当斩。"恢行千金丞相蚡，蚡不敢言上，而言于太后曰："王恢首为马邑事，今不成而诛恢，是为匈奴报仇也。"上朝太后，太后以蚡言告上。上曰："首为马邑事者恢，故发天下兵数十万从其言，为此。且纵单于不可得，恢所部击其辎重，犹颇可得以慰士大夫心。今不诛恢，无以谢天下。"于是恢闻，乃自杀。自是之后，匈奴绝和亲，攻当路塞，往往入盗于汉边，不可胜数。然尚贪乐关市，嗜汉财物；汉亦关市不绝，以中其意。

六年冬，匈奴入上谷，杀略吏民。遣车骑将军卫青出上谷，骑将军公孙敖出代，轻车将军公孙贺出云中，骁骑将军李广出雁门，各万骑，击胡关市下。卫青至龙城，得胡首虏七百人。公孙贺无所得。公孙敖为胡所败，亡七千骑。李广亦为胡所败，胡生得广，置两马间，络而盛卧。行十余里，广佯死，暂腾而上胡儿马上，夺其弓，鞭马南驰，遂得脱归。汉下敖、广吏，当斩，赎为庶人，唯青赐爵关内侯。

秋，匈奴数盗边，渔阳尤甚。以卫尉韩安国为材官将军，屯渔阳。

元朔元年秋，匈奴二万骑入汉，杀辽西太守，略二千余人。围韩安国壁，又入渔阳、雁门，各杀略千余人。安国益东徙，屯北平，数月，病死。天子乃复召李广拜为右北平太守，匈奴号曰"汉之飞将军"，避之，数岁不敢入右北平。

车骑将军卫青将三万骑出雁门，将军李息出代。青斩首虏数千人。

临菑人主父偃、严安上书。〔偃〕言九事，其八事为律令，一事谏伐匈奴。其辞曰："司马法曰：'国虽大，好战必亡，天下虽平，忘战必危。'夫怒者逆德也，兵者凶器也，争者末节也。夫务战胜穷武事者，未有不悔者也。昔秦皇帝并吞战国，务胜不休，欲攻匈奴。李斯谏曰：'不可。夫匈奴无城郭之居，委积之守，迁徙鸟举，难得而制也。轻兵深入，粮食必绝；踵粮以行，重不及事。得其地不足以为利也，得其民不可调而守也。胜必杀之，非民父母也。靡敝中国，快心匈奴，非长策也。'秦皇帝不听，遂使蒙恬将兵攻胡，辟地千里，以河为境。地固沮泽咸卤，不生五谷。然后发天下丁男以守北河。暴兵露师十有余年，死者不可胜数，终不能逾河而北。是岂人众不足，兵革不备哉？其势不可也。又使天下飞刍挽粟，起于黄、腄、琅邪负海之郡，转输北河，率三十钟而致一石。男子疾耕不足于粮饷，女子纺绩不足于帷幕，百姓靡敝。孤寡老弱不能相养，道路死者相望，盖天下始畔秦也。及至高皇帝定天下，略地于边，闻匈奴聚于代谷之外而欲击之。御史成进谏曰：'不可。夫匈奴之性，兽聚而鸟散，从之如搏影。今以陛下盛德攻匈奴，臣窃危之。'高帝不听，遂北至于代谷，果有平城之围。高皇帝盖悔之甚，乃使刘敬往结和亲之约，然后天下忘干戈之事。夫匈奴难得而制，非一世也。行盗侵驱，所以为业也，天性固然。上及虞、夏、殷、周，固弗程督，禽兽畜之，不属为人。夫上不观虞、夏、殷、周之统，而下循近世之失，此臣之所大忧，百姓之所疾苦也。"

严安上书曰："昔秦王意广心逸，欲威海外，使蒙恬将兵以北攻胡，又使尉屠睢将楼船之士以攻越。当是时，秦祸北构于胡，南挂于越，宿兵于无用之地，进而不得退。行十余年，丁男被甲，丁女转输，苦不聊生，自经于道树，死者相望。及秦皇帝崩，天下大畔，灭世绝祀，穷兵之祸也。故周失之弱，秦失之强，不变之患也。今徇南夷，朝夜郎，降羌、僰，略薉州，建城邑，深入匈奴，燔其龙城，议者美之。此人臣之利，非天下之长策也。”

书奏，天子召见，谓曰：“公等皆安在？何相见之晚也！”皆拜为郎中。

二年冬，匈奴入上谷、渔阳，杀略吏民千余人。遣卫青、李息出云中以西至陇西，击胡之楼烦、白羊王于河南，得胡首虏数千，牛羊百余万，走白羊、楼烦王，遂取河南地。诏封青为长平侯。青校尉苏建、张次公皆有功，封建为平陵侯，次公为岸头侯。

主父偃言：“河南地肥饶，外阻河，蒙恬城之以逐匈奴，内省转输戍漕，广中国，灭胡之本也。”上下公卿议，皆言不便。上竟用偃计，立朔方郡，使苏建兴十余万人筑朔方城，复缮故秦时蒙恬所为塞，因河为固。转漕甚远，自山东咸被其劳，费数十百钜万，府库并虚。汉亦弃上谷之斗辟县造阳地以予胡。夏，募民徙朔方十万口。

三年冬，匈奴军臣单于死，其弟左谷蠡王伊稚斜自立为单于，攻破军臣单于太子于单，于单亡降汉。

夏四月丙子，封匈奴太子于单为涉安侯，数月而卒。匈奴数万骑入塞，杀代郡太守恭及略千余人。

秋，匈奴又入雁门，杀略千余人。

四年夏，匈奴入代郡、定襄、上郡各三万骑，杀略数千人。

五年。匈奴右贤王数侵扰朔方，天子令车骑将军青将三万骑出高阙，卫尉苏建为游击将军，左内史李沮为强弩将军，太仆公孙贺为骑将军，代相李蔡为轻车将军，皆领属车骑将军，俱出朔方；大行李息、岸头侯张次公为将军，俱出右北平：凡十余万人，击匈奴。右贤王以为汉兵远，不能至，饮酒醉。卫青等兵出塞六七百里，夜至，围右贤王。右贤王惊，夜逃，独与壮骑数百驰，溃围北去。得右贤裨王十余人，众男女万五千余人，畜数十百万。于是引兵而还。至塞，天子使使者持大将军印，即军中拜卫青为大将军，诸将皆属焉。夏四月乙未，复益封青八千七百户，封青三子伉、不疑、登皆为列侯。

秋，匈奴万骑入代，杀都尉朱英，略千余人。

六年春二月，大将军青出定襄，击匈奴。以合骑侯公孙敖为中将军，大仆公孙贺为左将军，翕侯赵信为前将军，卫尉苏建为右将军，郎中令李广为后将军，左内史李沮为强弩将军，咸属大将军，斩首数千级而还，休士马于定襄、云中、雁门。

夏四月，卫青复将六将军出定襄，击匈奴，斩首虏万余人。右将军建、前将军信并军三千余骑独逢单于兵，与战一日余，汉兵且尽。信故胡小王，降汉，汉封为翕侯，及败，匈奴诱之，遂将其余骑可八百降匈奴。建尽亡其军，脱身亡，自归大将军。议郎周霸曰："自大将军出，未尝斩裨将。今建弃军，可斩以明将军之威。"军正闳、长史安曰："不然。兵法'小敌之坚，大敌之禽也'。今建以数千当单于数万，力战一日余，士尽，不敢有二心，自归而斩之，是示后无反意也。不当斩。"大将军曰："青幸得以肺腑待罪行间，不患无威，而霸说我以明威，甚失臣意。且使臣职虽当斩将，以臣之尊宠而不敢自擅诛于境外，而具归天子，天子自裁之。于以见为人臣不敢专权，不亦可乎！"军吏皆曰："善。"遂囚建，诣行在所。

初，平阳县吏霍仲孺给事平阳侯家，与青姊卫少儿私通，生霍去病。去病年十八，为侍中，善骑射，再从大将军击匈奴为票姚校尉，与轻勇骑八百，直弃大军数百里赴利，斩捕首虏过当。于是天子曰："票姚校尉去病，斩首虏二千余级，得相国、当户，斩单于大父行藉若侯产，生捕季父罗姑比，再冠军，封去病为冠军侯。上谷太守郝贤四从大将军，捕斩首虏二千余级，封贤为众利侯。"是岁，失两将军，亡翕侯，军功不多，故大将军不益封，止赐千金。右将军建至，天子不诛，赎为庶人。

单于既得翕侯，以为自次王，用其姊妻之，与谋汉。信教单于益北绝幕，以诱罢汉兵，徼极而取之，无近塞。单于从其计。是时，汉比岁发十余万众击胡，斩捕首虏之士受赐黄金二十余万斤，而汉军士马死者十余万，兵甲转漕之费不与焉。于是大司农经用竭，不足以奉战士。六月，诏令民得买爵及赎禁锢免臧罪。置赏官，名曰武功爵，级十七万，凡直三十余万金。诸买武功爵至千夫者，得先除为吏。吏道杂而多端，官职耗废矣。

元狩元年夏五月，匈奴万人入上谷，杀数百人。

二年三月，霍去病为票骑将军，将万骑出陇西，击匈奴。历五王国，转战六日，过焉支山千余里，杀折兰王，斩卢侯王，执浑邪王子及相国、都尉，获首虏八千九百余级，收休屠王祭天金人。诏益封去病二千户。

夏，去病复与合骑侯公孙敖将数万骑俱出北地，异道。卫尉张骞、郎中令李广俱出右北平，异道。广将四千骑先行，可数百里，骞将万骑在后。匈奴左贤王将四万骑围广，广军士皆恐。广乃使其子敢独与数十骑驰贯胡骑，出其左右而还，告广曰："胡虏易与耳。"军士乃安。广为圜陈外向，胡急击之，矢下如雨，汉兵死者过半。汉矢且尽，广乃令士持满毋发，而广身自以大黄射其裨将，杀数人，胡虏益解。会日暮，吏士皆无人色，而广意气自如，益治军，军中皆服其勇。明日，复力战，死者过半，所杀亦过当。会博望侯军亦至，匈奴军乃解去。汉军罢，弗能追，罢归。汉法，博望侯留迟后期，当死，赎为庶人。广军功自如，无赏。而票骑将军去病深入二千余里，与合骑侯失，不相得。票骑将军逾居延，过小月氏，至祁连山，得单桓、酋涂王，及相国、都尉以众降者二千五百人，斩首虏三万二百级，获裨小王七十余人。天子益封去病五千户，封其裨将有功者鹰击司马赵破奴为从票侯，校尉高不识为宜冠侯，校尉仆多为辉渠侯。合骑侯敖坐行留，不与票骑会，当斩，赎为庶人。是时，诸宿将所将士、马、兵皆不如票骑，票骑所将常选，然亦敢深入，常与壮骑先其大军，军亦有天幸，未尝困绝也。而诸宿将常留落不偶，由此票骑日以亲贵，比大将军矣。

匈奴入代、雁门，杀略数百人。

秋，匈奴浑邪王降。是时单于怒浑邪王、休屠王居西方为汉所杀虏数万人，欲召诛之。浑邪王与休屠王恐，谋降汉，先遣使向边境要遮汉人，令报天子。是时，大行李息将城河上，得浑邪王使，即驰传以闻。天子闻之，恐其以诈降而袭边，乃令票骑将军将兵往迎之。休屠王后悔，浑邪王杀之，并其众。票骑既渡河，与浑邪王众相望。浑邪王裨将见汉军，而多不欲降者，颇遁去。票骑乃驰入，得与浑邪王相见，斩其欲亡者八千人，遂独遣浑邪王乘传先诣行在所，尽将其众渡河。降者四万余人，号称十万。既至长安，天子所以赏赐者数十巨万。封浑邪王万户，为漯阴侯，封其裨王呼毒尼等四人皆为列侯。益封票骑千七百户。

浑邪之降也，汉发车二万乘以迎之。县官无钱，从民贳马。

民或匿马，马不具。上怒，欲斩长安令，右内史汲黯曰："长安令无罪，独斩臣黯，民乃肯出马。且匈奴畔其主而降汉，汉徐以县次传之，何至令天下骚动，罢敝中国而以事夷狄之人乎！"上默然。及浑邪至，贾人与市者坐当死五百余人。黯请间见高门，曰："夫匈奴攻当路塞，绝和亲，中国兴兵诛之，死伤者不可胜计，而费以巨万百数。臣愚以为陛下得胡人，皆以为奴婢，以赐从军死事者家；所卤获，因予之，以谢天下之苦，塞百姓之心。今纵不能，浑邪率数万之众来降，虚府库赏赐，发良民侍养，譬若奉骄子。愚民安知市买长安中物，而文吏绳以为阑出财物于边关乎？陛下纵不能得匈奴之资以谢天下，又以微文杀无知者五百余人，是所谓庇其叶而伤其枝者也，臣窃为陛下不取也。"上默然，不许，曰："吾久不闻汲黯之言，今又复妄发矣。"

居顷之，乃分徙降者边五郡故塞外，而皆在河南，因其故俗为五属国。而金城、河西，西并南山至盐泽，空无匈奴，匈奴时有候者到而希矣。

三年秋，匈奴入右北平、定襄各数万骑，杀略千余人。汉既得浑邪王地，陇西、北地、上郡益少胡寇，诏减三郡戍卒之半，以宽天下之繇。

四年。上与诸将议曰："翕侯赵信为单于画计，常以为汉兵不能度幕轻留。今大发士卒，其势必得所欲。"乃粟马十万，令大将军青、票骑将军去病各将五万骑，私负从马复四万匹，步兵转者踵军后又数十万人，而敢力战深入之士皆属票骑。票骑始为出定襄，当单于。捕虏言单于东，乃更令票骑出代郡，令大将军出定襄。郎中令李广数自请行，天子以为老，弗许，良久乃许之，以为前将军。太仆公孙贺为左将军，主爵都尉赵食其为右将军，平阳侯曹襄为后将军，皆属大将军。赵信为单于谋曰："汉兵既度幕，人马罢，匈奴可坐收虏耳。"乃悉远北其辎重，以精兵待幕北。

大将军青既出塞，捕虏知单于所居，乃自以精兵走之，而令前将军广并于右将军军，出东道。东道回远而水草少，广自请曰："臣部为前将军，今大将军乃徙令臣出东道。且臣结发而与匈奴战，今乃一得当单于，臣愿居前，先死单于。"大将军亦阴受上诫，以为李广老，数奇，毋令当单于，恐不得所欲。而公孙敖新失侯，大将军亦欲使敖与俱当单于，故徙前将军广。广知之，因自辞于大将军。大将军不听，广不谢而起行，意甚愠怒。

大将军出塞千余里，度幕，见单于兵陈而待。于是大将军令武刚车自环为营，而纵五千骑往当匈奴，匈奴亦纵可万骑。会日且入，大风起，砂砾击面，两军不相见。汉益纵左右翼绕单于。单于视汉兵多而士马尚强，自度战不能如汉兵，单于遂乘六骡，壮骑可数百，直冒汉围西北驰去。时已昏，汉、匈奴相纷拏，杀伤大当。汉军左校捕虏，言"单于未昏而去"，汉军发轻骑夜追之，大将军军因随其后，匈奴兵亦散走。迟明，行二百余里，不得单于，捕斩首虏万九千级，遂至寘颜山赵信城，得匈奴积粟食军，留一日，悉烧其城余粟而归。

前将军广与右将军食其军无导，惑失道，后大将军，不及单于战。大将军引还，过幕南，乃遇二将军。大将军使长史责问广、食其失道状，急责广之幕府对簿。广曰："诸校尉无罪，乃我自失道。吾今自上簿至幕府。"广谓其麾下曰："广结发与匈奴大小七十余战。今幸从大将军出接单于兵，而大将军徙广部行回远，而又迷失道，岂非天哉！且广年六十余矣，终不能复对刀笔之吏。”遂引刀自刭。广为人廉，得赏赐辄分其麾下，饮食与士共之。为二千石四十余年，家无余财。猿臂善射，度不中不发。将兵乏绝之处，见水，士卒不尽饮，广不近水，士卒不尽食，广不尝食，士以此爱乐为用。及死，一军皆哭，百姓闻之，知与不知无老壮皆为垂涕。而右将军独下吏，当死，赎为庶人。

单于之遁走，其兵往往与汉兵相乱而随单于，单于久不与其大众相得。其右谷蠡王以为单于死，乃自立为单于。十余日，真单于复得其众，而右谷蠡王乃去其单于号。

票骑将军骑兵车重与大将军军等而无裨将，悉以李敢等为大校，当裨将，出代、右北平二千余里，绝大幕，直左方兵，获屯头王、韩王等三人，将军、相国、当户、都尉八十三人，封狼居胥山，禅于姑衍，登临翰海，卤获七万四百四十三级。天子以五千八百户益封票骑将军，又封其所部右北平太守路博德等四人为列侯，从票侯破奴等二人益封，校尉敢为关内侯，食邑，军吏卒为官、赏赐甚多。而大将军不得益封，军吏卒皆无封侯者。

两军之出塞，塞阅官及私马凡十四万匹，而复入塞者不满三万匹。

乃益置大司马位，大将军、票骑将军皆为大司马。定令，令票骑将军秩禄与大将军等。自是之后，大将军青日退，而票骑日益贵。大将军故人门下士多去事票骑，辄得官爵，唯任安不肯。

票骑将军为人少言不泄，有气敢往。天子尝欲教之孙、吴兵法，对曰：“顾方略何如耳，不至学古兵法。”天子为治第，令票骑视之，对曰：“匈奴未灭，无以家为也。”由此上益重爱之。然少贵，不省士。其从军，天子为遣太官赍数十乘，既还，重车余弃粱肉而士有饥者。其在塞外，卒乏粮，或不能自振，而票骑尚穿域蹋鞠。事多此类。大将军为人仁，喜士退让，以和柔自媚于上。两人志操如此。

是时，汉所杀虏匈奴合八九万，而汉士卒物故亦数万。是后匈奴远遁，而幕南无王庭。汉度河自朔方以西至令居，往往通渠，置田官，吏卒五六万人，稍蚕食匈奴以北。然亦以马少，不复大出击匈奴矣。

匈奴用赵信计，遣使于汉，好辞请和亲。天子下其议，或言和亲，或言遂臣之。丞相长史任敞曰："匈奴新破困，宜可使为外臣，朝请于边。"汉使任敞于单于，单于大怒，留之不遣。是时博士狄山议，以为和亲便。上以问张汤，汤曰："此愚儒无知。"狄山曰："臣固愚，愚忠。若御史大夫汤，乃诈忠。"于是上作色曰："吾使生居一郡，能无使虏入盗乎？"曰："不能。"曰："居一县。"对曰："不能。"复曰："居一障间。"山自度辩穷且下吏，曰："能。"于是上遣山乘障，至月余，匈奴斩山头而去。自是以后，群臣震慑，无敢忤汤者。

六年秋九月，冠军景桓侯霍去病薨，天子甚悼之，为冢，像祁连山。

元鼎三年。匈奴伊稚斜单于死，子乌维单于立。

元封元年冬十月，下诏曰："南越、东瓯咸伏其辜，西蛮、北夷颇未辑睦。朕将巡边垂，躬秉武节，置十二部将军，亲帅师焉。"乃行，自云阳北历上郡、西河、五原，出长城，北登单于台，至朔方临北河，勒兵十八万骑，旌旗径千余里，以见武节，威匈奴。遣使者郭吉告单于曰："南越王头已县于汉北阙。今单于能战，天子自将待边；不能，即南面而臣于汉！何徒远走亡匿于幕北寒苦无水草之地，毋为也！"语卒，而单于大怒，立斩主客见者，而留郭吉，迁之北海上。然匈奴亦詟，终不敢出，上乃还。

四年。匈奴自卫、霍度幕以来，希复为寇，远徙北方，休养士马，习射猎。数使使于汉，好辞甘言，求请和亲。汉使北地人王乌等窥匈奴，乌从其俗，去节入穹庐，单于爱之，佯许甘言，为遣其太子入汉为质。汉使杨信于匈奴，信不肯从其俗，单于曰："故约汉尝遣翁主，给缯絮、食物有品，以和亲，而匈奴亦不扰边。今乃欲反古，令吾太子为质，无几矣！"信既归，汉又使王乌往，而单于复谄以甘言，欲多得汉财物，绐谓王乌曰："吾欲入汉见天子，面相约为兄弟。"王乌归报汉，汉为单于筑邸于长安。匈奴曰："非得汉贵人使，吾不与诚语。"匈奴使其贵人至汉，病，汉予药，欲愈之，不幸而死。汉使路充国佩二千石印绶往使，因送其丧，厚葬，直数千金，曰："此汉贵人也。"单于以为汉杀吾贵使者，乃留路充国不归。诸所言者，单于特空绐王乌，殊无意入汉及遣太子。于是匈奴数使奇兵侵犯汉边。乃拜郭昌为拔胡将军，及浞野侯屯朔方以东备胡。

六年。匈奴乌维单于死，子乌师庐立，年少，号儿单于。自此之后，单于益西北徙，左方(丘)〔兵〕直云中，右方直酒泉、敦煌郡。

太初元年。匈奴儿单于好杀伐，国人不安，又有天灾，畜多死。左大都尉使人间告汉曰："我欲杀单于降汉，汉远，即兵来迎我，我即发。"上乃遣因杅将军公孙敖筑塞外受降城以应之。

二年。上犹以受降城去匈奴远，遣浚稽将军赵破奴将二万余骑出朔方西北二千余里，期至浚稽山而还。浞野侯既至期，左大都尉欲发而觉，单于诛之，发左方兵击浞野侯。浞野侯行捕首虏，得数千人。还，未至受降城四百里，匈奴兵八万骑围之。浞野侯夜自出求水，匈奴间捕生得浞野侯，因急击其军。军吏畏亡将而诛，莫相劝归者，军遂没于匈奴。儿单于大喜，因遣奇兵攻受降城，不能下，乃寇入边而去。

三年春正月，匈奴儿单于死，子年少，匈奴立其季父右贤王呴犁湖为单于。

上遣光禄勋徐自为出五原塞数百里，远者千余里，筑城、障、列亭，西北至庐朐，而使游击将军韩说、长平侯卫伉屯其旁；使强弩都尉路博德筑居延泽上。秋，匈奴大入定襄、云中，杀略数千人，败数二千石而去，行破坏光禄所筑城、列亭、障。又使右贤王入酒泉、张掖，略数千人。会军正任文击救，尽复失所得而去。

四年冬，匈奴呴犁湖单于死，匈奴立其弟左大都尉且鞮侯为单于。天子欲因伐宛之威遂困胡，乃下诏曰："高皇帝遗朕平城之忧，高后时单于书绝悖逆。昔齐襄公复九世之仇，春秋大之。"且鞮侯单于初立，恐汉袭之，乃曰："我儿子，安敢望汉天子。汉天子，我丈人行也。"因尽归汉使之不降者路充国等，使使来献。

天汉元年三月，上嘉匈奴单于之义，遣中郎将苏武送匈奴使留在汉者，因厚赂单于，答其善意。武与副中郎将张胜及假吏常惠等俱，既至匈奴，置币遗单于。单于益骄，非汉所望也。

会缑王与长水虞常等及卫律所将降者，阴相与谋劫单于母阏氏归汉。卫律者，父故长水胡人，律善协律都尉李延年，延年荐言律使于匈奴，使还，闻延年家收，遂亡降匈奴。单于爱之，与谋国事，立为丁灵王。虞常在汉时素与副张胜相知，私候胜曰："闻汉天子甚怨卫律，常能为汉伏弩射杀之。吾母弟在汉，幸蒙其赏赐。"张胜许之，以货物与常。后月余，单于出猎，独阏氏、子弟在，虞常等七十余人欲发，其一人夜亡告之。单于子弟发兵与战，缑王等皆死，虞常生得。单于使卫律治其事。张胜闻之，恐前语发，以状语武。武曰："事如此，此必及我，见犯乃死，重负国。"欲自杀，胜、惠共止之。虞常果引张胜。单于怒，召诸贵人议，欲杀汉使者。左伊秩訾曰："即谋单于，何以复加！宜皆降之。"单于使卫律召武受辞，武谓惠等："屈节辱命，虽生，何面目以归汉！"引佩刀自刺。卫律惊，自抱持武，驰召医，凿地为坎，置煴火，覆武其上，蹈其背以出血。武气绝，半日复息。惠等哭，舆归营。单于壮其节，朝夕遣人候问武，而收系张胜。

武益愈，单于使使晓武，欲降之。会论虞常，欲因此时降武，剑斩虞常已，律曰："汉使张胜谋杀单于近臣，当死；单于募降者，赦罪。"举剑欲击之，胜请降。律谓武曰："副有罪，当相坐。"武曰："本无谋，又非亲属，何谓相坐！"复举剑拟之，武不动。律曰："苏君，律前负汉归匈奴，幸蒙大恩，赐号称王，拥众数万，马畜弥山，富贵如此。苏君今日降，明日复然。空以身膏草野，谁复知之？"武不应。律曰："君因我降，与君为兄弟；今不听吾计，后虽欲复见我，尚可得乎！"武骂律曰："汝为人臣子，不顾恩义，畔主背亲，为降虏于蛮夷，何以汝为见！且单于信汝，使决人死生，不平心持正，反欲斗两主，观祸败。南越杀汉使者，屠为九郡；宛王杀汉使者，头县北阙；朝鲜杀汉使者，即时诛灭；独匈奴未耳。若知我不降，明欲令两国相攻，匈奴之祸从我始矣。"律知武终不可胁，白单于。单于愈益欲降之，乃幽武置大窖中，绝不饮食。天雨雪，武卧啮雪，与旃毛并咽之，数日不死。匈奴以为神，乃徙武北海上无人处，使牧羝，曰："羝乳乃得归。"别其官属常惠等各置他所。

浞野侯赵破奴自匈奴亡归。

二年夏五月，遣贰师将军广利以三万骑出酒泉，击右贤王于天山，得胡首虏万余级而还。匈奴大围贰师将军，汉军乏食数日，死伤者多。假司马陇西赵充国与壮士百余人溃围陷陈，贰师引兵随之，遂得解。汉兵物故什六七，充国身被二十余创。贰师奏状，诏征充国诣行在所，帝亲见，视其创，嗟叹之，拜为中郎。汉复使因杅将军敖出西河，与强弩都尉路博德会涿涂山，无所得。

初，李广有孙陵，为侍中，善骑射，爱人下士。帝以为有广之风，拜骑都尉，使将丹阳楚人五千人，教射酒泉、张掖以备胡。及贰师击匈奴，上诏陵欲使为贰师将辎重。陵叩头自请曰："臣所将屯边者，皆荆楚勇士、奇材、剑客也，力扼虎，射命中。愿得自当一队，到兰于山南以分单于兵，毋令专乡贰师军。"上曰："将恶相属邪？吾发军多，无骑予女。"陵对："无所事骑，臣愿以少击众，步兵五千人涉单于庭。"上壮而许之，因诏路博德将兵半道迎陵军。博德亦羞为陵后距，奏言："方秋，匈奴马肥，未可与战。愿留陵至春俱出。"上怒，疑陵悔不欲出而教博德上书，乃诏博德引兵击匈奴于西河；诏陵以九月发，出遮虏障，至东浚稽山南龙勒水上，徘徊观虏，即无所见，还，抵受降城休士。陵于是将其步卒五千人出居延，北行三十日，至浚稽山止营，举图所过山川地形，使麾下骑陈步乐还以闻。步乐召见，道陵将率得士死力，上甚悦，拜步乐为郎。

陵至浚稽山，与单于相值，骑可三万，围陵军，军居两山间，以大车为营。陵引士出营外为陈，前行持戟盾，后行持弓弩。虏见汉军少，直前就营。陵搏战攻之，千弩俱发，应弦而倒。虏还走上山，汉军追击，杀数千人。单于大惊，召左右地兵八万余骑攻陵。陵且战且引南行，数日抵山谷中，连战，士卒中矢伤，三创者载辇，两创者将车，一创者持兵战，复斩首三千余级。引兵东南，循故龙城，道行四五日，抵大泽葭苇中，虏从上风纵火，陵亦令军中纵火以自救。南行至山下，单于在南山上，使其子将骑击陵。陵军步斗树木间，复杀数千人，因发连弩射单于，单于下走。是日捕得虏，言"单于曰：'此汉精兵，击之不能下，日夜引吾南近塞，得无有伏兵乎？'诸当户君长皆言：'单于自将数万骑，击汉数千人不能灭，后无以复使边臣，令汉益轻匈奴。复力战山谷间，尚四五十里得平地，不能破，乃还。'"

是时，陵军益急，匈奴骑多，战一日数十合，复伤杀虏二千余人。虏不利，欲去，会陵军候管敢为校尉所辱，亡降匈奴，具言："陵军无后救，射矢且尽，独将军麾下及校尉成安侯韩延年各八百人为前行，以黄与白为帜，当使精骑射之，即破矣。"单于得敢大喜，使骑并攻汉军，疾呼曰："李陵、韩延年趣降！"遂遮道急攻陵。陵居谷中，虏在山上，四面射矢如雨下。汉军南行，未至鞮汗山一日，五十万矢皆尽，即弃车去。士尚三千余人，徒斩车辐而持之，军吏持尺刀，抵山入狭谷。单于遮其后，乘隅下垒石，士卒多死，不得行。昏后，陵便衣独步出营，止左右："毋随我，丈夫一取单于耳！"良久陵还，太息曰："兵败，死矣！"于是尽斩旌旗及珍宝埋地中，陵叹曰："复得数十矢，足以脱矣。今无兵复战，天明，坐受缚矣！各鸟兽散，犹有得脱归报天子者。"令军士人持二升糒，一片冰，期至遮虏障者相待。夜半时，击鼓起士，鼓不鸣。陵与韩延年俱上马，壮士从者十余人，虏骑数千追之。韩延年战死，陵曰："无面目报陛下！"遂降。军人分散，脱至塞者四百余人。

陵败处去塞百余里，边塞以闻。上欲陵死战，后闻陵降，上怒甚，责问陈步乐，步乐自杀。群臣皆罪陵，上以问太史令司马迁。迁盛言："陵事亲孝，与士信，常奋不顾身以徇国家之急，其素所畜积也，有国士之风。今举事一不幸，全躯保妻子之臣随而媒孽其短，诚可痛也。且陵提步卒不满五千，深蹂戎马之地，抑数万之师，虏救死扶伤不暇，悉举引弓之民共攻围之，转斗千里，矢尽道穷，士张空弮，冒白刃，北首争死敌，得人之死力，虽古名将不过也。身虽陷败，然其所摧败亦足暴于天下。彼之不死，宜欲得当以报汉也。"上以迁为诬罔，欲沮贰师为陵游说，下迁腐刑。久之，上悔陵无救，曰："陵当发出塞，乃诏强弩都尉令迎军；坐预诏之，得令老将生奸诈。"乃遣使劳赐陵余军得脱者。

三年秋，匈奴入雁门，太守坐畏愞弃市。

四年春正月，发天下七科谪及勇敢士，遣贰师将军李广利将骑六万、步兵七万出朔方；强弩都尉路博德将万余人与贰师会；游击将军韩说将步兵三万人出五原；因杅将军公孙敖将骑万、步兵三万人出雁门。匈奴闻之，悉远其累重于余吾水北，而单于以兵十万待水南，与贰师接战。贰师解而引归，与单于连斗十余日。游击无所得。因杅与左贤王战，不利，引归。时上遣敖深入匈奴迎李陵，敖军无功还，因曰："捕得生口，言李陵教单于为兵以备汉军，故臣无所得。"上于是族陵家。既而闻之，乃汉将降匈奴者李绪，非陵也。陵使人刺杀绪，大阏氏欲杀陵，单于匿之北方；大阏氏死，乃还。单于以女妻陵，立为右校王，与卫律皆贵用事。卫律常在单于左右，陵居外，有大事乃入议。

太始元年。匈奴且鞮侯单于死。有两子，长为左贤王，次为左大将。左贤王未至，贵人以为有病，更立左大将为单于。左贤王闻之,不敢进,左大将使人召左贤王而让位焉。左贤王辞以病,左大将不听,谓曰:“即不幸死,传之于我。”左贤王许之,遂立,为狐鹿姑单于,以左大将为左贤王。数年病死,其子先贤掸不得代,更以为日逐王,单于自以其子为左贤王。

征和二年九月,匈奴入上谷、五原,杀掠吏民。

三年春正月,匈奴入五原、酒泉,杀两都尉。三月,遣李广利将七万人出五原,商丘成将二万人出西河,马通将四万骑出酒泉,击匈奴。夏五月,匈奴单于闻汉兵大出,悉徙其辎重北邸郅居水,左贤王驱其人民度余吾水六七百里,居兜衔山,单于自将精兵度姑且水。商丘成军至,追邪径,无所见,还。匈奴使大将与李陵将三万余骑追汉军,转战九日,至蒲奴水,虏不利还去。马通军至天山,匈奴使大将偃渠将二万余骑要汉兵,见汉兵强,引去,通无所得失。是时汉恐车师兵遮马通军,遣开陵侯成娩将楼兰、尉犁、危须等六国兵共围车师,尽得其王民众而还。贰师将军出塞,匈奴使右大都尉与卫律将五千骑要击汉军于夫羊句山狭,贰师击破之,乘胜追北,至范夫人城,匈奴奔走,莫敢距敌。

初,贰师之出也,丞相刘屈氂为祖道,送至渭桥。广利曰:“愿君侯早请昌邑王为太子,如立为帝,君侯长何忧乎!”屈氂许诺。昌邑王者,贰师将军女弟李夫人子也。贰师女为屈氂子妻,故共欲立焉。会内者令郭穰告丞相夫人祝诅上,及与贰师共祷祠,欲令昌邑王为帝。按验,罪至大逆不道。六月,诏载屈氂厨车以徇,要斩东市,妻子枭首华阳街。贰师妻子亦收。贰师闻之忧惧,其掾胡亚夫亦避罪从军,说贰师曰:“夫人、室家皆在吏,若还,不称意适与狱会,郅居以北,可复得见乎!”贰师由是狐疑,深入要功,遂北至郅居水上,虏已去。贰师遣护军将二万骑度郅居之水，逢左贤王、左大将将二万骑，与汉军合战一日，汉军杀左大将，虏死伤甚众。军长史与决眭都尉辉渠侯谋曰："将军怀异心，欲危众求功，恐必败。"谋共执贰师。贰师闻之，斩长史，引兵还。至燕然山，单于知汉军劳倦，自将五万骑遮击贰师，相杀伤甚众。夜，堑汉军前深数尺，从后急击之，军大乱败，贰师遂降。单于素知其汉大将，以女妻之，尊宠在卫律上。宗族遂灭。

四年春三月丁巳，以大鸿胪田千秋为丞相，封富民侯。千秋无他材能、术学，又无伐阅、功劳，特以一言寤意，数月取宰相，封侯，世未尝有也。然为人敦厚，有智，居位自称，逾于前后数公。先是，搜粟都尉桑弘羊与丞相、御史奏言："轮台东有溉田五千顷以上，可遣屯田卒，置校尉三人分护，益种五谷。张掖、酒泉遣骑假司马为斥候，募民壮健敢徙者诣田所，益垦溉田，稍筑列亭，连城而西，以威西国，辅乌孙。"上乃下诏，深陈既往之悔，曰："前有司奏，欲益民赋三十助边用，是重困老弱孤独也。而今又请遣卒田轮台。轮台西于车师千余里，前开陵侯击车师时虽胜，降其王，以辽远乏食，道死者尚数千人，况益西乎？曩者朕之不明，以军候弘上书言匈奴缚马前后足置城下，驰言'秦人，我丐若马'。又汉使者久留不还，故兴遣贰师将军，欲以为使者威重也。古者卿大夫与谋，参以蓍龟，不吉不行。乃者以缚马书遍视丞相、御史、二千石、诸大夫、郎为文学者，乃至郡、属国都尉等，皆以'虏自缚其马，不祥甚哉'。或以为'欲以见强，夫不足者视人有余'。公车、方士、太史、治星、望气及太卜、龟蓍皆以为'吉，匈奴必破，时不可再得也'。又曰'北伐行将，于鬴山必克。卦，诸将，贰师最吉'。故朕亲发贰师下鬴山，诏之必毋深入。今计谋、卦兆皆反缪。重合侯得虏候者乃言'缚马者，匈奴诅军事也'。

匈奴常言'汉极大,然不耐饥渴,失一狼,走千羊'。乃者贰师败,军士死略离散,悲痛常在朕心。今又请远田轮台,欲起亭隧,是扰劳天下,非所以优民也,朕不忍闻!大鸿胪等又议欲募囚徒送匈奴使者,明封侯之赏以报忿,此五伯所弗为也。且匈奴得汉降者常提掖搜索,问以所闻,岂得行其计乎!当今务在禁苛暴,止擅赋,力本农,修马复令,补缺、毋乏武备而已。郡国二千石各上进畜马方略补边状,与计对。"由是不复出军,而封田千秋为富民侯,以明休息思富养民也。

武帝平两越

汉武帝建元六年秋八月,闽越王郢兴兵击南越边邑,南越王守天子约,不敢擅兴兵,使人上书告天子。于是天子多南越义,大为发兵,遣大行王恢出豫章,大农令韩安国出会稽,击闽越。

淮南王安上书谏曰:

陛下临天下,布德施惠,天下摄然,人安其生,自以没身不见兵革。今闻有司举兵将以诛越,臣安窃为陛下重之。

越方外之地,剪发文身之民也,不可以冠带之国法度理也。自三代之盛,胡越不与受正朔,非强弗能服,威弗能制也,以为不居之地,不牧之民,不足以烦中国也。自汉初定已来,七十二年,越人相攻击者不可胜数,然天子未尝举兵而入其地也。臣闻越非有城郭邑里也,处溪谷之间,篁竹之中,习于水斗,便于用舟,地深昧而多水险,中国之人不知其势阻而入其地,虽百不当其一。得其地不可郡县也,攻之不可暴取也。以地图察其山川要塞,相去不过寸数,而间独数百千里，阻险林丛弗能尽著，视之若易，行之甚难。天下赖宗庙之灵，方内大宁，戴白之老不见兵革，民得夫妇相守，父子相保，陛下之德也。越人名为藩臣，贡酎之奉不输大内，一卒之用不给上事；自相攻击，而陛下发兵救之，是反以中国而劳蛮夷也。且越人愚戆轻薄，负约反覆，其不用天子之法度，非一日之积也。壹不奉诏，举兵诛之，臣恐后兵革无时得息也。

间者，数年岁比不登，民待卖爵、赘子以接衣食，赖陛下德泽振救之，得毋转死沟壑。四年不登，五年复蝗，民生未复。今发兵行数千里，资衣粮入越地，舆轿而隃领，拖舟而入水，行数百千里，夹以深林丛竹，水道上下击石，林中多蝮蛇、猛兽，夏月暑时，欧泄霍乱之病相随属也；曾未施兵接刃，死伤者必众矣。前时南海王反，陛下先臣使将军简忌将兵击之，以其军降，处之上淦。后复反，会天暑多雨，楼船卒水居击棹，未战而疾死者过半；亲老涕泣，孤子啼号，破家散业，迎尸千里之外，裹骸骨而归。悲哀之气，数年不息，长老至今以为记，曾未入其地而祸已至此矣。陛下德配天地，明象日月，恩至禽兽，泽及草木，一人有饥寒不终其天年而死者，为之凄怆于心。今方内无狗吠之警，而使陛下甲卒死亡，暴露中原，沾渍山谷，边境之民为之早闭晏开，朝不及夕，臣安窃为陛下重之。

不习南方地形者，多以越为人众兵强，能难边城。淮南全国之时，多为边吏，臣窃闻之，与中国异。限以高山，人迹绝，车道不通，天地所以隔外内也。其入中国，必下领水，领水之山峭峻，漂石破舟，不可以大船载食粮下也。越人欲为变，必先田馀干界中，积食粮乃入，伐材治船。边城守候诚谨，越人有入伐材者，辄收捕，焚其积聚，虽百越奈边城何！且越人绵力薄材，不能陆战，又无车骑弓弩之用，然而不可入者，以保地险，而中国之人不耐其水土也。臣闻越甲卒不下数十万，所以入之，五倍乃足，挽车奉饷者不在其中。南方暑湿，近夏瘅热，暴露水居，蝮蛇蠚生，疾疢多作，兵未血刃而病死者什二三，虽举越国而虏之，不足以偿所亡。

臣闻道路言：闽越王弟甲弑而杀之，甲以诛死，其民未有所属。陛下若欲来，内处之中国，使重臣临存，施德垂赏以招致之，此必携幼扶老以归圣德。若陛下无所用之，则继其绝世，存其亡国，建其王侯，以为畜越，此必委质为藩臣，世共贡职。陛下以方寸之印，丈二之组，填抚方外，不劳一卒，不顿一戟，而威德并行。今以兵入其地，此必震恐，以有司为欲屠灭之也，必雉兔逃，入山林险阻。背而去之，则复相群聚。留而守之，历岁经年，则士卒罢倦，食粮乏绝。民苦兵事，盗贼必起。臣闻长老言：秦之时，尝使尉屠睢击越，又使监禄凿渠通道，越人逃入深山林丛，不可得攻。留军屯守空地，旷日引久，士卒劳倦，越出击之，秦兵大破，乃发適戍以备之。当此之时，外内骚动，皆不聊生，亡逃相从，群为盗贼，于是山东之难始兴。兵者凶事，一方有急，四面皆耸。臣恐变故之生，奸邪之作，由此始也。

臣闻天子之兵有征而无战，言莫敢校也。如使越人蒙徼幸以逆执事之颜行，厮舆之卒有一不备而归者，虽得越王之首，臣犹窃为大汉羞之。陛下以四海为境，生民之属，皆为臣妾。垂德惠以覆露之，使安生乐业，则泽被万世，传之子孙，施之无穷，天下之安，犹泰山而四维之也。夷狄之地，何足以为一日之间而烦汗马之劳乎？诗云'王犹允塞，徐方既来'，言王道甚大而远方怀之也。臣安窃恐将吏之以十万之师为一使之任也。

是时，汉兵遂出，未逾领，闽越王郢发兵距险。其弟馀善乃与相、宗族谋曰："王以擅发兵击南越不请，故天子兵来诛。汉兵众强，即幸胜之，后来益多，终灭国而止。今杀王以谢天子，天子听罢兵，固国完，不听乃力战，不胜即亡入海。"皆曰："善。"即纵杀王，使使奉其头致大行。大行曰："所为来者，诛王。今王头至，谢罪，不战而殒，利莫大焉。"乃以便宜案兵，告大农军，而使使奉王头驰报天子。诏罢两将兵，曰："郢等首恶，独无诸孙繇君丑不与谋焉。"乃使中郎将立丑为越繇王，奉闽越先祭祀。馀善已杀郢，威行于国，国民多属，窃自立为王。繇王不能制。上闻之，为馀善，不足复兴师，曰："馀善数与郢谋乱，而后首诛郢，师得不劳。"因立馀善为东越王，与繇王并处。

上使庄助谕意南越，南越王胡顿首曰："天子乃为臣兴兵讨闽越，死无以报德。"遣太子婴齐入宿卫，谓助曰："国新被寇，使者行矣，胡方日夜装，入见天子。"助还，过淮南，上又使助谕淮南王安以讨越事，嘉答其意，安谢不及。助既去南越，南越大臣皆谏其王曰："汉兴兵诛郢，亦行以惊动南越。且先王昔言：'事天子期无失礼。'要之，不可以说好语入见，则不得复归，亡国之势也。"于是胡称病，竟不入见。

元鼎四年。初，南越文王遣其子婴齐入宿衞，在长安取邯郸樛氏女，生子兴。文王薨，婴齐立，乃藏其先武帝玺，上书请立樛氏女为后，兴为嗣。汉数使使者风谕婴齐入朝。婴齐尚乐擅杀生自恣，惧入见要，用汉法比内诸侯，固称病，遂不〔入〕见。婴齐薨，谥曰明王。太子兴代立，其母为太后。

太后自未为婴齐姬时，尝与霸陵人安国少季通。是岁，上使安国少季往谕王、王太后以入朝，比内诸侯，令辩士谏大夫终军等宣其辞，勇士魏臣等辅其决，卫尉路博德将兵屯桂阳待使者。南越王年少，太后中国人，安国少季往，复与私通。国人颇知之，多不附太后。太后恐乱起，亦欲倚汉威，数劝王及群臣求内属。即因使者上书，请比内诸侯，三岁一朝，除边关。于是天子许之，赐其丞相吕嘉银印及内史、中尉、太傅印，余得自置。除其故黥劓刑，用汉法，比内诸侯。使者皆留填抚之。

五年十一月，南越王、王太后饬治行装重赍，为入朝具。其相吕嘉年长矣，相三王，宗族仕宦为长吏者七十余人，男尽尚王女，女尽嫁王子弟、宗室，及苍梧秦王有连。其居国中甚重，得众心愈于王。王之上书，数谏止王，王弗听。有畔心，数称病不见汉使者。使者皆注意嘉，势未能诛。王、王太后亦恐嘉等先事发，欲介汉使者权，谋诛嘉等，乃置酒请使者，大臣皆侍坐饮。嘉弟为将，将卒居宫外。酒行，太后谓嘉曰："南越内属，国之利也，而相君苦不便者，何也？"以激怒使者。使者狐疑相杖，遂莫敢发。嘉见耳目非是，即起而出。太后怒，欲鏦嘉以矛，王止太后。嘉遂出，介其弟兵就舍，称病不肯见王及使者，阴与大臣谋作乱。王素无意诛嘉，嘉知之，以故数月不发。

天子闻嘉不听命，王、王太后孤弱不能制，使者怯无决。又以为王、王太后已附汉，独吕嘉为乱，不足以兴兵，欲使庄参以二千人往使。参曰："以好往，数人足矣；以武往，二千人无足以为也。"辞不可，天子罢参。郏壮士故济北相韩千秋奋曰："以区区之越，又有王、王太后应，独相吕嘉为害，愿得勇士三百人，必斩嘉以报。”于是天子遣千秋与王太后弟樛乐将二千人往，入越境。吕嘉等乃遂反，下令国中曰：“王年少，太后中国人也，又与使者乱。专欲内属，尽持先王宝器入献天子以自媚。多从人行，至长安，虏卖以为僮仆。取自脱一时之利，无顾赵氏社稷，为万世虑计之意。”乃与其弟将卒攻杀王、王太后及汉使者，遣人告苍梧秦王及其诸郡县，立明王长男越妻子术阳侯建德为王。而韩千秋兵入，破数小邑。其后越直开道给食，未至番禺四十里，越以兵击千秋等，遂灭之。使人函封汉使者节置塞上，好为谩辞谢罪，发兵守要害处。

春三月壬午，天子闻南越反，曰：“韩千秋虽无功，亦军锋之冠，封其子延年为成〔安〕侯。樛乐姊为王太后，首愿属汉，封其子广德为龙亢侯。”秋，遣伏波将军路博德出桂阳，下湟水；楼船将军杨仆出豫章，下浈水，归义越侯严为戈船将军，出零陵，下离水；甲为下濑将军，下苍梧；皆将罪人，江、淮以南楼船十万人；越驰义侯遗别将巴、蜀罪人，发夜郎兵，下牂柯江：咸会番禺。

齐相卜式上书，请父子与齐习船者往死南越。天子下诏褒美式，赐爵关内侯，金六十斤，田十顷。布告天下，天下莫应。是时，列侯以百数，皆莫求从军击越。会九月尝酎，祭宗庙，列侯以令献金助祭。少府省金，金有轻及色恶者，上皆令劾以不敬，夺爵者百六人。

六年冬，楼船将军杨仆入越地，先陷寻狭，破石门，挫越锋，以数万人待伏波将军路博德至俱进。楼船居前，至番禺。南越王建德、相吕嘉城守。楼船居东南面，伏波居西北面。会暮，楼船攻败越人，纵火烧城。伏波为营，遣使者招降者，赐印绶，复纵令相招。楼船力攻烧敌，驱而入伏波营中。黎旦，城中皆降。建德、嘉已夜亡入海，伏波遣人追之。校尉司马苏弘得建德，越郎都稽得嘉。戈船、下濑将军兵及驰义侯所发夜郎兵未下，南越已平矣。遂以其地为南海、苍梧、郁林、合浦、交趾、九真、日南、珠崖、儋耳九郡。师还，上益封伏波，封楼船为将梁侯、苏弘为海常侯、都稽为临蔡侯及越降将苍梧王赵光等四人皆为侯。

初，东越王馀善上书，请以卒八千人从楼船击吕嘉。兵至揭阳，以海风波为解，不行，持两端，阴使南越。及汉破番禺，不至。杨仆上书："愿便引兵击东越。"上以士卒劳倦，不许，命诸校屯豫章梅岭以待命。馀善闻楼船请诛之，汉兵临境，乃遂反，发兵距汉道。号将军驺力等为"吞汉将军"，入白沙、武林、梅岭，杀汉三校尉。是时汉使太农张成、故山州侯齿将屯，弗敢击，却就便处，皆坐畏懦诛。馀善自称武帝。

上欲复使杨仆将，为其伐前劳，以书敕责之曰："将军之功独有先破石门、寻狭，非有斩将搴旗之实也，乌足以骄人哉！前破番禺，捕降者以为虏，掘死人以为获，是一过也。使建德、吕嘉得以东越为援，是二过也。士卒暴露连岁，将军不念其勤劳，而请乘传行塞，因用归家，怀银、黄，垂三组，夸乡里，是三过也。失期内顾，以道恶为解，是四过也。问君蜀刀价而阳不知，挟伪干君，是五过也。受诏不至兰池，明日又不对。假令将军之吏，问之不对，令之不从，其罪何如？推此心在外，江海之间可得信乎？今东越深入，将军能率众以掩过不？"仆惶恐对曰："愿尽死赎罪。"上乃遣横海将军韩说出句章，浮海从东方往；楼船将军杨仆出武林，中尉王温舒出梅岭，以越侯为戈船、下濑将军，出若邪、白沙，以击东越。

元封元年冬十月，汉兵入东越境。东越素发兵距险，使徇北将军守武林。楼船将军率钱唐辕终古斩徇北将军。故越衍侯吴阳以其邑七百人反攻越军于汉阳。越建成侯敖与繇王居股杀馀善，以其众降。上封终古为御儿侯，阳为卯石侯，居股为东成侯，敖为开陵侯。又封横海将军说为按道侯，横海校尉福为缭嫈侯，东越降将多军为无锡侯。上以闽地险阻，数反覆，终为后世患，乃诏诸将悉徙其民于江、淮之间，遂虚其地。

武帝击朝鲜

汉武帝元封二年。初，全燕之世，尝略属真番、朝鲜，为置吏，筑障塞。秦灭燕，属辽东外徼。汉兴，为其远难守，复修辽东故塞，至浿水为界，属燕。燕王卢绾反，入匈奴。燕人卫满亡命，聚党千余人，椎髻、蛮夷服，而东走出塞，渡浿水，居秦故空地上下障，稍役属真番、朝鲜蛮夷及燕亡命者王之，都王险。会孝惠、高后时，天下初定，辽东太守即约满为外臣，保塞外蛮夷，无使盗边；诸蛮夷君欲入见天子，勿得禁止。以故，满得以兵威财物侵降其旁小邑，真番、临屯皆来服属，方数千里。传子至孙右渠，所诱汉亡人滋多，又未尝入见；辰国欲上书见天子，又雍阏不通。是岁，汉使涉何诱谕右渠，终不肯奉诏。何去至界上，临浿水，使御刺杀送何者朝鲜裨王长，即渡，驰入塞，遂归报天子曰："杀朝鲜将。"上为其名美，即不诘，拜何为辽东东部都尉。朝鲜怨何，发兵袭攻杀何。

秋，上募天下死罪为兵，遣楼船将军杨仆从齐浮渤海，左将军荀彘出辽东，以讨朝鲜。

三年。汉兵入朝鲜境，朝鲜王右渠发兵距险。楼船将军将齐兵七千人先至王险。右渠城守，窥知楼船军少，即出城击楼船，楼船军败散，遁山中十余日，稍求收散卒，复聚。左将军击朝鲜浿水西军，未能破。天子为两将未有利，乃使卫山因兵威往谕右渠。右渠见使者，顿首谢："愿降，恐两将诈杀臣。今见信节，请复降。"遣太子入谢，献马五千匹，及馈军粮。人众万余，持兵，方渡浿水，使者及左将军疑其为变，谓太子："已服降，宜令人毋持兵。"太子亦疑使者左将军诈杀之，遂不渡浿水，复引归。山还报天子，天子诛山。

左将军破浿水上军，乃前至城下，围其西北。楼船亦往会，居城南。右渠遂坚守城，数月未能下。左将军所将燕、代卒，多劲悍。楼船将齐卒已尝败亡困辱，卒皆恐，将心惭，其围右渠，常持和节。左将军急击之，朝鲜大臣乃阴间使人私约降楼船，往来言，尚未肯决。左将军数与楼船期战，楼船欲就其约，不会。左将军亦使人求间隙降下朝鲜，朝鲜不肯，心附楼船。以故两将不相能。左将军心意楼船前有失军罪，今与朝鲜私善而又不降，疑其有反计，未敢发。天子以两将围城乖异，兵久不决，使济南太守公孙遂往正之，有便宜得以从事。遂至，左将军曰："朝鲜当下，久之不下者，楼船数期不会。"具以素所意告，曰："今如此不取，恐为大害。"遂亦以为然，乃以节召楼船将军入左将军营计事，即命左将军麾下执楼船将军，并其军，以报天子。天子许遂。

左将军已并两军，即急击朝鲜。朝鲜相路人、相韩阴、尼溪相参、将军王唊相与谋曰："始欲降楼船，楼船今执，独左将军并将，战益急，恐不能与战，王又不肯降。"阴、唊、路人皆亡降汉，路人道死。夏，尼溪参使人杀朝鲜王右渠来降。王险城未下，故右渠之大臣成已又反，复攻吏。左将军使右渠子长、降相路人之子最告谕其民，诛成已。以故遂定朝鲜，为乐浪、临屯、玄菟、真番四郡。封参为澅清侯，阴为萩苴侯，唊为平州侯，长为几侯。最以父死颇有功，为涅阳侯。左将军征至，坐争功相嫉，乖计，弃市。楼船将军亦坐兵至列口，当待左将军，擅先纵，失亡多，当诛，赎为庶人。

班固曰：玄菟、乐浪，本箕子所封。昔箕子居朝鲜，教其民以礼义，田蚕织作。为民设禁八条，相杀，以当时偿杀；相伤，以谷偿；相盗者，男没入为其家奴，女为婢；欲自赎者，人五十万，虽免为民，俗犹羞之，嫁娶无所售。是以其民终不相盗，无门户之闭，妇人贞信不淫辟。其田野饮食以笾豆，都邑颇放效吏，往往以杯器食。郡初取吏于辽东，吏见民无闭臧，及贾人往者，夜则为盗，俗稍益薄，今于犯禁寖多，至六十余条。可贵哉，仁贤之化也！然东夷天性柔顺，异于三方之外。故孔子悼道不行，设浮桴于海，欲居九夷，有以也夫。

武帝惑神怪

汉武帝元光二年冬十月，李少君以祠灶却老方见上，上尊之。少君者，故深泽侯舍人，匿其年及其生长，其游以方遍诸侯。无妻子。人闻其能使物及不死，更馈遗之，常余金钱衣食。人皆以为不治生业而饶给，又不知其何所人，愈信，争事之。少君善为巧发奇中。尝从武安侯饮，坐中有九十余老人，少君乃言与其大父游射处，老人为儿时从其大父识其处，一坐尽惊。少君言上曰："祠灶则致物，致物而丹沙可化为黄金，寿可益，蓬莱仙者可见，见之以封禅则不死，黄帝是也。臣尝游海上，见安期生，食臣枣，大如瓜。安期生仙者，通蓬莱中，合则见人，不合则隐。"于是天子始亲祠灶，遣方士入海求蓬莱安期生之属，而事化丹沙诸药齐为黄金矣。居久之，李少君病死，天子以为化去，不死，而海上燕、齐怪迂之方士多更来言神事矣。

亳人谬忌奏祠太一方，曰："天神贵者太一，太一佐曰五帝。"于是天子立其祠长安东南郊。

元狩四年。齐人少翁以鬼神方见上。上有所幸王夫人卒，少翁以方夜致鬼，如王夫人之貌，天子自帷中望见焉。于是乃拜少翁为文成将军，赏赐甚多，以客礼礼之。文成又劝上作甘泉宫，中为台室，画天、地、太一诸鬼神，而置祭具以致天神。居岁余，其方益衰，神不至。乃为帛书以饭牛，佯不知，言曰："此牛腹中有奇。"杀视，得书，书言甚怪，天子识其手书，问其人，果是伪书。于是诛文成将军而隐之。

五年夏四月，天子病鼎湖甚，巫医无所不致，不愈。游水发根言："上郡有巫，病而鬼神下之。"上召置祠之甘泉。及病，使人问神君。神君言曰："天子无忧病。病少愈，强与我会甘泉。"于是病愈，遂起幸甘泉，病良已。置酒寿宫。神君非可得见，闻其言，言与人音等。时去时来，来则风肃然，居室帷中。神君所言，上使人受书其言，命之曰"画法"。其所语，世俗之所知也，无绝殊者，而天子心独喜。其事秘，世莫知也。

元鼎四年春二月，乐成侯丁义荐方士栾大，云与文成将军同师。上方悔诛文成，得栾大，大说。大先事胶东康王，为人长美言，多方略，而敢为大言，处之不疑。大言曰："臣常往来海中，见安期、羡门之属。顾以臣为贱，不信臣。又以为康王诸侯耳，不足与方。臣之师曰：'黄金可成，而河决可塞，不死之药可得，仙人可致也。'然臣恐效文成，则方士皆掩口，恶敢言方哉！"上曰："文成食马肝死耳。子诚能修其方，我何爱乎！"大曰："臣师非有求人，人者求之。陛下必欲致之，则贵其使者，令为亲属，以客礼待之，乃可使通言于神人。"于是上使验小方，斗棋，自相触击。是时上方忧河决而黄金不就，乃拜大为五利将军，又拜为天士将军、地士将军、大通将军。夏四月乙巳，封大为乐通侯，食邑二千户，赐甲第，僮千人，乘舆斥车马、帷帐、器物以充其家。又以卫长公主妻之，赍金十万斤。天子亲如五利之第，使者存问共给，相属于道。自太主、将、相以下皆置酒其家，献遗之。天子又刻玉印曰"天道将军"，使使衣羽衣，夜立白茅上，五利将军亦衣羽衣，立白茅上受印，以示不臣。大见数月，佩六印，贵震天下，于是海上燕、齐之间，莫不搤腕自言有禁方，能神仙矣。

六月，汾阴巫锦得大鼎于魏脽后土营旁，河东太守以闻。天子使验问，巫得鼎无奸诈，乃以礼祠，迎鼎至甘泉，从上行，荐之宗庙及上帝，藏于甘泉宫，群臣皆上寿贺。

秋，上行幸雍，且郊。或曰："五帝，泰一之佐也，宜立泰一，而上亲郊。"上疑未定。齐人公孙卿曰："今年得宝鼎，其冬辛巳朔日冬至，与黄帝时等。"卿有札书曰："黄帝得宝鼎，是岁己酉朔旦冬至，凡三百八十年，黄帝仙登于天。"因嬖人奏之。上大悦，召问卿。对曰："受此书申公。申公曰：'汉兴复当黄帝之时。汉之圣者在高祖之孙且曾孙也。宝鼎出而与神通。黄帝接万灵明庭。明庭者，甘泉也。黄帝采首山铜，铸鼎于荆山下，鼎既成，有龙垂胡髯下迎黄帝，黄帝上骑龙，与群臣后宫七十余人俱登天。'"于是天子曰:"嗟乎,诚得如黄帝,吾视去妻子如脱屣耳!"拜卿为郎,使东候神于太室。

五年。五利将军装治行,东入海求其师。既而不敢入海,之太山祠。上使人随验,实无所见。五利妄言见其师,其方尽多不售,坐诬罔,腰斩。乐成侯亦弃市。

六年冬,公孙卿候神河南,言见仙人迹缑氏城上。春,天子亲幸缑氏城视迹,问卿:"得毋效文成、五利乎?"卿曰:"仙者非有求人主,人主者求之。其道非宽假,神不来。言神事如迂诞,积以岁月乃可致也。"上信之。于是郡、国各除道,缮治宫观、名山、神祠,以望幸焉。

初,司马相如病且死,有遗书颂功德,言符瑞,劝上封泰山。上感其言,会得宝鼎,上乃与公卿诸生议封禅。封禅用希旷绝,莫知其仪。而诸方士又言:"封禅者,合不死之名也。黄帝以上封禅,皆致怪物与神通。秦皇帝不得上封。陛下必欲上,稍上即无风雨,遂上封矣。"上于是乃令诸儒采尚书、周官、王制之文,草封禅仪,数年不成。上以问左内史儿宽,宽曰:"封泰山,禅梁父,昭姓考瑞,帝王之盛节也。然享荐之义,不著于经。臣以为封禅告成,合祛于天地神祇,唯圣王所由,制定其当,非群臣之所能列。今将举大事,优游数年,使群臣得人人自尽,终莫能成。唯天子建中和之极,兼总条贯,金声而玉振之,以顺成天庆,垂万世之基。"上乃自制仪,颇采儒术以文之。上为封禅祠器,以示群儒,或曰"不与古同",于是尽罢诸儒不用。上又以古者先振兵释旅,然后封禅。

元封元年冬十月,行自云阳,北历上郡、西河、五原,出长城,北登单于台,至朔方,临北河。还,祭黄帝冢桥山,释兵须如。上曰："吾闻黄帝不死，今有冢，何也？"公孙卿曰："黄帝已仙上天，群臣思慕，葬其衣冠。"上叹曰："吾后升天，群臣亦当葬吾衣冠于东陵乎？"乃还甘泉，类祠太一。

春正月，上行幸缑氏，礼祭中岳太室，从官在山下闻若有言"万岁"者三。诏祠官加增太室祠，禁无伐其草木，以山下户三百为之奉邑。

上遂东巡海上，行礼祠八神。齐人之上疏言神怪、奇方者以万数，乃益发船，令言海中神山者数千人求蓬莱神人。公孙卿持节常先行，候名山，至东莱，言："夜见大人长数丈，就之则不见，其迹甚大，类禽兽云。"群臣有言："见一老父牵狗，言'吾欲见钜公'，已忽不见。"上既见大迹，未信，及群臣又言老父，则大以为仙人也，宿留海上，与方士传车及间使求神仙，人以千数。

夏四月，还至奉高，礼祠地主于梁父。乙卯，令侍中儒者皮弁、缙绅，射牛行事，封泰山下东方，如郊祠泰一之礼。封广丈二尺，高九尺，其下则有玉牒书，书秘。礼毕，天子独与侍中奉车都尉霍子侯上泰山，亦有封，其事皆禁。明日，下阴道。丙辰，禅泰山下址东北肃然山，如祭后土礼。天子皆亲拜见，衣上黄而尽用乐焉。江、淮间茅三脊为神藉，五色土益杂封。其封禅祠，夜若有光，昼有白云出封中。天子从禅还，坐明堂，群臣更上寿，颂功德。诏曰："朕以眇身承至尊，兢兢焉，惟德菲薄，不明于礼乐，故用事八神。遭天地况施，著见景象，屑然如有闻，震于怪物，欲止不敢，遂登封泰山至于梁父，然后升禅肃然。自新，嘉与士大夫更始，其以十月为元封元年。行所巡至博、奉高、蛇丘、历城、梁父，民田租逋赋，皆贷除之，无出今年算。赐天下民爵一级。"又以五载一巡狩，用事泰山，令诸侯各治邸泰山下。

天子既已封泰山，无风雨，而方士更言蓬莱诸神若将可得，于是上欣然庶几遇之，复东至海上望焉。上欲自浮海求蓬莱，群臣谏，莫能止。东方朔曰："夫仙者，得之自然，不必躁求。若其有道，不忧不得；若其无道，虽至蓬莱见仙人，亦无益也。臣愿陛下第还宫静处以须之，仙人将自至。"上乃止。会奉车霍子侯暴病，一日死。子侯，去病子也，上甚悼之。乃遂去，并海上，北至碣石，巡自辽西，历北边至九原。五月，乃至甘泉。凡周行万八千里云。

二年春正月，公孙卿言："见神人东莱山，若云欲见天子。"天子于是幸缑氏城，拜卿为中大夫，遂至东莱，宿留之，数日，无所见，见大人迹云。复遣方士求神怪，采芝药以千数。时岁旱，天子既出无名，乃祷万里沙。夏四月，还，过祠泰山。

公孙卿言"仙人好楼居"，于是上令长安作飞廉、桂观，甘泉作益寿、延寿观，使卿持节设具而候神人。又作通天茎台，置祠具其下。更置甘泉前殿，益广诸宫室。

太初元年冬十月，上行幸泰山。十一月甲子朔旦，冬至，祠上帝于明堂。东至海上，考入海及方士求神者，莫验；然益遣，冀遇之。

十二月甲午朔，上亲禅高里，祠后土。临勃海，将以望祀蓬莱之属，冀至殊廷焉。

春，上还，以柏梁灾故，朝诸侯、受计于甘泉。甘泉作诸侯邸。越人勇之曰："越俗，有火灾复起屋必以大，用胜服之。"于是作建章宫，度为千门万户。其东则凤阙，高二十余丈，其西则唐中，数十里虎圈。其北治大池，渐台高二十余丈，命曰太液池，中有蓬莱、方丈、瀛州、壶梁，象海中神山、龟鱼之属。其南有玉堂、璧门、大鸟之属。立神明台、井榦楼，度五十丈，辇道相属焉。

三年春正月，上东巡海上，考神仙之属，皆无验。令祠官礼东泰山。夏四月，还，修封泰山，禅石闾。

天汉三年春三月，上行幸泰山，修封，祀明堂，因受计。还，祠常山，瘗玄玉。方士之候祠神人、入海求蓬莱者，终无有验，而公孙卿犹以大人迹为解。天子益怠厌方士之怪迂语矣，然犹羁縻不绝，冀遇其真。自此之后，方士言神祠者弥众，然其效可睹矣。

征和四年春正月，上行幸东莱，临大海，欲浮海求神山。群臣谏，上弗听。而大风晦冥，海水沸涌，上留十余日，不得御楼船，乃还。

三月，上耕于钜定。还，幸泰山，修封。庚寅，祀于明堂。癸巳，禅石闾，见群臣。上乃言曰："朕即位以来，所为狂悖，使天下愁苦，不可追悔。自今事有伤害百姓，縻费天下者，悉罢之。"田千秋曰："方士言神仙者甚众，而无显功，臣请皆罢斥遣之。"上曰："大鸿胪言是也。"于是悉罢诸方士候神人者。是后上每对群臣，自叹："向时愚惑，为方士所欺。天下岂有仙人？尽妖妄耳！节食服药，差可少病而已。"夏六月，还，幸甘泉。

后元二年春正月，上朝诸侯王于甘泉宫。二月，行幸盩厔五柞宫。丁卯，帝崩于五柞宫。

臣光曰：孝武穷奢极欲，繁刑重敛，内侈宫室，外事四夷，信惑神怪，巡游无度，使百姓疲敝，起为盗贼。其所以异于秦始皇者无几矣。然秦以之亡，汉以之兴者，孝武能尊先王之道，知所统守，受忠直之言，恶人欺蔽，好贤不倦，诛赏严明，晚而改过，顾托得人，此其所以有亡秦之失而免亡秦之祸乎！

巫蛊之祸

汉武帝太始三年。皇子弗陵生。弗陵母曰河间赵倢伃，居钩弋宫，任身十四月而生。上曰："闻昔尧十四月而生，今钩弋亦然。"乃命其所生门曰尧母门。

臣光曰：为人君者，动静举措不可不慎。发于中必形于外，天下无不知之。当是时也，皇后、太子皆无恙，而命钩弋之门曰尧母，非名也。是以奸臣逆探上意，知其奇爱少子，欲以为嗣，遂有危皇后、太子之心，卒成巫蛊之祸，悲夫！

赵人江充为水衡都尉。初，充为赵敬肃王客，得罪于太子丹，亡逃，诣阙，告赵太子阴事，太子坐废。上召充入见。充容貌魁岸，被服轻靡，上奇之；与语政事，大悦，由是有宠，拜为直指绣衣使者，使督察贵戚、近臣逾侈者。充举劾无所避，上以为忠直，所言皆中意。尝从上甘泉，逢太子家使乘车马行驰道中，充以属吏。太子闻之，使人谢充曰："非爱车马，诚不欲令上闻之，以教敕无素者。唯江君宽之。"充不听，遂白奏。上曰："人臣当如是矣。"大见信用，威震京师。

征和元年夏，上居建章宫，见一男子，带剑入中龙华门，疑其异人，命收之。男子捐剑走，逐之弗获。上怒，斩门候。冬十一月，发三辅骑士大搜上林，闭长安城门索，十一日乃解。巫蛊始起。

丞相公孙贺夫人君孺，卫皇后姊也，贺由是有宠。贺子敬声代父为太仆，骄奢不奉法，擅用北军钱千九百万，发觉，下狱。是时诏捕阳陵大侠朱安世甚急，贺自请逐捕安世以赎敬声罪，上许之。后果得安世，安世笑曰："丞相祸及宗矣！"遂从狱中上书，告"敬声与阳石公主私通。上且上甘泉，使巫当驰道埋偶人，祝诅上，有恶言。"

二年春正月，下贺狱，案验，父子死狱中，家族。

闰四月，诸邑公主、阳石公主及皇后弟子长平侯伉，皆坐巫蛊诛。

初，上年二十九乃生戾太子，甚爱之。及长，性仁恕温谨，上嫌其材能少，不类己，而所幸王夫人生子闳，李姬生子旦、胥，李夫人生子髆，皇后、太子宠寖衰，常有不自安之意。上觉之，谓大将军青曰："汉家庶事草创，加四夷侵陵中国，朕不变更制度，后世无法；不出师征伐，天下不安。为此者，不得不劳民。若后世又如朕所为，是袭亡秦之迹也。太子敦重好静，必能安天下，不使朕忧。欲求守文之主，安有贤于太子者乎？闻皇后与太子有不安之意，岂有之邪？可以意晓之。"大将军顿首谢。皇后闻之，脱簪请罪。太子每谏征伐四夷，上笑曰："吾当其劳，以逸遗汝，不亦可乎。"

上每行幸，常以后事付太子，宫内付皇后。有所平决，还，白其最，上亦无异，有时不省也。上用法严，多任深刻吏。太子宽厚，多所平反，虽得百姓心，而用法大臣皆不悦。皇后恐久获罪，每戒太子："宜留取上意，不应擅有所纵舍。"上闻之，是太子而非皇后。群臣宽厚长者皆附太子，而深酷用法者皆毁之。邪臣多党与，故太子誉少而毁多。卫青薨后，臣下无复外家为据，竞欲构太子。

上与诸子疏，皇后希得见。太子尝谒皇后，移日乃出。黄门苏文告上曰："太子与宫人戏。"上益太子宫人满二百人。太子后知之，心衔文。文与小黄门常融、王弼等常微伺太子过，辄增加白之。皇后切齿，使太子白诛文等。太子曰："第勿为过，何畏文等？上聪明，不信邪佞，不足忧也。"上尝小不平，使常融召太子，融言"太子有喜色"，上嘿然。及太子至，上察其貌，有涕泣处，而佯语笑，上怪之；更微问，知其情，乃诛融。皇后亦善自防闲，避嫌疑，虽久无宠，尚被礼遇。

是时，方士及诸神巫多聚京师，率皆左道惑众，变幻无所不为。女巫往来宫中，教美人度厄，每屋辄埋木人祭祀之；因妒忌恚詈，更相告讦，以为祝诅上，无道。上怒，所杀后宫延及大臣，死者数百人。上心既以为疑，尝昼寝，梦木人数千持杖欲击上，上惊寤，因是体不平，遂苦忽忽善忘。江充自以与太子及卫氏有隙，见上年老，恐晏驾后为太子所诛，因是为奸，言上疾祟在巫蛊。于是上以充为使者，治巫蛊狱。充将胡巫掘地求偶人，捕蛊及夜祠、视鬼，染污令有处，辄收捕验治，烧铁钳灼，强服之。民转相诬以巫蛊，吏辄劾以大逆无道，自京师、三辅连及郡国，坐而死者前后数万人。

是时，上春秋高，疑左右皆为蛊祝诅，有与无，莫敢讼其冤者。充既知上意，因胡巫檀何言："宫中有蛊气，不除之，上终不差。"上乃使充入宫，至省中，坏御座，掘地求蛊。又使按道侯韩说、御史章赣、黄门苏文等助充。充先治后宫希幸夫人，以次及皇后、太子宫，掘地纵横，太子、皇后无复施床处。充云："于太子宫得木人尤多，又有帛书，所言不道，当奏闻。"太子惧，问少傅石德。德惧为师傅并诛，因谓太子曰："前丞相父子、两公主及卫氏皆坐此，今巫与使者掘地得征验，不知巫置之邪，将实有也，无以自明。可矫以节收捕充等系狱，穷治其奸诈。且上疾在甘泉，皇后及家吏请问皆不报。上存亡未可知，而奸臣如此，太子将不念秦扶苏事邪？”太子曰：“吾人子，安得擅诛。不如归谢，幸得无罪。”太子将往之甘泉，而江充持太子甚急，太子计不知所出，遂从石德计。秋七月壬午，太子使客诈为使者，收捕充等。按道侯说疑使者有诈，不肯受诏，客格杀说。太子自临斩充，骂曰：“赵虏！前乱乃国王父子不足邪，乃复乱吾父子也！”又炙胡巫上林中。

太子使舍人无且持节夜入未央宫殿长秋门，因长御倚华具白皇后，发中厩车载射士，出武库兵，发长乐宫卫卒。长安扰乱，言太子反。苏文迸走，得亡归甘泉，说太子无状。上曰：“太子必惧，又忿充等，故有此变。”乃使使召太子。使者不敢进，归报云：“太子反已成，欲斩臣，臣逃归。”上大怒。丞相屈氂闻变，挺身逃，亡其印绶，使长史乘疾置以闻。上问：“丞相何为？”对曰：“丞相秘之，未敢发兵。”上怒曰：“事籍籍如此，何谓秘也。丞相无周公之风矣，周公不诛管、蔡乎？”乃赐丞相玺书曰：“捕斩反者，自有赏罚。以牛车为橹，毋接短兵，多杀伤士众。坚闭城门，毋令反者得出。”太子宣言告令百官云：“帝在甘泉病困，疑有变，奸臣欲作乱。”上于是从甘泉来，幸城西建章宫，诏发三辅近县兵，部中二千石以下，丞相兼将之。太子亦遣使者矫制赦长安中都官囚徒，命少傅石德及宾客张光等分将。使长安囚如侯持节发长水及宣曲胡骑，皆以装会。侍郎马通使长安，因追捕如侯，告胡人曰：“节有诈，勿听也。”遂斩如侯，引骑入长安，又发楫棹士以予大鸿胪商丘成。初，汉节纯赤，以太子持赤节，故更为黄旄加上以相别。

太子立车北军南门外，召护北军使者任安，与节，令发兵。

安拜受节，入，闭门不出。太子引兵去，驱四市人凡数万众，至长乐西阙下，逢丞相军，合战五日，死者数万人，血流入沟中。民间皆云太子反，以故众不附太子，丞相附兵寖多。

庚寅，太子兵败，南奔覆盎城门。司直田仁部闭城门，以为太子父子之亲，不欲急之，太子由是得出亡。丞相欲斩仁，御史大夫暴胜之谓丞相曰："司直，吏二千石，当先请，奈何擅斩之！"丞相释仁。上闻而大怒，下吏责问御史大夫曰："司直纵反者，丞相斩之，法也，大夫何以擅止之？"胜之惶恐，自杀。诏遣宗正刘长、执金吾刘敢奉策收皇后玺绶，后自杀。上以为任安老吏，见兵事起，欲坐观成败，见胜者合从之，有两心，与田仁皆要斩。上以马通获如侯，长安男子景建从通获石德，商丘成力战获张光，封通为重合侯，建为德侯，成为秺侯。诸太子宾客尝出入宫门，皆坐诛。其随太子发兵，以反法族。吏士劫略者，皆徙敦煌郡。以太子在外，始置屯兵长安诸城门。

上怒甚，群下忧惧不知所出。壶关三老茂上书曰："臣闻父者犹天，母者犹地，子犹万物也。故天平，地安，物乃茂成；父慈，母爱，子乃孝顺。今皇太子为汉適嗣，承万世之业，体祖宗之重，亲则皇帝之宗子也。江充布衣之人，闾阎之隶臣耳，陛下显而用之，衔至尊之命以迫蹴皇太子，造饰奸诈，群邪错谬，是以亲戚之路隔塞而不通。太子进则不得见上，退则困于乱臣，独冤结而无告，不忍忿忿之心，起而杀充，恐惧逋逃。子盗父兵，以救难自免耳，臣窃以为无邪心。诗曰：'营营青蝇，止于藩。恺悌君子，无信谗言。谗言罔极，交乱四国。'往者江充谗杀赵太子，天下莫不闻。陛下不省察，深过太子，发盛怒，举大兵而求之，三公自将。智者不敢言，辩士不敢说，臣窃痛之。唯陛下宽心慰意，少察所亲，毋患太子之非，亟罢甲兵，无令太子久亡。臣不胜惓惓，出一旦之命，待罪建章宫下。"书奏，天子感寤，然尚未显言赦之也。

太子亡，东至湖，藏匿泉鸠里。主人家贫，常卖履以给太子。太子有故人在湖，闻其富赡，使人呼之而发觉。八月辛亥，吏围捕太子。太子自度不得脱，即入室距户自经。山阳男子张富昌为卒，足蹋开户，新安令史李寿趋抱解太子，主人公遂格斗死，皇孙二人皆并遇害。上既伤太子，乃封李寿为邘侯，张富昌为题侯。

初，上为太子立博望苑，使通宾客，从其所好，故宾客多以异端进者。

臣光曰：古之明王教养太子，为之择方正敦良之士以为保傅、师友，使朝夕与之游处。左右前后无非正人，出入起居无非正道，然犹有淫放邪僻而陷于祸败者焉。今乃使太子自通宾客，从其所好。夫正直难亲，谄谀易合，此固中人之常情，宜太子之不终也。

三年九月，吏民以巫蛊相告言者，案验多不实。上颇知太子惶恐无他意，会高寝郎田千秋上急变，讼太子冤，曰："子弄父兵，罪当笞。天子之子过误杀人，当何罪哉？臣尝梦见一白头翁教臣言。"上乃大感寤，召见千秋谓曰："父子之间，人所难言也，公独明其不然。此高庙神灵使公教我，公当遂为吾辅佐。"立拜千秋为大鸿胪，而族灭江充家，焚苏文于横桥上，及泉鸠里加兵刃于太子者，初为北地太守，后族。上怜太子无辜，乃作思子宫，为归来望思之台于湖，天下闻而悲之。

昭帝始元五年春正月，有男子乘黄犊车诣北阙，自谓卫太子，公车以闻。诏使公、卿、将军、中二千石杂识视。长安中吏民聚观者数万人。右将军勒兵阙下，以备非常。丞相、御史、中二千石至者并莫敢发言。京兆尹不疑后到，叱从吏收缚。或曰：“是非未可知，且安之。”不疑曰：“诸君何患于卫太子！昔蒯聩违命出奔，辄距而不纳，春秋是之。卫太子得罪先帝，亡不即死，今来自诣，此罪人也。”遂送诏狱。天子与大将军霍光闻而嘉之，曰：“公卿大臣，当用有经术明于大谊者。”由是不疑名声重于朝廷，在位者皆自以不及也。廷尉验治何人，竟得奸诈，本夏阳人，姓成，名方遂，居湖，以卜筮为事。有故太子舍人尝从方遂卜，谓曰：“子状貌甚似卫太子。”方遂心利其言，冀得以富贵。坐诬罔不道，要斩。

燕盖谋逆

汉武帝后元元年。燕王旦自以次第当为太子，上书求入宿卫。上怒，斩其使于北阙。又坐藏匿亡命，削良乡、安次、文安三县。上由是恶旦。旦辩慧博学，其弟广陵王胥有勇力，而皆动作无法度，多过失，故上皆不立。

二年春正月，上病笃。乙丑，诏立弗陵为皇太子。丁卯，帝崩于五柞宫。

昭帝始元元年。初，武帝崩，赐诸侯王玺书。燕王旦得书不肯哭，曰：“玺书封小，京师疑有变。”遣幸臣寿西长、孙纵之、王孺等之长安，以问礼仪为名，阴刺候朝廷事。及有诏褒赐旦钱三十万，益封万三千户，旦怒曰：“我当为帝，何赐也！”遂与宗室中山哀王子长、齐孝王孙泽等结谋，诈言以武帝时受诏，得职吏事，修武备，备非常。郎中成轸谓旦曰：“大王失职，独可起而索，不可坐而得也。大王壹起，国中虽女子皆奋臂随大王。”旦即与泽谋，为奸书，言：“少帝非武帝子，大臣所共立，天下宜共伐之。”使人传行郡国，以摇动百姓。泽谋归发兵临菑，杀青州刺史隽不疑。旦招来郡国奸人，赋敛铜铁作甲兵，数阅其车骑、材官卒，发民大猎以讲士马，须期日。郎中韩义等数谏旦，旦杀义等凡十五人。会瓶侯成知泽等谋，以告隽不疑。八月，不疑收捕泽等以闻。天子遣大鸿胪丞治，连引燕王。有诏以燕王至亲，勿治。而泽等皆伏诛。

二年春正月，封大将军光为博陆侯，左将军桀为安阳侯。

三年。初，霍光与上官桀相亲善。光每休沐出，桀常代光入决事。光女为桀子安妻，生女，年甫五岁，安欲因光内之宫中；光以为尚幼，不听。盖长公主私近子客河闲丁外人，安素与外人善，说外人曰：“安子容貌端正，诚因长主时得入为后，以臣父子在朝而有椒房之重，成之在于足下。汉家故事，常以列侯尚主，足下何忧不封侯乎。”外人喜，言于长主。长主以为然，诏召安女入为倢伃，安为骑都尉。

四年春三月甲寅，立皇后上官氏，赦天下。是岁，上官安为车骑将军。

五年夏六月，封上官安为桑乐侯。安日以骄淫，受赐殿中，对宾客言：“与我婿饮，大乐。”见其服饰，使人归，欲自烧物。子病死，仰而骂天。其顽悖如此。

元凤元年。上官桀父子既尊，盛德长公主，欲为丁外人求封侯，霍光不许。又为外人求光禄大夫，欲令得召见，又不许。长主大以是怨光，而桀、安数为外人求官爵弗能得，亦惭。又桀妻父所幸充国为大医监，阑入殿中，下狱当死；冬月且尽，盖主为充国人马二十匹赎罪，乃得减死论。于是桀、安父子深怨光而重德盖主。自先帝时，桀已为九卿，位在光右，及父子并为将军，皇后亲安女，光乃其外祖，而顾专制朝事，由是与光争权。燕王旦自以帝兄不得立，常怀怨望。及御史大夫桑弘羊建造酒榷、盐、铁，为国兴利，伐其功，欲为子弟得官，亦怨恨光。于是盖主、桀、安、弘羊皆与旦通谋。

旦遣孙纵之等前后十余辈，多赍金宝，走马赂遗盖主、桀、弘羊等。桀等又诈令人为燕王上书，言"光出都肄郎、羽林，道上称跸，太官先置"。又引"苏武使匈奴二十年不降，乃为典属国。大将军长史敞无功，为搜粟都尉，又擅调益莫府校尉。光专权自恣，疑有非常。臣旦愿归符玺，入宿卫，察奸臣变"。候司光出沐日奏之。桀欲从中下其事，弘羊当与诸大臣共执退光。书奏，帝不肯下。明旦，光闻之，止画室中不入。上问："大将军安在？"左将军桀对曰："以燕王告其罪，故不敢入。"有诏"召大将军"，光入，免冠顿首谢。上曰："将军冠。朕知是书诈也，将军无罪。"光曰："陛下何以知之？"上曰："将军之广明都郎，近耳；调校尉以来，未能十日，燕王何以得知之？且将军为非，不须校尉。"是时帝年十四，尚书、左右皆惊。而上书者果亡，捕之甚急。桀等惧，白上："小事不足遂。"上不听。后桀党与有谮光者，上辄怒曰："大将军忠臣，先帝所属以辅朕身。敢有毁者，坐之！"自是桀等不敢复言。

李德裕论曰：人君之德，莫大于至明，明以照奸，则百邪不能蔽矣，汉昭帝是也。周成王有惭德矣，高祖、文、景俱不如也。成王闻管、蔡流言，遂使周公狼跋而东。汉高闻陈平去魏背楚，欲舍腹心臣。汉文惑季布使酒难近，罢归股肱郡;疑贾生擅权纷乱,复疏贤士。景帝信诛晁错兵解,遂戮三公。所谓"执狐疑之心,来谗贼之口"。使昭帝得伊、吕之佐,则成、康不足侔矣。

桀等谋令长公主置酒请光,伏兵格杀之,因废帝,迎立燕王为天子。旦置驿书往来相报,许立桀为王,外连郡国豪桀以千数。旦以语相平,平曰:"大王前与刘泽结谋,事未成而发觉者,以刘泽素夸,好侵陵也。平闻左将军素轻易,车骑将军少而骄,臣恐其如刘泽时不能成,又恐既成反大王也。"旦曰:"前日一男子诣阙,自谓故太子,长安中民趣乡之,正欢不可止。大将军恐,出兵陈之,以自备耳。我,帝长子,天下所信,何忧见反!"后谓群臣:"盖主报言,独患大将军与右将军王莽。今右将军物故,丞相病,幸事必成,征不久。"令群臣皆装。安又谋诱燕王至而诛之,因废帝而立桀。或曰:"当如皇后何?"安曰:"逐麋之狗,当顾菟邪!且用皇后为尊,一旦人主意有所移,虽欲为家人亦不可得。此百世之一时也。"会盖主舍人父稻田使者燕仓知其谋,以告大司农杨敞。敞素谨,畏事,不敢言,乃移病卧,以告谏大夫杜延年,延年以闻。九月,诏丞相部中二千石逐捕孙纵之及桀、安、弘羊、外人等,并宗族悉诛之。盖主自杀。燕王旦闻之,召相平曰:"事败,遂发兵乎?"平曰:"左将军已死,百姓皆知之,不可发也。"王忧懑,置酒与群臣、妃妾别。会天子以玺书让旦,旦以绶自绞死,后、夫人随旦自杀者二十余人。天子加恩,赦王太子建为庶人,赐旦谥曰剌王。皇后以年少不与谋,亦霍光外孙,故得不废。

通鉴纪事本末卷第四

霍光废立

汉武帝后元元年。钩弋夫人之子弗陵，年数岁，形体壮大，多知，上奇爱之，心欲立焉。以其年稚，母少，犹与久之。欲以大臣辅之，察群臣，唯奉车都尉光禄大夫霍光，忠厚可任大事。上乃使黄门画周公负成王朝诸侯以赐光。后数日，帝谴责钩弋夫人，夫人脱簪珥，叩头。帝曰："引持去，送掖庭狱。"夫人还顾，帝曰："趣行，汝不得活！"卒赐死。顷之，帝闲居，问左右曰："外人言云何？"左右对曰："人言'且立其子，何去其母乎'。"帝曰："然。是非儿曹愚人之所知也。往古国家所以乱，由主少、母壮也。女主独居骄蹇，淫乱自恣，莫能禁也。汝不闻吕后邪？故不得不先去之也。"

二年春二月，上病笃，霍光涕泣问曰："如有不讳，谁当嗣者？"上曰："君未谕前画意邪？立少子，君行周公之事。"光顿首让曰："臣不如金日磾。"日磾亦曰："臣外国人，不如光，且使匈奴轻汉矣。"乙丑，诏立弗陵为皇太子，时年八岁。丙寅，以光为大司马、大将军，日磾为车骑将军，太仆上官桀为左将军，受遗诏辅少主。又以搜粟都尉桑弘羊为御史大夫。皆拜卧内床下。丁卯，帝崩于五柞宫。戊辰，太子即皇帝位。

帝姊鄂邑公主共养省中，霍光、金日磾、上官桀共领尚书事。光辅幼主，政自己出，天下想闻其风采。殿中尝有怪，一夜，群臣相惊，光召尚符玺郎，欲收取玺。郎不肯授，光欲夺之。郎按剑曰："臣头可得，玺不可得也。"光甚谊之，明日，诏增此郎秩二等。众庶莫不多光。

昭帝始元二年春正月，封大将军光为博陆侯。

或说霍光曰："将军不见诸吕之事乎？处伊尹、周公之位，摄政擅权，而背宗室，不与共职，是以天下不信，卒至于灭亡。今将军当盛位，帝春秋富，宜纳宗室，又多与大臣共事，反诸吕道，如是则可以免患。"光然之。

元凤元年冬十月，大将军光以朝无旧臣，光禄勋张安世自先帝时为尚书令，志行纯笃，乃白用安世为右将军，兼光禄勋，以自副焉。安世，故御史大夫汤之子也。光又以杜延年有忠节，擢为太仆、右曹、给事中。

三年春正月，泰山有大石自起立。上林有柳树枯僵自起生，有虫食其叶成文，曰"公孙病已立"。符节令鲁国眭弘上书言："大石自立，僵柳复起，当有匹庶为天子者。枯树复生，故废之家公孙氏当复兴乎？汉家承尧之后，有传国之运，当求贤人禅帝位，退自封百里，以顺天命。"弘坐设妖言惑众，伏诛。

元平元年夏四月癸未，帝崩于未央宫，无嗣。时武帝子独有广陵王胥，大将军光与群臣议所立，咸持广陵王。王本以行失道，先帝所不用；光内不自安。郎有上书言："周太王废太伯立王季，文王舍伯邑考立武王，唯在所宜，虽废长立少可也。广陵王不可以承宗庙。”言合光意，光以其书示丞相敞等，擢郎为九江太守。即日承皇后诏，遣行大鸿胪事少府乐成、宗正德、光禄大夫吉、中郎将利汉迎昌邑王贺，乘七乘传诣长安邸。光又白皇后，徙右将军安世为车骑将军。

贺，昌邑哀王之子也，在国素狂纵，动作无节。武帝之丧，贺游猎不止。尝游方与，不半日驰二百里。中尉琅邪王吉上疏谏曰：“大王不好书术而乐逸游，冯式撙衔，驰骋不止，口倦乎叱咤，手苦于棰辔，身劳乎车舆，朝则冒雾露，昼则被尘埃，夏则为大暑之所暴炙，冬则为风寒之所匽薄；数以耎脆之玉体，犯勤劳之烦毒，非所以全寿命之宗也，又非所以进仁义之隆也。夫广厦之下，细旃之上，明师居前，劝诵在后，上论唐、虞之际，下及殷、周之盛，考仁圣之风，习治国之道，欣欣焉发愤忘食，日新厥德，其乐岂衔橛之间哉！休则俯仰屈伸以利形，进退步趋以实下，吸新吐故以练臧，专意积精以适神，于以养生，岂不长哉！大王诚留意如此，则心有尧、舜之志，体有乔、松之寿，美声广誉，登而上闻，则福禄其臻而社稷安矣。皇帝仁圣，至今思慕未怠，于宫馆、囿池、弋猎之乐未有所幸。大王宜夙夜念此，以承圣意。诸侯骨肉，莫亲大王。大王于属则子也，于位则臣也，一身而二任之责加焉。恩爱行义，孅介有不具者，于以上闻，非飨国之福也。”王乃下令曰：“寡人造行，不能无惰，中尉甚忠，数辅吾过。”使谒者千秋赐中尉牛肉五百斤，酒五石，脯五束。其后复放纵自若。

郎中令山阳龚遂，忠厚刚毅，有大节。内谏争于王，外责傅相，引经义，陈祸福，至于涕泣。蹇蹇无已，面刺王过。王至掩耳起走，曰：“郎中令善愧人。”王尝久与驺奴、宰人游戏，饮食赏赐无度，遂入见王，涕泣膝行，左右侍御皆出涕。王曰：“郎中令何为哭?”遂曰:“臣痛社稷危也。愿赐清闲,竭愚。”王辟左右,遂曰:“大王知胶西王所以为无道亡乎?”王曰:“不知也。”曰:“臣闻胶西王有谀臣侯得,王所为拟于桀、纣也,得以为尧、舜也。王说其谄谀,常与寝处,唯得所言,以至于是。今大王亲近群小,渐渍邪恶,所习,存亡之机,不可不慎也。臣请选郎通经有行义者与王起居,坐则诵诗、书,立则习礼容,宜有益。”王许之。遂乃选郎中张安等十人侍王。居数日,王皆逐去安等。

王尝见大白犬,颈以下似人,冠方山冠而无尾,以问龚遂。遂曰:“此天戒,言在侧者尽冠狗也。去之则存,不去则亡矣。”后又闻人声曰“熊”! 视而见大熊,左右莫见,以问遂。遂曰:“熊,山野之兽,而来入宫室,王独见之,此天戒大王,恐宫室将空,危亡象也。”王仰天叹曰:“不祥何为数来!”遂叩头曰:“臣不敢隐忠,数言危亡之戒,大王不说。夫国之存亡,岂在臣言哉?愿王内自揆度。大王诵诗三百五篇,人事浃,王道备。王之所行,中诗一篇何等也? 大王位为诸侯王,行污于庶人,以存难,以亡易,宜深察之。”后又血污王坐席,王问遂。遂叫然号曰:“宫空不久,妖祥数至。血者,阴忧象也,宜畏慎自省。”王终不改节。

及征书至,夜漏未尽一刻,以火发书。其日中,王发;晡时,至定陶,行百三十五里,侍从者马死相望于道。王吉奏书戒王曰:“臣闻高宗谅暗,三年不言。今大王以丧事征,宜日夜哭泣悲哀而已,慎毋有所发。大将军仁爱勇智,忠信之德,天下莫不闻。事孝武皇帝二十余年,未尝有过。先帝弃群臣,属以天下,寄幼孤焉。大将军抱持幼君襁褓之中,布政施教,海内晏然,虽周公、伊尹无以加也。今帝崩无嗣,大将军惟思可以奉宗庙者,攀援而立大王,其仁厚岂有量哉! 臣愿大王事之,敬之,政事壹听之,大王垂拱南面而已。愿留意,常以为念!”

王至济阳,求长鸣鸡,道买积竹杖。过弘农,使大奴善以衣车载女子。至湖,使者以让相安乐,安乐告龚遂。遂入问王,王曰:“无有。”遂曰:“即无有,何爱一善以毁行义。请收属吏,以湔洒大王。”即捽善属卫士长行法。

王到霸上,大鸿胪郊迎,驺奉乘舆车。王使寿成御,郎中令遂参乘。且至广明、东都门,遂曰:“礼,奔丧望见国都哭。此长安东郭门也。”王曰:“我嗌痛,不能哭。”至城门,遂复言。王曰:“城门与郭门等耳。”且至未央宫东阙,遂曰:“昌邑帐在是阙外驰道北,未至帐所,有南北行道,马足未至数步。大王宜下车,乡阙西面伏哭,尽哀止。”王曰:“诺。”到,哭如仪。六月丙寅,王受皇帝玺绶,袭尊号,尊皇后曰皇太后。

壬申,葬孝昭皇帝于平陵。

昌邑王既位,淫戏无度。昌邑官属皆征至长安,往往超擢拜官。相安乐迁长乐卫尉,龚遂见安乐,流涕谓曰:“王立为天子,日益骄溢,谏之不复听。今哀痛未尽,日与近臣饮食作乐,斗虎豹,召皮轩车九旒,驱驰东西,所为悖道。古制宽,大臣有隐退。今去不得,阳狂恐知,身死为世戮,奈何,君陛下故相,宜极谏争。”

王梦青蝇之矢积西阶东,可五六石,以屋版瓦覆之,以问遂。遂曰:“陛下之诗不云乎:‘营营青蝇,止于藩。恺悌君子,毋信谗言。’陛下左侧谗人众多,如是青蝇恶矣。宜进先帝大臣子孙、亲近,以为左右。如不忍昌邑故人,信用谗谀,必有凶咎。愿诡祸为福,皆放逐之,臣当先逐矣。”王不听。

太仆丞河东张敞上书谏曰:“孝昭皇帝蚤崩无嗣,大臣忧惧,选贤圣承宗庙，东迎之日，唯恐属车之行迟。今天子以盛年初即位，天下莫不拭目倾耳，观化听风。国辅大臣未褒，而昌邑小辇先迁，此过之大者也。”王不听。

大将军光忧懑，独以问所亲故吏大司农田延年。延年曰：“将军为国柱石，审此人不可，何不建白太后，更选贤而立之？”光曰：“今欲如是，于古尝有此不？”延年曰：“伊尹相殷，废太甲以安宗庙，后世称其忠。将军若能行此，亦汉之伊尹也。”光乃引延年给事中，阴与车骑将军张安世图计。

王出游，光禄大夫鲁国夏侯胜当乘舆前谏曰：“天久阴而不雨，臣下有谋上者。陛下出，欲何之？”王怒，谓胜为袄言，缚以属吏。吏白霍光，光不举法。光让安世，以为泄语。安世实不言，乃召问胜。胜对言：“在鸿范传，曰‘皇之不极，厥罚常阴，时则有下人伐上者’。恶察察言，故云‘臣下有谋’。”光、安世大惊，以此益重经术士。侍中傅嘉数进谏，王亦缚嘉系狱。

光、安世既定议，乃使田延年报丞相杨敞。敞惊惧，不知所言，汗出洽背，徒唯唯而已。延年起，至更衣。敞夫人遽从东厢谓敞曰：“此国大事，今大将军议已定，使九卿来报君侯；君侯不疾应，与大将军同心，犹与无决，先事诛矣！”延年从更衣还，敞、夫人与延年参语许诺，请奉大将军教令。

癸巳，光召丞相、御史、将军、列侯、中二千石、大夫、博士会议未央宫。光曰：“昌邑王行昏乱，恐危社稷，如何？”群臣皆惊鄂失色，莫敢发言，但唯唯而已。田延年前，离席按剑曰：“先帝属将军以幼孤，寄将军以天下，以将军忠贤能安刘氏也。今群下鼎沸，社稷将倾，且汉之传谥常为‘孝’者，以长有天下，令宗庙血食也。如汉家绝祀，将军虽死，何面目见先帝于地下乎！今日之议，不得旋踵，群臣后应者，臣请剑斩之！”光谢曰：“九卿责光是也。天下匈匈不安，光当受难。”于是议者皆叩头曰：“万姓之命，在于将军，唯大将军令。”

光即与群臣俱见白太后，具陈昌邑王不可以承宗庙状。皇太后乃车驾幸未央承明殿，诏诸禁门毋内昌邑群臣。王入朝太后还，乘辇欲归温室，中黄门宦者各持门扇，王入，门闭，昌邑群臣不得入。王曰：“何为？”大将军跪曰：“有皇太后诏，毋内昌邑群臣。”王曰：“徐之，何乃惊人如是！”光使尽驱出昌邑群臣，置金马门外。车骑将军安世将羽林骑收缚二百余人，皆送廷尉诏狱。令故昭帝侍中中臣侍守王。光敕左右：“谨宿卫，卒有物故自裁，令我负天下，有杀主名。”王尚未自知当废，谓左右：“我故群臣从官安得罪，而大将军尽系之乎？”

顷之，有太后诏召王。王闻召，意恐，乃曰：“我安得罪而召我哉？”太后被珠襦，盛服坐武帐中，侍御数百人皆持兵，期门武士陛戟陈列殿下，群臣以次上殿，召昌邑王伏前听诏。光与群臣连名奏王，尚书令读奏曰：“丞相臣敞等昧死言皇太后陛下：孝昭皇帝早弃天下，遣使征昌邑王典丧，服斩衰，无悲哀之心，废礼谊，居道上不素食，使从官略女子载衣车，内所居传舍。始至谒见，立为皇太子，常私买鸡豚以食。受皇帝信玺、行玺大行前，就次，发玺不封。从官更持节引内昌邑从官、驺宰、官奴二百余人，常与居禁闼内敖戏。为书曰：‘皇帝问侍中君卿：使中御府令高昌奉黄金千斤，赐君卿取十妻。’大行在前殿，发乐府乐器，引内昌邑乐人击鼓，歌吹，作俳倡；召内泰壹、宗庙乐人，悉奏众乐。驾法驾，驱驰北宫、桂宫，弄彘，斗虎。召皇太后御小马车，使官奴骑乘，游戏掖庭中。与孝昭皇帝宫人蒙等淫乱，诏掖庭令：‘敢泄言，要斩！'"太后曰："止！为人臣子，当悖乱如是邪！"王离席伏，尚书令复读曰："取诸侯王、列侯、二千石绶及墨绶、黄绶以并佩昌邑郎官者免奴。发御府金钱、刀剑、玉器、采缯，赏赐所与游戏者。与从官、官奴夜饮，湛沔于酒。独夜设九宾温室，延见姊夫昌邑关内侯。祖宗庙祠未举，为玺书，使使者持节，以三太牢祠昌邑哀王园庙，称'嗣子皇帝'。受玺以来二十七日，使者旁午，持节诏诸官署征发凡一千一百二十七事。荒淫迷惑，失帝王礼谊，乱汉制度。臣敞等数进谏，不变更，日以益甚。恐危社稷，天下不安。臣敞等谨与博士议，皆曰：'今陛下嗣孝昭皇帝后，行淫辟不轨。"五辟之属，莫大不孝"。周襄王不能事母，春秋曰"天王出居于郑"，由不孝出之，绝之于天下也。宗庙重于君，陛下不可以承天序，奉祖宗庙，子万姓，当废！'臣请有司以一太牢具告祠高庙。"皇太后诏曰："可。"光令王起，拜受诏。王曰："闻'天子有争臣七人，虽无道不失天下'。"光曰："皇太后诏废，安得称天子！"乃即持其手，解脱其玺组，奉上太后。扶王下殿，出金马门，群臣随送。王西面拜曰："愚戆，不任汉事。"起就乘舆副车，大将军光送至昌邑邸。光谢曰："王行自绝于天，臣宁负王，不敢负社稷。愿王自爱，臣长不复左右。"光涕泣而去。

群臣奏言："古者废放之人，屏于远方，不及以政。请徙王贺汉中房陵县。"太后诏归贺昌邑，赐汤沐邑二千户，故王家财物皆与贺。及哀王女四人，各赐汤沐邑千户。国除，为山阳郡。

昌邑群臣坐在国时不举奏王罪过，令汉朝不闻知，又不能辅道，陷王大恶，皆下狱，诛杀二百余人。唯中尉吉、郎中令遂，以忠直数谏正，得减死，髡为城旦。师王式系狱，当死，治事使者责问曰："师何以无谏书？"式对曰："臣以诗三百五篇朝夕授王，至于忠臣、孝子之篇，未尝不为王反复诵之也。至于危亡失道之君，未尝不流涕为王深陈之也。臣以三百五篇谏，是以无谏书。”使者以闻，亦得减死论。

霍光以群臣奏事东宫，太后省政，宜知经术。白令夏侯胜用尚书授太后，迁胜长信少府，赐爵关内侯。

初，卫太子纳鲁国史良娣，生子进，号史皇孙。皇孙纳涿郡王夫人，生子病已，号皇曾孙。皇曾孙生数月，遭巫蛊事，太子三男、一女及诸妻妾皆遇害，独皇曾孙在，亦坐收系郡邸狱。故廷尉监鲁国丙吉受诏治巫蛊狱，吉心知太子无事实，重哀皇曾孙无辜，择谨厚女徒渭城胡组、淮阳郭征卿，令乳养曾孙，置间燥处。吉日再省视。

巫蛊事连岁不决，武帝疾，往来长杨、五柞宫。望气者言："长安狱中有天子气。"于是武帝遣使者分条中都官诏狱系者，无轻重一切皆杀之。内谒者令郭穰夜到郡邸狱，吉闭门拒使者不纳，曰："皇曾孙在。他人无辜死者犹不可，况亲曾孙乎！"相守至天明，不得入。穰还以闻，因劾奏吉。武帝亦寤，曰："天使之也。"因赦天下。郡邸狱系者，独赖吉得生。

既而吉谓守丞谁如"皇孙不当在官"，使谁如移书京兆尹，遣与胡组俱送。京兆尹不受，复还。及组日满当去，皇孙思慕，吉以私钱雇组，令留，与郭征卿并养，数月，乃遣组去。后少内啬夫白吉曰："食皇孙无诏令。"时吉得食米、肉，月月以给皇曾孙。曾孙病，几不全者数焉，吉数敕保养乳母加致医药，视遇甚有恩惠。吉闻史良娣有母贞君及兄恭，乃载皇曾孙以付之。贞君年老，见孙孤，甚哀之，自养视焉。

后有诏掖庭养视，上属籍宗正。时掖庭令张贺，尝事戾太子，思顾旧恩，哀曾孙，奉养甚谨，以私钱供给，教书。既壮，贺欲以女孙妻之。是时昭帝始冠，长八尺二寸。贺弟安世为右将军，辅政，闻贺称誉皇曾孙，欲妻以女，怒曰："曾孙乃卫太子后也，幸得以庶人衣食县官足矣，勿复言予女事！"于是贺止。时暴室啬夫许广汉有女，贺乃置酒请广汉，酒酣，为言"曾孙体近，下乃关内侯，可妻也"。广汉许诺。明日，妪闻之，怒。广汉重令人为介，遂与曾孙；贺以家财聘之。曾孙因依倚广汉兄弟及祖母家史氏，受诗于东海澓中翁，高材好学，然亦喜游侠，斗鸡、走马，以是具知闾里奸邪，吏治得失。数上下诸陵，周遍三辅，尝困于莲勺卤中。尤乐杜、鄠之间，率常在下杜。时会朝请，舍长安尚冠里。

及昌邑王废，霍光与张安世诸大臣议所立，未定。丙吉奏记光曰："将军事孝武皇帝，受襁褓之属，任天下之寄。孝昭皇帝早崩，无嗣，海内忧惧，欲亟闻嗣主。发丧之日，以大谊立后。所立非其人，复以大谊废之，天下莫不服焉。方今社稷、宗庙、群生之命，在将军之壹举。窃伏听于众庶，察其所言诸侯、宗室在列位者，未有所闻于民间也。而遗诏所养武帝曾孙名病已在掖庭、外家者，吉前使居郡邸时，见其幼少；至今十八九矣，通经术，有美材，行安而节和。愿将军详大义，参以蓍龟岂宜，褒显先使入侍，令天下昭然知之，然后决定大策，天下幸甚。"杜延年亦知曾孙德美，劝光、安世立焉。

秋七月，光坐庭中，会丞相以下议定所立，遂复与丞相敞等上奏曰："孝武皇帝曾孙病已，年十八，师受诗、论语、孝经，躬行节俭，慈仁爱人，可以嗣孝昭皇帝后，奉承祖宗庙，子万姓。臣昧死以闻。"皇太后诏曰："可。"光遣宗正德至曾孙家尚冠里，洗沐，赐御衣。太仆以軨猎车迎曾孙，就斋宗正府。庚申，入未央宫，见皇太后，封为阳武侯。已而群臣奏上玺绶，即皇帝位。谒高庙，尊皇太后为太皇太后。

侍御史严延年劾奏："大将军光擅废立主，无人臣礼，不道。"奏虽寝，然朝廷肃然敬惮之。

初，许广汉女适皇曾孙，一岁，生子奭。数月，曾孙立为帝，许氏为倢伃。是时霍将军有小女，与皇太后亲，公卿议更立皇后，皆心拟霍将军女，亦未有言。上乃诏求微时故剑。大臣知指，白立许倢伃为皇后。十一月壬子，立皇后许氏。霍光以后父广汉刑人，不宜君国，岁余，乃封为昌成君。

宣帝本始元年春，诏有司论定策安宗庙功。大将军光益封万七千户，与故所食凡二万户。车骑将军富平侯安世以下益封者十人，封侯者五人，赐爵关内侯八人。

大将军光稽首归政，上谦逊不受，诸事皆先关白光，然后奏御。自昭帝时，光子禹及兄孙云皆为中郎将，云弟山奉车都尉、侍中，领胡、越兵，光两女婿为东、西宫卫尉，昆弟、诸婿、外孙皆奉朝请，为诸曹、大夫、骑都尉、给事中，党亲连体，根据于朝廷。及昌邑王废，光权益重，每朝见，上虚己敛容，礼下之已甚。

三年春正月癸亥，恭哀许皇后崩。时霍光夫人显欲贵其小女成君，道无从。会许后当娠，病，女医淳于衍者，霍氏所爱，尝入宫侍皇后疾。衍夫赏为掖庭户卫，谓衍"可过辞霍夫人，行为我求安池监"。衍如言报显，显因生心，辟左右字谓衍曰："少夫幸报我以事，我亦欲报少夫，可乎？"衍曰："夫人所言，何等不可者！"显曰："将军素爱小女成君，欲奇贵之，愿以累少夫。"衍曰："何谓邪？"显曰："妇人免乳，大故，十死一生。今皇后当免身，可因投毒药去也，成君即为皇后矣。如蒙力，事成，富贵与少夫共之。”衍曰：“药杂治，当先尝，安可？”显曰：“在少夫为之耳。将军领天下，谁敢言者！缓急相护，但恐少夫无意耳。”衍良久曰：“愿尽力。”即捣附子，赍入长定宫。皇后免身后，衍取附子并合太医大丸以饮皇后，有顷，曰：“我头岑岑也，药中得无有毒？”对曰：“无有。”遂加烦懑，崩。衍出，过见显，相劳问，亦未敢重谢衍。后人有上书告诸医侍疾无状者，皆收系诏狱，劾不道。显恐急，即以状具语光，因曰：“既失计为之，无令吏急衍。”光大惊，欲自发举，不忍，犹与。会奏上，光署衍勿论。显因劝光内其女入宫。

四年春三月乙卯，立霍光女为皇后。舆驾、侍从益盛，赏赐官属以千万计，与许后时县绝矣。

地节二年春，霍光病笃，车驾自临问，上为之涕泣。光上书谢恩，愿分国邑三千户以封兄孙奉车都尉山为列侯，奉兄去病祀。即日拜光子禹为右将军。三月庚午，光薨，上及皇太后亲临光丧，中二千石治冢，赐梓宫葬具，皆如乘舆制度，谥曰宣成侯。发三河卒穿复土，置园邑三百家，长、丞奉守。下诏复其后世，畴其爵邑，世世无有所与。

御史大夫魏相上封事曰：“国家新失大将军，宜显明功臣，以填藩国，毋空大位，以塞争权。宜以车骑将军安世为大将军，毋令领光禄勋事，以其子延寿为光禄勋。”上亦欲用之。夏四月戊申，以安世为大司马、车骑将军，领尚书事。

上思报大将军德，乃封光兄孙山为乐平侯，使以奉车都尉领尚书事。魏相因昌成君许广汉奏封事，言：“春秋讥世卿，恶宋三世为大夫及鲁季孙之专权，皆危乱国家。自后元以来，禄去王室，政由冢宰。今光死，子复为右将军，兄子秉枢机，昆弟、诸婿据权势，在兵官，光夫人显及诸女皆通籍长信宫，或夜诏门出入，骄奢放纵，恐寖不制。宜有以损夺其权，破散阴谋，以固万世之基，全功臣之世。”又故事，诸上书者皆为二封，署其一曰“副”，领尚书者先发副封，所言不善，屏去不奏。相复因许伯白去副封，以防壅蔽。帝善之，诏相给事中，皆从其议。

三年夏四月戊申，立子奭为皇太子，以丙吉为太傅，太中大夫疏广为少傅。封太子外祖父许广汉为平恩侯，又封霍光兄孙中郎将云为冠阳侯。霍显闻立太子，怒恚不食，欧血，曰：“此乃民间时子，安得立！即后有子，反为王邪？”复教皇后令毒太子。皇后数召太子，赐食，保阿辄先尝之，后挟毒不得行。

霍氏骄侈纵横。太夫人显广治第室，作乘舆辇，加画，绣絪冯，黄金涂，韦絮荐轮，侍婢以五采丝挽显游戏第中。与监奴冯子都乱。而禹、山亦并缮治第宅，走马驰逐平乐馆。云当朝请，数称病私出，多从宾客，张围猎黄山苑中，使仓头奴上朝谒，莫敢谴者。显及诸女昼夜出入长信宫殿中，无期度。

帝自在民间，闻知霍氏尊盛日久，内不能善。既躬亲朝政，御史大夫魏相给事中。显谓禹、云、山：“女曹不务奉大将军余业，今大夫给事中，他人壹间女，能复自救邪？”后两家奴争道，霍氏奴入御史府，欲蹋大夫门；御史为叩头谢，乃去。人以谓霍氏，显等始知忧。

会魏大夫为丞相，数燕见言事，平恩侯与侍中金安上等径出入省中。时霍山领尚书，上令吏民得奏封事，不关尚书，群臣进见独往来，于是霍氏甚恶之。上颇闻霍氏毒杀许后而未察，乃徙光女婿度辽将军、未央卫尉平陵侯范明友为光禄勋，出次婿诸吏、中郎将、羽林监任胜为安定太守。数月，复出光姊婿给事中、光禄大夫张朔为蜀郡太守，群孙婿中郎将王汉为武威太守。顷之，复徙光长女婿长乐卫尉邓广汉为少府。戊戌，更以张安世为卫将军，两宫卫尉、城门、北军兵属焉。以霍禹为大司马，冠小冠，无印绶；罢其屯兵官属，特使禹官名与光俱大司马者。又收范明友度辽将军印绶，但为光禄勋；及光中女婿赵平为散骑都尉、光禄大夫，将屯兵，又收平骑都尉印绶。诸领胡、越骑、羽林及两宫卫将屯兵，悉易以所亲信许、史子弟代之。

四年。霍显及禹、山、云自见日侵削，数相对啼泣自怨。山曰："今丞相用事，县官信之，尽变易大将军时法令，发扬大将军过失。又，诸儒生多窭人子，远客饥寒，喜妄说狂言，不避忌讳，大将军常仇之。今陛下好与诸儒生语，人人自书对事，多言我家者。尝有上书言我家昆弟骄恣，其言绝痛，山屏不奏。后上书者益黠，尽奏封事，辄下中书令出取之，不关尚书，益不信人。又闻民间讙言'霍氏毒杀许皇后'，宁有是邪？"显恐急，即具以实告禹、山、云。禹、山、云惊曰："如是，何不早告禹等！县官离散、斥逐诸婿，用是故也。此大事，诛罚不小，奈何？"于是始有邪谋矣。

云舅李竟所善张赦，见云家卒卒，谓竟曰："今丞相与平恩侯用事，可令太夫人言太后，先诛此两人。移徙陛下，在太后耳。"长安男子张章告之，事下廷尉，执金吾捕张赦等。后有诏，止勿捕。山等愈恐，相谓曰："此县官重太后，故不竟也。然恶端已见，久之犹发。发即族矣，不如先也。"遂令诸女各归报其夫，皆曰："安所相避！"

会李竟坐与诸侯王交通，辞语及霍氏，有诏："云、山不宜宿卫，免就第。"山阳太守张敞上封事曰："臣闻公子季友有功于鲁，赵衰有功于晋，田完有功于齐，皆畴其庸，延及子孙。终后田氏篡齐，赵氏分晋，季氏颛鲁。故仲尼作春秋，迹盛衰，讥世卿最甚。乃者大将军决大计，安宗庙，定天下，功亦不细矣。夫周公七年耳，而大将军二十岁，海内之命，断于掌握。方其隆盛时，感动天地，侵迫阴阳。朝臣宜有明言曰：‘陛下褒宠故大将军，以报功德足矣。间者辅臣颛政，贵戚大盛，君臣之分不明，请罢霍氏三侯皆就第。及卫将军张安世，宜赐几杖归休，时存问召见，以列侯为天子师。’明诏以恩不听，群臣以义固争而后许之，天下必以陛下为不忘功德，而朝臣为知礼，霍氏世世无所患苦。今朝廷不闻直声，而令明诏自亲其文，非策之得者也。今两侯已出，人情不相远，以臣心度之，大司马及其枝属必有畏惧之心。夫近臣自危，非完计也。臣敞愿于广朝白发其端，直守远郡，其路无由。唯陛下省察。”上甚善其计，然不召也。

禹、山等家数有妖怪，举家忧愁。山曰：“丞相擅减宗庙羔、菟、蛙，可以此罪也。”谋令太后为博平君置酒，召丞相、平恩侯以下，使范明友、邓广汉承太后制引斩之，因废天子而立禹。约定未发，云拜为玄菟太守，太中大夫任宣为代郡太守。会事发觉，秋七月，云、山、明友自杀，显、禹、广汉等捕得。禹要斩，显及诸女昆弟皆弃市，与霍氏相连坐诛灭者数十家。太仆杜延年以霍氏旧人，亦坐免官。八月己酉，皇后霍氏废，处昭台宫。乙丑，诏封告霍氏反谋者男子张章、期门董忠、左曹杨恽、侍中金安上、史高皆为列侯。恽，丞相敞子。安上，车骑将军日磾弟子。高，史良娣兄子也。

初，霍氏奢侈，茂陵徐生曰：“霍氏必亡。夫奢则不逊，不逊必侮上。侮上者，逆道也，在人之右，众必害之。霍氏秉权日久，害之者多矣。天下害之，而又行以逆道，不亡何待。”乃上疏言：

"霍氏泰盛,陛下即爱厚之,宜以时抑制,无使至亡。"书三上,辄报闻。其后霍氏诛灭,而告霍氏者皆封,人为徐生上书曰:"臣闻客有过主人者,见其灶直突,傍有积薪。客谓主人:'更为曲突,远徙其薪,不者且有火患。'主人嘿然不应。俄而家果失火,邻里共救之,幸而得息。于是杀牛置酒,谢其邻人,灼烂者在于上行,余各以功次坐,而不录言曲突者。人谓主人曰:'乡使听客之言,不费牛酒,终无火患。今论功而请宾,曲突徙薪无恩泽,焦头烂额为上客邪?'主人乃寤而请之。今茂陵徐福数上书言霍氏且有变,宜防绝之。乡使福说得行,则国无裂土出爵之费,臣无逆乱诛灭之败。往事既已,而福独不蒙其功,唯陛下察之,贵徙薪曲突之策,使居焦发灼烂之右。"上乃赐福帛十匹,后以为郎。

帝初立,谒见高庙,大将军光骖乘,上内严惮之,若有芒刺在背。后车骑将军张安世代光骖乘,天子从容肆体,甚安近焉。及光身死而宗族竟诛,故俗传霍氏之祸萌于骖乘。后十二岁,霍后复徙云林馆,乃自杀。

班固赞曰:霍光受襁褓之托,任汉室之寄,匡国家,安社稷,拥昭立宣,虽周公、阿衡何以加此。然光不学无术,暗于大理,阴妻邪谋,立女为后,湛溺盈溢之欲,以增颠覆之祸,死财三年,宗族诛夷,哀哉!

臣光曰:霍光之辅汉室,可谓忠矣,然卒不能庇其宗,何也?夫威福者,人君之器也。人臣执之,久而不归,鲜不及矣。以孝昭之明,十四而知上官桀之诈,固可以亲政矣。况孝宣十九即位,聪明刚毅,知民疾苦,而光久专大柄,不知避去,多置亲党,充塞朝廷,使人主蓄愤于上,吏民积怨于下,切齿侧目,待时而发,其得免于身幸矣,况子孙以骄侈趣之哉。虽然，向使孝宣专以禄秩、赏赐富其子孙，使之食大县，奉朝请，亦足以报盛德矣。乃复任之以政，授之以兵，及事丛衅积，更加裁夺，遂至怨惧以生邪谋。岂徒霍氏之自祸哉，亦孝宣酝酿以成之也。昔斗椒作乱于楚，庄王灭其族而赦箴尹克黄，以为子文无后，何以劝善。夫以显、禹、云、山之罪，虽应夷灭，而光之忠勋不可不祀。遂使家无噍类，孝宣亦少恩哉！

赵充国破羌

汉宣帝元康四年。初，武帝开河西四郡，隔绝羌与匈奴相通之路，斥逐诸羌，不使居湟中地。及帝即位，光禄大夫义渠安国使行诸羌。先零豪言："愿时度湟水北，逐民所不田处畜牧。"安国以闻。后将军赵充国劾安国奉使不敬。是后羌人旁缘前言，抵冒渡湟水，郡县不能禁。

既而先零与诸羌种豪二百余人解仇、交质、盟诅，上闻之，以问赵充国。对曰："羌人所以易制者，以其种自有豪，数相攻击，势不壹也。往三十余岁，西羌反时，亦先解仇、合约攻令居，与汉相距，五六年乃定。匈奴数诱羌人，欲与之共击张掖、酒泉地，使羌居之。间者匈奴困于西方，疑其更遣使至羌中与相结。臣恐羌变未止，此且复结联他种，宜及未然为之备。"后月余，羌侯狼何果遣使至匈奴藉兵，欲击鄯善、敦煌以绝汉道。充国以为"狼何势不能独造此计，疑匈奴使已至羌中，先零、罕、幵乃解仇、作约。到秋马肥，变必起矣。宜遣使者行边兵，豫为备敕，视诸羌毋令解仇，以发觉其谋"。于是两府复白遣义渠安国行视诸羌，分别善恶。

神爵元年三月，义渠安国至羌中，召先零诸豪三十余人，以尤桀黠者皆斩之，纵兵击其种人，斩首千余级。于是诸降羌及归义羌侯杨玉等怨怒，无所信乡，遂劫略小种，背畔犯塞，攻城邑，杀长吏。安国以骑都尉将骑三千屯备羌，至浩亹，为虏所击，失亡车重、兵器甚众。安国引还，至令居，以闻。

时赵充国年七十余，上老之，使丙吉问："谁可将者？"充国对曰："无逾于老臣者矣。"上遣问焉，曰："将军度羌虏何如？当用几人？"充国曰："百闻不如一见。兵难遥度，臣愿驰至金城，图上方略。羌戎小夷，逆天背畔，灭亡不久。愿陛下以属老臣，勿以为忧。"上笑曰："诺。"乃大发兵诣金城。夏四月，遣充国将之，以击西羌。

六月，赵充国至金城，须兵满万骑，欲渡河，恐为虏所遮，即夜遣三校衔枚先渡，渡辄营陈。会明毕，遂以次尽渡。虏数十百骑来，出入军傍，充国曰："吾士马新倦，不可驰逐。此皆骁骑难制，又恐其为诱兵也。击虏以殄灭为期，小利不足贪。"令军勿击。遣骑候四望狭中无虏，夜，引兵上至落都，召诸校司马谓曰："吾知羌虏不能为兵矣。使虏发数千人守杜四望狭中，兵岂得入哉！"

充国常以远斥候为务，行必为战备，止必坚营壁，尤能持重，爱士卒，先计而后战。遂西至西部都尉府，日飨军士，士皆欲为用。虏数挑战，充国坚守。捕得生口，言羌豪相数责曰："语汝无反。今天子遣赵将军来，年八九十矣，善为兵，今请欲壹斗而死，可得邪？"初，罕、幵豪靡当儿使弟雕库来告都尉曰："先零欲反。"后数日，果反。雕库种人颇在先零中，都尉即留雕库为质。

充国以为无罪，乃遣归告种豪："大兵诛有罪者，明白自别，毋取并灭。天子告诸羌人：犯法者能相捕斩，除罪，仍以功大小赐钱有差，又以其所捕妻子、财物尽与之。"充国计欲以威信招降罕、开及劫略者，解散虏谋，徼其疲剧，乃击之。

时上已发内郡兵屯边者合六万人矣。酒泉太守辛武贤奏言："郡兵皆屯备南山，北边空虚，势不可久。若至秋冬乃进兵，此虏在境外之册。今虏朝夕为寇，土地寒苦，汉马不耐冬，不如以七月上旬赍三十日粮，分兵出张掖、酒泉，合击罕、开在鲜水上者。虽不能尽诛，但夺其畜产，虏其妻子，复引兵还。冬复击之，大兵仍出，虏必震坏。"天子下其书充国，令议之。充国以为："一马自负三十日食，为米二斛四斗，麦八斛，又有衣装、兵器，难以追逐。虏必商军进退，稍引去，逐水草，入山林。随而深入，虏即据前险，守后厄，以绝粮道，必有伤危之忧，为夷狄笑，千载不可复。而武贤以为可夺其畜产，虏其妻子，此殆空言，非至计也。先零首为畔逆，它种劫略，故臣愚册，欲捐罕、开暗昧之过，隐而勿章，先行先零之诛以震动之，宜悔过反善，因赦其罪，选择良吏知其俗者，拊循和辑。此全师保胜安边之册。"

天子下其书公卿，议者咸以为"先零兵盛，而负罕、开之助，不先破罕、开，则先零未可图也"。上乃拜侍中许延寿为强弩将军，即拜酒泉太守武贤为破羌将军，赐玺书嘉纳其册。以书敕让充国曰："今转输并起，百姓烦扰，将军将万余之众，不早及秋共水草之利，争其畜食，欲至冬，虏皆当畜食，多藏匿山中，依险阻，将军士寒，手足皲瘃，宁有利哉！将军不念中国之费，欲以岁数而胜敌，将军谁不乐此者。今诏破羌将军武贤等将兵，以七月击罕羌，将军其引兵并进，勿复有疑。"

充国上书曰："陛下前幸赐书，欲使人谕罕，以大军当至，汉不诛罕以解其谋。臣故遣开豪雕库宣天子至德，罕、开之属皆闻知明诏。今先零羌杨玉阻石山木，候便为寇，罕羌未有所犯，乃置先零，先击罕。释有罪，诛无辜，起壹难，就两害，诚非陛下本计也。臣闻兵法'攻不足者守有余'，又曰'善战者致人，不致于人'。今罕羌欲为敦煌、酒泉寇，宜饬兵马，练战士，以须其至。坐得致敌之术，以逸击劳，取胜之道也。今恐二郡兵少，不足以守，而发之行攻，释致虏之术而从为虏所致之道，臣愚以为不便。先零羌虏欲为背畔，故与罕、开解仇、结约，然其私心不能无恐汉兵至而罕、开背之也。臣愚以为其计常欲先赴罕、开之急，以坚其约。先击罕羌，先零必助之。今虏马肥，粮食方饶，击之恐不能伤害，适使先零得施德于罕羌，坚其约，合其党。虏交坚党，合精兵二万余人，迫胁诸小种，附著者稍众，莫须之属不轻得离也。如是，虏兵寖多，诛之用力数倍。臣恐国家忧累，由十年数，不二三岁而已。于臣之计，先诛先零已，则罕、开之属不烦兵而服矣。先零已诛，而罕、开不服，涉正月击之，得计之理，又其时也。以今进兵，诚不见其利。"戊申，充国上奏。秋七月甲寅，玺书报，从充国计焉。

充国乃引兵至先零在所。虏久屯聚，懈弛，望见大军，弃车重，欲渡湟水，道厄狭，充国徐行驱之。或曰："逐利行迟。"充国曰："此穷寇，不可迫也。缓之则走不顾，急之则还致死。"诸校皆曰："善。"虏赴水溺死者数百，降及斩首五百余人，虏马牛羊十万余头，车四千余两。兵至罕地，令军毋燔聚落，刍牧田中。罕羌闻之，喜曰："汉果不击我矣。"豪靡忘使人来言："愿得还复故地。"充国以闻，未报。靡忘来自归，充国赐饮食，遣还谕种人。

护军以下皆争之，曰："此反虏，不可擅遣。"充国曰："诸君但欲便文自营，非为公家忠计也。"语未卒，玺书报，令靡忘以赎论。后罕竟不烦兵而下。

上诏破羌、强弩将军诣屯所，以十二月与充国合，进击先零。时羌降者万余人矣，充国度其必坏，欲罢骑兵，屯田以待其敝。作奏未上，会得进兵玺书，充国子中郎将卬惧，使客谏充国曰："诚令兵出，破军杀将，以倾国家，将军守之可也。即利与病，又何足争。一旦不合上意，遣绣衣来责将军，将军之身不能自保，何国家之安。"充国叹曰："是何言之不忠也。本用吾言，羌虏得至是邪？往者举可先行羌者，吾举辛武贤，丞相、御史复白遣义渠安国，竟沮败羌。金城、湟中谷斛八钱，吾谓耿中丞：'籴三百万斛谷，羌人不敢动矣。'耿中丞请籴百万斛，乃得四十万斛耳；义渠再使，且费其半。失此二册，羌人致敢为逆。失之豪厘，差以千里，是既然矣。今兵久不决，四夷卒有动摇，相因而起，虽有知者不能善其后，羌独足忧邪！吾固以死守之，明主可为忠言。"

遂上屯田奏曰："臣所将吏士、马牛食所用粮谷、茭藁，调度甚广，难久不解，徭役不息，恐生他变，为明主忧，诚非素定庙胜之册。且羌易以计破，难用兵碎也，故臣愚心以为击之不便。计度临羌东至浩亹，羌虏故田及公田，民所未垦，可二千顷以上，其间邮亭多坏败者。臣前部士入山伐材木六万余枚，在水次。臣愿罢骑兵，留步兵万二百八十一人，分屯要害处，冰解漕下，缮乡亭，浚沟渠，治湟狭以西道桥七十所，令可至鲜水左右。田事出，赋人二十亩。至四月草生，发郡骑及属国胡骑各千，就草为田者游兵，以充入金城郡，益积畜，省大费。今大司农所转谷至者，足支万人一岁食，谨上田处及器用簿。"

上报曰："即如将军之计，虏当何时伏诛？兵当何时得决？孰计其便，复奏。"

充国上状曰："臣闻帝王之兵，以全取胜，是以贵谋而贱战。'百战而百胜，非善之善者也，故先为不可胜以待敌之可胜。'蛮夷习俗虽殊于礼义之国，然其欲避害就利，爱亲戚，畏死亡，一也。今虏亡其美地荐草，愁于寄托，远遁，骨肉心离，人有畔志。而明主班师罢兵，万人留田，顺天时，因地利，以待可胜之虏，虽未即伏辜，兵决可期月而望。羌虏瓦解，前后降者万七百余人，及受言去者凡七十辈，此坐支解羌虏之具也，臣谨条不出兵留田便宜十二事：步兵九校、吏士万人留屯，以为武备，因田致谷，威德并行，一也。又因排折羌虏，令不得归肥饶之地，贫破其众，以成羌虏相畔之渐，二也。居民得并田作，不失农业，三也。军马一月之食，度支田士一岁，罢骑兵以省大费，四也。至春，省甲士卒，循河、湟漕谷至临羌，以示羌虏，扬威武，传世折冲之具，五也。以闲暇时，下先所伐材，缮治邮亭，充入金城，六也。兵出，乘危徼幸；不出，令反畔之虏窜于风寒之地，离霜露、疾疫、瘃堕之患，坐得必胜之道，七也。无经阻、远追、死伤之害，八也。内不损威武之重，外不令虏得乘间之势，九也。又无惊动河南大幵，使生他变之忧，十也。治湟狭中道桥，令可至鲜水以制西域，伸威千里，从枕席上过师，十一也。大费既省，繇役豫息，以戒不虞，十二也。留屯田得十二便，出兵失十二利，唯明诏采择。"

上复赐报曰："兵决可期月而望者，谓今冬邪？谓何时也？将军独不计虏闻兵颇罢，且丁壮相聚，攻扰田者及道上屯兵，复杀略人民，将何以止之？将军熟计复奏。"

充国〔复〕奏曰："臣闻兵以计为本，故多算胜少算。先零羌精兵，今余不过七八千人，失地远客分散，饥冻畔还者不绝。臣愚以为虏破坏可日月冀，远在来春，故曰兵决可期月而望。窃见北边自敦煌至辽东万一千五百余里，乘塞列地有吏卒数千人，虏数以大众攻之而不能害。今骑兵虽罢，虏见屯田之士精兵万人，从今尽三月，虏马羸瘦，必不敢捐其妻子于他种中，远涉河山而来为寇，亦不敢将其累重，还归故地。是臣之愚计所以度虏且必瓦解其处，不战而自破之册也。至于虏小寇盗，时杀人民，其原未可卒禁。臣闻战不必胜，不苟接刃；攻不必取，不苟劳众。诚令兵出，虽不能灭先零，但能令虏绝不为小寇，则出兵可也。即今同是，而释坐胜之道，从乘危之势，往终不见利，空内自罢敝，贬重而自损，非所以示蛮夷也。又大兵一出，还不可复留，湟中亦未可空，如是，徭役复更发也，臣愚以为不便。臣窃自惟念，奉诏出塞，引军远击，穷天子之精兵，散车甲于山野，虽无尺寸之功，偷得避嫌之便，而无后咎余责，此人臣不忠之利，非明主社稷之福也。"

充国奏每上，辄下公卿议臣。初是充国计者什三，中什五，最后什八。有诏诘前言不便者，皆顿首服。魏相曰："臣愚不习兵事利害。后将军数画军册，其言常是，臣任其计可必用也。"上于是报充国，嘉纳之。亦以破羌、强弩将军数言当击，于是两从其计，诏两将军与中郎将卬出击。强弩出降四千余人，破羌斩首二千级，中郎将卬斩首降者亦二千余级，而充国所降复得五千余人。诏罢兵，独充国留屯田。

二年夏五月，赵充国奏言："羌本可五万人军，凡斩首七千六百级，降者三万一千二百人，溺河湟、饥饿死者五六千人，定计遗脱与煎巩、黄羝俱亡者不过四千人。羌靡忘等自诡必得，请罢屯兵。”奏可。充国振旅而还。所善浩星赐迎说充国曰:“众人皆以破羌、强弩出击,多斩首、生降,虏以破坏。然有识者以为虏势穷困,兵虽不出,必自服矣。将军即见,宜归功于二将军出击,非愚臣所及。如此,将军计未失也。”充国曰:“吾年老矣,爵位已极,岂嫌伐一时事以欺明主哉!兵势,国之大事,当为后法。老臣不以余命,壹为陛下明言兵之利害,卒死,谁当复言之者。”卒以其意对。上然其计,罢遣辛武贤归酒泉太守官,充国复为后将军。

秋,羌若零、离留、且种、儿库共斩先零大豪犹非、杨玉首,及诸豪弟泽、阳雕、良儿、靡忘皆帅煎巩、黄羝之属四千余人降。汉封若零、弟泽二人为帅众王,余皆为侯、为君。初置金城属国,以处降羌。诏举可护羌校尉者。时充国病,四府举辛武贤小弟汤。充国遽起,奏:“汤使酒,不可典蛮夷,不如汤兄临众。”时汤已拜受节,有诏更用临众。后临众病免,五府复举汤。汤数醉酗羌人,羌人反畔,卒如充国之言。辛武贤深恨充国,上书告中郎将卬泄省中语,下吏,自杀。

匈奴归汉

汉昭帝始元二年。初,武帝征伐匈奴,深入穷追二十余年,匈奴马畜孕重堕殰,罢极,苦之,常有欲和亲意,未能得。狐鹿孤单于有异母弟为左大都尉,贤,国人乡之。母阏氏恐单于不立子而立左大都尉也,乃私使杀之。左大都尉同母兄怨,遂不肯复会单于庭。是岁,单于病且死,谓诸贵人:“我子少,不能治国,立弟右谷蠡王。”及单于死,卫律等与颛渠阏氏谋匿其丧,矫单于令,更立子左谷蠡王为壶衍鞮单于。左贤王、右谷蠡王怨望，率其众欲南归汉，恐不能自致，即胁卢屠王欲与西降乌孙。卢屠王告之单于，使人验问，右谷蠡王不服，反以其罪罪卢屠王，国人皆冤之。于是二王去居其所，不复肯会龙城，匈奴始衰。

六年春二月，壶衍鞮单于立，母阏氏不正，国内乖离，常恐汉兵袭之，于是卫律为单于谋，与汉和亲。汉使至，求苏武等，匈奴诡言武死。后汉使复至匈奴，常惠私见汉使，教使者谓单于，言“天子射上林中，得雁，足有系帛书，言武等在某泽中”。使者大喜，如惠语以让单于。单于视左右而惊，谢汉使曰：“武等实在。”乃归武及马宏等。马宏者，前副光禄大夫王忠使西国，为匈奴所遮，忠战死，马宏生得，亦不肯降。故匈奴归此二人，欲以通善意。天汉元年苏武使匈奴事，见武帝伐匈奴。

元凤元年。匈奴发左右部二万骑为四队，并入边为寇。汉兵追之，斩首、获虏九千人，生得瓯脱王。汉无所失亡。匈奴见瓯脱王在汉，恐以为道击之，即西北远去，不敢南逐水草，发人民屯瓯脱。

二年。匈奴复遣九千骑屯受降城以备汉，北桥余吾水，令可度，以备奔走，欲求和亲，而恐汉不听，故不肯先言，常使左右风汉使者。然其侵盗益希，遇汉使愈厚，欲以渐致和亲，汉亦羁縻之。

三年春正月，匈奴单于使犁污王窥边，言“酒泉、张掖兵益弱，出兵试击，冀可复得其地”。时汉先得降者，闻其计，天子诏边警备。后无几，右贤王、犁污王四千骑分三队，入日勒、屋兰、番和。张掖太守、属国都尉发兵击，大破之，得脱者数百人。属国义渠王射杀犁污王，赐黄金二百斤，马二百匹，因封为犁污王。

自是后，匈奴不敢入张掖。

初，冒顿破东胡，东胡余众散保乌桓及鲜卑山为二族，世役属匈奴。武帝击破匈奴左地，因徙乌桓于上谷、渔阳、右北平、辽东塞外，为汉侦察匈奴动静。置护乌桓校尉监领之，使不得与匈奴交通。至是，部众渐强，遂反。

先是，匈奴三千余骑入五原，杀略数千人。后数万骑南旁塞猎，行攻塞外亭障，略取吏民去。是时汉边郡烽火候望精明，匈奴为边寇者少利，希复犯塞。汉复得匈奴降者，言乌桓尝发先单于冢，匈奴怨之，方发二万骑击乌桓。霍光欲发兵邀击之，以问护军都尉赵充国。充国以为："乌桓间数犯塞，今匈奴击之，于汉便。又匈奴希寇盗，北边幸无事，蛮夷自相攻击，而发兵要之，招寇生事，非计也。"光更问中郎将范明友，明友言可击。于是拜明友为度辽将军，将二万骑出辽东。匈奴闻汉兵至，引去。初，光诫明友："兵不空出。即后匈奴，遂击乌桓。"乌桓时新中匈奴兵，明友既后匈奴，因乘乌桓敝，击之，斩首六千余级，获三王首。匈奴由是恐，不能复出兵。

宣帝本始二年。昭帝时乌孙公主上书言："匈奴与车师共侵乌孙，唯天子幸救之。"汉养士马，议击匈奴。会昭帝崩，上遣光禄大夫常惠使乌孙，乌孙公主及昆弥皆遣使上书，言"匈奴复连发大兵，侵击乌孙。使使谓乌孙，'趣持公主来'，欲隔绝汉。昆弥愿发国精兵五万骑，尽力击匈奴，唯天子出兵以救公主、昆弥"。先是，匈奴数侵汉边，汉亦欲讨之。秋，大发兵，遣御史大夫田广明为祁连将军，四万余骑出西河；度辽将军范明友，三万余骑出张掖；前将军韩增，三万余骑出云中；后将军赵充国为蒲类将军，三万余骑出酒泉；云中太守田顺为虎牙将军，三万余骑出五原；期以出塞各二千余里。以常惠为校尉，持节护乌孙兵，共击匈奴。

三年春正月戊辰，五将军发长安。匈奴闻汉兵大出，老弱奔走，驱畜产远遁逃，是以五将少所得。夏五月，军罢。度辽将军出塞千二百余里，至蒲离候水，斩首、捕虏七百余级。前将军出塞千二百余里，至乌员，斩首、捕虏百余级。蒲类将军出塞千八百余里，西去候山，斩首、捕虏，得单于使者蒲阴王以下三百余级。闻虏已引去，皆不至期还。天子薄其过，宽而不罪。祁连将军出塞千六百里，至鸡秩山，斩首、捕虏十九级。逢汉使匈奴还者冉弘等言："鸡秩山西有虏众。"祁连即戒弘，使言无虏，欲还兵。御史属公孙益寿谏，以为不可。祁连不听，遂引兵还。虎牙将军出塞八百余里，至丹余吾水上，即止兵不进，斩首、捕虏千九百余级，引兵还。上以虎牙将军不至期，诈增卤获，而祁连知虏在前，逗遛不进，皆下吏，自杀。擢公孙益寿为侍御史。

乌孙昆弥自将五万骑与校尉常惠从西方入，至右谷蠡王庭，获单于父行及嫂、居次、名王、犁污都尉、千长、骑将以下四万级，马牛羊驴橐驼七十余万头。乌孙皆自取所虏获。上以五将皆无功，独惠奉使克获，封惠为长罗侯。然匈奴民众伤而去者，及畜产远移死亡，不可胜数，于是匈奴遂衰耗，怨乌孙。

冬，匈奴单于自将数万骑击乌孙，颇得老弱。欲还，会天大雨雪，一日深丈余，人民畜产冻死，还者不能什一。于是丁令乘弱攻其北，乌桓入其东，乌孙击其西。凡三国所杀数万级，马数万匹，牛羊甚众。又重以饿死，人民死者什三，畜产什五。匈奴大虚弱，诸国羁属者皆瓦解，攻盗不能理。其后汉出三千余骑为三道，并入匈奴，捕虏得数千人还。匈奴终不敢取当，滋欲乡和亲，而边境少事矣。

地节二年。匈奴壶衍鞮单于死，弟左贤王立为虚闾权渠单于，以右大将女为大阏氏，而黜前单于所幸颛渠阏氏。颛渠辟氏父左大且渠怨望。是时汉以匈奴不能为边寇，罢塞外诸城以休百姓。单于闻之，喜，召贵人谋，欲与汉和亲。左大且渠心害其事，曰："前汉使来，兵随其后。今亦效汉发兵，先使使者入。"乃自请与呼卢訾王各将万骑，南旁塞猎，相逢俱入。行未到，会三骑亡降汉，言匈奴欲为寇。于是天子诏发边骑屯要害处，使大将军军监治众等四人将五千骑，分三队，出塞各数百里，捕得虏各数十人而还。时匈奴亡其三骑，不敢入，即引去。是岁，匈奴饥，人民、畜产死什六七，又发两屯各万骑以备汉。其秋，匈奴前所得西嗕居左地者，其君长以下数千人皆驱畜产行，与瓯脱战，所杀伤甚众，遂南降汉。

三年。昭帝时，匈奴使四千骑田车师。及五将军击匈奴，车师田者惊去，车师复通于汉。匈奴怒，召其太子军宿，欲以为质。军宿，焉耆外孙，不欲质匈奴，亡走焉耆，车师王更立子乌贵为太子。及乌贵立为王，与匈奴结婚姻，教匈奴遮汉道通乌孙者。是岁，侍郎会稽郑吉与校尉司马憙将免刑罪人田渠犁，积谷，发城郭诸国兵万余人，与所将田士千五百人共击车师，破之。车师王请降。匈奴发兵攻车师，吉、憙引兵北逢之，匈奴不敢前。吉、憙即留一候与卒二十人留守王，吉等引兵归渠犁。车师王恐匈奴兵复至而见杀也，乃轻骑奔乌孙。吉即迎其妻子，传送长安。匈奴更以车师王昆弟兜莫为车师王，收其余民东徙，不敢居故地，而郑吉始使吏卒三百人往田车师地以实之。

元康二年。匈奴大臣皆以为"车师地肥美，近匈奴，使汉得之，多田积谷，必害人国，不可不争”。由是数遣兵击车师田者。郑吉将渠犁田卒七千余人救之，为匈奴所围。吉上言：“车师去渠犁千余里，汉兵在渠犁者少，势不能相救，愿益田卒。”上与后将军赵充国等议，欲因匈奴衰弱，出兵击其右地，使不敢复扰西域。

魏相上书谏曰：“臣闻之，救乱诛暴，谓之义兵，兵义者王。敌加于己，不得已而起者，谓之应兵，兵应者胜。争恨小故，不忍愤怒者，谓之忿兵，兵忿者败。利人土地货宝者，谓之贪兵，兵贪者破。恃国家之大，矜民人之众，欲见威于敌者，谓之骄兵，兵骄者灭。此五者，非但人事，乃天道也。间者匈奴尝有善意，所得汉民辄奉归之，未有犯于边境，虽争屯田车师，不足致意中。今闻诸将军欲兴兵入其地，臣愚不知此兵何名者也。今边郡困乏，父子共犬羊之裘，食草菜之实，常恐不能自存，难以动兵。‘军旅之后，必有凶年’，言民以其愁苦之气伤阴阳之和也。出兵虽胜，犹有后忧，恐灾害之变因此以生。今郡国守相多不实选，风俗尤薄，水旱不时。按今年计，子弟杀父兄，妻杀夫者，凡二百二十二人，臣愚以为此非小变也。今左右不忧此，乃欲发兵报纤介之忿于远夷，殆孔子所谓吾恐季孙之忧，不在颛臾而在萧墙之内也。”上从相言，止遣长罗侯常惠将张掖、酒泉骑往车师，迎郑吉及其吏士还渠犁。召故车师太子军宿在焉耆者，立以为王，尽徙车师国民令居渠犁，遂以车师故地与匈奴。以郑吉为卫司马，使护鄯善以西南道。

神爵二年九月，匈奴虚闾权渠单于将十余万骑旁塞猎，欲入边为寇。未至，会其民题除渠堂亡降汉，言状，汉以为言兵鹿奚卢侯，而遣后将军赵充国将兵四万余骑屯缘边九郡备虏。月余，单于病欧血，因不敢入，还去，即罢兵。乃使题王都犁胡次等入汉请和亲，未报，会单于死。虚闾权渠单于始立而黜颛渠阏氏，颛渠阏氏即与右贤王屠耆堂私通，右贤王会龙城而去。颛渠阏氏语以单于病甚，且勿远。后数日，单于死，用事贵人郝宿王刑未央使人召诸王，未至，颛渠阏氏与其弟左大且渠都隆奇谋，立右贤王为握衍朐鞮单于。握衍朐鞮单于者，乌维单于耳孙也。

握衍朐鞮单于立，凶恶，杀刑未央等，而任用都隆奇，又尽免虚闾权渠子弟近亲，而自以其子弟代之。虚闾权渠单于子稽侯狦既不得立，亡归妻父乌禅幕。乌禅幕者，本乌孙、康居间小国，数见侵暴，率其众数千人降匈奴，狐鹿姑单于以其弟子日逐王姊妻之，使长其众，居右地。日逐王先贤掸，其父左贤王当为单于，让狐鹿姑单于，狐鹿姑单于许立之。国人以故颇言日逐王当为单于。日逐王素与握衍朐鞮单于有隙，即率其众欲降汉，使人至渠犁，与骑都尉郑吉相闻。吉发渠犁、龟兹诸国五万人迎日逐王口万二千人、小王将十二人，随吉至河曲，颇有亡者，吉追斩之，遂将诣京师。汉封日逐王为归德侯。

吉既破车师，降日逐，威震西域，遂并护车师以西北道，故号"都护"，都护之置自吉始焉。上封吉为安远侯。吉于是中西域而立莫府，治乌垒城，去阳关二千七百余里。匈奴益弱，不敢争西域，僮仆都尉由此罢。都护督察乌孙、康居等三十六国动静，有变以闻，可安辑，安辑之，不可者诛伐之，汉之号令班西域矣。

握衍朐鞮单于更立其从兄薄胥堂为日逐王。

三年。匈奴单于又杀先贤掸两弟，乌禅幕请之，不听，心恚。其后左奥鞬王死，单于自立其小子为奥鞬王，留庭。奥鞬贵人共立故奥鞬王子为王，与俱东徙。单于遣右丞相将万骑往击之，失亡数千人，不胜。

四年五月，匈奴单于遣弟呼留若王胜之来朝。

匈奴握衍朐鞮单于暴虐，好杀伐，国中不附。及太子、左贤王数谗左地贵人，左地贵人皆怨。会乌桓击匈奴东边姑夕王，颇得人民，单于怒。姑夕王恐，即与乌禅幕及左地贵人共立稽侯狦为呼韩邪单于，发左地兵四五万人，西击握衍朐鞮单于，至姑且水北。未战，握衍朐鞮单于兵败走，使人报其弟右贤王曰："匈奴共攻我，若肯发兵助我乎？"右贤王曰："若不爱人，杀昆弟、诸贵人。各自死若处，无来污我。"握衍朐鞮单于恚，自杀。左大且渠都隆奇亡之右贤王所，其民众尽降呼韩邪单于。呼韩邪单于归庭，数月，罢兵，使各归故地，乃收其兄呼屠吾斯在民间者立为左谷蠡王，使人告右贤贵人，欲令杀右贤王。其冬，都隆奇与右贤王共立日逐王薄胥堂为屠耆单于，发兵数万人，东袭呼韩邪单于，呼韩邪单于兵败走。屠耆单于还，以其长子都涂吾西为左谷蠡王，少子姑瞀楼头为右谷蠡王，留居单于庭。

五凤元年秋，匈奴屠耆单于使先贤掸兄右奥鞬王与乌藉都尉各二万骑屯东方，以备呼韩邪单于。是时西方呼揭王来与唯犁当户谋，共谗右贤王，言欲自立为单于。屠耆单于杀右贤王父子，后知其冤，复杀唯犁当户。于是呼揭王恐，遂畔去，自立为呼揭单于。右奥鞬王闻之，即自立为车犁单于，乌藉都尉亦自立为乌藉单于，凡五单于。屠耆单于自将兵东击车犁单于，使都隆奇击乌藉。乌藉、车犁皆败，西北走，与呼揭单于兵合为四万人。乌藉、呼揭皆去单于号，共并力尊辅车犁单于。屠耆单于闻之，使左大将、都尉将四万骑分屯东方，以备呼韩邪单于，自将四万骑西击车犁单于。车犁单于败，西北走，屠耆单于即引兵西南留闟敦地。

汉议者多曰："匈奴为害日久，可因其坏乱，举兵灭之。"诏问御史大夫萧望之，对曰："春秋，晋士匄帅师侵齐，闻齐侯卒，引师而还。君子大其不伐丧，以为恩足以服孝子，谊足以动诸侯。前单于慕化乡善，称弟，遣使请求和亲，海内欣然，夷狄莫不闻。未终奉约，不幸为贼臣所杀。今而伐之，是乘乱而幸灾也，彼必奔走远遁。不以义动兵，恐劳而无功。宜遣使者吊问，辅其微弱，救其灾患，四夷闻之，咸贵中国之仁义。如遂蒙恩得复其位，必称臣服从，此德之盛也。"上从其议。

二年秋八月，匈奴呼韩邪单于遣其弟右谷蠡王等西袭屠耆单于，屯兵杀略万余人。屠耆单于闻之，即自将六万骑击呼韩邪单于。屠耆单于兵败，自杀。都隆奇乃与屠耆少子右谷蠡王姑瞀楼头亡归汉。车犁单于东降呼韩邪单于。冬十一月，呼韩邪单于左大将乌厉屈与父呼遬累乌厉温敦皆见匈奴乱，率其众数万人降汉，封乌厉屈为新城侯，乌厉温敦为义阳侯。是时李陵子复立乌藉都尉为单于，呼韩邪单于捕斩之，遂复都单于庭，然众裁数万人。屠耆单于从弟休旬王自立为闰振单于，在西边；呼韩邪单于兄左贤王呼屠吾斯亦自立为郅支骨都侯单于，在东边。

三年六月，置西河、北地属国以处匈奴降者。

四年春，匈奴单于称臣，遣弟谷蠡王入侍，以边塞无寇，减戍卒什二。

夏四月，匈奴闰振单于率其众东击郅支单于。郅支与战，杀之，并其兵，遂进攻呼韩邪。呼韩邪兵败走，郅支都单于庭。

甘露元年。匈奴呼韩邪单于之败也，左伊秩訾王为呼韩邪计，劝令称臣入朝事汉，从汉求助，如此，匈奴乃定。呼韩邪问诸大臣，皆曰："不可。匈奴之俗，本上气力而下服役，以马上战斗为国，故有威名于百蛮。战死，壮士所有也。今兄弟争国，不在兄则在弟，虽死犹有威名，子孙常长诸国。汉虽强，犹不能兼并匈奴，奈何乱先古之制，臣事于汉，卑辱先单于，为诸国所笑。虽如是而安，何以复长百蛮！"左伊秩訾曰："不然。强弱有时。今汉方盛，乌孙城郭诸国皆为臣妾。自且鞮侯单于以来，匈奴日削，不能取复，虽屈强于此，未尝一日安也。今事汉则安存，不事则危亡，计何以过此。"诸大人相难久之。呼韩邪从其计，引众南近塞，遣子右贤王铢娄渠堂入侍。郅支单于亦遣子右大将驹于利受入侍。

二年冬十二月，匈奴呼韩邪单于款五原塞，愿奉国珍，朝三年正月。诏有司议其仪。丞相、御史曰："圣王之制，先京师而后诸夏，先诸夏而后夷狄。匈奴单于朝贺，其礼仪宜如诸侯王，位次在下。"太子太傅萧望之以为："单于非正朔所加，故称敌国，宜待以不臣之礼，位在诸侯王上。外夷稽首称藩，中国让而不臣，此则羁縻之谊，谦亨之福也。书曰'戎狄荒服'，言其来服荒忽无常。如使匈奴后嗣卒有鸟窜鼠伏，阙于朝享，不为畔臣，万世之长策也。"天子采之，下诏曰："匈奴单于称北蕃，朝正朔。朕之不德，不能弘覆。其以客礼待之，令单于位在诸侯王上，赞谒称臣而不名。"

荀悦论曰：春秋之义，王者无外，欲一于天下也。戎狄道里辽远，人迹介绝，故正朔不及，礼教不加，非尊之也，其势然也。诗云："自彼氐、羌，莫敢不来王。"故要荒之君，必奉王贡，若不供职，则有辞让号令加焉，非敌国之谓也。望之欲待以不臣之礼，加之王公之上，僭度失序，以乱天常，非礼也。若以权时之宜，则异论矣。

诏遣车骑都尉韩昌迎单于，发所过七郡二千骑为陈道上。

三年春正月，匈奴呼韩邪单于来朝，赞谒称藩臣而不名。赐以冠带、衣裳、黄金玺、盭绶，玉具剑、佩刀，弓一张，矢四发，棨戟十，安车一乘，鞍勒一具，马十五匹，黄金二十斤，钱二十万，衣被七十七袭，锦绣绮縠杂帛八千匹，絮六千斤。礼毕，使使者道单于先行宿长平。上自甘泉宿池阳宫。上登长平阪，诏单于毋谒，其左右当户、群臣皆得列观，及诸蛮夷君长、王、侯数万，咸迎于渭桥下，夹道陈。上登渭桥，咸称万岁。单于就邸长安。置酒建章宫，飨赐单于，观以珍宝。二月，遣单于归国。单于自请"愿留居幕南光禄塞下，有急，保汉受降城"。汉遣长乐卫尉高昌侯董忠、车骑都尉韩昌将骑万六千，又发边郡士马以千数，送单于出朔方鸡鹿塞。诏忠等留卫单于，助诛不服。又转边谷米糒，前后三万四千斛，给赡其食。先是，自乌孙以西至安息诸国近匈奴者，皆畏匈奴而轻汉，及呼韩邪单于朝汉后，咸尊汉矣。

上以戎狄宾服，思股肱之美，乃图画其人于麒麟阁，法其形貌，署其官爵、姓名；唯霍光不名，曰"大司马、大将军、博陆侯，姓霍氏"。其次张安世、韩增、赵充国、魏相、丙吉、杜延年、刘德、梁丘贺、萧望之、苏武凡十一人，皆有功德，知名当世，是以表而扬之，明著中兴辅佐，列于方叔、召虎、仲山甫焉。

四年冬十月，匈奴呼韩邪、郅支两单于俱遣使朝献，汉待呼韩邪使有加焉。

黄龙元年春正月，匈奴呼韩邪单于来朝。二月，归国。始，郅支单于以为呼韩邪兵弱降汉，不能复自还，即引其众西，欲攻定右地。又屠耆单于小弟本侍呼韩邪，亦亡之右地，收两兄余兵得数千人，自立为伊利目单于。道逢郅支，合战，郅支杀之，并其兵五万余人。郅支闻汉出兵谷助呼韩邪，即遂留居右地，自度力不能定匈奴，乃益西近乌孙，欲与并力，遣使见小昆弥乌就屠。乌就屠杀其使，发八千骑迎郅支。郅支觉其谋，勒兵逢击乌孙，破之。因北击乌揭、坚昆、丁令，并三国。数遣兵击乌孙，常胜之。坚昆东去单于庭七千里，南去车师五千里，郅支留都之。

元帝初元元年秋九月，匈奴呼韩邪单于复上书言民众困乏。诏云中、五原郡转谷二万斛以给之。

五年。匈奴郅支单于自以道远，又怨汉拥护呼韩邪而不助己，困辱汉使者江乃始等，遣使奉献，因求侍子。汉议，遣卫司马谷吉送之。御史大夫贡禹、博士东海匡衡以为："郅支单于乡化未醇，所在绝远，宜令使者送其子，至塞而还。"吉上书言："中国与夷狄有羁縻不绝之义，今既养全其子十年，德泽甚厚，空绝而不送，近从塞还，示弃捐不畜，使无乡从之心，弃前恩，立后怨，不便。议者见前江乃始无应敌之数，智勇俱困，以致耻辱，即豫为臣忧。臣幸得建强汉之节，承明圣之诏，宣谕厚恩，不宜敢桀。若怀禽兽心，加无道于臣，则单于长婴大罪，必遁逃远舍，不敢近边。没一使以安百姓，国之计，臣之愿也。愿送至庭。"上许焉。既至，郅支单于怒，竟杀吉等。自知负汉，又闻呼韩邪益强，恐见袭击，欲远去。会康居王数为乌孙所困，与诸翕侯计，以为："匈奴大国，乌孙素服属之。今郅支单于困厄在外，可迎置东边，使合兵取乌孙以立之，长无匈奴忧矣。"即使使至坚昆，通语郅支。郅支素恐，又怨乌孙，闻康居计大说，遂与相结，引兵而西。郅支人众中寒道死，余才三千人。到康居，康居王以女妻郅支，郅支亦以女予康居王。康居甚尊敬郅支，欲倚其威以胁诸国。郅支数借兵击乌孙，深入至赤谷城，杀略民人，驱畜产去。乌孙不敢追，西边空虚不居者五千里。

永光元年。匈奴呼韩邪单于民众益盛，塞下禽兽尽，单于足以自卫，不畏郅支，其大臣多劝单于北归者。久之，单于竟北归庭，民众稍稍归之，其国遂定。

建昭三年冬，使西域都护、骑都尉北地甘延寿、副校尉山阳陈汤共诛斩匈奴郅支单于于康居。始，郅支单于自以大国，威名尊重，又乘胜骄，不为康居王礼，怒杀康居王女及贵人、人民数百，或支解投都赖水中。发民作城，日作五百人，二岁乃已。又遣使责阖苏、大宛诸国岁遗，不敢不予。汉遣使三辈至康居，求谷吉等死，郅支困辱使者，不肯奉诏，而因都护上书，言："居困厄，愿归计强汉，遣子入侍。"其骄嫚如此。

汤为人沉勇，有大虑，多策谋，喜奇功，与延寿谋曰："夷狄畏服大种，其天性也。西域本属匈奴，今郅支单于威名远闻，侵陵乌孙、大宛，常为康居画计，欲降服之。如得此二国，数年之间，城郭诸国危矣。且其人剽悍，好战伐，数取胜；久畜之，必为西域患。虽所在绝远，蛮夷无金城强弩之守。如发屯田吏士，驱从乌孙众兵，直指其城下，彼亡则无所之，守则不足自保，千载之功，可一朝而成也。"延寿亦以为然，欲奏请之。汤曰："国家与公卿议，大策非凡所见，事必不从。"延寿犹与不听。会其久病，汤独矫制发城郭诸国兵、车师戊已校尉屯田吏士。延寿闻之，惊起，欲止焉。汤怒，按剑叱延寿曰："大众已集会，竖子欲沮众邪！"延寿遂从之。部勒行陈，汉兵、胡兵合四万余人。延寿、汤上疏自劾奏矫制，陈言兵状。即日引军分行，别为六校：其三校从南道逾葱领，径大宛；其三校都护自将，发温宿国，从北道入赤谷，过乌孙，涉康居界，至阗池西。而康居副王抱阗将数千骑寇赤谷城东，杀略大昆弥千余人，驱畜产甚多，从后与汉军相及，颇寇盗后重。汤纵胡兵击之，杀四百六十人，得其所略民四百七十人，还付大昆弥，其马牛羊以给军食。又捕得抱阗贵人伊奴毒。入康居东界，令军不得为寇。间呼其贵人屠墨见之，谕以威信，与饮盟，遣去。径引行，未至单于城可六十里，止营。复捕得康居贵人贝色子男开牟以为导。贝色子，即屠墨母之弟，皆怨单于，由是具知郅支情。明日，引行，未至城三十里，止营。

单于遣使问："汉兵何以来？"应曰："单于上书言'居困阸，愿归计强汉，身入朝见'，天子哀闵单于，弃大国，屈意康居，故使都护将军来迎单于妻子。恐左右惊动，故未敢至城下。"使数往来相答报，延寿、汤因让之："我为单于远来，而至今无名王、大人见将军受事者，何单于忽大计，失客主之礼也，兵来道远，人畜罢极，食度且尽，恐无以自还，愿单于与大臣审计策！"

明日，前至郅支城都赖水上，离城三里，止营傅陈。望见单于城上立五采幡帜，数百人被甲乘城；又出百余骑往来驰城下，步兵百余人夹门鱼鳞陈，讲习用兵。城上人更招汉军曰："斗来！"百余骑驰赴营，营皆张弩持满指之，骑引却。颇遣吏士射城门骑、步兵，骑、步兵皆入。延寿、汤令军："闻鼓音皆薄城下，四面围城，各有所守，穿堑塞门户，卤楯为前，戟弩为后，仰射城楼上人。"楼上人下走。土城外有重木城，从木城中射，颇杀伤外人。外人发薪烧木城，夜，数百骑欲出外，迎射杀之。

初，单于闻汉兵至，欲去，疑康居怨己，为汉内应，又闻乌孙诸国兵皆发，自以无所之。郅支已出，复还，曰："不如坚守。汉兵远来，不能久攻。"单于乃被甲在楼上，诸阏氏、夫人数十皆以弓射外人。外人射中单于鼻,诸夫人颇死,单于乃下。夜过半,木城穿,中人却入土城,乘城呼。时康居兵万余骑,分为十余处,四面环城,亦与相应和。夜,数奔营,不利,辄却。平明,四面火起,吏士喜,大呼乘之,钲鼓声动地。康居兵引却,汉兵四面推卤楯,并入土城中。单于男女百余人走入大内。汉兵纵火,吏士争入,单于被创死。军候假丞杜勋斩单于首。得汉使节二及谷吉等所赍帛书。诸卤获,以畀得者。凡斩阏氏、太子、名王以下千五百一十八级,生虏百四十五人,降虏千余人,赋予城郭诸国所发十五王。

四年春正月,郅支首至京师。延寿、汤上疏曰:"臣闻天下之大义当混为一,昔有唐、虞,今有强汉。匈奴呼韩邪单于已称北藩,唯郅支单于叛逆,未伏其辜。大夏之西,以为强汉不能臣也。郅支单于惨毒行于民,大恶通于天。臣延寿,臣汤,将义兵,行天诛,赖陛下神灵,阴阳并应,天气精明,陷陈克敌,斩郅支首及名王以下。宜县头槁街蛮夷邸间,以示万里,明犯强汉者,虽远必诛。"丞相匡衡等以为:"方春掩骼、埋胔之时,宜勿县。"诏县十日,乃埋之。仍告祠郊庙,赦天下。群臣上寿,置酒。

五年。匈奴呼韩邪单于闻郅支既诛,且喜且惧,上书愿入朝见。

竟宁元年春正月,匈奴呼韩邪单于来朝,自言愿婿汉氏以自亲。帝以后宫良家子王嫱字昭君赐单于。单于欢喜,上书:"愿保塞上谷以西至敦煌,传之无穷。请罢边备塞吏卒,以休天子人民。"天子下有司议,议者皆以为便。郎中侯应习边事,以为不可许。上问状,应曰:"周、秦以来,匈奴暴桀,寇侵边境,汉兴尤被其害。臣闻北边塞至辽东,外有阴山,东西千余里,草木茂盛,多禽兽，本冒顿单于依阻其中，治作弓矢，来出为寇，是其苑囿也。至孝武世，出师征伐，斥夺此地，攘之于幕北，建塞徼，起亭隧，筑外城，设屯戍以守之，然后边境得用少安。幕北地平，少草木，多大沙，匈奴来寇，少所蔽隐；从塞以南，径深山谷，往来差难。边长老言：'匈奴失阴山之后，过之未尝不哭也。'如罢备塞戍卒，示夷狄之大利，不可一也。今圣德广被，天覆匈奴，匈奴得蒙全活之恩，稽首来臣。夫夷狄之情，困则卑顺，强则骄逆，天性然也。前已罢外城，省亭隧，令裁足以候望、通烽火而已。古者安不忘危，不可复罢，二也。中国有礼义之教，刑罚之诛，愚民犹尚犯禁，又况单于能必其众不犯约哉，三也。自中国尚建关梁以制诸侯，所以绝臣下之觊欲也。设塞徼，置屯戍，非独为匈奴而已，亦为诸属国降民，本故匈奴之人，恐其思旧逃亡，四也。近西羌保塞，与汉人交通，吏民贪利，侵盗其畜产、妻子，以此怨恨，起而背畔。今罢乘塞，则生嫚易分争之渐，五也。往者从军多没不还者，子孙贫困，一旦亡出，从其亲戚，六也。又边人奴婢愁苦，欲亡者多，日闻匈奴中乐，无奈候望急何？然时有亡出塞者，七也。盗贼桀黠，群辈犯法，如其窘急，亡走北出，则不可制，八也。起塞以来，百有余年，非皆以土垣也，或因山岩、石木、溪谷、水门，稍稍平之，卒徒筑治，功费久远，不可胜计。臣恐议者不深虑其终始，欲以壹切省繇戍，十年之外，百岁之内，卒有他变，障塞破坏，亭隧灭绝，当更发屯缮治，累世之功，不可卒复，九也。如罢戍卒，省候望，单于自以保塞守御，必深德汉，请求无已，小失其意，则不可测。开夷狄之隙，亏中国之固，十也。非所以永持至安，威制百蛮之长策也。"对奏，天子有诏："勿议罢边塞事。"使车骑将军嘉口谕单于曰："单于上书愿罢北塞吏士屯戍，子孙世世保塞。单于乡慕礼义，所以为民计者甚厚，此长久之策也，朕甚嘉之。中国四方皆有关梁障塞，非独以备塞外也，亦以防中国奸邪放纵，出为寇害，故明法度以专众心也。敬谕单于之意，朕无疑焉。为单于怪其不罢，故使嘉晓单于。”单于谢曰：“愚不知大计，天子幸使大臣告语，甚厚。”

初，左伊秩訾为呼韩邪画计归汉，竟以安定。其后或谗伊秩訾自伐其功，常鞅鞅。呼韩邪疑之。伊秩訾惧诛，将其众千余人降汉，汉以为关内侯，食邑三百户，令佩其王印绶。及呼韩邪来朝，与伊秩訾相见，谢曰：“王为我计甚厚，令匈奴至今安宁，王之力也，德岂可忘。我失王意，使王去不复顾留，皆我过也。今欲白天子，请王归庭。”伊秩訾曰：“单于赖天命，自归于汉，得以安宁。单于神灵，天子之祐也，我安得力！既已降汉，又复归匈奴，是两心也。愿为单于侍使于汉，不敢听命。”单于固请，不能得而归。

单于号王昭君为宁胡阏氏，生一男伊屠智牙师，为右日逐王。

初，中书令石显尝欲以姊妻甘延寿，延寿不取。及破郅支还，丞相、御史亦恶其矫制，皆不与延寿等。陈汤素贪，所卤获财物入塞，多不法。司隶校尉移书道上，系吏士，按验之。汤上疏言：“臣与吏士共诛郅支单于，幸得禽灭，万里振旅，宜有使者迎劳道路。今司隶反逆收系按验，是为郅支报仇也。”上立出吏士，令县道具酒食以过军。既至，论功，石显、匡衡以为：“延寿、汤擅兴师矫制，幸得不诛，如复加爵土，则后奉使者争欲乘危徼幸，生事于蛮夷，为国招难。”帝内嘉延寿、汤功，而重违衡、显之议，久之不决。

故宗正刘向上疏曰："郅支单于囚杀使者、吏士以百数，事暴扬外国，伤威毁重，群臣皆闵焉。陛下赫然欲诛之，意未尝有忘。西域都护延寿、副校尉汤，承圣指，倚神灵，总百蛮之君，揽城郭之兵，出百死，入绝域，遂蹈康居，屠三重城，搴歙侯之旗，斩郅支之首，县旌万里之外，扬威昆山之西，扫谷吉之耻，立昭明之功，万夷慑伏，莫不惧震。呼韩邪单于见郅支已诛，且喜且惧，乡风驰义，稽首来宾，愿守北藩，累世称臣。立千载之功，建万世之安，群臣之勋莫大焉。昔周大夫方叔、吉甫为宣王诛猃狁而百蛮从，其诗曰：'啴啴焞焞，如霆如雷。显允方叔，征伐猃狁，蛮荆来威。'易曰：'有嘉折首，获匪其丑。'言美诛首恶之人，而诸不顺者皆来从也。今延寿、汤所诛震，虽易之'折首'，诗之'雷霆'，不能及也。论大功者不录小过，举大美者不疵细瑕。司马法曰'军赏不逾月'，欲民速得为善之利也。盖急武功，重用人也。吉甫之归，周厚赐之，其诗曰：'吉甫宴喜，既多受祉。来归自镐，我行永久。'千里之镐，犹以为远，况万里之外，其勤至矣。延寿、汤既未获受祉之报，反屈捐命之功，久挫于刀笔之前，非所以劝有功、厉戎士也。昔齐桓前有尊周之功，后有灭项之罪，君子以功覆过而为之讳。贰师将军李广利捐五万之师，靡亿万之费，经四年之劳，而仅获骏马三十匹，虽斩宛王毋寡之首，犹不足以复费，其私罪恶甚多；孝武以为万里征伐，不录其过，遂封拜两侯，三卿、二千石百有余人。今康居之国强于大宛，郅支之号重于宛王，杀使者罪甚于留马，而延寿、汤不烦汉士，不费斗粮，比于贰师，功德百之。且常惠随欲击之乌孙，郑吉迎自来之日逐，犹皆裂土受爵。故言威武勤劳则大于方叔、吉甫，列功覆过则优于齐桓、贰师，近事之功则高于安远、长罗，而大功未著，小恶数布，臣窃痛之。宜以时解县通籍，除过勿治，尊宠爵位，以劝有功。"于是天子下诏，赦延寿、汤罪勿治，令公卿议封焉。议者以为"宜如军法捕斩单于令"。匡衡、石显以为"郅支本亡逃失国，窃号绝域，非真单于"。帝取安远侯郑吉故事，封千户；衡、显复争。夏四月戊辰，封延寿为义成侯，赐汤爵关内侯，食邑各三百户，加赐黄金百斤。拜延寿为长水校尉，汤为射声校尉。

成帝建始二年。匈奴呼韩邪单于嬖左伊秩訾兄女二人：长女颛渠阏氏生二子，长曰且莫车，次曰囊知牙斯；少女为大阏氏，生四子，长曰雕陶莫皋，次曰且麋胥，皆长于且莫车，少子咸、乐二人，皆小于囊知牙斯。又他阏氏子十余人。颛渠阏氏贵，且莫车爱，呼韩邪病且死，欲立且莫车。颛渠阏氏曰："匈奴乱十余年，不绝如发，赖蒙汉力，故得复安。今平定未久，人民创艾战斗。且莫车年少，百姓未附，恐复危国。我与大阏氏一家共子，不如立雕陶莫皋。"大阏氏曰："且莫车虽少，大臣共持国事。今舍贵立贱，后世必乱。"单于卒从颛渠阏氏计，立雕陶莫皋，约令传国与弟。呼韩邪死，雕陶莫皋立为复株累若鞮单于。复株累若鞮单于以且麋胥为左贤王，且莫车为左谷蠡王，囊知牙斯为右贤王。复株累单于复妻王昭君，生二女，长女云为须卜居次，小女为当于居次。

四年。上即位之初，丞相匡衡复奏："射声校尉陈汤，以吏二千石奉使，颛命蛮夷中，不正身以先下，而盗所收康居财物，戒官属曰'绝域事不覆校'。虽在赦前，不宜处位。"汤坐免。后汤上言："康居王侍子非王子。"按验，实王子也。汤下狱，当死。太中大夫谷永上疏讼汤曰："臣闻楚有子玉得臣，文公为之仄席而坐；赵有廉颇、马服，强秦不敢窥兵井陉；近汉有郅都、魏尚，匈奴不敢南乡沙幕。由是言之，战克之将，国之爪牙，不可不重也。盖‘君子闻鼓鼙之声，则思将帅之臣’。窃见关内侯陈汤，前斩郅支，威震百蛮，武畅西海，汉元以来，征伐方外之将，未尝有也。今汤坐言事非是，幽囚久系，历时不决，执宪之吏，欲致之大辟。昔白起为秦将，南拔郢都，北坑赵括，以纤介之过，赐死杜邮，秦民怜之，莫不陨涕。今汤亲秉钺，席卷、喋血万里之外，荐功祖庙，告类上帝，介胄之士靡不慕义。以言事为罪，无赫赫之恶。周书曰：‘记人之功，忘人之过，宜为君者也。’夫犬马有劳于人，尚加帷盖之报，况国之功臣者哉！窃恐陛下忽于鼙鼓之声，不察周书之意，而忘帷盖之施，庸臣遇汤，卒从吏议，使百姓介然有秦民之恨，非所以厉死难之臣也。”书奏，天子出汤，夺爵为士伍。

河平元年。匈奴单于遣右皋林王伊邪莫演等奉献，朝正月。

二年春，伊邪莫演罢归，自言：“欲降。即不受我，我自杀，终不敢还归。”使者以闻，下公卿议。议者或言：“宜如故事，受其降。”光禄大夫谷永、议郎杜钦以为：“汉兴，匈奴数为边害，故设金爵之赏以待降者。今单于屈体称臣，列为北藩，遣使朝贺，无有二心，汉家接之，宜异于往时。今既享单于聘贡之质，而更受其逋逃之臣，是贪一夫之得，而失一国之心，拥有罪之臣，而绝慕义之君也。假令单于初立，欲委身中国，未知利害，私使伊邪莫演诈降以卜吉凶，受之，亏德沮善，令单于自疏，不亲边吏；或者设为反间，欲因而生隙，受之，适合其策，使得归曲而责直。此诚边境安危之原，师旅动静之首，不可不详也。不如勿受，以昭日月之信，抑诈谖之谋，怀附亲之心，便。”对奏，天子从之。遣中郎将王舜往问降状，伊邪莫演曰：“我病狂，妄言耳。”遣去。归到，官位如故，不肯令见汉使。

四年春正月，匈奴单于来朝。

元延元年。匈奴搜谐单于将入朝，未入塞，病死。弟且莫车立为车牙若鞮单于，以囊知牙斯为左贤王。

绥和元年秋八月，匈奴车牙单于死，弟囊知牙斯立为乌珠留若鞮单于。乌珠留单于立，以弟乐为左贤王，(兴)〔舆〕为右贤王。汉遣中郎将夏侯藩、副校尉韩容使匈奴。或说王根曰："匈奴有斗入汉地，直张掖郡，生奇材木，箭竿，鹫羽。如得之，于边甚饶，国家有广地之实，将军显功垂于无穷。"根为上言其利，上直欲从单于求之，为有不得，伤命损威。根即但以上指晓藩，令从藩所说而求之。藩至匈奴，以语次说单于曰："窃见匈奴斗入汉地，直张掖郡，汉三都尉居塞上，士卒数百人，寒苦，候望久劳。单于宜上书献此地，直断割之，省两都尉士卒数百人，以复天子厚恩，其报必大。"单于曰："此天子诏语邪，将从使者所求也?"藩曰："诏指也。然藩亦为单于画善计耳。"单于曰："此温偶駼王所居地也，未晓其形状所生，请遣使问之。"

藩、容归汉，后复使匈奴，至则求地。单于曰："父兄传五世，汉不求此地，至知独求，何也？已问温偶駼王，匈奴西边诸侯作穹庐及车，皆仰此山材木，且先父地，不敢失也。"藩还，迁为太原太守。单于遣使上书，以藩求地状闻。诏报单于曰："藩擅称诏，从单于求地，法当死。更大赦二，今徙藩为济南太守，不令当匈奴。"

哀帝建平四年秋八月，匈奴单于上书，愿朝五年。时帝被疾，或言："匈奴从上游来厌人，自黄龙、竟宁时，单于朝中国，辄有大故。"上由是难之，以问公卿，亦以为虚费府帑，可且勿许。单于使辞去，未发。黄门郎扬雄上书谏曰：

臣闻六经之治，贵于未乱；兵家之胜，贵于未战。二者皆微，然而大事之本，不可不察也。今单于上书求朝，国家不许而辞之，臣愚以为汉与匈奴从此隙矣。匈奴本五帝所不能臣，三王所不能制，其不可使隙明甚。臣不敢远称，请引秦以来明之。

以秦始皇之强，蒙恬之威，然不敢窥西河，乃筑长城以界之。会汉初兴，以高祖之威灵，三十万众困于平城，时奇谲之士、石画之臣甚众，卒其所以脱者，世莫得而言也。又高皇后时，匈奴悖慢，大臣权书遗之，然后得解。及孝文时，匈奴侵暴北边，候骑至雍甘泉，京师大骇，发三将军屯细柳、棘门、霸上以备之，数月乃罢。孝武即位，设马邑之权，欲诱匈奴，徒费财劳师，一虏不可得见，况单于之面乎？其后深惟社稷之计，规恢万载之策，乃大兴师数十万，使卫青、霍去病操兵，前后十余年。于是浮西河，绝大幕，破寘颜，袭王庭，穷极其地，追奔逐北，封狼居胥山，禅于姑衍，以临翰海，虏名王、贵人以百数。自是之后，匈奴震怖，益求和亲，然而未肯称臣也。

且夫前世岂乐倾无量之费，役无罪之人，快心于狼望之北哉？以为不壹劳者不久佚，不暂费者不永宁，是以忍百万之师以摧饿虎之喙，运府库之财填卢山之壑而不悔也。至本始之初，匈奴有桀心，欲掠乌孙，侵公主，乃发五将之师十五万骑以击之，时鲜有所获，徒奋扬威武，明汉兵若雷风耳。虽空行空反，尚诛两将军，故北狄不服，中国未得高枕安寝也。逮至元康、神爵之间，大化神明，鸿恩溥洽，而匈奴内乱，五单于争立，日逐、呼韩邪携国归死，扶伏称臣，然尚羁縻之，计不颛制。自此之后，欲朝者不距，不欲者不强，何者？外国天性忿鸷，形容魁健，负力怙气，难化以善，易肆以恶，其强难诎，其和难得。故未服之时，劳师远攻，倾国殚货，伏尸流血，破坚拔敌，如彼之难也。既服之后，慰荐抚循，交接赂遗，威仪俯仰，如此之备也。往时尝屠大宛之城，蹈乌桓之垒，探姑缯之壁，藉荡姐之场，艾朝鲜之旃，拔两越之旗，近不过旬月之役，远不离二时之劳，固已犁其庭，扫其闾，郡县而置之，云彻席卷，后无余灾。唯北狄为不然，真中国之坚敌也。三垂比之县矣，前世重之兹甚，未易可轻也。

今单于归义，怀款诚之心，欲离其庭，陈见于前，此乃上世之遗策，神灵之所想望，国家虽费，不得已者也，奈何距以来厌之辞，疏以无日之期，消往昔之恩，开将来之隙。夫疑而隙之，使有恨心，负前言，缘往辞，归怨于汉，因以自绝，终无北面之心，威之不可，谕之不能，焉得不为大忧乎！夫明者视于无形，聪者听于无声，诚先于未然，即兵革不用而忧患不生。不然，壹有隙之后，虽智者劳心于内，辩者毂击于外，犹不若未然之时也。且往者图西域，制车师，置城郭都护三十六国，费岁以大万计者，岂为康居、乌孙能逾白龙堆而寇西边哉？乃以制匈奴也。夫百年劳之，一日失之，费十而爱一，臣窃为国不安也。唯陛下少留意于未乱、未战，以遏边萌之祸。

书奏，天子寤焉，召还匈奴使者，更报单于书而许之。赐雄帛五十匹，黄金十斤。单于未发，会病，复遣使愿朝明年，上许之。

元寿二年春正月，匈奴单于来朝。自黄龙以来，单于每入朝，其赏赐锦绣、缯絮辄加厚于前，以慰接之。

恭显用事

汉宣帝黄龙元年三月，帝寝疾，选大臣可属者，引外属侍中乐陵侯史高、太子太傅萧望之、少傅周堪至禁中，拜高为大司马、车骑将军，望之为前将军、光禄勋，堪为光禄大夫，皆受遗诏辅政，领尚书事。冬十二月甲戌，帝崩于未央宫。癸巳，太子即皇帝位。

元帝初元元年三月，封外祖父平恩戴侯同产弟子中常侍许嘉为平恩侯。

二年〔春正月〕，乐陵侯史高以外属领尚书事，前将军萧望之、光禄大夫周堪为之副。望之名儒，与堪皆以师傅旧恩，天子任之，数宴见，言治乱，陈王事。望之选白宗室明经有行散骑、谏大夫刘更生给事中，与侍中金敞并拾遗左右。四人同心谋议，劝导上以古制，多所欲匡正，上甚乡纳之。史高充位而已，由此与望之有隙。

中书令弘恭、仆射石显，自宣帝时久典枢机，明习文法。帝即位多疾，以显久典事，中人无外党，精专可信任，遂委以政，事无大小，因显白决，贵幸倾朝，百僚皆敬事显。显为人巧慧习事，能深得人主微指，内深贼，持诡辩，以中伤人，忤恨睚眦，辄被以危法。亦与车骑将军高为表里，论议常独持故事，不从望之等。

望之等患苦许、史放纵，又疾恭、显擅权，建白，以为："中书政本，国家枢机，宜以通明公正处之。武帝游宴后庭，故用宦者，非古制也。宜罢中书宦官，应古不近刑人之义。"由是大与高、恭、显忤。上初即位，谦让，重改作，议久不定，出刘更生为宗正。

望之、堪数荐名儒、茂材以备谏官，会稽郑朋阴欲附望之，上疏言车骑将军高遣客为奸利郡国，及言许、史子弟罪过。章视周堪，堪白："令朋待诏金马门。"朋奏记望之曰："今将军规橅，云若管、晏而休，遂行日昃，至周、召乃留乎？若管、晏而休，则下走将归延陵之皋，没齿而已矣。如将军兴周、召之遗业，亲日昃之兼听，则下走其庶几愿竭区区奉万分之一。"望之始见朋，接待以意；后知其倾邪，绝不与通。朋，楚士，怨恨，更求入许、史，推所言许、史事，曰："皆周堪、刘更生教我。我关东人，何以知此。"于是侍中许章白见朋。朋出，扬言曰："我见，言前将军小过五，大罪一。"待诏华龙行污秽，欲入堪等，堪等不纳，亦与朋相结。

恭、显令二人告望之等谋欲罢车骑将军，疏退许、史状，候望之出休日，令朋、龙上之。事下弘恭问状，望之对曰："外戚在位多奢淫，欲以匡正国家，非为邪也。"恭、显奏："望之、堪、更生朋党相称举，数谮诉大臣，毁离亲戚，欲以专擅权势。为臣不忠，诬上不道，请谒者召致廷尉。"时上初即位，不省"召致廷尉"为下狱也，可其奏。后上召堪、更生，曰："系狱。"上大惊曰："非但廷尉问邪？"以责恭、显，皆叩头谢。上曰："令出视事。"恭、显因使史高言："上新即位，未以德化闻于天下，而先验师傅。既下九卿、大夫狱，宜因决免。"于是制诏丞相、御史："前将军望之傅朕八年，无他罪过，今事久远，识忘难明，其赦望之罪，收前将军、光禄勋印绶，及堪、更生皆免为庶人。"

夏四月，诏赐萧望之爵关内侯，给事中，朝朔望。

上复征周堪、刘更生，欲以为谏大夫。弘恭、石显白，皆以为中郎。上器重萧望之不已，欲倚以为相，恭、显及许、史子弟、侍中、诸曹皆侧目于望之等。更生乃使其外亲上变事，言"地震殆为恭等，不为三独夫动。臣愚以为宜退恭、显以章蔽善之罚，进望之等以通贤者之路。如此，太平之门开，灾异之原塞矣”。书奏，恭、显疑其更生所为，白请考奸诈，辞果服，遂逮更生系狱，免为庶人。

会望之子散骑中郎伋亦上书讼望之前事，事下有司，复奏："望之前所坐明白，无谮诉者，而教子上书，称引无辜之诗，失大臣体，不敬，请逮捕。"弘恭、石显等知望之素高节，不诎辱，建白："望之前幸得不坐，复赐爵邑，不悔过服罪，深怀怨望，教子上书，归非于上。自以托师傅，终必不坐，非颇屈望之于牢狱，塞其怏怏心，则圣朝无以施恩厚。"上曰："萧太傅素刚，安肯就吏？"显等曰："人命至重。望之所坐，语言薄罪，必无所忧。"上乃可其奏。

冬十二月，显等封诏以付谒者，敕令召望之手付。因令太常急发执金吾车骑驰围其第。使者至，召望之。望之以问门下生鲁国朱云。云者，好节士，劝望之自裁。于是望之仰天叹曰："吾尝备位将相，年逾六十矣，老入牢狱，苟求生活，不亦鄙乎！"字谓云曰："游，趣和药来，无久留我死！"竟饮鸩自杀。天子闻之，惊，拊手曰："曩固疑其不就牢狱，果然杀吾贤傅！"是时太官方上昼食，上乃却食，为之涕泣，哀动左右。于是召显等责问，以议不详，皆免冠谢，良久然后已。上追念望之不忘，每岁时遣使者祠祭望之冢，终帝之世。

臣光曰：甚矣，孝元之为君，易欺而难寤也！夫恭、显之谮愬望之，其邪说诡计，诚有所不能辨也。至于始疑望之不肯就狱，恭、显以为必无忧，已而果自杀，则恭、显之欺亦明矣。在中智之君，孰不感动奋发以底邪臣之罚？孝元则不然，虽涕泣不食以伤望之，而终不能诛恭、显，才得其免冠谢而已。如此则奸臣安所惩乎！是使恭、显得肆其邪心而无复忌惮者也。

是岁，弘恭病死，石显为中书令。

三年。上复擢周堪为光禄勋。堪弟子张猛为光禄大夫、给事中，大见信任。

永光元年。石显惮周堪、张猛等，数谮毁之。刘更生惧其倾危，上书曰："臣闻舜命九官，济济相让，和之至也。众臣和于朝则万物和于野，故箫韶九成，而凤凰来仪。至周幽、厉之际，朝廷不和，转相非怨，则日月薄食，水泉沸腾，山谷易处，霜降失节。由此观之，和气致祥，乖气致异，祥多者其国安，异众者其国危，天地之常经，古今之通义也。今陛下开三代之业，招文学之士，优游宽容，使得并进。今贤不肖浑淆，白黑不分，邪正杂揉，忠谗并进，章交公车，人满北军，朝臣舛午，胶戾乖剌，更相谗愬，转相是非，所以营惑耳目，感移心意，不可胜载。分曹为党，往往群朋，将同心以陷正臣。正臣进者，治之表也；正臣陷者，乱之机也。乘治乱之机，未知孰任，而灾异数见，此臣所以寒心者也。初元以来六年矣，按春秋六年之中，灾异未有稠如今者也。原其所以然者，由谗邪并进也。谗邪之所以并进者，由上多疑心，既已用贤人而行善政，如或谮之，则贤人退而善政还矣。夫执狐疑之心者来谗贼之口，持不断之意者开群枉之门，谗邪进则众贤退，群枉盛则正士消。故易有否、泰，小人道长，君子道消，则政日乱；君子道长，小人道消，则政日治。昔者鲧、共工、欢兜与舜、禹杂处尧朝，周公与管、蔡并居周位，当是时，迭进相毁，流言相谤，岂可胜道哉？帝尧、成王能贤舜、禹、周公而消共工、管、蔡，故以大治，荣华至今。孔子与季、孟偕仕于鲁，李斯与叔孙俱宦于秦，定公、始皇贤季、孟、李斯而消孔子、叔孙，故以大乱，污辱至今。故治乱、荣辱之端，在所信任，信任既贤，在于坚固而不移。诗云'我心匪石，不可转也'，言守善笃也。易曰'涣汗其大号'，言号令如汗，汗出而不反者也。今出善令未能逾时而反，是反汗也；用贤未能三旬而退，是转石也。论语曰'见不善如探汤'，今二府奏佞谄不当在位，历年而不去，故出令则如反汗，用贤则如转石，去佞则如拔山，如此望阴阳之调，不亦难乎！是以群小窥见间隙，缘饰文字，巧言丑诋，流言飞文，哗于民间。故诗云'忧心悄悄，愠于群小'，小人成群，诚足愠也。昔孔子与颜渊、子贡更相称誉，不为朋党。禹、稷与皋陶传相汲引，不为比周。何则？忠于为国，无邪心也。今佞邪与贤臣并交戟之内，合党共谋，违善依恶，歙歙訿訿，数设危险之言，欲以倾移主上，如忽然用之，此天地之所以先戒，灾异之所以重至者也。自古明圣，未有无诛而治者也，故舜有四放之罚，而孔子有两观之诛，然后圣化可得而行也。今以陛下明知，诚深思天地之心，览否、泰之卦，历周、唐之所进以为法，原秦、鲁之所消以为戒，考祥应之福，灾异之祸，以揆当世之变，放远佞邪之党，坏散险诐之聚，杜闭群枉之门，广开众正之路，决断狐疑，分别犹豫，使是非炳然可知，则百异消灭而众祥并至，太平之基，万世之利也。"显见其书，愈与许、史比而怨更生等。

是岁，夏寒，日青无光，显及许、史皆言堪、猛用事之咎。上内重堪，又患众口之寖润，无所取信。时长安令杨兴以材能幸，常称誉堪。上欲以为助，乃见问兴："朝臣龂龂不可光禄勋，何邪？"兴者，倾巧士，谓上疑堪，因顺指曰："堪非独不可于朝廷，自州里亦不可也。臣见众人闻堪前与刘更生等谋毁骨肉,以为当诛,故臣前书言堪不可诛伤,为国养恩也。”上曰:“然此何罪而诛?今宜奈何?”兴曰:“臣愚以为可赐爵关内侯,食邑三百户,勿令典事。明主不失师傅之恩,此最策之得也。”上于是疑之。

司隶校尉琅邪诸葛丰,始以特立刚直著名于朝,数侵犯贵戚,在位多言其短。后坐春夏系治人,徙城门校尉。丰于是上书告堪、猛罪。上不直丰,乃制诏御史:“城门校尉丰前与光禄勋堪、光禄大夫猛在朝之时,数称言堪、猛之美。丰前为司隶校尉,不顺四时,修法度,专作苛暴以获虚威,朕不忍下吏,以为城门校尉。不内省诸己,而反怨堪、猛以求报举,告按无证之辞,暴扬难验之罪。毁誉恣意,不顾前言,不信之大也。朕怜丰之耆老,不忍加刑,其免为庶人。”又曰:“丰言堪、猛贞信不立,朕闵而不治,又惜其材能未有所效,其左迁堪为河东太守,猛槐里令。”

> 臣光曰:诸葛丰之于堪、猛,前誉而后毁,其志非为朝廷劝善而去奸也,欲比周求进而已矣,斯亦郑朋、杨兴之流,乌在其为刚直哉!人君者,察美恶,辨是非,赏以勸善,罚以惩奸,所以为治也。使丰言得实,则丰不当绌;若其诬罔,则堪、猛何辜焉?今两责而俱弃之,则美恶、是非果何在哉!

贾捐之与杨兴善。捐之数短石显,以故不得官,稀复进见。兴新以材能得幸,捐之谓兴曰:“京兆尹缺,使我得见,言君兰,京兆尹可立得。”兴曰:“君房下笔,言语妙天下,使君房为尚书令,胜五鹿充宗远甚。”捐之曰:“令我得代充宗,君兰为京兆,京兆郡国首,尚书百官本,天下真大治,士则不隔矣。”捐之复短石显,兴曰:“显方贵,上信用之。今欲进,第从我计,且与合意,即得入矣。”捐之即与兴共为荐显奏,称誉其美,以为宜赐爵关内侯;引其兄弟以为诸曹；又共为荐兴奏，以为可试守京兆尹。石显闻知，白之上，乃下兴、捐之狱，令显治之，奏"兴、捐之怀诈伪，更相荐誉，欲得大位。罔上，不道。"捐之竟坐弃市，兴髡钳为城旦。

臣光曰：君子以正攻邪，犹惧不克，况捐之以邪攻邪，其能免乎！

四年夏六月戊寅晦，日有食之。上于是召诸前言日变在周堪、张猛者责问，皆稽首谢。因下诏称堪之美，征诣行在所，拜为光禄大夫，秩中二千石，领尚书事。猛复为太中大夫、给事中。中书令石显管尚书，尚书五人，皆其党也，堪希得见，常因显白事，事决显口。会堪疾喑，不能言而卒。显诬谮猛，令自杀于公车。

建昭二年六月，东郡京房学易于梁人焦延寿。延寿常曰："得我道以亡身者，京生也。"其说长于灾变，分六十卦，更直日用事，以风雨寒温为候，各有占验。房用之尤精，以孝廉为郎，上疏屡言灾异，有验，天子说之，数召见问。房对曰："古帝王以功举贤，则万化成，瑞应着；末世以毁誉取人，故功业废而致灾异。宜令百官各试其功，灾异可息。"诏使房作其事，房奏考功课吏法。上令公卿朝臣与房会议温室，皆以"房言烦碎，令上下相司，不可许"。上意乡之。时部刺史奏事京师，上召见诸刺史，令房晓以课事，刺史复以为不可行。唯御史大夫郑弘、光禄大夫周堪初言不可，后善之。

是时，中书令石显颛权，显友人五鹿充宗为尚书令，二人用事。房尝宴见，问上曰："幽、厉之君何以危？所任者何人也？"上曰："君不明，而所任者巧佞。"房曰："知其巧佞而用之邪？将以为贤也。"上曰："贤之。"房曰："然则今何以知其不贤也？"上曰:“以其时乱而君危知之。”房曰:“若是,任贤必治,任不肖必乱,必然之道也。幽、厉何不觉寤而更求贤?曷为卒任不肖以至于是?”上曰:“临乱之君,各贤其臣,令皆觉寤,天下安得危亡之君?”房曰:“齐桓公、秦二世,亦尝闻此君而非笑之。然则任竖刁、赵高,政治日乱,盗贼满山,何不以幽、厉卜之而觉寤乎?”上曰:“唯有道者能以往知来耳。”房因免冠顿首曰:“春秋纪二百四十二年灾异,以示万世之君。今陛下即位已来,日月失明,星辰逆行,山崩泉涌,地震石陨,夏霜冬雷,春凋秋荣,陨霜不杀,水旱螟虫,民人饥疫,盗贼不禁,刑人满市,春秋所记灾异尽备。陛下视今为治邪?乱邪?”上曰:“亦极乱耳,尚何道!”房曰:“今所任用者谁与?”上曰:“然,幸其愈于彼,又以为不在此人也。”房曰:“夫前世之君,亦皆然矣。臣恐后之视今,犹今之视前也。”上良久乃曰:“今为乱者谁哉?”房曰:“明主宜自知之。”上曰:“不知也;如知,何故用之。”房曰:“上最所信任,与图事帷幄之中,进退天下之士者是矣。”房指谓石显,上亦知之,谓房曰:“已喻。”房罢出,后上亦不能退显也。

臣光曰:人君之德不明,则臣下虽欲竭忠,何自而入乎?观京房之所以晓孝元,可谓明白切至矣,而终不能寤,悲夫!诗曰:“匪面命之,言提其耳。匪手携之,言示之事。”又曰:“诲尔谆谆,听我藐藐。”孝元之谓矣。

上令房上弟子晓知考功、课吏事者,欲试用之。房上“中郎任良、姚平,愿以为刺史,试考功法,臣得通籍殿中,为奏事,以防壅塞”。石显、五鹿充宗皆疾房,欲远之,建言宜试以房为郡守。帝于是以房为魏郡太守,得以考功法治郡。房自请岁竟乘传奏事,天子许焉。房自知数以论议为大臣所非,与石显等有隙,不欲远离左右,乃上封事曰:“臣出之后,恐为用事所蔽,身死而功不成,故愿岁尽乘传奏事,蒙哀见许。乃辛巳,蒙气复乘卦,太阳侵色,此上大夫覆阳而上意疑也。己卯、庚辰之间,必有欲隔绝臣,令不得乘传奏事者。”

房未发,上令阳平侯王凤承制诏房止无乘传奏事。房意愈恐。秋,房去至新丰,因邮上封事曰:“臣前以六月中言遁卦不效,法曰:‘道人始去,寒涌水为灾。’至其七月,涌水出。臣弟子姚平谓臣曰:‘房可谓知道,未可谓信道也。房言灾异,未尝不中。涌水已出,道人当逐死,尚复何言!’臣曰:‘陛下至仁,于臣尤厚,虽言而死,臣犹言也。’平又曰:‘房可谓小忠,未可谓大忠也。昔秦时赵高用事,有正先者非刺高而死,高威自此成,故秦之乱,正先趣之。’今臣得出守郡,自诡效功。恐未效而死,惟陛下毋使臣塞涌水之异,当正先之死,为姚平所笑。”

房至陕,复上封事曰:“臣前白愿出任良试考功,臣得居内。议者知如此于身不利,臣不可蔽,故云‘使弟子不若试师’。臣为刺史,又当奏事,故复云‘为刺史,恐太守不与同心,不若以为太守’。此其所以隔绝臣也。陛下不违其言而遂听之,此乃蒙气所以不解,太阳无色者也。臣去稍远,太阳侵色益甚,唯陛下毋难还臣而易逆天意。邪说虽安于人,天气必变,故人可欺天不可欺也,愿陛下察焉。”

房去月余,竟征下狱。初,淮阳宪王舅张博,倾巧无行,多从王求金钱,欲为王求入朝。博从京房学,以女妻房。房每朝见,退辄为博道其语。博因记房所说密语,令房为王作求朝奏草,皆持柬与王,以为信验。石显知之,告“房与张博通谋,非谤政治,归恶天子,诖误诸侯王”。皆下狱,弃市,妻子徙边。郑弘坐与房善，免为庶人。

御史中丞陈咸数毁石显，久之，坐与槐里令朱云善，漏泄省中语，石显微伺知之，与云皆下狱，髡为城旦。

石显威权日盛，公卿以下畏显，重足一迹。显与中书仆射牢梁、少府五鹿充宗结为党友，诸附倚者皆得宠位。民歌之曰："牢邪、石邪！五鹿客邪，印何累累，绶若若邪！"

显内自知擅权，事柄在掌握，恐天子一旦纳用左右耳目以间己，乃时归诚，取一信以为验。显尝使至诸官，有所征发，显先自白："恐后漏尽宫门闭，请使诏吏开门。"上许之。显故投夜还，称诏开门入。后果有上书告显"颛命矫诏开宫门"，天子闻之，笑以其书示显。显因泣曰："陛下过私小臣，属任以事，群下无不嫉妒，欲陷害臣者，事类如此非一，唯独明主知之。愚臣微贱，诚不能以一躯称快万众，任天下之怨。臣愿归枢机职，受后宫扫除之役，死无所恨。唯陛下哀怜裁幸，以此全活小臣。"天子以为然而怜之，数劳勉显，加厚赏赐，赏赐及赂遗訾一万万。初，显闻众人匈匈，言己杀前将军萧望之，恐天下学士讪己，以谏大夫贡禹明经著节，乃使人致意，深自结纳，因荐禹天子，历位九卿，礼事之甚备。议者于是或称显，以为不妒谮望之矣。显之设变诈以自解免，取信人主者，皆此类也。

荀悦曰：夫佞臣之惑君主也甚矣，故孔子曰："远佞人。"非但不用而已，乃远而绝之，隔塞其源，戒之极也。孔子曰："政者，正也。"夫要道之本，正己而已矣。平直真实者，正之主也。故德必核其真然后授其位，能必核其真然后授其事，功必核其真然后授其赏，罪必核其真然后授其刑，行必核其真然后贵之；言必核其真然后信之，物必核其真然后用之，事必核其真然后修之。故众正积于上，万事实于下，先王之道，如斯而已矣。

竟宁元年。初，石显见冯奉世父子为公卿著名，女又为昭仪在内，显心欲附之。荐言："昭仪兄谒者逡修敕，宜侍幄帷。"天子召见，欲以为侍中。逡请间言事。上闻逡言显颛权，大怒，罢逡归郎官。及御史大夫缺，在位多举逡兄大鸿胪野王，上使尚书选第中二千石，而野王行能第一。上以问显，显曰："九卿无出野王者。然野王，亲昭仪兄，臣恐后世必以陛下度越众贤，私后宫亲以为三公。"上曰："善，吾不见是。"因谓群臣曰："吾用野王为三公，后世必谓我私后宫亲属，以野王为比。"三月丙寅，诏曰："刚强坚固，确然无欲，大鸿胪野王是也。心辨善辞，可使四方，少府五鹿充宗是也。廉洁节俭，太子少傅张谭是也。其以少傅为御史大夫。"

夏五月壬辰，帝崩于未央宫。六月己未，太子即皇帝位。

成帝建始元年春正月，石显迁长信中太仆，秩中二千石。显既失倚离权，于是丞相、御史条奏显旧恶，及其党牢梁、陈顺皆免官。显与妻子徙归故郡，忧懑不食，道死。诸所交结以显为官者，皆废罢。少府五鹿充宗左迁玄菟太守，御史中丞伊嘉为雁门都尉。

司隶校尉涿郡王尊劾奏："丞相衡、御史大夫谭，知显等颛权擅势，大作威福，为海内患害，不以时白奏行罚，而阿谀曲从，附下罔上，怀邪迷国，无大臣辅政之义，皆不道！在赦令前。赦后，衡、谭举奏显，不自陈不忠之罪，而反扬着先帝任用倾覆之徒，妄言'百官畏之，甚于主上'。卑君尊臣，非所宜称，失大臣体！"于是衡惭惧，免冠谢罪，上丞相、侯印绶。天子以新即位，重伤大臣，乃左迁尊为高陵令，然群下多是尊者。衡嘿嘿不自安，每有水、旱，连乞骸骨让位，上辄以诏书慰抚，不许。

成帝淫荒

元帝竟宁元年六月(乙)〔己〕未，成帝即皇帝位。

秋七月，丞相衡上疏曰："臣闻之师曰：'妃匹之际，生民之始，万福之原。婚姻之礼正，然后品物遂而天命全。'孔子论诗以关雎为始，此纲纪之首，王教之端也。自上世已来，三代兴废，未有不由此也。愿陛下详览得失盛衰之效，以定大基，采有德，戒声色，近严敬，远技能。臣闻六经者，圣人所以统天地之心，著善恶之归，明吉凶之分，通人道之正，使不悖于本性者也。及论语、孝经，圣人言行之要，宜究其意。"

成帝建始二年。上自为太子时，以好色闻。及即位，皇太后诏采良家女以备后宫。大将军武库令杜钦说王凤曰："礼，一娶九女，所以广嗣重祖也。娣侄虽缺不复补，所以养寿塞争也。故后妃有贞淑之行，则胤嗣有贤圣之君；制度有威仪之节，则人君有寿考之福。废而不由，则女德不厌；女德不厌，则寿命不究于高年。男子五十，好色未衰；妇人四十，容貌改前。以改前之容，侍于未衰之年，而不以礼为制，则其原不可救而后徕异态；后徕异态，则正后自疑而支庶有间適之心。是以晋献被纳谗之谤，申生蒙无罪之辜。今圣主富于春秋，未有適嗣，方乡术入学，未亲后妃之议。将军辅政，宜因始初之隆，建九女之制，详择有行义之家，求淑女之质，毋必有声色技能，为万世大法。夫少戒之在色，小弁之作，可为寒心。唯将军常以为忧。"凤白之太后，太后以为故事无有，凤不能自立法度，循故事而已。凤素重钦，故置之莫府，国家政谋常与钦虑之，数称达名士，裨正阙失，当世善政多出于钦者。

三年十二月戊申朔，日有食之。其夜，地震未央宫殿中。诏举贤良方正、能直言极谏之士。杜钦及太常丞谷永上对，皆以为后宫女宠太盛，嫉妒专上，将害继嗣之咎。

河平元年夏四月己亥晦，日有食之。诏公卿百僚陈过失，无有所讳，大赦天下。光禄大夫刘向对曰："四月交于五月，月同孝惠，日同孝昭，其占恐害继嗣。"是时，许皇后专宠，后宫希得进见，中外皆忧上无继嗣，故杜钦、谷永及向所对皆及之。上于是减省椒房、掖廷用度，服御、舆驾所发诸官署及所造作，遗赐外家、群臣妾，皆如竟宁以前故事。

皇后上疏自陈，以为："时世异制，长短相补，不出汉制而已，纤微之间，未必可同。若竟宁前与黄龙前，岂相放哉！家吏不晓，今壹受诏如此，且使妾摇手不得设。妾欲作某屏风张于某所，曰'故事无有'，或不能得，则必绳妾以诏书矣。此诚不可行，唯陛下省察。故事，以特牛祠大父母，戴侯、敬侯皆得蒙恩以太牢祠；今当率如故事，唯陛下哀之。今吏甫受诏读记，直豫言使后知之，非可复若私府有所取也，其萌芽所以约制妾者，恐失人理。唯陛下深察焉。"

上于是采谷永、刘向所言灾异咎验皆在后宫之意以报之，且曰："吏拘于法，亦安足过。盖矫枉者过直，古今同之。且财币之省，特牛之祠，其于皇后，所以扶助德美，为华宠也。咎根不除，灾变相袭，祖宗且不血食，何戴侯也！传不云乎？'以约失之者鲜'，审皇后欲从其奢与？朕亦当法孝武皇帝也，如此则甘泉、建章可复兴矣。孝文皇帝,朕之师也。皇太后,皇后成法也。假使太后在彼时不如职,今见亲厚,又恶可以逾乎!皇后其刻心秉德,谦约为右,垂则列妾,使有法焉。”

鸿嘉元年二月,上始为微行,从期门郎或私奴十余人,或乘小车,或皆骑,出入市里郊野,远至旁县甘泉、长杨、五柞,斗鸡、走马,常自称富平侯家人。富平侯者,张安世四世孙放也。放父临尚敬武公主,生放,放为侍中、中郎将,娶许皇后女弟,当时宠幸无比,故假称之。

二年春三月,博士行大射礼,有飞雉集于庭,历阶登堂而雊。后雉又集大常、宗正、丞相、御史大夫、车骑将军之府,又集未央宫承明殿屋上。车骑将军王音、待诏宠等上言:“天地之气,以类相应,谴告人君,甚微而著。雉者听察,先闻雷声,故月令以纪气。经载高宗雊雉之异,以明转祸为福之验。今雉以博士行礼之日,大众聚会,飞集于庭,历阶登堂,万众睢睢,惊怪连日,径历三公之府,大常、宗正典宗庙骨肉之官,然后入宫。其宿留告晓人,具备深切,虽人道相戒,何以过是!”后帝使中常侍晁闳诏音曰:“闻捕得雉,毛羽颇摧折,类拘执者,得无人为之?”音复对曰:“陛下安得亡国之语!不知谁主为佞谄之计,诬乱圣德如此者。左右阿谀甚众,不待臣音复谄而足。公卿以下,保位自守,莫有正言。如令陛下觉寤,惧大祸且至身,深责臣下,绳以圣法,臣音当先诛,岂有以自解哉!今即位十五年,继嗣不立,日日驾车而出,失行流闻,海内传之,甚于京师。外有微行之害,内有疾病之忧,皇天数见灾异,欲人变更,终已不改。天尚不能感动陛下,臣子何望,独有极言待死,命在朝暮而已。如有不然,老母安得处所,尚何皇太后之有,高祖天下当以谁属乎?宜谋于贤智,克己复礼，以求天意，继嗣可立，灾变尚可销也。”

三年。初，许皇后与班倢伃皆有宠于上。上尝游后庭，欲与倢伃同辇载，倢伃辞曰：“观古图画，贤圣之君皆有名臣在侧，三代末主乃有嬖妾。今欲同辇，得无近似之乎！”上善其言而止。太后闻之，喜曰：“古有樊姬，今有班倢伃！”班倢伃进侍者李平得幸，亦为倢伃，赐姓曰卫。

其后上微行过阳阿主家，悦歌舞者赵飞燕，召入宫，大幸。有女弟，复召入，姿性尤醲粹，左右见之，皆啧啧嗟赏。有宣帝时披香博士淖方成在帝后，唾曰：“此祸水也，灭火必矣！”姊弟俱为倢伃，贵倾后宫，许皇后、班倢伃皆失宠。于是赵飞燕谮告许皇后、班倢伃挟媚道，祝诅后宫，詈及主上。冬十一月甲寅，许后废处昭台宫，后姊谒等皆诛死，亲属归故郡。考问班倢伃，倢伃对曰：“妾闻‘死生有命，富贵在天’。修正尚未蒙福，为邪欲以何望？使鬼神有知，不受不臣之愬；如其无知，愬之何益？故不为也。”上善其对，赦之，赐黄金百斤。赵氏姊弟骄妒，倢伃恐久见危，乃求共养太后于长信宫，上许焉。

永始元年春正月，上欲立赵倢伃为皇后，皇太后嫌其所出微甚，难之。太后姊子淳于长为侍中，数往来通语东宫，岁余，乃得太后指，许之。夏四月乙亥，上先封倢伃父临为成阳侯，谏大夫河间刘辅上书言：“昔武王、周公，承顺天地，以飨鱼、乌之瑞，然犹君臣祇惧，动色相戒。况于季世，不蒙继嗣之福，屡受威怒之异者乎？虽夙夜自责，改过易行，畏天命，念祖业，妙选有德之世，考卜窈窕之女，以承宗庙，顺神祇心，塞天下望，子孙之祥犹恐晚暮。今乃触情纵欲，倾于卑贱之女，欲以母天下。不畏于天，不愧于人，惑莫大焉。里语曰：‘腐木不可以为柱，人婢不可以为主。’天人之所不予，必有祸而无福，市道皆共知之，朝廷莫肯壹言。臣窃伤心，不敢不尽死！”书奏，上使侍御史收缚辅，系掖庭秘狱，群臣莫知其故。于是左将军辛庆忌、右将军廉褒、光禄勋琅邪师丹、太中大夫谷永俱上书曰：“窃见刘辅前以县令求见，擢为谏大夫，此其言必有卓诡切至当圣心者，故得拔至于此。旬月之间，收下秘狱。臣等愚以为辅幸得托公族之亲，在谏臣之列，新从下土来，未知朝廷体，独触忌讳，不足深过。小罪宜隐忍而已，如有大恶，宜暴治理官，与众共之。今天心未豫，灾异屡降，水旱迭臻，方当隆宽广问，褒直尽下之时也，而行惨急之诛于谏争之臣，震惊群下，失忠直心。假令辅不坐直言，所坐不著，天下不可户晓。同姓近臣，本以言显，其于治亲养忠之义，诚不宜幽囚于掖庭狱。公卿以下，见陛下进用辅亟而折伤之暴，人有惧心，精锐销耎，莫敢尽节正言，非所以昭有虞之听，广德美之风。臣等窃深伤之，唯陛下留神省察。”上乃徙系辅共工狱，减死罪一等，论为鬼薪。

夏六月丙寅，立皇后赵氏，大赦天下。皇后既立，宠少衰，而其女弟绝幸，为昭仪，居昭阳舍，其中庭彤朱而殿上髹漆，切皆铜沓，黄金涂，白玉阶，壁带往往为黄金釭，函蓝田璧、明珠、翠羽饰之，自后宫未尝有焉。赵后居别馆，多通侍郎、宫奴多子者。昭仪尝谓帝曰：“妾姊性刚，有如为人构陷，则赵氏无种矣！”因泣下凄恻。帝信之，有白后奸状者，帝辄杀之。由是后公为淫恣，无敢言者，然卒无子。

光禄大夫刘向以为王教由内及外，自近者始，于是采取诗、书所载贤妃、贞妇兴国显家及孽嬖、乱亡者，序次为列女传，凡八篇；及采传记行事，著新序、说苑凡五十篇，奏之。数上疏言得失,陈法戒。书数十上,以助观览,补遗阙。上虽不能尽用,然内嘉其言,常嗟叹之。

二年。谷永为凉州刺史,奏事京师,讫,当之部,上使尚书问永,受所欲言。永对曰:“臣闻王天下有国家者,患在上有危亡之事,而危亡之言不得上闻。如使危亡之言辄上闻,则商、周不易姓而迭兴,三正不变改而更用。夏、商之将亡也,行道之人皆知之,晏然自以若天有日,莫能危,是故恶日广而不自知,大命倾而不自寤。易曰:‘危者有其安者也,亡者保其存者也。’陛下诚垂宽明之听,无忌讳之诛,使刍荛之臣得尽所闻于前,群臣之上愿,社稷之长福也。元年九月,黑龙见。其晦,日有食之。今年二月己未夜,星陨。乙酉,日有食之。六月之间,大异四发,二二而同月。三代之末,春秋之乱,未尝有也。臣闻三代所以陨社稷、丧宗庙者,皆由妇人与群恶沉湎于酒;秦所以二世、十六年而亡者,养生泰奢,奉终泰厚也。二者,陛下兼而有之,臣请略陈其效。建始、河平之际,许、班之贵,倾动前朝,熏灼四方,女宠至极,不可上矣。今之后起,什倍于前。废先帝法度,听用其言,官秩不当,纵释王诛,骄其亲属,假之威权,从横乱政,刺举之吏,莫敢奉宪。又以掖庭狱大为乱阱,榜棰瘠于炮烙,绝灭人命,主为赵、李报德复怨。反除白罪,逮治正吏,多系无辜,掠立迫恐,至为人起责,分利受谢,生入死出者不可胜数。是以日食再既,以昭其辜。王者必先自绝,然后天绝之。陛下弃万乘之至贵,乐家人之贱事,厌高美之尊号,好匹夫之卑字。崇聚僄轻无义小人以为私客,数离深宫之固,挺身晨夜,与群小相随,乌集杂会,醉饱吏民之家,乱服共坐,(流)〔沈〕湎媟嫚,溷淆无别,黾勉遁乐,昼夜在路,典门户、奉宿卫之臣执干戈而守空宫,公卿百僚不知陛下所在,积数年矣。王者以民为基,民以财为本,财竭则下畔,下畔则上亡。是以明王爱养基本,不敢穷极,使民如承大祭。今陛下轻夺民财,不爱民力,听邪臣之计,去高敞初陵,改作昌陵,役百乾谿,费拟骊山,靡敝天下,五年不成而后反故。百姓愁恨感天,饥馑仍臻,流散冗食,喂死于道,以百万数。公家无一年之畜,百姓无旬日之储,上下俱匮,无以相救。诗云:'殷监不远,在夏后之世。'愿陛下追观夏、商、周、秦所以失之,以镜考己行,有不合者,臣当伏妄言之诛!汉兴九世,百九十余载,继体之主七,皆承天顺道,遵先祖法度,或以中兴,或以治安。至于陛下,独违道纵欲,轻身妄行,当盛壮之隆,无继嗣之福,有危亡之忧,积失君道,不合天意,亦以多矣。为人后嗣,守人功业如此,岂不负哉!方今社稷、宗庙祸福安危之机在于陛下,陛下诚肯昭然远寤,专心反道,旧愆毕改,新德既章,则赫赫大异庶几可销,天命去就庶几可复,社稷宗庙庶几可保。唯陛下留神反覆,熟省臣言。"

帝性宽,好文辞,而溺于燕乐,皆皇太后与诸舅夙夜所常忧;至亲难数言,故推永等使因天变而切谏,劝上纳用之。永自知有内应,展意无所依违,每言事辄见答礼。至上此对,上大怒,卫将军商密擿永令发去。上使侍御史收永,敕过交道厩者勿追;御史不及永,还,上意亦解,自悔。

上尝与张放及赵、李诸侍中共宴饮禁中,皆引满举白,谈笑大噱。时乘舆幄坐张画屏风,画纣醉踞妲己,作长夜之乐。侍中、光禄大夫班伯久疾新起,上顾指画而问伯曰:"纣为无道,至于是乎?"对曰:"书云'乃用妇人之言',何有踞肆于朝!所谓众恶归之,不如是之甚者也。"上曰:"苟不若此,此图何戒?"对曰:"'沉湎于酒',微子所以告去也。'式号式呼',大雅所以流连也。诗、书淫乱之戒，其原皆在于酒。”上乃喟然叹曰：“吾久不见班生，今日复闻谠言。”放等不怿，稍自引起，更衣，因罢出。

时长信庭林表适使来，闻见之。后上朝东宫，太后泣曰：“帝间颜色瘦黑。班侍中本大将军所举，宜宠异之，益求其比，以辅圣德。宜遣富平侯且就国。”上曰：“诺。”上诸舅闻之，以风丞相、御史，求放过失。于是丞相宣、御史大夫方进奏：“放骄蹇纵恣，奢淫不制，拒闭使者，贼伤无辜，从者支属并乘权势，为暴虐。请免放就国。”上不得已，左迁放为北地都尉。其后比年数有灾变，故放久不得还，玺书劳问不绝。敬武公主有疾，诏征放归第视母疾。数月，主有瘳，后复出放为河东都尉。上虽爱放，然上迫太后，下用大臣，故常涕泣而遣之。

元延元年秋七月，有星孛于东井。上以灾变，博谋群臣。北地太守谷永对曰：“王者躬行道德，承顺天地，则五征时序，百姓寿考，符瑞并降。失道妄行，逆天暴物，则咎征著邮，妖孽并见，饥馑荐臻。终不改寤，恶洽变备，不复谴告，更命有德。此天地之常经，百王之所同也。加以功德有厚薄，期质有修短，时世有中季，天道有盛衰。陛下承八世之功业，当阳数之标季，涉三七之节纪，遭无妄之卦运，直百六之灾阸，三难异科，杂焉同会。建始元年以来，二十载间，群灾大异，交错锋起，多于春秋所书。内则为深宫后庭，将有骄臣悍妾、醉酒狂悖卒起之败，北宫苑囿街巷之中、臣妾之家幽闲之处徵舒、崔杼之乱；外则为诸夏下土，将有樊並、苏令、陈胜、项梁奋臂之祸。安危之分界，宗庙之至忧，臣永所以破胆寒心，豫言之累年。下有其萌，然后变见于上，可不致慎！祸起细微，奸生所易。愿陛下正君臣之义，无复与群小媟黩燕饮。勤三纲之严，修后宫之政，抑远骄妒之宠，崇近婉顺之行。朝觐法驾而后出，陈兵清道而后行，无复轻身独出，饮食臣妾之家。三者既除，内乱之路塞矣。诸夏举兵，萌在民饥馑而吏不恤，兴于百姓困而赋敛重，发于下怨离而上不知。传曰：'饥而不损，兹谓泰，厥咎亡。'比年郡国伤于水灾，禾麦不收，宜损常税之时，而有司奏请加赋。甚缪经义，逆于民心，市怨趋祸之道也。臣愿陛下勿许加赋之奏，益减奢泰之费，流恩广施，振赡困乏，敕劝耕桑，以慰绥元元之心，诸夏之乱庶几可息。"

中垒校尉刘向上书曰："臣闻帝舜戒伯禹'毋若丹朱敖'，周公戒成王'毋若殷王纣'。圣帝明王，当以败乱自戒，不讳废兴，故臣敢极陈其愚，唯陛下留神察焉。谨案春秋二百四十二年，日食三十六。今连三年比食，自建始以来，二十岁间而八食，率二岁六月而一发，古今罕有。异有小大希稠，占有舒疾缓急，观秦、汉之易世，览惠、昭之无后，察昌邑之不终，视孝宣之绍起，皆有变异著于汉纪。天之去就，岂不昭昭然哉！臣幸得托末属，诚见陛下宽明之德，冀销大异而兴高宗、成王之声，以崇刘氏，故恳恳数奸死亡之诛。天文难以相晓，臣虽图上，犹须口说然后可知。愿赐清燕之闲，指图陈状。"上辄入之，然终不能用也。

十二月，北地都尉张放到官数月，复征入侍中。太后与上书曰："前所道尚未效，富平侯反复来，其能默乎！"上谢曰："请今奉诏。"上于是出放为天水属国都尉，引少府许商、光禄勋师丹为光禄大夫，班伯为水衡都尉，并侍中，皆秩中二千石。每朝东宫，常从。及大政，俱使谕指于公卿。上亦称厌游宴，复修经书之业，太后甚悦。

绥和二年三月丙戌，帝崩于未央宫。帝素强，无疾病。是时，楚思王衍、梁王立来朝，明旦当辞去，上宿，供张白虎殿。又欲拜左将军孔光为丞相，已刻侯印，书赞。昏夜，平善。乡晨，傅绔袜欲起，因失衣，不能言，昼漏上十刻而崩。民间讙哗，咸归罪赵昭仪。皇太后诏大司马莽杂与御史、丞相、廷尉治，问皇帝起居发病状，赵昭仪自杀。

班彪赞曰：臣姑充后宫为婕妤，父子、昆弟侍帷幄，数为臣言："成帝善修容仪，升车正立，不内顾，不疾言，不亲指，临朝渊嘿，尊严若神，可谓有穆穆天子之容者矣。博览古今，容受直辞，公卿奏议可述。遭世承平，上下和睦。然湛乎酒色，赵氏乱内，外家擅权，言之可为于邑！"建始以来，王氏始执国命，哀、平短祚，莽遂篡位，盖其威福所由来者渐矣。

河决之患

汉元帝永光五年。初，武帝既塞宣房，后河复北决于馆陶，分为屯氏河，东北入海，广深与大河等，故因其自然，不堤塞也。是岁，河决清河灵鸣犊口，而屯氏河绝。

武帝元封二年。上使汲仁、郭昌发卒数万人塞瓠子河决，筑宫其上，名曰宣房宫。

成帝建始四年夏四月，大雨水十余日，河决东郡金堤。先是，清河都尉冯逡奏言："郡承河下流，土壤轻脆易伤，顷所以阔无大害者，以屯氏河通两川分流也。今屯氏河塞，灵鸣犊口又益不利，独一川兼受数河之任，虽高增堤防，终不能泄。如有霖雨，旬日不霁，必盈溢。九河故迹，今既灭难明，屯氏河新绝未久，其处易浚；又其口所居高，于以分杀水力，道里便宜，可复浚以助大河，泄暴水，备非常。不豫修治，北决病四五郡，南决病十余郡，然后忧之，晚矣。”事下丞相、御史，白遣博士许商行视，以为“方用度不足，可且勿浚”。后三岁，河果决于馆陶及东郡金堤，泛滥兖、豫，入平原、千乘、济南，凡灌四郡三十二县，水居地十五万余顷，深者三丈，坏败官亭、室庐且四万所。

冬十一月，御史大夫尹忠以对方略疏阔，上切责其不忧职，自杀。遣大司农非调调均钱谷河决所灌之郡，谒者二人发河南以东船五百艘，徙民避水，居丘陵九万七千余口。

河平元年春，杜钦荐犍为王延世于王凤，使塞决河。凤以延世为河堤使者。延世以竹落长四丈，大九围，盛以小石，两船夹载而下之。三十六日河堤成。三月，诏以延世为光禄大夫，秩中二千石，赐爵关内侯，黄金百斤。

（二）〔三〕年秋八月，河复决平原，流入济南、千乘，所坏败者半建始时。复遣王延世与丞相史杨焉及将作大匠许商、谏大夫乘马延年同作治，六月乃成。复赐延世黄金百斤。治河卒非受平贾者，为著外繇六月。

鸿嘉四年秋，勃海、清河、信都河水湓溢，灌县邑三十一，败官亭、民舍四万余所。平陵李寻等奏言：“议者常欲求索九河故迹而穿之。今因其自决，可且勿塞，以观水势，河欲居之，当稍自成川，跳出沙土，然后顺天心而图之，必有成功，而用财力寡。”于是遂止不塞。朝臣数言百姓可哀，上遣使者处业振赡之。

绥和二年九月，骑都尉平当使领河堤，奏：“九河今皆寘灭。按经义，治水有决河深川，而无堤防壅塞之文。河从魏郡以东北多溢决，水迹难以分明，四海之众不可诬，宜博求能浚川疏河者。”上从之。

待诏贾让奏言："治河有上、中、下策。古者立国居民，疆理土地，必遗川泽之分，度水势所不及。大川无防，小水得入，陂障卑下，以为污泽，使秋水多得其所休息，左右游波宽缓而不迫。夫土之有川，犹人之有口也；治土而防其川，犹止儿啼而塞其口，岂不遽止，然其死可立而待也。故曰：'善为川者决之使道，善为民者宣之使言。'盖堤防之作，近起战国，雍防百川，各以自利。齐与赵、魏以河为竟，赵、魏濒山，齐地卑下，作堤去河二十五里，河水东抵齐堤则西泛赵、魏；赵、魏亦为堤去河二十五里，虽非其正，水尚有所游荡，时至而去，则填淤肥美，民耕田之；或久无害，稍筑宫宅，遂成聚落。大水时至漂没，则更起堤防以自救，稍去其城郭，排水泽而居之，湛溺自其宜也。今堤防狭者去水数百步，远者数里，于故大堤之内复有数重，民居其间，此皆前世所排也。河从河内黎阳至魏郡昭阳，东西互有石堤，激水使还，百余里间，河再西三东，迫厄如此，不得安息。今行上策，徙冀州之民当水冲者，决黎阳遮害亭，放河使北入海。河西薄大山，东薄金堤，势不能远，泛滥期月自定。难者将曰：'若如此，败坏城郭、田庐、冢墓以万数，百姓怨恨。'昔大禹治水，山陵当路者毁之，故凿龙门，辟伊阙，析底柱，破碣石，堕断天地之性，此乃人功所造，何足言也。今濒河十郡，治堤岁费且万万，及其大决，所残无数。如出数年治河之费，以业所徙之民，遵古圣之法，定山川之位，使神人各处其所而不相奸。且以大汉方制万里，岂其与水争咫尺之地哉？此功一立，河定民安，千载无患，故谓之上策。若乃多穿漕渠于冀州地，使民得以溉田，分杀水怒。虽非圣人法，然亦救败术也。可从淇口以东为石堤，多张水门。恐议者疑河大川难禁制，荥阳漕渠足以卜之。冀州渠首尽当仰此水门。诸渠皆往往股引取之，旱则开东方下水门，溉冀州；水则开西方高门，分河流，民田适治，河堤亦成。此诚富国安民，兴利除害，支数百岁，故谓之中策。若乃缮完故堤，增卑倍薄，劳费无已，数逢其害，此最下策也。”

平帝元始四年，王莽奏征能治河者以百数，其大略异者，长水校尉平陵关并言：“河决率常于平原、东郡左右，其地形下而土疏恶。闻禹治河时，本空此地，以为水猥盛则放溢，少稍自索，虽时易处，犹不能离此。上古难识。近察秦、汉以来，河决曹、卫之域，其南北不过百八十里，可空此地，勿以为官亭、民室而已。”御史临淮韩牧以为：“可略于禹贡九河处穿之，纵不能为九，但为四、五宜有益。”大司空掾王横言：“河入勃海地，高于韩牧所欲穿处。往者天尝连雨，东北风，海水溢，西南出寖数百里，九河之地已为海所渐矣。禹之行河水，本随西山下东北去，周谱云：‘定王五年，河徙，’则今所行，非禹之所穿也。又秦攻魏，决河灌其都，决处遂大，不可复补。宜却徙完平处，更开空，使缘西山足，乘高地而东北入海，乃无水灾。”司空掾沛国桓谭典其议，为甄丰言：“凡此数者，必有一是。宜详考验，皆可豫见。计定然后举事，费不过数亿万，亦可以事诸浮食无产业民。空居与行役同当衣食，衣食县官而为之作，乃两便，可以上继禹功，下除民疾。”时莽但崇空语，无施行者。

王莽始建国三年。河决魏郡，泛清河以东数郡。先是，莽恐河决为元城冢墓害，及决东去，元城不忧水，故遂不堤塞。

明帝永平十二年。初，平帝时河、汴决坏，久而不修。建武十年，光武欲修之，浚仪令乐俊上言：“民新被兵革，未宜兴役。”乃止。其后汴渠东侵，日月弥广，兖、豫百姓怨叹，以为县官恒兴他役，不先民急。会有荐乐浪王景能治水者，夏四月，诏发卒数十万，遣景与将作谒者王吴修汴渠堤，自荥阳东至千乘海口千余里，十里立一水门，令更相洄注，无复溃漏之患。景虽简省役费，然犹以百亿计焉。

十三年夏四月，汴渠成，河、汴分流，复其旧迹。

通鉴纪事本末卷第五

丁傅用事

汉成帝元延四年春正月，中山王兴、定陶王欣皆来朝。中山王独从傅，定陶王尽从傅、相、中尉。上怪之，以问定陶王，对曰："令，诸侯王朝，得从其国二千石。傅、相、中尉皆国二千石，故尽从之。"上令诵诗，通习，能说。他日问中山王："独从傅，在何法令？"不能对；令诵尚书，又废；及赐食于前，后饱；起下，袜系解。帝由此以为不能，而贤定陶王，数称其材。是时，诸侯王唯二人于帝为至亲。定陶王祖母傅太后随王来朝。私赂遗赵皇后、昭仪及票骑将军王根。后、昭仪、根见上无子，亦欲豫自结，为长久计，皆更称定陶王，劝帝以为嗣。帝亦自美其材，为加元服而遣之，时年十七矣。

绥和元年春正月，上召丞相翟方进、御史大夫孔光、右将军廉褒、后将军朱博入禁中，议中山、定陶王谁宜为嗣者。方进、根、褒、博皆以为："定陶王，帝弟之子。礼曰：'昆弟之子犹子也，为其后者为之子也。'定陶王宜为嗣。"光独以为："礼，立嗣以亲。以尚书盘庚殷之及王为比，兄终弟及。中山王，先帝之子，帝亲弟，宜为嗣。”上以中山王不材，又礼，兄弟不得相入庙，不从光议。二月癸丑，诏立定陶王欣为皇太子，封中山王舅谏大夫冯参为宜乡侯，益中山国三万户以慰其意。使执金吾任宏守大鸿胪，持节征定陶王。定陶王谢曰：“臣材质不足以假充太子之宫，臣愿且得留国邸，旦夕奉问起居，俟有圣嗣，归国守藩。”书奏，天子报闻。戊午。孔光以议不合意，左迁廷尉，何武为御史大夫。

秋八月，中山孝王兴薨。

冬十月，上以太子既奉大宗后，不得顾私亲。十一月，立楚孝王孙景为定陶王，以奉恭王后。初，太子之幼也，王祖母傅太后躬自养视。及为太子，诏“傅太后与太子母丁姬自居定陶国邸，不得相见”。顷之，王太后欲令傅太后、丁姬十日一至太子家，帝曰：“太子承正统，当共养陛下，不得复顾私亲。”王太后曰：“太子小而傅太后抱养之，今至太子家，以乳母恩耳，不足有所妨。”于是令傅太后得至太子家，丁姬以不养太子，独不得。

二年三月丙戌。帝崩于未央宫。

夏四月丙午，太子即皇帝位，尊皇太后曰太皇太后。太皇太后令傅太后、丁姬十日一至未央宫。

有诏问丞相、大司空：“定陶共王太后宜当何居？”丞相孔光素闻傅太后为人刚暴，长于权谋，自帝在襁褓，而养长教道至于成人，帝之立又有力。光心恐傅太后与政事，不欲与帝旦夕相近，即议以为：“定陶太后宜改筑宫。”大司空何武曰：“可居北宫。”上从武言。北宫有紫房复道通未央宫，傅太后果从复道朝夕至帝所，求欲称尊号，贵宠其亲属，使上不得由直道行。高昌侯董宏希指，上书言：“秦庄襄王母本夏氏，而为华阳夫人所子，及即位后，俱称太后。宜立定陶共王后为帝太后。”事下有司，大司马王莽，左将军、关内侯、领尚书事师丹劾奏宏：“知皇太后至尊之号，天下一统，而称引亡秦以为比谕，诖误圣朝，非所宜言，大不道。”上新立，谦让，纳用莽、丹言，免宏为庶人。傅太后大怒，要上，欲必称尊号，上乃白太皇太后，令下诏尊定陶恭王为恭皇。

五月丙戌，立皇后傅氏，傅太后从弟晏之子也。诏曰：“春秋，母以子贵。宜尊定陶太后曰恭皇太后，丁姬曰恭皇后，各置左右詹事，食邑如长信宫、中宫。”追尊傅父为崇祖侯，丁父为褒德侯；封舅丁明为阳安侯，舅子满为平周侯，皇后父晏为孔乡侯，皇太后弟侍中、光禄大夫赵钦为新城侯。

傅太后从弟右将军喜，好学问，有志行，众庶归望于喜。初，上之官爵外亲也，喜独执谦称疾。傅太后始与政事，数谏之，由是傅太后不欲令喜辅政。庚午，赐喜黄金百斤，上右将军印绶，以光禄大夫养病。大司空何武、尚书令唐林皆上书言：“喜行义修洁，忠诚忧国，内辅之臣也。今以寝病一旦遣归，众庶失望，皆曰：‘傅氏贤子，以论议不合于定陶太后，故退。’百寮莫不为国恨之。忠臣，社稷之卫，鲁以季友治乱，楚以子玉轻重，魏以无忌折冲，项以范增存亡。百万之众，不如一贤，故秦行千金以间廉颇，汉散万金以疏亚父。喜立于朝，陛下之光辉，傅氏之废兴也。”上亦自重之，故寻复进用焉。

九月庚申，地震，自京师到北边郡国三十余处，坏城郭，凡压杀四百余人。上以灾异问待诏李寻，对曰：“夫日者，众阳之长，人君之表也。君不修道，则日失其度，暗昧无光。间者日尤不精，光明侵夺失色，邪气珥霓数作。小臣不知内事，窃以日视陛下，志操衰于始初多矣。唯陛下执乾刚之德，强志守度，毋听女谒、邪臣之态，诸保阿、乳母甘言悲辞之托，断而勿听，勉强大谊，绝小不忍。良有不得已，可赐以货财，不可私以官位，诚皇天之禁也。臣闻月者，众阴之长、妃后、大臣、诸侯之象也。间者月数为变，此为母后与政乱朝，阴阳俱伤，两不相便。外臣不知朝事，窃信天文，即如此，近臣已不足仗矣。唯陛下亲求贤士，无强所恶，以崇社稷，尊强本朝。臣闻五行以水为本，水为准平，王道公正修明，则百川理，落脉通；偏党失纲，则涌溢为败。今汝、颍漂涌，与雨水并为民害，此诗所谓'百川沸腾'，咎在皇甫卿士之属。唯陛下少抑外亲大臣。臣闻地道柔静，阴之常义也。间者关东地数震，宜务崇阳抑阴以救其咎，固志建威，闭绝私路，拔进英隽，退不任职，以强本朝。夫本强则精神折冲；本弱则招殃致凶，为邪谋所陵。闻往者淮南王作谋之时，其所难者独有汲黯，以为公孙弘等不足言也。弘，汉之名相，于今无比，而尚见轻，何况无弘之属乎？故曰朝廷无人，则为贼乱所轻，其道自然也。"

冬十月癸酉，以师丹为大司空。丹见上多所匡改成帝之政，乃上书言："古者，谅暗不言，听于冢宰；三年无改于父之道。前大行尸柩在堂，而官爵臣等以及亲属，赫然皆贵宠，封舅为阳安侯，皇后尊号未定，豫封父为孔乡侯。出侍中王邑、射声校尉王邯等，诏书比下，变动政事，卒暴无渐。臣纵不能明陈大义，复曾不能牢让爵位，相随空受封侯，增益陛下之过。闻者郡国多地动水出，流杀人民，日月不明，五星失行，此皆举错失中，号令不定，法度失理，阴阳溷浊之应也。臣伏惟人情无子，年虽六七十，犹博取而广求。孝成皇帝深见天命，烛知至德，以壮年克己，立陛下为嗣。先帝暴弃天下，而陛下继体，四海安宁，百姓不惧，此先帝圣德，当合天人之功也。臣闻'天威不违颜咫尺'，愿陛下深思先帝所以建立陛下之意，且克己躬行，以观群下之从化。天下者，陛下之家也，肺附何患不富贵，不宜仓卒若是，其不久长矣。"丹书数十上，多切直之言。

傅太后从弟子迁在左右，尤倾邪，上恶之，免官，遣归故郡。傅太后怒，上不得已，复留迁。丞相光与大司空丹奏言："诏书前后相反，天下疑惑，无所取信。臣请归迁故郡，以销奸党。"卒不得遣，复为侍中。其逼于傅太后，皆此类也。

哀帝建平元年正月丁酉，光禄大夫傅喜为大司马，封高武侯。

秋九月，郎中令泠褒、黄门郎段犹等复奏言："定陶共皇太后、共皇后皆不宜复引定陶藩国之名以冠大号。车马、衣服宜皆称皇之意，置吏二千石以下，各供厥职。又宜为共皇立庙京师。"上复下其议。群下多顺指，言"母以子贵，宜立尊号以厚孝道"。唯丞相光、大司马喜、大司空丹以为不可。丹曰："圣王制礼，取法于天地。尊卑者，所以正天地之位，不可乱也。今定陶共皇太后、共皇后以'定陶共'为号者，母从子、妻从夫之义也。欲立官置吏，车服与太皇太后并，非所以明'尊无二上'之义也。定陶共皇号谥已前定，义不得复改。礼'父为士，子为天子，祭以天子，其尸服以士服'。子无爵父之义，尊父母也。为人后者为之子，故为所后服斩衰三年，而降其父母期，明尊本祖而重正统也。孝成皇帝圣恩深远，故为共王立后，奉承祭祀，令共皇长为一国太祖，万世不毁，恩义已备。陛下既继体先帝，持重大宗，承宗庙、天地、社稷之祀，义不可复奉定陶共皇，祭入其庙。今欲立庙于京师，而使臣下祭之，是无主也。又亲尽当毁，空去一国太祖不堕之祀，而就无主当毁不正之礼，非所以尊厚共皇也。”丹由是浸不合上意。

会有上书言：“古者以龟贝为货，今以钱易之，民以故贫，宜可改币。”上以问丹，丹对言可改。章下有司议，皆以为“行钱以来久，卒难变易”。丹老人，忘其前语，复从公卿议。又丹使吏书奏，吏私写其草。丁、傅子弟闻之，使人上书告“丹上封事，行道人遍持其书”。上以问将军、中朝臣，皆对曰：“忠臣不显谏。大臣奏事，不宜漏泄，宜下廷尉治。”事下廷尉，劾丹大不敬，事未决，给事中、博士申咸、炔钦上书言：“丹经行无比，自近世大臣能若丹者少。发愤懑，奏封事，不及深思远虑，使主簿书，漏泄之过不在丹，以此贬黜，恐不厌众心。”上贬咸、钦秩各二等，遂策免丹曰：“朕惟君位尊任重，怀谖迷国，进退违命，反覆异言，甚为君耻之！以君尝托傅位，未忍考于理，其上大司空高乐侯印绶，罢归。”

尚书令唐林上疏曰：“窃见免大司空丹策书，泰深痛切。君子作文，为贤者讳。丹，经为世儒宗，德为国黄耇，亲傅圣躬，位在三公，所坐者微，海内未见其大过。事既以往，免爵太重。京师识者咸以为宜复丹爵邑，使奉朝请。唯陛下裁览众心，有以尉复师傅之臣。”上从林言，下诏赐丹爵关内侯。

二年，丁、傅宗族骄奢，皆嫉傅喜之恭俭。又傅太后欲求称尊号，与成帝母齐尊。喜与孔光、师丹共执以为不可。上重违大臣正议，又内迫傅太后，依违者连岁。傅太后大怒，上不得已，先免师丹以感动喜，喜终不顺。朱博与孔乡侯傅晏连结，共谋成尊号事，数燕见，奏封事，毁短喜及孔光。丁丑，上遂策免喜，以侯就第。

夏四月，傅太后又自诏丞相、御史大夫曰："高武侯喜附下罔上，与故大司空丹同心背畔，放命圮族，不宜奉朝请，其遣就国。"

丞相孔光自先帝时议继嗣，有持异之隙，又重忤傅太后指，由是傅氏在位者与朱博为表里，共毁谮光。乙亥，策免光为庶人。以御史大夫朱博为丞相，封阳乡侯。

朱博既为丞相，上遂用其议，下诏曰："定陶共皇之号，不宜复称定陶；尊共皇太后曰帝太太后，称永信宫；共皇后曰帝太后，称中安宫；为共皇立寝庙于京师，比宣帝父悼皇考制度。"于是四太后各置少府、太仆，秩皆中二千石。傅太后既尊后，尤骄，与太皇太后语，至谓之"妪"。时丁、傅以一二年间暴兴尤盛，为公卿列侯者甚众。然帝不甚假以权，势不如王氏在成帝世也。

丞相博、御史大夫玄奏言："前高昌侯宏，首建尊号之议，而为关内侯师丹所劾奏，免为庶人。时天下衰粗，委政于丹，丹不深惟褒广尊号之义，而妄称说，抑贬尊号，亏损孝道，不忠莫大焉。陛下仁圣，昭然定尊号，宏以忠孝复封高昌侯。丹恶逆暴著，虽蒙赦令，不宜有爵邑，请免为庶人。"奏可。

谏大夫杨宣上封事言："孝成皇帝深惟宗庙之重，称述陛下至德以承天序，圣策深远，恩德至厚。惟念先帝之意，岂不欲以陛下自代，奉承东宫哉。太皇太后春秋七十，数更忧伤，敕令亲属引领以避丁、傅，行道之人为之陨涕。况于陛下时登高远望，独不惭于延陵乎！"帝深感其言，复封成都侯商中子邑为成都侯。

六月庚申，帝太后丁氏崩，诏归葬定陶共皇之园。

秋七月，傅太后怨傅喜不已，使孔乡侯晏风丞相朱博令奏免喜侯。博与御史大夫赵玄议之，玄言："事已前决，得无不宜？"博曰："已许孔乡侯矣。匹夫相要，尚相得死，何况至尊！博唯有死耳。”玄即许可。博恶独斥奏喜，以故大司空汜乡侯何武前亦坐过免就国，事与喜相似，即并奏：“喜、武前在位，皆无益于治，虽已退免，爵土之封，非所当也，皆请免为庶人。”上知傅太后素常怨喜，疑博、玄承指，即召玄诣尚书问状，玄辞服。有诏：“左将军彭宣与中朝者杂问。”宣等奏劾“博、玄、晏皆不道，不敬，请召诣廷尉诏狱”。上减玄死罪三等，削晏户四分之一，假谒者节召丞相诣廷尉，博自杀，国除。

冬十月，上欲令丁、傅处爪牙官，以光禄勋丁望为左将军。

四年春正月，上欲封傅太后从父弟侍中、光禄大夫商，尚书仆射平陵郑崇谏曰：“孝成皇帝封亲舅五侯，天为赤黄，昼昏，日中有黑气。孔乡侯，皇后父，高武侯以三公封，尚有因缘。今无故欲复封商，坏乱制度，逆天人之心，非傅氏之福也。臣愿以身命当国咎。”崇因持诏书案起。傅太后大怒，曰：“何有为天子乃反为一臣所颛制邪！”二月癸卯，上遂下诏封商为汝昌侯。夏六月，尊帝太太后为皇太太后。

元寿元年春正月辛丑朔，诏将军、中二千石举明习兵法者各一人，因就拜孔乡侯傅晏为大司马、卫将军，阳安侯丁明为大司马、票骑将军。

是日，日有食之。上诏公卿大夫悉心陈过失，又令举贤良、方正、能直言者各一人。前凉州刺史杜邺以方正对策曰：“臣闻阳尊阴卑，天之道也。是以男虽贱，各为其家阳；女虽贵，犹为其国阴。故礼明三从之义，虽有文母之德，必系于子。昔郑伯随姜氏之欲，终有叔段篡国之祸。周襄王内迫惠后之难，而遭居郑之危。汉兴，吕太后权私亲属，几危社稷。窃见陛下约俭正身，欲与天下更始，然嘉瑞未应，而日食、地震。案春秋灾异，以指象为言语。日食，明阳为阴所临。坤以法地，为土，为母，以安静为德。震，不阴之效也。占象甚明，臣敢不直言其事。昔曾子问从令之义，孔子曰：'是何言与！'善闵子骞守礼不苟从亲，所行无非理者，故无可间也。今诸外家昆弟，无贤不肖，并侍帷幄，布在列位，或典兵卫，或将军屯，宠意并于一家，积贵之势，世所希见、所希闻也。至乃并置大司马、将军之官，皇甫虽盛，三桓虽隆，鲁为作三军，无以甚此。当拜之日，暗然日食。不在前后，临事而发者，明陛下谦逊无专，承指非一，所言辄听，所欲辄随，有罪恶者不坐辜罚，无功能者毕受官爵，流渐积猥，过在于是，欲令昭昭以觉圣朝。昔诗人所刺，春秋所讥，指象如此，殆不在他。由后视前，忿邑非之；逮身所行，不自镜见，则以为可，计之过者。愿陛下加致精诚，思承始初，事稽诸古，以厌下心，则黎庶群生无不说喜。上帝百神收还威怒，祯祥福禄，何嫌不报。"

丁巳，皇太太后傅氏崩，合葬渭陵，称孝元傅皇后。

二年六月戊午，帝崩于未央宫。大司马王莽白太皇太后，以定陶共王太后与孔乡侯晏同心合谋，背恩忘本，专恣不轨，徙孝哀皇后退就桂宫。傅氏、丁氏皆免官爵归故郡，傅晏将妻子徙合浦。独下诏褒扬傅喜曰："高武侯喜姿性端悫，论议忠直，虽与故定陶太后有属，终不顺指从邪，介然守节，以故斥逐就国。传不云乎：'岁寒然后知松柏之后凋也。'其还喜长安，位特进，奉朝请。"喜虽外见褒赏，孤立忧惧，后复遣就国，以寿终。莽又贬傅太后号为定陶共王母，丁太后号曰丁姬。

平帝元始五年，莽奏言："共王母、丁姬，前不臣妾，冢高与元帝山齐，怀帝太后、皇太后玺绶以葬。请发共王母及丁姬冢，取其玺绶。徙共王母归定陶，葬共王冢次。"太后以为既已之事，不须复发。莽固争之，太后诏因故棺改葬之。莽奏："共王母及丁姬棺皆名梓宫，珠玉之衣，非藩妾服。请更以木棺代，去珠玉衣。葬丁姬媵妾之次。"奏可。公卿在位皆阿莽指，入钱帛、遣子弟及诸生、四夷凡十余万人，操持作具，助将作掘平共王母、丁姬故冢，周棘其处，以为世戒云。

董贤嬖幸

汉哀帝建平四年二月，驸马都尉、侍中云阳董贤得幸于上，出则参乘，入御左右，赏赐累钜万，贵震朝廷。常与上卧起。尝昼寝，偏藉上袖；上欲起，贤未觉，不欲动贤，乃断袖而起。又诏贤妻得通引籍殿中，止贤庐。又召贤女弟以为昭仪，位次皇后。昭仪及贤与妻旦夕上下，并侍左右。以贤父恭为少府，赐爵关内侯。诏将作大匠为贤起大第北阙下，重殿，洞门，土木之功，穷极技巧。赐武库禁兵、上方珍宝。其选物上弟尽在董氏，而乘舆所服乃其副也。及至东园秘器、珠襦、玉柙，豫以赐贤，无不备具。又令将作为贤起冢茔义陵旁，内为便房，刚柏题凑，外为徼道，周垣数里，门阙罘罳甚盛。郑崇以贤贵宠过度谏上，由是重得罪。

三月，上欲侯董贤而未有缘，侍中傅嘉劝上定息夫躬、孙宠告东平本章，去宋弘，更言因董贤以闻，欲以其功侯之，皆先赐爵关内侯。顷之，上欲封贤等而心惮王嘉，乃先使孔乡侯晏持诏书示丞相、御史。于是嘉与御史大夫贾延上封事言："窃见董贤等三人始赐爵，众庶匈匈，咸曰贤贵，其余并蒙恩；至今流言未解。陛下仁恩于贤等不已，宜暴贤等本奏语言，延问公卿、大夫、博士、议郎，考合古今，明正其义，然后乃加爵土；不然，恐大失众心，海内引领而议。暴评其事，必有言当封者，在陛下所从，天下虽不说，咎有所分，不独在陛下。”上不得已，且为之止。

秋八月辛卯，上下诏切责公卿曰：“昔楚有子玉得臣，晋文为之侧席而坐；近事，汲黯折淮南之谋。今东平王云等至有图弑天子逆乱之谋者，是公卿股肱，莫能悉心、务聪明以销厌未萌故也。赖宗庙之灵，侍中、驸马都尉贤等发觉以闻，咸伏厥辜。书不云乎，‘用德章厥善’，其封贤为高安侯。”

上使中黄门发武库兵前后十辈，送董贤及上乳母王阿舍。执金吾毋将隆奏言：“武库兵器，天下公用，国家武备，缮治造作，皆度大司农钱。大司农钱，自乘舆不以给共养；共养劳赐，一出少府。盖不以本藏给末用，不以民力共浮费，别公私，示正路也。古者诸侯、方伯得颛征伐，乃赐斧钺，汉家边吏职任距寇，亦赐武库兵，皆任事然后蒙之。春秋之谊，家不藏甲，所以抑臣威损私力也。今贤等便僻弄臣，私恩微妾，而以天下公用给其私门，契国威器，共其家备，民力分于弄臣，武兵设于微妾，建立非宜，以广骄僭，非所以示四方也。孔子曰：‘奚取于三家之堂！’臣请收还武库。”上不说。

谏大夫渤海鲍宣上书曰：“窃见孝成皇帝时，外亲持权，人人牵引所私以充塞朝廷，妨贤人路，浊乱天下，奢泰无度，穷困百姓，是以日食且十，彗星四起。危亡之征，陛下所亲见也。今奈何反覆剧于前乎？今民有七亡：阴阳不和，水旱为灾，一亡也。县官重责，更赋租税，二亡也。贪吏并公，受取不已，三亡也。豪强大姓，蚕食无厌，四亡也。苛吏繇役，失农桑时，五亡也。部落鼓鸣，男女遮列，六亡也。盗贼劫略，取民财物，七亡也。七亡尚可，又有七死：酷吏殴杀，一死也。治狱深刻，二死也。冤陷无辜，三死也。盗贼横发，四死也。怨仇相残，五死也。岁恶饥饿，六死也。时气疾疫，七死也。民有七亡而无一得，欲望国安，诚难；民有七死而无一生，欲望刑措，诚难。此非公卿、守相贪残成化之所致邪，群臣幸得居尊官，食重禄，岂有肯加恻隐于细民，助陛下流教化者邪！志但在营私家，称宾客，为奸利而已。以苟容曲从为贤，以拱默尸禄为智，谓如臣宣等为愚。陛下擢臣岩穴，诚冀有益毫毛，岂徒欲使臣美食大官，重高门之地哉！天下，乃皇天之天下也。陛下上为皇天子，下为黎庶父母，奈何独私养外亲与幸臣董贤，多赏赐以大万数，使奴从、宾客，浆酒藿肉，苍头庐儿，皆用致富，非天意也。"宣语虽刻切上以宣名儒，优容之。

元寿元年春正月，丞相嘉奏封事曰："陛下在国之时，好诗、书，尚俭节，征来，所过道上称诵德美，此天下所以回心也。初即位，易帷帐，去锦绣，乘舆席缘绨缯而已。共皇寝庙比当作，忧闵元元，惟用度不足，以义割恩，辄且止息，今始作治。而驸马都尉董贤亦起官寺上林中，又为贤治大第，开门乡北阙，引王渠灌园池，使者护作，赏赐吏卒，甚于治宗庙。贤母病，长安厨给祠具，道中过者皆饮食。为贤治器，器成，奏御乃行。或物好，特赐其工，自贡献宗庙、三宫，犹不至此。贤家有宾婚及见亲，诸官并共，赐及仓头、奴婢人十万钱。使者护视、发取市物，百贾震动，道路欢哗，群臣惶惑。诏书罢苑，而以赐贤二千余顷，均田之制从此堕坏。奢僭放纵，变乱阴阳，灾异众多，百姓讹言，持筹相惊，天惑其意，不能自止。陛下素仁智慎事，今而有此大讥。孔子曰：'危而不持，颠而不扶，则将安用彼相矣！'臣嘉幸得备位，窃内悲伤，不能通愚忠之信，身死有益于国，不敢自惜。唯陛下慎己之所独乡，察众人之所共疑。往者宠臣邓通、韩嫣，骄贵失度，逸豫无厌，小人不胜情欲，卒陷罪辜，乱国亡躯，不终其禄，所谓'爱之适足以害之'者也。宜深览前世，以节贤宠，全安其命。"上由是于嘉浸不说。

鲍宣上书曰："陛下父事天，母事地，子养黎民；即位已来，父亏明，母震动，子讹言相惊恐。今日食于三始，诚可畏惧。小民正朔日尚恐毁败器物，何况于日亏乎？陛下深内自责，避正殿，举直言，求过失，罢退外亲及旁仄素餐之人，征拜孔光为光禄大夫，发觉孙宠、息夫躬过恶，免官遣就国，众庶歙然，莫不说喜。天人同心，人心说则天意解矣。乃二月丙戌，白虹干日，连阴不雨，此天下忧结未解，民有怨望未塞者也。侍中、驸马都尉董贤，本无葭莩之亲，但以令色谀言自进，赏赐无度，竭尽府藏，并合三第，尚以为小，复坏暴室。贤父、子坐使天子使者，将作治第，行夜吏卒皆得赏赐，上冢有会，辄太官为供。海内贡献，当养一君，今反尽之贤家，岂天意与民意邪！天不可久负，厚之如此，反所以害之也。诚欲哀贤，宜为谢过天地，解仇海内，免遣就国，收乘舆器物，还之县官，如此，可以父子终其性命；不者，海内之所仇，未有得久安者也。孙宠、息夫躬不宜居国，可皆免以视天下。复征何武、师丹、彭宣、傅喜，旷然使民易视，以应天心，建立大政，兴太平之端。"上感大异，纳宣言，征何武、彭宣。拜鲍宣为司隶。

上托傅太后遗诏，令太皇太后下丞相、御史，益封董贤二千户，及赐孔乡侯、汝昌侯、阳新侯国。王嘉封还诏书，因奏封事谏曰："臣闻爵禄、土地，天之有也。书云：'天命有德，五服五章哉。'王者代天爵人，尤宜慎之。裂地而封，不得其宜，则众庶不服，感动阴阳，其害疾自深。今圣体久不平，此臣嘉所内惧也。高安侯贤，佞幸之臣，陛下倾爵位以贵之，单货财以富之，损至尊以宠之，主威已黜，府藏已竭，唯恐不足。财皆民力所为，孝文皇帝欲起露台，重百金之费，克己不作。今贤散公赋以施私惠，一家至受千金，往古以来，贵臣未尝有此，流闻四方，皆同怨之。里谚曰‘千人所指，无病而死’，臣常为之寒心。今太皇太后以永信太后遗诏诏丞相、御史，益贤户，赐三侯国，臣嘉窃惑。山崩、地动、日食于三朝，背阴侵阳之戒也。前贤已再封，晏、商再易邑，业缘私横求，恩已过厚，求索自恣，不知厌足，甚伤尊尊之义，不可以示天下，为害痛矣。臣骄侵罔，阴阳失节，气感相动，害及身体。陛下寝疾久不平，继嗣未立，宜思正万事，顺天人之心，以求福祐，奈何轻身肆意，不念高祖之勤苦，垂立制度，欲传之于无穷哉！臣谨封上诏书，不敢露见，非爱死而不自法，恐天下闻之，故不敢自劾。”

初，廷尉梁相治东平王雲狱时，冬月未尽二旬，而相心疑雲冤狱，有饰辞，奏欲传之长安，更下公卿覆治。尚书令鞫谭、仆射宗伯凤以为可许。天子以为相等皆见上体不平，外内顾望，操持两心，幸雲逾冬，无讨贼疾恶主仇之意，免相等皆为庶人。后数月，大赦，嘉荐“相等皆有材行，圣王有计功除过，臣窃为朝廷惜此三人”。书奏，上不能平。后二十余日，嘉封还益董贤户事，上乃发怒，召嘉诣尚书，责问，以“相等前坐不忠，罪恶著闻，君时辄已自劾；今又称誉云‘为朝廷惜之’，何也?”嘉免冠谢罪。

事下将军朝者，光禄大夫孔光等劾“嘉迷国罔上，不道，请谒者召嘉诣廷尉诏狱”。议郎龚等以为“嘉言事前后相违，宜夺爵土，免为庶人”。永信少府猛等以为“嘉罪名虽应法，大臣括发关械，裸躬就笞，非所以重国褒宗庙也”。上不听。

三月，诏假谒者节，召丞相诣廷尉诏狱。使者既到，府掾史涕泣，共和药进嘉，嘉不肯服。主簿曰："将相不对理陈冤，相踵以为故事，君侯宜引决。"使者危坐府门上，主簿复前进药。嘉引药杯以击地，谓官属曰："丞相幸得备位三公，奉职负国，当伏刑都市，以示万众。丞相岂儿女子邪，何谓咀药而死！"嘉遂装，出见使者，再拜受诏，乘吏小车，去盖，不冠，随使者诣廷尉。廷尉收嘉丞相、新甫侯印绶，缚嘉载致都船诏狱。上闻嘉生自诣吏，大怒，使将军以下与五二千石杂治。吏诘问嘉，对曰："案事者思得实。窃见相等前治东平王狱，不以雲为不当死，欲关公卿，示重慎，诚不见其外内顾望、阿附为雲验，复幸得蒙大赦。相等皆良善吏，臣窃为国惜贤，不私此三人。"狱吏曰："苟如此，则君何以为罪？犹当有以负国，不空入狱矣。"吏稍侵辱嘉，嘉喟然仰天叹曰："幸得充备宰相，不能进贤退不肖，以是负国，死有余责。"吏问贤、不肖主名。嘉曰："贤，故丞相孔光、故大司空何武，不能进。恶，高安侯董贤父子，佞邪乱朝，而不能退。罪当死，死无所恨。"嘉系狱二十余日，不食，欧血而死。

十二月庚子，以侍中、驸马都尉董贤为大司马、卫将军，册曰："建尔于公，以为汉辅。往悉尔心，匡正庶事，允执其中。"是时贤年二十二，虽为三公，常给事中，领尚书〔事〕，百官因贤奏事。以父卫尉恭不宜在卿位，徙为光禄大夫、秩中二千石。弟宽信代贤为驸马都尉，董氏亲属皆侍中、诸曹、奉朝请，宠在丁、傅之右矣。

初，丞相孔光为御史大夫，贤父恭为御史，事光；及贤为大司马，与光并为三公，上故令贤私过光。光雅恭谨，知上欲尊宠贤。及闻贤当来也，光警戒衣冠出门待，望见贤车乃却入。贤至中门，光入阁，既下车，乃出，拜谒、送迎甚谨，不敢以宾客钧敌之礼。上闻之，喜，立拜光两兄子为谏大夫、常侍。贤由是权与人主侔矣。

是时，成帝外家王氏衰废，唯平阿侯谭子去疾为侍中，弟闳为中常侍。闳妻父中郎将萧咸，前将军望之子也。贤父恭慕之，欲为子宽信求咸女为妇，使闳言之。咸惶恐不敢当，私谓闳曰："董公为大司马，册文言'允执其中'，此乃尧禅舜之文，非三公故事，长老见者莫不心惧。此岂家人子所能堪邪！"闳性有知略，闻咸言，心亦悟，乃还报恭，深达咸自谦薄之意。恭叹曰："我家何用负天下，而为人所畏如是！"意不说。后上置酒麒麟殿，贤父子、亲属宴饮，侍中、中常侍皆在侧。上在酒所，从容视贤笑曰："吾欲法尧禅舜，何如？"王闳进曰："天下乃高皇帝天下，非陛下之有也。陛下承宗庙，当传子孙于无穷，统业至重，天子无戏言。"上默然不说。左右皆恐，于是遣闳出归郎署。

久之，太皇太后为闳谢，复召闳还。闳遂上书谏曰："臣闻王者立三公，法三光，居之者当得贤人。易曰'鼎折足，覆公餗'，喻三公非其人也。昔孝文皇帝幸邓通，不过中大夫，武皇帝幸韩嫣，赏赐而已，皆不在大位。今大司马、卫将军董贤，无功于汉朝，又无肺腑之连，复无名迹高行以矫世，升擢数年，列备鼎足，典卫禁兵，无功封爵，父子、兄弟横蒙拔擢，赏赐空竭帑臧，万民喧哗，偶言道路，诚不当天心也。昔褒神蚖变化为人，实生褒姒，乱周国。恐陛下有过失之讥，贤有小人不知进退之祸，非所以垂法后世也。"上虽不从闳言，多其年少志强，亦不罪也。

二年春正月，匈奴单于及乌孙来朝。单于宴见，群臣在前，单于怪董贤年少，以问译。上令译报曰："大司马年少，以大贤居位。"单于乃起，拜贺汉得贤臣。

夏五月甲子，正三公官分职。大司马、卫将军董贤为大司马。

六月戊午，帝崩于未央宫。太皇太后闻帝崩，召大司马贤，引见东箱，问以丧事调度。贤内忧，不能对，免冠谢。太后曰："新都侯莽前以大司马奉送先帝大行，晓习故事，吾令莽佐君。"贤顿首："幸甚。"太后遣使者驰召莽，诏尚书，诸发兵符节、百官奏事、中黄门、期门兵皆属莽。莽以太后指，使尚书劾贤，帝病不亲医药，禁止贤不得入宫殿司马中。贤不知所为，诣阙免冠徒跣谢。己未，莽使谒者以太后诏即阙下册贤曰："贤年少，未更事理，为大司马不合众心，其收大司马印绶，罢归第。"即日，贤与妻皆自杀，家惶恐，夜葬。莽疑其诈死，有司奏请发贤棺，至狱诊视，因埋狱中。莽又奏董贤父子骄恣奢僭，请收没入财物县官。诸以贤为官者，皆免。父恭、弟宽信与家属徙合浦，母别归故郡钜鹿。长安中小民欢哗，乡其第哭，几获盗之。县官斥卖董氏财凡四十三万万。贤所厚吏沛朱诩自劾去大司马府，买棺衣，收贤尸葬之。莽闻之，以他罪击杀诩。

王莽篡汉

汉宣帝甘露三年，太子所幸司马良娣死，太子悲恚不乐。帝乃命皇后择后宫家人子可以娱侍太子者，得元城王政君，送太子宫。政君，故绣衣御史贺之孙女也。是岁，生成帝于甲馆画堂，为世适皇孙。帝爱之，自名曰骜，字大孙。

元帝初元(元)〔二〕年夏四月丁巳，立子骜为皇太子。

竟宁元年，初，太子少好经书，宽博谨慎；其后幸酒，乐燕乐，上不以为能。而山阳王康有材艺，母昭仪又爱幸，上以故常有意欲以山阳为嗣。及上寝疾，傅昭仪、山阳王康常在左右，而皇后、太子希得进见。上数问尚书以景帝时立胶东王故事。是时，太子长舅阳平侯凤为卫尉、侍中，与皇后、太子皆忧，不知所出。史丹以亲密臣得侍疾，候上间独寝时，丹直入卧内，顿首伏青蒲上，涕泣言曰："皇太子以適长立，积十余年，名号系于百姓，天下莫不归心。今者道路流言，为国生意，以为太子有动摇之议。审若此，公卿以下必以死争，不奉诏。臣愿先赐死以示群臣。"上意大感寤，太子由是遂定。

五月壬辰，帝崩于未央宫。六月己未，太子即皇帝位，以元舅侍中、卫尉、阳平侯王凤为大司马、大将军、领尚书事。

成帝建始元年春正月壬子，封舅诸吏、光禄大夫、关内侯王崇为安成侯，赐舅谭、商、立、根、逢时爵关内侯。夏四月，黄雾四塞，诏博问公卿大夫，无有所讳。谏大夫杨兴、博士驷胜等对，皆以为阴盛侵阳之气也。高祖之约，非功臣不侯；今太后诸弟皆以无功为侯，外戚未曾有也，故天为见异。于是大将军凤惧，上书乞骸骨，辞职。上优诏不许。

三年，上专欲委任王凤。八月，策免车骑将军许嘉，以特进侯就朝位。

四年夏，上悉召前所举直言之士，诣白虎殿对策。是时上委政王凤，议者多归咎焉。谷永知凤方见柄用，阴欲自托，乃曰："方今四夷宾服，皆为臣妾，北无薰粥、冒顿之患，南无赵佗、吕嘉之难，三垂晏然，靡有兵革之警。诸侯大者乃食数县，汉吏制其权柄，不得有为，无吴、楚、燕、梁之势。百官盘互，亲疏相错，骨肉大臣有申伯之忠，洞洞属属，小心畏忌，无重合、安阳、博陆之乱。三者无毛发之辜，窃恐陛下舍昭昭之白过，忽天地之明戒，听晻昧之瞽说，归咎乎无辜，倚异乎政事，重失天心，不可之大者也。”上擢永为光禄大夫。

河平二年六月，上悉封诸舅：王谭为平阿侯，商为成都侯，立为红阳侯，根为曲阳侯，逢时为高平侯。五人同日封，故世谓之“五侯”。

三年，刘向以王氏权位太盛，而上方向诗、书古文，向乃因尚书洪范，集合上古以来历春秋、六国至秦、汉符瑞、灾异之记，推迹行事，连傅祸福，著其占验，比类相从，各有条目，凡十一篇，号曰洪范五行传论，奏之。天子心知向忠精，故为凤兄弟起此论也，然终不能夺王氏权。

四年三月，琅邪太守杨肜与王凤连昏，其郡有灾害，丞相王商按问之。凤以为请，商不听，竟奏免肜，奏果寝不下。凤以是怨商，阴求其短，使频阳耿定上书，言“商与父傅婢通，及女弟淫乱，奴杀其私夫，疑商教使”。天子以为暗昧之过，不足以伤大臣。凤固争，下其事司隶。太中大夫蜀郡张匡，素佞巧，复上书极言诋毁商。有司奏请召商诣诏狱。上素重商，知匡言多险，制曰“勿治”，凤固争之。

夏四月壬寅，诏收商丞相印绶。商免相三日，发病，欧血薨，谥曰戾侯。而商子弟亲属为驸马都尉、侍中、中常侍、诸曹、大夫、郎吏者，皆出补吏，莫得留给事、宿卫者。有司奏请除国邑；有诏：“长子安嗣爵为乐昌侯。”

阳朔元年冬，京兆尹泰山王章下狱，死。时大将军凤用事，上谦让无所颛。左右尝荐光禄大夫刘向少子歆通达有异材，上召见，歆诵读诗赋，甚说之，欲以为中常侍。召取衣冠，临当拜，左右皆曰："未晓大将军。"上曰："此小事，何须关大将军！"左右叩头争之，上于是语凤，凤以为不可，乃止。

王氏子弟皆卿、大夫、侍中、诸曹，分据势官，满朝廷。杜钦见凤专政泰重，戒之曰："愿将军由周公之谦惧，损穰侯之威，放武安之欲，毋使范雎之徒得间其说。"凤不听。

时上无继嗣，体常不平。定陶共王来朝，太后与上承先帝意，遇共王甚厚，赏赐十倍于他王，不以往事为纤介，留之京师，不遣归国。上谓共王："我未有子，人命不讳，一朝有他，且不复相见，尔长留侍我矣。"其后天子疾益有瘳，共王因留国邸，旦夕侍上，上甚亲重之。大将军凤心不便共王在京师，会日食，凤因言："日食，阴盛之象。定陶王虽亲，于礼当奉藩在国。今留侍京师，诡正非常，故天见戒，宜遣王之国。"上不得已于凤而许之。共王辞去，上与相对涕泣而决。

王章素刚直敢言，虽为凤所举，非凤专权，不亲附凤。乃奏封事，言"日食之咎，皆凤专权蔽主之过"。上召见章，延问以事。章对曰："天道聪明，佑善而灾恶，以瑞异为符效。今陛下以未有继嗣，引近定陶王，所以承宗庙，重社稷，上顺天心，下安百姓，此正议善事，当有祥瑞，何故致灾异！灾异之发，为大臣颛政者也。今闻大将军猥归日食之咎于定陶王，建遣之国，苟欲使天子孤立于上，颛擅朝事以便其私，非忠臣也。且日食，阴侵阳、臣颛君之咎。今政事大小皆自凤出，天子曾不一举手，凤不内省责，反归咎善人，推远定陶王。且凤诬罔不忠，非一事也。前丞相乐昌侯商，本以先帝外属，内行笃，有威重，位历将相，国家柱石臣也。其人守正，不肯屈节随凤委曲，卒用闺门之事为凤所罢，身以忧死，众庶愍之。又凤知其小妇弟张美人已尝适人，于礼不宜配御至尊，托以为宜子，内之后宫，苟以私其妻弟，闻张美人未尝任身就馆也。且羌胡尚杀首子以荡肠正世，况于天子，而近已出之女也！此三者皆大事，陛下所自见，足以知其余及他所不见者。凤不可令久典事，宜退使就第，选忠贤以代之。"

自凤之白罢商，后遣定陶王也，上不能平。及闻章言，天子感寤，纳之，谓章曰："微京兆尹直言，吾不闻社稷计。且唯贤知贤，君试为朕求可以自辅者。"于是章奏封事，荐信都王舅琅邪太守冯野王忠信质直，智谋有余。上自为太子时，数闻野王名，方倚欲以代凤。章每召见，上辄辟左右。时太后从弟子侍中音独侧听，具知章言，以语凤。凤闻之，甚忧惧。杜钦令凤称病出就第，上疏乞骸骨，其辞指甚哀。太后闻之，为垂涕，不御食。上少而亲倚凤，弗忍废，乃优诏报凤强起之。于是凤起视事。

上使尚书劾奏章："知野王前以王舅出补吏而私荐之，欲令在朝阿附诸侯。又知张美人体御至尊，而妄称引羌胡杀子荡肠，非所宜言。"下章吏。廷尉致其大逆罪，以为"比上夷狄，欲绝继嗣之端。背畔天子，私为定陶王"。章竟死狱中，妻子徙合浦。自是公卿见凤，侧目而视。

冯野王惧不自安，遂病，满三月，赐告，与妻子归杜陵就医药。大将军凤风御史中丞劾奏："野王赐告养病而私自便，持虎符出界归家，奉诏不敬。"杜钦奏记于凤曰："二千石病，赐告得归，有故事；不得去郡，无著令。传曰'赏疑从予'，所以广恩劝功也；'罚疑从去'，所以慎刑，阙难知也。今释令与故事而假不敬之法，甚违阙疑从去之意。即以二千石守千里之地，任兵马之重，不宜去郡，将以制刑为后法者，则野王之罪在未制令前也。刑赏大信，不可不慎。"凤不听，竟免野王官。

时众庶多冤王章讥朝廷者，钦欲救其过，复说凤曰："京兆尹章所坐事密，自京师不晓，况于远方！恐天下不知章实有罪，而以为坐言事。如是，塞争引之原，损宽明之德。钦愚以为宜因章事举直言极谏，并见郎从官，展尽其意，加于往前，以明示四方，使天下咸知主上圣明，不以言罪下也。若此，则流言消释，疑惑着明。"凤白行其策焉。

二年夏四月丁卯，以侍中太仆王音为御史大夫。于是王氏愈盛，郡国守相、刺史皆出其门下。五侯群弟争为奢侈，赂遗珍宝，四面而至，皆通敏人事，好士养贤，倾财施予以相高尚，宾客满门，竞为之声誉。刘向谓陈汤曰："今灾异如此，而外家日盛，其渐必危刘氏。吾幸得以同姓末属，累世蒙汉厚恩，身为宗室遗老，历事三主。上以我先帝旧臣，每进见，常加优礼。吾而不言，孰当言者！"遂上封事极谏曰："臣闻人君莫不欲安，然而常危；莫不欲存，然而常亡；失御臣之术也。夫大臣操权柄，持国政，未有不为害者也。故书曰'臣之有作威作福，害于而家，凶于而国'。孔子曰'禄去公室，政逮大夫'，危亡之兆也。今王氏一姓，乘朱轮华毂者二十三人，青紫貂蝉充盈幄内，鱼鳞左右。大将军秉事用权，五侯骄奢僭盛，并作威福，击断自恣，行污而寄治，身私而托公，依东宫之尊，假甥舅之亲，以为威重。尚书、九卿、州牧、郡守皆出其门，管执枢机，朋党比周。称誉者登进，忤恨者诛伤；游谈者助之说，执政者为之言。排摈宗室，孤弱公族，其有智能者，尤非毁而不进。远绝宗室之任，不令得给事朝省，恐其与己分权。数称燕王、盖主以疑上心，避讳吕、霍而弗肯称。内有管、蔡之萌，外假周公之论，兄弟据重，宗族盘互，历上古至秦、汉，外戚僭贵未有如王氏者也。物盛必有非常之变先见，为其人征象。孝昭帝时，冠石立于泰山，仆柳起于上林，而孝宣帝即位。今王氏先祖坟墓在济南者，其梓柱生枝叶，扶疏上出屋，根臿地中，虽立石起柳，无以过此之明也。事势不两大，王氏与刘氏亦且不并立，如下有泰山之安，则上有累卵之危。陛下为人子孙，守持宗庙，而令国祚移于外亲，降为皂隶，纵不为身，奈宗庙何！妇人内夫家而外父母家，此亦非皇太后之福也。孝宣皇帝不与舅平昌侯权，所以全安之也。夫明者起福于无形，销患于未然，宜发明诏，吐德音，援近宗室，亲而纳信，黜远外戚，毋授以政，皆罢令就第，以则效先帝之所行，厚安外戚，全其宗族，诚东宫之意，外家之福也。王氏永存，保其爵禄，刘氏长安，不失社稷，所以褒睦外内之姓，子子孙孙无疆之计也。如不行此策，田氏复见于今，六卿必起于汉，为后嗣忧，昭昭甚明，唯陛下深留圣思。"书奏，天子召见向，叹息悲伤其意，谓曰："君且休矣，吾将思之。"然终不能用其言。

三年秋，王凤疾，天子数自临问，亲执其手涕泣曰："将军病，如有不可言，平阿侯谭次将军矣！"凤顿首泣曰："谭等虽与臣至亲，行皆奢僭，无以率导百姓，不如御史大夫音谨敕，臣敢以死保之。"及凤且死，上疏谢上，复固荐音自代，言谭等五人必不可用。天子然之。初，谭倨不肯事凤，而音敬凤，卑恭如子，故凤荐之。八月丁巳，凤薨。九月甲子，以王音为大司马、车骑将军，而王谭位特进，领城门兵。安定太守谷永以谭失职，劝谭辞让，不受城门职。由是谭、音相与不平。

鸿嘉元年，王音既以从舅越亲用事，小心亲职。上以音自御史大夫入为将军，不获宰相之封，六月乙巳，封音为安阳侯。

三年，王氏五侯争以奢侈相尚。成都侯商尝病，欲避暑，从上借明光宫。后又穿长安城,引内沣水注第中大陂以行船,立羽盖,张周帷,楫棹越歌。上幸商第,见穿城引水,意恨,内衔之未言。后微行出,过曲阳侯第,又见园中土山,渐台,象白虎殿,于是上怒,以让车骑将军音。商、根兄弟欲自黥、劓以谢太后。上闻之,大怒,乃使尚书责问司隶校尉、京兆尹,知成都侯商等奢僭不轨,藏匿奸猾,皆阿纵不举,奏正法。二人顿首省户下。又赐车骑将军音策书曰:"外家何甘乐祸败,而欲自黥、劓相戮辱于太后前,伤慈母之心,以危乱国家!外家宗族强,上一身寖弱日久,今将一施之,君其召诸侯,令待府舍。"是日,诏尚书奏文帝时诛将军薄昭故事。车骑将军音籍稿请罪,商、立、根皆负斧质谢,良久乃已。上特欲恐之,实无意诛也。

四年,平阿安侯王谭薨,上悔废谭使不辅政而薨也,乃复成都侯商,以特进领城门兵,置幕府,得举吏如将军。魏郡杜邺时为郎,素善车骑将军音,见音前与平阿侯有隙,即说音曰:"夫戚而不见殊,孰能无怨!昔秦伯有千乘之国而不能容其母弟,春秋讥焉。周、召则不然,忠以相辅,义以相匡,同己之亲,等己之尊,不以圣德独兼国宠,又不为长专受荣任,分职于陕,并为弼疑,故内无感恨之隙,外无侵侮之羞,俱享天祐,两荷高名者,盖以此也。窃见成都侯以特进领城门兵,复有诏得举吏如五府,此明诏所欲宠也。将军宜承顺圣意,加异往时,每事凡议,必与及之。发于至诚,则孰不说谕。"音甚嘉其言,由是与成都侯商亲密。二人皆重邺。

永始元年。初,太后兄弟八人,独弟曼早死,不侯,太后怜之。曼寡妇渠供养东宫,子莽幼孤,不及等比,其群兄弟皆将军、五侯子,乘时侈靡,以舆马声色佚游相高。莽因折节为恭俭,勤身博学，被服如儒生，事母及寡嫂，养孤兄子，行甚敕备。又外交英俊，内事诸父，曲有礼意。大将军凤病，莽侍疾，亲尝药，乱首垢面，不解衣带连月。凤且死，以托太后及帝。拜为黄门郎，迁射声校尉。久之，叔父成都侯商上书，愿分户邑以封莽。长乐少府戴崇、侍中金涉、中郎陈汤等皆当世名士，咸为莽言，上由是贤莽，太后又数以为言。

五月乙未，封莽为新都侯，迁骑都尉、光禄大夫、侍中。宿卫谨敕，爵位益尊，节操愈谦，散舆马、衣裘振施宾客，家无所余。收赡名士，交结将相卿大夫甚众。故在位更推荐之，游者为之谈说，虚誉隆洽，倾其诸父矣。敢为激发之行，处之不惭恧。尝私买侍婢，昆弟或颇闻知，莽因曰："后将军朱子元无子，莽闻此儿种宜子，为买之。"即日以婢奉朱博。其匿情求名如此。

二年春正月己丑，安阳敬侯王音薨。王氏唯音为修整，数谏正，有忠直节。

三月丁酉，以成都侯王商为大司马、卫将军；红阳侯王立位特进，领城门兵。

冬十一月，卫将军王商恶陈汤，奏"汤妄言昌陵且复发徙。又言黑龙冬出，微行数出之应"。廷尉奏汤非所宜言，大不敬。诏以汤有功，免为庶人，徙边。

初，少府陈咸、卫尉逢信，官簿皆在翟方进之右。方进晚进，为京兆尹，与咸厚善。及御史大夫缺，三人皆名卿，俱在选中，而方进得之。会丞相薛宣得罪，与方进相连，上使五二千石杂问丞相、御史，咸诘责方进，冀得其处，方进心恨。陈汤素以材能得幸于王凤及王音，咸、信皆与汤善，汤数称之于凤、音所，以此得为九卿。及王商黜逐汤，方进因奏"咸、信附会汤以求荐举，苟得无耻”。皆免官。

三年十二月，故南昌尉九江梅福上书曰：“昔高祖纳善若不及，从谏若转圆，听言不求其能，举功不考其素，陈平起于亡命而为谋主，韩信拔于行陈而建上将。故天下之士云合归汉，争进奇异，知者竭其策，愚者尽其虑，勇士极其节，怯夫勉其死。合天下之知，并天下之威，是以举秦如鸿毛，取楚若拾遗，此高祖所以无敌于天下也。孝武皇帝好忠谏，说至言，出爵不待廉、茂，庆赐不须显功，是以天下布衣各厉志竭精以赴阙廷，自炫鬻者不可胜数。汉家得贤，于此为盛。使孝武皇帝听用其计，升平可致，于是积尸暴骨，快心胡、越，故淮南王安缘间而起。所以计虑不成而谋议泄者，以众贤聚于本朝，故其大臣势陵，不敢和从也。方今布衣乃窥国家之隙，见间而起者，蜀郡是也。及山阳亡徒苏令之群，蹈藉名都、大郡，求党与，索随和，而无逃匿之意，此皆轻量大臣，无所畏忌，国家之权轻，故匹夫欲与上争衡也。士者，国之重器，得士则重，失士则轻。诗云‘济济多士，文王以宁’。庙堂之议，非草茅所言也。臣诚恐身涂野草，尸并卒伍，故数上书求见，辄报罢。臣闻齐桓之时，有以九九见者，桓公不逆，欲以致大也。今臣所言，非特九九也，陛下距臣者三矣，此天下士所以不至也。昔秦武王好力，任鄙叩关自鬻；缪公行伯，由余归德。今欲致天下之士，民有上书求见者，辄使诣尚书问其所言，言可采取者，秩以升斗之禄，赐以一束之帛，若此，则天下之士，发愤懑，吐忠言，嘉谋日闻于上，天下条贯，国家表里，烂然可睹矣。夫以四海之广，士民之数，能言之类至众多也。然其隽桀指世陈政，言成文章，质之先圣而不缪，施之当世合时务，若此者亦无几人。故爵禄束帛者，天下之砥石，高祖所以厉世摩钝也。孔子曰：‘工欲善其事，必先利其器。'至秦则不然，张诽谤之罔以为汉驱除，倒持泰阿，授楚其柄。故诚能勿失其柄，天下虽有不顺，莫敢触其锋，此孝武皇帝所以辟地建功，为汉世宗也。今陛下既不纳天下之言，又加戮焉。夫鸢鹊遭害，则仁鸟增逝，愚者蒙戮，则智士深退。间者愚民上疏，多触不急之法，或下廷尉而死者众。自阳朔以来，天下以言为讳，朝廷尤甚，群臣皆承顺上指，莫有执正。何以明其然也？取民所上书，陛下之所善，试下之廷尉，廷尉必曰：'非所宜言，大不敬。'以此卜之，一矣。故京兆尹王章资质忠直，敢面引廷争，孝元皇帝擢之，以厉具臣而矫曲朝。及至陛下，戮及妻子。且恶恶止其身，王章非有反畔之辜而殃及室家，折直士之节，结谏臣之舌。群臣皆知其非，然不敢争，天下以言为戒，最国家之大患也。陛下循高祖之轨，杜亡秦之路，除不急之法，下无讳之诏。博览兼听，谋及疏贱，令深者不隐，远者不塞，所谓辟四门，明四目也。往者不可及，来者犹可追。方今君命犯而主威夺，外戚之权，日以益隆。陛下不见其形，愿察其景。建始以来，日食、地震，以率言之，三倍春秋，水灾亡与比数，阴盛阳微，金铁为飞，此何景也？汉兴以来，社稷三危，吕、霍、上官，皆母后之家也。亲亲之道，全之为右，当与之贤师良傅，教以忠孝之道。今乃尊宠其位，授以魁柄，使之骄逆，至于夷灭，此失亲亲之大者也。自霍光之贤，不能为子孙虑，故权臣易世则危。书曰：'毋若火，始庸庸。'势陵于君，权隆于主，然后防之，亦无及已。"上不纳。

四年冬十一月庚申，卫将军王商病免。

元延元年春正月壬戌，王商复为大司马、卫将军。

〔秋七月〕，红阳侯立举陈咸方正，对策，拜为光禄大夫、给事中。丞相方进复奏“咸前为九卿，坐为贪邪免，不当蒙方正举，备内朝臣”。并劾“红阳侯立选举故不以实”。有诏免咸，勿劾立。

十二月乙未，王商为大将军。辛亥，商薨。其弟红阳侯立次当辅政。先是立使客因南郡太守李尚占垦草田数百顷，上书以入县官，贵取其直一万万以上。丞相司直孙宝发之，上由是废立，而用其弟光禄勋曲阳侯根。庚申，以根为大司马、骠骑将军。

特进、安昌侯张禹请平陵肥牛亭地，曲阳侯根争，以为此地当平陵寝庙，衣冠所出游道，宜更赐禹他地。上不从，卒以赐禹。根由是害禹宠，数毁恶之。天子愈益敬厚禹，每病，辄以起居闻，车驾自临问之，上亲拜禹床下，禹顿首谢恩。禹小子未有官，禹数视其小子，上即禹床下拜为黄门郎、给事中。禹虽家居，以特进为天子师，国家每有大政，必与定议。

时吏民多上书言灾异之应，讥切王氏专政所致，上意颇然之，未有以明见。乃车驾至禹第，辟左右，亲问禹以天变，因用吏民所言王氏事示禹。禹自见年老，子孙弱，又与曲阳侯不平，恐为所怨，则谓上曰：“春秋日食、地震，或为诸侯相杀，夷狄侵中国。灾变之意，深远难见，故圣人罕言命，不语怪神，性与天道，自子贡之属不得闻，何况浅见鄙儒之所言。陛下宜修政事，以善应之，与下同其福喜，此经义意也。新学小生，乱道误人，宜无信用，以经术断之。”上雅信爱禹，由此不疑王氏。后曲阳侯根及诸王子弟闻知禹言，皆喜说，遂亲就禹。

故槐里令朱云上书求见，公卿在前，云曰：“今朝廷大臣上不能匡主，下无以益民，皆尸位素餐，孔子所谓‘鄙夫不可与事君，苟患失之，无所不至’者也。臣愿赐尚方斩马剑断佞臣一人头，以厉其余。”上问：“谁也？”对曰：“安昌侯张禹！”上大怒曰：“小臣居下讪上，廷辱师傅，罪死不赦！”御史将云下。云攀殿槛，槛折。云呼曰：“臣得下从龙逢、比干游于地下足矣，未知圣朝何如耳！”御史遂将云去。于是左将军辛庆忌免冠，解印绶，叩头殿下曰：“此臣素著狂直于世，使其言是，不可诛；其言非，固当容之，臣敢以死争！”庆忌叩头流血。上意解，然后得已。及后当治槛，上曰：“勿易，因而辑之，以旌直臣。”

三年春正月丙寅，蜀郡岷山崩，壅江三日，江水竭。刘向大恶之，曰：“昔周岐山崩，三川竭，而幽王亡。岐山者，周所兴也。汉家本起于蜀、汉，今所起之地，山崩川竭，星孛又及摄提、大角，从参至辰，殆必亡矣。”

绥和元年冬十月甲寅，王根病免。

十一月，卫尉、侍中淳于长有宠于上，大见信用，贵倾公卿，外交诸侯、牧、守，赂遗赏赐累钜万，淫于声色。许后姊孊为龙额思侯夫人，寡居。长与孊私通，因娶为小妻。许后时居长定宫，因孊赂遗长，欲求复为婕妤。长受许后金钱、乘舆、服御物前后千余万，诈许为白上，立以为左皇后。孊每入长定宫，辄与孊书，戏侮许后，嫚易无不言。交通书记，赂遗连年。

时曲阳侯根辅政，久病，数乞骸骨。长以外亲居九卿位，次第当代根。侍中、骑都尉、光禄大夫王莽心害长宠，私闻其事。莽侍曲阳侯病，因言：“长见将军久病，意喜，自以当代辅政，至对衣冠议语署置。”具言其罪过。根怒曰：“即如是，何不白也？”莽曰：“未知将军意，故未敢言。”根曰：“趣白东宫！”莽求见太后，具言长骄佚，欲代曲阳侯，私与长定贵人姊通，受取其衣物。太后亦怒曰：“儿至如此，往白之帝！”莽白上，上以太后故，免长官，勿治罪，遣就国。

初，红阳侯立不得辅政，疑为长毁谮，常怨毒长，上知之。及长当就国，立嗣子融从长请车骑，长以珍宝因融重遗立。立因上封事，为长求留曰："陛下既托文以皇太后故，诚不可更有他计。"于是天子疑焉，下有司按验。吏捕融，立令融自杀以灭口。上愈疑其有大奸，遂逮长系洛阳，诏狱穷治。长具服戏侮长定宫，谋立左皇后，罪至大逆，死狱中。妻子当坐者徙合浦，母若归故郡。上使廷尉孔光持节赐废后药，自杀。

上以王莽首发大奸，称其忠直。王根因荐莽自代。丙寅，以莽为大司马，时年三十八。莽既拔出同列，继四父而辅政，欲令名誉过前人，遂克己不倦。聘诸贤良以为掾、史，赏赐、邑钱悉以享士，愈为俭约。母病，公卿列侯遣夫人问疾，莽妻迎之，衣不曳地，布蔽膝，见之者以为僮，使问，知其夫人，皆惊。其饰名如此。

二年三月丙戌，帝崩于未央宫。

夏四月丙午，哀帝即位。

五月，太皇太后诏大司马莽就第，避帝外家。莽上疏乞骸骨。帝遣尚书令诏起莽，又遣丞相孔光、大司空何武、左将军师丹、卫尉傅喜白太皇太后曰："皇帝闻太后诏，甚悲，大司马即不起，皇帝即不敢听政。"太后乃复令莽视事。

六月，上置酒未央宫。内者令为傅太后张幄，坐于太皇太后坐旁。大司马莽按行，责内者令曰："定陶太后，藩妾，何以得与至尊并！"彻去，更设坐。傅太后闻之，大怒，莽复乞骸骨。

秋七月丁卯，上赐莽黄金五百斤，安车驷马，罢就第。公卿大夫多称之者，上乃加恩宠，置中黄门，为莽家给使，十日一赐餐。又下诏益封莽邑户，以为特进、给事中，朝朔望，见礼如三公。

哀帝建平二年，丞相博、御史大夫玄奏言："新都侯王莽前为大司马，不广尊尊之义，抑贬尊号，亏损孝道，当伏显戮。幸蒙赦令，不宜有爵土，请免为庶人。"上曰："以莽与太皇太后有属，勿免，遣就国。"天下多冤王氏者。事见丁傅用事。

元寿元年。初，王莽既就国，杜门自守。其中子获杀奴，莽切责获，令自杀。在国三岁，吏民上书冤讼莽者百数。至是，贤良周护、宋崇等对策，复深讼莽功德。上于是征莽及平阿侯仁还京师，侍太后。

二年六月戊午，帝崩。太皇太后闻帝崩，即日驾之未央宫，收取玺绶，太皇太后诏公卿举可大司马者。莽故大司马，辞位，避丁、傅，众庶称以为贤，又太皇太后近亲，自大司徒孔光以下，举朝皆举莽。独前将军何武、左将军公孙禄二人相与谋，以为"往时惠、昭之世，外戚吕、霍、上官持权，几危社稷。今孝成、孝哀比世无嗣，方当选立近亲幼主，不宜令外戚大臣持权，亲疏相错，为国计便"。于是武举公孙禄可大司马，而禄亦举武。庚申，太皇太后自用莽为大司马，领尚书事。

秋七月，莽以大司徒孔光名儒，相三主，太后所敬，天下信之，于是盛尊事光，引光女婿甄邯为侍中、奉车都尉。诸素所不说者，莽皆傅致其罪，为请奏草，令邯持与光，以太后指风光。光素畏慎，不敢不上之；莽白太后，辄可其奏。于是劾奏何武、公孙禄互相称举，皆免官，武就国。又奏董宏子高昌侯武，父为佞邪，夺爵。又奏南郡太守毋将隆前为冀州牧，治中山冯太后狱，冤陷无辜，关内侯张由诬告骨肉，中太仆史立、泰山太守丁玄陷人入大辟，河内太守赵昌谮害郑崇，幸逢赦令，皆不宜处位在中土，免为庶人，徙合浦。中山之狱，本立、玄自典考之，但与隆连名奏事。莽少时慕与隆交，隆不甚附，故因事挤之。

红阳侯立，太后亲弟，虽不居位，莽以诸父内敬惮之，畏立从容言太后，令己不得肆意，复令光奏立罪恶："前知定陵侯淳于长犯大逆罪，多受其赂，为言误朝。后白以官婢杨寄私子为皇子，众言曰'吕氏少帝复出'，纷纷为天下所疑，难以示来世，成襁褓之功。请遣立就国。"太后不听。莽曰："今汉家衰，比世无嗣，太后独代幼主统政，诚可畏惧。力用公正先天下，尚恐不从；今以私恩逆大臣议，如此，群下倾邪，乱从此起。宜可且遣就国，安后复征召之。"太后不得已，遣立就国。莽之所以胁持上下，皆此类也。于是附顺莽者拔擢，忤恨者诛灭，以王舜、王邑为腹心，甄丰，甄邯主击断，平晏领机事，刘秀典文章，孙建为爪牙。丰子寻、秀子棻、涿郡崔发、南阳陈崇皆以材能幸于莽。莽色厉而言方，欲有所为，微见风采，党与承其指意而显奏之。莽稽首涕泣，固推让，上以惑太后，下用示信于众庶焉。

八月，莽复白太皇太后，废孝成皇后、孝哀皇后为庶人，就其园。是日，皆自杀。

大司空彭宣以王莽专权，乃上书言："三公鼎足承君，一足不任，则覆乱美实。臣资性浅薄，年齿老眊，数伏疾病，昏乱遗忘，愿上大司空、长平侯印绶，乞骸骨归乡里，俟置沟壑。"莽白太后策免宣，使就国。莽恨宣求退，故不赐黄金安车驷马。宣居国数年，薨。

九月辛酉，中山王即皇帝位，大赦天下。平帝年九岁，太皇太后临朝，大司马莽秉政，百官总己以听于莽。莽权日盛，孔光忧惧不知所出，上书乞骸骨。莽白太后："帝幼少，宜置师傅。"

徙光为帝太傅，位四辅，给事中，领宿卫、供养，行内署门户，省服御食物。

平帝元始元年春正月，王莽风益州，令塞外蛮夷自称越裳氏重译献白雉一、黑雉二。莽白太后下诏，以白雉荐宗庙。于是群臣盛陈莽功德："致周成白雉之瑞；周公及身在而托号于周，莽宜赐号曰安汉公，益户畴爵邑。"太后诏尚书具其事。莽上书言："臣与孔光、王舜、甄丰、甄邯共定策，今愿独条光等功赏，寝置臣莽，勿随辈列。"甄邯白太后下诏曰："'无偏无党，王道荡荡。'君有安宗庙之功，不可以骨肉故蔽隐不扬，君其勿辞！"莽复上书固让数四，称疾不起。左右白太后："宜勿夺莽意，但条孔光等。"莽乃肯起。

二月丙辰，太后下诏："以太傅、博山侯光为太师，车骑将军、安阳侯舜为太保，皆益封万户。左将军、光禄勋丰为少傅，封广阳侯，皆授四辅之职。侍中、奉车都尉邯封承阳侯。"四人既受赏，莽尚未起。群臣复上言："莽虽克让，朝所宜章，以时加赏，明重元功，无使百僚元元失望！"太后乃下诏："以大司马新都侯莽为太傅，干四辅之事，号曰安汉公，益封二万八千户。"于是莽为惶恐，不得已而起，受太傅、安汉公号，让还益封事，云："愿须百姓家给，然后加赏。"群臣复争，太后诏曰："公自期百姓家给，是以听之，其令公俸赐皆倍故。百姓家给人足，大司徒、大司空以闻。"莽复让不受，而建言褒赏宗室群臣，立故东平王雲太子开明为王。又以故东平思王孙成都为中山王，奉孝王后。封宣帝耳孙信等三十六人皆为列侯。太仆王恽等二十五人皆赐爵关内侯。又令诸侯王公、列侯、关内侯无子而有孙若同产子者，皆得以为嗣。宗室属未尽而以罪绝者，复其属。天下吏比二千石以上年老致仕者，参分故禄，以一与之，终其身。下及庶民鳏寡，恩泽之政，无所不施。

莽既媚说吏民，又欲专断，知太后老，厌政，乃风公卿奏言："往者吏以功次迁至二千石，及州部所举茂材异等吏，率多不称，宜皆见安汉公。又太后春秋高，不宜亲省小事。"令太后下诏曰："自今以来，唯封爵乃以闻，他事安汉公四辅平决。州牧、二千石及茂材吏初除奏事者，辄引入，至近署对安汉公，考故官，问新职，以知其称否。"于是莽人人延问，密致恩意，厚加赠送，其不合指，显奏免之，权与人主侔矣。

王莽恐帝外家卫氏夺其权，白太后："前哀帝立，背恩义，自贵外家丁、傅，桡乱国家，几危社稷。今帝以幼年复奉大宗为成帝后，宜明一统之义，以戒前事，为后代法。"六月，遣甄丰奉玺绶，即拜帝母卫姬为中山孝王后。赐帝舅卫宝、宝弟玄爵关内侯。赐帝女弟三人号曰君。皆留中山，不得至京师。

扶风功曹申屠刚以直言对策曰："臣闻成王幼少，周公摄政，听言下贤，均权布宠，动顺天地，举措不失。然近则召公不悦，远则四国流言。今圣主始免襁褓，即位以来，至亲分离，外戚杜隔，恩不得通。且汉家之制，虽任英贤，犹援姻戚，亲疏相错，杜塞间隙，诚所以安宗庙、重社稷也。宜亟遣使者征中山太后，置之别宫，令时朝见。又召冯、卫二族，裁与冗职，使得执戟亲奉宿卫，以抑患祸之端，上安社稷，下全保傅。"莽令太后下诏曰："刚所言僻经妄说，违背大义。"罢归田里。

二年春，黄支国献犀牛。黄支在南海中，去京师三万里。王莽欲耀威德，故厚遗其王，令遣使贡献。越嶲郡上黄龙游江中，太师光、大司徒宫等咸称"莽功德比周公，宜告祠宗庙"。大司农孙宝曰："周公上圣，召公大贤，尚犹有不相说，著于经典，两不相损。今风雨未时，百姓不足，每有一事，群臣同声，得无非其美者？"时大臣皆失色。甄邯即时承制罢议者。会宝遣吏迎母，母道病，留弟家，独遣妻子。司直陈崇劾奏宝，事下三公即讯。宝对曰："年七十，誖眊，恩衰共养，营妻子，如章。"宝坐免，终于家。

三月癸酉，大司空王崇谢病免，以避王莽。

夏四月丁酉，左将军甄丰为大司空，右将军孙建为左将军，光禄勋甄邯为右将军。

郡国大旱、蝗，青州尤甚，民流亡。王莽白太后："宜衣缯练，颇损膳，以示天下。"莽因上书"愿出钱百万，献田三十顷，付大司农助给贫民"。于是公卿皆慕效焉，凡献田宅者二百三十人，以口赋贫民。又起五里于长安城中，宅二百区以居贫民。莽帅群臣奏太后，言："幸赖陛下德泽，间者风雨时，甘露降，神芝生，蓂荚、朱草、嘉禾，休征同时并至。愿陛下遵帝王之常服，复太官之法膳，使臣子各得尽欢心，备共养。"莽又令太后下诏，不许。每有水旱，莽辄素食，左右以白太后。太后遣使者诏莽曰："闻公菜食，忧民深矣。今秋幸熟，公以时食肉，爱身为国！"

六月，光禄大夫楚国龚胜、太中大夫琅邪邴汉以王莽专政，皆乞骸骨。莽令太后策诏之曰："朕愍以官职之事烦大夫，大夫其修身守道，以终高年。"皆加优礼而遣之。梅福知王莽必篡汉祚，一朝弃妻子去，不知所之。其后，人有见福于会稽者，变名姓为吴市门卒云。

秋九月，王莽欲悦太后以威德至盛，异于前，乃风单于令遣王昭君女须卜居次云入侍太后，所以赏赐之甚厚。

莽奏令中国不得有二名，因使使者以风单于，宜上书慕化，为一名，汉必加厚赏。单于从之，上书言：“幸得备藩臣，窃乐太平圣制。臣故名囊知牙斯，今谨更名曰知。”莽大说，白太后，遣使者答谕，厚赏赐焉。

莽欲以女配帝为皇后以固其权，奏言：“皇帝即位三年，长秋宫未建，掖廷媵未充。乃者国家之难，本从无嗣，配取不正，请考论五经，定取后礼，正十二女之义，以广继嗣，博采二王后及周公、孔子世、列侯在长安者適子女。”事下有司，上众女名，王氏女多在选中者。莽恐其与己女争，即上言：“身无德，子材下，不宜与众女并采。”太后以为至诚，乃下诏曰：“王氏女，朕之外家，其勿采。”庶民、诸生、郎吏以上守阙上书者日千余人，公卿大夫或诣廷中，或伏省户下，咸言：“安汉公盛勋堂堂若此，今当立后，独奈何废公女，天下安所归命！愿得公女为天下母。”莽遣长史以下分部晓止公卿及诸生，而上书者愈甚。太后不得已，听公卿采莽女。莽复自白：“宜博选众女。”公卿争曰：“不宜采诸女以贰正统。”莽乃白：“愿见女。”

三年春，太后遣长乐少府夏侯藩，宗正刘宏、尚书令平晏采见女。还，奏言：“公女渐渍德化，有窈窕之容，宜承天序，奉祭祀。”太师光、大司徒宫、大司空丰、左将军孙建、执金吾尹赏、行太常事、太中大夫刘秀及太卜、太史令服皮弁、素积，以礼杂卜筮，皆曰：“兆遇金水王相，卦遇父母得位，所谓康强之占，逢吉之符也。”又以太牢策告宗庙。有司奏：“故事：聘皇后，黄金二万斤，为钱二万万。”莽深辞让，受六千三百万，而以其四千三百万分予十一媵家及九族贫者。

夏，大司徒司直陈崇使张敞孙竦草奏，盛称安汉公功德，以为：“宜恢公国令如周公，建立公子令如伯禽，所赐之品亦皆如之，诸子之封皆如六子。”太后以示群公。群公方议其事，会吕宽事起。

初，莽长子宇非莽隔绝卫氏，恐久后受祸，即私与卫宝通书，教卫后上书谢恩，因陈丁、傅旧恶，冀得至京师。莽白太皇太后，诏有司褒赏中山孝王后，益汤沐邑七千户。卫后日夜啼泣，思见帝面，而但益户邑。宇复教令上书求至京师，莽不听。宇与师吴章及妇兄吕宽议其故，章以为莽不可谏而好鬼神，可为变怪以惊惧之，章因推类说令归政卫氏。宇即使宽夜持血洒莽第。门吏发觉之，莽执宇送狱，饮药死。宇妻焉怀子，系狱，须产子已，杀之。甄邯等白太后，下诏曰："公居周公之位，辅成王之主，而行管、蔡之诛，不以亲亲害尊尊，朕甚嘉之。"莽尽灭卫氏支属，唯卫后在。吴章要斩，磔尸东市门。初，章为当世名儒，教授尤盛，弟子千余人。莽以为恶人党，皆当禁锢不得仕宦，门人尽更名他师。平陵云敞时为大司徒掾，自劾吴章弟子，收抱章尸归，棺敛葬之，京师称焉。

莽于是因吕宽之狱，遂穷治党与，连引素所恶者悉诛之。元帝女弟敬武长公主素附丁、傅，及莽专政，复非议莽。红阳侯王立，莽之尊属，平阿侯王仁素刚直，莽皆以太皇太后诏，遣使者迫守，令自杀。莽白太后，主暴病薨；太后欲临其丧，莽固争而止。甄丰遣使者乘传案治卫氏党与，郡国豪桀及汉忠直臣不附莽者，皆诬以罪法而杀之。何武、鲍宣及王商子乐昌侯安、辛庆忌三子护羌校尉通、函谷都尉遵、水衡都尉茂、南郡太守辛伯等皆坐死。凡死者数百人，海内震焉。北海逢萌谓友人曰："三纲绝矣，不去祸将及人！"即解冠挂东都城门，归，将家属浮海，客于辽东。

莽召明礼少府宗伯凤入说为人后之谊，白令公卿、将军、侍中、朝臣并听，欲以内厉天子而外塞百姓之议。

四年二月丁未，遣大司徒宫、大司空丰等奉乘舆法驾迎皇后于安汉公第，授皇后玺绂，入未央宫。大赦天下。

夏，太保舜等及吏民上书者八千余人，咸请"如陈崇言，加赏于安汉公"。章下有司，有司请"益封公以新息、召陵二县及黄邮聚、新野田；采伊尹、周公称号，加公为宰衡，位上公，三公言事称'敢言之'。赐公太夫人号曰功显君。封公子男二人安为褒新侯，临为赏都侯。加后聘三千七百万，合为一万万，以明大礼。太后临前殿亲封拜，安汉公拜前，二子拜后，如周公故事"。莽稽首辞让，出奏封事："愿独受母号，还安、临印韨及号位户邑。"事下，太师光等皆曰："赏未足以直功，谦约退让，公之常节，终不可听。忠臣之节亦宜自屈，而伸主上之义。宜遣大司徒、大司空持节承制诏公亟入视事，诏尚书勿复受公之让奏。"奏可。莽乃起视事，止减召陵、黄邮、新野之田而已。

莽复以所益纳征钱千万遗太后左右奉共养者。莽虽专权，然所以诳耀媚事太后，下至旁侧长御，方故万端，赂遗以千万数。白尊太后姊、妹号皆为君，食汤沐邑。以故左右日夜共誉莽。莽又知太后妇人，厌居深宫中，莽欲虞乐以市其权，乃令太后四时车驾巡狩四郊，存见孤、寡、贞妇，所至属县，辄施恩惠，赐民钱帛、牛酒，岁以为常。太后旁弄儿病，在外舍，莽自亲候之。其欲得太后意如此。

太保舜奏言："天下闻公不受千乘之土，辞万金之币，莫不乡化。蜀郡男子路建等辍讼，惭怍而退，虽文王却虞、芮何以加！宜报告天下。"奏可。

群臣奏言："昔周公摄政七年，制度乃定。今安汉公辅政四年，营作二旬，大功毕成，宜升宰衡位在诸侯王上。”诏曰：“可。”仍令议九锡之法。

莽自以北化匈奴，东致海外，南怀黄支，唯西方未有加，乃遣中郎将平宪等多持金币诱塞外羌，使献地愿内属。宪等奏言：“羌豪良愿等种可万二千人，愿为内臣，献鲜水海、允谷、盐池，平地美草，皆予汉民。自居险阻处为藩蔽。问良愿降意，对曰：‘太皇太后圣明，安汉公至仁，天下太平，五谷成熟，或禾长丈余，或一粟三米，或不种自生，或茧不蚕自成；甘露从天下，醴泉自地出；凤皇来仪，神爵降集。从四岁以来，羌人无所疾苦，故思乐内属。’宜以时处业，置属国领护。”事下莽，莽复奏：“今已有东海、南海、北海郡，请受良愿等所献地为西海郡。分天下为十二州，应古制。”奏可。冬，置西海郡。又增法五十条，犯者徙之西海。徙者以千万数，民始怨矣。

分京师置前辉光、后丞烈二郡。更公卿、大夫八十一元士官名、位次及十二州名。分界郡国所属，罢置改易，天下多事，吏不能纪矣。

五年夏四月，吏民以莽不受新野田而上书者前后四十八万七千五百七十二人，及诸侯、王公、列侯，宗室见者皆叩头言：“宜亟加赏于安汉公。”于是莽上书言：“诸臣民所上章下议者，愿皆寝勿上，使臣莽得尽力毕制礼作乐事；事成，愿赐骸骨归家，避贤者路。”甄邯等白太后，诏曰：“公每见辄流涕叩头言，愿不受赏；赏即加，不敢当位。方制作未定，事须公而决，故且听公制作。毕成，群公以闻，究于前议，其九锡礼仪亟奏。”

五月，策命安汉公莽以九锡。莽稽首再拜，受绿韨、衮冕、衣裳、玚琫、玚珌，句履、鸾路、乘马、龙旗九旒，皮弁、素积，戎路、乘马，彤弓矢、卢弓矢，左建朱钺，右建金戚，甲、胄一具，秬鬯二卣，圭瓒二，九命青玉圭二，朱户，纳陛，署宗官、祝官、卜官、史官，虎贲三百人。

莽以皇后有子孙瑞，通子午道，从杜陵直绝南山，径汉中。

泉陵侯刘庆上书言："周成王幼少，称孺子，周公居摄。今帝富于春秋，宜令安汉公行天子事，如周公。"群臣皆曰："宜如庆言。"

时帝春秋益壮，以卫后故，怨不悦。冬十二月，莽因腊日上椒酒，置毒酒中。帝有疾。莽作策，请命于泰畤，愿以身代，藏策金縢，置于前殿，敕诸公勿敢言。丙午，帝崩于未央宫。大赦天下。莽令天下吏六百石以上皆服丧三年。奏尊孝成庙曰统宗。孝平庙曰元宗。敛孝平，加元服，葬康陵。

班固赞曰：孝平之世，政自莽出，褒善显功，以自尊盛。观其文辞，方外百蛮，无思不服，休征嘉应，颂声并作。至乎变异见于上，民怨于下，莽亦不能文也。

太后与群臣议立嗣。时元帝世绝，而宣帝曾孙有见王五人，列侯四十八人。莽恶其长大，曰："兄弟不得相为后。"乃悉征宣帝玄孙，选立之。是月，前辉光谢嚣奏武功长孟通浚井得白石，上圆下方，有丹书着石，文曰："告安汉公莽为皇帝。"符命之起自此始矣。莽使群公以白太后，太后曰："此诬罔天下，不可施行。"太保舜谓太后："事已如此，无可奈何；沮之，力不能止。又莽非敢有他，但欲称摄以重其权，填服天下耳。"太后心不以为可，然力不能制，乃听许。舜等即共令太后下诏曰："孝平皇帝短命而崩，已使有司征孝宣皇帝玄孙二十三人，差度宜者，以嗣孝平皇帝之后。玄孙年在襁褓，不得至德君子，孰能安之！安汉公莽辅政三世，与周公异世同符。今前辉光嚣、武功长通上言丹石之符，朕深思厥意，云‘为皇帝’者，乃摄行皇帝之事也。其令安汉公居摄践祚，如周公故事，具礼仪奏！”于是群臣奏言：“太后圣德昭然，深见天意，诏令安汉公居摄。臣请安汉公践祚，服天子韨冕，背斧依于户牖之间，南面朝群臣，听政事。车服出入警跸，民臣称臣妾，皆如天子之制。郊祀天地，宗祀明堂，共祀宗庙，享祭群神，赞曰‘假皇帝’，民臣谓之‘摄皇帝’，自称曰‘予’。平决朝事，常以皇帝之诏称‘制’。以奉顺皇天之心，辅翼汉室，保安孝平皇帝之幼嗣，遂寄托之义，隆治平之化。其朝见太皇太后、帝皇后皆复臣节。自施政教于其宫家国采，如诸侯礼仪故事。”太后诏曰：“可。”

王莽居摄元年春正月，王莽祀上帝于南郊，又行迎春、大射、养老之礼。

三月己丑，立宣帝玄孙婴为皇太子，号曰孺子。婴，广戚侯显之子也。年二岁，托以为卜相最吉，立之。尊皇后曰皇太后。以王舜为太傅，左辅甄丰为太阿、右拂，甄邯为太保、后承。又置四少，秩皆二千石。

四月，安众侯刘崇与相张绍谋曰：“安汉公莽必危刘氏，天下非之，莫敢先举，此乃宗室之耻也。吾帅宗族为先，海内必和。”绍等从者百余人遂进攻宛，不得入而败。绍从弟竦与崇族父嘉诣阙自归，莽赦弗罪。竦因为嘉作奏，称莽德美，罪状刘崇，“愿为宗室倡始，父子兄弟负笼荷锸，驰之南阳，猪崇宫室，令如古制；及崇社宜如亳社，以赐诸侯，用永监戒。”于是莽大说，封嘉为率礼侯，嘉子七人皆赐爵关内侯。后又封竦为淑德侯。长安为之语曰：“欲求封，过张伯松。力战斗，不如巧为奏。”自后谋反者皆污池云。群臣复白："刘崇等谋逆者，以莽权轻也。宜尊重以填海内。"

五月甲辰，太后诏莽朝见太后，称"假皇帝"。

十二月，群臣奏"请以安汉公庐为摄省，府为摄殿，第为摄宫"。奏可。

二年五月，东郡太守翟义，方进之子也，与姊子上蔡陈丰谋曰："新都侯摄天子位，号令天下，故择宗室幼稚者以为孺子，依托周公辅成王之义，且以观望，必代汉家，其渐可见。方今宗室衰弱，外无强蕃，天下倾首服从，莫能亢捍国难。吾幸得备宰相子，身守大郡，父子受汉厚恩，义当为国讨贼，以安社稷。欲举兵西，诛不当摄者，选宗室子孙辅而立之。设令时命不成，死国埋名，犹可以不惭于先帝。今欲发之，汝肯从我乎？"丰年十八，勇壮，许诺。义遂与东郡都尉刘宇、严乡侯刘信、信弟武平侯刘璜结谋，以九月都试日斩观令，因勒其车骑、材官士，募郡中勇敢，部署将帅。信子匡时为东平王，乃并东平兵，立信为天子。义自号大司马、柱天大将军。移檄郡国，言"莽鸩杀孝平皇帝，摄天子位，欲绝汉室，今天子已立，共行天罚"。郡国皆震。比至山阳，众十余万。

莽闻之，惶惧不能食。太皇太后谓左右曰："人心不相远也。我虽妇人，亦知莽必以是自危。"莽乃拜其党、亲轻车将军、成武侯孙建为奋武将军，光禄勋、成都侯王邑为虎牙将军，明义侯王骏为强弩将军，春王城门校尉王况为震威将军，宗伯、忠孝侯刘宏为奋冲将军，中少府、建威侯王昌为中坚将军，中郎将、震羌侯窦况为奋威将军，凡七人，自择除关西人为校尉、军吏，将关东甲卒，发奔命以击义焉。复以太仆武让为积弩将军，屯函谷关；将作大匠、蒙乡侯逯并为横野将军，屯武关；羲和、红休侯刘秀为扬武将军，屯宛。

三辅闻翟义起，自茂陵以西至汧二十三县，盗贼并发。槐里男子赵朋、霍鸿等自称将军，攻烧官寺，杀右辅都尉及斄令，相与谋曰："诸将精兵悉东，京师空，可攻长安。"众稍多至十余万，火见未央宫前殿。莽复拜卫尉王级为虎贲将军，大鸿胪、望乡侯阎迁为折冲将军，西击朋等。以常乡侯王恽为车骑将军，屯平乐馆；骑都尉王晏为建威将军，屯城北；城门校尉赵恢为城门将军。皆勒兵自备。以太保、后承承阳侯甄邯为大将军，受钺高庙，领天下兵，左杖节，右把钺，屯城外。王舜、甄丰昼夜循行殿中。

莽日抱孺子祷郊庙，会群臣，而称曰："昔成王幼，周公摄政，而管、蔡挟禄父以畔。今翟义亦挟刘信而作乱。自古大圣犹惧此，况臣莽之斗筲！"群臣皆曰："不遭此变，不章圣德。"

冬十月甲子，莽依周书作大诰曰："粤其闻日，宗室之俊有四百人，民献仪九万夫，予敬以终于此谋继嗣图功。"遣大夫桓谭等班行谕告天下，以当反位孺子之意。诸将东至陈留菑，与翟义会战，破之，斩刘璜首。莽大喜，复下诏先封车骑都尉孙贤等五十五人皆为列侯，即军中拜授。因大赦天下。于是吏士精锐遂攻围义于圉城，十二月，大破之。义与刘信弃军亡，至固始界中，捕得义，尸磔陈都市。卒不得信。

初始元年春，王邑等还京师，西与王级等合击赵朋、霍鸿。二月，朋等殄灭，诸县悉平。还师振旅，莽乃置酒白虎殿，劳飨将帅。诏陈崇治校军功，第其高下，依周制爵五等，以封功臣为侯、伯、子、男，凡三百九十五人，曰"皆以奋怒，东指西击，羌寇、蛮盗，反虏、逆贼，不得旋踵，应时殄灭，天下咸服"之功封云。其当赐爵关内侯者，更名曰附城，又数百人。莽发翟义父方进及先祖冢在汝南者，烧其棺柩，夷灭三族，诛及种嗣，至皆同坑，以棘五毒并葬之。又取义及赵朋、霍鸿党众之尸，聚之通路之旁，濮阳、无盐、圉、槐里、盩厔凡五所，建表木于其上，书曰："反虏逆贼鲸鲵。"义等既败，莽于是自谓威德日盛，大获天人之助，遂谋即真之事矣。

群臣复奏进摄皇帝子安、临爵为公，封兄子光为衍功侯。是时莽还归新都国，群臣复白以封莽孙宗为新都侯。

九月，莽母功显君死。莽自以居摄践祚，奉汉大宗之后，为功显君缌缞弁而加麻环绖，如天子吊诸侯服。凡壹吊再会，而令新都侯宗为主，服丧三年云。

司威陈崇奏："莽兄子衍功侯光私报执金吾窦况，令杀人；况为收系，致其法。"莽大怒，切责光。光母曰："汝自视孰与长孙、中孙！"长孙、中孙者，宇及获之字也。遂母子自杀，及况皆死。初，莽以事母、养嫂、抚兄子为名，及后悖虐，复以示公义焉。令光子嘉嗣爵为侯。

是岁，广饶侯刘京言齐郡新井，车骑将军千人扈云言巴郡石牛，太保属臧鸿言扶风雍石，莽皆迎受。

十一月甲子，莽奏太后曰："陛下遇汉十二世三七之厄，承天威命，诏臣莽居摄。广饶侯刘京上书言：'七月中，齐郡临淄县昌兴亭长辛当一暮数梦，曰："吾，天公使也。天公使我告亭长曰：'摄皇帝当为真。'即不信我，此亭中当有新井。"亭长晨起视亭中，诚有新井，入地且百尺。'十一月壬子，直建冬至，巴郡石牛。戊午，雍石文，皆到于未央宫之前殿。臣与太保安阳侯舜等视，天风起，尘冥，风止，得铜符帛图于石前，文曰：'天告帝符，献者封侯。'骑都尉崔发等视说。孔子曰:'畏天命,畏大人,畏圣人之言。'臣莽敢不承用,臣请共事神祇、宗庙,奏言太皇太后、孝平皇后,皆称'假皇帝'。其号令天下,天下奏言事,毋言'摄'。以居摄三年为始初元年。漏刻以百二十为度,用应天命。臣莽夙夜养育隆就孺子,令与周之成王比德,宣明太皇太后威德于万方,期于富而教之。孺子加元服,复子明辟,如周公故事。"奏可。众庶知其奉符命,指意群臣博议别奏,以示即真之渐矣。

期门郎张充等六人谋共劫莽,立楚王。发觉,诛死。

梓潼人哀章学问长安,素无行,好为大言,见莽居摄,即作铜匮,为两检,署其一曰"天帝行玺金匮图",其一署曰"赤帝玺某传予皇帝金策书"。某者,高皇帝名也。书言王莽为真天子,皇太后如天命。图书皆书莽大臣八人,又取令名王兴、王盛,章因自窜姓名,凡十一人,皆署官爵,为辅佐。章闻齐井、石牛事下,即日昏时,衣黄衣,持匮至高庙以付仆射。仆射以闻。戊辰,莽至高庙拜受金匮神禅,御王冠,谒太后。还坐未央宫前殿,下书曰:"予以不德,托于皇初祖考黄帝之后,皇始祖考虞帝之苗裔,而太皇太后之末属。皇天上帝隆显大佑,成命统序,符契、图文、金匮策书,神明诏告,属予以天下兆民。赤帝汉氏高皇帝之灵,承天命,传国金策之书,予甚祇畏,敢不钦受!以戊辰直定,御王冠,即真天子位,定有天下之号曰新。其改正朔,易服色,变牺牲,殊徽帜,异器制。以十二月朔癸酉为始建国元年正月之朔,以鸡鸣为时。服色配德上黄,牺牲应正用白,使节之旄幡皆纯黄,其署曰'新使五威节',以承皇天上帝威命也。"

莽将即真,先奉诸符瑞以白太后,太后大惊。是时以孺子未立,玺藏长乐宫。及莽即位,请玺,太后不肯授莽。莽使安阳侯舜谕指。舜素谨敕，太后雅爱信之。舜既见太后，太后知其为莽求玺，怒骂之曰："而属父子宗族，蒙汉家力，富贵累世，既无以报，受人孤寄，乘便利时夺取其国，不复顾恩义。人如此者，狗猪不食其余，天下岂有而兄弟邪！且若自以金匮符命为新皇帝，变更正朔、服制，亦当自更作玺，传之万世，何用此亡国不祥玺为，而欲求之！我汉家老寡妇，旦暮且死，欲与此玺俱葬，终不可得！"太后因涕泣而言，旁侧长御以下皆垂涕。舜亦悲不能自止，良久，乃仰谓太后："臣等已无可言者。莽必欲得传国玺，太后宁能终不与邪！"太后闻舜语切，恐莽欲胁之，乃出汉传国玺投之地，以授舜曰："我老已死，如而兄弟今族灭也！"舜既得传国玺，奏之。莽大说，乃为太〔后〕置酒未央宫渐台，大纵众乐。

莽又欲改太后汉家旧号，易其玺绶，恐不见听；而莽疏属王谏欲谄莽，上书言："皇天废去汉而命立新室，太皇太后不宜称尊号，当随汉废，以奉天命。"莽以其书白太后，太后曰："此言是也。"莽因曰："此悖德之臣也，罪当诛！"于是冠军张永献符命铜璧文，言太皇太后当为新室文母太皇太后，莽乃下诏从之。于是鸩杀王谏，而封张永为贡符子。

班彪赞曰：三代以来，王公失世，稀不以女宠。及王莽之兴，由孝元后历汉四世为天下母，飨国六十余载，群弟世权，更持国柄；五将、十侯，卒成新都。位号已移于天下，而元后卷卷犹握一玺，不欲以授莽，妇人之仁，悲夫！

始建国元年春正月朔，莽帅公侯卿士奉皇太后玺韨，上太皇太后，顺符命，去汉号焉。

初，莽娶故丞相王䜣孙宜春侯咸女为妻，立以为皇后，生四男，宇、获前诛死，安颇荒忽，乃以临为皇太子，安为新嘉辟。封宇子六人皆为公，大赦天下。莽乃策命孺子为定安公，封以万户，地方百里，立汉祖宗之庙于其国，与周后并行其正朔、服色。以孝平皇后为定安太后。读策毕，莽亲执孺子手，流涕歔欷曰："昔周公摄位，终得复子明辟；今予独迫皇天威命，不得如意。"哀叹良久。中傅将孺子下殿，北面而称臣。百僚陪位，莫不感动。

又按金匮封拜辅臣，以太傅、左辅王舜为太师，封安新公；大司徒平晏为太傅，就新公；少阿、羲和刘秀为国师，嘉新公；广汉梓潼哀章为国将，美新公；是为四辅，位上公。太保、后承甄邯为大司马，承新公；丕进侯王寻为大司徒，章新公；步兵将军王邑为大司空，隆新公；是为三公。大阿、右拂、大司空甄丰为更始将军，广新公；京兆王兴为卫将军，奉新公；轻车将军孙建为立国将军，成新公；京兆王盛为前将军，崇新公；是为四将。凡十一公。王兴者，故城门令史；王盛者，卖饼。莽按符命求得此姓名十余人，两人容貌应卜相，径从布衣登用，以示神焉。

是日，封拜卿大夫、侍中、尚书官凡数百人，诸刘为郡守者皆徙为谏大夫。改明光宫为定安馆，定安太后居之；以大鸿胪府为定安公第；皆置门卫使者监领。敕阿乳母不得与婴语，常在四壁中，至于长大，不能名六畜，后莽以女孙宇子妻之。

莽策命群司各以其职，如典诰之文。置大司马司允、大司徒司直、大司空司若，位皆孤卿。更名大司农曰羲和，后更为纳言，大理曰作士，太常曰秩宗，大鸿胪曰典乐，少府曰共工，水衡都尉曰予虞，与三公司卿分属三公。置二十七大夫、八十一元士，分主中都官诸职。又更光禄勋等名为六监，皆上卿。改郡太守曰大尹，都尉曰大尉，县令、长曰宰；长乐宫曰常乐室，长安曰常安。

其余百官、宫室、郡县尽易其名，不可胜纪。封王氏齐缞之属为侯，大功为伯，小功为子，缌麻为男，其女皆为任。男以“睦”、女以“隆”为号焉。又曰：“汉氏诸侯或称王，至于四夷亦如之，违于古典，缪于一统。其定诸侯王之号皆称公，及四夷僭号称王者皆更为侯。”于是汉诸侯王二十二人皆降为公，王子侯者百八十一人皆降为子，其后皆夺爵焉。

莽因汉承平之业，府库百官之富，百蛮宾服，天下晏然，莽一朝有之，其心意未满，狭小汉家制度，欲更为疏阔。乃自谓黄帝、虞舜之后，至齐王建孙济北王安失国，齐人谓之王家，因以为氏；故以黄帝为初祖，虞帝为始祖。追尊陈胡公曰陈胡王，田敬仲曰齐敬王，济北王安曰济北愍王。立祖庙五，亲庙四。天下姚、妫、陈、田、王五姓皆为宗室，世世复，无有所与。封陈崇、田丰为侯，以奉胡王、敬王后。天下牧、守皆以前有翟义、赵朋等作乱，领州郡，怀忠孝，封牧为男，守为附城。以汉高庙为文祖庙。汉氏园寝庙在京师者勿罢，祠荐如故。诸刘勿解其复，各终厥身，州牧数存问，勿令有侵冤。

莽以刘之为字“卯、金、刀”也，诏正月刚卯、金刀之利皆不得行，乃罢错刀、契刀及五铢钱。

秋，遣五威将王奇等十二人班符命四十二篇于天下：德祥五事，符命二十五，福应十二。五威将奉符命，赍印绶，王侯以下及吏官名更者，外及匈奴、西域、徼外蛮夷，皆即授新室印绶，因收故汉印绶。大赦天下。改汉印文，去玺曰章。

二年春二月，五威将帅七十二人还奏事，汉诸侯王为公者悉上玺绶为民，无违命者。独故广阳王嘉以献符命，鲁王闵以献神书，中山王成都以献书言莽德，皆封列侯。

班固论曰：昔周封国八百，同姓五十有余，所以亲亲贤贤，关诸盛衰，深根固本，为不可拔者也。故盛则周、召相其治，致刑错；衰则五伯扶其弱，与共守；天下谓之共主，强大弗之敢倾。历载八百余年，数极德尽，降为庶人，用天年终。秦讪笑三代，窃自号为皇帝，而子弟为匹夫。内无骨肉本根之辅，外无尺土藩翼之卫。陈、吴奋其白梃，刘、项随而毙之。故曰"周过其历，秦不及期"，国势然也。

汉兴之初，惩戒亡秦孤立之败，于是尊王子弟，大启九国。自雁门以东尽辽阳，为燕、代；常山以南，太行左转，度河、济，渐于海，为齐、赵；谷、泗以往，奄有龟、蒙，为梁、楚；东带江、湖，薄会稽，为荆、吴；北界淮濒，略庐、衡，为淮南；湘、汉之阳，亘九嶷，为长沙。诸侯比境，周匝三垂，外接胡、越。天子自有三河、东郡、颍川、南阳，自江陵以西至巴、蜀，北自云中至陇西，与京师、内史，凡十五郡；公主、列侯颇邑其中。而藩国大者夸州兼郡，连城数十，宫室、百官同制京师，可谓矫枉过其正矣。虽然，高祖创业，日不暇给，孝惠享国又浅，高后女主摄位，而海内晏如，无狂狡之忧，卒折诸吕之难，成太宗之业者，亦赖之于诸侯也。

然诸侯原本以大，末流滥以致溢，小者淫荒越法，大者睽孤横逆，以害身丧国。故文帝分齐、赵，景帝削吴、楚，武帝下推恩之令而藩国自析。自此而来，齐分为七，赵分为六，梁分为五，淮南分为三。皇子始立者，大国不过十余城。长沙、燕、代虽有旧名，皆无南北边矣。景遭七国之难，抑损诸侯，减黜其官。武有衡山、淮南之谋，作左官之律，设附益之法，诸侯惟得衣食租税，不与政事。至于哀、平之际，皆继体苗裔，亲属疏远，生于帷墙之中，不为士民所尊，势与富室无异。而本朝短世，国统三绝。是故王莽知汉中外殚微，本末俱弱，无所忌惮，生其奸心，因母后之权，假伊、周之称，颛作威福庙堂之上，不降阶序而运天下。诈谋既成，遂据南面之尊，分遣五威之吏，驰传天下，班行符命；汉诸侯王厥角稽首奉上玺韨，惟恐在后，或乃称美颂德以求容媚，岂不哀哉！

冬十一月，立国将军孙建奏："九月辛巳，陈良、终带自称废汉大将军，亡入匈奴。又今月癸酉，不知何一男子遮臣建车前，自称'汉氏刘子舆，成帝下妻子也。刘氏常复，趣空宫'。收系男子，即常安姓武字仲。皆逆天违命，大逆无道。汉氏宗庙不当在常安城中，及诸刘当与汉俱废。陛下至仁，久未定，前故安众侯刘崇等更聚众谋反，今狂狡之虏复依托亡汉，至犯夷灭连未止者，此圣恩不蚤绝其萌芽故也。臣请汉氏诸庙在京师者皆罢，诸刘为吏者皆罢待除于家。"莽曰："可。嘉新公、国师以符命为予四辅，明德侯刘龚、率礼侯刘嘉等凡三十二人皆知天命，或献天符，或贡昌言，或捕告反虏，厥功茂焉。诸刘与三十二人同宗共祖者勿罢，赐姓曰王。"唯国师以女配莽子，故不赐姓。

定安公太后自刘氏之废，常称疾不朝会。时年未二十，莽敬惮伤哀，欲嫁之，乃更号为黄皇室主，欲绝之于汉。令孙建世子盛饰，将医往问疾。后大怒，笞鞭其傍侍御，因发病，不肯起。莽遂不复强也。

莽之谋篡也，吏民争为符命，皆得封侯。其不为者相戏曰："独无天帝除书乎？"司命陈崇白莽曰："此开奸臣作福之路而乱天命，宜绝其原。"莽亦厌之，遂使尚书大夫赵并验治，非五威将率所班，皆下狱。

初，甄丰、刘秀、王舜为莽腹心，唱导在位，褒扬功德，“安汉”、“宰衡”之号及封莽母、两子、兄子，皆丰等所共谋，而丰、舜、秀亦受其赐，并富贵矣，非复欲令莽居摄也。居摄之萌，出于泉陵侯刘庆、前辉光谢嚣、长安令田终术。莽羽翼已成，意欲称摄，丰等承顺其意，莽辄复封舜、秀、丰等子孙以报之。丰等爵位已盛，心意既满，又实畏汉宗室、天下豪杰；而疏远欲进者并作符命，莽遂据以即真，舜、秀内惧而已。丰素刚强，莽觉其不说，故托符命文徙丰为更始将军，与卖饼儿王盛同列，丰父子默默。时子寻为侍中、京兆大尹、茂德侯，即作符命，新室当分陕，立二伯，以丰为右伯，太傅平晏为左伯，如周、召故事。莽即从之，拜丰为右伯。当述职西出，未行，寻复作符命，言故汉氏平帝后黄皇室主为寻之妻。莽以诈立，心疑大臣怨谤，欲震威以惧下，因是发怒，曰：“黄皇室主天下母，此何谓也！”收捕寻。寻亡，丰自杀。寻随方士入华山，岁余捕得，辞连国师公秀子侍中隆威侯棻，棻弟右曹、长水校尉、伐虏侯泳，大司空邑弟左关将军、掌威侯奇，及秀门人侍中、骑都尉丁隆等，牵引公卿、党亲、列侯以下死者数百人，乃流棻于幽州，放寻于三危，殛隆于羽山，皆驿车载其尸传致云。

三年，莽为太子置师、友各四人，秩以大夫。以故大司徒马宫等为师疑、傅丞、阿辅、保拂，是为四师；故尚书令唐林等为胥附、奔走、先后、御侮，是为四友。又置师友、侍中、谏议、六经祭酒各一人，凡九祭酒，秩皆上卿。

遣使者奉玺书印绶、安车驷马迎龚胜，即拜为师友祭酒。使者与郡太守、县长吏、三老、官属、行义、诸生千人以上入胜里致诏。使者欲令胜起迎，久立门外。胜称病笃，为床室中户西、南牖下，东首加朝服拖绅。使者付玺书，奉印绶，内安车驷马，进谓胜曰："圣朝未尝忘君，制作未定，待君为政。思闻所欲施行，以安海内。"胜对曰："素愚，加以年老被病，命在朝夕，随使君上道，必死道路，无益万分。"使者要说，至以印绶就加胜身，胜辄推不受。使者即上言："方盛夏暑热，胜病少气，可须秋凉乃发。"有诏许之。使者五日壹与太守俱问起居，为胜两子及门人高晖等言："朝廷虚心待君以茅土之封，虽疾病，宜动移至传舍，示有行意，必为子孙遗大业。"晖等白使者语，胜自知不见听，即谓晖等："吾受汉家厚恩无以报；今年老矣，旦暮入地，谊岂以一身事二姓，下见故主哉！"胜因敕以棺敛丧事："衣周于身，棺周于衣。勿随俗动吾冢，种柏，作祠堂。"语毕，遂不复开口饮食，积十四日死。死时七十九矣。

是时清名之士，又有琅邪纪逡、齐薛方、太原郇越、郇相、沛唐林、唐尊，皆以明经饬行，显名于世。纪逡、两唐皆仕莽，封侯，贵重，历公卿位。唐林数上疏谏正，有忠直节。唐尊衣敝、履空，被虚伪名。郇相为莽太子四友，病死，莽太子遣使祱以衣衾，其子攀棺不听曰："死父遗言：'师友之送，勿有所受。'今于皇太子得托友官，故不受也。"京师称之。莽以安车迎薛方，方因使者辞谢曰："尧、舜在上，下有巢、由。今明主方隆唐、虞之德，小臣欲守箕山之节。"使者以闻，莽说其言，不强致。

初，隃麋郭钦为南郡太守，杜陵蒋诩为兖州刺史，亦以廉直为名。莽居摄，钦、诩皆以病免官，归乡里，卧不出户，卒于家。哀、平之际，沛国陈咸以律令为尚书，莽辅政，多改汉制，咸心非之。及何武、鲍宣死，咸叹曰："易称'见几而作，不俟终日'，吾可以逝矣！"即乞骸骨去职。及莽篡位，召咸为掌寇大夫，咸谢病不肯应。时三子参、丰、钦皆在位，咸悉令解官，归乡里，闭门不出入。犹用汉家祖腊，人问其故，咸曰："我先人岂知王氏腊乎？"悉收敛其家律令书文，壁藏之。又齐栗融、北海禽庆、苏章、山阳曹竟皆儒生，去官，不仕于莽。

班固赞曰：春秋列国卿大夫及至汉兴将相名臣，怀禄耽宠，以失其世者多矣，是故清节之士，于是为贵，然大率多能自治而不能治人。王、贡之材优于龚、鲍。守死善道，胜实蹈焉。贞而不谅，薛方近之。郭钦、蒋诩，好遁不污，绝纪、唐矣。

四年。初，莽为安汉公时欲谄太皇太后，以斩郅支功，奏尊元帝庙为高宗，太后晏驾后，当以礼配食云。及莽改号太后为新室文母，绝之于汉，不令得体元帝。堕坏孝元庙，更为文母太后起庙，独置孝元庙故殿以为文母篹食堂。既成，名曰长寿宫，以太后在，故未谓之庙。莽置酒长寿宫，请太后。既至，见孝元庙废彻涂地，太后惊泣曰："此汉家宗庙，皆有神灵，与何治而坏之，且使鬼神无知，又何用庙为。如令有知，我乃人之妃妾，岂宜辱帝之堂以陈馈食哉！"私谓左右曰："此人慢神多矣，能久得祐乎！"饮酒不乐而罢。自莽篡位后，知太后怨恨，求所以媚太后无不为，然愈不说。莽更汉家黑貂着黄貂，又改汉正朔、伏腊日。太后令其官属黑貂，至汉家正、腊日，独与其左右相对饮食。

五年春二月，文母皇太后崩，年八十四。葬渭陵，与元帝合而沟绝之。新室世世献祭其庙，元帝配食，坐于床下。莽为太后服丧三年。

天凤二年春二月，民讹言黄龙堕死黄山宫中，百姓奔走往观者有万数。莽恶之，捕系，问语所从起，不能得。

莽意以为制定则天下自平，故锐思于地理、制礼、作乐、讲合六经之说；公卿旦入暮出，论议连年不决，不暇省狱讼冤结，民之急务。县宰缺者数年守兼，一切贪残日甚。中郎将、绣衣执法在郡国者，并乘权势，传相举奏。又十一公士分布劝农桑，班时令，按诸章，冠盖相望，交错道路，召会吏民，逮捕证左，郡县赋敛，递相赇赂，白黑纷然，守阙告诉者多。莽自见前颛权以得汉政，故务自览众事，有司受成苟免。诸宝物名、帑藏、钱谷官皆宦者领之；吏民上封事，宦官、左右开发，尚书不得知，其畏备臣下如此。又好变改制度，政令烦多，当奉行者，辄质问乃以从事，前后相乘，愦眊不渫。莽常御灯火至明，犹不能胜。尚书因是为奸，寝事，上书待报者连年不得去，拘系郡县者逢赦而后出，卫卒不交代者至三岁。谷籴常贵，边兵二十余万人，仰衣食县官。五原、代郡尤被其毒，起为盗贼，数千人为辈，转入旁郡。莽遣捕盗将军孔仁将兵与郡县合击，岁余乃定。

四年秋八月，临淮瓜田仪等依阻会稽长州。琅邪吕母聚党数千人，杀海曲宰，入海中为盗，其众浸多，至万数。荆州饥馑，民众入野泽，掘凫茈而食之，更相侵夺。新市人王匡、王凤(争)〔为〕平理诤讼，遂推为渠帅，众数百人。于是诸亡命者南阳马武、颍川王常、成丹等，皆往从之。共攻离乡聚，藏于绿林山中，数月间至七八千人。又有南郡张霸、江夏羊牧等与王匡俱起，众皆万人。莽遣使者即赦盗贼，还言"盗贼解辄复合，问其故，皆曰：'愁法禁烦苛，不得举手；力作所得，不足以给贡税。闭门自守，〔又坐邻伍铸钱挟铜，奸吏因以愁民。'民穷，悉起为盗贼"。莽大怒，免之。其或顺指言"民骄黠当诛"，及言"时运适然，且灭不久"，莽说，辄迁官。〕

五年春正月，以大司马司允费兴为荆州牧。见，问到部方略，兴对曰："荆、扬之民，率依阻山泽，以渔采为业。间者国张六管，税山泽，妨夺民之利，连年久旱，百姓饥穷，故为盗贼。兴到部，欲令明晓告盗贼归田里，假贷犁牛、种食，阔其租赋，冀可以解释安集。"莽怒，免兴官。

琅邪樊崇起兵于莒。事见光武平赤眉。

六年春，莽见盗贼多，乃令太史推三万六千岁历纪，六岁一改元，布天下。下书自言"己当如黄帝仙升天"，欲以诳耀百姓，销解盗贼。众皆笑之。

地皇元年春正月，莽见四方盗贼多，复欲厌之，又下书曰："予之皇初祖考黄帝定天下，将兵为上将军，内设大将，外置大司马五人，大将军至士吏凡七十三万八千九百人，士千三百五十万人。予受符命之文，稽前人，将条备焉。"于是置前、后、左、右中大司马之位，赐诸州牧至县宰皆有大将军、偏、裨、校尉之号焉。乘传使者经历郡国，日且十辈，仓无见谷以给，传车马不能足，赋取道中车马，取办于民。

秋七月，钜鹿男子马适求等谋举燕、赵兵以诛莽。大司空士王丹发觉以闻。莽遣三公大夫逮治党与，连及郡国豪杰数千人，皆诛死。封丹为辅国侯。

汝南郅恽明天文历数，以为汉必再受命，上书说莽曰："上天垂戒，欲悟陛下，令就臣位。取之以天，还之以天，可谓知命矣。"莽大怒，系恽诏狱，逾冬，会赦得出。

二年春正月，卜者王况谓魏成大尹李焉曰："汉家当复兴，李氏为辅。"因为焉作谶书，合十余万言。事发，莽皆杀之。

是岁，南郡秦丰聚众且万人，平原女子迟昭平亦聚数千人，在河阻中。莽召问群臣禽贼方略，皆曰："此天囚行尸，命在漏刻。"故左将军公孙禄征来与议，禄曰："太史令宗宣，典星历，候气变，以凶为吉，乱天文，误朝廷。太傅、平化侯尊饰虚伪以偷名位，贼夫人之子。国师嘉信公秀颠倒五经，毁师法，令学士疑惑。明学男张邯、地理侯孙阳，造井田，使民弃土业。羲和鲁匡，设六管以穷工商。说符侯崔发，阿谀取容，令下情不上通。宜诛此数子以慰天下。"

初，四方皆以饥寒穷愁，起为盗贼，稍稍群聚，常思岁熟得归乡里，众虽万数，不敢略有城邑，转掠求食日阕而已。诸长吏、牧守，皆自乱斗中兵而死，贼非敢欲杀之也。而莽终不谕其故。是岁，荆州牧发奔命二万人讨绿林贼，贼帅王匡等相率迎击于云杜，大破牧军，杀数千人，尽获辎重。牧欲北归，贼马武等复遮击之，钩牧车屏泥，刺杀其骖乘，然终不敢杀牧。贼遂攻拔竟陵，转击云杜、安陆，多略妇女，还入绿林中，至有五万余口，州郡不能制。

翼平连帅田况上言："盗贼始发，其原甚微，部吏、伍人所能禽也。咎在长吏不为意，县欺其郡，郡欺朝廷，实百言十，实千言百。朝廷忽略，不辄督责，遂至延蔓连州，乃遣将帅，多发使者，传相监趣。郡县力事上官，应塞诘对，共酒食，具资用，以救断斩，不暇复忧盗贼，治官事。将帅又不能躬率吏士，战则为贼所破，吏气寖伤，徒费百姓。前幸蒙赦令，贼欲解散，或反遮击，恐入山谷，转相告语，故郡县降贼皆更惊骇，恐见诈灭，因饥馑易动，旬日之间更十余万人，此盗贼所以多之故也。今洛阳以东米石二千，窃见诏书欲遣太师、更始将军，二人爪牙重臣，多从人众，道上空竭，少则无以威示远方。宜急选牧、尹以下，明其赏罚，收合离乡，小国无城郭者，徙其老弱置大城中，积藏谷食，并力固守。贼来攻城则不能下，所过无食，势不得群聚；如此招之必降，击之则灭。今空复多出将帅，郡县苦之，反甚于贼。宜尽征还乘传诸使者，以休息郡县，委任臣况以二州，盗贼必平定之。”

三年夏四月，遣更始将军廉丹等东讨众贼。事见光武平赤眉。莽又多遣大夫、谒者分教民煮草木为酪，酪不可食，重为烦费。

绿林贼遇疫疾死者且半，乃各分散引去。王常、成丹西入南郡，号“下江兵”；王匡、王凤、马武及其支党朱鲔、张印等北入南阳，号“新市兵”，皆自称将军。莽遣司命大将军孔仁部豫州，纳言大将军严尤、秩宗大将军陈茂击荆州，各从吏士百余人，乘传到部募士。尤谓茂曰：“遣将不与兵符，必先请而后动，是犹绁韩卢而责之获也。”

流民入关者数十万人，乃置养赡官禀食之。使者监领，与小吏共盗其禀，饥死者什七八。先是，莽使中黄门王业领长安市买，贱取于民，民甚患之。业以省费为功，赐爵附城。莽闻城中饥馑，以问业，业曰：“皆流民也。”乃市所卖粱饭、肉羹，持入示莽，曰“居民食，咸如此”，莽信之。

秋七月，新市贼王匡等进攻随，平林人陈牧、廖湛复聚众千余人号“平林兵”以应之。

莽以诏书让廉丹曰：“仓廪尽矣，府库空矣，可以怒矣，可以战矣！将军受国重任，不捐身于中野，无以报恩塞责。”丹惶恐，夜召其掾冯衍，以书示之。衍因说丹曰：“张良以五世相韩，椎秦始皇博浪之中。将军之先，为汉信臣。新室之兴，英俊不附。今海内溃乱，人怀汉德，甚于诗人思召公也。人所歌舞，天必从之。

今方为将军计，莫若屯据大郡，镇抚吏士，砥厉其节，纳雄桀之士，询忠智之谋，兴社稷之利，除万人之害，则福禄流于无穷，功烈著于不灭；何与军覆于中原，身膏于草野，功败名丧，耻及先祖哉！”丹不听。衍，左将军奉世曾孙也。

冬，无盐索卢恢等举兵，反城附贼，廉丹、王匡攻拔之，斩首万余级。莽遣中郎将奉玺书劳丹、匡，进爵为公，封吏士有功者十余人。

赤眉别校董宪等众数万人在梁郡，王匡欲进击之，廉丹以为“新拔城，罢劳，当且休士养威”。匡不听，引兵独进，丹随之。合战成昌，兵败，匡走。丹使吏持其印韨节付匡曰：“小儿可走，吾不可。”遂止，战死。校尉汝云、王隆等二十余人别斗，闻之，皆曰：“廉公已死，吾谁为生！”驰奔贼，皆战死。

国将哀章自请愿平山东，莽遣章驰东与太师匡并力。又遣大将军阳浚守敖仓，司徒王寻将十余万屯洛阳，镇南宫，大司马董忠养士习射中军北垒。大司空王邑兼三公之职。

汉宗室刘秀等起南阳，与新市、平林、下江兵合。事见光武中兴。

淮阳王更始元年春二月，王莽欲外示自安，乃染其须发，立杜陵史谌女为皇后。置后宫，位号视公卿、大夫、元士者凡百二十人。

莽赦天下，诏：“王匡、哀章等讨青、徐盗贼，严尤、陈茂等讨前队丑虏，明告以生活、丹青之信，复迷惑不解散，将遣大司空、隆新公将百万之师剿绝之矣。”

王莽遣司空王邑、司徒王寻发兵四十二万围昆阳，刘秀发诸营兵三千人大破之。事见光武中兴。

莽闻汉兵言莽鸩杀孝平皇帝，乃会公卿于王路堂，开所为平帝请命金縢之策，泣以示群臣。

夏六月，道士西门君惠谓王莽卫将军王涉曰："谶文刘氏当复兴，国师公姓名是也。"涉遂与国师公刘秀、大司马董忠、司中大赘孙伋谋，以所部兵劫莽降汉，以全宗族。

秋七月，伋以其谋告莽，莽召忠诘责，因格杀之。使虎贲以斩马剑剉忠，收其宗族，以醇醯、毒药、白刃、丛棘并一坎而埋之。秀、涉皆自杀，莽以其骨肉旧臣，恶其内溃，故隐其诛。莽以军师外破，大臣内畔，左右无所信，不能复远念郡国，乃召王邑还为大司马，以大长秋张邯为大司徒，崔发为大司空，司中寿容苗欣为国师。莽忧懑不能食，但饮酒，啖鳆鱼。读军书倦，因冯几寐，不复就枕矣。

八月，王莽使太师王匡、国将哀章守洛阳。更始遣定国上公王匡攻洛阳，西屏大将军申屠建、丞相司直李松攻武关，三辅震动。析人邓晔、于匡起兵南乡以应汉，攻武关都尉朱萌，萌降；进攻右队大夫宋纲，杀之；西拔湖。莽愈忧，不知所出。崔发言："古者国有大灾，则哭以厌之。宜告天以求救。"莽乃率群臣至南郊，陈其符命本末，仰天大哭，气尽，伏而叩头。诸生、小民旦夕会哭，为设餐粥；甚悲哀者，除以为郎，郎至五千余人。

莽拜将军九人，皆以"虎"为号，将北军精兵数万人以东，内其妻子宫中以为质。时省中黄金尚六十余万斤，他财物称是，莽愈爱之，赐九虎士人四千钱。众重怨，无斗意。九虎至华阴回溪，距隘自守。于匡、邓晔击之，六虎败走，二虎诣阙归死。莽使使责死者安在，皆自杀。其四虎亡，三虎收散卒保渭口京师仓。

邓晔开武关迎汉兵。李松将三千余人至湖，与晔等共攻京师仓，未下。晔以弘农掾王宪为校尉，将数百人北度渭，入左冯翊界。李松遣偏将军韩臣等径西至新丰，击破莽波水将军，追奔至长门宫。王宪北至频阳，所过迎降。诸县大姓各起兵称汉将，率众随宪。李松、邓晔引军至华阴，而长安旁兵四会城下。又闻天水隗氏方到，皆争欲先入城，贪立大功、卤掠之利。莽赦城中囚徒，皆授兵，杀豨饮其血，与誓曰："有不为新室者，社鬼记之！"使更始将军史谌将之，度渭桥，皆散走，谌空还。众兵发掘莽妻、子、父、祖冢，烧其棺椁及九庙、明堂、辟雍，火照城中。

九月戊申朔，兵从宣平城门入。张邯逢兵见杀。王邑、王林、王巡、䆃恽等分将兵距击北阙下，会日暮，官府、邸第尽奔亡。己酉，城中少年朱弟、张鱼等恐见卤掠，趋欢并和，烧作室门，斧敬法闼，呼曰："反虏王莽，何不出降！"火及掖庭、承明，黄皇室主所居。黄皇室主曰："何面目以见汉家！"自投火中而死。

莽避火宣室前殿，火辄随之。莽绀袀服，持虞帝匕首，天文郎按式于前，莽旋席随斗柄而坐，曰："天生德于予，汉兵其如予何！"庚戌，且明，群臣扶掖莽自前殿之渐台，欲阻池水，公卿从官尚千余人随之。王邑昼夜战，罢极，士死伤略尽；驰入宫，间关至渐台，见其子侍中睦解衣冠欲逃，邑叱之令还，父子共守莽。军人入殿中，闻莽在渐台，众共围之数百重。台上犹与相射，矢尽，短兵接。王邑父子、䆃恽、王巡战死，莽入室。下餔时，众兵上台，苗欣、唐尊、王盛等皆死。商人杜吴杀莽，校尉东海公宾就斩莽首，军人分莽身，节解脔分，争相杀者数十人。公宾就持莽首诣王宪。宪自称汉大将军，城中兵数十万皆属焉。舍东宫，妻莽后宫，乘其车服。癸丑，李松、邓晔入长安，将军赵萌、申屠建亦至，以王宪得玺绶不上，多挟宫女，建天子鼓旗，收斩之。传莽首诣宛，县于市，百姓共提击之，或切食其舌。

班固赞曰：王莽始起外戚，折节力行以要名誉，及居位辅政，勤劳国家，直道而行，岂所谓"色取仁而行违"者邪！莽既不仁而有佞邪之材，又乘四父历世之权，遭汉中微，国统三绝，而太后寿考，为之宗主，故得肆其奸慝，以成篡盗之祸。推是言之，亦天时，非人力之致矣。及其窃位南面，颠覆之势险于桀、纣，而莽晏然自以黄、虞复出也。乃始恣睢，奋其威诈，毒流诸夏，乱延蛮貉，犹未足逞其欲焉。是以四海之内，嚣然丧其乐生之心，中外愤怨，远近俱发，城池不守，支体分裂，遂令天下城邑为虚，害遍生民，自书传所载乱臣贼子，考其祸败，未有如莽之甚者也。昔秦燔诗、书以立私议，莽诵六艺以文奸言，同归殊途，俱用灭亡，皆圣王之驱除云尔。

光武中兴

王莽地皇三年。初，长沙定王发生舂陵节侯买，买生戴侯熊渠，熊渠生考侯仁。仁以南方卑湿，徙封南阳之白水乡，与宗族往家焉。仁卒，子敞嗣，值莽篡位，国除。节侯少子外为郁林太守，外生钜鹿都尉回，回生南顿令钦。钦娶湖阳樊重女，生三男：縯、仲、秀。兄弟早孤，养于叔父良。縯性刚毅，慷慨有大节，自莽篡汉，常愤愤，怀复社稷之虑，不事家人居业，倾身破产，交结天下雄俊。秀隆准日角，性勤稼穑；縯常非笑之，比于高祖兄仲。秀姊元为新野邓晨妻，秀尝与晨俱过穰人蔡少公，少公颇学图谶，言"刘秀当为天子"。或曰："是国师公刘秀乎？"秀戏曰：

“何用知非仆邪!”坐者皆大笑,晨心独喜。

宛人李守好星历、谶记,为莽宗卿师,尝谓其子通曰:“刘氏当兴,李氏为辅。”及新市、平林兵起,南阳骚动,通从弟轶谓通曰:“今四方扰乱,汉当复兴。南阳宗室独刘伯升兄弟泛爱容众,可与谋大事。”通笑曰:“吾意也。”会秀卖谷于宛,通遣轶往迎秀,与相见,因具言谶文事,与相约结,定谋议。通欲以立秋材官都试骑士日,劫前队大夫甄阜及属正梁丘赐,因以号令大众,使轶与秀归舂陵举兵以相应。于是縯召诸豪桀计议曰:“王莽暴虐,百姓分崩。今枯旱连年,兵革并起,此亦天亡之时,复高祖之业,定万世之秋也。”众皆然之。于是分遣亲客于诸县起兵,縯自发舂陵子弟。诸家子弟恐惧,皆亡匿,曰:“伯升杀我。”及见秀绛衣大冠。皆惊曰:“谨厚者亦复为之。”乃稍自安。凡得子弟七八千人,部署宾客,自称“柱天都部”。秀时年二十八。李通未发,事觉,亡走;父守及家属坐死者六十四人。

縯使族人嘉招说新市、平林兵,与其帅王凤、陈牧西击长聚,进屠唐子乡,又杀湖阳尉。军中分财物不均,众恚恨,欲反攻诸刘;秀敛宗人所得物悉以与之,众乃悦。进拔棘阳,李轶、邓晨皆将宾客来会。

十一月,刘縯欲进攻宛,至小长安聚,与甄阜、梁丘赐战。时天密雾,汉军大败,秀单马走,遇女弟伯姬,与共骑而奔。前行,复见姊元,趣令上马,元以手挥曰:“行矣,不能相救,无为两没也!”会追兵至,元及三女皆死。縯弟仲及宗从死者数十人。

縯复收会兵众,还保棘阳。阜、赐乘胜,留辎重于蓝乡,引精兵十万南度潢淳,临沘水,阻两川间为营,绝后桥,示无还心。新市、平林见汉兵数败,阜、赐军大至,各欲解去,縯甚患之。会下江兵五千余人至宜秋，縯即与秀及李通俱造其壁，曰："愿见下江一贤将，议大事。"众推王常。縯见常，说以合从之利，常大悟曰："王莽残虐，百姓思汉。今刘氏复兴，即真主也，诚思出身为用，辅成大功。"縯曰："如事成，岂敢独飨之哉！"遂与常深相结而去。常还，具为余将成丹、张卬言之。丹、卬负其众，曰："大丈夫既起，当各自为主，何故受人制乎！"常乃徐晓说其将帅曰："王莽苛酷，积失百姓之心，民之讴吟思汉，非一日也，故使吾属因此得起。夫民所怨者，天所去也；民所思者，天所与也。举大事，必当下顺民心，上合天意，功乃可成。若负强恃勇，触情恣欲，虽得天下，必复失之。以秦、项之势尚至夷覆，况今布衣相聚草泽，以此行之，灭亡之道也。今南阳诸刘举宗起兵，观其来议者，皆有深计大虑，王公之才，与之并合，必成大功，此天所以祐吾属也。"下江诸将虽屈强少识，然素敬常，乃皆谢曰："无王将军，吾属几陷于不义。"即引兵与汉军及新市、平林合。于是诸部齐心同力，锐气益壮。縯大飨军士，设盟约，休卒三日，分为六部。十二月晦，潜师夜起，袭取蓝乡，尽获其辎重。

淮阳王更始元年春正月甲子朔，汉兵与下江兵共攻甄阜、梁丘赐，斩之，杀士卒二万余人。王莽纳言将军严尤、秩宗将军陈茂引兵欲据宛，刘縯与战于淯阳下，大破之，遂围宛。先是，青、徐贼众虽数十万人，讫无文书、号令、旌旗、部曲，及汉兵起，皆称将军，攻城略地，移书称说。莽闻之，始惧。

春陵戴侯曾孙玄在平林兵中，号"更始将军"。时汉兵已十余万，诸将议以兵多而无所统一，欲立刘氏以从人望。南阳豪桀及王常等皆欲立刘縯，而新市、平林将帅乐放纵，惮縯威明，贪玄懦弱，先共定策立之，然后召縯示其议。縯曰："诸将军幸欲尊立宗室，甚厚。然今赤眉起青、徐，众数十万，闻南阳立宗室，恐赤眉复有所立。王莽未灭而宗室相攻，是疑天下而自损权，非所以破莽也。春陵去宛三百里耳，遽自尊立，为天下准的，使后人得承吾敝，非计之善者也。不如且称王以号令，王势亦足以斩诸将。若赤眉所立者贤，相率而往从之，必不夺吾爵位。若无所立，破莽，降赤眉，然后举尊号，亦未晚也。"诸将多曰："善。"张卬拔剑击地曰："疑事无功。今日之议，不得有二！"众皆从之。二月辛巳朔，设坛场于淯水上沙中，玄即皇帝位。南面立，朝群臣，羞愧流汗，举手不能言。于是大赦，改元，以族父良为国三老，王匡为定国上公，王凤为成国上公，朱鲔为大司马，刘縯为大司徒，陈牧为大司空，余皆九卿、将军。由是豪桀失望，多不服。

三月，王凤与太常、偏将军刘秀等徇昆阳、定陵、郾，皆下之。

王莽闻严尤、陈茂败，乃遣司空王邑驰传，与司徒王寻发兵平定山东，征诸明兵法六十三家以备军吏，以长人巨毋霸为垒尉，又驱诸猛兽虎豹犀象之属以助威武。邑至洛阳，州郡各选精兵，牧守自将，定会者四十二万人，号百万，余在道者，旌旗、辎重千里不绝。夏五月，寻、邑南出颍川，与严尤、陈茂合。

诸将见寻、邑兵盛，皆反走入昆阳，惶怖，忧念妻孥，欲散归诸城。刘秀曰："今兵谷既少，而外寇强大，并力御之，功庶可立，如欲分散，势无俱全。且宛城未拔，不能相救，昆阳即拔，一日之间，诸部亦灭矣。今不同心胆共举功名，反欲守妻子、财物邪！"诸将怒曰："刘将军何敢如是！"秀笑而起。会候骑还，言："大兵且至城北，军陈数百里，不见其后。"诸将素轻秀，及迫急，乃相谓曰："更请刘将军计之。"秀复为图画成败，诸将皆曰："诺。"时城中唯有八九千人，秀使王凤与廷尉、大将军王常守昆阳，夜与五威将军李轶等十三骑出城南门，于外收兵。

时莽兵到城下者且十万，秀等几不得出。寻、邑纵兵围昆阳，严尤说邑曰："昆阳城小而坚，今假号者在宛，亟进大兵，彼必奔走。宛败，昆阳自服。"邑曰："吾昔围翟义，坐不生得，以见责让。今将百万之众，遇城而不能下，非所以示威也。当先屠此城，蹀血而进，前歌后舞，顾不快邪。"遂围之数十重，列营百数，钲鼓之声闻数十里。或为地道、冲輣撞城，积弩乱发，矢下如雨，城中负户而汲。王凤等乞降，不许。寻、邑自以功在漏刻，不以军事为忧。严尤曰："兵法'围城为之阙'，宜使得逸出，以怖宛下。"邑又不听。

棘阳守长岑彭与前队贰严说共守宛城。汉兵攻之数月，城中人相食，乃举城降。更始入都之。诸将欲杀彭，刘縯曰："彭，郡之大吏，执心坚守，是其节也。今举大事，当表义士，不如封之。"更始乃封彭为归德侯。

刘秀至郾、定陵，悉发诸营兵。诸将贪惜财物，欲分兵守之。秀曰："今若破敌，珍宝万倍，大功可成。如为所败，首领无余，何财物之有！"乃悉发之。六月己卯朔，秀与诸营俱进，自将步骑千余为前锋，去大军四五里而陈。寻、邑亦遣兵数千合战，秀奔之，斩首数十级。诸将喜曰："刘将军平生见小敌怯，今见大敌勇，甚可怪也。且复居前，请助将军。"秀复进，寻、邑兵却，诸部共乘之，斩首数百千级。连胜，遂前，诸将胆气益壮，无不一当百。秀乃与敢死者三千人，从城西水上冲其中坚。寻、邑易之，自将万余人行陈，敕诸营皆按部毋得动，独迎与汉兵战，不利，大军不敢擅相救。寻、邑陈乱，汉兵乘锐崩之，遂杀王寻。城中亦鼓噪而出，中外合势，震呼动天地，莽兵大溃，走者相腾践，伏尸百余里。

会大雷风，屋瓦皆飞，雨下如注，滍川盛溢，虎豹皆股战，士卒赴水溺死者以万数，水为不流。王邑、严尤、陈茂轻骑乘死人度水逃去，尽获其军实辎重，不可胜算，举之连月不尽，或燔烧其余。士卒奔走，各还其郡，王邑独与所将长安勇敢数千人还洛阳。关中闻之震恐。于是海内豪桀翕然响应，皆杀其牧守，自称将军，用汉年号，以待诏命，旬月之间，遍于天下。

刘秀复徇颍川，攻父城不下，屯兵巾车乡。颍川郡掾冯异监五县。为汉兵所获。异曰："异有老母在父城，愿归，据五城以效功报德。"秀许之。异归，谓父城长苗萌曰："诸将多暴横，独刘将军所到不虏略。观其言语举止，非庸人也。"遂与萌率五县以降。

新市、平林诸将以刘縯兄弟威名益盛，阴劝更始除之。秀谓縯曰："事欲不善。"縯笑曰："常如是耳。"更始大会诸将，取縯宝剑视之，绣衣御史申徒建随献玉玦，更始不敢发。縯舅樊宏谓縯曰："建得无有范增之意乎？"縯不应。李轶初与縯兄弟善，后更谄事新贵。秀戒縯曰："此人不可复信！"縯不从。縯部将刘稷勇冠三军，闻更始立，怒曰："本起兵图大事者，伯升兄弟也。今更始何为者邪！"更始以稷为抗威将军，稷不肯拜。更始乃与诸将陈兵数千人，先收稷，将诛之，縯固争。李轶、朱鲔因劝更始并执縯，即日杀之，以族兄光禄勋赐为大司徒。秀闻之，自父城驰诣宛谢。司徒官属迎吊秀，秀不与交私语，惟深引过而已，未尝自伐昆阳之功，又不敢为縯服丧，饮食言笑如平常。更始以是惭，拜秀为破虏大将军，封武信侯。

更始遣王匡攻洛阳，申屠建、李松攻武关，京兆诸县及城中共起兵杀王莽。事见王莽篡汉。

王匡拔洛阳，生缚莽太师王匡、哀章，皆斩之。

更始将都洛阳，以刘秀行司隶校尉，使前整修宫府。秀乃置僚属，作文移，从事司察，一如旧章。时三辅吏士东迎更始，见诸将过，皆冠帻而服妇人衣，莫不笑之。及见司隶僚属，皆欢喜不自胜，老吏或垂涕曰："不图今日复见汉官威仪！"由是识者皆属心焉。

更始北都洛阳，分遣使者徇郡国，曰"先降者复爵位"。使者至上谷，上谷太守扶风耿况迎，上印绶，使者纳之，一宿，无还意。功曹寇恂勒兵入见使者，请之，使者不与，曰："天王使者，功曹欲胁之邪！"恂曰："非敢胁使君，窃伤计之不详也。今天下初定，使君建节衔命，郡国莫不延颈倾耳；今始至上谷而先堕大信，将复何以号令他郡乎？"使者不应。恂叱左右以使者命召况，况至，恂进取印绶带况。使者不得已，乃承制诏之，况受而归。

更始欲令亲近大将徇河北，大司徒赐言："诸家子独有文叔可用。"朱鲔等以为不可，更始狐疑，赐深劝之，更始乃以刘秀行大司马事，持节北渡河，镇慰州郡。

以大司徒赐为丞相，令先入关修宗庙、宫室。

大司马秀至河北，所过郡县，考察官吏，黜陟能否，平遣囚徒，除王莽苛政，复汉官名。吏民喜悦，争持牛酒迎劳，秀皆不受。

南阳邓禹杖策追秀，及于邺。秀曰："我得专封拜，生远来，宁欲仕乎？"禹曰："不愿也。"秀曰："即如是，何欲为？"禹曰："但愿明公威德加于四海，禹得效其尺寸，垂功名于竹帛耳。"秀笑，因留宿间语。禹进说曰："今山东未安，赤眉、青犊之属动以万数。更始既是常才，而不自听断，诸将皆庸人屈起，志在财币，争用威力，朝夕自快而已，非有忠良明智，深虑远图，欲尊主安民者也。历观往古圣人之兴，二科而已，天时与人事也。今以天时观之，更始既立而灾变方兴；以人事观之，帝王大业非凡夫所任，分崩离析，形势可见。明公虽建藩辅之功，犹恐无所成立也。况明公素有盛德大功，为天下所向服，军政齐肃，赏罚明信。为今之计，莫如延揽英雄，务悦民心，立高祖之业，救万民之命，以公而虑，天下不足定也。"秀大悦，因令禹常宿止于中，与定计议。每任使诸将，多访于禹，皆当其才。

秀自兄縯之死，每独居辄不御酒肉，枕席有涕泣处。主簿冯异独叩头宽譬，秀止之曰："卿勿妄言！"异因进说曰："更始政乱，百姓无所依戴。夫人久饥渴，易为充饱。今公专命方面，宜分遣官属徇行郡县，宣布惠泽。"秀纳之。骑都尉宋子耿纯谒秀于邯郸，退，见官属将兵法度不与他将同，遂自结纳。

王莽时，长安中有自称成帝子子舆者，莽杀之。邯郸卜者王郎缘是诈称真子舆，立为天子，移檄州郡，赵国以北，辽东以西，皆望风响应。

二年春正月，大司马秀以王郎新盛，乃北徇蓟。

申屠建、李松自长安迎更始迁都。二月，更始发洛阳，初，三辅豪桀假号诛莽者人人皆望封侯。申屠建既斩王宪，又扬言："三辅儿大黠，共杀其主。"吏民惶恐，属县屯聚，建等不能下。更始至长安，乃下诏大赦，非王莽子，他皆除其罪。于是三辅悉平。

时，长安唯未央宫被焚，其余宫室、供帐、仓库、官府皆案堵如故，市里不改于旧。更始居长乐宫，升前殿，郎吏以次列庭中。更始羞怍，俯首刮席，不敢视。诸将后至者，更始问："虏掠得几何?”左右侍官皆宫省久吏,惊愕相视。

李松与棘阳赵萌说更始:“宜悉王诸功臣。”朱鲔争之,以为“高祖约,非刘氏不王”。更始乃先封诸宗室,祉为定陶王,庆为燕王,歙为元氏王,嘉为汉中王,赐为宛王,信为汝阴王;然后立王匡为泚阳王,王凤为宜城王,朱鲔为胶东王,王常为邓王,申屠建为平氏王,陈牧为阴平王,卫尉大将军张卬为淮阳王,执金吾大将军廖湛为穰王,尚书胡殷为随王,柱天大将军李通为西平王,五威中郎将李轶为舞阴王,水衡大将军成丹为襄邑王,骠骑大将军宗佻为颍阴王,尹尊为郾王。唯朱鲔辞不受,乃以鲔为左大司马。宛王赐为前大司马,使与李轶等镇抚关东。又使李通镇荆州,王常行南阳太守事。以李松为丞相,赵萌为右大司马,共秉内任。

更始纳赵萌女为夫人,故委政于萌,日夜饮宴后庭,群臣欲言事,辄醉不能见,时不得已,乃令侍中坐帷内与语。韩夫人尤嗜酒,每侍饮,见常侍奏事,辄怒曰:“帝方对我饮,正用此时持事来邪!”起,抵破书案。赵萌专权,生杀自恣。郎吏有说萌放纵者,更始怒,拔剑击之,自是无敢复言。以至群小、膳夫皆滥授官爵,长安为之语曰:“灶下养,中郎将。烂羊胃,骑都尉。烂羊头,关内侯。”军师将军李淑上书谏曰:“陛下定业,虽因下江、平林之势,斯盖临时济用,不可施之既安。唯名与器,圣人所重;今加非其人,望其裨益万分,犹缘水求鱼,升山采珠。海内望此,有以窥度汉祚。”更始怒,囚之。诸将在外者皆专行诛赏,各置牧守,州郡交错,不知所从。由是关中离心,四海怨叛。

耿况遣其子弇奉奏诣长安,弇时年二十一。行至宋子,会王郎起,弇从吏孙仓、卫包曰:“刘子舆,成帝正统,舍此不归,远行安之?”弇按剑曰:“子舆弊贼,卒为降虏耳。我至长安,与国家陈渔阳、上谷兵马,归发突骑,以辚乌合之众,如摧枯折腐耳。观公等不识去就,族灭不久也!”仓、包遂亡,降王郎。

弇闻大司马秀在卢奴,乃驰北上谒,秀留署长史,与俱北至蓟。王郎移檄购秀十万户,秀令功曹令史颍川王霸至市中募人击王郎,市人皆大笑,举手邪揄之,霸惭懅而反。秀将南归,耿弇曰:“今兵从南方来,不可南行。渔阳太守彭宠,公之邑人;上谷太守,即弇父也。发此两郡,控弦万骑,邯郸不足虑也。”秀官属腹心皆不肯,曰:“死尚南首,奈何北行入囊中?”秀指弇曰:“是我北道主人也。”

会故广阳王子接起兵蓟中以应郎,城内扰乱,言邯郸使者方到,二千石以下皆出迎。于是秀趣驾而出,至南城门,门已闭,攻之得出,遂晨夜南驰,不敢入城邑,舍食道傍。至芜蒌亭,时天寒烈,冯异上豆粥。至饶阳,官属皆乏食。秀乃自称邯郸使者,入传舍,传吏方进食,从者饥,争夺之。传吏疑其伪,乃椎鼓数十通,绐言“邯郸将军至”,官属皆失色。秀升车欲驰,既而惧不免,徐还坐,曰:“请邯郸将军入。”久,乃驾去。晨夜兼行,蒙犯霜雪,面皆破裂。

至下曲阳,传闻王郎兵在后,从者皆恐。至滹沱河,候吏还白“河水流澌,无船,不可济”。秀使王霸往视之。霸恐惊众,欲且前,阻水还,即诡曰:“冰坚可度。”官属皆喜。秀笑曰:“候吏果妄语也。”遂前,比至河,河冰亦合,乃令王霸护渡,未毕数骑而冰解。至南宫,遇大风雨,秀引车入道傍空舍,冯异抱薪,邓禹爇火,秀对灶燎衣。冯异复进麦饭。

进至下博城西,惶惑不知所之。有白衣老父在道旁,指曰:

"努力,信都郡为长安城守,去此八十里。"秀即驰赴之。是时郡国皆已降王郎,独信都太守南阳任光、和戎太守信都邳彤不肯从。光自以孤城独守,恐不能全,闻秀至,大喜,吏民皆称万岁。邳彤亦自和戎来会。议者多言可因信都兵自送,西还长安。邳彤曰:"吏民歌吟思汉久矣,故更始举尊号而天下响应,三辅清宫除道以迎之。今卜者王郎假名因势,驱集乌合之众,遂振燕、赵之地,无有根本之固。明公奋二郡之兵以讨之,何患不克。今释此而归,岂徒空失河北,必更惊动三辅,堕损威重,非计之得者也。若明公无复征伐之意,则虽信都之兵犹难会也。何者? 明公既西,则邯郸势成,民不肯捐父母、背成主而千里送公,其离散亡逃可必也。"秀乃止。

秀以二郡兵弱,欲入城头子路、刁子都军中,任光以为不可。乃发傍县,得精兵四千人,拜任光为左大将军,信都都尉李忠为右大将军,邳彤为后大将军,和戎太守如故,信都令万修为偏将军,皆封列侯。留南阳宗广领信都太守事使任光、李忠、万修将兵以从,邳彤将兵居前。任光乃多作檄文曰:"大司马刘公将城头子路、刁子都兵百万众从东方来,击诸反虏!"遣骑驰至钜鹿界中。吏民得檄,传相告语。秀投暮入堂阳界,多张骑火,弥满泽中,堂阳即降。又击贳县,降之。城头子路者,东平爰曾也,寇掠河、济间,有众二十余万,刁子都有众六七万,故秀欲依之。昌城人刘植聚兵数千人据昌城迎秀,秀以植为骁骑将军。耿纯率宗族宾客二千余人,老病者皆载木自随,迎秀于育,拜纯为前将军。进攻下曲阳,降之。众稍合,至数万人,复北击中山。耿纯恐宗家怀异心,乃使从弟欣宿归,烧庐舍,以绝其反顾之望。

秀进拔卢奴,所过发奔命兵,移檄边郡,共击邯郸,郡县还复响应。时真定王杨起兵附王郎，众十余万，秀遣刘植说杨，杨乃降。秀因留真定，纳杨甥郭氏为夫人以结之。进击元氏、防子，皆下之。至鄗，击斩王郎将李恽。至柏人，复破郎将李育，育还保城，攻之不下。

南郑人延岑起兵据汉中，汉中王嘉击降之，有众数十万。校尉南阳贾复见更始政乱，乃说嘉曰："今天下未定，而大王安守所保，所保得无不可保乎？"嘉曰："卿言大，非吾任也。大司马在河北，必能相用。"乃为书荐复及长史南阳陈俊于刘秀。复等见秀于柏人，秀以复为破虏将军，俊为安集掾。

秀舍中儿犯法，军市令颍川祭遵格杀之。秀怒，命收遵。主簿陈副谏曰："明公常欲众军整齐，今遵奉法不避，是教令所行也。"乃贳之，以为刺奸将军，谓诸将曰："当备祭遵！吾舍中儿犯法尚杀之，必不私诸卿也。"

或说大司马秀以守柏人不如定钜鹿，秀乃引兵东北拔广阿。秀披舆地图，指示邓禹曰："天下郡国如是，今始乃得其一。子前言以吾虑天下不足定，何也？"禹曰："方今海内肴乱，人思明君，犹赤子之慕慈母。古之兴者在德薄厚，不以大小也。"

蓟中之乱，耿弇与刘秀相失，北走昌平，就其父况，因说况击邯郸。时王郎遣将徇渔阳、上谷，急发其兵，北州疑惑，多欲从之。上谷功曹寇恂、门下掾闵业说况曰："邯郸拔起，难可信向。大司马，刘伯升母弟，尊贤下士，可以归之。"况曰："邯郸方盛，力不能独拒，如何？"对曰："今上谷完实，控弦万骑，可以详择去就。恂请东约渔阳，齐心合众，邯郸不足图也。"况然之，遣恂东约彭宠，欲各发突骑二千匹，步兵千人，诣大司马秀。

安乐令吴汉、护军盖延、狐奴令王梁亦劝宠从秀，宠以为然，而官属皆欲附王郎，宠不能夺。汉出止外亭，遇一儒生，召而食之，问以所闻。生言："大司马刘公，所过为郡县所称。邯郸举尊号者，实非刘氏。"汉大喜，即诈为秀书，移檄渔阳，使生赍以诣宠，令具以所闻说之。会寇恂至，宠乃发步骑三千人，以吴汉行长史，与盖延、王梁将之，南攻蓟，杀王郎大将赵闳。

寇恂还，遂与上谷长史景丹及耿弇将兵俱南，与渔阳军合，所过击斩王郎大将、九卿、校尉以下，凡斩首三万级，定涿郡、中山、钜鹿、清河、河间凡二十二县。前及广阿，闻城中车骑甚众，丹等勒兵问曰："此何兵？"曰："大司马刘公也。"诸将喜，即进至城下。城中初传言二郡兵为邯郸来，众皆恐。刘秀自登西城楼勒兵问之，耿弇拜于城下，即召入，具言发兵状。秀乃悉召景丹等入，笑曰："邯郸将帅数言我发渔阳、上谷兵，吾聊应言'我亦发之'，何意二郡良为吾来。方与士大夫共此功名耳。"乃以景丹、寇恂、耿弇、盖延、吴汉、王梁皆为偏将军，使还领其兵。加耿况、彭宠大将军，封况、宠、丹、延皆为列侯。

吴汉为人，质厚少文，造次不能以辞自达，然沉勇有智略。邓禹数荐之于秀，秀渐亲重之。

更始遣尚书令谢躬率六将军讨王郎，不能下。秀至，与之合军，东围钜鹿，月余未下。王郎遣将攻信都，大姓马宠等开城内之。更始遣兵攻破信都，秀使李忠还，行太守事。王郎遣将倪宏、刘奉率数万人救钜鹿，秀逆战于南䜌，不利。景丹等纵突骑击之，宏等大败。秀曰："吾闻突骑天下精兵，今见其战，乐可言邪！"

耿纯言于秀曰："久守钜鹿，士众疲弊，不如及大兵精锐进攻邯郸，若王郎已诛，钜鹿不战自服矣。"秀从之。夏四月，留将军邓满守钜鹿，进军邯郸，连战破之。郎乃使其谏大夫杜威请降。威雅称郎实成帝遗体，秀曰："设使成帝复生，天下不可得，况诈子舆者乎！"威请求万户侯，秀曰："顾得全身可矣。"威怒而去。秀急攻之二十余日，五月甲辰，郎少傅李立开门内汉兵，遂拔邯郸。郎夜亡走，王霸追斩之。秀收郎文书，得吏民与郎交关谤毁者数千章，秀不省，会诸将军烧之，曰："令反侧子自安。"

秀部分吏卒各隶诸军，士皆言愿属大树将军。大树将军者，偏将军冯异也，为人谦退不伐，敕吏士非交战受敌，常行诸营之后。每所止舍，诸将并坐论功，异常独屏树下，故军中号曰"大树将军"。

护军宛人朱祜从容言于秀曰："长安政乱，公有日角之相，此天命也。"秀曰："召刺奸收护军！"祜乃不敢复言。

更始遣使立秀为萧王，悉令罢兵，与诸将有功者诣行在所。遣苗曾为幽州牧，韦顺为上谷太守，蔡充为渔阳太守，并北之部。

萧王居邯郸宫，昼卧温明殿，耿弇入，造床下请间，因说曰："吏士死伤者多，请归上谷益兵。"萧王曰："王郎已破，河北略平，复用兵何为？"弇曰："王郎虽破，天下兵革乃始耳。今使者从西方来，欲罢兵，不可听也。铜马、赤眉之属数十辈，辈数十百万人，所向无前，圣公不能办也，败必不久。"萧王起坐曰："卿失言，我斩卿！"弇曰："大王哀厚弇如父子，故敢披赤心。"萧王曰："我戏卿耳。何以言之？"弇曰："百姓患苦王莽，复思刘氏，闻汉兵起，莫不欢喜，如去虎口得归慈母。今更始为天子，而诸将擅命于山东，贵戚纵横于都内，虏掠自恣，元元叩心，更思莽朝，是以知其必败也。公功名已著，以义征伐，天下可传檄而定也。天下至重，公可自取，毋令他姓得之。"萧王乃辞以河北未平，不就征，始贰于更始。

是时，诸贼铜马、大肜、高湖、重连、铁胫、大枪、尤来、上江、青犊、五校、五幡、五楼、富平、获索等各领部曲，众合数百万人，所在寇掠。萧王欲击之，乃拜吴汉、耿弇俱为大将军，持节北发幽州十郡突骑。苗曾闻之，阴敕诸郡不得应调。吴汉将二十骑先驰至无终，曾出迎于路，汉即收曾，斩之。耿弇到上谷，亦收韦顺、蔡充斩之。北州震骇，于是悉发其兵。

秋，萧王击铜马于鄡，吴汉将突骑来会清阳，士马甚盛，汉悉上兵簿于莫府，请所付与，不敢自私，王益重之。王以偏将军沛国朱浮为大将军、幽州牧，使治蓟城。铜马食尽夜遁，萧王追击于馆陶，大破之。受降未尽，而高湖、重连从东南来与铜马余众合，萧王复与大战于蒲阳，悉破降之，封其渠帅为列侯。诸将未能信贼，降者亦不自安。王知其意，敕令降者各归营勒兵，自乘轻骑按行部陈。降者更相语曰："萧王推赤心置人腹中，安得不投死乎！"由是皆服，悉以降人分配诸将，众遂数十万。赤眉别帅与青犊、上江、大肜、铁胫、五幡十余万众在射犬，萧王引兵进击，大破之。南徇河内，河内太守韩歆降。

冬，萧王将北徇燕、赵，度赤眉必破长安，又欲乘衅并关中而未知所寄，乃拜邓禹为前将军，中分麾下精兵二万人，遣西入关，令自选偏裨以下可与俱者。时朱鲔、李轶、田立、陈侨将兵号三十万，与河南太守武勃共守洛阳；鲍永、田邑在并州。萧王以河内险要富实，欲择诸将守河内者而难其人，问于邓禹。禹曰："寇恂文武备足，有牧民御众之才，非此子莫可使也。"乃拜恂河内太守，行大将军事。萧王谓恂曰："昔高祖留萧何关中，吾今委公以河内。当给足军粮，率厉士马，防遏他兵，勿令北渡而已。"拜冯异为孟津将军，统魏郡、河内兵于河上，以拒洛阳。萧王亲送邓禹至野王，禹既西，萧王乃复引兵而北。寇恂调糇粮，治器械以供军，军虽远征，未尝乏绝。

汉光武建武元年春正月，邓禹至箕关，击破河东都尉，进围安邑。

夏四月，萧王北击尤来、大枪、五幡于元氏，追至北平，连破之；又战于顺水北，乘胜轻进，反为所败。王自投高岸，遇突骑王丰下马授王，王仅而得免，散兵归保范阳。军中不见王，或云已殁，诸将不知所为。吴汉曰："卿曹努力！王兄子在南阳，何忧无主？"众恐惧，数日乃定。贼虽战胜，而惮王威名，夜，遂引去。大军复追至安次，连战，破之。贼退入渔阳，所过虏掠。强弩将军陈俊言于王曰："贼无辎重，宜令轻骑出贼前，使百姓各自坚壁以绝其食，可不战而殄也。"王然之，遣俊将轻骑驰出贼前，视人保壁坚完者，敕令固守；放散在野者，因掠取之。贼至，无所得，遂散败。王谓俊曰："困此虏者，将军策也。"

冯异遗李轶书，为陈祸福，劝令归附萧王。轶知长安已危，而以伯升之死，心不自安，乃报书曰："轶本与萧王首谋造汉，今轶守洛阳，将军镇孟津，俱据机轴，千载一会，思成断金。唯深达萧王，愿进愚策以佐国安民。"轶自通书之后，不复与异争锋，故异得北攻天井关，拔上党两城，又南下河南成皋已东十三县，降者十余万。武勃将万余人攻诸畔者，异与战于士乡下，大破，斩勃；轶闭门不救。异见其信效，具以白王。王报异曰："季文多诈，人不能得其要领。今移其书告守、尉当警备者。"众皆怪王宣露轶书。朱鲔闻之，使人刺杀轶，由是城中乖离，多有降者。

朱鲔闻王北征而河内孤，乃遣其将苏茂、贾强将兵三万余人渡巩河攻温。鲔自将数万人攻平阴以缀异。檄书至河内，寇恂即勒军驰出，并移告属县，发兵会温下。军吏皆谏曰："今洛阳兵渡河，前后不绝，宜待众军毕集，乃可出也。"恂曰："温，郡之藩蔽，失温则郡不可守。"遂驰赴之。旦日，合战，而冯异遣救及诸县兵适至，恂令士卒乘城鼓噪，大呼言曰："刘公兵到！"苏茂军闻之，陈动；恂因奔击，大破之。冯异亦渡河击朱鲔，鲔走；异与恂追至洛阳，环城一匝而归。自是洛阳震恐，城门昼闭。

异、恂移檄上状，诸将入贺，因上尊号。将军南阳马武先进曰："大王虽执谦退，奈宗庙、社稷何！宜先即尊位，乃议征伐。今此谁贼而驰骛击之乎？"王惊曰："何将军出此言？可斩也！"乃引军还蓟。复遣吴汉率耿弇、景丹等十三将军追尤来等，斩首万三千余级，遂穷追至浚靡而还。贼散入辽西、辽东，为乌桓、貊人所钞击略尽。

都护将军贾复与五校战于真定，复伤创甚。王大惊曰："我所以不令贾复别将者，为其轻敌也。果然失吾名将，闻其妇有孕，生女邪，我子娶之；生男邪，我女嫁之，不令其忧妻子也。"复病寻愈，追及王于蓟，相见甚欢。

还至中山。诸将复上尊号，王又不听。行到南平棘，诸将复固请之，王不许。诸将且出，耿纯进曰："天下士大夫捐亲戚，弃土壤，从大王于矢石之间者，其计固望攀龙鳞，附凤翼，以成其所志耳。今大王留时逆众，不正号位，纯恐士大夫望绝计穷，则有去归之思，无为久自苦也。大众一散，难可复合。"纯言甚诚切，王深感曰："吾将思之。"

行至鄗，召冯异诣鄗，问四方动静。异曰："更始必败，宗庙之忧在于大王，宜从众议。"会儒生强华自关中奉赤伏符来诣王，曰:“刘秀发兵捕不道,四夷云集龙斗野,四七之际火为主。”群臣因复奏请。六月己未,王即皇帝位于鄗南,改元,大赦。

秋七月己亥,帝使吴汉率建义大将军朱祐等十一将围朱鲔于洛阳。

诸将围洛阳数月,朱鲔坚守不下。帝以廷尉岑彭尝为鲔校尉,令往说之。鲔在城上,彭在城下,为陈成败。鲔曰:“大司徒被害时,鲔与其谋,又谏更始无遣萧王北伐,诚自知罪深,不敢降。”彭还,具言于帝,帝曰:“举大事者不忌小怨,鲔今若降,官爵可保,况诛罚乎?河水在此,吾不食言!”彭复往告鲔,鲔从城上下索曰:“必信,可乘此上。”彭趣索欲上,鲔见其诚,即许降。辛卯,朱鲔面缚,与岑彭俱诣河阳。帝解其缚,召见之,复令彭夜送鲔归城。明旦,与苏茂等悉其众出降。拜鲔为平狄将军,封扶沟侯。

冬十月癸丑,车驾入洛阳,幸南宫,遂定都焉。

二年春正月庚辰,悉封诸功臣为列侯。梁侯邓禹、广平侯吴汉皆食四县。博士丁恭议曰:“古者封诸侯不过百里,强干弱枝,所以为治也。今封四县,不合法制。”帝曰:“古之亡国,皆以无道,未尝闻功臣地多而灭亡者也。”

起高庙于洛阳,四时合祀高祖、太宗、世宗。建社稷于宗庙之右,立郊兆于城南。

通鉴纪事本末卷第六

光武平赤眉

王莽始建国二年春二月，下诏曰："周礼有赊贷，乐语有五均，传记各有管焉。今开赊贷，张五均，设诸管者，所以齐众庶，抑并兼也。"遂于长安及洛阳、邯郸、临灾、宛、成都立五均司市、钱府官。

天凤四年秋八月，莽置羲和命士，以督五均、六管。郡有数人，皆用富贾为之，乘传求利，交错天下。因与郡县通奸，多张空簿，府藏不实，百姓愈病。是岁，莽复下诏申明六管，每一管为设科条防禁，犯者罪至死。奸吏猾民并侵，众庶各不安生，又一切调上公以下诸有奴婢者，率一口出钱三千六百，天下愈愁。纳言冯常以六管谏，莽大怒，免常官。法令烦苛，民摇手触禁，不得耕桑，繇役烦剧，而枯旱蝗虫相因，狱讼不决。吏用苛暴立威，旁缘莽禁，侵刻小民，富者不自保，贫者无以自存，于是并起为盗贼，依阻川泽，吏不能禽而覆蔽之，浸淫日广。

五年春，琅邪樊崇起兵于莒，众百余人，转入太山。群盗以崇勇猛，皆附之，一岁间至万余人。崇同郡人逄安、东海人徐宣、谢禄、杨音各起兵，合数万人，复引从崇，共还攻莒，不能下，转掠青、徐间。

地皇三年夏四月，遣太师王匡、更始将军廉丹东讨众贼。初，樊崇等众既寖盛，乃相与为约："杀人者死，伤人者偿创。"其中最尊号三老，次从事，次卒史。及闻太师、更始将讨之，恐其众与莽兵乱，乃皆朱其眉以相识别，由是号曰"赤眉"。匡、丹合将锐士十余万人，所过放纵。东方为之语曰："宁逢赤眉，不逢太师。太师尚可，更始杀我。"

淮阳王更始元年冬十月，更始遣使降赤眉。樊崇等闻汉室复兴，即留其兵，自将渠帅二十余人随使者至洛阳，更始皆封为列侯。崇等既未有国邑，而留众稍有离叛者，乃复亡归其营。

二年冬，赤眉樊崇等将兵入颍川，分其众为二部，崇与逄安为一部，徐宣、谢禄、杨音为一部。赤眉虽数战胜，而疲敝厌兵，皆日夜愁泣，思欲东归。崇等计议，虑众东向必散，不如西攻长安。于是崇、安自武关，宣等从陆浑关两道俱入。更始使王匡、成丹与抗威将军刘均等分据河东、弘农以拒之。

萧王度赤眉必破长安，乃拜邓禹为前将军，中分麾下精兵二万人，遣西入关。

汉光武建武元年春正月，赤眉二部俱会弘农。更始遣讨难将军苏茂拒之，茂军大败。赤眉众遂大集，乃分万人为一营，凡三十营。三月，更始遣丞相松与赤眉战于蓩乡，松等大败，死者三万余人。赤眉遂转北至湖。

六月，张卬、王匡叛更始，入长安。

赤眉进至华阴，军中有齐巫，常鼓舞祠城阳景王。巫狂言："景王大怒曰：'当为县官，何故为贼！'"有笑巫者辄病，军中惊动。方望弟阳说樊崇等曰："今将军拥百万之众，西向帝城而无称号，名为群贼，不可以久。不如立宗室，挟义诛伐，以此号令，谁敢不从！"崇等以为然，而巫言益甚。前至郑，乃相与议曰："今迫近长安，而鬼神若此，当求刘氏共尊立之。"

先是，赤眉过式，掠故式侯萌之子恭、茂、盆子三人自随。恭少习尚书，随樊崇等降更始于洛阳，复封式侯，为侍中，在长安。茂与盆子留军中，属右校卒史刘侠卿，主牧牛。及崇等欲立帝，求军中景王后，得七十余人，唯茂、盆子及前西安侯孝最为近属。崇等曰："闻古者天子将兵称上将军。"乃书札为符曰"上将军"，又以两空札置笥中，于郑北设坛场，祠城阳景王，诸三老、从事皆大会，列盆子等三人居中立，以年次探札。盆子最幼，后探，得符，诸将皆称臣，拜。盆子时年十五，被发徒跣，敝衣赭汗，见众拜，恐畏欲啼。茂谓曰："善藏符！"盆子即啮折，弃之。以徐宣为丞相，樊崇为御史大夫，逄安为左大司马，谢禄为右大司马，其余皆列卿、将军。盆子虽立，犹朝夕拜刘侠卿，时欲出从牧儿戏，侠卿怒止之，崇等亦不复候视也。

秋八月，赤眉至高陵，张卬等降之。九月，赤眉入长安，更始单骑走，从厨城门出。式侯恭以赤眉立其弟，自系诏狱。闻更始败走，乃出见定陶王祉，祉为之除械，相与从更始于渭滨。右辅都尉严本，恐失更始为赤眉所诛，即将更始至高陵，本将兵宿卫，其实围之。更始将相皆降赤眉，独丞相曹竟不降，手剑格死。

冬十月，赤眉下书曰："圣公降者，封为长沙王。过二十日，勿受。"更始遣刘恭请降，赤眉使其将谢禄往受之。更始随禄，肉袒，上玺绶于盆子。赤眉坐更始，置庭中，将杀之。刘恭、谢禄为请，不能得，遂引更始出。刘恭追呼曰："臣诚力极，请得先死。"

拔剑欲自刎，樊崇等遽共救止之。乃赦更始，封为畏威侯。刘恭复为固请，竟得封长沙王。更始常依谢禄居，刘恭亦拥护之。

刘盆子居长乐宫，三辅郡县、营长遣使贡献，兵士辄剽夺之，又数暴掠吏民，由是皆复固守。百姓不知所归，闻邓禹乘胜独克而师行有纪，皆望风相携负以迎军，降者日以千数，众号百万。禹所止，辄停车拄节以劳来之，父老、童稚，垂发、戴白，满其车下，莫不感悦，于是名震关西。

诸将豪桀皆劝禹径攻长安。禹曰："不然。今吾众虽多，能战者少，前无可仰之积，后无转馈之资。赤眉新拔长安，财谷充实，锋锐未可当也。夫盗贼群居无终日之计，财谷虽多，变故万端，宁能坚守者也！上郡、北地、安定三郡，土广人稀，饶谷多畜，吾且休兵北道，就粮养士，以观其敝，乃可图也。"于是引军北至栒邑。所到，诸营保、郡邑皆开门归附。

三辅苦赤眉暴虐，皆怜更始，欲盗出之。张卬等深以为虑，使谢禄缢杀之。刘恭夜往收藏其尸，帝诏邓禹葬之于霸陵。

帝以关中未定，而邓禹久不进兵，赐书责之曰："司徒，尧也；亡贼，桀也。长安吏民遑遑无所依归，宜以时进讨，镇慰西京，系百姓之心。"禹犹执前意，别攻上郡诸县，更征兵引谷，归至大要。积弩将军冯愔、车骑将军宗歆守栒邑，二人争权相攻，愔遂杀歆，因反击禹，禹遣使以闻。帝问使人："愔所亲爱为谁？"对曰："护军黄防。"帝度愔、防不能久。和，势必相忤，因报禹曰："缚冯愔者，必黄防也。"乃遣尚书宗广持节往降之。后月余，防果执愔，将其众归罪。更始诸将王匡、胡殷、成丹等皆诣广降。

腊日，赤眉设乐大会，酒未行，群臣更相辩斗，而兵众遂各逾宫，斩关入，掠酒肉，互相杀伤。卫尉诸葛稚闻之，勒兵入，格杀百余人，乃定。刘盆子惶恐，日夜啼泣，从官皆怜之。

二年春正月，刘恭知赤眉必败，密教弟盆子归玺绶，习为辞让之言。及正旦大会，恭先曰："诸君共立恭弟为帝，德诚深厚。立且一年，淆乱日甚，诚不足以相成，恐死而无益，愿得退为庶人，更求贤知，唯诸君省察！"樊崇等谢曰："此皆崇等罪也。"恭复固请。或曰："此宁式侯事邪！"恭惶恐起去。盆子乃下床解玺绶，叩头曰："今设置县官而为贼如故，四方怨恨，不复信向，此皆立非其人所致，愿乞骸骨，避贤圣路。必欲杀盆子以塞责者，无所离死！"因涕泣嘘唏。崇等及会者数百人莫不哀怜之，乃皆避席顿首曰："臣无状，负陛下，请自今已后不敢复放纵。"因共抱持盆子，带以玺绶。盆子号呼，不得已。既罢出，各闭营自守。三辅翕然，称天子聪明，百姓争还长安，市里且满。后二十余日，复出，大掠如故。

长安城中粮尽，赤眉收载珍宝，大纵火烧宫室、市里，恣行杀掠，长安城中无复人行。乃引兵而西，众号百万，自南山转掠城邑，遂入安定、北地。邓禹引兵南至长安，军昆明池，谒祠高庙，收十一帝神主，送诣洛阳。因巡行园陵，为置吏士奉守焉。

九月，赤眉引兵欲西上陇，隗嚣遣将军杨广迎击，破之。又追败之于乌氏、泾阳间。赤眉至阳城番须中，逢大雪，坑谷皆满，士多冻死。乃复还，发掘诸陵，取其宝货。凡有玉匣殓者，率皆如生，贼遂污辱吕后尸。邓禹遣兵击之于郁夷，反为所败，禹乃出之云阳。赤眉复入长安。延岑屯杜陵，赤眉将逢安击之。邓禹以安精兵在外，引兵袭长安，会谢禄救至，禹兵败走。延岑击逢安，大破之，死者十余万人。

廖湛将赤眉十八万攻汉中王嘉，嘉与战于谷口，大破之。嘉手杀湛，遂到云阳就谷。嘉妻兄新野来歙，帝之姑子也，帝令邓禹招嘉，嘉因歙诣禹降。

邓禹自冯愔叛后，威名稍损，又乏粮食，战数不利，归附者日益离散。赤眉、延岑暴乱三辅，郡县大姓各拥兵众，禹不能定。帝乃遣偏将军冯异代禹讨之，车驾送至河南，敕异曰："三辅遭王莽、更始之乱，重以赤眉、延岑之丑，元元涂炭，无所依诉。将军今奉辞讨诸不轨，营堡降者，遣其渠帅诣京师，散其小民，令就农桑，坏其营壁，无使复聚。征伐非必略地屠城，要在平定安集之耳。诸将非不健斗，然好虏掠。卿本能御吏士，念自修敕，无为郡县所苦！"异顿首受命，引而西，所至布威信，群盗多降。

臣光曰：昔周人颂武王之德曰："铺时绎思，我徂惟求定。"言王者之兵，志在布陈威德安民而已。观光武之所以取关中，用是道也，岂不美哉。

又诏征邓禹还，曰："慎毋与穷寇争锋。赤眉无谷，自当来东。吾以饱待饥，以逸待劳，折棰笞之，非诸将忧也。无得复妄进兵。"

三辅大饥，人相食，城郭皆空，白骨蔽野，遗民往往聚为营保，各坚壁清野。赤眉虏掠无所得，乃引而东归，众尚二十余万，随道复散。帝遣破奸将军侯进等屯新安，建威大将军耿弇等屯宜阳，以要其还路。敕诸将曰："贼若东走，可引宜阳兵会新安。贼若南走，可引新安兵会宜阳。"冯异与赤眉遇于华阴，相拒六十余日，战数十合，降其将卒五千余人。

三年春正月甲子，以冯异为征西大将军。邓禹惭于受任无功，数以饥卒徼赤眉战，辄不利，乃率车骑将军邓弘等自河北度至湖，要冯异共攻赤眉。异曰："异与贼相拒数十日，虽虏获雄将，余众尚多，可稍以恩信倾诱，难卒用兵破也。上今使诸将屯渑池，要其东，而异击其西，一举取之，此万成计也。”禹、弘不从，弘遂大战移日。赤眉阳败，弃辎重走，车皆载土，以豆覆其上，兵士饥，争取之。赤眉引还，击弘，弘军溃乱。异与禹合兵救之，赤眉小却。异以士卒饥倦，可且休；禹不听，复战，大为所败，死伤者三千余人，禹以二十四骑脱归宜阳。异弃马步走，上回溪阪，与麾下数人归营，收其散卒，复坚壁自守。

闰月，冯异与赤眉约期会战，使壮士变服与赤眉同，伏于道侧。旦日，赤眉使万人攻异前部。异少出兵以救之，贼见势弱，遂悉众攻异。异乃纵兵大战。日昃，贼气衰，伏兵卒起，衣服相乱，赤眉不复识别，众遂惊溃；追击，大破之于崤底，降男女八万人。帝降玺书劳异曰：“始虽垂翅回溪，终能奋翼渑池，可谓失之东隅，收之桑榆。方论功赏，以答大勋。”

赤眉余众东向宜阳。甲辰，帝亲勒六军，严陈以待之。赤眉忽遇大军，惊震不知所谓，乃遣刘恭乞降，曰：“盆子将百万众降陛下，何以待之？”帝曰：“待汝以不死耳。”丙午，盆子及丞相徐宣以下三十余人肉袒降，上所得传国玺绶。积兵甲宜阳城西，与熊耳山齐。赤眉众尚十余万人，帝令县厨皆赐食。明旦，大陈兵马临雒水，令盆子君臣列而观之。帝谓樊崇等曰：“得无悔降乎？朕今遣卿归营，勒兵鸣鼓相攻，决其胜负，不欲强相服也。”徐宣等叩头曰：“臣等出长安东都门，君臣计议，归命圣德。百姓可与乐成，难与图始，故不告众耳。今日得降，犹去虎口归慈母，诚欢诚喜，无所恨也。”帝曰：“卿所谓铁中铮铮，佣中佼佼者也。”戊申，还自宜阳。帝令樊崇等各与妻子居雒阳，赐之田宅。其后樊崇、逢安反，诛。杨音、徐宣卒于乡里。帝怜盆子，以为赵王郎中，后病失明，赐荥阳均输官地，使食其税终身。刘恭为更始报仇，杀谢禄，自系狱，帝赦不诛。

光武平渔阳

淮阳王更始元年，宛人彭宠、吴汉亡命在渔阳，乡人韩鸿为更始使，徇北州，承制拜宠偏将军，行渔阳太守事，以汉为安乐令。

二年，邯郸王郎遣将徇渔阳、上谷，上谷太守耿况约宠俱归大司马秀。事见光武中兴。

汉光武建武二年。帝之讨王郎也，彭宠发突骑以助军，转粮食，前后不绝。及帝追铜马至蓟，宠自负其功，意望甚高，帝接之不能满，以此怀不平。及即位，吴汉、王梁，宠之所遣，并为三公，而宠独无所加，愈怏怏不得志，叹曰："如此，我当为王；但尔者，陛下忘我邪！"

是时北州破散，而渔阳差完，有旧铁官，宠转以贸谷，积珍宝，益富强。幽州牧朱浮，年少有俊才，欲厉风迹，收士心，辟召州中名宿及王莽时故吏二千石，皆引置幕府，多发诸郡仓谷禀赡其妻子。宠以为天下未定，师旅方起，不宜多置官属以损军实，不从其令。浮性矜急自多，宠亦很强，嫌怨转积。浮数谮构之，密奏宠多聚兵谷，意计难量。上辄漏泄令宠闻，以胁恐之。至是，有诏征宠，宠上疏，愿与浮俱征。帝不许，宠益以自疑。其妻素刚，不堪抑屈，固劝无受征，曰："天下未定，四方各自为雄，渔阳大郡，兵马最精，何故为人所奏而弃此去乎！"宠又与所亲信吏计议，皆怀怨于浮，莫有劝行者。帝遣宠从弟子后兰卿喻之。宠因留子后兰卿，遂发兵反，拜署将帅，自将二万余人攻朱浮于蓟。又以与耿况俱有重功，而恩赏并薄，数遣使要诱况。况不受，斩其使。

八月，帝遣游击将军邓隆助朱浮讨彭宠。隆军潞南，浮军雍奴，遣吏奏状。帝读檄，怒，谓使吏曰："营相去百里，其势岂可得相及！比若还，北军必败矣。"彭宠果遣轻兵击隆军，大破之。浮远，遂不能救。

三年三月，涿郡太守张丰反，自称"无上大将军"，与彭宠连兵。朱浮以帝不自征彭宠，上疏求救。诏报曰："往年赤眉跋扈长安，吾策其无谷必东，果来归附。今度此反虏，势无久全，其中必有内相斩者。今军资未充，故须后麦耳。"浮城中粮尽，人相食，会耿况遣骑来救，浮乃得脱身走，蓟城遂降于彭宠。宠自称燕王，攻拔右北平、上谷数县，赂遗匈奴，借兵为助。又南结张步及富平、获索诸贼，皆与交通。

四年五月，上将亲征彭宠，伏湛谏曰："今兖、豫、青、冀，中国之都，而寇贼从横，未及从化。渔阳边外荒耗，岂足先图。陛下舍近务远，弃易求难，诚臣之所惑也。"上乃还。

帝遣建义大将军朱祐、建威大将军耿弇、征虏将军祭遵、骁骑将军刘喜讨张丰于涿郡。祭遵先至，急攻丰，禽之。初，丰好方术，有道士言丰当为天子，以五彩囊裹石系丰肘，云"石中有玉玺"。丰信之，遂反。既执，当斩，犹曰"肘石有玉玺"。旁人为椎破之，丰乃知被诈，仰天叹曰："当死无恨！"

上诏耿弇进击彭宠。弇以父况与宠同功，又兄弟无在京师者，不敢独进，求诣雒阳。诏报曰："将军举宗为国，功效尤著，何嫌何疑，而欲求征？"况闻之，更遣弇弟国入侍。时祭遵屯良乡，刘喜屯阳乡，彭宠引匈奴兵欲击之。耿况使其子舒袭破匈奴兵，斩两王，宠乃退走。

五年二月，彭宠妻数为恶梦，又多见怪变，卜筮、望气者皆言："兵当从中起。"宠以子后兰卿质汉归，不信之，使将兵居外，无亲于中。宠斋在便室，苍头子密等三人因宠卧寐，共缚著床，告外吏云："大王斋禁，皆使吏休。"伪称宠命，收缚奴婢，各置一处。又以宠命呼其妻，妻入，惊曰："奴反！"奴乃捽其头，击其颊。宠急呼曰："趣为诸将军办装！"于是两奴将妻入取宝物，留一奴守宠。宠谓守奴曰："若小儿，吾素所爱也，今为子密所迫劫耳。解我缚，当以女珠妻汝，家中财物，皆以与若。"小奴意欲解之，视户外，见子密听其语，遂不敢解。于是收金玉衣物，至宠所装之，被马六匹，使妻缝两缣囊。昏夜后，解宠手，令作记告城门将军云："今遣子密等至子后兰卿所，速开门出，勿稽留之。"书成，斩宠及妻头置囊中，便作记驰出城，因以诣阙。明旦，合门不开，官属逾墙而入，见宠尸，惊怖。其尚书韩立等共立宠子午为王，国师韩利斩午首诣祭遵降，夷其家族。帝封子密为不义侯。

权德舆议曰：伯通之叛命，子密之戕君，同归于乱，罪不相蔽，宜各致于法，昭示王度；反乃爵于五等，又以"不义"为名。且举以不义，莫可侯也，此而可侯，汉爵为不足劝矣。春秋书齐豹盗、三叛人名之义，无乃异于是乎！

光武平齐

淮阳王更始元年冬十月，故梁王立之子永诣洛阳，更始封为梁王，都睢阳。

二年冬，梁王永据国起兵，招诸郡豪桀。沛人周建等并署为将帅，攻下济阴、山阳、沛、楚、淮阳、汝南，凡得二十八城。又遣使拜西防贼帅山阳佼强为横行将军，东海贼帅董宪为翼汉大将军，琅邪贼帅张步为辅汉大将军，督青、徐二州，与之连兵，遂专据东方。

汉光武建武元年十一月，梁王永称帝于睢阳。

初，更始以王闳为琅邪太守，张步据郡拒之，闳谕降，得赣榆等六县。收兵与步战，不胜。步既受刘永官号，治兵于剧，遣将徇泰山、东莱、城阳、胶东、北海、济南、齐郡，皆下之。闳力不敌，乃诣步相见。步大陈兵而见之，怒曰："步有何罪，君前见攻之甚?"闳按剑曰："太守奉朝命，而文公拥兵相距。闳攻贼耳，何谓甚邪!"步起跪谢，与之宴饮，待为上宾，令闳关掌郡事。

二年夏四月，虎牙大将军盖延督驸马都尉马武等四将军击刘永，破之，遂围永于睢阳。故更始将苏茂反，杀淮阳太守潘蹇，据广乐而臣于永，永以茂为大司马、淮阳王。

秋八月，盖延围睢阳数月，克之。刘永走至虞，虞人反，杀其母、妻，永与麾下数十人奔谯。苏茂、佼强、周建合军三万余人救永，延与战于沛西，大破之。永、强、建走保湖陵，茂奔还广乐，延遂定沛、楚、临淮。

帝使太中大夫伏隆持节使青、徐二州，招降郡国。青、徐群盗闻刘永破败，皆惶怖请降。张步遣其掾孙昱随隆诣阙上书，献鳆鱼。隆，湛之子也。

〔冬十一月〕，帝以伏隆为光禄大夫，复使于张步，拜步东莱太守，并与新除青州牧、守、都尉俱东。诏隆辄拜令、长以下。

三年二月，刘永立董宪为海西王。永闻伏隆至剧，亦遣使立张步为齐王。步贪王爵,犹豫未决。隆晓譬曰:“高祖与天下约,非刘氏不王。今可得为十万户侯耳。”步欲留隆,与共守二州。隆不听,求得反命,步遂执隆而受永封。隆遣间使上书曰:“臣隆奉使无状,受执凶逆,虽在困厄,授命不顾。又吏民知步反畔,心不附之,愿以时进兵,无以臣隆为念。臣隆得生到阙廷,受诛有司,此其大愿。若令没身寇手,以父母、昆弟长累陛下。陛下与皇后、太子永享万国,与天无极!”帝得隆奏,召其父湛,流涕示之曰:“恨不且许而遽求还也!”其后步遂杀之。帝方北忧渔阳,南事梁、楚,故张步得专集齐地,据郡十二焉。

夏四月,吴汉率骠骑大将军杜茂等七将军围苏茂于广乐,周建招集得十余万人救之。汉迎与之战,不利,堕马伤膝,还营,建等遂连兵入城。诸将谓汉曰:“大敌在前,而公伤卧,众心惧矣!”汉乃勃然裹创而起,椎牛飨士,慰勉之,士气自倍。旦日,苏茂、周建出兵围汉,汉奋击,大破之,茂走还湖陵。睢阳人反城迎刘永,盖延率诸将围之。吴汉留杜茂、陈俊守广乐,自将兵助延围睢阳。

秋七月,盖延围睢阳百日,刘永、苏茂、周建突出,将走酂,延追击之急,永将庆吾斩永首降。苏茂、周建奔垂惠,共立永子纡为梁王。佼强奔保西防。

四年秋七月丁亥,上幸谯,遣捕虏将军马武、骑都尉王霸围刘纡、周建于垂惠。

董宪将贲休以兰陵降,宪闻之,自郯围之。盖延及平狄将军山阳庞萌在楚,请往救之。帝敕曰:“可直往捣郯,则兰陵自解。”延等以贲休城危,遂先赴之。宪逆战而阳败退,延等因拔围入城。明日,宪大出兵合围,延等惧,遽出突走,因往攻郯。帝让之曰："闻欲先赴郯者，以其不意故耳。今既奔走，贼计已立，围岂可解乎！"延等至郯，果不能克，而董宪遂拔兰陵，杀贲休。

五年二月，苏茂将五校兵救周建于垂惠。马武为茂、建所败，奔过王霸营，大呼求救。霸曰："贼兵盛出，必两败，努力而已。"乃闭营坚壁。军吏皆争之，霸曰："茂兵精锐，其众又多，吾吏士心恐，而捕虏与吾相恃，两军不一，此败道也。今闭营固守，示不相援，贼必乘胜轻进，捕虏无救，其战自倍。如此，茂众疲劳，吾承其敝，乃可克也。"茂、建果悉出攻武，合战良久，霸军中壮士数十人断发请战，霸乃开营后，出精骑袭其背。茂、建前后受敌，惊乱败走，霸、武各归营。茂、建复聚兵挑战，霸坚卧不出。方飨士作倡乐，茂雨射营中，中霸前酒樽，霸安坐不动。军吏皆曰："茂前日已破，今易击也。"霸曰："不然。苏茂客兵远来，粮食不足，故数挑战，以徼一时之胜。今闭营休士，所谓'不战而屈人兵'者也。"茂、建既不得战，乃引还营。其夜，周建兄子诵反，闭城拒之。建于道死，茂奔下邳与董宪合，刘纡奔佼强。

上诏耿弇进讨张步。

平敌将军庞萌，为人逊顺，帝信爱之，常称曰："可以托六尺之孤，寄百里之命者，庞萌是也。"使与盖延共击董宪。时诏书独下延而不及萌，萌以为延谮己，自疑，遂反袭延军，破之。与董宪连和，自号东平王，屯桃乡之北。帝闻之，大怒，自将讨萌，与诸将书曰："吾常以庞萌为社稷之臣，将军得无笑其言乎？老贼当族，其各厉兵马，会睢阳。"

庞萌攻破彭城，将杀楚郡太守孙萌，郡吏刘平伏太守身上，号泣请代其死，身被七创，庞萌义而舍之。太守已绝复苏，渴求饮，平倾创血以饮之。

六月，董宪与刘纡、苏茂、佼强去下邳，还兰陵，使茂、强助庞萌围桃城。帝时幸蒙，闻之，乃留辎重，自将轻兵晨夜驰赴。至亢父，或言"百官疲倦，可且止宿"，上不听。复行十里，宿任城，去桃城六十里。旦日，诸将请进，庞萌等亦勒兵挑战。帝令诸将不得出，休士养锐以挫其锋。时吴汉等在东郡，驰使召之。萌等惊曰："数百里晨夜行，以为至当战，而坚坐任城，致人城下，真不可往也。"乃悉兵攻桃城。城中闻车驾至，众心益固。萌等攻二十余日，众疲困，不能下。吴汉、王常、盖延、王梁、马武、王霸等皆至，帝乃率众军进救桃城，亲自搏战，大破之。庞萌、苏茂、佼强夜走从董宪。

秋七月丁丑，帝幸沛，进幸湖陵。董宪与刘纡悉其兵数万人屯昌虑。宪招诱五校余贼，与之拒守建阳。帝至蕃，去宪所百余里。诸将请进，帝不听，知五校乏食当退，敕各坚壁以待其敝。顷之，五校果引去。帝乃亲临，四面攻宪。三日，大破之，佼强将其众降，苏茂奔张步，宪及庞萌走保郯。八月己酉，帝幸郯，留吴汉攻之，车驾转徇彭城、下邳。吴汉拔郯，董宪、庞萌走保朐。刘纡不知所归，其军士高扈斩之以降。吴汉进围朐。

冬十月，张步闻耿弇将至，使其大将军费邑军历下，又令兵屯祝阿，别于泰山、钟城列营数十以待之。弇渡河，先击祝阿。自旦攻城，未中而拔之。故开围一角，令其众得奔归钟城。钟城人闻祝阿已溃，大恐惧，遂空壁亡去。

费邑分遣弟敢守巨里。弇进兵先胁巨里，严令军中趣修攻具，宣敕诸部"后三日当悉力攻巨里城"，阴缓生口，令得亡归，以弇期告邑。邑至日，果自将精兵三万余人来救之。弇喜，谓诸将曰："吾所以修攻具者，欲诱致之耳。野兵不击，何以城为！"

即分三千人守巨里，自引精兵上冈阪，乘高合战，大破之。临陈斩邑，既而收首级以示城中，城中凶惧。费敢悉众亡归张步。弇复收其积聚，纵兵击诸未下者，平四十余营，遂定济南。

时张步都剧，使其弟蓝将精兵二万守西安，诸郡太守合万余人守临菑，相去四十里。弇进军画中，居二城之间。弇视西安城小而坚，且蓝兵又精，临菑名虽大而实易攻，乃敕诸校后五日会攻西安。蓝闻之，晨夜警守。至期，夜半，弇敕诸将皆蓐食，会明，至临菑城。护军荀梁等争之，以为“攻临菑，西安必救之，攻西安，临菑不能救，不如攻西安”。弇曰：“不然。西安闻吾欲攻之，日夜为备，方自忧，何暇救人？临菑出不意而至，必惊扰，吾攻之一日，必拔。拔临菑，即西安孤，与剧隔绝，必复亡去，所谓击一而得二者也。若先攻西安，不能卒下，顿兵坚城，死伤必多。纵能拔之，蓝引军还奔临菑，并兵合势，观人虚实，吾深入敌地，后无转输，旬月之间，不战而困矣。”遂攻临菑，半日，拔之，入据其城。张蓝闻之，惧，遂将其众亡归剧。

弇乃令军中无得虏掠，须张步至乃取之，以激怒步。步闻，大笑曰：“以尤来、大彤十余万众，吾皆即其营而破之；今大耿兵少于彼，又皆疲劳，何足惧乎！”乃与三弟蓝、弘、寿及故大彤渠帅重异等兵，号二十万，至临菑大城东，将攻弇。弇上书曰：“臣据临菑，深堑高垒；张步从剧县来攻，疲劳饥渴。欲进，诱而攻之；欲去，随而击之。臣依营而战，精锐百倍，以逸待劳，以实击虚，旬日之间，步首可获。”于是弇先出灾水上，与重异遇。突骑欲纵，弇恐挫其锋，令步不敢进，故示弱以盛其气，乃引归小城，陈兵于内，使都尉刘歆、泰山太守陈俊分陈于城下。步气盛，直攻弇营，与刘歆等合战。弇升王宫坏台望之，视歆等锋交，乃自引精兵以横突步陈于东城下，大破之。飞矢中弇股，以佩刀截之，左右无知者。至暮，罢，弇明旦复勒兵出。

是时，帝在鲁，闻弇为步所攻，自往救之。未至，陈俊谓弇曰："剧虏兵盛，可且闭营休士，以须上来。"弇曰："乘舆且到，臣子当击牛、酾酒以待百官，反欲以贼虏遗君父邪！"乃出兵大战。自旦及昏，复大破之，杀伤无数，沟堑皆满。弇知步困将退，豫置左右翼为伏以待之。人定时，步果引去，伏兵起纵击，追至钜昧水上，八九十里，僵尸相属，收得辎重二千余两。步还剧，兄弟各分兵散去。

后数日，车驾至临菑，自劳军，群臣大会。帝谓弇曰："昔韩信破历下以开基，今将军攻祝阿以发迹，此皆齐之西界，功足相方。而韩信袭击已降，将军独拔勍敌，其功又难于信也。又田横烹郦生，及田横降，高帝诏卫尉不听为仇。张步前亦杀伏隆，若步来归命，吾当诏大司徒释其怨，又事尤相类也。将军前在南阳，建此大策，常以为落落难合，有志者事竟成也。"帝进幸剧。

耿弇复追张步。步奔平寿，苏茂将万余人来救之。茂让步曰："以南阳兵精，延岑善战，而耿弇走之，大王奈何就攻其营？既呼茂，不能待邪？"步曰："负负，无可言者！"帝遣使告步、茂，能相斩降者，封为列侯。步遂斩茂，诣耿弇军门肉袒降。弇传诣行在所，而勒兵入据其城。树十二郡旗鼓，令步兵各以郡人诣旗下，众尚十余万，辎重七千余两，皆罢遣归乡里。张步三弟各自系所在狱，诏皆赦之，封步为安丘侯，与妻子居雒阳。

于是琅邪未平，上徙陈俊为琅邪太守。始入境，盗贼皆散。耿弇复引兵至城阳，降五校余党，齐地悉平，振旅还京师。弇为将，凡所平郡四十六，屠城三百，未尝挫折焉。

六年，吴汉等拔朐，斩董宪、庞萌，江淮、山东悉平。诸将还京师。

光武平陇蜀

淮阳王更始元年秋七月，成纪隗崔、隗义、上邽杨广、冀人周宗同起兵以应汉，众数千人攻平襄，杀莽镇戎大尹李育。崔兄子嚣，素有名，好经书，崔等共推为上将军，崔为白虎将军，义为左将军。嚣遣使聘平陵方望，以为军师。望说嚣立高庙于邑东。己巳，祀高祖、太宗、世宗，嚣等皆称臣执事，杀马同盟，以兴辅刘宗。移檄郡国，数莽罪恶。勒兵十万，击杀雍州牧陈庆、安定大尹王向。分遣诸将徇陇西、武都、金城、武威、张掖、酒泉、敦煌，皆下之。

初，茂陵公孙述为清水长，有能名，迁导江卒正，治临邛。汉兵起，南阳宗成、商人王岑起兵徇汉中以应汉，杀王莽庸部牧宋遵，众合数万人。述遣使迎成等，成等至成都，虏掠暴横。述召郡中豪桀谓曰："天下同苦新室，思刘氏久矣，故闻汉将军到，驰迎道路。今百姓无辜而妇子系获，此寇贼，非义兵也。"乃使人诈称汉使者，假述辅汉将军、蜀郡太守兼益州牧印绶；选精兵西击成等，杀之，并其众。

二年春二月，更始征隗嚣及其叔父崔、义等。嚣将行，方望以为更始成败未可知，固止之。嚣不听，望以书辞谢而去。嚣等至长安，更始以嚣为右将军，崔、义皆即旧号。

南郑人延岑起兵据汉中，汉中王嘉击降之，有众数十万。

夏四月，更始遣柱功侯李宝、益州刺史张忠将兵万余人徇蜀、汉；公孙述遣其弟恢击宝、忠于绵竹，大破走之。述遂自立为蜀王，都成都，民夷皆附之。

冬，隗崔、隗义谋叛归天水，隗嚣恐并及祸，乃告之。更始诛崔、义，以嚣为御史大夫。

汝南田戎攻陷夷陵，众数万人。

汉光武建武元年春正月，蜀郡功曹李熊说公孙述宜称天子。

夏四月，述即帝位，号成家，改元龙兴。以李熊为大司徒，述弟光为大司马，恢为大司空。越嶲任贵据郡降述。

六月，隗嚣走归天水。

十二月，隗嚣归天水，复招聚其众，兴修故业，自称西州上将军。三辅士大夫避乱者多归嚣，嚣倾身引接，为布衣交。以平陵范逡为师友，前凉州刺史河南郑兴为祭酒，茂陵申屠刚、杜林为治书，马援为绥德将军，杨广、王遵、周宗及平襄行巡、阿阳王捷、长陵王元为大将军，安陵班彪之属为宾客，由此名震西州，闻于山东。

初，平陵窦融累世仕宦河西，知其土俗，与更始右大司马赵萌善，因萌求往河西。萌荐融于更始，以为张掖属国都尉。是时，酒泉太守梁统、金城太守库钧、张掖都尉史苞、酒泉都尉竺曾、敦煌都尉辛肜，并州郡英俊，融皆与厚善。及更始败，融与梁统等计议曰："今天下扰乱，未知所归，河西斗绝在羌胡中，不同心戮力则不能自守，权钧力齐复无以相率，当推一人为大将军，共全五郡。"议既定，乃推融行河西五郡大将军事。以梁统为武威太守，史苞为张掖太守，竺曾为酒泉太守，辛肜为敦煌太守。融居属国，领都尉如故，置从事，监察五郡。

冯愔之反，引兵向天水，隗嚣击破之。邓禹承制命嚣为西州大将军,专制凉州、朔方事。

二年二月,延岑复反,围南郑。汉中王嘉兵败走,岑遂据汉中,进兵武都,为更始柱功侯李宝所破,岑走天水。公孙述遣将侯丹取南郑。嘉收散卒,得数万人,以李宝为相,从武都南击侯丹,不利,还军河池、下辨,复与延岑连战。岑引北,入散关,至陈仓;嘉追击,破之。公孙述又遣将军任满从阆中下江州,东据扞关,于是尽有益州之地。

三年十一月,帝谓太中大夫来歙曰:"今西州未附,子阳称帝,道里阻远,诸将方务关东,思西州方略,未知所在,奈何?"歙曰:"臣尝与隗嚣相遇长安,其人始起以汉为名,臣愿得奉威命,开以丹青之信,嚣必束手自归。则述自亡之势,不足图也。"帝然之,始令歙使于嚣。嚣既有功于汉,又受邓禹爵署,其腹心议者多劝通使京师,嚣乃奉奏诣阙。帝报以殊礼,言称字,用敌国之仪,所以慰藉之甚厚。

四年二月,延岑复寇顺阳,遣邓禹将兵击破之。岑奔汉中,公孙述以岑为大司马,封汝宁王。

冬十月,隗嚣使马援往观公孙述。援素与述同里闬,相善,以为既至,当握手欢如平生。而述盛陈陛卫以延援入,交拜礼毕,使出就馆。更为援制都布单衣、交让冠,会百官于宗庙中,立旧交之位。述鸾旗旄骑,警跸就车,磬折而入,礼飨官属甚盛,欲授援以封侯大将军位。宾客皆乐留,援晓之曰:"天下雄雌未定,公孙不吐哺走迎国士,与图成败,反修饰边幅,如偶人形,此子何足久稽天下士乎!"因辞归,谓嚣曰:"子阳,井底蛙耳,而妄自尊大,不如专意东方。"

嚣乃使援奉书雒阳。援初到,良久,中黄门引入。帝在宣德殿南庑下，但帻，坐，迎笑，谓援曰："卿遨游二帝间，今见卿，使人大惭。"援顿首辞谢，因曰："当今之世，非但君择臣，臣亦择君矣！臣与公孙述同县，少相善。臣前至蜀，述陛戟而后进臣。臣今远来，陛下何知非刺客奸人，而简易若是？"帝复笑曰："卿非刺客，顾说客耳。"援曰："天下反覆，盗名字者不可胜数。今见陛下恢廓大度，同符高祖，乃知帝王自有真也。"

十二月，公孙述聚兵数十万人，积粮汉中。又造十层楼船，多刻天下牧守印章。遣将军李育、程乌将数万众，出屯陈仓，就吕鲔，将徇三辅；冯异迎击，大破之，育、乌俱奔汉中。异还，击破吕鲔，营堡降者甚众。

是时，隗嚣遣兵佐异有功，遣使上状，帝报以手书曰："慕乐德义，思相结纳。昔文王三分，犹服事殷，但驽马、铅刀，不可强扶，数蒙伯乐一顾之价。将军南拒公孙之兵，北御羌胡之乱，是以冯异西征，得以数千百人踯躅三辅。微将军之助，则咸阳已为他人禽矣！如令子阳到汉中，三辅愿因将军兵马，鼓旗相当。傥肯如言，即智士计功割地之秋也！管仲曰：'生我者父母，成我者鲍子。'自今以后，手书相闻，勿用傍人间构之言。"其后公孙述数遣将间出，嚣辄与冯异合势，共摧挫之。述遣使以大司空、扶安王印绶授嚣，嚣斩其使，出兵击之，以故蜀兵不复北出。

五年春正月，帝使来歙持节送马援归陇右。隗嚣与援共卧起，问以东方事，曰："前到朝廷，上引见数十，每接燕语，自夕至旦，才明勇略，非人敌也。且开心见诚，无所隐伏，阔达多大节，略与高帝同。经学博览，政事文辩，前世无比。"嚣曰："卿谓何如高帝？"援曰："不如也。高帝无可无不可，今上好吏事，动如节度，又不喜饮酒。"嚣意不怿，曰："如卿言，反复胜邪！"

二月，岑彭攻拔夷陵，田戎亡入蜀，尽获其妻子、士众数万人。公孙述以戎为翼江王。岑彭谋伐蜀，以夹川谷少，水险难漕，留威虏将军冯骏军江州，都尉田鸿军夷陵，领军李玄军夷道，自引兵还屯津乡，当荆州要会，喻告诸蛮夷降者，奏封其君长。

夏四月，隗嚣问于班彪曰："往者周亡，战国并争，数世然后定。意者从横之事复起于今乎，将承运迭兴，在于一人也？"彪曰："周之废兴，与汉殊异。昔周爵五等，诸侯从政，本根既微，枝叶强大，故其末流有从横之事，势数然也。汉承秦制，改立郡县，主有专己之威，臣无百年之柄。至于成帝，假借外家，哀、平短祚，国嗣三绝，故王氏擅朝，能窃号位，危自上起，伤不及下，是以即真之后，天下莫不引领而叹。十余年间，中外骚扰，远近俱发，假号云合，咸称刘氏，不谋同辞。方今雄桀带州域者，皆无六国世业之资，而百姓讴吟思仰，汉必复兴，已可知矣。"

嚣曰："生言周、汉之势可也，至于但见愚人习识刘氏姓号之故，而谓汉复兴，疏矣！昔秦失其鹿，刘季逐而掎之，时民复知汉乎？"彪乃为之着王命论以风切之，曰："昔尧之禅舜曰'天之历数在尔躬'，舜亦以命禹。洎于稷、契，咸佐唐、虞，至汤武而有天下。刘氏承尧之祚，尧据火德而汉绍之，有赤帝子之符，故为鬼神所福飨，天下所归往。由是言之，未见运世无本，功德不纪，而得屈起在此位者也。俗见高祖兴于布衣，不达其故，至比天下于逐鹿，幸捷而得之。不知神器有命，不可以智力求也。悲夫，此世所以多乱臣贼子者也。夫饿馑流隶，饥寒道路，所愿不过一金，然终转死沟壑，何则？贫穷亦有命也。况乎天子之贵，四海之富，神明之祚，可得而妄处哉！故虽遭罹厄会，窃其权柄，勇如信、布，强如梁、籍，成如王莽，然卒润镬伏质，烹醢分裂，又况么么尚不及数子，而欲暗奸天位者乎！昔陈婴之母以婴家世贫贱，卒富贵不祥，止婴勿王。王陵之母知汉王必得天下，伏剑而死，以固勉陵。夫以匹妇之明，犹能推事理之致，探祸福之机，而全宗祀于无穷，垂策书于春秋，而况大丈夫之事乎！是故，穷达有命，吉凶由人，婴母知废，陵母知兴，审此二者，帝王之分决矣。加之高祖宽明而仁恕，知人善任使，当食吐哺，纳子房之策；拔足挥洗，揖郦生之说；举韩信于行陈，收陈平于亡命；英雄陈力，群策毕举，此高祖之大略所以成帝业也。若乃灵瑞符应，其事甚众，故淮阴、留侯谓之'天授，非人力也'。英雄诚知觉寤，超然远览，渊然深识，收陵、婴之明分，绝信、布之觊觎，距逐鹿之瞽说，审神器之有授，毋贪不可冀，为二母之所笑，则福祚流于子孙，天禄其永终矣。"嚣不听。彪遂避地河西。窦融以为从事，甚礼重之。彪遂为融画策，使之专意事汉焉。

初，窦融等闻帝威德，心欲东向，以河西隔远，未能自通。乃从隗嚣受建武正朔，嚣皆假其将军印绶。嚣外顺人望，内怀异心，使辩士张玄说融等曰："更始事已成，寻复亡灭，此一姓不再兴之效也。今即有所主，便相系属，一旦拘制，自令失柄，后有危败，虽悔无及。方今豪桀竞逐，雌雄未决，当各据土宇，与陇、蜀合从，高可为六国，下不失尉佗。"融等召豪桀议之，其中识者皆曰："今皇帝姓名见于图书，自前世博物道术之士谷子云、夏贺良等皆言汉有再受命之符，故刘子骏改易名字，冀应其占。及莽末，西门君惠谋立子骏，事觉被杀，出谓观者曰：'谶文不误，刘秀真汝主也。'此皆近事暴着，众所共见者也。况今称帝者数人，而雒阳土地最广，甲兵最强，号令最明，观符命而察人事，他姓殆未能当也。"众议或同或异。

融遂决策东向，遣长史刘钧等奉书诣雒阳。先是，帝亦发使遗融书以招之，遇钧于道，即与俱还。帝见钧，欢甚，礼飨毕，乃遣令还，赐融玺书曰："今益州有公孙子阳，天水有隗将军。方蜀、汉相攻，权在将军，举足左右，便有轻重。以此言之，欲相厚岂有量哉！欲遂立桓、文，辅微国，当勉卒功业；欲三分鼎足，连衡合从，亦宜以时定。天下未并，吾与尔绝域，非相吞之国。今之议者，必有任嚣教尉佗制七郡之计。王者有分土，无分民，自适己事而已。"因授融为凉州牧。玺书至河西，河西皆惊，以为天子明见万里之外。

十二月，隗嚣矜己饰智，每自比西伯，与诸将议欲称王。郑兴曰："昔文王三分天下有二，尚服事殷；武王八百诸侯不谋同会，犹还兵待时；高祖征伐累年，犹以沛公行师。今令德虽明，世无宗周之祚，威略虽振，未有高祖之功，而欲举未可之事，昭速祸患，无乃不可乎！"嚣乃止。后又广置职位以自尊高。郑兴曰："夫中郎将、太中大夫、使持节官，皆王者之器，非人臣所当制也。无益于实，有损于名，非尊上之意也。"嚣病之而止。

时关中将帅数上书言蜀可击之状，帝以书示嚣，因使击蜀以效其信。嚣上书盛言三辅单弱，刘文伯在边，未宜谋蜀。帝知嚣欲持两端，不愿天下统一，于是稍黜其礼，正君臣之仪。帝以嚣与马援、来歙相善，数使歙、援奉使往来，劝令入朝，许以重爵。嚣连遣使深持谦辞，言无功德，须四方平定，退伏闾里。帝复遣来歙说嚣遣子入侍。嚣闻刘永、彭宠皆已破灭，乃遣长子恂随歙诣阙，帝以为胡骑校尉，封镌羌侯。

郑兴因恂求归葬父母，嚣不听，而徙兴舍，益其秩礼。兴入见曰："今为父母未葬，乞骸骨；若以增秩徙舍，中更停留，是以亲为饵也，无礼甚矣，将军焉用之？愿留妻子独归葬，将军又何猜焉？”嚣乃令与妻子俱东。马援亦将家属随恂归雒阳，以所将宾客猥多，求屯田上林苑中，帝许之。

嚣将王元以为天下成败未可知，不愿专心内事，说嚣曰：“昔更始西都，四方响应，天下喁喁，谓之太平。一旦坏败，将军几无所厝。今南有子阳，北有文伯。江湖海岱，王公十数，而欲牵儒生之说，弃千乘之基，羁旅危国以求万全，此循覆车之轨者也。今天水完富，士马最强，元请以一丸泥为大王东封函谷关，此万世一时也。若计不及此，且畜养士马，据隘自守，旷日持久，以待四方之变，图王不成，其敝犹足以霸。要之，鱼不可脱于渊，神龙失势，与蚯蚓同。”嚣心然元计，虽遣子入质，犹负其险厄，欲专制方面。

申屠刚谏曰：“愚闻人所归者天所与，人所畔者天所去也。本朝诚天之所福，非人力也。今玺书数到，委国归信，欲与将军共同吉凶。布衣相与，尚有没身不负然诺之信，况于万乘者哉！今何畏何利，而久疑若是？卒有非常之变，上负忠孝，下愧当世。夫未至豫言，固常为虚；及其已至，又无所及。是以忠言至谏，希得为用，诚愿反覆愚老之言。”嚣不纳，于是游士长者稍稍去之。

六年春正月，帝积苦兵间，以隗嚣遣子内侍，公孙述远据边垂，乃谓诸将曰：“且当置此两子于度外耳。”因休诸将于雒阳，分军士于河内，数腾书陇、蜀，告示祸福。

公孙述屡移书中国，自陈符命，冀以惑众。帝与述书曰：“图谶言公孙，即宣帝也。代汉者姓当途，其名高，君岂高之身邪？乃复以掌文为瑞，王莽何足效乎，君非吾贼臣乱子，仓卒时人皆欲为君事耳。君日月已逝，妻子弱小，当早为定计。天下神器，不可力争,宜留三思。”署曰“公孙皇帝”。述不答。

其骑都尉平陵荆邯说述曰:“汉高祖起于行陈之中,兵破身困者数矣,然军败复合,疮愈复战。何则?前死而成功,愈于却就于灭亡也。隗嚣遭遇运会,割有雍州,兵强士附,威加山东;遇更始政乱,复失天下,众庶引领,四方瓦解,嚣不及此时推危乘胜以争天命,而退欲为西伯之事,尊师章句,宾友处士,偃武息戈,卑辞事汉,喟然自以文王复出也。令汉帝释关、陇之忧,专精东伐,四分天下而有其三。发间使,召携贰,使西州豪桀咸居心于山东,则五分而有其四。若举兵天水,必至沮溃,天水既定,则九分而有其八。陛下以梁州之地,内奉万乘,外给三军,百姓愁困,不堪上命,将有王氏自溃之变矣。臣之愚计,以为宜及天下之望未绝,豪桀尚可招诱,急以此时发国内精兵,令田戎据江陵,临江南之会,倚巫山之固,筑垒坚守,传檄吴、楚,长沙以南,必随风而靡。令延岑出汉中,定三辅,天水、陇西拱手自服。如此,海内震摇,冀有大利。”述以问群臣,博士吴柱曰:“武王伐殷,八百诸侯不期同辞,然犹还师以待天命。未闻无左右之助而欲出师千里之外者也。”邯曰:“今东帝无尺土之柄,驱乌合之众,跨马陷敌,所向辄平,不亟乘时与之分功,而坐谈武王之说,是复效隗嚣欲为西伯也。”

述然邯言,欲悉发北军屯士及山东客兵,使延岑、田戎分出两道,与汉中诸将合兵并势。蜀人及其弟光以为不宜空国千里之外,决成败于一举,固争之,述乃止。延岑、田戎亦数请兵立功,述终疑不听,唯公孙氏得任事。

述废铜钱,置铁钱,货币不行,百姓苦之。为政苛细,察于小事,如为清水令时而已。好改易郡县官名。少尝为郎,习汉家故事，出入法驾，鸾旗旄骑。又立其两子为王，食犍为、广汉各数县。或谏曰："成败未可知，戎士暴露而先王爱子，示无大志也。"述不从，由此大臣皆怨。

三月，公孙述使田戎出江关，招其故众，欲以取荆州，不克。帝乃诏隗嚣，欲从天水伐蜀。嚣上言："白水险阻，栈阁败绝。述性严酷，上下相患，须其罪恶熟著而攻之，此大呼响应之势也。"帝知其终不为用，乃谋讨之。

夏四月丙子，上行幸长安，谒园陵。遣耿弇、盖延等七将军从陇道伐蜀，先使中郎将来歙奉玺书赐嚣谕旨。嚣复多设疑故，事久冘豫不决。歙遂发愤质责嚣曰："国家以君知臧否，晓废兴，故以手书畅意。足下推忠诚，既遣伯春委质，而反欲用佞惑之言，为族灭之计邪！"因欲前刺嚣。嚣起入，部勒兵将杀歙，歙徐杖节就车而去，嚣使牛邯将兵围守之。嚣将王遵谏曰："君叔虽单车远使，而陛下之外兄也，杀之无损于汉，而随以族灭。昔宋执楚使，遂有析骸易子之祸。小国犹不可辱，况于万乘之主，重以伯春之命哉！"歙为人有信义，言行不违，及往来游说，皆可案覆，西州士大夫皆信重之，多为其言，故得免而东归。

五月，隗嚣遂发兵反，使王元据陇坻，伐木塞道。诸将因与嚣战，大败，各引兵下陇，嚣追之急，马武选精骑为后拒，杀数千人，诸军乃得还。

〔十二月〕，诸将之下陇也，帝诏耿弇军漆，冯异军栒邑，祭遵军汧，吴汉等还屯长安。冯异引军未至栒邑，隗嚣乘胜使王元、行巡将二万余人下陇，分遣巡取栒邑，异即驰兵欲先据之。诸将曰："虏兵盛而乘胜，不可与争锋，宜止军便地，徐思方略。"异曰："虏兵临境，忸忕小利，遂欲深入；若得栒邑，三辅动摇。夫攻者不足，守者有余。今先据城，以逸待劳，非所以争也。”潜往，闭城，偃旗鼓。行巡不知，驰赴之。异乘其不意，卒击鼓建旗而出，巡军惊乱奔走，追击，大破之。祭遵亦破王元于汧，于是北地诸豪长耿定等悉畔隗嚣降。诏异进军义梁，击破卢芳将贾览、匈奴奥鞬日逐王，北地、上郡、安定皆降。

窦融复遣其弟友上书曰：“臣幸得托先后末属，累世二千石，臣复假历将帅，守持一隅，故遣刘钧口陈肝胆，自以底里上露，长无纤介。而玺书盛称蜀、汉二主三分鼎足之权，任嚣、尉佗之谋，窃自痛伤。臣融虽无识，犹知利害之际，顺逆之分，岂可背真旧之主，事奸伪之人，废忠贞之节，为倾覆之事，弃已成之基，求无冀之利。此三者，虽问狂夫，犹知去就，而臣独何以用心！谨遣弟友诣阙，口陈至诚。”友至高平，会隗嚣反，道不通，乃遣司马席封间道通书。帝复遣封赐融、友书，所以尉藉之甚厚。

融乃与隗嚣书曰：“将军亲遇厄会之际，国家不利之时，守节不回，承事本朝，融等所以欣服高义，愿从役于将军者，良为此也。而忿悁之间，改节易图，委成功，造难就，百年累之，一朝毁之，岂不惜乎！殆执事者贪功建谋，以至于此。当今西州地势局迫，民兵离散，易以辅人，难以自建。计若失路不反，闻道犹迷，不南合子阳，则北入文伯耳。夫负虚交而易强御，恃远救而轻近敌，未见其利也。自兵起以来，城郭皆为丘墟，生民转于沟壑。幸赖天运少还，而将军复重其难，是使积痾不得遂瘳，幼孤将复流离，言之可为酸鼻，庸人且犹不忍，况仁者乎！融闻为忠甚易，得宜实难。忧人太过，以德取怨，知且以言获罪也。”嚣不纳。

融乃与五郡太守共砥厉兵马，上疏请师期，帝深嘉美之。融即与诸郡守将兵入金城，击嚣党先零羌封何等，大破之。因并河,扬威武,伺候车驾。时大兵未进,融乃引还。

帝以融信效著明,益嘉之,修理融父坟墓,祠以太牢,数驰轻使,致遗四方珍羞。

梁统犹恐众心疑惑,乃使人刺杀张玄,遂与隗嚣绝,皆解所假将军印绶。

先是,马援闻隗嚣欲贰于汉,数以书责譬之。嚣得书,增怒。及嚣发兵反,援乃上书曰:“臣与隗嚣本实交友,初遣臣东,谓臣曰:‘本欲为汉,愿足下往观之,于汝意可,即专心矣。’及臣还反,报以赤心,实欲导之于善,非敢谲以非义。而嚣自挟奸心,盗憎主人,怨毒之情,遂归于臣。臣欲不言,则无以上闻,愿听诣行在所,极陈灭嚣之术。”帝乃召之,援具言谋画。帝因使援将突骑五千,往来游说嚣将高峻、任禹之属,下及羌豪,为陈祸福,以离嚣支党。

援又为书与嚣将杨广,使晓劝于嚣曰:“援窃见四海已定,兆民同情,而季孟闭拒背畔,为天下表的,常惧海内切齿,思相屠裂,故遗书恋恋,以致恻隐之计。乃闻季孟归罪于援,而纳王游翁谄邪之说,因自谓函谷以西,举足可定。以今而观,竟何如邪!援间至河内,过存伯春,见其奴吉从西方还,说伯春小弟仲舒望见吉,欲问伯春无他否,竟不能言,晓夕号泣,宛转尘中。又说其家悲愁之状,不可言也。夫怨仇可刺不可毁,援闻之,不自知泣下也。援素知季孟孝爱,曾、闵不过。夫孝于其亲,岂不慈于其子,可有子抱三木而跳梁妄作,自同分羹之事乎?季孟平生自言所以拥兵众者,欲以保全父母之国而完坟墓也。又言苟厚士大夫而已,而今所欲全者将破亡之,所欲完者将毁伤之,所欲厚者将反薄之。季孟尝折愧子阳而不受其爵,今更共陆陆欲往附之,将难为颜乎！若复责以重质，当安从得子主给是哉！往时子阳独欲以王相待而春卿拒之，今者归老，更欲低头与小儿曹共槽枥而食，并肩侧身于怨家之朝乎！今国家待春卿意深，宜使牛孺卿与诸耆老大人共说季孟，若计画不从，真可引领去矣。前披舆地图，见天下郡国百有六所，奈何欲以区区二邦以当诸夏百有四乎？春卿事季孟，外有君臣之义，内有朋友之道。言君臣邪，固当谏争；语朋友邪，应有切磋。岂有知其无成，而但萎腇咋舌，叉手从族乎？及今成计，殊尚善也，过是，欲少味矣。且来君叔天下信士，朝廷重之，其意依依，常独为西州言。援商朝廷，尤欲立信于此，必不负约。援不得久留，愿急赐报。”广竟不答。诸将每有疑议，更请呼援，咸敬重焉。

隗嚣上疏谢曰：“吏民闻大兵卒至，惊恐自救，臣嚣不能禁止。兵有大利，不敢废臣子之节，亲自追还。昔虞舜事父，大杖则走，小杖则受。臣虽不敏，敢忘斯义！今臣之事在于本朝，赐死则死，加刑则刑，如更得洗心，死骨不朽。”有司以嚣言慢，请诛其子，帝不忍。复使来歙至汧，赐嚣书曰：“昔柴将军云：‘陛下宽仁，诸侯虽有亡叛而后归，辄复位号，不诛也。’今若束手，复遣恂弟归阙庭者，则爵禄获全，有浩大之福矣。吾年垂四十，在兵中十岁，厌浮语虚辞。即不欲，勿报。”嚣知帝审其诈，遂遣使称臣于公孙述。

七年春三月，公孙述立隗嚣为朔宁王，遣兵往来，为之援势。

秋，隗嚣将步骑三万侵安定，至阴槃，冯异率诸将拒之。嚣又令别将下陇攻祭遵于汧，并无利而还。

帝将自征隗嚣，先戒窦融师期，会遇雨，道断，且嚣兵已退，乃止。帝令来歙以书招王遵。遵来降，拜太中大夫，封向义侯。

八年春，来歙将二千余人伐山开道，从番须、回中径袭略阳，斩隗嚣守将金梁。嚣大惊曰："何其神也！"帝闻得略阳，甚喜，曰："略阳，嚣所依阻，心腹已坏，则制其支体易矣。"

吴汉等诸将闻歙据略阳，争驰赴之。上以为嚣失所恃，亡其要城，势必悉以精锐来攻，旷日久围而城不拔，士卒顿敝，乃可乘危而进。皆追汉等还。隗嚣果使王元拒陇坻，行巡守番须口，王孟塞鸡头道，牛邯军瓦亭。嚣自悉其大众数万人围略阳，公孙述遣将李育、田弇助之，斩山筑堤，激水灌城。来歙与将士固死坚守，矢尽，发屋断木以为兵。嚣尽锐攻之，累月不能下。

夏闰四月，帝自将征隗嚣。光禄勋汝南郭宪谏曰："东方初定，车驾未可远征。"乃当车拔佩刀以断车靷。帝不从，西至漆。诸将多以王师之重，不宜远入险阻，计冘豫未决。帝召马援问之。援因说隗嚣将帅有土崩之势，兵进有必破之状。又于帝前聚米为山谷，指画形势，开示众军所从道径，往来分析，昭然可晓。帝曰："虏在吾目中矣。"明旦，遂进军，至高平第一。

窦融率五郡太守及羌虏小月氏等步骑数万，辎重五千余两，与大军会。是时军旅草创，诸将朝会礼容多不肃，融先遣从事问会见仪适。帝闻而善之，以宣告百僚，乃置酒高会，待融等以殊礼。

遂共进军，数道上陇。使王遵以书招牛邯，下之，拜邯太中大夫。于是嚣大将十三人、属县十六、众十余万皆降。嚣将妻子奔西城，从杨广，而田弇、李育保上邽。略阳围解。帝劳赐来歙，班坐绝席，在诸将之右，赐歙妻缣千匹。

进幸上邽，诏告隗嚣曰："若束手自诣，父子相见，保无他也。若遂欲为黥布者，亦自任也。"嚣终不降，于是诛其子恂。使吴汉、岑彭围西城，耿弇、盖延围上邽。

以四县封窦融为安丰侯，弟友为显亲侯，及五郡太守皆封列侯，遣西还所镇。融以久专方面，惧不自安，数上书求代。诏报曰："吾与将军如左右手耳，数执谦退，何不晓人意。勉循士民，无擅离部曲。"

颍川盗贼群起，寇没属县，河东守兵亦叛，京师骚动。帝闻之曰："吾悔不用郭子横之言。"秋八月，帝自上邽晨夜东驰，赐岑彭等书曰："两城若下，便可将兵南击蜀虏。人苦不知足，既平陇，复望蜀。每一发兵，头须为白。"

十一月，杨广死，隗嚣穷困，其大将王捷别在戎丘，登城呼汉军曰："为隗王城守者，皆必死，无二心，愿诸军亟罢，请自杀以明之。"遂自刎死。

初，帝敕吴汉曰："诸郡甲卒但坐费粮食，若有逃亡，则沮败众心，宜悉罢之。"汉等贪并力攻嚣，遂不能遣，粮食日少，吏士疲役，逃亡者多。岑彭壅谷水灌西城，城未没丈余。会王元、行巡、周宗将蜀救兵五千余人乘高卒至，鼓噪大呼曰："百万之众方至！"汉军大惊，未及成陈，元等决围殊死战，遂得入城，迎嚣归冀。吴汉军食尽，乃烧辎重，引兵下陇，盖延、耿弇亦相随而退。嚣出兵尾击诸营，岑彭为后拒，诸将乃得全军东归。唯祭遵屯汧不退。吴汉等复屯长安，岑彭还津乡。于是安定、北地、天水、陇西复反为嚣。

校尉太原温序为嚣将苟宇所获，宇晓譬数四，欲降之。序大怒，叱宇等曰："虏何敢迫胁汉将！"因以节挝杀数人。宇众争欲杀之，宇止之曰："此义士，死节，可赐以剑。"序受剑，衔须于口，顾左右曰："既为贼所杀，无令须污土。"遂伏剑而死。从事王忠持其丧归雒阳，诏赐以冢地，拜三子为郎。

九年春正月，颍阳成侯祭遵薨于军，诏冯异并将其营。

隗嚣病且饿，餐糗糒，恚愤而卒。王元、周宗立嚣少子纯为王，总兵据冀。公孙述遣将赵匡、田弇助纯，帝使冯异击之。

公孙述遣其翼江王田戎、大司徒任满、南郡太守程泛将数万人下江关，击破冯骏等军，遂拔巫及夷道、夷陵，因据荆门、虎牙，横江水起浮桥、关楼，立欑柱以绝水道，结营跨山以塞陆路，拒汉兵。

夏六月，帝使来歙悉监护诸将屯长安，太中大夫马援为之副。歙上书曰："公孙述以陇西、天水为藩蔽，故得延命假息。今二郡平荡，则述智计穷矣。宜益选兵马，储积资粮。今西州新破，兵人疲馑，若招以财谷，则其众可集。臣知国家所给非一，用度不足，然有不得已也！"帝然之。于是，诏于汧积谷六万斛。秋八月，来歙率冯异等五将军讨隗纯于天水。

十年，夏阳节侯冯异等与赵匡、田弇战且一年，皆斩之。隗纯未下，诸将欲且还休兵，异固持不动，共攻落门，未拔。夏，异薨于军。

初，隗嚣将安定高峻拥兵据高平第一，建威大将军耿弇等围之，一岁不拔。帝自将征之，寇恂谏曰："长安道里居中，应接近便，安定、陇西必怀震惧，此从容一处，可以制四方也。今士马疲倦，方履险阻，非万乘之固也。前年颍川，可为至戒。"帝不从。戊戌，进幸汧。峻犹不下，帝遣寇恂往降之。恂奉玺书至第一，峻遣军师皇甫文出谒，辞礼不屈。恂怒，将诛之。诸将谏曰："高峻精兵万人，率多强弩，西遮陇道，连年不下，今欲降之而反戮其使，无乃不可乎！"恂不应，遂斩之。遣其副归告峻曰："军师无礼，已戮之矣。欲降，急降；不欲，固守。”峻惶恐，即日闭城门降。诸将皆贺，因曰：“敢问杀其使而降其城，何也？”恂曰：“皇甫文，峻之腹心，其所取计者也。今来，辞意不屈，必无降心。全之则文得其计，杀之亡其胆，是以降耳。”诸将皆曰：“非所及也。”

冬十月，来歙与诸将攻破落门。周宗、行巡、苟宇、赵恢等将隗纯降，王元奔蜀。徙诸隗于京师以东。后隗纯与宾客亡入胡，至武威，捕得，诛之。

十一年春三月，岑彭屯津乡，数攻田戎等，不克。帝遣吴汉率诛虏将军刘隆等三将，发荆州兵凡六万余人、骑五千匹，与彭会荆门。彭装战船数十艘，吴汉以诸郡棹卒多费粮谷，欲罢之。彭以为蜀兵盛，不可遣，上书言状。帝报彭曰：“大司马习用步骑，不晓水战，荆门之事，一由征南公为重而已。”

闰月，岑彭令军中募攻浮桥，先登者上赏。于是偏将军鲁奇应募而前，时东风狂急，鲁奇船逆流而上，直冲浮桥，而欑柱有反杷钩，奇船不得去。奇等乘势殊死战，因飞炬焚之，风怒火盛，桥楼崩烧。岑彭悉军顺风并进，所向无前。蜀兵大乱，溺死者数千人，斩任满，生获程泛，而田戎走保江州。

彭上刘隆为南郡太守，自率辅威将军臧宫、骁骑将军刘歆长驱入江关。令军中无得虏掠，所过百姓皆奉牛酒迎劳，彭复让不受，百姓大喜，争开门降。诏彭守益州牧，所下郡辄行太守事。彭若出界，即以太守号付后将军。选官属守州中长吏。

彭到江州，以其城固粮多，难卒拔，留冯骏守之。自引兵乘利直指垫江，攻破平曲，收其米数十万石。吴汉留夷陵，装露桡继进。

夏，公孙述以王元为将军，使与领军环安拒河池。六月，来歙与盖延等进攻元、安，大破之，遂克下辨，乘胜遂进。蜀人大惧，使刺客刺歙，未殊，驰召盖延。延见歙，因伏悲哀，不能仰视。歙叱延曰："虎牙何敢然？今使者中刺客，无以报国，故呼巨卿，欲相属以军事，而反效儿女子涕泣乎！刃虽在身，不能勒兵斩公邪！"延收泪强起，受所诫。歙自书表曰："臣夜人定后，为何人所贼伤，中臣要害。臣不敢自惜，诚恨奉职不称，以为朝廷羞。夫理国以得贤为本，太中大夫段襄，骨鲠可任，愿陛下裁察。又臣兄弟不肖，终恐被罪，陛下哀怜，数赐教督。"投笔抽刃而绝。帝闻大惊，省书揽涕，以扬武将军马成守中郎将代之。

帝自将征公孙述，秋七月，次长安。公孙述使其将延岑、吕鲔、王元、公孙恢悉兵拒广汉及资中。又遣将侯丹率二万余人拒黄石。岑彭使臧宫将降卒五万从涪水上平曲，拒延岑，自分兵浮江下还江州，溯都江而上，袭击侯丹，大破之。因晨夜倍道兼行二千余里，径拔武阳。使精骑驰击广都，去成都数十里，势若风雨，所至皆奔散。初，述闻汉兵在平曲，故遣大兵逆之。及彭至武阳，绕出延岑军后，蜀地震骇。述大惊，以杖击地曰："是何神也！"

延岑盛兵于沅水。臧宫众多食少，转输不至，降者皆欲散畔，郡邑复更保聚，观望成败。宫欲引还，恐为所反。会帝遣谒者将兵诣岑彭，有马七百匹，宫矫制取以自益，晨夜进兵，多张旗帜，登山鼓噪，右步左骑，挟船而引，呼声动山谷。岑不意汉军卒至，登山望之，大震恐。宫因纵击，大破之，斩首溺死者万余人，水为之浊。延岑奔成都，其众悉降，尽获其兵马珍宝。自是乘胜追北，降者以十万数。军至阳乡，王元举众降。

帝与公孙述书，陈言祸福，示以丹青之信。述省书叹息，以示所亲。太常常少、光禄勋张隆皆劝述降，述曰："废兴，命也，岂有降天子哉！"左右莫敢复言。少、隆皆以忧死。

帝还自长安。

冬十月，公孙述使刺客诈为亡奴，降岑彭，夜，刺杀彭。太中大夫监军郑兴领其营，以俟吴汉至而授之。彭持军整齐，秋毫无犯。邛谷王任贵闻彭威信，数千里遣使迎降。会彭已被害，帝尽以任贵所献赐彭妻子。蜀人为立庙祠之。

十二月，吴汉自夷陵将三万人泝江而上，伐公孙述。

十二年春正月，吴汉破公孙述将魏党、公孙永于鱼涪津，遂围武阳。述遣子婿史兴救之，汉迎击，破之，因入犍为界，诸县皆城守。诏汉直取广都，据其心腹。汉乃进军攻广都，拔之，遣轻骑烧成都市桥，公孙述将帅恐惧，日夜离叛。述虽诛灭其家，犹不能禁。帝必欲降之，又下诏喻述曰："勿以来歙、岑彭受害自疑，今以时自诣，则宗族完全。诏书手记，不可数得。"述终无降意。

秋七月，冯骏拔江州，获田戎。

帝戒吴汉曰："成都十余万众，不可轻也。但坚据广都，待其来攻，勿与争锋。若不敢来，公转营迫之，须其力疲，乃可击也。"汉乘利，遂自将步骑二万进逼成都。去城十余里，阻江北营，作浮桥，使副将武威将军刘尚将万余人屯于江南，为营相去二十余里。帝闻之大惊，让汉曰："比敕公千条万端，何意临事勃乱！既轻敌深入，又与尚别营，事有缓急，不复相及。贼若出兵缀公，以大众攻尚，尚破，公即败矣。幸无他者，急引兵还广都。"诏书未到，九月，述果使其大司徒谢丰、执金吾袁吉将众十许万，分为二十余营，出攻汉，使别将将万余人劫刘尚，令不得相救。汉与大战一日，兵败，走入壁，丰因围之。汉乃召诸将厉之曰："吾与诸君逾越险阻，转战千里，遂深入敌地，至其城下。而今与刘尚二处受围，势既不接，其祸难量，欲潜师就尚于江南，并兵御之。若能同心一力，人自为战，大功可立；如其不然，败必无余。成败之机，在此一举。"诸将皆曰："诺。"于是飨士秣马，闭营三日不出，乃多树幡旗，使烟火不绝。夜，衔枚引兵与刘尚合军。丰等不觉，明日，乃分兵拒水北，自将攻江南。汉悉兵迎战，自旦至晡，遂大破之，斩丰、吉。于是引还广都，留刘尚拒述，具以状上，而深自谴责。帝报曰："公还广都，甚得其宜。述必不敢略尚而击公也。若先攻尚，公从广都五十里悉步骑赴之，适当值其危困，破之必矣。"自是汉与述战于广都、成都之间，八战八克，遂军于其郭中。臧宫拔绵竹，破涪城，斩公孙恢，复攻拔繁、郫，与吴汉会于成都。

公孙述困急，谓延岑曰："事当奈何？"岑曰："男儿当死中求生，可坐穷乎！财物易聚耳，不宜有爱。"述乃悉散金帛，募敢死士五千余人以配岑。岑于市桥伪建旗帜，鸣鼓挑战，而潜遣奇兵出吴汉军后，袭击破汉，汉堕水，缘马尾得出。汉军余七日粮，阴具船，欲遁去。蜀郡太守南阳张堪闻之，驰往见汉，说述必败，不宜退师之策。汉从之，乃示弱以挑敌。

冬十一月，臧宫军咸阳门。戊寅，述自将数万人攻汉，使延岑拒宫。大战，岑三合三胜，自旦及日中，军士不得食，并疲。汉因使护军高午、唐邯将锐卒数万击之，述兵大乱。高午奔陈刺述，洞胸堕马，左右舆入城。述以兵属延岑，其夜死。明旦，延岑以城降。辛巳，吴汉夷述妻子，尽灭公孙氏，并族延岑，遂放兵大掠，焚述宫室。帝闻之怒，以谴汉。又让刘尚曰："城降三日，吏民从服，孩儿、老母，口以万数，一旦放兵纵火，闻之可为酸鼻。尚宗室子孙，尝更吏职，何忍行此！仰视天，俯视地，观放麑、啜羹，二者孰仁？良失斩将吊民之义也。”

初，述征广汉李业为博士，业固称疾不起。述羞不能致，使大鸿胪尹融奉诏命以劫业：“若起则受公侯之位，不起赐以毒酒。”融譬旨曰：“方今天下分崩，孰知是非，而以区区之身试于不测之渊乎！朝廷贪慕名德，旷官缺位，于今七年，四时珍御，不以忘君。宜上奉知己，下为子孙，身名俱全，不亦优乎？”业乃叹曰：“古人危邦不入，乱邦不居，为此故也。君子见危授命，何乃诱以高位重饵哉！”融曰：“宜呼室家计之。”业曰：“丈夫断之于心久矣，何妻子之为？”遂饮毒而死。述耻有杀贤之名，遣使吊祠，赙赠百匹，业子翚逃，辞不受。述又聘巴郡谯玄，玄不诣，亦遣使者以毒药劫之。太守自诣玄庐劝之行。玄曰：“保志全高，死亦奚恨！”遂受毒药。玄子瑛泣血叩头于太守，愿奉家钱千万以赎父死。太守为请，述许之。述又征蜀郡王皓、王嘉，恐其不至，先系其妻子，使者谓嘉曰：“速装，妻子可全。”对曰：“犬马犹识主，况于人乎！”王皓先自刎，以首付使者。述怒，遂诛皓家属。王嘉闻而叹曰：“后之哉！”乃对使者伏剑而死。犍为费贻不肯仕述，漆身为癞，阳狂以避之。同郡任永、冯信皆托青盲以辞征命。帝既平蜀，诏赠常少为太常，张隆为光禄勋。谯玄已卒，祠以中牢，敕所在还其家钱，而表李业之闾。征费贻、任永、冯信，会永、信病卒，独贻仕至合浦太守。上以述将程乌、李育有才干，皆擢用之。于是西土咸悦，莫不归心焉。

上诏窦融与五郡太守入朝，既至，引见，赏赐恩宠，倾动京师，拜融冀州牧。

十三年春三月，吴汉自蜀振旅而还。至宛，诏过家上冢，赐谷二万斛。夏四月，至京师。

楚王英之狱

汉光武建武十五年夏四月丁巳，封皇子辅为右翊公，英为楚公，阳为东海公，康为济南公，苍为东平公，延为淮阳公，荆为山阳公，衡为临淮公，焉为左翊公，京为琅邪公。

十七年冬十月，进右翊公辅为中山王，其余九国公皆为王。

二十八年。初，马援兄子婿王磐，平阿侯仁之子也。王莽败，磐拥富赀为游侠，有名江淮间。后游京师，与诸贵戚友善，援谓姊子曹训曰："王氏，废姓也，子石当屏居自守，而反游京师长者，用气自行，多所陵折，其败必也。"后岁余，磐坐事死。磐子肃复出入王侯邸第。时禁罔尚疏，诸王皆在京师，竞修名誉，招游士。马援谓司马吕种曰："建武之元，名为天下重开，自今以往，海内日当安耳。但忧国家诸子并壮而旧防未立，若多通宾客，则大狱起矣。卿曹戒慎之。"至是，有上书告肃等受诛之家，为诸王宾客，虑因事生乱。会更始之子寿光侯鲤得幸于沛王，怨刘盆子，结客杀故式侯恭。帝怒，沛王坐系诏狱，三日乃得出。因诏郡县收捕诸王宾客，更相牵引，死者以千数。吕种亦与其祸，临命叹曰："马将军诚神人也！"

秋八月戊寅，东海王强、沛王辅、楚王英、济南王康、淮阳王延始就国。

明帝永平八年冬十月丙子，募死罪系囚诣度辽营，有罪亡命者，令赎罪各有差。楚王英奉黄缣白纨诣国相曰："托在蕃辅，过恶累积，欢喜大恩，奉送缣帛，以赎愆罪。”国相以闻，诏报曰：“楚王诵黄、老之微言，尚浮屠之仁祠，洁齐三月，与神为誓，何嫌何疑，当有悔吝。其还赎，以助伊蒲塞、桑门之盛馔。”

初，帝闻西域有神，其名曰佛，因遣使之天竺求其道，得其书及沙门以来。其书大抵以虚无为宗，贵慈悲不杀。以为人死精神不灭，随复受形；生时所行善恶，皆有报应，故所贵修练精神，以至为佛。善为宏阔胜大之言，以劝诱愚俗。精于其道者，号曰沙门。于是中国始传其术，图其形像，而王公贵人独楚王英最先好之。

十三年冬十月，楚王英与方士作金龟、玉鹤，刻文字为符瑞。男子燕广告“英与渔阳王平、颜忠等造作图书，有逆谋”。事下案验。有司奏“英大逆不道，请诛之”。帝以亲亲不忍。十一月，废英，徙丹阳泾县，赐汤沐邑五百户，男女为侯、主者，食邑如故。许太后勿上玺绶，留住楚宫。先是有私以英谋告司徒虞延者，延以英藩戚至亲，不然其言；及英事觉，诏书切让延。

十四年夏四月，楚王英至丹阳，自杀。诏以诸侯礼葬于泾。封燕广为折奸侯。是时，穷治楚狱，遂至累年。其辞语相连，自京师亲戚、诸侯、州郡豪桀及考案吏，阿附坐死、徙者以千数，而系狱者尚数千人。

初，樊儵弟鲔，为其子赏求楚王英女，儵闻而止之曰：“建武中，吾家并受荣宠，一宗五侯。时特进一言，女可以配王，男可以尚主。但以贵宠过盛，即为祸患，故不为也。且尔一子，奈何弃之于楚乎！”鲔不从。及楚事觉，儵已卒，上追念儵谨恪，故其诸子皆得不坐。英阴疏天下名士，上得其录，有吴郡太守尹兴名，乃征兴及掾史五百余人诣廷尉就考。诸吏不胜掠治，死者大半，唯门下掾陆续、主簿梁宏、功曹史驷勋备受五毒，肌肉消烂，终无异辞。续母自吴来雒阳，作食以馈续。续虽见考，辞色未尝变、而对食悲泣不自胜。治狱使者问其故，续曰："母来不得见，故悲耳！"问："何以知之？"续曰："母截肉未尝不方，断葱以寸为度，故知之。"使者以状闻，上乃赦兴等，禁锢终身。

颜忠、王平辞引隧乡侯耿建、朗陵侯臧信、濩泽侯邓鲤、曲成侯刘建。建等辞未尝与忠、平相见。是时，上怒甚，吏皆惶恐，诸所连及，率一切陷入，无敢以情恕者。侍御史寒朗心伤其冤，试以建等物色，独问忠、平，而二人错愕不能对。朗知其诈，乃上言："建等无奸，专为忠、平所诬，疑天下无辜，类多如此。"帝曰："即如是，忠、平何故引之？"对曰："忠、平自知所犯不道，故多有虚引，冀以自明。"帝曰："即如是，何不早奏？"对曰："臣恐海内别有发其奸者。"帝怒曰："吏持两端！"促提下捶之。左右方引去，朗曰："愿一言而死。"帝曰："谁与共为章？"对曰："臣独作之。"上曰："何以不与三府议！"对曰："臣自知当必族灭，不敢多污染人。"上曰："何故族灭？"对曰："臣考事一年，不能穷尽奸状，反为罪人讼冤，故知当族灭。然臣所以言者，诚冀陛下一觉悟而已。臣见考囚在事者，咸共言妖恶大故，臣子所宜同疾，今出之不如入之，可无后责。是以考一连十，考十连百。又公卿朝会，陛下问以得失，皆长跪言：'旧制，大罪祸及九族，陛下大恩，裁止于身，天下幸甚！'及其归舍，口虽不言，而仰屋窃叹，莫不知其多冤，无敢牾陛下言者。臣今所陈，诚死无悔。"帝意解，诏遣朗出。

后二日，车驾自幸洛阳狱录囚徒，理出千余人。时天旱，即大雨。马后亦以楚狱多滥，乘间为帝言之。帝恻然感悟，夜起彷徨，由是多所降宥。

任城令汝南袁安迁楚郡太守，到郡不入府，先往案楚王英狱事，理其无明验者，条上出之。府丞、掾史皆叩头争，以为“阿附反虏，法与同罪，不可”。安曰：“如有不合，太守自当坐之，不以相及也。”遂分别具奏。帝感悟，即报许，得出者四百余家。

章帝建初元年春正月，上问司徒鲍昱：“何以消复旱灾？”对曰：“陛下始践天位，虽有失得，未能致异。臣前为汝南太守，典治楚事，系者千余人，恐未能尽当其罪。夫大狱一起，冤者过半，又诸徙者骨肉离分，孤魂不祀。宜一切还诸徙家，蠲除禁锢，使死生获所，则和气可致。”帝纳其言。

二年夏四月戊子，诏还坐楚、淮阳事徙者四百余家。

马后抑外家

汉明帝永平三年春二月甲子，立贵人马氏为皇后，皇子炟为太子。后，援之女也，光武时以选入太子宫，能奉承阴后，旁接同列，礼则修备，上下安之，遂见宠异。及帝即位，为贵人，时后前母姊女贾氏亦以选入，生皇子炟，帝以后无子，命养之，谓曰：“人未必当自生子，但患爱养不至耳。”后于是尽心抚育，劳悴过于所生。太子亦孝性淳笃，母子慈爱，始终无纤介之间。后常以皇嗣未广，荐达左右，若恐不及。后宫有进见者，每加慰纳，若数所宠引，辄增隆遇。及有司奏立长秋宫，帝未有所言，皇太后曰：“马贵人德冠后宫，即其人也。”后既正位宫闱，愈自谦肃，好读书。常衣大练，裙不加缘。朔望诸姬主朝请，望见后袍衣疏粗，以为绮縠，就视，乃笑。后曰：“此缯特宜染色，故用之耳。”群臣奏事有难平者，帝数以试后，后辄分解趣理，各得其情，然未尝以家私干政事。帝由是宠敬，始终无衰焉。

十八年八月壬子，帝崩。太子即位，年十八。尊皇后曰皇太后。太后兄弟虎贲中郎廖及黄门郎防、光，终明帝世未尝改官。帝以廖为卫尉，防为中郎将，光为越骑校尉。廖等倾身交结，冠盖之士争赴趣之。第五伦上疏曰："臣闻书曰：'臣无作威作福，其害于而家，凶于而国。'近世光烈皇后虽友爱天至，而抑损阴氏，不假以权势。其后梁、窦之家互有非法，明帝即位，竟多诛之。自是雒中无复权戚，书记请托，一皆断绝。又谕诸外戚曰：'苦身待士，不如为国。戴盆望天，事不两施。'今之议者，复以马氏为言。窃闻卫尉廖以布三千匹、城门校尉防以钱三百万，私赡三辅衣冠，知与不知，莫不毕给。又闻腊日亦遗其在雒中者钱各五千。越骑校尉光，腊用羊三百头，米四百斛，肉五千斤。臣愚以为不应经义，惶恐不敢不以闻。陛下情欲厚之，亦宜所以安之。臣今言此，诚欲上忠陛下，下全后家也。"

章帝建初二年夏四月，上欲封爵诸舅，太后不听。会大旱，言事者以为不封外戚之故，有司请依旧典。太后诏曰："凡言事者，皆欲媚朕以要福耳。昔王氏五侯同日俱封，黄雾四塞，不闻澍雨之应。夫外戚贵盛，鲜不倾覆，故先帝防慎舅氏，不令在枢机之位，又言'我子不当与先帝子等'，今有司奈何欲以马氏比阴氏乎！且阴卫尉，天下称之，省中御者至门，出不及履，此蘧伯玉之敬也。新阳侯虽刚强，微失理，然有方略，据地谈论，一朝无双。原鹿贞侯，勇猛诚信。此三人者，天下选臣，岂可及哉！马氏不及阴氏远矣。吾不才，夙夜累息，常恐亏先后之法，有毛发之罪吾不释，言之不舍昼夜，而亲属犯之不止，治丧起坟，又不时觉，是吾言之不立而耳目之塞也。吾为天下母，而身服大练，食不求甘，左右但着帛布，无香薰之饰者，欲身率下也。以为外亲见之，当伤心自敕；但笑言'太后素好俭'。前过濯龙门上，见外家问起居者，车如流水，马如游龙，仓头衣绿褠，领袖正白，顾视御者，不及远矣。故不加谴怒，但绝岁用而已，冀以默愧其心，犹懈怠无忧国忘家之虑。知臣莫若君，况亲属乎？吾岂可上负先帝之旨，下亏先人之德，重袭西京败亡之祸哉！"固不许。

帝省诏悲叹，复重请曰："汉兴，舅氏之封侯，犹皇子之为王也。太后诚存谦虚，奈何令臣独不加恩三舅乎！且卫尉年尊，两校尉有大病，如令不讳，使臣长抱刻骨之恨。宜及吉时，不可稽留。"太后报曰："吾反覆念之，思令两善，岂徒欲获谦让之名而使帝受不外施之嫌哉！昔窦太后欲封王皇后之兄，丞相条侯言'高祖约，无军功不侯'。今马氏无功于国，岂得与阴、郭中兴之后等邪！常观富贵之家，禄位重叠，犹再实之木，其根必伤。且人所以愿封侯者，欲上奉祭祀，下求温饱耳。今祭祀则受太官之赐，衣食则蒙御府余资，斯岂不可足，而必当得一县乎！吾计之熟矣，勿有疑也。夫至孝之行，安亲为上。今数遭变异，谷价数倍，忧惶昼夜，不安坐卧，而欲先营外家之封，违慈母之拳拳乎！吾素刚急，有胸中气，不可不顺也。子之未冠，由于父母，已冠成人，则行子之志。念帝，人君也。吾以未逾三年之故，自吾家族，故得专之。若阴阳调和，边境清静，然后行子之志。吾但当含饴弄孙，不能复关政矣。"上乃止。

太后尝诏三辅："诸马婚亲有属托郡县、干乱吏治者，以法闻。"太夫人葬起坟微高，太后以为言，兄卫尉廖等即时减削。其外亲有谦素义行者，辄假借温言，赏以财位。如有纤介，则先见严恪之色，然后加谴。其美车服、不遵法度者，便绝属籍，遣归田里。广平、钜鹿、乐成王，车骑朴素，无金银之饰，帝以白太后，即赐钱各五百万。于是内外从化，被服如一，诸家惶恐，倍于永平时。置织室，蚕于濯龙中，数往观视，以为娱乐。常与帝旦夕言道政事及教授小王论语经书，述叙平生，雍和终日。

马廖虑美业难终，上疏劝成德政曰："昔元帝罢服官，成帝御浣衣，哀帝去乐府，然而侈费不息，至于衰乱者，百姓从行不从言也。夫改政移风，必有其本。传曰：'吴王好剑客，百姓多创瘢。楚王好细腰，宫中多饿死。'长安语曰：'城中好高结，四方高一尺。城中好广眉，四方且半额。城中好大袖，四方全匹帛。'斯言如戏，有切事实。前下制度未几，后稍不行，虽或吏不奉法，良由慢起京师。今陛下素简所安，发自圣性，诚令斯事一竟，则四海诵德，声薰天地，神明可通，况于行令乎！"太后深纳之。

四年夏四月，有司连据旧典，请封诸舅。帝以天下丰稔，方垂无事，癸卯，遂封卫尉廖为顺阳侯，车骑将军防为颍阳侯，执金吾光为许侯。太后闻之，曰："吾少壮时，但慕竹帛，志不顾命。今虽已老，犹戒之在得，故日夜惕厉，思自降损，冀乘此道，不负先帝。所以化导兄弟，共同斯志，欲令瞑目之日，无所复恨，何意老志复不从哉，万年之日长恨矣！"廖等并辞让，愿就关内侯，帝不许。廖等不得已，受封爵，而上书辞位，帝许之。五月丙辰，防、廖、光皆以特进就第。

窦氏专恣

汉章帝建初二年十二月，帝纳窦勋女为贵人，有宠。贵人母，即东海恭王女沘阳公主也。

三年三月癸巳，立贵人窦氏为皇后。

八年，皇后兄宪为侍中、虎贲中郎将，弟笃为黄门侍郎，并侍宫省，赏赐累积，喜交通宾客。司空第五伦上疏曰："臣伏见虎贲中郎将窦宪，椒房之亲，典司禁兵，出入省闼，年盛志美，卑让乐善，此诚其好士交结之方。然诸出入贵戚者，类多瑕衅禁锢之人，尤少守约安贫之节，士大夫无志之徒，更相贩卖，云集其门，盖骄佚所从生也。三辅论议者，至云'以贵戚废锢，当复以贵戚浣濯之，犹解酲当以酒也'。诐险趣势之徒，诚不可亲近。臣愚愿陛下、中宫严敕宪等闭门自守，无妄交通士大夫，防其未萌，虑于无形，令宪永保福禄，君臣交欢，无纤介之隙，此臣之所至愿也。"

宪恃宫掖声势，自王、主及阴、马诸家，莫不畏惮。宪以贱直请夺沁水公主园田，主逼畏不敢计。后帝出过园，指以问宪，宪阴喝不得对。后发觉，帝大怒，召宪切责曰："深思前过夺主田园时，何用愈赵高指鹿为马，久念使人惊怖。昔永平中，常令阴党、阴博、邓叠三人更相纠察，故诸豪戚莫敢犯法者。今贵主尚见枉夺，何况小民哉！国家弃宪，如孤雏腐鼠耳。"宪大惧，皇后为毁服深谢，良久乃得解，使以田还主。虽不绳其罪，然亦不授以重任。

臣光曰：人臣之罪，莫大于欺罔，是以明君疾之。孝章谓窦宪何异指鹿为马，善矣。然卒不能罪宪，则奸臣安所惩哉！夫人主之于臣下，患在不知其奸，苟或知之而复赦之，则不若不知之为愈也。何以言之？彼或为奸而上不之知，犹有所畏；既知而不能讨，彼知其不足畏也，则放纵而无所顾矣。是故知善而不能用，知恶而不能去，人主之深戒也。

元和三年三月，太尉郑弘数陈侍中窦宪权势太盛，言甚苦切，宪疾之。会弘奏宪党尚书张林、雒阳令杨光在官贪残。书奏，吏与光故旧，因以告之，光报宪。宪奏弘大臣漏泄密事，帝诘让弘。夏四月丙寅，收弘印绶。弘自诣廷尉，诏敕出之，因乞骸骨归，未许。病笃，上书陈谢曰："窦宪奸恶，贯天达地，海内疑惑，贤愚疾恶，谓'宪何术以迷主上！近日王氏之祸，昞然可见'。陛下处天子之尊，保万世之祚，而信谗佞之臣，不计存亡之机，臣虽命在晷刻，死不忘忠，愿陛下诛四凶之罪，以厌人鬼愤结之望。"帝省章，遣医视弘病，比至，已薨。

章和二年春正月壬辰，帝崩于章德前殿。太子即位，年十岁，尊皇后曰皇太后。三月，太后临朝。窦宪以侍中内干机密，出宣诰命；弟笃为虎贲中郎将，笃弟景、瓌并为中常侍，兄弟皆在亲要之地。宪客崔骃以书戒宪曰："传曰'生而富者骄，生而贵者傲'。生富贵而能不骄傲者，未之有也。今宠禄初隆，百僚观行，岂可不庶几夙夜，以永众誉乎！昔冯野王以外戚居位，称为贤臣；近阴卫尉克己复礼，终受多福。外戚所以获讥于时，垂愆于后者，盖在满而不挹，位有余而仁不足也。汉兴以后，迄于哀、平，外家二十，保族全身，四人而已。书曰：'鉴于有殷。'可不慎哉！"

庚戌，皇太后诏："以故太尉邓彪为太傅，赐爵关内侯，录尚书事，百官总己以听。"窦宪以彪有义让，先帝所敬，而仁厚委随，故尊崇之。其所施为，辄外令彪奏，内白太后，事无不从。彪在位，修身而已，不能有所匡正。宪性果急，睚眦之怨，莫不报复。永平时，谒者韩纡考劾宪父勋狱，宪遂令客斩纡子，以首祭勋冢。

秋七月，南单于上言请出兵共讨北匈奴，太后议欲从之。会齐殇王子都乡侯畅(求)〔来〕吊国忧，太后数召见之。窦宪惧畅分宫省之权，遣客刺杀畅于屯卫之中，而归罪于畅弟利侯刚，乃使侍御史与青州刺史杂考刚等。尚书颍川韩棱以为"贼在京师，不宜舍近问远，恐为奸臣所笑"。太后怒，以切责棱，棱固执其议。何敞说宋由曰："畅，宗室肺府，茅土藩臣，来吊大忧，上书须报，亲在武卫，致此残酷。奉宪之吏，莫适讨捕，踪迹不显，主名不立。敞备数股肱，职典贼曹，欲亲至发所，以纠其变。而二府执事，以为'故事，三公不与贼盗'，公纵奸慝，莫以为咎。敞请独奏案之。"由乃许焉。二府闻敞行，皆遣主者随之。于是推举，具得事实。太后怒，闭宪于内宫。宪惧诛，因自求击匈奴以赎死。冬十月乙亥，以宪为车骑将军伐北匈奴。

和帝永元元年春，窦宪将征匈奴，三公九卿诣朝堂上书谏。事见两匈奴叛服。

窦宪尝使门生赍书诣尚书仆射郅寿，有所请托，寿即送诏狱，前后上书，陈宪骄恣，引王莽以诫国家。又因朝会，刺讥宪等以伐匈奴、起第宅事，厉音正色，辞旨甚切。宪怒，陷寿以买公田、诽谤，下吏，当诛。何敞上疏曰："寿机密近臣，匡救为职，若怀默不言，其罪当诛。今寿违众正议以安宗庙，岂其私邪？臣所以触死瞽言，非为寿也，忠臣尽节，以死为归。臣虽不知寿，度其甘心安之。诚不欲圣朝行诽谤之诛，以伤晏晏之化，杜塞忠直，垂讥无穷。臣敞谬与机密，言所不宜，罪名明白，当填牢狱，先寿僵仆，万死有余。"书奏，寿得减死论，徙合浦，未行，自杀。寿，恽之子也。

夏六月，窦宪出朔方鸡鹿塞，分遣副校尉阎盘等破北单于于稽落山。事见两匈奴叛服。

秋九月庚申，以窦宪为大将军，中郎将刘尚为车骑将军。封宪武阳侯，食邑二万户。宪固辞封爵，诏许之。旧，大将军位在三公下，至是，诏宪位次太傅下、三公上，长史、司马秩中二千石。

窦氏兄弟骄纵，而执金吾景尤甚，奴客缇骑强夺人财货，篡取罪人，妻略妇女，商贾闭塞，如避寇仇。又擅发缘边诸郡突骑有才力者。有司莫敢举奏，袁安劾景“擅发边兵，惊惑吏民，二千石不待符信而辄承景檄，当伏显诛”。又奏“司隶校尉、河南尹阿附贵戚，不举劾，请免官案罪”。并寝不报。驸马都尉瓌，独好经书，节约自修。

尚书何敞上封事曰：“昔郑武姜之幸叔段，卫庄公之宠州吁，爱而不教，终至凶戾。由是观之，爱子若此，犹饥而食之以毒，适所以害之也。伏见大将军宪，始遭大忧，公卿比奏，欲令典干国事。宪深执谦退，固辞盛位，恳恳勤勤，言之深至，天下闻之，莫不悦喜。今逾年无几，大礼未终，卒然中改，兄弟专朝，宪秉三军之重，笃、景总宫卫之权，而虐用百姓，奢侈僭逼，诛戮无罪，肆心自快。今者论议汹汹，咸谓叔段、州吁复生于汉。臣观公卿怀持两端，不肯极言者，以为宪等若有匪懈之志，则已受吉甫褒申伯之功；如宪等陷于罪辜，则自取陈平、周勃顺吕后之权，终不以宪等吉凶为忧也。臣敞区区诚欲计策两安，绝其绵绵，塞其涓涓，上不欲令皇太后损文母之号、陛下有誓泉之讥，下使宪等得长保其福祐也。驸马都尉瓌，比请退身，愿抑家权，可与参谋，听顺其意，诚宗庙至计，窦氏之福。”时济南王康尊贵骄甚，宪乃白出敞为济南太傅。康有违失，敞辄谏争，康虽不能从，然素敬重敞，无所嫌牾焉。

二年六月，诏封窦宪为冠军侯，笃为郾侯，瓌为夏阳侯。宪独不受封。

三年春二月，窦宪遣左校尉耿夔等破北单于于金微山。事见两匈奴叛服。

窦宪既立大功，威名益盛，以耿夔、任尚等为爪牙，邓叠、郭璜为心腹，班固、傅毅之徒典文章，刺史、守、令多出其门，竞赋敛吏民，共为赂遗。司徒袁安、司空任隗举奏诸二千石并所连及，贬秩免官者四十余人，窦氏大恨；但安、隗素行高，亦未有以害之。尚书仆射乐恢刺举无所回避，宪等疾之。恢上疏曰："陛下富于春秋，纂承大业，诸舅不宜干正王室，以示天下之私。方今之宜，上以义自割，下以谦自引，四舅可长保爵土之荣，皇太后永无惭负宗庙之忧，诚策之上者也。"书奏，不省。恢称疾乞骸骨，归长陵。宪风厉州郡，迫胁恢饮药死。于是朝臣震慑，望风承旨，无敢违者。袁安以天子幼弱，外戚擅权，每朝会进见，及与公卿言国家事，未尝不喑呜流涕，自天子及大臣，皆恃赖之。

冬十月，诏窦宪与车驾会长安。宪至，尚书以下议欲拜之，伏称万岁。尚书韩棱正色曰："夫上交不谄，下交不黩，礼无人臣称万岁之制。"议者皆惭而止。尚书左丞王龙私奏记、上牛酒于宪，棱举奏龙，论为城旦。

窦宪请遣使立北单于弟右谷蠡王于除鞬为单于，袁安上封事争之，后上竟从宪策。事见两匈奴叛服。

四年。初，庐江周荣辟袁安府，安举奏窦景及争立北单于事，皆荣所具草，窦氏客太尉掾徐齮深恶之，胁荣曰："子为袁公腹心之谋，排奏窦氏，窦氏悍士刺客满城中，谨备之矣！"荣曰："荣，江淮孤生，得备宰士，纵为窦氏所害，诚所甘心！"因敕妻子："若卒遇飞祸，无得殡敛，冀以区区腐身觉悟朝廷。"

夏四月丙辰，窦宪还至京师。夏六月戊戌朔，日有食之。丁鸿上疏曰："昔诸吕握权，统嗣几移。哀、平之末，庙不血食。故虽有周公之亲，而无其德，不得行其势也。今大将军虽欲敕身自约，不敢僭差，然而天下远近，皆惶怖承旨。刺史、二千石初除，谒辞，求通待报，虽奉符玺，受台敕，不敢便去，久者至数十日。背王室，向私门，此乃上威损，下权盛也。人道悖于下，效验见于天，虽有隐谋，神照其情，垂象见戒，以告人君。禁微则易，救末则难。人莫不忽于微细以致其大，恩不忍诲，义不忍割，去事之后，未然之明镜也。夫天不可以不刚，不刚则三光不明；王不可以不强，不强则宰牧从横。宜因大变，改政匡失，以塞天意。"

窦氏父子兄弟并为卿、校，充满朝廷。穰侯邓叠、叠弟步兵校尉磊及母元、宪女婿射声校尉郭举、举父长乐少府璜共相交结。元、举并出入禁中，举得幸太后，遂共图为杀害，帝阴知其谋。是时，宪兄弟专权，帝与内外臣僚莫由亲接，所与居者阉宦而已。帝以朝臣上下莫不附宪，独中常侍钩盾令郑众，谨敏有心几，不事豪党，遂与众定议诛宪，以宪在外，虑其为乱，忍而未发。会宪与邓叠皆还京师，时清河王庆，恩遇尤渥，常入省宿止。帝将发其谋，欲得外戚传，惧左右，不敢使，令庆私从千乘王求，夜，独内之。又令庆传语郑众，求索故事。庚申，帝幸北宫，诏执金吾、五校尉勒兵屯卫南、北宫，闭城门，收捕郭璜、郭举、邓叠、邓磊，皆下狱死。遣谒者仆射收宪大将军印绶，更封为冠军侯，与笃、景、瓌皆就国。帝以太后故，不欲名诛宪，为选严能相督察之。宪、笃、景到国，皆迫令自杀。

初，河南尹张酺数以正法绳治窦景，及窦氏败，酺上疏曰：

"方宪等宠贵，群臣阿附唯恐不及，皆言宪受顾命之托，怀伊、吕之忠，至乃复比邓夫人于文母，今严威既行，皆言当死，不复顾其前后，考折厥衷。臣伏见夏阳侯瓌每存忠善，前与臣言，常有尽节之心，检敕宾客，未尝犯法。臣闻王政骨肉之刑，有三宥之义，过厚不过薄。今议者欲为瓌选严能相，恐其迫切，必不完免，宜裁加贷宥，以崇厚德。"帝感其言，由是瓌独得全。窦氏宗族宾客，以宪为官者，皆免归故郡。

初，班固奴尝醉骂洛阳令种兢，兢因逮考窦氏宾客，收捕固，死狱中。

初，窦宪纳妻，天下郡国皆有礼庆。汉中郡亦当遣吏，户曹李郃谏曰："窦将军椒房之亲，不修德礼而专权骄恣，危亡之祸可翘足而待，愿明府一心王室，勿与交通。"太守固遣之，郃不能止，请求自行，许之。郃遂所在迟留以观其变，行至扶风而宪就国。凡交通者皆坐免官，汉中太守独不与焉。

西域归附

汉光武建武五年。元帝之世，莎车王延尝为侍子京师，慕乐中国。及王莽之乱，匈奴略有西域，唯延不肯附属，常敕诸子："当世奉汉家，不可负也。"延卒，子康立。康率傍国拒匈奴，拥卫故都护吏士、妻子千余口，檄书河西，问中国动静。窦融乃承制立康为汉莎车建功怀德王、西域大都尉，五十五国皆属焉。

九年秋八月，莎车王康卒，弟贤立。

十四年冬，莎车王贤、鄯善王安皆遣使奉献。西域苦匈奴重敛，皆愿属汉，复置都护。上以中国新定，不许。

十七年，莎车王贤复遣使奉献，请都护。帝赐贤西域都护印绶及车、旗、黄金、锦绣。敦煌太守裴遵上言："夷狄不可假以大权，又令诸国失望。"诏书收还都护印绶，更赐贤以汉大将军印绶，其使不肯易，遵迫夺之。贤由是始恨，而犹诈称大都护，移书诸国，诸国悉服属焉。

二十一年，莎车王贤浸以骄横，欲兼并西域，数攻诸国，重求赋税，诸国愁惧。车师前王、鄯善、焉耆等十八国俱遣子入侍，献其珍宝；及得见，皆流涕稽首，愿得都护。帝以中国初定，北边未服，皆还其侍子，厚赏赐之。诸国闻都护不出，而侍子皆还，大忧恐，乃与敦煌太守檄，"愿留侍子以示莎车，言侍子见留，都护寻出，冀且息其兵"。裴遵以状闻，帝许之。

二十二年，西域诸国侍子久留敦煌，皆愁思亡归。莎车王贤知都护不至，击破鄯善，攻杀龟兹王。鄯善王安上书："愿复遣子入侍，更请都护。都护不出，诚迫于匈奴。"帝报曰："今使者大兵未能得出，如诸国力不从心，东西南北自在也。"于是鄯善、车师复附匈奴。

班固论曰：孝武之世，图制匈奴，患其兼从西国，结党南羌，乃表河曲列四郡，开玉门，通西域，以断匈奴右臂，隔绝南羌、月氏；单于失援，由是远遁，而幕南无王庭。遭值文、景玄默，养民五世，财力有余，士马强盛，故能睹犀布、玳瑁则建珠崖七郡，感蒟酱、竹杖则开牂柯、越嶲，闻天马、蒲陶则通大宛、安息。自是殊方异物，四面而至。于是开苑囿，广宫室，盛帷帐，美服玩，设酒池、肉林以飨四夷之客，作鱼龙、角抵之戏以观视之。及赂遗赠送，万里相奉，师旅之费，不可胜计。至于用度不足，乃榷酒酤，管盐铁，铸白金，造皮币，算至车船，租及六畜。民力屈，财用竭，因之以凶年，寇盗并起，道路不通，直指之使始出，衣绣杖斧，断斩于郡国，然后胜之。是以末年遂弃轮台之地，而下哀痛之诏，岂非仁圣之所悔哉！且通西域，近有龙堆，远则葱岭、身热、头痛、悬度之厄，淮南、杜钦、扬雄之论，皆以为此天地所以界别区域，绝外内也。西域诸国，各有君长，兵众分弱，无所统一，虽属匈奴，不相亲附；匈奴能得其马畜、旃罽而不能统率，与之进退。与汉隔绝，道里又远，得之不为益，弃之不为损，盛德在我，无取于彼。故自建武以来，西域思汉威德，咸乐内属，数遣使置质于汉，愿请都护。圣上远览古今，因时之宜，辞而未许。虽大禹之序西戎，周公之让白雉，太宗之却走马，义兼之矣。

明帝永平三年冬十月，莎车王贤以兵威逼夺于寘、大宛、妫塞王国，使其将守之。于寘人杀其将(军)〔君〕德，立大人休莫霸为王，贤率诸国兵数万击之，大为休莫霸所败，脱身走还。休莫霸进围莎车，中流矢死，于寘人复立其兄子广德为王，广德使其弟仁攻贤。广德父先拘在莎车，贤乃归其父，以女妻之，与之和亲。

四年冬十月，于寘王广德将诸国兵三万人攻莎车，诱莎车王贤，杀之，并其国。匈奴发诸国兵围于寘，广德请降。匈奴立贤质子不居征为莎车王，广德又攻杀之，更立其弟齐黎为莎车王。

十六年，奉车都尉窦固之伐北匈奴也，使假司马班超与从事郭恂俱使西域。超行到鄯善，鄯善王广奉超礼敬甚备，后忽更疏懈。超谓其官属曰："宁觉广礼意薄乎？"官属曰："胡人不能常久，无他故也。"超曰"此必有北虏使来，狐疑未知所从故也。明者睹未萌，况已著邪。"乃召侍胡，诈之曰："匈奴使来数日，今安在乎？"侍胡惶恐曰："到已三日，去此三十里。"超乃闭侍胡，悉会其吏士三十六人，与共饮，酒酣，因激怒之曰："卿曹与我俱在绝域，今虏使到裁数日，而王广礼敬即废，如令鄯善收吾属送匈奴，骸骨长为豺狼食矣，为之奈何？"官属皆曰："今在危亡之地，死生从司马。"超曰："不入虎穴，不得虎子。当今之计，独有因夜以火攻虏，使彼不知我多少，必大震怖，可殄尽也。灭此虏，则鄯善破胆，功成事立矣。"众曰："当与从事议之。"超怒曰："吉凶决于今日，从事文俗吏，闻此必恐而谋泄，死无所名，非壮士也。"众曰："善。"初夜，超遂将吏士往奔虏营。会天大风，超令十人持鼓藏虏舍后，约曰："见火然，皆当鸣鼓大呼。余人悉持兵弩，夹门而伏。"超乃顺风纵火，前后鼓噪，虏众惊乱，超手格杀三人，吏兵斩其使及从士三十余级，余众百许人悉烧死。明日乃还，告郭恂，恂大惊，既而色动，超知其意，举手曰："掾虽不行，班超何心独擅之乎！"恂乃悦。超于是召鄯善王广，以虏使首示之，一国震怖。超告以汉威德，自今以后，勿复与北虏通。广叩头，"愿属汉，无二心"，遂纳子为质。还白窦固，固大喜，具上超功效，并求更选使使西域。帝曰："吏如班超，何故不遣，而更选乎？今以超为军司马，令遂前功。"

固复使超使于寘，欲益其兵。超愿但将本所从三十六人，曰："于寘国大而远，今将数百人，无益于强，如有不虞，多益为累耳。"是时于寘王广德雄张南道，而匈奴遣使监护其国。超既至于寘，广德礼意甚疏。且其俗信巫，巫言："神怒，何故欲向汉？汉使有騧马，急求取以祠我。"广德乃遣国相私来比就超请马。超密知其状，报许之，而令巫自来取马。有顷，巫至，超即斩其首，收私来比，鞭笞数百。以巫首送广德，因责让之。广德素闻超在鄯善诛灭虏使，大惶恐，即杀匈奴使者而降。超重赐其王以下，因镇抚焉。于是诸国皆遣子入侍，西域与汉绝六十五载，至是乃复通焉。超，彪之子也。

十七年。初，龟兹王建为匈奴所立，倚恃虏威，据有北道，攻杀疏勒王，立其臣兜题为疏勒王。班超从间道至疏勒，去兜题所居槃橐城九十里，逆遣吏田虑先往降之。敕虑曰："兜题本非疏勒种，国人必不用命，若不即降，便可执之。"虑既到，兜题见虑轻弱，殊无降意。虑因其无备，遂前劫缚兜题，左右出其不意，皆惊惧奔走。虑驰报超，超即赴之，悉召疏勒将吏，说以龟兹无道之状，因立其故王兄子忠为王，国人大悦。超问忠及官属："当杀兜题邪？生遣之邪？"咸曰："当杀之。"超曰："杀之无益于事，当令龟兹知汉威德。"遂解遣之。

冬十一月，遣奉车都尉窦固、驸马都尉耿秉、骑都尉刘张出敦煌昆仑塞，击西域，秉、张皆去符、传以属固。合兵万四千骑，击破白山虏于蒲类海上，遂进击车师。车师前王，即后王之子也，其廷相去五百余里。固以后王道远，山谷深，士卒寒苦，欲攻前王。秉以为先赴后王，并力根本，则前王自服。固计未决，秉奋身而起曰："请行前。"乃上马引兵北入，众军不得已，并进，斩首数千级。后王安得震怖，走出门迎秉，脱帽，抱马足降。秉将以诣固，其前王亦归命，遂定车师而还。

十八年春二月，诏窦固等罢兵还京师。

十一月，焉耆、龟兹攻没都护陈睦。事见两匈奴叛服。

章帝建初元年三月，诏征还班超。超将发还，疏勒举国忧恐，其都尉黎弇曰："汉使弃我，我必复为龟兹所灭耳。诚不忍见汉使去。”因以刀自刭。超还，至于窴，王侯以下皆号泣曰：“依汉使如父母，诚不可去。”互抱超马脚，不得行。超亦欲遂其本志，乃更还疏勒。疏勒两城已降龟兹，而与尉头连兵。超捕斩反者，击破尉头，杀六百余人，疏勒复安。

三年闰四月，西域假司马班超率疏勒、康居、于窴、拘弥兵一万人攻姑墨石城，破之，斩首七百级。

五年夏五月，班超欲遂平西域，上疏请兵曰：“臣窃见先帝欲开西域，故北击匈奴，西使外国，鄯善、于窴即时向化。今拘弥、莎车、疏勒、月氏、乌孙、康居复愿归附，欲共并力破灭龟兹，平通汉道。若得龟兹，则西域未服者百分之一耳。前世议者皆曰：‘取三十六国，号为断匈奴右臂。’今西域诸国，自日之所入，莫不向化，大小欣欣，贡奉不绝，唯焉耆、龟兹独未服从。臣前与官属三十六人奉使绝域，备遭艰厄，自孤守疏勒，于今五载，胡夷情数，臣颇识之，问其城郭小大，皆言倚汉与依天等。以是效之，则葱领可通，龟兹可伐。今宜拜龟兹侍子白霸为其国王，以步骑数百送之，与诸国连兵，岁月之间，龟兹可禽。以夷狄攻夷狄，计之善者也。臣见莎车、疏勒田地肥广，草牧饶衍，不比敦煌、鄯善间也，兵可不费中国而粮食自足。且姑墨、温宿二王，特为龟兹所置，既非其种，更相厌苦，其势必有降者，若二国来降，则龟兹自破。愿下臣章，参考行事，诚有万分，死复何恨！臣超区区特蒙神灵，窃冀未便僵仆，目见西域平定，陛下举万年之觞，荐勋祖庙，布大喜于天下。”书奏，帝知其功可成，议欲给兵。平陵徐干上疏，愿奋身佐超，帝以干为假司马，将弛刑及义从千人就超。

先是，莎车以为汉兵不出，遂降于龟兹，而疏勒都尉番辰亦叛。会徐干适至，超遂与干击番辰，大破之，斩首千余级。欲进攻龟兹，以乌孙兵强，宜因其力，乃上言："乌孙大国，控弦十万，故武帝妻以公主，至孝宣帝卒得其用。今可遣使招慰，与共合力。"帝纳之。

八年冬十二月，帝拜班超为将兵长史，以徐干为军司马，别遣卫候李邑护送乌孙使者。邑到于窴，值龟兹攻疏勒，恐惧不敢前，因上书陈西域之功不可成，又盛毁超"拥爱妻，抱爱子，安乐外国，无内顾心"。超闻之叹曰："身非曾参而有三至之谗，恐见疑于当时矣。"遂去其妻。帝知超忠，乃切责邑曰："纵超拥爱妻抱爱子，思归之士千余人，何能尽与超同心乎？"令邑诣超受节度。

元和元年十二月，帝复遣假司马和恭等将兵八百人诣班超。超因发疏勒、于窴兵击莎车。莎车以赂诱疏勒王忠，忠遂反，从之，西保乌即城。超乃更立其府丞成大为疏勒王，悉发其不反者以攻忠，使人说康居王执忠以归其国，乌即城遂降。

三年九月，疏勒王忠从康居王借兵，还据损中，遣使诈降于班超，超知其奸而伪许之。忠从轻骑诣超，超斩之，因击破其众，南道遂通。

章和元年，班超发于窴诸国兵共二万五千人击莎车，龟兹王发温宿、姑墨、尉头兵合五万人救之。超召将、校及于窴王议曰："今兵少不敌，其计莫若各散去。于窴从是而东，长史亦于此西归，可须夜鼓声而发。"阴缓所得生口。龟兹王闻之，大喜，自以万骑于西界遮超，温宿王将八千骑于东界徼于窴。超知二虏已出，密召诸部勒兵，鸡鸣，驰赴莎车营。胡大惊乱，奔走，追斩五千余级。莎车遂降，龟兹等因各退散。自是威震西域。

和帝永元二年夏五月，月氏求尚公主，班超拒还其使，由是怨恨，遣其副王谢将兵七万攻超。超众少，皆大恐。超譬军士曰："月氏兵虽多，然数千里逾葱领来，非有运输，何足忧邪！但当收谷坚守，彼饥穷自降，不过数十日决矣。"谢遂前攻超，不下。又钞掠，无所得。超度其粮将尽，必从龟兹求食，乃遣兵数百于东界要之。谢果遣骑赍金银珠玉以赂龟兹，超伏兵遮击，尽杀之，持其使首以示谢。谢大惊，即遣使请罪，愿得生归。超纵遣之。月氏由是大震，岁奉贡献。

三年冬十月，龟兹、姑墨、温宿诸国皆降。十二月，复置西域都护、骑都尉、戊己校尉官。以班超为都护，徐干为长史，拜龟兹侍子白霸为龟兹王，遣司马姚光送之。超与光共胁龟兹，废其王尤利多而立白霸，使光将尤利多还诣京师。超居龟兹它干城，徐干屯疏勒，唯焉耆、危须、尉犁以前没都护，犹怀二心，其余悉定。

六年秋七月，西域都护班超发龟兹、鄯善等八国兵合七万余人讨焉耆，到其城下，诱焉耆王广、尉犁王泛等于陈睦故城，斩之，传首京师；因纵兵钞掠，斩首五千余级，获生口万五千人，更立焉耆左侯元孟为焉耆王。超留焉耆半岁，慰抚之。于是西域五十余国悉纳质内属，至于海滨，四万里外，皆重译贡献。

九年十二月，西域都护定远侯班超遣掾甘英使大秦、条支，穷西海，皆前世所不至，莫不备其风土，传其珍怪焉。

十四年秋七月，班超久在绝域，年老思土，上书乞归，曰："臣不敢望到酒泉郡，但愿生入玉门关。谨遣子勇随安息献物入塞，及臣生在，令勇目见中土。"朝廷久之未报，超妹曹大家上书曰："蛮夷之性，悖逆侮老，而超旦暮入地，久不见代，恐开奸宄之源，生逆乱之心。而卿大夫咸怀一切，莫肯远虑，如有卒暴，超之气力不能从心，便为上损国家累世之功，下弃忠臣竭力之用，诚可痛也！故超万里归诚，自陈苦急，延颈逾望，三年于今，未蒙省录。妾窃闻古者十五受兵，六十还之，亦有休息，不任职也。故妾敢触死为超求哀，匄超余年，一得生还，复见阙庭，使国家无劳远之虑，西域无仓卒之忧，超得长蒙文王葬骨之恩，子方哀老之惠。”帝感其言，乃征超还。八月，超至洛阳，拜为射声校尉。九月，卒。

超之被征，以戊己校尉任尚代为都护。尚谓超曰：“君侯在外国三十余年，而小人猥承君后，任重虑浅，宜有以诲之。”超曰：“年老失智。君数当大位，岂班超所能及哉。必不得已，愿进愚言：塞外吏士，本非孝子顺孙，皆以罪过徙补边屯，而蛮夷怀鸟兽之心，难养易败。今君性严急，水清无大鱼，察政不得下和，宜荡佚简易，宽小过，总大纲而已。”超去后，尚私谓所亲曰：“我以班君当有奇策，今所言平平耳。”尚后竟失边和，如超所言。

殇帝延平元年九月，诏以北地梁慬为西域副校尉。慬行至河西，会西域诸国反，攻都护任尚于疏勒，尚上书求救。诏慬将河西四郡羌胡五千骑驰赴之。慬未至，而尚已得解。诏征尚还，以骑都尉段禧为都护，西域长史赵博为骑都尉。禧、博守它乾城，城小，梁慬以为不可固，乃谲说龟兹王白霸，欲入共保其城。白霸许之，吏民固谏，白霸不听。慬既入，遣将急迎段禧、赵博，合军八九千人。龟兹吏民并叛其王，而与温宿、姑墨数万兵反，共围城，慬等出战，大破之。连兵数月，胡众败走，乘胜追击，凡斩首万余级，获生口数千人，龟兹乃定。

安帝永初元年五月，西域都护段禧等虽保龟兹，而道路隔塞，檄书不通。公卿议者以为西域阻远，数有背叛，吏士屯田，其费无已。六月壬戌，罢西域都护，遣骑都尉王弘发关中兵迎禧及梁慬、赵博，伊吾卢、柳中屯田吏士而还。

元初六年。初,西域诸国既绝于汉,北匈奴复以兵威役属之,与共为边寇。敦煌太守曹宗患之,乃上遣行长史索班将千余人屯伊吾以招抚之。于是车师前王及鄯善王复来降。

永宁元年春三月,北匈奴率车师后王军就共杀后部司马及敦煌长史索班等,遂击走其前王,略有北道。鄯善逼急,求救于曹宗,宗因此请出兵五千人击匈奴,以报索班之耻,因复取西域。公卿多以为宜闭玉门关,绝西域。太后闻军司马班勇有父风,召诣朝堂问之。勇上议曰:"昔孝武皇帝患匈奴强盛,于是开通西域,论者以为夺匈奴府藏,断其右臂。光武中兴,未遑外事,故匈奴负强,驱率诸国。及至永平,再攻敦煌,河西诸郡城门昼闭。孝明皇帝深惟庙策,乃命虎臣出征西域,故匈奴远遁,边境得安;及至永元,莫不内属。会间者羌乱,西域复绝,北虏遂遣责诸国,备其逋租,高其价直,严以期会,鄯善、车师皆怀愤怨,思乐事汉,其路无从。前所以时有叛者,皆由牧养失宜,还为其害故也。今曹宗徒耻于前负,欲报雪匈奴,而不寻出兵故事,未度当时之宜也。夫要功荒外,万无一成,若兵连祸结,悔无所及。况今府藏未充,师无后继,是示弱于远夷,暴短于海内,臣愚以为不可许也。旧敦煌郡有营兵三百人,今宜复之,复置护西域副校尉,居于敦煌,如永元故事,又宜遣西域长史将五百人屯楼兰,西当焉耆、龟兹径路,南强鄯善、于窴心胆,北捍匈奴,东近敦煌,如此诚便。"

尚书复问勇:"利害云何?"勇对曰:"昔永平之末,始通西域,初遣中郎将居敦煌,后置副校于车师,既为胡虏节度,又禁汉人不得有所侵扰,故外夷归心,匈奴畏威。今鄯善王尤还,汉人外孙,若匈奴得志,则尤还必死。此等虽同鸟兽,亦知避害,若出屯楼兰，足以招附其心，愚以为便。”长乐卫尉镡显、廷尉綦毋参、司隶校尉崔据难曰：“朝廷前所以弃西域者，以其无益于中国而费难供也。今车师已属匈奴，鄯善不可保信，一旦反覆，班将能保北虏不为边害乎？”勇对曰：“今中国置州牧者，以禁郡县奸猾盗贼也。若州牧能保盗贼不起者，臣亦愿以要斩保匈奴之不为边害也。今通西域则虏势必弱，虏势弱则为患微矣。孰与归其府藏，续其断臂哉！今置校尉以捍抚西域，设长史以招怀诸国；若弃而不立，则西域望绝，望绝之后，屈就北虏，缘边之郡，将受困害，恐河西城门必须复有昼闭之儆矣。今不廓开朝廷之德而拘屯戍之费，若此，北虏遂炽，岂安边久长之策哉！”

太尉属毛轸难曰：“今若置校尉，则西域络绎遣使，求索无厌，与之则费难供，不与则失其心，一旦为匈奴所迫，当复求救，则为役大矣。”勇对曰：“今设以西域归匈奴，而使其恩德大汉，不为钞盗，则可矣。如其不然，则因西域租入之饶，兵马之众，以扰动缘边，是为富仇雠之财，增暴夷之势也。置校尉者，宣威布德，以系诸国内向之心，以疑匈奴觊觎之情，而无费财耗国之虑也。且西域之人，无他求索，其来人者不过禀食而已。今若拒绝，势归北属夷虏，并力以寇并、凉，则中国之费不止十亿。置之诚便。”

于是从勇议，复敦煌郡营兵三百人，置西域副校尉居敦煌，虽复羁縻西域，然亦未能出屯。其后匈奴果数与车师共入寇钞，河西大被其害。

延光二年，北匈奴连与车师入寇河西，议者欲复闭玉门、阳关以绝其患。敦煌太守张珰上书曰：“臣在京师，亦以为西域宜弃，今亲践其土地，乃知弃西域则河西不能自存。谨陈西域三策：北虏呼衍王常展转蒲类、秦海之间，专制西域，共为寇钞。今以酒泉属国吏士二千余人集昆仑塞，先击呼衍王，绝其根本，因发鄯善兵五千人胁车师后部，此上计也。若不能出兵，可置军司马，将士五百人，四郡供其犁牛、谷食，出据柳中，此中计也。如又不能，则宜弃交河城，收鄯善等悉使入塞，此下计也。"朝廷下其议。陈忠上疏曰："西域内附日久，区区东望扣关者数矣，此其不乐匈奴，慕汉之效也。今北虏已破车师，势必南攻鄯善，弃而不救，则诸国从矣。若然，则虏财贿益增，胆势益殖，威临南羌，与之交通，如此，河西四郡危矣。河西既危，不可不救，则百倍之役兴，不訾之费发矣。议者但念西域绝远，恤之烦费，不见孝武苦心勤劳之意也。方今敦煌孤危，远来告急，复不辅助，内无以慰劳吏民，外无以威示百蛮，蹙国减土，非良计也。臣以为敦煌宜置校尉，按旧增四郡屯兵，以西抚诸国。"帝纳之，于是复以班勇为西域长史，将兵五百人出屯柳中。

三年春正月，班勇至楼兰，以鄯善归附，特加三绶，而龟兹王白英犹自疑未下。勇开以恩信，白英乃率姑墨、温宿，自缚诣勇。因发其兵步骑万余人到车师前王庭，击走匈奴伊蠡王于伊和谷，收得前部五千余人，于是前部始复开通。还，屯田柳中。

四年秋七月，西域长史班勇发敦煌、张掖、酒泉六千骑及鄯善、疏勒、车师前部兵击后部王军就，大破之，获首虏八千余人，生得军就及匈奴持节使者，将至索班没处斩之，传首京师。

顺帝永建元年冬十月，班勇更立车师后部故王子加特奴为王。勇又使别校诛斩东且弥王，亦更立其种人为王，于是车师六国悉平。勇遂发诸国兵击匈奴，呼衍王亡走，其众二万余人皆降。生得单于从兄，勇使加特奴手斩之，以结车师、匈奴之隙。

北单于自将万余骑入后部，至金且谷。勇使假司马曹俊救之，单于引去，俊追斩其贵人骨都侯。于是呼衍王遂徙居枯梧河上，是后车师无复虏迹。

二年六月，西域城郭诸国皆服于汉，唯焉耆王元孟未降，班勇奏请攻之。于是遣敦煌太守张朗将河西四郡兵三千人配勇，因发诸国兵四万余人分为两道击之。勇从南道，朗从北道，约期俱至焉耆。而朗先有罪，欲徼功自赎，遂先期至爵离关，遣司马将兵前战，获首虏二千余人，元孟惧诛，逆遣使乞降。张朗径入焉耆，受降而还。朗得免诛，勇以后期征，下狱，免。

通鉴纪事本末卷第七

两匈奴叛服

汉光武建武二十三年。初,匈奴单于舆弟右谷蠡王知牙师以次当为左贤王,左贤王次即当为单于。单于欲传其子,遂杀知牙师。乌珠留单于有子曰比,为右薁鞬日逐王,领南边八部。比见知牙师死,出怨言曰:“以兄弟言之,右谷蠡王次当立;以子言之,我〔前〕单于长子,我当立。”遂内怀猜惧,庭会稀阔。单于疑之,乃遣两骨都侯监领比所部兵。及单于蒲奴立,比益恨望,密遣汉人郭衡奉匈奴地图诣西河太守求内附。两骨都侯颇觉其意,会五月龙祠,劝单于诛比。比弟渐将王在单于帐下,闻之,驰以报比。比遂聚八部兵四五万人,待两骨都侯还,欲杀之。骨都侯且到,知其谋,亡去。单于遣万骑击之,见比众盛,不敢进而还。

二十四年春正月,匈奴八部大人共议立日逐王比为呼韩邪单于,款五原塞,愿永为藩蔽,捍御北虏。事下公卿,议者皆以为“天下初定,中国空虚,夷狄情伪难知,不可许”。五官中郎将耿国独以为“宜如孝宣故事,受之,令东捍鲜卑,北拒匈奴,率厉四夷，完复边郡”。帝从之。

冬十月，匈奴日逐王比自立为南单于，遣使诣阙奉藩称臣。上以问朗陵侯臧宫，宫曰：“匈奴饥疫分争，臣愿得五千骑以立功。”帝笑曰：“常胜之家，难与虑敌，吾方自思之。”

二十五年春正月，南单于遣其弟左贤王莫将兵万余人击北单于弟薁鞬左贤王，生获之。北单于震怖，却地千余里，北部薁鞬骨都侯与右骨都侯率众三万余人归南单于。三月，南单于复遣使诣阙贡献，求使者监护，遣侍子，修旧约。

二十六年春正月，诏遣中郎将段郴、副校尉王郁使南匈奴，立其庭，去五原西部塞八十里。使者令单于伏拜受诏，单于顾望有顷，乃伏称臣。拜讫，令译晓使者曰：“单于新立，诚惭于左右，愿使者众中无相屈折也。”诏听南单于入居云中，始置使匈奴中郎将，将兵卫护之。

夏，南单于所获北虏薁鞬左贤王将其众及南部五骨都侯合三万余人畔归，去北庭三百余里，自立为单于。月余，日更相攻击，五骨都侯皆死，左贤王自杀，诸骨都侯子各拥兵自守。

秋，南单于遣子入侍，诏赐单于冠带、玺绶、车马、金帛、甲兵、什器，又转河东米糒二万五千斛，牛羊三万六千头以赡给之。令中郎将将弛刑五十人，随单于所处，参辞讼，察动静。单于岁尽辄遣奉奏，送侍子入朝，汉遣谒者送前侍子还单于庭，赐单于及阏氏、左、右贤王以下缯彩合万匹，岁以为常。于是云中、五原、朔方、北地、定襄、雁门、上谷、代八郡民归于本土。遣谒者分将弛刑，补治城郭，发遣边民在中国者布还诸县，皆赐以装钱，转给粮食。时城郭丘墟，扫地更为，上乃悔前徙之。

冬，南匈奴五骨都侯子复将其众三千人归南部，北单于使骑追击，悉获其众。南单于遣兵拒之，逆战，不利，于是复诏单于徙居西河美稷，因使段郴、王郁留西河拥护之，令西河长史岁将骑二千，弛刑五百人，助中郎将卫护单于。冬屯夏罢，自后以为常。南单于既居西河，亦列置诸部王，助汉扞戍北地、朔方、五原、云中、定襄、雁门、代郡，皆领部众，为郡县侦逻耳目。北单于惶恐，颇还所略汉民以示善意，钞兵每到南部下，还过亭候，辄谢曰："自击亡虏薁鞬日逐耳，非敢犯汉民也。"

二十七年五月，北匈奴遣使诣武威求和亲，帝召公卿廷议，不决。皇太子言曰："南单于新附，北虏惧于见伐，故倾耳而听，争欲归义耳。今未能出兵而反交通北虏，臣恐南单于将有二心，北虏降者且不复来矣。"帝然之，告武威太守，勿受其使。

朗陵侯臧宫、扬虚侯马武上书曰："匈奴贪利，无有礼信，穷则稽首，安则侵盗。虏今人畜疫死，旱蝗赤地，疲困之力，不当中国一郡，万里死命，县在陛下。福不再来，时或易失，岂宜固守文德而堕武事乎！今命将临塞，厚县购赏，谕告高句骊、乌桓、鲜卑攻其左，发河西四郡、天水、陇西羌胡击其右，如此，北虏之灭，不过数年。臣恐陛下仁恩不忍，谋臣狐疑，令万世刻石之功不立于圣世。"诏报曰："黄石公记曰：'柔能制刚，弱能制强，舍近谋远者劳而无功，舍远谋近者逸而有终。故曰务广地者荒，务广德者强，有其有者安，贪人有者残。残灭之政，虽成必败。'今国无善政，灾变不息，百姓惊惶，人不自保，而复欲远事边外乎！孔子曰：'吾恐季孙之忧不在颛臾。'且北狄尚强，而屯田警备，传闻之事，恒多失实。诚能举天下之半以灭大寇，岂非至愿。苟非其时，不如息民。"自是诸将莫敢复言兵事者。

二十八年秋八月，北匈奴遣使贡马及裘，更乞和亲，并请音乐，又求率西域诸国胡客俱献见。帝下三府议酬答之宜，司徒掾班彪曰："臣闻孝宣皇帝敕边守尉曰：'匈奴大国，多变诈，交接得其情则却敌折冲，应对入其数则反为轻欺。'今北匈奴见南单于来附，惧谋其国，故数乞和亲，又远驱牛马与汉合市，重遣名王，多所贡献，斯皆外示富强以相欺诞也。臣见其献益重，知其国益虚，归亲愈数，为惧愈多。然今既未获助南，则亦不宜绝北，羁縻之义，礼无不答。谓可颇加赏赐，略与所献相当。报答之辞，令必有适。今立稿草并上曰：'单于不忘汉恩，追念先祖旧约，欲修和亲，以辅身安国，计议甚高，为单于嘉之。往者匈奴数有乖乱，呼韩邪、郅支自相仇隙，并蒙孝宣皇帝垂恩救护，故各遣侍子称藩保塞。其后郅支忿戾，自绝皇泽，而呼韩附亲，忠孝弥著。及汉灭郅支，遂保国传嗣，子孙相继。今南单于携众向南，款塞归命，自以呼韩嫡长，次第当立，而侵夺失职，猜疑相背，数请兵将，归扫北庭，策谋纷纭，无所不至。惟念斯言不可独听，又以北单于比年贡献，欲修和亲，故拒而未许，将以成单于忠孝之义。汉秉威信，总率万国，日月所照，皆为臣妾，殊俗百蛮，义无亲疏，服顺者褒赏，畔逆者诛罚，善恶之效，呼韩、郅支是也。今单于欲修和亲，款诚已达，何嫌而欲率西域诸国俱来献见？西域国属匈奴与属汉何异？单于数连兵乱，国内虚耗，贡物裁以通礼，何必献马裘？今赍杂缯五百匹，弓鞬韇丸一、矢四发遗单于，又赐献马左骨都侯、右谷蠡王杂缯各四百匹，斩马剑各一。单于前言"先帝时所赐呼韩邪竽、瑟、空侯皆败，愿复裁赐"。念单于国尚未安，方厉武节，以战攻为务，竽、瑟之用，不如良弓、利剑，故未以赍。朕不爱小物，于单于便宜，所欲遣驿以闻。'"帝悉纳从之。

中元元年十一月，南单于比死，弟左贤王莫立，为丘浮尤鞮单于，帝遣使赍玺书拜授玺绶，赐以衣冠及缯彩，是后遂以为常。

二年，南单于莫死，弟汗立，为伊伐于虑鞮单于。

明帝永平二年，南单于汗死，单于比之子适立，为醢僮尸逐侯鞮单于。

五年十一月，北匈奴寇五原，十二月寇云中，南单于击却之。

六年，南单于适死，单于莫之子苏立，为丘除车林鞮单于。数月，复死，单于适之弟长立，为湖邪尸逐侯鞮单于。

七年，北匈奴犹盛，数寇边，遣使求合市。上冀其交通，不复为寇，许之。

八年三月，越骑司马郑众使北匈奴，单于欲令众拜，众不为屈。单于围守，闭之不与水火。众拔刀自誓，单于恐而止，乃更发使，随众还京师。

初，大司农耿国上言："宜置度辽将军屯五原，以防南匈奴逃亡。"朝廷不从。南匈奴须卜骨都侯等知汉与北虏交使，内怀嫌怨，欲畔，密使人诣北虏，令遣兵迎之。郑众出塞，疑有异，伺候，果得须卜使人，乃上言"宜更置大将，以防二虏交通"。由是始置度辽营，以中郎将吴棠行度辽将军事，将黎阳虎牙营士屯五原曼柏。

北匈奴虽遣使入贡，而寇钞不息，边城昼闭。帝议遣使报其使者，郑众上疏谏曰："臣闻北单于所以要致汉使者，欲以离南单于之众，坚三十六国之心也。又当扬汉和亲，夸示邻敌，令西域欲归化者局足狐疑，怀土之人绝望中国耳。汉使既到，便偃蹇自信，若复遣之，虏必自谓得谋，其群臣驳议者不敢复言。如是南庭动摇，乌桓有离心矣。南单于久居汉地，具知形势，万分离析，旋为边害。今幸有度辽之众扬威北垂，虽勿报答，不敢为患。”帝不从，复遣众往。众因上言：“臣前奉使不为匈奴拜，单于恚恨，遣兵围臣。今复衔命，必见陵折。臣诚不忍持大汉节对毡裘独拜。如令匈奴遂能服臣，将有损大汉之强。”帝不听，众不得已，既行，在路连上书固争之。诏切责众，追还，系廷尉，会赦，归家。其后帝见匈奴来者，闻众与单于争礼之状，乃复召众为军司马。

十五年夏四月，谒者仆射耿秉数上言请击匈奴，上以显亲侯窦固尝从其世父融在河西，明习边事，乃使秉、固与太仆祭肜、虎贲中郎将马廖、下博侯刘张、好畤侯耿忠等共议之。耿秉曰：“昔者匈奴援引弓之类，并左衽之属，故不可得而制。孝武既得河西四郡及居延、朔方，虏失其肥饶畜兵之地，羌胡分离，唯有西域俄复内属，故呼韩邪单于请事款塞，其势易乘也。今有南单于，形势相似。然西域尚未内属，北虏未有衅作。臣愚以为当先击白山，得伊吾，破车师，通使乌孙诸国以断其右臂；伊吾亦有匈奴南呼衍一部，破此，复为折其左角，然后匈奴可击也。”上善其言。议者或以为“今兵出白山，匈奴必并兵相助，又当分其东以离其众”。上从之。十二月，以秉为驸马都尉，固为奉车都尉，以骑都尉秦彭为秉副，耿忠为固副，皆置从事、司马，出屯凉州。秉，国之子；忠，弇之子；廖，援之子也。

十六年春二月，遣肜与度辽将军吴棠将河东、西河羌胡及南单于兵万一千骑出高阙塞，窦固、耿忠率酒泉、敦煌、张掖甲卒及卢水羌胡万二千骑出酒泉塞，耿秉、秦彭率武威、陇西、天水募士及羌胡万骑出张掖居延塞，骑都尉来苗、护乌桓校尉文穆将太原、雁门、代郡、上谷、渔阳、右北平、定襄郡兵及乌桓、鲜卑万一千骑出平城塞，伐北匈奴。窦固、耿忠至天山，击呼衍王，斩首千余级，追至蒲类海，取伊吾卢地，置宜禾都尉，留吏士屯田伊吾卢城。耿秉、秦彭击匈林王，绝幕六百余里，至三木楼山而还。来苗、文穆至匈河水上，虏皆奔走，无所获。祭肜与南匈奴左贤王信不相得，出高阙塞九百余里，得小山，信妄言以为涿邪山，不见虏而还。肜与吴棠坐逗留、畏懦，下狱，免。肜自恨无功，出狱数日，欧血死。临终谓其子曰："吾蒙国厚恩，奉使不称，身死诚惭恨，义不可以无功受赏。死后，若悉簿上所得物，身自诣兵屯，效死前行，以副吾心。"既卒，其子逢上疏，具陈遗言。帝雅重肜，方更任用，闻之大惊，嗟叹良久。

是岁，北匈奴大入云中，云中太守廉范拒之。吏以众少，欲移书傍郡求救，范不许。会日暮，范令军士各交缚两炬，三头爇火，营中星列。虏谓汉兵救至，大惊，待旦将退。范令军中蓐食，晨往赴之，斩首数百级，虏自相辚藉，死者千余人，由此不敢复向云中。

十七年冬十一月，奉车都尉窦固定车师而还，奏复置西域都护及戊、己校尉。以陈睦为都护；司马耿恭为戊校尉，屯后王部金蒲城；谒者关宠为己校尉，屯前王部柳中城，屯各置数百人。

十八年春二月，北单于遣左鹿蠡王率二万骑击车师，耿恭遣司马将兵三百人救之，皆为所没，匈奴遂破杀车师后王安得而攻金蒲城。恭以毒药傅矢，语匈奴曰："汉家箭神，其中疮者必有异。"虏中矢者，视创皆沸，大惊。会天暴风雨，随雨击之，杀伤甚众。匈奴震怖，相谓曰："汉兵神，真可畏也！"遂解去。

十一月，北匈奴围关宠于柳中城。会中国有大丧，救兵不至，车师复叛，与匈奴共攻耿恭。恭率厉士众御之，数月，食尽穷困，乃煮铠弩，食其筋革。恭与士卒推诚同死生，故皆无二心，而稍稍死亡，余数十人。单于知恭已困，欲必降之，遣使招恭曰："若降者，当封为白屋王，妻以女子。"恭诱其使上城，手击杀之，炙诸城上。单于大怒，更益兵围恭，不能下。关宠上书求救，诏公卿会议。司空伦以为"不宜救"。司徒鲍昱曰："今使人于危难之地，急而弃之，外则纵蛮夷之暴，内则伤死难之臣，诚令权时，后无边事可也，匈奴如复犯塞为寇，陛下将何以使将？又二部兵人裁各数十，匈奴围之，历旬不下，是其寡弱力尽之效也。可令敦煌、酒泉太守，各将精骑二千，多其幡帜，倍道兼行，以赴其急。匈奴疲极之兵，必不敢当，四十日间，足还入塞。"帝然之，乃遣征西将军耿秉屯酒泉，行太守事，遣酒泉太守段彭与谒者王蒙、皇甫援发张掖、酒泉、敦煌三郡及鄯善兵合七千余人以救之。

章帝建初元年春正月，诏兖、豫、徐三州禀赡饥民。上问："何以消复旱灾？"校书郎杨终上疏曰："间者北征匈奴，西开三十六国，百姓频年服役，转输烦费；愁困之民足以感动天地，陛下宜留念省察。"帝下其章，第五伦亦同终议。牟融、鲍昱皆以为"孝子无改父之道。征伐匈奴，屯戍西域，先帝所建，不宜回异"。终复上书曰："秦筑长城，功役繁兴，胡亥不革，卒亡四海。故孝元弃珠崖之郡，光武绝西域之国，不以介鳞易我衣裳。鲁文公毁泉台，春秋讥之曰'先祖为之，而己毁之，不如勿居而已'，以其无妨害于民也。襄公作三军，昭公舍之，君子大其复古，以为不舍则有害于民也。今伊吾之役，楼兰之屯，兵久而未还，非天意也。"帝从之。

酒泉太守段彭等兵会柳中，击车师，攻交河城，斩首三千八百级，获生口三千余人。北匈奴惊走，车师复降。会关宠已殁，谒者王蒙等欲引兵还。耿恭军吏范羌，时在军中，固请迎恭。诸将不敢前，乃分兵二千人与羌，从山北迎恭，遇大雪丈余，军仅能至。城中夜闻兵马声，以为虏来，大惊。羌遥呼曰："我范羌也，汉遣军迎校尉耳。"城中皆称万岁。开门，共相持涕泣。明日，遂相随俱归。虏兵追之，且战且行。吏士素饥困，发疏勒时，尚有二十六人，随路死没，三月至玉门，唯余十三人，衣履穿决，形容枯槁。中郎将郑众为恭已下洗沐，易衣冠，上疏奏："恭以单兵守孤城，当匈奴数万之众，连月逾年，心力困尽，凿山为井，煮弩为粮，前后杀伤丑虏数百千计，卒全忠勇，不为大汉耻。宜蒙显爵，以厉将帅。"恭至雒阳，拜骑都尉。

冬十一月，北匈奴皋林温禺犊王将众还居涿邪山，南单于与边郡及乌桓共击破之。是岁南部大饥，诏禀给之。

二年春三月甲辰，罢伊吾卢屯兵，匈奴复遣兵守其地。

八年夏六月，北匈奴三木楼訾大人稽留斯等率三万余人款五原塞降。

元和元年十二月，武威太守孟云上言："北匈奴复愿与吏民合市。"诏许之。北匈奴大且渠伊莫訾王等驱牛马万余头来与汉交易，南单于遣轻骑出上郡钞之，大获而还。

二年春正月，北匈奴大人车利涿兵等亡来入塞，凡七十三辈。时北虏衰耗，党众离畔，南部攻其前，丁零寇其后，鲜卑击其左，西域侵其右，不复自立，乃远引而去。

南单于长死，单于汗之子宣立，为伊屠于闾鞮单于。

冬，南单于遣兵与北虏温禺犊王战于涿邪山，斩获而还。武威太守孟云上言："北虏以前既和亲，而南部复往抄掠，北单于谓汉欺之，谋欲犯塞，谓宜还南所掠生口以慰安其意。"诏百官议于朝堂。太尉郑弘、司空第五伦等以为"不可许"。司徒桓虞及太仆袁安等以为"当与之"。弘因大言激厉虞曰:"诸言当还生口者,皆为不忠。"虞廷叱之,伦及大鸿胪韦彪各作色变容。司隶校尉举奏弘等,弘等皆上印绶谢。诏报曰:"久议沉滞,各有所志,盖事以议从,策由众定,訚訚衎衎,得礼之容,寝嘿抑心,更非朝廷之福。君何尤而深谢!其各冠履。"帝乃下诏曰:"江海所以能长百川者,以其下之也。少加屈下,尚何足病!况今与匈奴君臣分定,辞顺约明,贡献累至,岂宜违信,自受其曲。其敕度辽及领中郎将庞奋倍雇南部所得生口以还北虏。其南部斩首、护生,计功、受赏如常科。"

章和元年冬十月,北匈奴大乱,屈兰储等五十八部,口二十八万,诣云中、五原、朔方、北地降。

二年三月,南单于宣死,单于长之弟屯屠何立,为休兰尸逐侯鞮单于。

五月,北匈奴饥乱,降南部者岁数千人。

秋七月,南单于上言:"宜及北虏分争,出兵讨伐,破北成南,并为一国,令汉家长无北念。臣等生长汉地,开口仰食,岁时赏赐,动辄亿万,虽垂拱安枕,惭无报效之义。愿发国中及诸部故胡新降精兵,分道并出,期十二月同会虏地。臣兵众单少,不足以防内外,愿遣执金吾耿秉、度辽将军邓鸿及西河、云中、五原、朔方、上郡太守并力而北,冀因圣帝威神,一举平定。臣国成败,要在今年,已敕诸部严兵马,唯裁哀省察。"太后以示耿秉。秉上言:"昔武帝殚极天下,欲臣虏匈奴,未遇天时,事遂无成。今幸遭天授,北虏分争,以夷伐夷,国家之利,宜可听许。"秉因自陈受恩,分当出命效用。太后议欲从之。尚书宋意上书曰:"夫戎狄简贱礼义,无有上下,强者为雄,弱即屈服。自汉兴以来,征伐数矣，其所克获，曾不补害。光武皇帝躬服金革之难，深昭天地之明，故因其来降，羁縻畜养，边民得生，劳役休息，于兹四十余年矣。今鲜卑奉顺，斩获万数，中国坐享大功，而百姓不知其劳，汉兴功烈，于斯为盛。所以然者，夷虏相攻，无损汉兵者也。臣察鲜卑侵伐匈奴，正是利其抄掠，及归功圣朝，实由贪得重赏。今若听南虏还都北庭，则不得不禁制鲜卑。鲜卑外失暴掠之愿，内无功劳之赏，豺狼贪婪，必为边患。今北虏西遁，请求和亲，宜因其归附，以为外捍，巍巍之业，无以过此。若引兵费赋以顺南虏，则坐失上略，去安即危矣。诚不可许。”会窦宪遣客刺杀齐殇王子都乡侯畅，太后怒。宪惧诛，自求击匈奴以赎死。事见窦氏专恣。

冬十月乙亥，以宪为车骑将军伐北匈奴，以执金吾耿秉为副，发北军五校、黎阳、雍营、缘边十二郡骑士及羌胡兵出塞。

和帝永元元年春，窦宪将征匈奴，三公、九卿诣朝堂上书谏，以为“匈奴不犯边塞，而无故劳师远涉，损费国用，徼功万里，非社稷之计”。书连上辄寝，宋由惧，遂不敢复置议，而诸卿稍自引止。唯袁安、任隗守正不移，至免冠朝堂固争，前后且十上，众皆为之危惧，安、隗正色自若。侍御史鲁恭上疏曰：“国家新遭大忧，陛下方在谅阴，百姓阙然，三时不闻警跸之音，莫不怀思皇皇，若有求而不得。今乃以盛春之月，兴发军役，扰动天下，以事戎夷，诚非所以垂恩中国，改元正时，由内及外也。万民者，天之所生。天爱其所生，犹父母爱其子，一物有不得其所者，则天气为之舛错，况于人乎？故爱民者必有天报。夫戎狄者，四方之异气也，与鸟兽无别，若杂居中国则错乱天气，污辱善人，是以圣王之制，羁縻不绝而已。今匈奴为鲜卑所破，远藏于史侯河西，去塞数千里，而欲乘其虚耗，利其微弱，是非义之所出也。今始征发，而大司农调度不足，上下相迫，民间之急，亦已甚矣。群僚百姓咸曰不可，陛下独奈何以一人之计，弃万人之命，不恤其言乎！上观天心，下察人志，足以知事之得失。臣恐中国不为中国，岂徒匈奴而已哉！”尚书令韩棱、骑都尉朱晖、议郎京兆乐恢皆上疏谏，太后不听。

又诏使者为宪弟笃、景并起邸第，劳役百姓。侍御史何敞上疏曰："臣闻匈奴之为桀逆久矣，平城之围，慢书之耻，此二辱者，臣子所谓捐躯而必死，高祖、吕后忍怒还忿，舍而不诛。今匈奴无逆节之罪，汉朝无可惭之耻，而盛春东作，兴动大役，元元怨恨，咸怀不悦。又猥复为卫尉笃、奉车都尉景缮修馆第，弥街绝里。笃、景亲近贵臣，当为百僚表仪。今众军在道，朝廷焦脣，百姓愁苦，县官无用，而遽起大第，崇饰玩好，非所以垂令德示无穷也。宜且罢工匠，专忧北边，恤民之困。”书奏，不省。

夏六月，窦宪、耿秉出朔方鸡鹿塞，南单于出满夷谷，度辽将军邓鸿出稒阳塞，皆会涿邪山。宪分遣副校尉阎盘、司马耿夔、耿谭将南匈奴精骑万余，与北单于战于稽落山，大破之，单于遁走。追击诸部，遂临私渠比鞮海，斩名王已下万三千级，获生口甚众，杂畜百余万头，诸裨小王率众降者，前后八十一部二十余万人。宪、秉出塞三千余里，登燕然山，命中护军班固刻石勒功，纪汉威德而还。遣军司马吴汜、梁讽奉金帛遗北单于。时虏中乖乱。汜、讽及单于于西海上，宣国威信，以诏致赐，单于稽首拜受。讽因说令修呼韩邪故事，单于喜悦，即将其众与讽俱还，到私渠海，闻汉军已入塞，乃遣弟右温禺鞮王奉贡入侍，随讽诣阙。宪以单于不自身到，奏还其侍弟。

二年夏五月，窦宪遣副校尉阎砻将二千余骑掩击北匈奴之守伊吾者，复取其地。

秋七月，北单于以汉还其侍弟，九月，复遣使款塞称臣，欲入朝见。冬十月，窦宪遣班固、梁讽迎之。会南单于复上书求灭北庭，于是遣左谷蠡王师子等将左右部八千骑出鸡鹿塞，中郎将耿谭遣从事将护之，袭击北单于。夜至，围之，北单于被创，仅而得免，获阏氏及男女五人，斩首八千级，生虏数千口。班固至私渠海而还。是时，南部党众益盛，领户三万四千，胜兵五万。

三年春正月，窦宪以北匈奴微弱，欲遂灭之。二月，遣左校尉耿夔、司马任尚出居延塞，围北单于于金微山，大破之，获其母阏氏，〔斩〕名王已下五千余级，北单于逃走，不知所在。出塞五千余里而还，自汉出师所未尝至也。封夔为粟邑侯。

初，北单于既亡，其弟右谷蠡王于除鞬自立为单于，将众数千人止蒲类海，遣使款塞。窦宪请遣使立于除鞬为单于，置中郎将领护，如南单于故事。事下公卿议，宋由等以为"可许"。袁安、任隗奏以为"光武招怀南虏，非谓可永安内地，正以权时之算，可得扞御北狄故也。今朔漠既定，宜令南单于反其北庭，并领降众，无缘复更立于除鞬，以增国费"。事奏，未以时定。安惧宪计遂行，乃独上封事曰："南单于屯先父举众归德，自蒙恩以来四十余年，三帝积累以遗陛下，陛下深宜遵述先志，成就其业。况屯首唱大谋，空尽北虏，辍而弗图，更立新降，以一朝之计，违三世之规，失信于所养，建立于无功。论语曰'言忠信，行笃敬，虽蛮貊行焉'。今若失信于一屯，则百蛮不敢复保誓矣，又乌桓、鲜卑新杀北单于，凡人之情，咸畏仇雠，今立其弟，则二虏怀怨。且汉故事，供给南单于，费直岁一亿九十余万，西域岁七千四百八十万。今北庭弥远，其费过倍，是乃空尽天下而非建策之要也。”诏下其议，安又与宪更相难折。宪险急负势，言辞骄讦，至诋毁安，称光武诛韩歆、戴涉故事，安终不移，然上竟从宪策。

四年春正月，遣大将军左校尉耿夔授于除鞬印绶，使中郎将任尚持节卫护屯伊吾，如南单于故事。

五年。初，窦宪既立于除鞬为北单于，欲辅归北庭，会宪诛而止。于除鞬自畔还北，诏遣将兵长史王辅以千余骑与任尚共追讨，斩之，破灭其众。

十一月，单于屯屠何死，单于宣弟安国立。安国初为左贤王无称誉。及为单于，单于适之子左谷蠡王师子以次转为左贤王。师子素勇黠多知，前单于宣及屯屠何皆爱其气决，数遣将兵出塞，掩击北庭，还，受赏赐，天子亦加殊异；由是国中尽敬师子而不附安国。安国欲杀之。诸新降胡，初在塞外数为师子所驱掠，多怨之。安国因是委计降者，与同谋议。师子觉其谋，乃别居五原界。每龙庭会议，师子辄称病不往。度辽将军皇甫棱知之，亦拥护不遣，单于怀愤益甚。

六年春正月，皇甫棱免，以执金吾朱徽行度辽将军。时单于与中郎将杜崇不相平，乃上书告崇。崇讽西河太守令断单于章，单于无由自闻。崇因与朱徽上言：“南单于安国疏远故胡，亲近新降，欲杀左贤王师子及左台且渠刘利等。又右部降者谋共迫胁安国起兵背畔，请西河、上郡、安定为之儆备。”帝下公卿议，皆以为“蛮夷反覆，虽难测知，然大兵聚会，必未敢动摇。今宜遣有方略使者之单于庭，与杜崇、朱徽及西河太守并力观其动静，如无他变，可令崇等就安国会其左右大臣，责其部众横暴为边害者，共平罪诛。若不从命，令为权时方略，事毕之后，裁行赏赐，亦足以威示百蛮"。帝从之。于是徽、崇遂发兵造其庭。安国夜闻汉军至,大惊,弃帐而去,因举兵欲诛师子。师子先知,乃悉将卢落入曼柏城。安国追到城下,门闭,不得入。朱徽遣吏晓譬和之,安国不听。城既不下,乃引兵屯五原。崇、徽因发诸郡骑追赴之急,众皆大恐,安国舅骨都侯喜为等虑并被诛,乃格杀安国,立师子为亭独尸逐侯鞮单于。

(夏五月)〔秋七月〕,南单于师子立,降胡五六百人夜袭师子,安集掾王恬将卫护士与战,破之。于是降胡遂相惊动,十五部二十余万人皆反,胁立前单于屯屠何子薁鞬日逐王逢侯为单于,遂杀略吏民,燔烧邮亭、庐帐,将车重向朔方,欲度幕北。九月癸丑,以光禄勋邓鸿行车骑将军事,与越骑校尉冯柱、行度辽将军朱徽将左右羽林、北军五校士及郡国迹射、缘边兵,乌桓校尉任尚将乌桓、鲜卑,合四万人讨之。时南单于及中郎将杜崇屯牧师城,逢侯将万余骑攻围之。

冬十一月,邓鸿等至美稷,逢侯乃解围去,向蒲夷谷。南单于遣子将万骑及杜崇所领四千骑,与邓鸿等追击逢侯于大城塞,斩首四千余级。任尚率鲜卑乌桓要击逢侯于满夷谷,复大破之。前后凡斩万七千余级。逢侯遂率众出塞,汉兵不能追而还。

八年五月,南匈奴右温禺犊王乌居战畔出塞。秋七月,度辽将军庞奋、越骑校尉冯柱追击破之,徙其余众及诸降胡二万余人于安定、北地。

十年,南单于师子死,单于长之子檀立,为万氏尸逐鞮单于。

十六年十一月,北匈奴遣使称臣贡献,愿和亲,修呼韩邪故约。帝以其旧礼不备,未许,而厚加赏赐,不答其使。

元兴元年冬十二月,北匈奴重遣使诣敦煌贡献,辞以国贫,未能备礼，愿请大使，当遣子入侍。太后亦不答其使，加赐而已。

安帝永初三年六月，汉人韩琮随匈奴南单于入朝，既还，说南单于云："关东水潦，人民饥饿死尽，可击也。"单于信其言，遂反。

九月，南单于围中郎将耿种于美稷。

冬十一月，以大司农陈国何熙行车骑将军事，中郎将庞雄为副，将五营及边郡兵二万余人，又诏辽东太守耿夔率鲜卑及诸郡兵共击之。以梁慬行度辽将军事。雄、夔击南匈奴薁鞬日逐王，破之。

四年春正月，南单于围耿种数月，梁慬、耿夔击斩其别将于属国故城，单于自将迎战，慬等复破之，单于遂引还虎泽。

二月，南匈奴寇常山。

三月，何熙军到五原曼柏，暴疾，不能进，遣庞雄与梁慬、耿种将步骑万六千人攻虎泽，连营稍前。单于见诸军并进，大恐怖，顾让韩琮曰："汝言汉人死尽，今是何等人也？"乃遣使乞降，许之。单于脱帽徒跣，对庞雄等拜陈，道死罪。于是赦之，遇待如初。乃还所钞汉民男女及羌所略转卖入匈奴中者，合万余人。会熙卒，即拜梁慬度辽将军。庞雄还，为大鸿胪。

延光二年，鲜卑其至鞬自将万余骑攻南匈奴于曼柏，薁鞬日逐王战死，杀千余人。

三年夏四月，南单于檀死，弟拔立，为乌稽侯尸逐鞮单于。

顺帝永建元年，朔方以西障塞多坏，鲜卑因此数侵南匈奴。单于忧恐，上书乞修复障塞。庚寅，诏黎阳营兵出屯中山北界，令缘边郡增置步兵，列屯塞下，教习战射。

三年冬十二月，南单于拔死，弟休利立，为去特若尸逐就单于。

永和五年春二月，南匈奴句龙王吾斯、车纽等反，寇西河，招诱右贤王合兵围美稷，杀朔方、代郡长吏。夏五月，度辽将军马续与中郎将梁并等发边兵及羌胡合二万余人掩击，破之。吾斯等复更屯聚，攻没城邑。天子遣使责让单于，单于本不预谋，乃脱帽避帐，诣并谢罪。并以病征，五原太守陈龟代为中郎将。龟以单于不能制下，逼迫单于及其弟左贤王皆令自杀。龟又欲徙单于近亲于内郡，而降者遂更狐疑。龟坐下狱，免。

大将军商上表曰："匈奴寇畔，自知罪极，穷鸟困兽，皆知救死，况种类繁炽，不可单尽。今转运日增，三军疲苦，虚内给外，非中国之利。度辽将军马续素有谋谟，且典边日久，深晓兵要，每得续书，与臣策合。宜令续深沟高壁，以恩信招降，宣示购赏，明为期约。如此，则丑类可服，国家无事矣。"帝从之，乃诏续招降畔虏。商又移书续等曰："中国安宁，忘战日久，良骑野合，交锋接矢，决胜当时，戎狄之所长而中国之所短也。强弩乘城，坚营固守，以待其衰，中国之所长而戎狄之所短也。宜务先所长以观其变，设购开赏，宣示反悔，勿贪小功以乱大谋。"于是右贤王部抑鞮等万三千口皆诣续降。

九月，匈奴句龙王吾斯等立车纽为单于，东引乌桓，西收羌胡等数万人，攻破京兆虎牙营，杀上郡都尉及军司马，遂寇掠并、凉、幽、冀四州。乃徙西河治离石，上郡治夏阳，朔方治五原。

十二月，遣使匈奴中郎将张耽将幽州、乌桓诸郡营兵击车纽等，战于马邑，斩首三千级，获生口甚众。车纽乞降，而吾斯犹率其部曲与乌桓寇钞。

汉安元年秋八月，南匈奴句龙吾斯与薁鞬台耆等复反，寇掠并部。

二年六月丙寅，立南匈奴守义王兜楼储为呼兰若尸逐就单于。时兜楼储在京师，上亲临轩授玺绶，引上殿，赐车马、器服、金帛甚厚。诏太常、大鸿胪与诸国侍子于广阳城门外祖会飨，赐作乐、角抵、百戏。

十一月，使匈奴中郎将扶风马寔遣人刺杀句龙吾斯。

建康元年夏四月，使匈奴中郎将马寔击南匈奴左部，破之。

桓帝建和元年，南单于兜楼储死，伊陵尸逐就单于车儿立。

元嘉元年夏四月，北匈奴呼衍王寇伊吾，败伊吾司马毛恺，攻伊吾屯城。诏敦煌太守马达将兵救之，至蒲类海，呼衍王引去。

永寿元年秋，南匈奴左薁鞬台耆、且渠伯德等反，寇美稷，东羌复举种应之。安定属国都尉敦煌张奂初到职，壁中唯有二百许人，闻之，即勒兵而出；军吏以为力不敌，叩头争止之。奂不听，遂进屯长城，收集兵士，遣将王卫招诱东羌，因据龟兹县，使南匈奴不得交通。东羌诸豪遂相率与奂共击薁鞬等，破之，伯德惶恐，将其众降，郡界以宁。

延熹元年十二月，南匈奴诸部并叛，与乌桓、鲜卑寇缘边九郡。帝以京兆尹陈龟为度辽将军。龟临行上疏曰："臣闻三辰不轨，擢士为相；蛮夷不恭，拔卒为将。臣无文武之才，而忝鹰扬之任，虽殁躯体，无所云补。今西州边鄙，土地塉埆，民数更寇虏，室家残破，虽含生气，实同枯朽。往岁并州水雨，灾螟互生，稼穑荒耗，租更空阙。陛下以百姓为子，焉可不垂抚循之恩哉！古公、西伯天下归仁，岂复舆金辇宝以为民惠乎？陛下继中兴之统，承光武之业，临朝听政而未留圣意。且牧守不良，或出中官，惧逆上旨，取过目前。呼嗟之声，招致灾害，胡虏凶悍，因衰缘隙，而令仓库单于豺狼之口，功业无铢两之效，皆由将帅不忠，聚奸所致。前凉州刺史祝良，初除到州，多所纠罚，太守令长，贬黜将半，政未逾时，功效卓然，实应赏异，以劝功能。改任牧守，去斥奸残。又宜更选匈奴、乌桓、护羌中郎将、校尉，简练文武，授之法令。除并、凉二州今年租更，宽赦罪隶，扫除更始，则善吏知奉公之祐，恶者觉营私之祸，胡马可不窥长城，塞下无候望之患矣。"帝乃更选幽、并刺史，自营、郡太守、都尉以下，多所革易。下诏"为陈将军除并、凉一年租赋，以赐吏民"。龟到职，州郡重足震栗，省息经用，岁以亿计。诏拜安定属国都尉张奂为北中郎将，以讨匈奴、乌桓等。匈奴、乌桓烧度辽将军门，引屯赤坑，烟火相望，兵众大恐，各欲亡去。奂安坐帷中，与弟子讲诵自若，军士稍安。乃潜诱乌桓，阴与和通，遂使斩匈奴屠各渠帅，袭破其众，诸胡悉降。奂以南单于车儿不能统理国事，乃拘之，奏立左谷蠡王为单于。诏曰："春秋大居正。车儿一心向化，何罪而黜？其遣还庭。"

诸羌叛服

汉光武建武九年，诸羌自王莽末入居塞内，金城属县多为所有。隗嚣不能讨，因就慰纳，发其众与汉相拒。司徒掾班彪上言："今凉州部皆有降羌，羌胡披发左衽，而与汉人杂处，习俗既异，言语不通，数为小吏黠人所见侵夺，穷恚无聊，故致反叛。夫蛮夷寇乱，皆为此也。旧制益州部置蛮夷骑都尉，幽州部置领乌桓校尉，凉州置护羌校尉，皆持节领护，治其怨结，岁时巡行，问所疾苦。又数遣使译，通导动静，使塞外羌夷为吏耳目，州郡因此可得警备。今宜复如旧，以明威防。”帝从之，以牛邯为护羌校尉。

十年冬十月，先零羌与诸种寇金城、陇西，来歙率盖延等进击，大破之，斩首虏数千人。于是开仓廪以赈饥乏，陇右遂安，而凉州流通焉。

十一年夏，先零羌寇临洮，来歙荐马援为陇西太守，击先零，大破之。

冬十月，先零诸种羌数万人屯聚寇钞，拒浩亹隘。马援深入讨击，大破之，徙降羌置天水、陇西、扶风。是时，朝臣以金城破羌之西，涂远多寇，议欲弃之。马援上言：“破羌以西，城多完牢，易可依固，其田土肥壤，灌溉流通。如令羌在(隍)〔湟〕中，则为害不休，不可弃也。”帝从之。民归者三千余口，援为置长吏，缮城郭，起坞候，开沟洫，劝以耕牧，郡中乐业。又招抚塞外氐、羌，皆来降附，援奏复其侯王君长，帝悉从之。

十二年，参狼羌与诸种寇武都，陇西太守马援击破之，降者万余人。于是陇右清静。

中元二年。初，烧当羌豪滇良击破先零，夺居其地。滇良卒，子滇吾立，附落转盛。秋，滇吾与弟滇岸率众寇陇西，败太守刘盱于允街，于是守塞诸羌皆叛。诏谒者张鸿领诸郡兵击之，战于允吾，鸿军败没。冬十一月，复遣中郎将窦固监捕虏将军马武等二将军四万人讨之。

明帝永平元年秋七月，马武等击烧当羌，大破之，余皆降散。

孝章帝建初二年。初，安夷县吏略妻卑湳种羌人妇，吏为其夫所杀，安夷长宗延追之出塞。种人恐见诛，遂共杀延而与勒姐、吾良二种相结为寇。于是烧当羌豪滇吾之子迷吾率诸种俱反，败金城太守郝崇。诏以武威太守北地傅育为护羌校尉，自安夷徙居临羌。迷吾又与封养种豪布桥等五万余人共寇陇西、汉阳。秋八月，遣行车骑将军马防、长水校尉耿恭将北军五校兵及诸郡射士三万人击之。马防等军到冀，布桥等围南部都尉于临洮，防进击，破之，斩首虏四千余人，遂解临洮围，其众皆降，唯布桥等二万余人屯望曲谷不下。

三年春正月，马防击布桥，大破之，布桥将种人万余降。诏征防还，留耿恭击诸未服者，斩首虏千余人，勒姐、烧何等十三种数万人皆诣恭降。恭尝以言事忤马防，监营谒者承旨奏恭不忧军事，坐征下狱，免官。

元和三年秋八月，烧当羌迷吾复与弟号吾及诸种反。号吾先轻入，寇陇西界，督烽掾李章追之，生得号吾，将诣郡。号吾曰："独杀我，无损于羌。诚得生归，必悉罢兵，不复犯塞。"陇西太守张纡放遣之，羌即为解散，各归故地。迷吾退居河北归义城。

章和元年春正月，护羌校尉傅育欲伐烧当羌，为其新降，不欲出兵，乃募人斗诸羌胡。羌胡不肯，遂复叛出塞，更依迷吾。育请发诸郡兵数万人共击羌。未及会，三月，育独进军。迷吾闻之，徙庐落去。育遣精骑三千穷追之，夜，至三兜谷，不设备，迷吾袭击，大破之，杀育及吏士八百八十人。及诸郡兵到，羌遂引去。诏以陇西太守张纡为校尉，将万人屯临羌。

秋七月，羌豪迷吾复与诸种寇金城塞，张纡遣从事河内司马防与战于木乘谷，迷吾兵败走，因译使欲降，纡纳之。迷吾将人众诣临羌，纡设兵大会，施毒酒中，伏兵杀其酋豪八百余人，斩迷吾头以祭傅育冢，复放兵击其余众，斩获数千人。迷吾子迷唐与诸种解仇，结婚交质，据大小榆谷以叛，种众炽盛，张纡不能制。

二年冬十月，公卿举故张掖太守邓训代张纡为护羌校尉。迷唐率兵万骑来至塞下，未敢攻训，先欲胁小月氏胡，训拥卫小月氏胡，令不得战。议者咸以“羌胡相攻，县官之利，不宜禁护”。训曰：“张纡失信，众羌大动，凉州吏民，命县丝发。原诸胡所以难得意者，皆恩信不厚耳。今因其迫急，以德怀之，庶能有用。”遂令开城及所居园门，悉驱群胡妻子内之，严兵守卫。羌掠无所得，又不敢逼诸胡，因即解去。由是湟中诸胡皆言“汉家常欲斗我曹，今邓使君待我以恩信，开门内我妻子，乃是得父母也”。咸欢喜叩头曰：“唯使君所命。”训遂抚养教谕，小大莫不感悦。于是赏赂诸羌种，使相招诱，迷唐叔父号吾将其种人八百户来降。训因发湟中秦、胡、羌兵四千人出塞，掩击迷唐于写谷，破之，迷唐乃去大小榆，居颇岩谷，众悉离散。

和帝永元元年春，迷唐欲复归故地，邓训发湟中六千人，令长史任尚将之，缝革为船，置于箄上以度河，掩击迷唐，大破之，斩首前后一千八百余级，获生口二千人，马牛羊三万余头，一种殆尽。迷唐收其余众西徙千余里，诸附落小种皆畔之。烧当豪帅东号稽颡归死，余皆款塞纳质。于是训绥接归附，威信大行，遂罢屯兵，各令归郡，唯置弛刑徒二千余人，分以屯田、修理坞壁而已。

四年冬十月，护羌校尉邓训卒，吏民、羌胡旦夕临者日数千人，羌胡或以刀自割，又刺杀其犬马牛羊，曰：“邓使君已死，我曹亦俱死耳。”前乌桓吏士皆奔走道路，至空城郭。吏执不听，以状白校尉徐傿，傿叹息曰：“此为义也！”乃释之。遂家家为训立祠，每有疾病，辄请祷求福。

蜀郡太守聂尚代训为护羌校尉，欲以恩怀诸羌，乃遣译使招呼迷唐，使还居大小榆谷。迷唐既还，遣祖母卑缺诣尚，尚自送至塞下，为设祖道，令译田汜等五人护送至庐落。迷唐遂反，与诸种共生屠裂汜等，以血盟诅，复寇金城塞。尚坐免。

五年(十一月)，护羌校尉贯友遣译使构离诸羌，诱以财货，由是解散。乃遣兵出塞，攻迷唐于大小榆谷，获首虏八百余人，收麦数万斛，遂夹逢留大河筑城坞，作大航，造河桥，欲度兵击迷唐。迷唐率部落远徙，依赐支河曲。

八年十二月，护羌校尉贯友卒，以汉阳太守史充代。充至，遂发湟中羌胡出塞击迷唐。迷唐迎败充兵，杀数百人。充坐征，以代郡太守吴祉代之。

九年闰八月，烧当羌迷唐率众八千人寇陇西，胁塞内诸种羌合步骑三万人，击破陇西兵，杀大夏长。诏遣行征西将军刘尚、越骑校尉赵世副之，将汉兵、羌胡共三万人讨之。尚屯狄道，世屯枹罕。尚遣司马寇盱监诸郡兵，四面并会。迷唐惧，弃老弱奔入临洮南，尚等追至高山，大破之，斩虏千余人。迷唐引去，汉兵死伤亦多，不能复追，乃还。

十年冬十月，行征西将军刘尚、越骑校尉赵世坐畏懦征，下狱，免。谒者王信领尚营，屯枹罕，谒者耿谭领世营，屯白石。谭乃设购赏，诸种颇来内附。迷唐恐，乃请降；信、谭遂受降，罢兵。十二月，迷唐等率种人诣阙贡献。

十二年秋九月，烧当羌豪迷唐既入朝，其余种人不满二千，饥窘不立，入居金城。帝令迷唐将其种人还大小榆谷。迷唐以汉作河桥，兵来无常，故地不可复居，辞以种人饥饿，不肯远出。

护羌校尉吴祉等多赐迷唐金帛，令籴谷市畜，促使出塞，种人更怀猜惊。是岁，迷唐复叛，胁将湟中诸胡寇钞而去。王信、耿谭、吴祉皆坐征。

十三年秋八月，迷唐复还赐支河曲，将兵向塞。护羌校尉周鲔与金城太守侯霸及诸郡兵、属国羌胡合三万人，出塞至允川。侯霸击破迷唐，种人瓦解，降者六千余口，分徙汉阳、安定、陇西。迷唐遂弱，远逾赐支河首，依发羌居。久之，病死，其子来降，户不满数十。

十四年春，安定降羌烧何种反，郡兵击灭之。时西海及大小榆谷左右无复羌寇，隃麋相曹凤上言："自建武以来，西羌犯法者常从烧当种起，所以然者，以其居大小榆谷，土地肥美，有西海鱼盐之利，阻大河以为固。又近塞内，诸种易以为非，难以攻伐，故能强大，常雄诸种，恃其拳勇，招诱羌胡。今者衰困，党援坏沮，亡逃栖窜，远依发羌。臣愚以为宜及此时，建复西海郡县，规固二榆，广设屯田，隔塞羌胡交关之路，遏绝狂狡窥欲之源。又殖谷富边，省委输之役，国家可以无西方之忧。"上从之，缮修故西海郡，徙金城西部都尉以戍之，拜凤为金城西部都尉，屯龙耆。后增广屯田，列屯夹河，合三十四部。其功垂立，会永初中诸羌叛，乃罢。

安帝永初元年，初，烧当羌豪东号之子麻奴随父来降，居于安定。时诸降羌布在郡县，皆为吏民豪右所徭役，积以愁怨。及骑都尉王弘西迎西域都护段禧，发金城、陇西、汉阳羌数百千骑与俱，郡县迫促发遣。群羌惧远屯不还，行到酒泉，多有散叛，诸郡各发兵邀遮，或覆其庐落。于是勒姐、当煎大豪东岸等愈惊，遂同时奔溃。麻奴兄弟因此与种人俱西出塞，先零别种滇零与钟羌诸种大为寇掠，断陇道。时羌归附既久，无复器甲，或持竹竿、木枝以代戈矛，或负板案以为楯，或执铜镜以象兵，郡县畏懦不能制。丁卯，赦除诸羌相连结谋叛逆者罪。

十二月，诏车骑将军邓骘、征西校尉任尚将五营及诸郡兵五万人屯汉阳，以备羌。

二年春正月，邓骘至汉阳，诸郡兵未至，钟羌数千人击败骘军于冀西，杀千余人。梁慬还至敦煌，逆诏慬留为诸军援。慬至张掖，破诸羌万余人，其能脱者十二三。进至姑臧，羌大豪三百余人诣慬降，并慰譬，遣还故地。

冬，邓骘使任尚及从事中郎河内司马钧率诸郡兵与滇零等数万人战于平襄，尚军大败，死者八千余人。羌众遂大盛，朝廷不能制。湟中诸县，粟石万钱，百姓死亡，不可胜数，而转运难剧。故左校令河南庞参先坐法输作若卢，使其子俊上书曰："方今西州流民扰动，而征发不绝，水潦不休，地力不复，重之以大军，疲之以远戍，农功消于转运，资财竭于征发，田畴不得垦辟，禾稼不得收入，搏手困穷，无望来秋，百姓力(出)〔屈〕，不复堪命。臣愚以为万里运粮，远就羌戎，不若总兵养众，以待其疲。车骑将军骘宜且振旅，留征西校尉任尚，使督凉州士民转居三辅，休徭役以助其时，止烦赋以益其财，令男得耕种，女得织纴，然后畜精锐，乘懈沮，出其不意，攻其不备，则边民之仇报，奔北之耻雪矣。"书奏，会樊准上疏荐参，太后即擢参于徒中，召拜谒者，使西督三辅诸军屯。十一月辛酉，诏邓骘还师，留任尚屯汉阳为诸军节度。遣使迎拜骘为大将军。

滇零自称"天子"，于北地招集武都参狼、上郡、西河诸杂种羌，断陇道，寇钞三辅，南入益州，杀汉中太守董炳。梁慬受诏当屯金城，闻羌寇三辅，即引兵赴击，转战武功、美阳间，连破走之，羌稍退散。

十二月，广汉塞外参狼羌降。

三年春正月，遣骑都尉任仁督诸郡屯兵救三辅。仁战数不利，当煎、勒姐羌攻没破羌县，钟羌攻没临洮县，执陇西南部都尉。

四年二月，滇零遣兵寇褒中，汉中太守郑勤移屯褒中。任尚军久出无功，民废农桑，乃诏尚将吏兵还屯长安，罢遣南阳、颍川、汝南吏士。

乙丑，初置京兆虎牙都尉于长安，扶风都尉于雍，如西京三辅都尉故事。

谒者庞参说邓骘"徙边郡不能自存者入居三辅"，骘然之，欲弃凉州，并力北边。乃会公卿集议，骘曰："譬若衣败坏，一以相补，犹有所完，若不如此，将两无所保。"、公卿皆以为然。郎中陈国虞诩言于太尉张禹曰："若大将军之策，不可者三：先帝开拓土宇，劬劳后定，而今惮小费，举而弃之，此不可一也。凉州既弃，即以三辅为塞，则园陵单外，此不可二也。喭曰'关西出将，关东出相'。烈士武臣，多出凉州，土风壮猛，便习兵事。今羌胡所以不敢入据三辅为心腹之害者，以凉州在后故也。凉州士民所以推锋执锐，蒙矢石于行陈，父死于前，子战于后，无反顾之心者，为臣属于汉故也。今推而捐之，割而弃之，民庶安土重迁，必引领而怨曰：'中国弃我于夷狄！'虽赴义从善之人，不能无恨。如卒然起谋，因天下之饥敝，乘海内之虚弱，豪雄相聚，量材立帅，驱氐、羌以为前锋，席卷而东，虽贲、育为卒，太公为将，犹恐不足当御。如此，则函谷以西，园陵、旧京非复汉有，此不可三也。议者喻以补衣犹有所完，诩恐其疽食侵淫而无限极也。”禹曰：“吾意不及此，微子之言，几败国事。”诩因说禹“收罗凉土雄桀，引其牧守子弟于朝，令诸府各辟数人，外以劝厉答其功勤，内以拘致防其邪计”。禹善其言，更集四府，皆从诩议。于是辟西州豪桀为掾属，拜牧守长吏子弟为郎，以安慰之。

三月，先零羌复攻褒中，郑勤欲击之，主簿段崇谏，以为“虏乘胜，锋不可当，宜坚守待之”。勤不从，出战，大败，死者三千余人。段崇及门下史王宗、原展以身捍刃，与勤俱死。

秋七月，骑都尉任仁与羌战，累败，而兵士放纵，槛车征诣廷尉，死。护羌校尉段禧卒，复以前校尉侯霸代之，移居张掖。

五年春正月，先零羌寇河东，至河内，百姓相惊，多南奔度河。使北军中候朱宠将五营士屯孟津。诏魏郡、赵国、常山、中山缮作坞候六百一十六所。羌既转盛，而缘边二千石、令、长多内郡人，并无守战意，皆争上徙郡县以避寇难。三月，诏陇西徙襄武，安定徙美阳，北地徙池阳，上郡徙衙。百姓恋土，不乐去旧，遂乃刈其禾稼，发彻室屋，夷营壁，破积聚。时连旱蝗饥荒，而驱蹙劫掠，流离分散，随道死亡，或弃捐老弱，或为人仆妾，丧其太半。复以任尚为侍御史，击羌于上党羊头山，破之；乃罢孟津屯。

秋九月，汉阳人杜琦及弟季贡、同郡王信等与羌通谋，聚众据上邽城。

六年六月，侍御史唐喜讨汉阳贼王信，破斩之。杜季贡亡，从滇零。是岁，滇零死，子零昌立，年尚少，同种狼莫为其计策，以季贡为将军，别居丁奚城。

七年秋，护羌校尉侯霸、骑都尉马贤击先零别部牢羌于安定，获首虏千人。

元初元年三月，诏遣兵屯河内通谷冲要三十三所，皆作坞壁，设鸣鼓，以备羌寇。

五月，先零羌寇雍城。

九月，羌豪号多与诸种钞掠武都、汉中，巴郡板楯蛮救之，汉中五官掾程信率郡兵与蛮共击破之。号多走还，断陇道，与零昌合，侯霸、马贤与战于枹罕，破之。

冬十月，凉州刺史皮杨击羌于狄道，大败，死者八百余人。

二年春，护羌校尉庞参以恩信招诱诸羌，号多等率众降。参遣诣阙，赐号多侯印，遣之。参始还治令居，通河西道。

零昌分兵寇益州，遣中郎将尹就讨之。

秋九月，尹就击羌党吕叔都等，蜀人陈省、罗横应募刺杀叔都，皆封侯，赐钱。

诏屯骑校尉班雄屯三辅。雄，超之子也。以左冯翊司马钧行征西将军，督关中诸郡兵八千余人；庞参将羌胡兵七千余人，与钧分道并击零昌。参兵至勇士东，为杜季贡所败，引退。钧等独进，攻拔丁奚城，杜季贡率众伪逃。钧令右扶风仲光等收羌禾稼，光等违钧节度，散兵深入，羌乃设伏要击之，钧在城中，怒而不救。

冬十月乙未，光等兵败，并没，死者三千余人，钧乃遁还。庞参既失期，称病引还。皆坐征，下狱，钧自杀。时度辽将军梁慬亦坐事抵罪。校书郎中扶风马融上书称参、慬智能，宜宥过责效。诏赦参等，以马贤代参领护羌校尉。复以任尚为中郎将，代班雄屯三辅。

怀令虞诩说尚曰："兵法'弱不攻强，走不逐飞'，自然之势也。今虏皆马骑，日行数百里，来如风雨，去如绝弦，以步追之，势不相及，所以虽屯兵二十余万，旷日而无功也。为使君计，莫如罢诸郡兵，各令出钱数千，二十人共市一马，以万骑之众，逐数千之虏，追尾掩截，其道自穷，便民利事，大功立矣。”尚即上书，用其计，遣轻骑击杜季贡于丁奚城，破之。

太后闻虞诩有将帅之略，以为武都太守。羌众数千遮诩于陈仓崤谷，诩即停军不进，而宣言上书请兵，须到当发。羌闻之，乃分钞傍县。诩因其兵散，日夜进道，兼行百余里，令吏士各作两灶，日增倍之，羌不敢逼。或问曰："孙膑减灶，而君增之。兵法日行不过三十里，以戒不虞，而今日且二百里。何也？"诩曰："虏众多，吾兵少，徐行则易为所及，速进则彼所不测。虏见吾灶日增，必谓郡兵来迎，众多行速，必惮追我。孙膑见弱，吾今示强，势有不同故也。"既到郡，兵不满三千，而羌众万余，攻围赤亭数十日。诩乃令军中强弩勿发，而潜发小弩。羌以为矢力弱，不能至，并兵急攻。诩于是使二十强弩共射一人，发无不中，羌大震，退。诩因出城奋击，多所伤杀。明日，悉陈其兵众，令从东郭门出，北郭门入，贸易衣服，回转数周，羌不知其数，更相恐动。诩计贼当退，乃潜遣五百余人于浅水设伏，候其走路；虏果大奔，因掩击，大破之，斩获甚众，贼由是败散。诩乃占相地势，筑营壁百八十所，招还流亡，假赈贫民，开通水运。诩始到郡，谷石千，盐石八千，见户万三千；视事三年，米石八十，盐石四百，民增至四万余户，人足家给，一郡遂安。

三年夏五月癸酉，度辽将军邓遵率南单于击零昌于灵州，斩首八百余级。

六月，中郎将任尚兵击破先零羌于丁奚城。

九月，筑冯翊北界候坞五百所以备羌。

十二月丁巳，任尚遣兵击零昌于北地，杀其妻子，烧其庐落，斩首七百余级。

四年春二月，任尚遣当阗种羌榆鬼等刺杀杜季贡，封榆鬼为破羌侯。

六月，尹就坐不能定益州征，抵罪。以益州刺史张乔领其军屯，招诱叛羌，稍稍降散。

九月，护羌校尉任尚复募效功种羌号封刺杀零昌，封号封为羌王。

冬十二月甲子，任尚与骑都尉马贤共击先零羌狼莫，追至北地，相持六十余日，战于富平河上，大破之，斩首五千级，狼莫逃去。于是西河虔人种羌万人诣邓遵降，陇右平。

五年冬十月，邓遵募上郡全无种羌雕何刺杀狼莫，封雕何为羌侯。自羌叛十余年间，军旅之费，凡用二百四十余亿，府帑空竭，边民及内郡死者不可胜数，并、凉二州遂至虚耗。及零昌、狼莫死，诸羌瓦解，三辅、益州无复寇警。诏封邓遵为武阳侯，邑三千户。遵以太后从弟故，爵封优大。

永宁元年春三月，沈氐羌寇张掖。夏六月，护羌校尉马贤将万人讨沈氐羌于张掖，破之，斩首千八百级，获生口千余人，余虏悉降。时当煎种大豪饥五等，以贤兵在张掖，乃乘虚寇金城，贤还军追之出塞，斩首数千级而还。烧当、烧何种闻贤军还，复寇张掖，杀长吏。

初，当煎种饥五同种大豪卢匆、忍良等千余户别留允街，而首施两端。

建光元年春，护羌校尉马贤召卢匆斩之，因放兵击其种人，获首虏二千余，忍良等皆亡出塞。

秋七月，烧当羌忍良等以麻奴兄弟本烧当世嫡，而校尉马贤抚恤不至，常有怨心，遂相结，共胁将诸种寇湟中，攻金城诸县。八月，贤将先零种击之，战于牧苑，不利。麻奴等又败武威、张掖郡兵于令居，因胁将先零沈氏诸种四千余户，缘山西走，寇武威。贤追到鸾鸟，招引之，诸种降者数千，麻奴南还湟中。

延光元年春三月，护羌校尉马贤追击麻奴到湟中，破之，种众散遁。

十一月，烧当羌麻奴饥困，将种众诣汉阳太守耿种降。

三年九月，烧当羌豪麻奴死，弟犀苦立。

顺帝永建元年二月，陇西钟羌反，校尉马贤击之，战于临洮，斩首千余级，羌众皆降。由是凉州复安。

六年秋九月，护羌校尉韩皓转湟中屯田置两河间，以逼群羌。皓坐事征，以张掖太守马续代为校尉，两河间羌以屯田近之，恐必见图，乃解仇、诅盟，各自儆备。续上移屯田还湟中，羌意乃安。

阳嘉三年秋七月，钟羌良封等复寇陇西、汉阳。诏拜前校尉马贤为谒者，镇抚诸种。冬十月，护羌校尉马续遣兵击良封，破之。

四年二月，谒者马贤击钟羌，大破之。

永和三年冬十月，烧当羌那离等三千余骑寇金城，校尉马贤击破之。

四年三月，烧当羌那离等复反。夏四月癸卯，护羌都尉马贤讨斩之，获首虏千二百余级。

五年。初，那离等既平，朝廷以来机为并州刺史，刘秉为凉州刺史。机等天性虐刻，多所扰发，且冻、傅难种羌遂反，攻金城，与杂种羌胡大寇三辅，杀害长吏。机、秉并坐征。于是拜马贤为征西将军，以骑都尉耿叔为副，将左右羽林、五校士及诸州郡兵十万人，屯汉阳。九月，令扶风、汉阳筑陇道坞三百所，置屯兵。

且冻羌寇武都，烧陇关。

初，上命马贤讨西羌，大将军商以为贤老，不如太中大夫宋汉，帝不从。汉，由之子也。贤到军，稽留不进。武都太守马融上疏曰："今杂种诸羌转相钞盗，宜及其未并，亟遣深入，破其支党，而马贤等处处留滞。羌胡百里望尘，千里听声，今逃匿避回，漏出其后，则必侵寇三辅，为民大害。臣愿请贤所不可，用关东兵五千，裁假部队之号，尽力率厉，埋根、行首以先吏士，三旬之中，必克破之。臣又闻吴起为将，暑不张盖，寒不披裘。今贤野次垂幕，珍肴杂沓，儿子侍妾，事与古反。臣惧贤等专守一城，言攻于西而羌出于东，且其将士将不堪命，必有高克溃叛之变也。"安定人皇甫规亦见贤不恤军事，审其必败，上书言状。朝廷皆不从。

六年春正月丙子，征西将军马贤与且冻羌战于射姑山，贤军败，贤及二子皆没，东西羌遂大合。闰月，巩唐羌寇陇西，遂及三辅，烧园陵，杀掠吏民。

三月，武都太守赵冲追击巩唐羌，斩首四百余级，降二千余人。诏冲督河西四郡兵为节度。

安定上计掾皇甫规上疏曰："臣比年以来，数陈便宜，羌戎未动，策其将反，马贤始出，知其必败，误中之言，在可考校。臣每惟贤等拥众四年，未有成功，县师之费，且百亿计，出于平民，回入奸吏，故江湖之人，群为盗贼，青、徐荒饥，襁负流散。夫羌戎溃叛，不由承平，皆因边将失于绥御，乘常守安则加侵暴，苟竞小利则致大害，微胜则虚张首级，军败则隐匿不言。军士劳怨，困于猾吏，进不得快战以徼功，退不得温饱以全命，饿死沟渠，暴骨中原，徒见王师之出，不闻振旅之声。酋豪泣血，惊惧生变，是以安不能久，叛则经年，臣所以搏手叩心而增叹者也。愿假臣两营、二郡，屯列坐食之兵五千，出其不意，与赵冲共相首尾。土地山谷，臣所晓习，兵势巧便，臣已更之，可不烦方寸之印，尺帛之赐，高可以涤患，下可以纳降。荐谓臣年少、官轻，不足用者，凡诸败将，非官爵之不高，年齿之不迈。臣不胜至诚，没死自陈。”帝不能用。

巩唐羌寇北地，北地太守贾福与赵冲击之，不利。

秋九月，诸羌寇武威。

冬十月癸丑，以羌寇充斥，凉部震恐，复徙安定居扶风，北地居冯翊。

十一月庚子，以执金吾张乔行车骑将军事，将兵万五千人屯三辅。

汉安元年冬十月，罕羌邑落五千余户诣赵冲降，唯烧何种据参䜌未下。甲戌，罢张乔军屯。

二年夏四月庚戌，护羌校尉赵冲与汉阳太守张贡击烧当羌于参䜌，破之。冬闰十月，赵冲击烧当羌于阿阳，破之。

建康元年春，护羌从事马玄为诸羌所诱，将羌众亡出塞，领护羌校尉卫瑶追击玄等，斩首八百余级。赵冲复追叛羌到建威鹯阴河，军度竟，所将降胡六百余人叛走，冲将数百人追之，遇羌伏兵，与战而殁。冲虽死，而前后多所斩获，羌由是衰耗。诏封冲子为义阳亭侯。

冲帝永嘉元年。西羌叛乱积年，费用八十余亿，诸将多断盗牢禀，私自润入，皆以珍宝货赂左右。上下放纵，不恤军事，士卒不得其死者，白骨相望于野。左冯翊梁并以恩信招诱叛羌，离湳、狐奴等五万余户皆诣并降，陇右复平。

桓帝延熹二年十二月，烧当、烧何、当煎、勒姐等八种羌寇陇西、金城塞，护羌校尉段颎击破之，追至罗亭，斩其酋豪以下二千级，获生口万余人。

三年闰正月，西羌余众复与烧何大豪寇张掖，晨，薄校尉段颎军。颎下马大战，至日中。刀折矢尽，虏亦引退。颎追之，且斗且行，昼夜相攻，割肉食雪，四十余日，遂至积石山，出塞二千余里，斩烧何大帅，降其余众而还。

冬十一月，勒姐、零吾种羌围允街，段颎击破之。

四年六月，零吾羌与先零诸种反，寇三辅。冬，先零、沈氐羌与诸种羌寇并、凉二州，校尉段颎将湟中义从讨之。凉州刺史郭闳贪共其功，稽固颎军，使不得进，义从役久恋乡旧，皆悉叛归。郭闳归罪于颎，颎坐征，下狱，输作左校，以济南相胡闳代为校尉。胡闳无威略，羌遂陆梁，覆没营坞，转相招结，唐突诸郡，寇患转盛。泰山太守皇甫规上疏曰："今猾贼就灭，泰山略平，复闻群羌并皆反逆。臣生长邠、岐，年五十有九，昔为郡吏，再更叛羌，豫筹其事，有误中之言。臣素有痼疾，恐犬马齿穷，不报大恩。愿乞冗官，备单车一介之使，劳来三辅，宣国威泽，以所习地形、兵势佐助诸军。臣穷居孤危之中，坐观郡将已数十年矣，自鸟鼠至于东岱，其病一也。力求猛敌，不如清平；勤明孙、吴，未若奉法。前变未远，臣诚戚之，是以越职尽其区区。"诏以规为中郎将，持节监关西兵，讨零吾等。十一月，规击羌，破之，斩首八百级。先零诸种羌慕规威信,相劝降者十余万。

五年三月,沈氐羌寇张掖、酒泉。皇甫规发先零诸种羌共讨陇右,而道路隔绝,军中大疫,死者十三四。规亲入庵庐,巡视将士,三军感悦。东羌遂遣使乞降,凉州复通。先是,安定太守孙俊受取狼藉,属国都尉李翕、督军御史张禀多杀降羌,凉州刺史郭闳、汉阳太守赵熹并老弱不任职,而皆倚恃权贵,不遵法度。规到,悉条奏其罪,或免或诛,羌人闻之,翕然反善,沈氐大豪滇昌、饥恬等十余万口,复诣规降。

十一月,滇那羌寇武威、张掖、酒泉。

皇甫规持节为将,还督乡里,既无他私惠,而多所举奏,又恶绝宦官,不与交通。于是中外并怨,遂共诬规货赂群羌,令其文降。帝玺书诮让相属。规上疏自讼曰:"四年之秋,戎丑蠢戾,旧都惧骇,朝廷西顾。臣振国威灵,羌戎稽首,所省之费,一亿以上。以为忠臣之义不敢告劳,故耻以片言自及微效,然比方先事,庶免罪悔。前践州界,先奏孙俊、李翕、张禀,旋师南征,又上郭闳、赵熹,陈其过恶,执据大辟。凡此五臣,支党半国,其余墨绶下至小吏,所连及者复有百余。吏托报将之怨,子思复父之耻,载贽驰车,怀粮步走,交构豪门,竞流谤讟,云臣私报诸羌,仇以钱货。若臣以私财,则家无担石;如物出于官,则文簿易考。就臣愚惑,信如言者,前世尚遗匈奴以宫姬,镇乌孙以公主;今臣但费千万以怀叛羌,则良臣之才略,兵家之所贵,将有何罪负义违理乎?自永初以来,将出不少,覆军有五,动资巨亿,有旋车完封,写之权门,而名成功立,厚加爵封。今臣还督本土,纠举诸郡,绝交离亲,戮辱旧故,众谤阴害,固其宜也。"帝乃征规还,拜议郎,论功当封,而中常侍徐璜、左悺欲从求货,数遣宾客就问功状，规终不答。璜等忿怒，陷以前事，下之于吏。官属欲赋敛请谢，规誓而不听，遂以余寇不绝，坐系廷尉。论输左校。诸公及太学生张凤等三百余人诣阙讼之，会赦，归家。

六年十二月，诏征皇甫规为度辽将军。规上书荐张奂才略兼优，宜正元帅，以从众望。〔若犹谓愚臣〕宜充举事〔者，愿乞冗官，以为奂副〕。朝廷从之，以奂代规为度辽将军，以规为使匈奴中郎将。

西州吏民守阙为前护羌校尉段颎讼冤者甚众，会滇那等诸种羌益炽，凉州几亡，乃复以颎为护羌校尉。

七年冬十月，护羌校尉段颎击当煎羌，破之。

八年春正月，护羌校尉段颎击罕姐羌，破之。

闰五月，段颎击破西羌，进兵穷追，展转山谷间，自春及秋，无日不战，虏遂败散，凡斩首二万三千级，获生口数万人，降者万余落。封颎都乡侯。

九年秋七月，鲜卑诱引东羌与共盟诅，于是上郡沈氏、安定先零诸种共寇武威、张掖，缘边大被其毒。诏复以张奂为护匈奴中郎将，以九卿秩督幽、并、凉三州。

永康元年春正月，东羌先零围祋祤，掠云阳。当煎诸种复反，段颎击之于鸾鸟，大破之，西羌遂定。

夏四月，先零羌寇三辅，攻没两营，杀千余人。

冬十月，先零羌寇三辅，张奂遣司马尹端、董卓拒击，大破之，斩其酋豪，首虏万余人，三州清定。

灵帝建宁元年。初，护羌校尉段颎既定西羌，而东羌先零等种犹未服，度辽将军皇甫规、中郎将张奂招之连年，既降又叛。桓帝诏问颎曰："先零东羌，造恶反逆，而皇甫规、张奂各拥强众，不时辑定，欲令颎移兵东讨，未识其宜，可参思术略。"颎上言曰："臣伏见先零东羌虽数叛逆，而降于皇甫规者已二万许落，善恶既分，余寇无几。今张奂踌躇久不进者，当虑外离内合，兵往必惊。且自冬践春，屯结不散，人畜疲羸，有自亡之势，欲更招降，坐制强敌耳。臣以为狼子野心，难以恩纳，势穷虽服，兵去复动，唯当长矛挟胁，白刃加颈耳。计东种所余三万余落，近居塞内，路无险折，非有燕、齐、秦、赵纵横之势，而久乱并、凉，累侵三辅，西河、上郡，已各内徙，安定、北地，复至单危。自云中、五原西至汉阳二千余里，匈奴诸羌，并擅其地，是为痈疽伏疾，留滞胁下，如不加诛，转就滋大。若以骑五千，步万人，车三千两，三冬二夏，足以破定，无虑用费为钱五十四亿，如此则可令群羌破尽，匈奴长服，内徙郡县，得反本土。伏计永初中诸羌反叛，十有四年，用二百四十亿。永和之末，复经七年，用八十余亿。费耗若此，犹不诛尽，余孽复起，于兹作害。今不暂疲民，则永宁无期。臣庶竭驽劣，伏待节度。"帝许之，悉听如所上。颎于是将兵万余人，赍十五日粮，从彭阳直指高平，与先零诸种战于逢义山。虏兵盛，颎众皆恐。颎乃令军中长镞利刃，长矛三重，挟以强弩，列轻骑为左右翼，谓将士曰："今去家数千里，进则事成，走必尽死，努力共功名。"因大呼，众皆应声腾赴。〔颎〕驰骑于傍，突而击之，虏众大溃，斩首八千余级。太后赐诏书褒美曰："须东羌尽定，当并录功勤。今且赐颎钱二十万，以家一人为郎中。"敕中藏府调金钱彩物，增助军费，拜颎破羌将军。

六月，段颎将轻兵追羌，出桥门，晨夜兼行，与战于奢延泽、落川、令鲜水上，连破之，又战于灵武谷，羌遂大败。秋七月，颎至泾阳，余寇四十落，悉散入汉阳山谷间。

护匈奴中郎将张奂上言："东羌虽破，余种难尽，段颎性轻果，虑负败难常，宜且以恩降，可无后悔。"诏书下颎，颎复上书："臣本知东羌虽众，而软弱易制，所以比陈愚虑，思为永宁之算。而中郎将张奂说虏强难破，宜用招降。圣朝明监，信纳瞽言，故臣谋得行，奂计不用。事势相反，遂怀猜恨，信叛羌之诉，饰润辞意，云臣兵累见折衄，又言羌一气所生，不可诛尽，山谷广大，不可空静，血流污野，伤和致灾。臣伏念周、秦之际，戎狄为害，中兴以来，羌寇最盛，诛之不尽，虽降复叛。今先零杂种，累以反覆，攻没县邑，剽掠人物，发冢露尸，祸及生死，上天震怒，假手行诛。昔邢为无道，卫国伐之，师兴而雨。臣动兵涉夏，连获甘澍，岁时丰稔，人无疵疫。上占天心，不为灾伤，下察人事，众和师克。自桥门以西，落川以东，故宫县邑，更相通属，非为深险绝域之地，车骑安行，无应折衄。案奂为汉吏，身当武职，驻军二年，不能平寇，虚欲修文戢戈，招降犷敌，诞辞空说，僭而无征。何以言之？昔先零作寇，赵充国徙令居内，煎当乱边，马援迁之三辅，始服终叛，至今为鲠，故远识之士以为深忧。今傍郡户口单少，数为羌所创毒，而欲令降徒与之杂居，是犹种枳棘于良田，养虺蛇于室内也。故臣奉大汉之威，建长久之策，欲绝其本根，不使能殖。本规三岁之费，用五十四亿，今适期年，所耗未半，而余寇残烬，将向殄灭。臣每奉诏书，军不内御，愿卒斯言，一以任臣，临时量宜，不失权便。"

二年五月，诏遣谒者冯禅说降汉阳散羌。段颎以春农，百姓布野，羌虽暂降，而县官无廪，必当复为盗贼，不如乘虚放兵，势必殄灭。颎于是自进营，去羌所屯凡亭山四五十里，遣骑司马田晏、假司马夏育将五千人先进，击破之。羌众溃东奔，复聚射虎谷,分兵守谷上下门。颎规一举灭之,不欲复令散走。秋七月,颎遣千人于西县结木为栅,广二十步,长四十里,遮之。分遣晏、育等将七千人,衔枚夜上西山,结营穿堑,去虏一里许,又遣司马张恺等将三千人上东山,虏乃觉之。颎因与恺等挟东西山,纵兵奋击,破之,追至谷上下门,穷山深谷之中,处处破之,斩其渠帅以下万九千级。冯禅等所招降四千人,分置安定、汉阳、陇西三郡。于是东羌悉平。颎凡百八十战,斩三万八千余级,获杂畜四十二万七千余头,费用四十四亿,军士死者四百余人。更封新丰县侯,邑万户。

臣光曰:书称"天地,万物父母。惟人万物之灵,亶聪明,作元后,元后作民父母"。夫蛮夷戎狄,气类虽殊,其就利避害,乐生恶死,亦与人同耳。御之得其道则附顺服从,失其道则离叛侵扰,固其宜也。是以先王之政,叛则讨之,服则怀之,处之四裔,不使乱礼义之邦而已。若乃视之如草木禽兽,不分臧否,不辨去来,悉艾杀之,岂作民父母之意哉!且夫羌之所以叛者,为郡县所侵冤故也。叛而不即诛者,将帅非其人故也。苟使良将驱而出之塞外,择良吏而牧之,则疆埸之臣也,岂得专以多杀为快邪?夫御之不得其道,虽华夏之民亦将蜂起而为寇,又可尽诛邪?然则段纪明之为将,虽克捷有功,君子所不与也。

鲜卑寇边

汉桓帝永寿二年。初,鲜卑檀石槐勇健有智略,部落畏服,乃施法禁,平曲直。无敢犯者,遂推以为大人。檀石槐立庭于弹汗山歠仇水上，去高柳北三百余里，兵马甚盛，东西部大人皆归焉。因南抄缘边，北拒丁零，东却夫余，西击乌孙，尽据匈奴故地，东西万四千余里。

秋七月，檀石槐寇云中。以故乌桓校尉李膺为度辽将军。膺到边，羌胡皆望风畏服，先所掠男女，悉诣塞下送还之。

初，鲜卑寇辽东，属国都尉武威段颎率所领驰赴之。既而恐贼惊去，乃使驿骑诈赍玺书诏颎，颎于道伪退，潜于还路设伏。虏以为信然，乃入追颎，颎因大纵兵，悉斩获之。

延熹二年春二月，鲜卑寇雁门。六月，鲜卑寇辽东。

六年夏五月，鲜卑寇辽东属国。

十二月，诏征皇甫规为度辽将军，规上书荐张奂，朝廷从之，以奂代规为度辽将军。

九年春三月，诏征张奂为大司农，复以皇甫规代为度辽将军。五月，鲜卑闻张奂去，招结南匈奴及乌桓同叛。

六月，南匈奴、乌桓、鲜卑数道入塞，寇掠缘边九郡。冬十二月，匈奴乌桓闻张奂至，皆相率还降，凡二十万口。奂但诛其首恶，余皆慰纳之，唯鲜卑出塞去。朝廷患檀石槐不能制，遣使持印绶封为王，欲与和亲。檀石槐不肯受，而寇抄滋甚。自分其地为三部：从右北平以东至辽东，接夫余、濊貊二十余邑为东部，从右北平以西至上谷十余邑为中部，从上谷以西至敦煌、乌孙二十余邑为西部，各置大人领之。

灵帝建宁元年冬十二月，鲜卑及濊貊寇幽、并二州。

二年冬十一月，鲜卑寇并州。

四年冬十月，鲜卑寇并州。

熹平元年冬十二月，鲜卑寇并州。

二年〔冬十二月〕，鲜卑寇幽、并二州。

三年冬十二月，鲜卑入北地，太守夏育率屠各追击，破之。迁育为护乌桓校尉。鲜卑又寇并州。

四年五月，鲜卑寇幽州。

五年，鲜卑寇幽州。

六年夏四月，鲜卑寇三边。秋七月，护乌桓校尉夏育上言："鲜卑寇边，自春以来三十余发，请征幽州诸郡兵出塞击之，一冬二春，必能禽灭。"先是，护羌校尉田晏坐事论刑，被原，欲立功自效，乃请中常侍王甫求得为将。甫因此议遣兵与育并力讨贼，帝乃拜晏为破鲜卑中郎将。大臣多有不同，乃召百官议于朝堂。蔡邕议曰："征讨殊类，所由尚矣。然而时有同异，势有可否，故谋有得失，事有成败，不可齐也。夫以世宗神武，将帅良猛，财赋充实，所括广远，数十年间，官民俱匮，犹有悔焉；况今人财并乏，事劣昔时乎！自匈奴遁逃，鲜卑强盛，据其故地，称兵十万，才力劲健，意智益生。加以关塞不严，禁网多漏，精金良铁，皆为贼有，汉人逋逃为之谋主，兵利马疾，过于匈奴。昔段颎良将，习兵善战，有事西羌，犹十余年。今育、晏才策未必过颎，鲜卑种众不弱曩时，而虚计二载，自许有成，若祸结兵连，岂得中休，当复征发众人，转运无已，是为耗竭诸夏，并力蛮夷。夫边垂之患，手足之疥搔，中国之困，胸背之瘭疽，方今郡县盗贼尚不能禁，况此丑虏而可伏乎？昔高祖忍平城之耻，吕后弃慢书之诟，方之于今，何者为甚？天设山河，秦筑长城，汉起塞垣，所以别内外异殊俗也。苟无蹙国内侮之患则可矣，岂与虫蚁之虏校往来之数哉！虽或破之，岂可殄尽，而方令本朝为之旰食乎？昔淮南王安谏伐越曰：'如使越人蒙死以逆执事，厮舆之卒有一不备而归者，虽得越王之首，犹为大汉羞之。'而欲以齐民易丑虏，皇威辱外夷，就如其言，犹已危矣，况乎得失不可量邪?"帝不从。八月，遣夏育出高柳，田晏出云中，匈奴中郎将臧旻率南单于出雁门，各将万骑，三道出塞二千余里。檀石槐命三部大人各帅众逆战，育等大败，丧其节、传、辎重，各将数十骑奔还，死者什七八。三将槛车征下狱，赎为庶人。

十二月，辽西太守甘陵赵苞到官，遣使迎母及妻子，垂当到郡，道经柳城，值鲜卑万余人入塞寇钞，苞母及妻子遂为所劫质，载以击郡。苞率骑二万与贼对陈，贼出母以示苞。苞悲号，谓母曰："为子无状，欲以微禄奉养朝夕，不图为母作祸。昔为母子，今为王臣，义不得顾私恩，毁忠节，唯当万死，无以塞罪。"母遥谓曰："威豪，人各有命，何得相顾以亏忠义，尔其勉之!"苞即时进战，贼悉摧破，其母妻皆为所害。苞自上归葬，帝遣使吊慰，封鄃侯。苞葬讫，谓乡人曰："食禄而避难，非忠也。杀母以全义，非孝也。如是，有何面目立于天下!"遂欧血而死。

光和元年十一月，鲜卑寇酒泉。种众日多，缘边莫不被毒。

二年十二月，鲜卑寇幽、并二州。

三年冬，鲜卑寇幽、并二州。

四年冬十月，鲜卑寇幽、并二州。檀石槐死，子和连代立。和连才力不及父而贪淫，后出攻北地，北地〔人〕射杀之。其子骞曼尚幼，兄子魁头立。后骞曼长大，与魁头争国，众遂离散。

嬖幸废立

汉和帝元兴元年冬十二月辛未，帝崩于章德前殿。初，帝失皇子，前后十数，后生者辄隐秘养于民间，群臣无知者。及帝崩，邓皇后乃收皇子于民间。长子胜，有痼疾。少子隆，生始百余日，迎立以为皇太子。是夜，即皇帝位。尊皇后曰皇太后，太后临朝。

殇帝延平元年三月丙戌，清河王庆、济北王寿、河间王开、常山王章始就国，太后特加庆以殊礼。庆子祜年十三，太后以帝幼弱，远虑不虞，留祜与嫡母耿姬居清河邸。耿姬，况之曾孙也。祜母，犍为左姬也。

八月辛卯，帝崩。太后与兄车骑将军骘、虎贲中郎将悝等定策禁中，其夜，使骘持节，以王青盖车迎清河王子祜，斋于殿中。皇太后御崇德殿，百官皆吉服陪位，引拜祜为长安侯。乃下诏，以祜为孝和皇帝嗣。又作策命。有司读策毕，太尉奉上玺绶，即皇帝位。太后犹临朝。

十二月甲子，清河王庆薨。

安帝永初元年。自和帝之丧，邓骘兄弟常居禁中，骘不欲久在内，连求还第，太后许之。夏四月，封太傅张禹、太尉徐防、司空尹勤、车骑将军邓骘、城门校尉邓悝、虎贲中郎将邓弘、黄门郎邓阊皆为列侯，食邑各万户。骘以定策功，增三千户。骘及诸弟辞让不获，遂逃避使者，间关诣阙，上疏自陈，至于五六，乃许之。

初，太后以平原王胜有痼疾，而贪殇帝孩抱，养为己子，故立焉。及殇帝崩，群臣以胜疾非痼，意咸归之。太后以前不立胜，恐后为怨，乃迎帝而立之。周章以众心不附，密谋闭宫门，诛邓骘兄弟及郑众、蔡伦，劫尚书，废太后于南宫，封帝为远国王而立平原王。事觉，冬十一月丁亥，章自杀。

三年春正月庚子，皇帝加元服，赦天下。

元初二年十二月，邓弘卒，封西平侯。诏封弘子广德为西平侯，封广德弟甫德为都乡侯。

五年，太后弟悝、阊皆卒，封悝子广宗为叶侯，阊子忠为西华侯。

建光元年春二月，皇太后寝疾。癸亥，赦天下。三月癸巳，皇太后邓氏崩。四月，尊帝嫡母耿姬为甘陵大贵人。

帝少号聪明，故邓太后立之。及长，多不德，稍不可太后意，帝乳母王圣知之。太后征济北河间王子诣京师。河间王子翼，美容仪，太后奇之，以为平原怀王后，留京师。王圣见太后久不归政，虑有废置，常与中黄门李闰、江京候伺左右，共毁短太后于帝，帝每怀忿惧。及太后崩，宫人先有受罚者怀怨恚，因诬告太后兄弟悝、弘、阊先从尚书邓访取废帝故事，谋立平原王。帝闻，追怒，令有司奏悝等大逆无道，遂废西平侯广宗、叶侯广德、西华侯忠、阳安侯珍、都乡侯甫德皆为庶人，邓骘以不与谋，但免特进，遣就国；宗族免官归故郡，没入骘等赀财、田宅，徙邓访及家属于远郡。郡县逼迫，广宗及忠皆自杀。又徙封骘为罗侯。五月庚辰，骘与子凤并不食而死。骘从弟河南尹豹、度辽将军舞阳侯遵、将作大匠畅皆自杀，唯广德兄弟以母与阎后同产，得留京师。复以耿夔为度辽将军，征乐安侯邓康为太仆。丙申，贬平原王翼为都乡侯，遣归河间。翼谢绝宾客，闭门自守，由是得免。

大司农京兆宋宠痛骘无罪遇祸，乃肉袒舆榇上疏曰："伏惟和熹皇后圣善之德，为汉文母，兄弟忠孝，同心忧国，宗庙有主，王室是赖，功成身退，让国逊位，历世外戚，无与为比。当享积善履谦之祐，而横为宫人单辞所陷，利口倾险，反乱国家，罪无申证，狱不讯鞫，遂令骘等罹此酷滥，一门七人，并不以命，尸骸流离，冤魂不反，逆天感人，率土丧气。宜收还冢次，宠树遗孤，奉承血祀，以谢亡灵。”众庶多为骘称枉者，帝意颇悟，乃谴让州郡，还葬骘等于北芒，诸从昆弟皆得归京师。

帝以耿贵人兄牟平侯宝监羽林左军车骑。封宋杨四子皆为列侯，宋氏为卿、校、侍中大夫、谒者、郎吏十余人。阎皇后兄弟显、景、耀并为卿、校，典禁兵。于是内宠始盛。

帝以江京尝迎帝于邸，以为京功，封都乡侯，封李闰为雍乡侯，闰、京并迁中常侍。京兼大长秋，与中常侍樊丰、黄门令刘安、钩盾令陈达及王圣、圣女伯荣扇动内外，竞为侈虐。伯荣出入宫掖，传通奸赂。司徒杨震上疏曰："臣闻政以得贤为本，治以去秽为务，是以唐、虞俊乂在官，四凶流放，天下咸服，以致雍熙。方今九德未事，嬖幸充庭。阿母王圣，出自贱微，得遭千载，奉养圣躬，虽有推燥居湿之勤，前后赏惠，过报劳苦，而无厌之心，不知纪极，外交属托，扰乱天下，损辱清朝，尘点日月。夫女子小人，近之喜，远之怨，实为难养。宜速出阿母，令居外舍，断绝伯荣，莫使往来，令恩德两隆，上下俱美。"奏御，帝以示阿母等，内幸皆怀忿恚。

而伯荣骄淫尤甚，通于故朝阳侯刘护从兄瑰，瑰遂以为妻，官至侍中，得袭护爵。震上疏曰："经制，父死子继，兄亡弟及，以防篡也。伏见诏书封故朝阳侯刘护再从兄瑰袭护爵为侯，护同产弟威今犹见在。臣闻天子专封，封有功；诸侯专爵，爵有德。今瑰无他功行，但以配阿母女，一时之间，既位侍中，又至封侯，不稽旧制，不合经义，行人喧哗，百姓不安。陛下宜鉴镜既住，顺帝之则。"尚书广陵翟酺上疏曰："昔窦、邓之宠，倾动四方，兼官重绂，盈金积货，至使议弄神器，改更社稷，岂不以势尊威广以致斯患乎？及其破坏，头颡堕地，愿为孤豚，岂可得哉！夫致贵无渐，失必暴；受爵非道，殃必疾。今外戚宠幸，功均造化，汉元以来，未有等比。陛下诚仁恩周洽，以亲九族，然禄去公室，政移私门，覆车重寻，宁无摧折，此最安危之极戒，社稷之深计也。昔文帝爱百金于露台，饰帷帐于皂囊，或有讥其俭者，上曰：'朕为天下守财耳，岂得妄用之哉！'今自初政已来，日月未久，费用赏赐，已不可算。敛天下之财，积无功之家，帑藏单尽，民物雕伤，卒有不虞，复当重赋，百姓怨叛既生，危乱可待也。愿陛下勉求忠贞之臣，诛远佞谄之党，割情欲之欢，罢宴私之好，心存亡国所以失之，鉴观兴王所以得之，庶灾害可息，丰年可招矣。"书奏，皆不省。

延光元年，京师及郡国二十七雨水。帝数遣黄门常侍及中使伯荣往来甘陵，尚书仆射陈忠上疏曰："今天心未得，隔并屡臻，青、冀之域淫雨漏河，徐、岱之滨海水盆溢，兖、豫蝗蝝滋生，荆、扬稻收俭薄，并、凉二州羌戎叛戾，加以百姓不足，府帑虚匮。陛下以不得亲奉孝德皇园庙，比遣中使致敬甘陵，朱轩骈马，相望道路，可谓孝至矣。然臣窃闻使者所过，威权翕赫，震动郡县，王、侯、二千石至为伯荣独拜车下。发民修道，缮理亭传，多设储偫，征役无度，老弱相随，动有万计，赂遗仆从，人数百匹，顿踣呼嗟，莫不叩心。河间托叔父之属，清河有陵庙之尊，及剖符大臣皆猥为伯荣屈节车下，陛下不问，必以为陛下欲其然也。伯荣之威重于陛下，陛下之柄在于臣妾，水灾之发，必起于此。昔韩嫣托副车之乘，受驰视之使，江都误为一拜，而嫣受欧刀之诛。臣愿明主严天元之尊，正乾刚之位，不宜复令女使干错万机。重察左右，得无石显泄漏之奸？尚书纳言，得无赵昌谮崇之诈？公卿大臣，得无朱博阿傅之援？外属近戚，得无王凤害商之谋？若国政一由帝命，王事每决于己，则下不得逼上，臣不得干君，常雨大水必当霁止，四方众异不能为害。”书奏，不省。

二年夏四月戊子，爵乳母王圣为野王君。

冬十月甲戌，以司徒杨震为太尉，光禄勋东莱刘熹为司徒。大鸿胪耿宝自候震，荐中常侍李闰兄于震，曰：“李常侍国家所重，欲令公辟其兄，宝唯传上意耳。”震曰：“如朝廷欲令三府辟召，故宜有尚书敕。”宝大恨而去。执金吾阎显亦荐所亲于震，震又不从。司空刘授闻之，即辟此二人，由是震益见怨。时诏遣使者大为王圣修第。中常侍樊丰及侍中周广、谢恽等更相扇动，倾摇朝廷。震上疏曰：“臣伏念方今灾害滋甚，百姓空虚，三边震扰，帑藏匮乏，殆非社稷安宁之时。诏书为阿母兴起第舍，合两为一，连里竟街，雕修缮饰，穷极巧伎，攻山采石，转相迫促，为费巨亿。周广、谢恽兄弟，与国无肺腑枝叶之属，依倚近幸奸佞之人，与之分威共权，属托州郡，倾动大臣，宰司辟召，承望旨意，招来海内贪污之人，受其货赂，至有赃锢弃世之徒，复得显用；白黑溷淆，清浊同源，天下欢哗，为朝结讥。臣闻师言，上之所取，财尽则怨，力尽则叛，怨叛之人，不可复使，惟陛下度之。”上不听。

十二月戊辰，京师及郡国三地震。

三年。初，樊丰、周广、谢恽等见杨震连谏不从，无所顾忌，遂诈作诏书，调发司农钱谷、大匠见徒材木，各起冢舍、园池、庐观，役费无数。震复上疏曰：“臣备台辅，不能调和阴阳，去年十二月四日京师地动，其日戊辰，三者皆土，位在中宫，此中臣、近官持权用事之象也。臣伏惟陛下以边境未宁，躬自菲薄，宫殿垣屋倾倚，枝拄而已。而亲近幸臣，未崇断金，骄溢逾法，多请徒士，盛修第舍，卖弄威福，道路欢哗，地动之变，殆为此发。又冬无宿雪，春节未雨，百僚焦心，而缮修不止，诚致旱之征也。唯陛下奋乾刚之德，弃骄奢之臣，以承皇天之戒。”震前后所言转切，帝既不平之，而樊丰等皆侧目愤怨，以其名儒，未敢加害。会河间男子赵腾上书，指陈得失，帝发怒，遂收考诏狱，结以罔上不道。震上疏救之曰：“臣闻殷、周哲王，小人怨詈，则还自敬德。今赵腾所坐，激讦谤语，为罪与手刃犯法有差，乞为亏除，全腾之命，以诱刍荛舆人之言。”帝不听，腾竟伏尸都市。及帝东巡，樊丰等因乘舆在外，竞修第宅，太尉部掾高舒召大匠令史考校之，得丰等所诈下诏书，具奏，须行还上之。丰等惶怖。会太史言星变逆行，遂共谮震云：“自赵腾死后，深用怨怼，且邓氏故吏有恚恨之心。”壬戌，车驾还京师，便时太学，夜遣使者策收震太尉印绶。震于是柴门，绝宾客。丰等复恶之，令大鸿胪耿宝奏“震大臣，不服罪，怀恚望”。有诏，遣归本郡。震行至城西(几)〔夕〕阳亭，乃慷慨谓其诸子、门人曰：“死者，士之常分。吾蒙恩居上司，疾奸臣狡猾而不能诛，恶嬖女倾乱而不能禁，何面目复见日月？身死之日，以杂木为棺，布单被，裁足盖形，勿归冢次，勿设祭祀。”因饮酖而卒。弘农太守移良承樊丰等旨，遣吏于陕县留停震丧，露棺道侧，谪震诸子代邮行书，道路皆为陨涕。

太仆征羌侯来历曰：“耿宝托元舅之亲，荣宠过厚，不念报国恩，而倾侧奸臣，伤害忠良，其天祸亦将至矣。”历，歙之曾孙也。

秋八月辛巳，以大鸿胪耿宝为大将军。

王圣、江京、樊丰等谮太子乳母王男、厨监邴吉等，杀之，家属徙比景。太子思男、吉，数为叹息。京、丰惧有后害，乃与阎后妄造虚无，构谗太子及东宫官属。帝怒，召公卿以下议废太子。

耿宝等承旨，皆以为当废。太仆来历与太常桓焉、廷尉犍为张皓议曰："经说，年未满十五，过恶不在其身。且男、吉之谋，皇太子容有不知。宜选忠良保傅，辅以礼义，废置事重，此诚圣恩所宜宿留。"帝不从。焉，郁之子也。张皓退，复上书曰："昔贼臣江充造构谗逆，倾覆戾园，孝武久乃觉寤，虽追前失，悔之何及。今皇太子方十岁，未习保傅之教，可遽责乎？"书奏，不省。

九月丁酉，废皇太子保为济阴王，居于德阳殿西钟下。来历乃要结光禄勋祋讽、宗正刘玮、将作大匠薛皓、侍中闾丘弘、陈光、赵代、施延、太中大夫九江朱伥等十余人，俱诣鸿都门证太子无过。帝与左右患之，乃使中常侍奉诏胁群臣曰："父子一体，天性自然，以义割恩，为天下也。历、讽等不识大典，而与群小共为欢哗，外见忠直而内希后福，饰邪违义，岂事君之礼！朝廷广开言事之路，故且一切假贷，若怀迷不反，当显明刑书。"谏者莫不失色。薛皓先顿首曰："固宜如明诏。"历怫然，廷诘皓曰："属通谏何言，而今复背之？大臣乘朝车，处国事，固得辗转若此乎！"乃各稍自引起，历独守阙，连日不肯去。帝大怒，尚书令陈忠与诸尚书遂共劾奏历等，帝乃免历兄弟官，削国租，黜历母武安公主不得会见。

是岁，京师及诸郡国二十三地震，三十六大水、雨雹。

四年春二月甲辰，车驾南巡。三月庚申，帝至宛，不豫。乙丑，帝发自宛。丁卯，至叶，崩于乘舆。年三十二。

皇后与阎显兄弟、江京、樊丰等谋曰："今晏驾道次，济阴王在内，邂逅公卿立之，还为大害。"乃伪云帝疾甚，徙御卧车，所在上食、问起居如故。驱驰行四日，庚午，还宫。辛未，遣司徒刘熹诣郊庙、社稷，告天请命，其夕乃发丧。尊皇后曰皇太后，太后临朝。以显为车骑将军、仪同三司。太后欲久专国政，贪立幼年，与显等定策禁中，迎济北惠王子北乡侯懿为嗣。济阴王以废黜，不得上殿亲临梓宫，悲号不食，内外群僚莫不哀之。乙酉，北乡侯即皇帝位。

夏四月，阎显忌大将军耿宝位尊权重，威行前朝，乃风有司奏宝及其党与中常侍樊丰、虎贲中郎将谢恽、侍中周广、野王君王圣、圣女永等更相阿党，互作威福，皆大不道。辛卯，丰、恽、广皆下狱死，家属徙比景。贬宝及弟子林虑侯承皆为亭侯，遣就国，宝于道自杀。王圣母子徙雁门。于是以阎景为卫尉，耀为城门校尉，晏为执金吾，兄弟并处权要，威福自由。

冬十月，北乡侯病笃，中常侍孙程谓济阴王谒者长兴渠曰："王以嫡统，本无失德，先帝用谗，遂至废黜。若北乡侯不起，相与共断江京、阎显，事无不成者。"渠然之。又中黄门南阳王康，先为太子府史，及长乐太官丞京兆王国等，并附同于程。江京谓阎显曰："北乡侯病不解，国嗣宜以时定，何不早征诸王子，简所置乎？"显以为然。辛亥，北乡侯薨，显白太后，秘不发丧，而更征诸王子，闭宫门，屯兵自守。

十一月乙卯，孙程、王康、王国与中黄门黄龙、彭恺、孟叔、李建、王成、张贤、史泛、马国、王道、李元、杨佗、陈予、赵封、李刚、魏猛、苗光等聚谋于西钟下，皆截单衣为誓。丁巳，京师及郡国十六地震。是夜，程等共会崇德殿上，因入章台门。时江京、刘安及李闰、陈达等俱坐省门下，程与王康共就斩京、安、达。以李闰权势积为省内所服，欲引为主，因举刀胁闰曰："今当立济阴王，无得摇动。"闰曰："诺。"于是扶闰起，俱于西钟下迎济阴王即皇帝位，时年十二。召尚书令、仆射以下从辇幸南宫，程等留守省门，遮捍内外。帝登云台，召公卿、百僚，使虎贲、羽林士屯南、北宫诸门。

阎显时在禁中，忧迫不知所为。小黄门樊登劝显以太后诏召越骑校尉冯诗、虎贲中郎将阎崇将兵屯平朔门以御程等，显诱诗入省谓曰："济阴王立，非皇太后意，玺绶在此。苟尽力效功，封侯可得。"太后使授之印曰："能得济阴王者封万户侯，得李闰者五千户侯。"诗等皆许诺，辞以"卒被召，所将众少"。显使与登迎吏士于左掖门外，诗因格杀登，归营屯守。

显弟卫尉景遽从省中还外府，收兵至盛德门。孙程传召诸尚书使收景。尚书郭镇时卧病，闻之，即率直宿羽林出南止车门，逢景从吏士拔白刃呼曰："无干兵！"镇即下车持节诏之，景曰："何等诏？"因斫镇，不中。镇引剑击景堕车，左右以戟叉其胸，遂禽之，送廷尉狱，即夜死。

戊午，遣使者入省，夺得玺绶。帝乃幸嘉德殿，遣侍御史持节收阎显及其弟城门校尉耀、执金吾晏，并下狱，诛，家属皆徙比景。迁太后于离宫。己未，开门，罢屯兵。壬戌，诏司隶校尉："惟阎显、江京近亲当伏辜诛，其余务崇宽贷。"封孙程等皆为列侯，程食邑万户，王康、王国食九千户，黄龙食五千户，彭恺、孟叔、李建食四千二百户，王成、张贤、史泛、马国、王道、李元、杨佗、陈予、赵封、李刚食四千户，魏猛食二千户，苗光食千户，是为十九侯，加赐车马、金银、钱帛各有差。李闰以先不豫谋，故不封。擢孙程为骑都尉。初，程等入章台门，苗光独不入。诏书录功臣，令王康疏名，康诈疏光入章台门。光未受符策，心不自安，诣黄门令自告。有司奏康、光欺诈主上，诏书勿问。以将作大匠来历为卫尉。祋讽、刘玮、闾丘弘等先卒，皆拜其子为郎。朱伥、施延、陈光、赵代皆见拔用，后至公卿。征王男、邴吉家属还京师，厚加赏赐。帝之见废也，监太子家小黄门籍建、傅高梵、长秋长赵熹、丞良贺、药长夏珍皆坐徙朔方。帝即位，并擢为中常侍。

初，阎显辟崔骃之子瑗为吏，瑗以北乡侯立不以正，知显将败，欲说令废立，而显日沉醉，不能得见。乃谓长史陈禅曰："中常侍江京等惑蛊先帝，废黜正统，扶立疏孽。少帝即位，发病庙中，周勃之征，于斯复见。今欲与君共求见说将军，白太后，收京等，废少帝，引立济阴王，必上当天心，下合人望，伊、霍之功不下席而立，则将军兄弟传祚于无穷。若拒违天意，久旷神器，则将以无罪并辜元恶。此所谓祸福之会，分功之时也。"禅犹豫，未敢从。会显败，瑗坐被斥，门生苏祗欲上书言状，瑗遽止之。时陈禅为司隶校尉，召瑗谓曰："弟听祗上书，禅请为之证。"瑗曰："此譬犹儿妾屏语耳，愿使君勿复出口。"遂辞归，不复应州郡命。

十二月，杨震门生虞放、陈翼诣阙追讼震事。诏除震二子为郎，赠钱百万，以礼改葬于华阴潼亭，远近毕至。有大鸟高丈余集震丧前，郡以状上。帝感震忠直，诏复以中牢具祠之。

议郎陈禅以为"阎太后与帝无母子恩，宜徙别馆，绝朝见"。群臣议者咸以为宜。司徒掾汝南周举谓李郃曰："昔瞽瞍常欲杀舜，舜事之逾谨。郑武姜谋杀庄公，庄公誓之黄泉；秦始皇怨母失行，久而隔绝；后感颍考叔、茅焦之言，复修子道，书传美之。今诸阎新诛，太后幽在离宫，若悲愁生疾，一旦不虞，主上将何以令于天下？如从禅议，后世归咎明公。宜密表朝廷，令奉太后，率群臣朝觐如旧，以厌天心，以答人望。"郃即上疏陈之。

顺帝永建元年春正月，帝朝太后于东宫。辛未，皇太后阎氏崩。

八月，浮阳侯孙程等怀表上殿争功，帝怒。有司劾奏"程等干乱悖逆，王国等皆与程党，久留京都，益其骄恣"。帝乃免程等官，悉徙封远县，因遣十九侯就国，敕洛阳令促期发遣。司徒掾周举说朱伥曰："朝廷在西钟下时，非孙程等岂立。今忘其大德，录其小过，如道路夭折，帝有杀功臣之讥。及今未去，宜急表之。"伥曰："今诏指方怒，吾独表此，必致罪谴。"举曰："明公年过八十，位为台辅，不于今时竭忠报国，惜身安宠，欲以何求？禄位虽全，必陷佞邪之讥。谏而获罪，犹有忠贞之名。若举言不足采，请从此辞。"伥乃表谏，帝果从之。程徙封宜城侯，到国，怨恨恚怼，封还印绶、符策，亡归京师，往来山中。诏书追求，复故爵土，赐车马、衣物，遣还国。

三年冬十二月，帝悉召孙程等还京师。

梁氏之变

汉章帝建初七年。初，明德太后为帝纳扶风宋杨二女为贵人，大贵人生太子庆。梁松弟竦有二女亦为贵人，小贵人生皇子肇。窦皇后无子，养肇为子。宋贵人有宠于马太后，太后崩，窦皇后宠盛，与母沘阳公主谋陷宋氏，外令兄弟求其纤过，内使御者侦伺得失。宋贵人病，思生兔，令家求之，因诬言欲为厌胜之术，由是太子出居承禄观。夏六月甲寅，诏曰："皇太子有失惑无常之性，不可以奉宗庙。大义灭亲，况降退乎！今废庆为清河王。皇子肇，保育皇后，承训怀衽，今以肇为皇太子。"遂出宋贵人姊妹置丙舍，使小黄门蔡伦案之，二贵人皆饮药自杀。父议郎杨免归本郡。庆时虽幼，亦知避嫌畏祸，言不敢及宋氏。帝更怜之，敕皇后令衣服与太子齐等，太子亦亲爱庆，入则共室，出则同舆。

八年。太子肇之立也，梁氏私相庆，诸窦闻而恶之。皇后欲专名外家，忌梁贵人姊妹，数谮之于帝，渐致疏嫌。是岁，窦氏作飞书，陷梁竦以恶逆，竦遂死狱中，家属徙九真。贵人姊妹以忧死。辞语连及梁松妻舞阴公主，坐徙新城。

和帝永元九年闰八月辛巳，皇太后窦氏崩。初，梁贵人既死，宫省事秘，莫有知帝为梁氏出者。舞阴公主子梁扈遣从兄檀奏记三府，以为“汉家旧典，崇贵母氏，而梁贵人亲育圣躬，不蒙尊号，求得申议”。太尉张酺言状，帝感恸良久，曰：“于君意若何？”酺请追上尊号，存录诸舅，帝从之。会贵人姊南阳樊调妻嫕上书自讼曰：“妾父竦冤死牢狱，骸骨不掩。母氏年逾七十，及弟棠等远在绝域，不知死生。愿乞收竦朽骨，使母弟得归本郡。”帝引见嫕，乃知贵人枉殁之状。三公上奏：“请依光武黜吕太后故事，贬窦太后尊号，不宜合葬先帝。”百官亦多上言者。帝手诏曰：“窦氏虽不遵法度，而太后常自减损。朕奉事十年，深惟大义。礼，臣子无贬尊上之文，恩不忍离，义不忍亏。案前世上官太后亦无降黜，其勿复议。”丙申，葬章德皇后。

九月甲子，追尊梁贵人为皇太后，谥曰恭怀，追服丧制。冬十月乙酉，改葬梁太后及其姊大贵人于西陵，擢樊调为羽林左监。追封谥皇太后父竦为褒亲愍侯，遣使迎其丧，葬于恭怀皇后陵傍。征还竦妻子，封子棠为乐平侯，棠弟雍为乘氏侯，雍弟翟为单父侯，位皆特进，赏赐以巨万计，宠遇光于当世，梁氏自此盛矣。

顺帝永建六年秋九月，帝欲立皇后，而贵人有宠者四人，莫知所建，议欲探筹，以神定选。尚书仆射南郡胡广与尚书冯翊郭虔、史敞上疏谏曰："窃见诏书，以立后事大，谦不自专，欲假之筹策，决疑灵神，篇籍所记，祖宗典故，未尝有也。恃神任筮，既不必当贤，就值其人，犹非德选。夫岐嶷形于自然，伣天必有异表，宜参良家，简求有德，德同以年，年钧以貌，稽之典经，断之圣虑。"帝从之。恭怀皇后弟子乘氏侯商之女，选入掖庭为贵人，常特被引御，从容辞曰："夫阳以博施为德，阴以不专为义。螽斯则百福之所由兴也。愿陛下思云雨之均泽，小妾得免于罪。"帝由是贤之。

阳嘉元年春正月乙巳，立贵人梁氏为皇后。夏四月，梁商加位特进；顷之，拜执金吾。

二年三月，封执金吾梁商子冀为襄邑侯。尚书令左雄谏曰："臣闻人君莫不好忠正而恶谗谀，然而历世之患，莫不以忠正得罪。谗谀蒙幸者，盖听忠难从谀易也。夫刑罪，人情之所甚恶，贵宠，人情之所甚欲，是以时俗为忠者少而习谀者多，故令人主数闻其美，稀知其过，迷而不悟，以至于危亡。梁冀之封，事非机急，宜过灾厄之运，然后平议可否。"于是冀父商让还冀封，书十余上，帝乃从之。

夏六月丁丑，帝引公卿所举敦朴之士，问以当世之敝，为政所宜。李固对曰："夫妃后之家，所以少完全者，岂天性当然，但以爵位尊显，颛总权柄，天道恶盈，不知自损，故至颠仆。先帝宠遇阎氏，位号太疾，故其受祸曾不旋时。老子曰'其进锐者其退速也'。今梁氏戚为椒房，礼所不臣，尊以高爵，尚可然也，而子弟群从，荣显兼加，永平、建初故事，殆不如此。宜令步兵校尉冀及诸侍中还居黄门之官，使权去外戚，政归国家，岂不休乎！"

四年夏四月戊寅，以执金吾梁商为大将军。商称疾不起且一年，帝使太常桓焉奉策就第即拜，商乃诣阙受命。商少通经传，谦恭好士，辟汉阳巨览、上党陈龟为掾属，李固为从事中郎，杨伦为长史。李固以商柔和自守，不能有所整裁，乃奏记于商曰："数年以来，灾怪屡见。孔子曰：'智者见变思形，愚者睹怪讳名。'天道无亲，可为祇畏。诚令王纲一整，道行忠立，明公踵伯成之高，全不朽之誉，岂与此外戚凡辈耽荣好位者同日而论哉！"商不能用。

永和元年，以执金吾梁冀为河南尹。冀性嗜酒，逸游自恣，居职多纵暴非法。父商所亲客雒阳令吕放以告商，商以让冀。冀遣人于道刺杀放，而恐商知之，乃推疑放之怨仇，请以放弟禹为雒阳令，使捕之，尽灭其宗亲、宾客百余人。

三年十二月，大将军商以小黄门南阳曹节等用事于中，遣子冀、不疑与为交友，而宦官忌其宠，反欲陷之。中常侍张逵、蘧政、杨定等与左右连谋，共谮商及中常侍曹腾、孟贲，云"欲征诸王子，图议废立，请收商等案罪"。帝曰："大将军父子我所亲，腾、贲我所爱，必无是，但汝曹共妒之耳。"逵等知言不用，惧迫，遂出，矫诏收缚腾、贲于省中。帝闻，震怒，敕宦者李歙急呼腾、贲释之，收逵等下狱。

四年春正月庚辰，逵等伏诛。二月，帝以商少子虎贲中郎将不疑为步兵校尉。商上书辞曰："不疑童孺，猥处成人之位。昔晏平仲辞邶殿以守其富，公仪休不受鱼飧以定其位，臣虽不才，亦愿固福禄于圣世。"上乃以不疑为侍中、奉车都尉。

六年春三月上巳，大将军商大会宾客，宴于雒水，酒阑，继以薤露之歌。从事中郎周举闻之，叹曰："此所谓哀乐失时，非其所也，殃将及乎！”

秋八月，乘氏忠侯梁商病笃，敕子冀等曰：“吾生无以辅益朝廷，死何可耗费帑藏？衣衾、饭含、玉匣、珠贝之属，何益朽骨？百僚劳扰，纷华道路，祇增尘垢耳。宜皆辞之。”丙辰，薨，帝亲临丧。诸子欲从其诲，朝廷不听，赐以东园秘器、银镂、黄肠、玉匣。及葬，赐轻车、介士，中宫亲送。帝幸宣阳亭，瞻望车骑。壬戌，以河南尹乘氏侯梁冀为大将军，冀弟侍中不疑为河南尹。

臣光曰：成帝不能选任贤俊，委政舅家，可谓闇矣；犹知王立之不材，弃而不用。顺帝援大柄授之后族，梁冀顽嚚凶暴，著于平昔，而使之继父之位，终于悖逆，荡覆汉室；校于成帝，闇又甚焉。

十一月，荆州盗贼起，弥年不定，以大将军从事中郎李固为荆州刺史。固到，遣吏劳问境内，赦寇盗前衅，与之更始。于是贼帅夏密等率其魁党六百余人自缚归首，固皆原之，遣还，使自相招集，开示威法。半岁间，余类悉降，州内清平。奏南阳太守高赐等赃秽。赐等重赂大将军梁冀，冀为之千里移檄，而固持之愈急，冀遂徙固为泰山太守。时泰山盗贼屯聚历年，郡兵常千人追讨不能制。固到，悉罢遣归农，但选留任战者百余人，以恩信招诱之。未满岁，贼皆弭散。

汉安元年秋八月丁卯，遣侍中河内杜乔、周举、守光禄大夫周栩、冯羡、魏邵、栾巴、张纲、郭遵、刘班分行州郡，表贤良，显忠勤，其贪污有罪者刺史、二千石驿马上之，墨绶以下便辄收举。乔等受命之部，张纲独埋其车轮于雒阳都亭，曰：“豺狼当路，安问狐狸！”遂劾奏“大将军冀、河南尹不疑，以外戚蒙恩，居阿衡之任，而专肆贪叨，纵恣无极，多树谄谀，以害忠良，诚天威所不赦,大辟所宜加也。谨条其无君之心十五事,斯皆臣子所切齿者也”。书御,京师震竦。时皇后宠方盛,诸梁姻族满朝,帝虽知纲言直,不能用也。杜乔至兖州,表奏泰山太守李固政为天下第一,上征固为将作大匠。八使所劾奏,多梁冀及宦者亲党,互为请救,事皆寝遏。侍御史河南种皓疾之,复行案举。廷尉吴雄、将作大匠李固亦上言:“八使所纠,宜急诛罚。”帝乃更下八使奏章,令考正其罪。

梁冀恨张纲,思有以中伤之。时广陵贼张婴寇乱扬、徐间,积十余年,二千石不能制,冀乃以纲为广陵太守。前太守率多求兵马,纲独请单车之职。既到,径诣婴垒门,婴大惊,遽走闭垒。纲于门外罢遣吏兵,独留所亲者十余人,以书喻婴,请与相见。婴见纲至诚,乃出拜谒。纲延置上坐,譬之曰:“前后二千石多肆贪暴,故致公等怀愤相聚。二千石信有罪矣,然为之者又非义也。今主上仁圣,欲以文德服叛,故遣太守来,思以爵禄相荣,不愿以刑罚相加,今诚转祸为福之时也。若闻义不服,天子赫然震怒,荆、扬、兖、豫大兵云合,身首横分,血嗣俱绝。二者利害,公其深计之。”婴闻泣下曰:“荒裔愚民,不能自通朝廷,不堪侵枉,遂复相聚偷生,若鱼游釜中,知其不可久,且以喘息须臾间耳。今闻明府之言,乃婴等更生之辰也。”乃辞还营。明日,将所部万余人,与妻子面缚归降。纲单车入婴垒,大会,置酒为乐,散遣部众,任从所之;亲为卜居宅,相田畴,子弟欲为吏者,皆引召之。人情悦服,南州晏然。朝廷论功当封,梁冀遏之。在郡一岁,卒。

建康元年秋八月庚午,帝崩于玉堂前殿。太子即皇帝位,年二岁。尊皇后曰皇太后,太后临朝。

九月丙午,京师及太原、雁门地震。庚戌,诏举贤良方正之士，策问之。皇甫规对曰："伏惟孝顺皇帝初勤王政，纪纲四方，几以获安。后遭奸伪，威分近习，受赂卖爵，宾客交错，天下扰扰，从乱如归，官民并竭，上下穷虚。陛下体兼乾坤，聪哲纯茂，摄政之初，拔用忠贞，其余维纲，多所改正，远近翕然望见太平，而灾异不息，寇贼纵横，殆以奸臣权重之所致也。其常侍尤无状者，宜亟黜遣，披扫凶党，收入财贿，以塞痛怨，以答天诫。大将军冀、河南尹不疑，亦宜增修谦节，辅以儒术，省去游娱不急之务，割减庐第无益之饰。夫君者舟也，民者水也，群臣，乘舟者也，将军兄弟，操楫者也。若能平志毕力，以度元元，所谓福也；如其怠弛，将沦波涛，可不慎乎！夫德不称禄，犹凿墉之趾以益其高，岂量力审功，安固之道哉？凡诸宿猾、酒徒、戏客，皆宜贬斥，以惩不轨；令冀等深思得贤之福，失人之累。"梁冀忿之，以规为下第，拜郎中。托疾免归，州郡承冀旨，几陷死者再三，遂沉废于家，积十余年。

冲帝永嘉元年春正月戊戌，帝崩于玉堂前殿。梁太后以扬、徐盗贼方盛，欲须所征诸王侯到乃发丧。太尉李固曰："帝虽幼少，犹天下之父。今日崩亡，人神感动，岂有人子反共掩匿乎！昔秦皇沙丘之谋，及近日北乡之事，皆秘不发丧，此天下大忌，不可之甚者也。"太后从之，即暮发丧。

征清河王蒜及渤海孝王鸿之子缵皆至京师。蒜父曰清河恭王延平，延平及鸿皆乐安夷王宠之子，千乘贞王伉之孙也。清河王为人严重，动止有法度，公卿皆归心焉。李固谓大将军冀曰："今当立帝，宜择长年，高明有德，任亲政事者。愿将军审详大计，察周、霍之立文、宣，戒邓、阎之利幼弱。"冀不从，与太后定策禁中。丙辰，冀持节以王青盖车迎缵入南宫，丁巳，封为建平侯，其日即皇帝位，年八岁。蒜罢归国。

太后委政宰辅，李固所言，太后多从之。黄门宦官为恶者一皆斥遣，天下咸望治平，而梁冀深忌疾之。

初，顺帝时所除官多不以次，及固在事，奏免百余人。此等既怨，又希望冀旨，遂共作飞章诬奏固曰："太尉李固，由公假私，依正行邪，离间近戚，自隆支党。大行在殡，路人掩涕，固独胡粉饰貌，搔头弄姿，槃旋偃仰，从容冶步，曾无惨怛伤悴之心。山陵未成，违矫旧政，善则称己，过则归君，斥逐近臣，不得侍送。作威作福，莫固之甚矣。夫子罪莫大于累父，臣恶莫深于毁君，固之过衅，事合诛辟。"书奏，冀以白太后，使下其书，太后不听。

冬十一月，永昌太守刘君世，铸黄金为文蛇以献大将军冀，益州刺史种皓纠发逮捕，驰传上言。冀由是恨皓。会巴郡人服直聚党数百人，自称"天王"，皓与太守应承讨捕不克，吏民多被伤害；冀因此陷之，传逮皓、承。李固上疏曰："臣伏闻讨捕所伤，本非皓、承之意，实由县吏惧法畏罪，迫逐深苦，致此不详。比盗贼群起，处处未绝。皓、承以首举大奸而相随受罪，臣恐沮伤州县纠发之意，更共饰匿，莫复尽心。"太后省奏，乃赦皓、承罪，免官而已。金蛇输司农，冀从大司农杜乔借观之，乔不肯与。冀小女死，令公卿会丧，乔独不往。冀由是衔之。

质帝本初元年。帝少而聪慧，尝因朝会，目梁冀曰："此跋扈将军也。"冀闻，深恶之。闰六月甲申，冀使左右置毒于煮饼以进之。帝苦烦甚，使促召太尉李固，固入前问帝得患所由，帝尚能言，曰："食煮饼，今腹中闷，得水尚可活。"时冀亦在侧曰："恐吐，不可饮水。"语未绝而崩。固伏尸号哭，推举侍医，冀虑其事泄，大恶之。

将议立嗣，固与司徒胡广、司空赵戒先与冀书曰："天下不幸，频年之间，国祚三绝。今当立帝，天下重器，诚知太后垂心，将军劳虑，详择其人，务存圣明。然愚情眷眷，窃独有怀。远寻先世废立旧仪，近见国家践阼前事，未尝不询访公卿，广求群议，令上应天心，下合众望。传曰'以天下与人易，为天下得人难'。昔昌邑之立，昏乱日滋，霍光忧愧发愤，悔之折骨。自非博陆忠勇，延年奋发，大汉之祀，几将倾矣。至忧至重，可不熟虑！悠悠万事，唯此为大，国之兴衰，在此一举。"冀得书，乃召三公、中二千石、列侯，大议所立。固、广、戒及大鸿胪杜乔皆以为清河王蒜明德著闻，又属最尊亲，宜立为嗣。朝臣莫不归心，而中常侍曹腾尝谒蒜，蒜不为礼，宦者由此恶之。

初，平原王翼既贬归河间，其父请分蠡吾县以侯之，顺帝许之。翼卒，子志嗣，梁太后欲以女弟妻志，征到夏门亭，会帝崩，梁冀欲立志。众论既异，愤愤不得意，而未有以相夺。曹腾等闻之，夜往说冀曰："将军累世有椒房之亲，秉摄万机，宾客纵横，多有过差。清河王严明，若果立，则将军受祸不久矣，不如立蠡吾侯，富贵可长保也。"冀然其言。明日，重会公卿，冀意气凶凶，言辞激切，自胡广、赵戒以下莫不慑惮，皆曰："惟大将军令。"独李固、杜乔坚守本议。冀厉声曰："罢会。"固犹望众心可立，复以书劝冀，冀愈激怒。丁亥，冀说太后，先策免固。戊子，以司徒胡广为太尉，司空赵戒为司徒，与大将军冀参录尚书事；太仆袁汤为司空。汤，安之孙也。庚寅，使大将军冀持节，以王青盖车迎蠡吾侯志入南宫，其日即皇帝位，时年十五。太后犹临朝政。

秋七月，大将军掾朱穆奏记劝戒梁冀曰："明年丁亥之岁，刑德合于乾位，易经龙战之会，阳道将胜，阴道将负。愿将军专心公朝，割除私欲，广求贤能，斥远佞恶，为皇帝置师傅，得小心忠笃敦礼之士，将军与之俱入，参劝讲授，师贤法古，此犹倚南山、坐平原也，谁能倾之？议郎大夫之位，本以式序儒术高行之士，今多非其人，九卿之中亦有乖其任者，惟将军察焉。”又荐种皓、栾巴等，冀不能用。穆，晖之孙也。

桓帝建和元年六月，太尉胡广罢，光禄勋杜乔为太尉。自李固之废，内外丧气，群臣侧足而立，唯乔正色无所回桡，由是朝野皆倚望焉。

秋七月，诏以定策功，益封梁冀万三千户，封冀弟不疑为颍阳侯，蒙为西平侯，冀子胤为襄邑侯，胡广为安乐侯，赵戒为厨亭侯，袁汤为安国侯。又封中常侍刘广等皆为列侯。杜乔谏曰：“古之明君，皆以用贤、赏罚为务。失国之主，其朝岂无贞干之臣，典诰之篇哉？患得贤不用其谋，韬书不施其教，闻善不信其义，听谗不审其理也。陛下自藩臣即位，天人属心，不急忠贤之礼，而先左右之封，梁氏一门，宦者微孽，并带无功之绂，裂劳臣之土，其为乖滥，胡可胜言！夫有功不赏，为善失其望，奸回不诘，为恶肆其凶，改陈资斧而人靡畏，班爵位而物无劝。苟遂斯道，岂伊伤政为乱而已，丧身亡国，可不慎哉！”书奏，不省。

八月乙未，立皇后梁氏。梁冀欲以厚礼迎之，杜乔据执旧典，不听。冀属乔举汜宫为尚书，乔以宫为臧罪，不用。由是日忤于冀。

九月丁卯，京师地震，乔以灾异策免。

冬十月，以司徒赵戒为太尉，司空袁汤为司徒，前太尉胡广为司空。

宦者唐衡、左悺等共谮杜乔于帝曰：“陛下前当即位，乔与李固抗议，以为不堪奉汉宗祀。”帝亦怨之。

十一月，清河刘文与南郡妖贼刘鲔交通，妄言清河王当统天下，欲共立蒜。事觉，文等遂劫清河相谢皓曰：“当立王为天子，以皓为公。”皓骂之，文刺杀皓。于是捕文、鲔诛之。有司劾奏蒜，坐贬爵为尉氏侯，徙桂阳，自杀。

梁冀因诬李固、杜乔，云“与文、鲔等交通，请逮按罪”。太后素知乔忠，不许。冀遂收固下狱。门生渤海王调贯械上书，证固之枉，河内赵承等数十人亦要鈇锧诣阙通诉，太后诏赦之。及出狱，京师市里皆称万岁。冀闻之，大惊，畏固名德终为己害，乃更据奏前事。大将军长史吴祐伤固之枉，与冀争之。冀怒，不从。从事中郎马融主为冀作章表，融时在坐，祐谓融曰：“李公之罪，成于卿手，李公若诛，卿何面目视天下人！”冀怒起入室，祐亦径去，固遂死于狱中。临命，与胡广、赵戒书曰：“固受国厚恩，是以竭其股肱，不顾死亡，志欲扶持王室，比隆文、宣。何图一朝梁氏迷谬，公等曲从，以吉为凶，成事为败乎！汉家衰微，从此始矣。公等受主厚禄，颠而不扶，倾覆大事，后之良史，岂有所私？固身已矣，于义得矣，夫复何言。”广、戒得书悲惭，皆长叹流涕而已。

冀使人胁杜乔曰：“早从宜，妻子可得全。”乔不肯。明日，冀遣骑至其门，不闻哭者，遂白太后收系之，亦死狱中。

冀暴固、乔尸于城北四衢，令有敢临者加其罪。固弟子汝南郭亮尚未冠，左提章、钺，右秉鈇锧，诣阙上书，乞收固尸，不报。与南阳董班俱往临哭，守丧不去。夏门亭长呵之曰：“卿曹何等腐生，公犯诏书，欲干试有司乎？”亮曰：“义之所动，岂知性命，何为以死相惧邪！”太后闻之，皆赦不诛。杜乔故掾陈留杨匡，号泣星行到雒阳，着故赤帻，托为夏门亭吏，守护尸丧，积十二日。都官从事执之以闻，太后赦之，匡因诣阙上书，并乞李、杜二公骸骨，使得归葬，太后许之。匡送乔丧还家，葬讫，行服，遂与郭亮、董班皆隐匿，终身不仕。梁冀出吴祐为河间相，祐自免归，卒于家。

冀以刘鲔之乱，思朱穆之言，于是请种皓为从事中郎，荐栾巴为议郎，举穆高第，为侍御史。

二年春三月戊辰，帝从皇太后幸大将军冀府。

和平元年春正月乙丑，太后诏归政于帝，始罢称制。二月甲寅，太后梁氏崩。

三月甲午，葬顺烈皇后。增封大将军冀万户，并前合三万户。封冀妻孙寿为襄城君，兼食阳翟租，岁入五千万，加赐赤绂，比长公主。寿善为妖态以蛊惑冀，冀甚宠惮之。冀爱监奴秦宫，官至太仓令，得出入寿所，威权大震，刺史、二千石皆谒辞之。冀与寿对街为宅，殚极土木，互相夸竞，金玉珍怪，充积藏室。又广开园圃，采土筑山，十里九阪，深林绝涧，有若自然，奇禽驯兽飞走其间。冀、寿共乘辇车，游观第内，多从倡伎，酣讴竟路，或连日继夜以骋娱恣。客到门不得通，皆请谢门者，门者累千金。又多拓林苑，周遍近县，起兔苑于河南城西，经亘数十里，移檄所在调发生兔，刻其毛以为识，人有犯者，罪至死刑。尝有西域贾胡不知禁忌，误杀一兔，转相告言，坐死者十余人。又起别第于城西，以纳奸亡。或取良人悉为奴婢，至数千口，名曰“自卖人”。冀用寿言，多斥夺诸梁在位者，外以示谦让，而实崇孙氏。孙氏宗亲冒名为侍中、卿、校、郡守、长吏者十余人，皆贪饕凶淫，各遣私客籍属县富人，被以他罪，闭狱掠拷，使出钱自赎，货物少者至于死徙。扶风人士孙奋，居富而性吝，冀以马乘遗之，从贷钱五千万，奋以三千万与之。冀大怒，乃告郡县，认奋母为其守藏婢，云盗白珠十斛，紫金千斤以叛，遂收考奋，兄弟死于狱中，悉没赀财亿七千余万。冀又遣客周流四方，远至塞外，广求异物，而使人复乘势横暴，妻略妇女，殴击吏卒，所在怨毒。

侍御史朱穆自以冀故吏，奏记谏曰："明将军地有申伯之尊，位为群公之首，一日行善，天下归仁，终朝为恶，四海倾覆。顷者官民俱匮，加以水虫为害，京师诸官，费用增多，诏书发调，或至十倍，各言官无见财，皆当出民，搒掠割剥，强令充足。公赋既重，私敛又深，牧守长吏，多非德选，贪聚无厌，遇民如虏，或绝命于棰楚之下，或自贼于迫切之求。又掠夺百姓，皆托之尊府，遂令将军结怨天下，吏民酸毒，道路叹嗟。昔永和之末，纲纪少弛，颇失人望，四五岁耳，而财空户散，下有离心，马勉之徒，乘敝而起，荆、扬之间，几成大患。幸赖顺烈皇后初政清静，内外同力，仅乃讨定。今百姓戚戚，困于永和，内非仁爱之心可得容忍，外非守国之计所宜久安也。夫将相大臣，均体元首，共舆而驰，同舟而济，舆倾舟覆，患实共之。岂可以去明即昧，履危自安，主孤时困，而莫之恤乎！宜时易宰守非其人者，减省第宅园池之费，拒绝郡国诸所奉送，内以自明，外解人惑，使挟奸之吏无所依托，司察之臣得尽耳目。宪度既张，远迩清一，则将军身尊事显，德耀无穷矣。"冀不纳。冀虽专朝纵横，而犹交结左右宦官，任其子弟、宾客以为州郡要职，欲以自固恩宠。穆又奏记极谏，冀终不悟，报书云："如此，仆亦无一可邪？"然素重穆，亦不甚罪也。

冀遣书诣乐安太守陈蕃，有所请托，不得通。使者诈称他客求谒蕃，蕃怒，笞杀之。坐左转修武令。时皇子有疾，下郡县市珍药，而冀遣客赍书诣京兆，并货牛黄，京兆尹南阳延笃发书收客，曰："大将军椒房外家，而皇子有疾，必应陈进医方，岂当使客千里求利乎？"遂杀之。冀惭而不得言。有司承旨求其事，笃以病免。

元嘉元年春正月朔，群臣朝贺，大将军冀带剑入省。尚书蜀郡张陵呵叱令出，敕羽林、虎贲夺剑。冀跪谢，陵不应，即劾奏冀，请廷尉论罪。有诏"以一岁俸赎"，百僚肃然。河南尹不疑尝举陵孝廉，乃谓陵曰："昔举君，适所以自罚也。"陵曰："明府不以陵不肖，误见擢序，今申公宪以报私恩。"不疑有愧色。

梁不疑好经书，喜待士，梁冀疾之，转不疑为光禄勋。以其子胤为河南尹。胤年十六，容貌甚陋，不胜冠带，道路见者莫不蚩笑。不疑自耻兄弟有隙，遂让位归第，与弟蒙闭门自守。冀不欲令与宾客交通，阴使人变服至门记往来者。南郡太守马融、江夏太守田明初除，过谒不疑，冀讽有司奏融在郡贪浊，及以他事陷明，皆髡笞徙朔方。融自刺不殊，明遂死于路。

夏四月己丑，上微行幸河南尹梁胤府舍。是日大风拔树，昼昏。尚书杨秉上疏曰："臣闻天不言语，以灾异谴告王者。至尊出入有常，警跸而行，静室而止，自非郊庙之事，则銮旗不驾。故诸侯入诸臣之家，春秋尚列其诫。况于以先王法服而私出槃游，降乱尊卑，等威无序，侍卫守空宫，玺绂委女妾。设有非常之变，任章之谋，上负先帝，下悔靡及。"帝不纳。秉，震之子也。

十一月辛巳，京师地震，诏百官举独行之士。涿郡举崔寔，诣公车，称病，不对策，退而论世事，名曰政论。其辞曰："凡天下所以不治者，常由人主承平日久，俗渐敝而不悟，政寖衰而不改，习乱安危，怢不自睹。或荒耽耆欲，不恤万机，或耳蔽箴诲，厌伪忽真，或犹豫岐路，莫适所从，或见信之佐，括囊守禄，或疏远之臣，言以贱废，是以王纲纵弛于上，智士郁伊于下。悲夫！自汉兴以来，三百五十余岁矣。政令垢玩，上下怠懈，百姓嚣然，咸复思中兴之救矣。且济时拯世之术，在于补绽决坏，枝拄邪倾，随形裁割，要措斯世于安宁之域而已。故圣人执权，遭时定制，步骤之差，各有云设，不强人以不能，背急切而慕所闻也。盖孔子对叶公以来远，哀公以临人，景公以节礼，非其不同，所急异务也。俗人拘文牵古，不达权制，奇伟所闻，简忽所见，乌可与论国家之大事哉！故言事者虽合圣听，辄见掎夺。何者？其顽士暗于时权，安习所见，不知乐成，况可虑始，苟云率由旧章而已。其达者或矜名妒能，耻策非己，舞笔奋辞以破其义，寡不胜众，遂见摈弃，虽稷、契复存，犹将困焉，斯贤智之论所以常愤郁而不伸者也。凡为天下者，自非上德，严之则治，宽之则乱。何以明其然也？近孝宣皇帝明于君人之道，审于为政之理，故严刑峻法，破奸轨之胆，海内清肃，天下密如，算计见效，优于孝文。及元帝即位，多行宽政，卒以堕损，威权始夺，遂为汉室基祸之主。政道得失，于斯可鉴。昔孔子作春秋，褒齐桓，懿晋文，叹管仲之功。夫岂不美文、武之道哉？诚达权救敝之理也。故圣人能与世推移，而俗士苦不知变，以为结绳之约，可复治乱秦之绪，干戚之舞，足以解平城之围。夫熊经鸟伸，虽延历之术，非伤寒之理。呼吸吐纳，虽度纪之道，非续骨之膏。盖为国之法，有似治身，平则致养，疾则攻焉。夫刑罚者，治乱之药石也；德教者，兴平之粱肉也。夫以德教除残，是以粱肉治疾也；以刑罚治平，是以药石供养也。方今承百王之敝，值厄运之会，自数世以来，政多恩贷，驭委其辔，马骀其衔，四牡横奔，皇路险倾，方将拑勒鞬辀以救之，岂暇鸣和銮请节奏哉！昔文帝虽除肉刑，当斩右趾者弃市，笞者往往至死。是文帝以严致平，非以宽致平也。”寔，瑗之子也。山阳仲长统尝见其书，叹曰：“凡为人主，宜写一通，置之坐侧。”

臣光曰：汉家之法已严矣，而崔寔犹病其宽，何哉？盖衰世之君率多柔懦，凡愚之佐唯知姑息，是以权幸之臣有罪不坐，豪猾之民犯法不诛，仁恩所施，止于目前；奸宄得志，纪纲不立。故崔寔之论，以矫一时之枉，非百世之通义也。孔子曰：“政宽则民慢，慢则纠之以猛；猛则民残，残则施之以宽。宽以济猛，猛以济宽，政是以和。”斯不易之常道矣。

闰月，帝欲褒崇梁冀，使中朝二千石以上会议其礼。特进胡广、太常羊溥、司隶校尉祝恬、太中大夫边韶等咸称：“冀之勋德宜比周公，锡之山川、土田、附庸。”黄琼独曰：“冀前以亲迎之劳，增邑万三千户，又其子胤亦加封赏。今诸侯以户邑为制，不以里数为限，冀可比邓禹，合食四县。”朝廷从之。于是有司奏：“冀入朝不趋，剑履上殿，谒赞不名，礼仪比萧何；悉以定陶、阳成余户增封为四县，比邓禹；赏赐金钱、奴婢、彩帛、车马、衣服、甲第，比霍光；以殊元勋。每朝会，与三公绝席。十日一入，平尚书事。宣布天下，为万世法。”冀犹以所奏礼薄，意不悦。

永寿二年冬十二月，封梁不疑子马为颍阴侯，梁胤子桃为城父侯。

延熹元年夏五月甲戌晦，日有食之。太史令陈授因小黄门徐璜陈“日食之变咎在大将军冀”。冀闻之，讽雒阳收考授，死于狱。帝由是怒冀。

冬十二月，以京兆尹陈龟为度辽将军。大将军冀与陈龟素有隙，谮其沮毁国威，挑取功誉，不为胡虏所畏，坐征还，以种皓为度辽将军。龟遂乞骸骨,归田里,复征为尚书。冀暴虐日甚,龟上疏言其罪状,请诛之,帝不省。龟自知必为冀所害,不食七日而死。

二年六月,梁皇后恃姊、兄荫势,恣极奢靡,兼倍前世,专宠妒忌,六宫莫得进见。及太后崩,恩宠寖衰。后既无子,每宫人孕育,鲜得全者。帝虽迫畏梁冀,不敢谴怒,然进御转稀,后益忧恚。秋七月丙午,皇后梁氏崩。乙丑,葬懿献皇后于懿陵。

梁冀一门,前后七侯,三皇后,六贵人,二大将军,夫人、女食邑称君者七人,尚公主者三人,其余卿、将、尹、校五十七人。冀专擅威柄,凶恣日积,宫卫近侍,并树所亲,禁省起居,纤微必知。其四方调发,岁时贡献,皆先输上第于冀,乘舆乃其次焉。吏民赍货求官、请罪者,道路相望。百官迁召,皆先到冀门,笺檄谢恩,然后敢诣尚书。下邳吴树为宛令,之官辞冀,冀宾客布在县界,以情托树。树曰:“小人奸蠹,比屋可诛。明将军处上将之位,宜崇贤善,以补朝阙。自侍坐以来,未闻称一长者,而多托非人,诚非敢闻。”冀嘿然不悦。树到县,遂诛杀冀客为人害者数十人。树后为荆州刺史,辞冀,冀鸩之,出,死车上。辽东太守侯猛初拜,不谒冀,冀托以他事腰斩之。郎中汝南袁著,年十九,诣阙上书曰:“夫四时之运,功成则退,高爵厚宠,鲜不致灾。今大将军位极功成,可为至戒,宜遵县车之礼,高枕颐神。传曰‘木实繁者披枝害心’,若不抑损盛权,将无以全其身矣。”冀闻而密遣掩捕,著乃变易姓名,托病伪死,结蒲为人,市棺殡送。冀知其诈,求得,笞杀之。太原郝洁、胡武,好危言高论,与著友善。洁、武尝连名奏记三府,荐海内高士,而不诣冀。冀追怒之,敕中都官移檄禽捕,遂诛武家,死者六十余人。洁初逃亡,知不得免,因舆棕奏书冀门，书入，仰药而死，家乃得全。安帝嫡母耿贵人薨，冀从贵人从子林虑侯承求贵人珍玩，不能得，冀怒，并族其家十余人。涿郡崔琦以文章为冀所善，琦作外戚箴、白鹄赋以风，冀怒。琦曰："昔管仲相齐，乐闻讥谏之言，萧何佐汉，乃设书过之吏。今将军累世台辅，任齐伊、周，而德政未闻，黎元涂炭，不能结纳贞良以救祸败，反欲钳塞士口，杜蔽主听，将使玄黄改色，马鹿易形乎？"冀无以对，因遣琦归。琦惧而亡匿，冀捕得，杀之。

冀秉政几二十年，威行内外，天子拱手，不得有所亲与。帝既不平之，及陈授死，帝愈怒。和熹皇后从兄子郎中邓香妻宣，生女猛，香卒，宣更适梁纪。纪，孙寿之舅也。寿以猛色美，引入掖庭为贵人，冀欲认猛为其女，易猛姓为梁。冀恐猛姊婿议郎邴尊沮败宣意，遣客刺杀之。又欲杀宣，宣家与中常侍袁赦相比，冀客登赦屋，欲入宣家，赦觉之，鸣鼓会众以告宣。宣驰入白帝，帝大怒，因如厕，独呼小黄门史唐衡，问："左右与外舍不相得者谁乎？"衡对："中常侍单超、小黄门史左悺与梁不疑有隙。中常侍徐璜、黄门令具瑗常私忿疾外舍放横，口不敢道。"于是帝呼超、悺入室，谓曰："梁将军兄弟专朝，迫胁外内，公卿以下，从其风旨。今欲诛之，于常侍意如何？"超等对曰："诚国奸贼，当诛日久。臣等弱劣，未知圣意何如耳。"帝曰："审然者，常侍密图之。"对曰："图之不难，但恐陛下腹中狐疑。"帝曰："奸臣胁国，当伏其罪，何疑乎！"于是更召璜、瑗等五人共定其议，帝啮超臂出血为盟。超等曰："陛下今计已决，勿复更言，恐为人所疑。"

冀心疑超等，八月丁丑，使中黄门张恽入省宿，以防其变。具瑗敕吏收恽，以"辄从外入，欲图不轨"。帝御前殿，召诸尚书入，发其事，使尚书令尹勋持节勒丞、郎以下皆操兵守省阁，敛诸符节送省中，使具瑗将左右厩驺、虎贲、羽林、都候剑戟士合千余人，与司隶校尉张彪共围冀第，使光禄勋袁盱持节收冀大将军印绶，徙封比景都乡侯。冀及妻寿即日皆自杀。不疑、蒙先卒。悉收梁氏、孙氏中外宗、亲送诏狱，无长少皆弃市，他所连及公卿、列校、刺史、二千石死者数十人。太尉胡广、司徒韩縯、司空孙朗皆坐阿附梁冀，不卫宫，止长寿亭，减死一等，免为庶人。故吏、宾客免黜者三百余人。朝廷为空。是时事猝从中发，使者交驰，公卿失其度，官府市里鼎沸，数日乃定，百姓莫不称庆。收冀财货，县官斥卖，合三十余万万，以充王府用，减天下税租之半。散其苑囿，以业穷民。

通鉴纪事本末卷第八

宦官亡汉　党锢之祸　董卓之乱

汉和帝永元四年，窦宪兄弟专权，帝以朝臣上下莫不附宪，独中常侍钩盾令郑众不事豪党，遂与定议诛宪。事见窦氏专恣。

郑众迁大长秋。帝策勋班赏，众每辞多受少，帝由是贤之，常与之议论政事，宦官用权自此始矣。

十四年，初封大长秋郑众为鄛乡侯。

安帝永初元年秋九月庚午，太尉徐防以灾异、寇贼策免。辛未，司空尹勤以水雨漂流策免。

仲长统昌言曰：光武皇帝愠数世之失权，忿强臣之窃命，矫枉过直，政不任下，虽置三公，事归台阁。自此以来，三公之职，备员而已；然政有不治，犹加谴责。而权移外戚之家，宠被近习之竖，亲其党类，用其私人，内充京师，外布列郡，颠倒贤愚，贸易选举，疲驽守境，贪残牧民，挠扰百姓，忿怒四夷，招致乖叛，乱离斯瘼，怨气并作，阴阳失和，三光亏缺，怪异数至，虫螟食稼，水旱为灾。此皆戚宦之臣所致然也，反以策让三公，至于死、免，乃足为叫呼苍天，号咷泣血者矣。昔文帝之于邓通，可谓至爱，而犹展申屠嘉之志。夫见任如此，则何患于左右小臣哉！至如近世，外戚宦竖，请托不行，意气不满，立能陷人于不测之祸，恶可得弹正者哉！

大长秋郑众、中常侍蔡伦等皆乘势豫政。周章数进直言，太后不能用。

建光元年，帝以江京尝迎帝于邸，封为都乡侯，李闰为雍乡侯。闰、京与中常侍樊丰、黄门令刘安、钩盾令陈达等扇动内外，竞为侈虐。司徒杨震上疏，不省。

延光二年，中常侍樊丰等更相扇动，倾摇朝廷。杨震上疏，不听。

三年，樊丰等见杨震连谏不从，无所顾忌。震复上疏，丰等惶怖，遂共谮震，收震太尉印绶，遣归本郡，震饮酖而卒。

秋八月，江京、樊丰等废太子保为济阴王。

四年〔春三月〕，北乡侯即位，有司奏樊丰等互作威福，皆下狱死。

冬十月，中常侍孙程等迎济阴王即皇帝位。五事并见嬖幸废立。

顺帝阳嘉二年夏六月丁丑，雒阳宣德亭地拆，长八十五丈。帝引公卿所举敦朴之士，使之对策及特问以当世之敝，为政所宜。李固对曰："诏书所以禁侍中、尚书、中臣子弟不得为吏、察孝廉者，以其秉威权容请托故也。而中常侍在日月之侧，声势振天下，子弟禄任，曾无限极，虽外托谦默，不干州郡，而谄伪之徒，望风进举。今可为设常禁，同之中臣。昔馆陶公主为子求郎，明帝不许，赐钱千万。所以轻厚赐，重薄位者，为官人失才，害及百姓也。窃闻长水司马武宣、开阳城门候羊迪等，无他功德，初拜便真，此虽小失，而渐坏旧章。先圣法度，所宜坚守，故政教一跌，百年不复，诗云'上帝板板，下民卒瘅'，刺周王变祖法度，故使下民将尽病也。今陛下之有尚书，犹天之有北斗也。斗为天喉舌，尚书亦为陛下喉舌。斗斟酌元气，运平四时；尚书出纳王命，赋政四海，权尊势重，责之所归，若不平心，灾眚必至，诚宜审择其人，以毗圣政。今与陛下共天下者，外则公卿、尚书，内则常侍、黄门，譬犹一门之内，一家之事，安则共其福庆，危则通其祸败。刺史、二千石外统职事，内受法则。夫表曲者景必邪，源清者流必洁，犹叩树本，百枝皆动也。由此言之，本朝号令，岂可蹉跌！天下之纪纲，当今之急务也。夫人君之有政，犹水之有堤防；堤防完全，虽遭雨水霖潦不能为变；政教一立，暂遭凶年不足为忧。诚令堤防穿漏，万夫同力不能复救；政教一坏，贤智驰骛不能复还。今堤防虽坚，渐有孔穴。譬之一人之身，本朝者，心腹也，州郡者，四支也。心腹痛则四支不举，故臣之所忧在腹心之疾，非四支之患也。苟坚堤防，务政教，先安心腹，整理本朝，虽有寇贼、水旱之变，不足介意也。诚令堤防坏漏，心腹有疾，虽无水旱之灾，天下固可以忧矣。又宜罢退宦官，去其权重，裁置常侍二人，方直有德者省事左右；小黄门五人，才智闲雅者给事殿中。如此，则论者厌塞，升平可致也。"上览众对，以李固为第一。诸常侍叩头谢罪，朝廷肃然。以固为议郎，宦者疾之，诈为飞章以陷其罪。事从中下，大司农南郡黄尚等请之于梁商，仆射黄琼复救明其事。久乃得释，出为雒令，固弃官归汉中。

四年春二月，初听中官得以养子袭爵。初，帝之复位，宦官之力也，由是有宠，参与政事。御史张纲上书曰："窃寻文、明二帝，德化尤盛，中官常侍，不过两人，近幸赏赐，裁满数金，惜费重民，故家给人足。而顷者以来，无功小人，皆有官爵，非爱民重器，承天顺道者也。”书奏，不省。

永和元年十二月，以前司空王龚为太尉。龚疾宦官专权，上书极言其状。诸黄门使客诬奏龚罪，上命龚亟自实。李固奏记于梁商曰：“王公以坚贞之操，横为谗佞所构，众人闻知，莫不叹栗。夫三公尊重，无诣理诉冤之义，纤微感概，辄引分决，是以旧典不有大罪，不至重问。王公卒有他变，则朝廷获害贤之名，群臣无救护之节矣。语曰‘善人在患，饥不及餐’，斯其时也。”商即言之于帝，事乃得释。

二年冬十月丁卯，京师地震。太尉王龚以中常侍张昉等专弄国权，欲奏诛之，宗亲有以杨震行事谏之者，龚乃止。

三年，梁商以曹节等用事，遣子冀、不疑与交友。

桓帝建和元年秋七月，诏封中常侍刘广等皆为列侯，杜乔谏之，书奏，不省。

宦者唐衡、左悺等共谮杜乔与李固，以帝不堪奉汉祀，帝怨之。后梁冀诬李固、杜乔与妖贼刘文等交通，皆收系死狱中。三事并见梁氏之变。

永兴元年秋七月，郡国三十二蝗，河水溢。百姓饥穷流冗者数十万户，冀州尤甚。诏以侍御史朱穆为冀州刺史。冀部令长闻穆济河，解印绶去者四十余人。及到，奏劾诸郡贪污者，有至自杀，或死狱中。宦者赵忠丧父，归葬安平，僭为玉匣。穆下郡案验，吏畏其严，遂发墓剖棺，陈尸出之。帝闻，大怒，征穆诣廷尉，输作左校。太学书生颍川刘陶等数千人诣阙上书讼穆曰：“伏见弛刑徒朱穆，处公忧国，拜州之日，志清奸恶。诚以常侍贵宠，父兄子弟布在州郡，竞为虎狼，噬食小民，故穆张理天纲，补缀漏目，罗取残祸，以塞天意。由是内官咸共恚疾，谤讟烦兴，谗隙仍作，极其刑谪，输作左校。天下有识，皆以穆同勤禹、稷而被共、鲧之戾，若死者有知，则唐帝怒于崇山，重华忿于苍墓矣。当今中官近习，窃持国柄，手握王爵，口含天宪，运赏则使饿隶富于季孙，呼噏则令伊、颜化为桀、跖。而穆独亢然不顾身害，非恶荣而好辱，恶生而好死也，徒感王纲之不摄，惧天纲之久失，故竭心怀忧，为上深计。臣愿黥首系趾，代穆校作。"帝览其奏，乃赦之。

永寿元年春二月，司隶、冀州饥，人相食。太学生刘陶上疏陈事曰："夫天之与帝，帝之与民，犹头之与足，相须而行也。陛下目不视鸣条之事，耳不闻檀车之声，天灾不有痛于肌肤，震食不即损于圣体，故蔑三光之谬，轻上天之怒。伏念高祖之起，始自布衣，合散扶伤，克成帝业，勤亦至矣，流福遗祚，至于陛下。陛下既不能增明烈考之轨，而忽高祖之勤，妄假利器，委授国柄，使群丑刑隶，芟刈小民，虎豹窟于麑场，豺狼乳于春囿，货殖者为穷冤之魂，贫馁者作饥寒之鬼，死者悲于窀穸，生者戚于朝野，是愚臣所为咨嗟长怀叹息者也。且秦之将亡，正谏者诛，谀进者赏，嘉言结于忠舌，国命出于谗口，擅阎乐于咸阳，授赵高以车府，权去己而不知，威离身而不顾。古今一揆，成败同势，愿陛下远览强秦之倾，近察哀、平之变，得失昭然，祸福可见。臣又闻危非仁不扶，乱非智不救。窃见故冀州刺史南阳朱穆、前乌桓校尉臣同郡李膺，皆履正清平，贞高绝俗，斯实中兴之良佐，国家之柱臣也，宜还本朝，夹辅王室。臣敢吐不时之义于讳言之朝，犹冰霜见日，必至消灭。臣始悲天下之可悲，今天下亦悲臣之愚惑也。"书奏，不省。

延熹二年(夏六月)〔秋七月〕,帝召小黄门史唐衡、中常侍单超、小黄门史左悺、中常侍徐璜、黄门令具瑗等五人共定议诛梁冀。事见梁氏之变。

八月,诏赏诛梁冀之功,封单超、徐璜、具瑗、左悺、唐衡皆为县侯,超食二万户,璜等各万余户,世谓之"五侯"。仍以悺、衡为中常侍。又封尚书令尹勋等七人皆为亭侯。

帝既诛梁冀,故旧恩私,多受封爵。追赠皇后父邓香为车骑将军,封安阳侯。更封后母宣为昆阳君,兄子康、秉皆为列侯,宗族皆列校、郎将,赏赐以巨万计。中常侍侯览上缣五千匹,帝赐爵关内侯,又托以与议诛冀,进封高乡侯。又封小黄门刘普、赵忠等八人为乡侯。自是权势专归宦官矣。五侯尤贪纵,倾动内外。

时灾异数见,白马令甘陵李云露布上书,移副三府曰:"梁冀虽持权专擅,虐流天下,今以罪行诛,犹召家臣搤杀之耳,而猥封谋臣万户以上,高祖闻之,得无见非!西北列将,得无解体?孔子曰:'帝者,谛也。'今官位错乱,小人谄进,财货公行,政化日损,尺一拜用,不经御省,是帝欲不谛乎!"帝得奏,震怒,下有司逮云,诏尚书都护剑戟送黄门北寺狱,使中常侍管霸与御史廷尉杂考之。时弘农五官掾杜众伤云以忠谏获罪,上书愿与云同日死。帝愈怒,遂并下廷尉。大鸿胪陈蕃上疏曰:"李云所言,虽不识禁忌,干上逆旨,其意归于忠国而已。昔高祖忍周昌不讳之谏,成帝赦朱云腰领之诛。今日杀云,臣恐剖心之讥,复议于世矣。"太常杨秉、雒阳市长沐茂、郎中上官资并上疏请云。帝恚甚,有司奏以为大不敬,诏切责蕃、秉,免归田里,茂、资贬秩二等。时帝在濯龙池,管霸奏云等事,霸跪言曰:"李云野泽愚儒,杜众郡中小吏，出于狂戆，不足加罪。”帝谓霸曰：“‘帝欲不谛’，是何等语，而常侍欲原之邪！”顾使小黄门可其奏，云、众皆死狱中。于是嬖宠益横。太尉琼自度力不能制，乃称疾不起，上疏曰：“陛下即位以来，未有胜政，诸梁秉权，竖宦充朝，李固、杜乔既以忠言横见残灭，而李云、杜众复以直道继踵受诛，海内伤惧，益以怨结，朝野之人，以忠为讳。尚书周永，素事梁冀，假其威势，见冀将衰，乃阳毁示忠，遂因奸计，亦取封侯。又黄门挟邪，群辈相党。自冀兴盛，腹背相亲，朝夕图谋，共构奸轨。临冀当诛，无可设巧，复托其恶，以要爵赏。陛下不加清征，审别真伪，复与忠臣并时显封，使朱紫共色，粉墨杂糅，所谓抵金玉于沙砾，碎圭璧于泥途，四方闻之，莫不愤叹。臣世荷国恩，身轻位重，敢以垂绝之日，陈不讳之言。”书奏，不纳。

冬十月，中常侍单超疾病。壬寅，以超为车骑将军。

是时，封赏逾制，内宠猥盛。陈蕃上疏曰：“夫诸侯上象四七，藩屏上国，高祖之约，非功臣不侯。而闻追录河南尹邓万世父遵之微功，更爵尚书令黄儁先人之绝封，近习以非义授邑，左右以无功传赏，至乃一门之内，侯者数人，故纬象失度，阴阳谬序。臣知封事已行，言之无及，诚欲陛下从是而止。又采女数千，食肉衣绮，脂油粉黛，不可赀计。鄙谚言‘盗不过五女门’，以女贫家也，今后宫之女，岂不贫国乎！”帝颇采其言，为出宫女五百余人，但赐儁爵关内侯，而封万世南乡侯。

帝从容问侍中陈留爰延：“朕何如主也？”对曰：“陛下为汉中主。”帝曰：“何以言之？”对曰：“尚书令陈蕃任事则治，中常侍黄门与政则乱，是以知陛下可与为善，可与为非。”帝曰：“昔朱云廷折栏槛，今侍中面称朕违，敬闻阙矣。”拜五官中郎将。

三年春正月丙午，新丰侯单超卒，赐东园秘器，棺中玉具。及葬，发五营骑士、将作大匠起冢茔。其后四侯转横，天下为之语曰："左回天，具独坐，徐卧虎，唐雨堕。"皆竞起第宅，以华侈相尚，其仆从皆乘牛车而从列骑，兄弟姻戚，宰州临郡，辜较百姓，与盗无异，虐遍天下，民不堪命，故多为盗贼焉。

中常侍侯览、小黄门段圭，皆有田业近济北界，仆从宾客，劫掠行旅。济北相滕延一切收捕，杀数十人，陈尸路衢，览、圭以事诉帝，延坐征诣廷尉，免。

左悺兄胜为河东太守，皮氏长京兆赵岐耻之，即日弃官西归。唐衡兄玹为京兆尹，素与岐有隙，收岐家属宗亲，陷以重法，尽杀之。岐逃难四方，靡所不历，自匿姓名，卖饼北海市中。安丘孙嵩见而异之，载与俱归，藏于复壁中。及诸唐死，遇赦，乃敢出。

六年十二月，以卫尉周景为司空。景，荣之孙也。时宦官方炽，景与太尉杨秉上言："内外吏职，多非其人。旧典，中臣子弟，不得居位秉势；而今枝叶宾客，布列职署，或年少庸人，典据守宰，上下忿患，四方愁毒。可遵用旧章，退贪残，塞灾谤。请下司隶校尉、中二千石、城门五营校尉、北军中候，各实核所部；应当斥罢，自以状言三府，廉察有遗漏，续上。"帝从之。于是秉条奏牧守青州刺史羊亮等五十余人，或死或免，天下莫不肃然。

尚书朱穆疾宦官恣横，上疏曰："按汉故事，中常侍参选士人，建武以后乃悉用宦者。自延平以来，浸益贵盛，假貂珰之饰，处常伯之任，天朝政事，一更其手；权倾海内，宠贵无极，子弟亲戚，并荷荣任，放滥骄溢，莫能禁御，穷破天下，空竭小民。愚臣以为可悉罢省，遵复往初，更选海内清淳之士明达国体者，以补其处，即兆庶黎萌，蒙被圣化矣。”帝不纳。后穆因进见，复口陈曰：“臣闻汉家旧典，置侍中、中常侍各一人，省尚书事，黄门侍郎一人，传发书奏，皆用姓族。自和熹太后以女主称制，不接公卿，乃以阉人为常侍，小黄门通命两宫。自此以来，权倾人主，穷困天下。宜皆罢遣，博选耆儒宿德与参政事。”帝怒，不应。穆伏不肯起，左右传“出”，良久，乃趋而去。自此中官数因事，称诏诋毁之。穆素刚，不得意，居无几，愤懑发疽卒。

七年十二月，中常侍汝阳侯唐衡、武原侯徐璜皆卒。

八年春，中常侍侯览(兄)〔弟〕参为益州刺史，残暴贪婪，累臧亿计。太尉杨秉奏槛车征参，参于道自杀。阅其车重三百余两，皆金银锦帛。秉因奏曰：“臣案旧典，宦官本在给使省闼，司昏守夜，而今猥受过宠，执政操权，附会者因公褒举，违忤者求事中伤，居法王公，富拟国家，饮食极肴膳，仆妾盈纨素。中常侍侯览弟参，贪残元恶，自取祸灭。览顾知衅重，必有自疑之意，臣愚以为不宜复见亲近。昔懿公刑邴歜之父，夺阎职之妻，而使二人参乘，卒有竹中之难。览宜急屏斥，投畀有虎，若斯之人，非恩所宥，请免官送归本郡。”书奏，尚书召对秉掾属，诘之曰：“设官分职，各有司存，三公统外，御史察内。今越奏近官，经典、汉制，何所依据？其开公具对。”秉使对曰：“春秋传曰‘除君之恶，唯力是视’。邓通懈慢，申屠嘉召通诘责，文帝从而请之。汉世故事，三公之职，无所不统。”尚书不能诘，帝不得已，竟免览官。司隶校尉韩縯因奏左悺罪恶，及其兄太仆南乡侯称请托州郡，聚敛为奸，宾客放纵，侵犯吏民。悺、称皆自杀。縯又奏中常侍具瑗兄沛相恭赃罪，征诣廷尉。瑗诣狱谢，上还东武侯印绶，诏贬为都乡侯。超及璜、衡袭封者并降为乡侯，子弟分封者悉夺爵土。刘普等贬为关内侯，尹勋等亦皆夺爵。

三月，宛陵大姓羊元群罢北海郡，臧污狼藉，郡舍溷轩有奇巧，亦载之以归。河南尹李膺表按其罪，元群行赂宦官，膺竟反坐。单超弟迁为山阳太守，以罪系狱，廷尉冯绲考致其死，中官相党，共飞章诬绲以罪。中常侍苏康、管霸，固天下良田美业，州郡不敢诘，大司农刘祐移书所在，依科品没入之。帝大怒，与膺、绲俱输作左校。

夏五月丙戌，太尉杨秉薨。秉为人清白寡欲，尝称"我有三不惑，酒、色、财也"。秉既没，所举贤良广陵刘瑜乃至京师上书言："中官不当比肩裂土，竞立胤嗣，继体传爵。又嬖女充积，冗食空宫，伤生费国。又第舍增多，穷极奇巧，掘山攻石，促以严刑。州郡官府，各自考事，奸情赇赂，皆为吏饵。民愁郁结，起入贼党，官辄兴兵，诛讨其罪，贫困之民，或有卖其首级以要酬赏，父兄相代残身，妻孥相视分裂。又陛下好微行近习之家，私幸宦者之舍，宾客市买，熏灼道路，因此暴纵，无所不容。惟陛下开广谏道，博观前古，远佞邪之人，放郑、卫之声，则政致和平，德感祥风矣。"诏特召瑜问灾咎之征，执政者欲令瑜依违其辞，乃更策以他事，瑜复悉心对八千余言，有切于前。拜为议郎。

十一月，太尉陈蕃数言李膺、冯绲、刘祐之枉，请加原宥，升之爵任，言及反覆，诚辞恳切，以至流涕。帝不听。应奉上疏曰："夫忠贤武将，国之心膂。窃见左校弛刑徒冯绲、刘祐、李膺等，诛举邪臣，肆之以法，陛下既不听察，而猥受谮诉，遂令忠臣同愆元恶，自春迄冬，不蒙降恕，遐迩观听，为之叹息。夫立政之要，记功忘失，是以武帝舍安国于徒中，宣帝征张敞于亡命。绲前讨蛮荆，均吉甫之功；祐数临督司，有不吐茹之节；膺著威幽、并，遗爱度辽。今三垂蠢动,王旅未振,乞原膺等,以备不虞。”书奏,乃悉免其刑。久之,李膺复拜司隶校尉。时小黄门张让弟朔为野王令,贪残无道,畏膺威严,逃还京师,匿于兄家合柱中。膺知其状,率吏卒破柱取朔,付雒阳狱,受辞毕,即杀之。让诉冤于帝,帝召膺诘以不先请便加诛之意。对曰:“昔仲尼为鲁司寇,七日而诛少正卯。今臣到官已积一旬,私惧以稽留为愆,不意获速疾之罪。诚自知衅责,死不旋踵,特乞留五日,克殄元恶,退就鼎镬,始生之愿也。”帝无复言,顾谓让曰:“此汝弟之罪,司隶何愆?”乃遣出。自此,诸黄门常侍皆鞠躬屏气,休沐不敢出宫省。帝怪问其故,并叩头泣曰:“畏李校尉。”时朝廷日乱,纲纪颓弛,而膺独持风裁,以声名自高,士有被其容接者,名为“登龙门”云。

九年。初,帝为蠡吾侯,受学于甘陵周福,及即位,擢福为尚书。时同郡河南尹房植有名当朝,乡人为之谣曰:“天下规矩房伯武,因师获印周仲进。”二家宾客,互相讥揣,遂各树朋徒,渐成尤隙。由是甘陵有南北部,党人之议自此始矣。

汝南太守宗资以范滂为功曹,南阳太守成瑨以岑晊为功曹,皆委心听任,使之褒善纠违,肃清朝府。滂尤刚劲,疾恶如仇。滂甥李颂素无行,中常侍唐衡以属资,资用为吏,滂寝而不召。资迁怒,捶书佐朱零,零仰曰:“范滂清裁,今日宁受笞而死,滂不可违。”资乃止。郡中中人以下,莫不怨之。于是二郡为谣曰:“汝南太守范孟博,南阳宗资主画诺。南阳太守岑公孝,弘农成瑨但坐啸。”

太学诸生三万余人,郭泰及颍川贾彪为其冠,与李膺、陈蕃、王畅更相褒重。学中语曰:“天下模楷李元礼,不畏强御陈仲举,天下俊秀王叔茂。”于是中外承风,竞以臧否相尚,自公卿以下,莫不畏其贬议，屣履到门。

宛有富贾张泛者，与后宫有亲，又善雕镂玩好之物，颇以赂遗中官，以此得显位，用势纵横。岑晊与贼曹史张牧劝成瑨收捕泛等，既而遇赦，瑨竟诛之，并收其宗族、宾客，杀二百余人，后乃奏闻。小黄门晋阳赵津贪横放恣，为一县巨患。太原太守平原刘瓆使郡吏王允讨捕，亦于赦后杀之。于是中常侍侯览使张泛妻上书讼冤，宦官因缘谮诉瑨、瓆。帝大怒，征瑨、瓆皆下狱。有司承旨，奏瑨、瓆罪当弃市。

山阳太守翟超以郡人张俭为东部督邮。侯览家在防东，残暴百姓。览丧母还家，大起茔冢。俭举奏览罪，而览伺候遮截，章竟不上。俭遂破览冢、宅，藉没资财，具奏其状，复不得御。徐璜兄子宣为下邳令，暴虐尤甚。尝求故汝南太守李皓女不能得，遂将吏卒至皓家，载其女归，戏射杀之。东海相汝南黄浮闻之，收宣家属，无少长悉考之。掾史以下固争，浮曰："徐宣国贼，今日杀之，明日坐死，足以瞑目矣！"即案宣罪弃市，暴其尸。于是宦官诉冤于帝，帝大怒，超、浮并坐髡钳，输作左校。

太尉陈蕃、司空刘茂共谏，请瑨、瓆、超、浮等罪，帝不悦。有司劾奏之，茂不敢复言。蕃乃独上疏曰："今寇贼在外，四支之疾，内政不理，心腹之患。臣寝不能寐，食不能饱，实忧左右日亲，忠言日疏，内患渐积，外难方深。陛下超从列侯，继承天位，小家畜产百万之资，子孙尚耻愧失其先业，况乃产兼天下，受之先帝，而欲懈怠以自轻忽乎！诚不爱己，不当念先帝得之勤苦邪？前梁氏五侯，毒遍海内，天启圣意，收而戮之，天下之议，冀当小平。明鉴未远，覆车如昨，而近习之权复相扇结。小黄门赵津、大猾张泛等，肆行贪虐，奸媚左右。前太原太守刘瓆、南阳太守成瑨纠而戮之，虽言赦后不当诛杀，原其诚心，在乎去恶，至于陛下，有何悁悁？而小人道长，营惑圣听，遂使天威为之发怒，必加刑谪，已为过甚，况乃重罚，令伏欧刀乎？又前山阳太守翟超、东海相黄浮，奉公不挠，疾恶如仇，超没侯览财物，浮诛徐宣之罪，并蒙刑坐，不逢赦恕。览之从横，没财已幸；宣犯衅过，死有余辜。昔丞相申屠嘉召责邓通，雒阳令董宣折辱公主，而文帝从而请之，光武加以重赏，未闻二臣有专命之诛。而今左右群竖，恶伤党类，妄相交构，致此刑谴，闻臣是言，当复啼诉。陛下深宜割塞近习与政之源，引纳尚书朝省之士，简练清高，斥黜佞邪，如是天和于上，地洽于下，休祯符瑞，岂远乎哉！"帝不纳。宦官由此疾蕃弥甚，选举奏议辄以中诏谴却，长史已下多至抵罪，犹以蕃名臣，不敢加害。

平原襄楷诣阙上疏曰："臣闻皇天不言，以文象设教。臣窃见太微，天廷五帝之坐，而金、火罚星扬光其中，于占，天子凶，又俱入房、心，法无继嗣。前年冬大寒，杀鸟兽，害鱼鳖，城傍竹柏之叶有伤枯者。臣闻于师曰：'柏伤竹枯，不出二年，天子当之。'今自春夏以来，连有霜雹及大雨、雷电，臣作威作福，刑罚急刻之所感也。太原太守刘瓆、南阳太守成瑨，志除奸邪，其所诛翦，皆合人望。而陛下受阉竖之谮，乃远加考逮，三公上书乞哀瓆等，不见采察而严被谴让，忧国之(任)〔臣〕，将遂杜口矣。臣闻杀无罪，诛贤者，祸及三世。自陛下即位以来，频行诛罚，梁、寇、孙、邓，并见族灭，其从坐者又非其数。李云上书明主所不当讳，杜众乞死谅以感悟圣朝，曾无赦宥，而并被残戮，天下之人咸知其冤，汉兴以来，未有拒谏诛贤，用刑太深如今者也。昔文王一妻，诞致十子；今宫女数千，未闻庆育，宜修德省刑，以广螽斯之祚。案春秋以来，及古帝王，未有河清。臣以为河者诸侯位也，清者属阳，浊者属阴，河当浊而反清者，阴欲为阳，诸侯欲为帝也。京房易传曰：'河水清，天下平。'今天垂异，地吐妖，人疠疫，三者并时，而有河清，犹春秋麟不当见而见，孔子书之以为异也。愿赐清闲，极尽所言。"书奏，不省。

十余日，复上书曰："臣闻殷纣好色，妲己是出，叶公好龙，真龙游廷。今黄门、常侍，天刑之人，陛下爱待，兼倍常宠，系嗣未兆，岂不为此！"书上，即召入，诏尚书问状。楷言："古者本无宦臣，武帝末数游后宫，始置之耳。"尚书承旨，奏："楷不正辞理，而违背经艺，假借星宿，造合私意，诬上罔事，请下司隶正楷罪法，收送雒阳狱。"帝以楷言虽激切，然皆天文恒象之数，故不诛，犹司寇论刑。

符节令汝南蔡衍、议郎刘瑜表救成瑨、刘瓆，言甚切厉，亦坐免官。瑨、瓆竟死狱中。瑨、瓆素刚直，有经术，知名当时，故天下惜之。岑晊、张牧逃窜获免。

晊之亡也，亲友竞匿之，贾彪独闭门不纳，时人望之。彪曰："传言'相时而动，无累后人'。公孝以要君致衅，自遗其咎，吾已不能奋戈相待，反可容隐之乎？"于是咸服其裁正。

河内张成善风角，推占当赦，教子杀人。司隶李膺督促收捕，既而逢宥获免。膺愈怀愤疾，竟案杀之。成素以方伎交通宦官，帝亦颇讯其占。宦官教成弟子牢修上书，告"膺等养太学游士，交结诸郡生徒，更相驱驰，共为部党，诽讪朝廷，疑乱风俗"。于是天子震怒，班下郡国，逮捕党人，布告天下，使同忿疾。案经三府，太尉陈蕃却之曰："今所案者，皆海内人誉，忧国忠公之臣，此等犹将十世宥也，岂有罪名不章而致收掠者乎！"不肯平署。

帝愈怒，遂下膺等于黄门北寺狱，其辞所连及太仆颍川杜密、御史中丞陈翔及陈寔、范滂之徒二百余人。或逃遁不获，皆悬金购募，使者四出相望。陈寔曰："吾不就狱，众无所恃。"乃自往请囚。范滂至狱，狱吏谓曰："凡坐系者，皆祭皋陶。"滂曰："皋陶古之直臣，知滂无罪，将理之于帝，如其有罪，祭之何益？"众人由此亦止。陈蕃复上书极谏，帝讳其言切，托以蕃辟召非其人，策免之。

时党人狱所染逮者，皆天下名贤，度辽将军皇甫规自以西州豪桀，耻不得与，乃自上言："臣前荐故大司农张奂，是附党也。又臣昔论输左校时，太学生张凤等上书讼臣，是为党人所附也。臣宜坐之。"朝廷知而不问。张凤等上书事见诸羌叛服。

永康元年五月，陈蕃既免，朝臣震栗，莫敢复为党人言者。贾彪曰："吾不西行，大祸不解。"乃入雒阳说城门校尉窦武、尚书魏郡霍谞等，使讼之。武上疏曰："陛下即位以来，未闻善政，常侍、黄门，竞行谲诈，妄爵非人。伏寻西京，佞臣执政，终丧天下。今不虑前事之失，复循覆车之轨，臣恐二世之难必将复及，赵高之变不朝则夕。近者奸臣牢修造设党议，遂收前司隶校尉李膺等逮考，连及数百人，旷年拘录，事无效验。臣惟膺等建忠抗节，志经王室，此诚陛下稷、契、伊、吕之佐，而虚为奸臣贼子之所诬枉，天下寒心，海内失望。惟陛下留神澄省，时见理出，以厌人鬼喁喁之心。今台阁近臣尚书朱宇、荀绲、刘祐、魏朗、刘矩、尹勋等，皆国之贞士，朝之良佐；尚书郎张陵、妫皓、苑康、杨乔、边韶、戴恢等，文质彬彬，明达国典，内外之职，群才并列。而陛下委任近习，专树饕餮，外典州郡，内斡心膂，宜以次贬黜，案罪纠罚；信任忠良，平决臧否，使邪正毁誉，各得其所，宝爱天官，唯善是授，如此，咎征可消，天应可待。间者有嘉禾、芝草、黄龙之见。夫瑞生必于嘉士，福至实由善人，在德为瑞，无德为灾。陛下所行，不合天意，不宜称庆。”书奏，因以病上还城门校尉、槐里侯印绶。霍谞亦为表请。帝意稍解，使中常侍王甫就狱讯党人范滂等，皆三木囊头，暴于阶下。甫以次辩诘曰：“卿等更相拔举，迭为唇齿，其意如何？”滂曰：“仲尼之言‘见善如不及，见恶如探汤’，滂欲使善善同其清，恶恶同其污，谓王政之所愿闻，不悟更以为党。古之修善，自求多福，今之修善，身陷大戮。身死之日，愿埋滂于首阳山侧，上不负皇天，下不愧夷、齐。”甫愍然，为之改容，乃得并解桎梏。李膺等又多引宦官子弟，宦官惧，请帝以天时宜赦。六月庚申，赦天下，改元。党人二百余人皆归田里，书名三府，禁锢终身。

范滂往候霍谞而不谢。或让之，滂曰：“昔叔向不见祁奚，吾何谢焉。”滂南归汝南，南阳士大夫迎之者车数千两，乡人殷陶、黄穆侍卫于旁，应对宾客。滂谓陶等曰：“今子相随，是重吾祸也。”遂遁还乡里。

初，诏书下举钩党，郡国所奏相连及者，多至百数，唯平原相史弼独无所上。诏书前后迫切，州郡髡笞掾史。从事坐传舍责曰：“诏书疾恶党人，旨意恳恻。青州六郡，其五有党，平原何治，而得独无？”弼曰：“先王疆理天下，画界分境，水土异齐，风俗不同。他郡自有，平原自无，胡可相比？若承望上司，诬陷良善，淫刑滥罚，以逞非理，则平原之人户可为党。相有死而已，所不能也。”从事大怒，即收郡僚职送狱，遂举奏弼。会党禁中解，弼以俸赎罪，所脱者甚众。

窦武所荐，朱寓沛人，苑康勃海人，杨乔会稽人，边韶陈留人。乔容仪伟丽，数上言政事，帝爱其才貌，欲妻以公主，乔固辞不听，遂闭口不食，七日而死。

十二月丁丑，帝崩于德阳前殿。城门校尉窦武议立嗣，召侍御史河间刘儵问以国中宗室之贤者，儵称解渎亭侯宏。宏者，河间孝王之曾孙也，祖淑、父苌，世封解渎亭侯。武乃入白太后，定策禁中，以儵守光禄大夫，与中常侍曹节并持节将中黄门、虎贲、羽林千人奉迎宏，时年十二。

灵帝建宁元年春正月壬午，以城门校尉窦武为大将军，前太尉陈蕃为太傅，与武及司徒胡广参录尚书事。

时新遭大丧，国嗣未立，诸尚书畏惧，多托病不朝。陈蕃移书责之曰："古人立节，事亡如存。今帝祚未立，政事日蹙，诸君奈何委荼蓼之苦，息偃在床，于义安乎？"诸尚书惶怖，皆起视事。

己亥，解渎亭侯至夏门亭，使窦武持节以王青盖车迎入殿中。庚子，即皇帝位。

六月癸巳，录定策功，封窦武为闻喜侯，武子机为渭阳侯，兄子绍为鄠侯，靖为西乡侯，中常侍曹节为长安乡侯，侯者凡十一人。

涿郡卢植上书说武曰："足下之于汉朝，犹旦、奭之在周室，建立圣主，四海有系，论者以为吾子之功，于斯为重。今同宗相后，披图案牒，以次建之，何勋之有？岂可横叨天功以为己力乎！宜辞大赏，以全身名。"武不能用。植身长八尺二寸，音声如钟，性刚毅，有大节。少事马融，融性豪侈，多列女倡歌舞于前，植侍讲积年，未尝转盼，融以是敬之。

太后以陈蕃旧德，特封高阳乡侯。蕃上疏让曰："臣闻割地之封，功德是为。臣虽无素洁之行，窃慕君子'不以其道得之，不居也'。若受爵不让,掩面就之,使皇天振怒,灾流下民,于臣之身,亦何所寄。"太后不许,蕃固让,章前后十上,竟不受封。

初,窦太后之立也,陈蕃有力焉。及临朝,政无大小,皆委于蕃。蕃与窦武同心戮力,以奖王室,征天下名贤李膺、杜密、尹勋、刘瑜等,皆列于朝廷,与共参政事。于是天下之士,莫不延颈想望太平。而帝乳母赵娆及诸女尚书,旦夕在太后侧,中常侍曹节、王甫等共相朋结,谄事太后,太后信之,数出诏命,有所封拜。蕃、武疾之,尝共会朝堂,蕃私谓武曰:"曹节、王甫等,自先帝时操弄国权,浊乱海内,今不诛之,后必难图。"武深然之。蕃大喜,以手椎席而起。武于是引同志尚书令尹勋等共定计策。

会有日食之变,蕃谓武曰:"昔萧望之困一石显,况今石显数十辈乎?蕃以八十之年,欲为将军除害,今可因日食斥罢宦官,以塞天变。"武乃白太后曰:"故事,黄门、常侍但当给事省内门户,主近署财物耳。今乃使与政事,任重权,子弟布列,专为贪暴。天下匈匈,正以此故。宜悉诛废,以清朝廷。"太后曰:"汉元以来,故事世有宦官,但当诛其有罪者,岂可尽废邪?"时中常侍管霸颇有才略,专制省内,武先白收霸及中常侍苏康等皆坐死。武复数白诛曹节等,太后冘豫未忍,故事久不发。蕃上疏曰:"今京师嚣嚣,道路喧哗,言侯览、曹节、公乘昕、王甫、郑飒等,与赵夫人、诸尚书并乱天下,附从者升进,忤逆者中伤,一朝群臣如河中木耳,泛泛东西,耽禄畏害。陛下今不急诛此曹,必生变乱,倾危社稷,其祸难量。愿出臣章,宣示左右,并令天下诸奸知臣疾之。"太后不纳。

是月,太白犯房之上将,入太微。侍中刘瑜素善天官,恶之,上书皇太后曰:"案占书,宫门当闭,将相不利,奸人在主傍。愿急防之。"又与武、蕃书,以"星辰错缪,不利大臣,宜速断大计"。于是武、蕃以朱寓为司隶校尉,刘祐为河南尹,虞祁为雒阳令。武奏免黄门令魏彪,以所亲小黄门山冰代之,使冰奏收长乐尚书郑飒送北寺狱。蕃谓武曰:"此曹子便当收杀,何复考为。"武不从,令冰与尹勋、侍御史祝瑨杂考。飒辞连及曹节、王甫,勋、冰即奏收节等,使刘瑜内奏。

九月辛亥,武出宿归府。典中书者先以告长乐五官史朱瑀,盗发武奏,骂曰:"中官放纵者自可诛耳,我曹何罪,而当尽见族灭!"因大呼曰:"陈蕃、窦武奏白太后废帝,为大逆!"乃夜召素所亲壮健者长乐从官史共普、张亮等十七人,歃血共盟,谋诛武等。曹节白帝曰:"外间切切,请出御德阳前殿。"令帝拔剑踊跃,使乳母赵娆等拥卫左右,取棨信,闭诸禁门,召尚书官属,胁以白刃,使作诏板,拜王甫为黄门令,持节至北寺狱,收尹勋、山冰。冰疑,不受诏,甫格杀之,并杀勋,出郑飒。还兵劫太后,夺玺绶。令中谒者守南宫,闭门绝复道。使郑飒等持节及侍御史谒者捕收武等。武不受诏,驰入步兵营,与其兄子步兵校尉绍共射杀使者。召会北军五校士数千人屯都亭,下令军士曰:"黄门、常侍反,尽力者封侯重赏。"陈蕃闻难,将官属诸生八十余人,并拔刃突入承明门,到尚书门,攘臂呼曰:"大将军忠以卫国,黄门反逆,何云窦氏不道邪?"王甫时出与蕃相遇,适闻其言而让蕃曰:"先帝新弃天下,山陵未成,武有何功,兄弟父子并封三侯。又设乐饮宴,多取掖廷宫人。旬日之间,赀财巨万。大臣若此,为是道邪?公为宰辅,苟相阿党,复何求贼!"使剑士收蕃,蕃拔剑叱甫,辞色逾厉,遂执蕃送北寺狱。黄门从官驺蹋踧蕃曰:"死老魅,复能损我曹员数,夺我曹禀假不!"即日杀之。时护匈奴中郎将张奂征还京师，曹节等以奂新至，不知本谋，矫制以少府周靖行车骑将军，加节，与奂率五营士讨武。夜漏尽，王甫将虎贲、羽林等合千余人出屯朱雀掖门，与奂等合，已而悉军阙下，与武对陈。甫兵渐盛，使其士大呼武军曰："窦武反，汝皆禁兵，当宿卫宫省，何故随反者乎？先降有赏。"营府素畏服中官，于是武军稍稍归甫，自旦至食时，兵降略尽。武、绍走，诸军追围之，皆自杀，枭首雒阳都亭，收捕宗、亲、宾客、姻属悉诛之，及侍中刘瑜、屯骑校尉冯述皆夷其族。宦官又谮虎贲中郎将河间刘淑、故尚书会稽魏朗，云与武等通谋，皆自杀。迁皇太后于南宫，徙武家属于日南。自公卿以下，尝为蕃、武所举者，及门生、故吏，皆免官禁锢。议郎勃海巴肃始与武等同谋，曹节等不知，但坐禁锢，后乃知而收之。肃自载诣县，县令见肃，入合，解印绶，欲与俱去。肃曰："为人臣者，有谋不敢隐，有罪不逃刑。既不隐其谋矣，又敢逃其刑乎！"遂被诛。

曹节迁长乐卫尉，封育阳侯。王甫迁中常侍，黄门令如故。朱瑀、共普、张亮等六人皆为列侯，十一人为关内侯。于是群小得志，士大夫皆丧气。

蕃友人陈留朱震收葬蕃尸，匿其子逸，事觉，系狱，合门桎梏。震受考掠，誓死不言，逸由是得免。武府掾桂阳胡腾殡敛武尸，行丧，坐以禁锢。武孙辅年二岁，腾诈以为己子，与令史南阳张敞共匿之于零陵界中，亦得免。

张奂迁大司农，以功封侯。奂深病为曹节等所卖，固辞不受。

二年夏四月壬辰，有青蛇见于御坐上。癸巳，大风，雨雹，霹雳，拔大木百余。诏公卿以下各上封事。大司农张奂上疏曰：

"昔周公葬不如礼,天乃动威。今窦武、陈蕃忠贞,未被明宥,妖眚之来,皆为此也。宜急为改葬,徙还家属,其从坐禁锢一切蠲除。又皇太后虽居南宫,而恩礼不接,朝臣莫言,远近失望。宜思大义顾复之报。"上深嘉奂言,以问诸常侍,左右皆恶之,帝不得自从。奂又与尚书刘猛等共荐王畅、李膺可参三公之选,曹节等弥疾其言,遂下诏切责之。奂等皆自囚廷尉,数日乃得出,并以三月俸赎罪。

郎中东郡谢弼上封事曰:"臣闻'惟虺惟蛇,女子之祥'。伏惟皇太后定策宫闼,援立圣明,书云'父子兄弟,罪不相及',窦氏之诛,岂宜咎延太后?幽隔空宫,愁感天心,如有雾露之疾,陛下当何面目以见天下!孝和皇帝不绝窦氏之恩,前世以为美谈。礼,为人后者为之子。今以桓帝为父,岂得不以太后为母哉?愿陛下仰慕有虞蒸蒸之化,俯思凯风慰母之念。臣又闻'开国承家,小人勿用'。今功臣久外,未蒙爵秩,阿母宠私,乃享大封,大风、雨雹,亦由于兹。又故太傅陈蕃,勤身王室,而见陷群邪,一旦诛灭,其为酷滥,骇动天下,而门生、故吏并离徙锢。蕃身已往,人百何赎?宜还其家属,解除禁网。夫台宰重器,国命所系,今之四公,唯司空刘宠断断守善,余皆素餐致寇之人,必有折足覆餗之凶。可因灾异,并加罢黜,征故司空王畅、长乐少府李膺并居政事,庶灾变可消,国祚惟永。"左右恶其言,出为广陵府丞,去官归家。曹节从子绍为东郡太守,以他罪收弼,掠死于狱。

帝以蛇妖,问光禄勋杨赐。赐上封事曰:"夫善不妄来,灾不空发。王者心有所想,虽未形颜色,而五星以之推移,阴阳为其变度。夫皇极不建,则有龙蛇之孽。诗云:'惟虺惟蛇,女子之祥。'惟陛下思乾刚之道,别内外之宜,抑皇甫之权,割艳妻之爱,则蛇变可消,祯祥立应。"赐,秉之子也。

初,李膺等虽废锢,天下士大夫皆高尚其道,而污秽朝廷,希之者唯恐不及,更共相标榜,为之称号。以窦武、陈蕃、刘淑为"三君",君者,言一世之所宗也。李膺、荀翌、杜密、王畅、刘祐、魏朗、赵典、朱寓为"八俊",俊者,言人之英也。郭泰、范滂、尹勋、巴肃及南阳宗慈、陈留夏馥、汝南蔡衍、泰山羊陟为"八顾",顾者,言能以德行引人者也。张俭、翟超、岑晊、苑康及山阳刘表、汝南陈翔、鲁国孔昱、山阳檀敷为"八及",及者,言其能导人追宗者也。度尚及东平张邈、王孝、东郡刘儒、泰山胡母班、陈留秦周、鲁国蕃向、东莱王章为"八厨",厨者,言能以财救人者也。及陈、窦用事,复举拔膺等,陈、窦诛,膺等复废。

宦官疾恶膺等,每下诏书,辄申党人之禁。侯览怨张俭尤甚,览乡人朱并素佞邪,为俭所弃,承览意指,上书告"俭与同乡二十四人别相署号,共为部党,图危社稷,而俭为之魁"。诏刊章捕俭等。冬十月,大长秋曹节因此讽有司,奏"诸钩党者故司空虞放及李膺、杜密、朱寓、荀翌、翟超、刘儒、范滂等,请下州郡考治"。是时上年十四,问节等曰:"何以为钩党?"对曰:"钩党者,即党人也。"上曰:"党人何用为恶,而欲诛之邪?"对曰:"皆相举群辈,欲为不轨。"上曰:"不轨欲如何?"对曰:"欲图社稷。"上乃可其奏。

或谓李膺曰:"可去矣!"对曰:"事不辞难,罪不逃刑,臣之节也。吾年已六十,死生有命,去将安之?"乃诣诏狱,考死,门生、故吏并被禁锢。侍御史蜀郡景毅子顾为膺门徒,未有录牒,不及于谴。毅慨然曰:"本谓膺贤,遣子师之,岂可以漏脱名籍,苟安而已。"遂自表免归。

汝南督邮吴导受诏捕范滂，至征羌，抱诏书闭传舍，伏床而泣，一县不知所为。滂闻之曰："必为我也。"即自诣狱。县令郭揖大惊，出解印绶，引与俱亡，曰："天下大矣，子何为在此？"滂曰："滂死则祸塞，何敢以罪累君，又令老母流离乎！"其母就与之诀，滂白母曰："仲博孝敬，足以供养。滂从龙舒君归黄泉，存亡各得其所。惟大人割不可忍之恩，勿增感戚。"仲博者，滂弟也。龙舒君者，滂父龙舒侯相显也。母曰："汝今得与李、杜齐名，死亦何恨。既有令名，复求寿考，可兼得乎！"滂跪受教，再拜而辞。顾其子曰："吾欲使汝为恶，恶不可为；使汝为善，则我不为恶。"行路闻之，莫不流涕。凡党人死者百余人，妻子皆徙边。天下豪桀及儒学有行义者，宦官一切指为党人。有怨隙者，因相陷害，睚眦之忿，滥入党中。州郡承旨，或有未尝交关，亦离祸毒，其死、徙、废、禁者又六七百人。

郭泰闻党人之死，私为之恸曰："诗云'人之云亡，邦国殄瘁'。汉室灭矣，但未知'瞻乌爰止，于谁之屋'耳。"泰虽好臧否人伦，而不为危言覈论，故能处浊世而怨祸不及焉。

张俭亡命困迫，望门投止，莫不重其名行，破家相容。后流转东莱，止李笃家。外黄令毛钦操兵到门，笃引钦就席曰："张俭负罪亡命，笃岂得藏之？若审在此，此人名士，明廷宁宜执之乎！"钦因起抚笃曰："蘧伯玉耻独为君子，足下如何专取仁义。"笃曰："今欲分之，明廷载半去矣。"钦叹息而去。笃导俭经北海戏子然家，遂入渔阳出塞。其所经历，伏重诛者以十数，连引收考者布遍天下，宗亲并皆殄灭，郡县为之残破。俭与鲁国孔褒有旧，亡抵褒，不遇，褒弟融年十六，匿之。后事泄，俭得亡走，国相收褒、融送狱，未知所坐。融曰："保纳舍藏者，融也，当坐。"褒曰："彼来求我，非弟之过。"吏问其母，母曰："家事任长，妾当其辜。"一门争死，郡县疑不能决，乃上谳之，诏书竟坐褒。及党禁解，俭乃还乡里，后为卫尉，卒，年八十四。夏馥闻张俭亡命，叹曰："孽自己作，空污良善，一人逃死，祸及万家，何以生为！"乃自翦须变形，入林虑山中，隐姓名，为冶家佣，亲突烟炭，形貌毁瘁，积二三年，人无知者。馥弟静载缣帛追求饷之，馥不受曰："弟奈何载祸相饷乎！"党禁未解而卒。

初，中常侍张让父死，归葬颍川，虽一郡毕至，而名士无往者，让甚耻之，陈寔独吊焉。及诛党人，让以寔故，多所全宥。南阳何颙素与陈蕃、李膺善，亦被收捕，乃变名姓匿汝南间，与袁绍为奔走之交，常私入雒阳从绍计议，为诸名士罹党事者求救援，设权计，使得逃隐，所全免甚众。

初，太尉袁汤三子，成、逢、隗，成生绍，逢生术。逢、隗皆有名称，少历显官。时中常侍袁赦以逢、隗宰相家，与之同姓，推崇以为外援，故袁氏贵宠于世，富奢甚，不与他公族同。绍壮健有威容，爱士养名，宾客辐凑归之，辎軿柴毂，填接街陌。术亦以侠气闻。逢从兄子闳，少有操行，以耕学为业，逢、隗数馈之，无所受。闳见时方险乱，而家门富盛，常对兄弟叹曰："吾先公福祚，后世不能以德守之，而竞为骄奢，与乱世争权，此即晋之三郤矣。"及党事起，闳欲投迹深林，以母老，不宜远遁，乃筑土室四周于庭，不为户，自牖纳饮食。母思闳时，往就视，母去，便自掩闭，兄弟妻子莫得见也。潜身十八年，卒于土室。

初，范滂等非讦朝政，自公卿以下皆折节下之，太学生争慕其风，以为文学将兴，处士复用。申屠蟠独叹曰："昔战国之世，处士横议，列国之王至为拥彗先驱，卒有坑儒、烧书之祸，今之谓矣。"乃绝迹于梁、砀之间,因树为屋,自同佣人。居二年,滂等果罹党锢之祸,唯蟠超然免于评论。

臣光曰:天下有道,君子扬于王庭以正小人之罪,而莫敢不服。天下无道,君子囊括不言以避小人之祸,而犹或不免。党人生昏乱之世,不在其位,四海横流,而欲以口舌救之,臧否人物,激浊扬清,撩虺蛇之头,践虎狼之尾,以至身被淫刑,祸及朋友,士类歼灭而国随以亡,不亦悲乎,夫唯郭泰既明且哲,以保其身,申屠蟠见几而作,不俟终日,卓乎其不可及已。

十一月,长乐太仆曹节病困,诏拜车骑将军。有顷,疾瘳,上印绶,复为中常侍,位特进,秩中二千石。

四年春正月甲子,帝加元服,赦天下,唯党人不赦。

帝以窦太后有援立之功,冬十月戊子朔,率群臣朝太后于南宫,亲馈上寿。黄门令董萌因此数为太后诉冤,帝深纳之,供养资奉,有加于前。曹节、王甫疾之,诬萌以谤讪永乐宫,下狱死。

熹平元年五月,长乐太仆侯览坐专权骄奢,策收印绶,自杀。

六月,窦太后母卒于比景,太后忧思感疾,癸巳,崩于云台。宦者积怨窦氏,以衣车载太后尸置城南市舍,数日,曹节、王甫欲用贵人礼殡。帝曰:"太后亲立朕躬,统承大业,岂宜以贵人终乎!"于是发丧成礼。

节等欲别葬太后,而以冯贵人配祔。诏公卿大会朝堂,令中常侍赵忠监议。太尉李咸时病,扶舆而起,捣椒自随,谓妻子曰:"若皇太后不得配食桓帝,吾不生还矣。"既议,坐者数百人,各瞻望良久,莫肯先言。赵忠曰:"议当时定。"廷尉陈球曰:"皇太后以盛德良家,母临天下,宜配先帝,是无所疑。"忠笑而言曰:

"陈廷尉宜便操笔。"球即下议曰:"皇太后自在椒房,有聪明母仪之德。遭时不造,援立圣明承继宗庙,功烈至重。先帝晏驾,因遇大狱,迁居空宫,不幸早世,家虽获罪,事非太后,今若别葬,诚失天下之望。且冯贵人冢尝被发掘,骸骨暴露,与贼并尸,魂灵污染,且无功于国,何宜上配至尊。"忠省球议,作色俯仰,蚩球曰:"陈廷尉建此议甚健。"球曰:"陈、窦既冤,皇太后无故幽闭,臣常痛心,天下愤叹。今日言之,退而受罪,宿昔之愿也。"李咸曰:"臣本谓宜尔,诚与意合。"于是公卿以下皆从球议。曹节、王甫犹争,以为:"梁后家犯恶逆,别葬懿陵,武帝黜废卫后而以李夫人配食。今窦氏罪深,岂得合葬先帝。"李咸复上疏曰:"臣伏惟章德窦后虐害恭怀,安思阎后家犯恶逆,而和帝无异葬之议,顺朝无贬降之文。至于卫后,孝武皇帝身所废弃,不可以为比。今长乐太后尊号在身,亲尝称制,且援立圣明,光隆皇祚。太后以陛下为子,陛下岂得不以太后为母?子无黜母,臣无贬君,宜合葬宣陵,一如旧制。"帝省奏,从之,秋七月甲寅,葬桓思皇后于宣陵。

有人书朱雀阙,言:"天下大乱,曹节、王甫幽杀太后,公卿皆尸禄,无忠言者。"诏司隶校尉刘猛逐捕,十日一会。猛以诽书言直,不肯急捕。月余,主名不立,猛坐左转谏议大夫,以御史中丞段颎代之。颎乃四出逐捕,及太学游生系者千余人。节等又使颎以他事奏猛,论输左校。

初,司隶校尉王寓依倚宦官,求荐于太常张奂,奂拒之,寓遂陷奂以党罪禁锢。

渤海王悝之贬瘿陶也,因中常侍王甫求复国,许谢钱五千万。既而桓帝遗诏复悝国,悝知非甫功,不肯还谢钱。中常侍郑飒、中黄门董腾数与悝交通，甫密司察以告段颎。冬十月，收飒送北寺狱，使尚书令廉忠诬奏飒等谋迎立悝，大逆不道，遂诏冀州刺史收悝考实，迫责悝，令自杀，妃妾十一人，子女七十人，伎女二十四人皆死狱中，傅、相以下悉伏诛。甫等十二人皆以功封列侯。

五年闰五月，永昌太守曹鸾上书曰："夫党人者，或耆年渊德，或衣冠英贤，皆宜股肱王室，左右大猷者也，而久被禁锢，辱在途泥。谋反大逆尚蒙赦宥，党人何罪，独不开恕乎？所以灾异屡见，水旱荐臻，皆由于斯。宜加沛然，以副天心。"帝省奏，大怒，即诏司隶、益州槛车收鸾，送槐里狱，掠杀之。于是诏州郡更考党人，门生、故吏、父子、兄弟在位者，悉免官禁锢，爰及五属。

光和元年六月丁丑，有黑气堕帝所御温德殿东庭中，长十余丈，似龙。秋七月壬子，青虹见玉堂后殿庭中。诏召光禄大夫杨赐等诣金商门，问以灾异及消复之术。赐对曰："春秋谶曰：'天投霓，天下怨，海内乱。'加四百之期，亦复垂及。今妾媵、阉尹之徒共专国朝，欺罔日月，幸赖皇天垂象谴告。周书曰：'天子见怪则修德，诸侯见怪则修政，卿大夫见怪则修职，士庶人见怪则修身。'唯陛下斥远佞巧之臣，速征鹤鸣之士，断绝尺一，抑止槃游，冀上天还威，众变可弭。"

议郎蔡邕对曰："臣伏思诸异，皆亡国之怪也。天于大汉，殷勤不已，故屡出祅变以当谴责，欲令人君感悟，改危即安。今霓堕、鸡化，皆妇人干政之所致也。前者乳母赵娆，贵重天下，谗谀骄溢，续以永乐门史霍玉，依阻城社，又为奸邪。今道路纷纷，复云有程大人者，察其风声，将为国患。宜高为堤防，明设禁令，深惟赵、霍，以为至戒。今太尉张颢为玉所进，光禄勋伟璋有名贪浊，又长水校尉赵玹，屯骑校尉盖升，并叨时幸，荣富优足。宜念小人在位之咎，退思引身避贤之福。伏见廷尉郭禧纯厚老成，光禄大夫桥玄聪达方直，故太尉刘宠忠实守正，并宜为谋主，数见访问。夫宰相大臣，君之四体，委任责成，优劣已分，不宜听纳小吏，雕琢大臣也。又尚方工技之作，鸿都篇赋之文，可且消息，以示惟忧。宰府孝廉，士之高选，近者以辟召不慎切责三公，而今并以小文超取选举，开请托之门，违明王之典，众心不厌，莫之敢言。臣愿陛下忍而绝之，思惟万机，以答天望。圣朝既自约厉，左右近臣亦宜从化，人自抑损，以塞咎戒，则天道亏满，鬼神福谦矣。夫君臣不密，上有漏言之戒，下有失身之祸，愿寝臣表，无使尽忠之吏受怨奸仇。"章奏，帝览而叹息。因起更衣，曹节于后窃视之，悉宣语左右，事遂漏露。其为邕所裁黜者，侧目思报。

初，邕与大鸿胪刘郃素不相平，叔父卫尉质又与将作大匠阳球有隙。球即中常侍程璜女夫也，璜遂使人飞章言"邕、质数以私事请托于郃，郃不听，邕含隐切，志欲相中"。于是诏下尚书召邕诘状。邕上书曰："臣实愚戆，不顾后害，陛下不念忠臣直言，宜加掩蔽，诽谤卒至，便用疑怪。臣年四十有六，孤特一身，得托名忠臣，死有余荣，恐陛下于此不复闻至言矣。"于是下邕、质于雒阳狱，劾以"仇怨奉公，议害大臣，大不敬，弃市"。事奏，中常侍河南吕强愍邕无罪，力为伸请，帝亦更思其章，有诏"减死一等，与家属髡钳徙朔方，不得以赦令除"。阳球使客追路刺邕，客感其义，皆莫为用。球又赂其部主使加毒害，所赂者反以其情戒邕，由是得免。

宋皇后无宠，后宫幸姬众共谮毁。渤海王悝妃宋氏，即后之姑也。中常侍王甫恐后怨之，因谮后挟左道祝诅。帝信之，遂策收玺绶。后自致暴室，以忧死。父不其乡侯酆及兄弟并被诛。

丙子晦，日有食之。尚书卢植上言："凡诸党锢，多非其罪，可加赦恕，申宥回枉。又宋后家属，并以无辜，委骸横尸，不得敛葬，宜敕收拾，以安游魂。"帝不省。

二年，王甫、曹节等奸虐弄权，扇动内外，太尉段颎阿附之。节、甫父兄子弟为卿、校、牧、守、令、长者布满天下，所在贪暴。甫养子吉为沛相，尤残酷，凡杀人皆磔尸车上，随其罪目，宣示属县，夏月腐烂，则以绳连其骨，周遍一郡乃止，见者骇惧。视事五年，凡杀万余人。尚书令阳球常拊髀发愤曰："若阳球作司隶，此曹子安得容乎！"既而球果迁司隶。

甫使门生于京兆界辜榷官财物七千余万，京兆尹杨彪发其奸，言之司隶。彪，赐之子也。时甫休沐里舍，颎方以日食自劾。球诣阙谢恩，因奏甫、颎及中常侍淳于登、袁赦、封昻等罪恶，辛巳，悉收甫、颎等送洛阳狱，及甫子永乐少府萌、沛相吉。球自临考，甫等五毒备极。萌先尝为司隶，乃谓球曰："父子既当伏诛，亦以先后之义，少以楚毒假借老父。"球曰："尔罪恶无状，死不灭责，乃欲论先后求假借邪！"萌乃骂曰："尔前奉事吾父子如奴，奴敢反汝主乎！今日临(坑)〔厄〕相挤，行自及也。"球使以土室萌口，棰扑交至，父子悉死于杖下。颎亦自杀。乃僵磔甫尸于夏城门，大署榜曰："贼臣王甫。"尽没入其财产，妻子皆徙比景。

球既诛甫，欲以次表曹节等，乃敕中都官从事曰："且先去权贵大猾，乃议其余耳。公卿豪右若袁氏，儿辈从事自办之，何须校尉邪。"权门闻之，莫不屏气，曹节等皆不敢出沐。会顺帝虞贵人葬，百官会丧还，曹节见磔甫尸道次，慨然抆泪曰："我曹可自相食，何宜使犬舐其汁乎！"语诸常侍："今且俱入，勿过里舍也。”节直入省，白帝曰：“阳球故酷暴吏，前三府奏当免官，以九江微功，复见擢用。愆过之人，好为妄作，不宜使在司隶以骋毒虐。”帝乃徙球为卫尉。时球出谒陵，节敕尚书令召拜，不得稽留尺一。球被召急，因求见帝，叩头曰：“臣无清高之行，横蒙鹰犬之任，前虽诛王甫、段颎，盖狐狸小丑，未足宣示天下。愿假臣一月，必令豺狼鸱枭各服其辜。”叩头流血。殿上呵叱曰：“卫尉捍诏邪！”至于再三，乃受拜。

于是曹节、朱瑀等权势复盛，节领尚书令。郎中梁人审忠上书曰：“陛下即位之初，未能万机，皇太后念在抚育，权时摄政，故中常侍苏康、管霸应时诛殄。太傅陈蕃、大将军窦武考其党与，志清朝政。华容侯朱瑀知事觉露，祸及其身，遂兴造逆谋，作乱王室，撞蹋省闼，势夺玺绶，迫胁陛下，聚会群臣，离间骨肉母子之恩，遂诛蕃、武及尹勋等。因共割裂城社，自相封赏，父子兄弟，被蒙尊荣，素所亲厚，布在州郡，或登九列，或据三司。不惟禄重位尊之责，而苟营私门，多蓄财货，缮修第舍，连里竟巷，盗取御水，以作渔钓，车马服玩，拟于天家。群公卿士，杜口吞声，莫敢有言，州牧郡守，承顺风旨，辟召选举，释贤取愚。故虫蝗为之生，夷寇为之起。天意愤盈，积十余年，故频岁日食于上，地震于下，所以谴戒人主，欲令觉悟，诛锄无状。昔高宗以雉雊之变，故获中兴之功。近者神祇启悟陛下，发赫斯之怒，故王甫父子应时馘戮，路人士女莫不称善，若除父母之仇。诚怪陛下复忍孽臣之类，不悉殄灭。昔秦信赵高以危其国，吴使刑人身遘其祸。今以不忍之恩，赦夷族之罪，奸谋一成，悔亦何及。臣为郎十五年，皆耳目闻见，瑀之所为，诚皇天所不复赦。愿陛下留漏刻之听，裁省臣表，归灭丑类，以答天怒。与瑀考验，有不如言，愿受汤镬之诛,妻子并徙,以绝妄言之路。”章寝不报。

中常侍吕强清忠奉公,帝以众例封为都乡侯,强固辞不受。因上疏陈事曰:“臣闻高祖重约,非功臣不侯,所以重天爵明劝戒也。中常侍曹节等,宦官祐薄,品卑人贱,谗谄媚主,佞邪徼宠,有赵高之祸,未被轘裂之诛。陛下不悟,妄授茅土,开国承家,小人是用,又并及家人,重金兼紫,交结邪党,下比群佞。阴阳乖刺,稼穑荒芜,人用不康,罔不由兹。臣诚知封事已行,言之无逮,所以冒死干触陈愚忠者,实愿陛下损改既谬,从此一止。臣又闻后宫采女数千余人,衣食之费,日数百金,比谷虽贱而户有饥色,案法当贵而今更贱者,由赋发繁数,以解县官,寒不敢衣,饥不敢食,民有斯厄而莫之恤。宫女无用,填积后庭,天下虽复尽力耕桑,犹不能供。又前召议郎蔡邕对问于金商门,邕不敢怀道迷国,而切言极对,毁刺贵臣,讥呵宦官。陛下不密其言,至令宣露,群邪项领,膏唇拭舌,竞欲咀嚼,造作飞条。陛下回受诽谤,致邕刑罪,室家徙放,老幼流离,岂不负忠臣哉!今群臣皆以邕为戒,上畏不测之难,下惧剑客之害,臣知朝廷不复得闻忠言矣。故太尉段颎,武勇冠世,习于边事,垂发服戎,功成皓首,历事二主,勋烈独昭。陛下既已式序,位登台司,而为司隶校尉阳球所见诬胁,一身既毙,而妻子远播,天下惆怅,功臣失望。宜征邕更加授任,反颎家属,则忠贞路开,众怨以弭矣。”帝知其忠而不能用。

上禄长和海上言:“礼,从祖兄弟别居异财,恩义已轻,服属疏末。而今党人锢及五族,既乖典训之文,有谬经常之法。”帝览之而悟,于是党锢自从祖以下皆得解释。

初,司徒刘郃兄侍中倏与窦武同谋,俱死,永乐少府陈球说郃曰："公出自宗室，位登台鼎，天下瞻望，社稷镇卫，岂得雷同，容容无违而已。今曹节等放纵为害，而久在左右，又公兄侍中受害节等，今可表徙卫尉阳球为司隶校尉，以次收节等诛之。政出圣主，天下太平可翘足而待也。"郃曰："凶竖多耳目，恐事未会，先受其祸。"尚书刘纳曰："为国栋梁，倾危不持，焉用彼相邪？"郃许诺，亦与阳球结谋。球小妻，程璜之女，由是节等颇得闻知，乃重赂璜，且胁之。璜惧迫，以球谋告节，节因共白帝曰："郃与刘纳、陈球、阳球交通书疏，谋议不轨。"帝大怒，冬十月甲申，刘郃、陈球、刘纳、阳球皆下狱，死。

四年，大长秋华容侯曹节卒，中常侍赵忠代领大长秋。

六年春三月，钜鹿张角反，以中常侍封谞、徐奉等为内应。事见黄巾之乱。

中平元年，张角之乱，帝召群臣会议。北地太守皇甫嵩以为宜解党禁，益出中藏钱、西园厩马以班军士。嵩，规之兄子也。上问计于中常侍吕强，对曰："党锢久积，人情怨愤，若不赦宥，轻与张角合谋，为变滋大，悔之无救。今请先诛左右贪浊者，大赦党人，料简刺史、二千石能否，则盗无不平矣。"帝惧而从之。壬子，赦天下党人，还诸徙者，唯张角不赦。

是时，中常侍赵忠、张让、夏恽、郭胜、段圭、宋典等皆封侯贵宠，上常言："张常侍是我公，赵常侍是我母。"由是宦官无所惮畏，并起第宅，拟则宫室。上尝欲登永安候台，宦官恐望见其居处，乃使中大人尚但谏曰："天子不当登高，登高则百姓虚散。"上自是不敢复升台榭。及封谞、徐奉事发，上诘责诸常侍曰："汝曹常言党人欲为不轨，皆令禁锢，或有伏诛者。今党人更为国用，汝曹反与张角通，为可斩未？"皆叩头曰："此王甫、侯览所为也。”于是诸常侍人人求退，各自征还宗亲子弟在州郡者。

赵忠、夏恽等遂共谮吕强，云与党人共议朝廷，数读霍光传。强兄弟所在并皆贪秽。帝使中黄门持兵召强，强闻帝召，怒曰：“吾死，乱起矣。丈夫欲尽忠国家，岂能对狱吏乎！”遂自杀。忠、恽复谮曰：“强见召，未知所问而就外自屏，有奸明审。”遂收捕其宗亲，没入财产。

侍中河内向栩上便宜，讥刺左右。张让诬栩与张角同心，欲为内应，收送黄门北寺狱，杀之。

郎中中山张钧上书曰：“窃惟张角所以能兴兵作乱，万民所以乐附之者，其源皆由十常侍多放父兄、子弟、婚亲、宾客典据州郡，辜榷财利，侵掠百姓，百姓之冤无所告诉，故谋议不轨，聚为盗贼。宜斩十常侍，县头南郊，以谢百姓，遣使者布告天下，可不须师旅而大寇自消。”帝以钧章示诸常侍，皆免冠徒跣顿首，乞自致雒阳诏狱，并出家财以助军费。有诏，皆冠履视事如故。帝怒钧曰：“此真狂子也。十常侍固当有一人善者不！”御史承旨，遂诬奏钧学黄巾道，收掠，死狱中。

朱俊之击黄巾也，其护军司马北地傅燮上疏曰：“臣闻天下之祸不由于外，皆兴于内。是故虞舜先除四凶，然后用十六相，明恶人不去，则善人无由进也。今张角起于赵、魏，黄巾乱于六州，此皆衅发萧墙而祸延四海者也。臣受戎任，奉辞伐罪，始到颍川，战无不克，黄巾虽盛，不足为庙堂忧也。臣之所惧，在于治水不自其源，末流弥增其广耳。陛下仁德宽容，多所不忍，故阉竖弄权，忠臣不进，诚使张角枭夷，黄巾变服，臣之所忧，甫益深耳。何者？夫邪正之人不宜共国，亦犹冰炭不可同器。彼知正人之功显而危亡之兆见，皆将巧辞饰说，共长虚伪。夫孝子疑于屡至，市虎成于三夫，若不详察真伪，忠臣将复有杜邮之戮矣。陛下宜思虞舜四罪之举，速行谗佞之诛，则善人思进，奸凶自息。”赵忠见其疏而恶之。燮击黄巾，功多当封，忠谮诉之。帝识燮书，得不加罪，竟亦不封。

二年春二月己酉，南宫云台灾。庚戌，乐城门灾。中常侍张让、赵忠说帝敛天下田，亩十钱，以修宫室，铸铜人。乐安太守陆康上疏谏曰：“昔鲁宣税亩而蝝灾自生，哀公增赋而孔子非之。岂有聚夺民物，以营无用之铜人，捐舍圣戒，自蹈亡王之法哉！”内幸谮康援引亡国以譬圣明，大不敬，槛车征诣廷尉。侍御史刘岱表陈解释，得免归田里。康，续之孙也。

又诏发州郡材木、文石，部送京师。黄门常侍辄令谴呵不中者，因强折贱买，仅得本贾十分之一，因复货之，宦官复不为即受，材木遂至腐积，宫室连年不成。刺史、太守复增私调，百姓呼嗟。又令西园驺分道督趣，恐动州郡，多受赇赂。刺史、二千石及茂才、孝廉迁除，皆责助军、修宫钱，大郡至二三千万，余各有差。当之官者，皆先至西园谐价，然后得去；其守清者乞不之官，皆迫遣之。时钜鹿太守河内司马直新除，以有清名，减责三百万。直被诏，怅然曰：“为民父母，而反割剥百姓以称时求，吾不忍也。”辞疾，不听。行至孟津，上书极陈当世之失，即吞药自杀。书奏，帝为暂绝修宫钱。

六月，以讨张角功，封中常侍张让等十二人为列侯。

秋七月，皇甫嵩之讨张角也，过邺，见中常侍赵忠舍宅逾制，奏没入之。又中常侍张让私求钱五千万，嵩不与。二人由是奏嵩“连战无功，所费者多”，征嵩还，收左车骑将军印绶，削户六千。

冬十月，谏议大夫刘陶上言："天下前遇张角之乱，后遭边章之寇，今西羌逆类已攻河东，恐遂转盛，豕突上京。民有百走退死之心，而无一前斗生之计，西寇浸前，车骑孤危，假令失利，其败不救。臣自知言数见厌，而言不自裁者，以为国安则臣蒙其庆，国危则臣亦先亡也。谨复陈当今要急八事。"大较言天下大乱，皆由宦官。宦官共谗陶曰："前张角事发，诏书示以威恩，自此以来，各各改悔。今者四方安静，而陶疾害圣政，专言妖孽。州郡不上，陶何缘知？疑陶与贼通情。"于是收陶下黄门北寺狱，掠按日急。陶谓使者曰："臣恨不与伊、吕同畴，而以三仁为辈。今上杀忠謇之臣，下有憔悴之民，亦在不久，后悔何及。"遂闭气而死。前司徒陈耽为人忠正，宦官怨之，亦诬陷，死狱中。

是岁，帝造万金堂于西园，引司农金钱、缯帛牣积堂中，复藏寄小黄门、常侍家钱各数千万，又于河间买田宅，起第观。

三年春二月，以中常侍赵忠为车骑将军。帝使忠论讨黄巾之功，执金吾甄举谓忠曰："傅南容前在东军，有功不侯，天下失望。今将军亲当重任，宜进贤理屈，以副众心。"忠纳其言，遣弟城门校尉延致殷勤于傅燮。延谓燮曰："南容少答我常侍，万户侯不足得也。"燮正色拒之曰："有功不论，命也。傅燮岂求私赏哉！"忠愈怀恨，然惮其名，不敢害，出为汉阳太守。

五年夏五月，故太傅陈蕃子逸与术士襄楷会于冀州刺史王芬坐，楷曰："天文不利宦者，黄门、常侍真族灭矣。"逸喜。芬曰："若然者，芬愿驱除。"因与豪桀转相招合，上书言黑山贼攻劫郡县，欲因以起兵。会帝欲北巡河间旧宅，芬等谋以兵徼劫，诛诸常侍、黄门，因废帝，立合肥侯。以其谋告议郎曹操。操曰："夫废立之事，天下之至不祥也。古人有权成败、计轻重而行之者，伊、霍是也。伊、霍皆怀至忠之诚，据宰辅之势，因秉政之重，同众人之欲。故能计从事立。今诸君徒见曩者之易，未睹当今之难，而造作非常，欲望必克，不亦危乎？”芬又呼平原华歆、陶丘洪共定计。洪欲行，歆止之曰：“夫废立大事，伊、霍之所难。芬性疏而不武，此必无成。”洪乃止。会北方夜半有赤气，东西竟天，太史上言“北方有阴谋，不宜北行”，帝乃止。敕芬罢兵，俄而征之，芬惧，解印绶亡走，至平原，自杀。

八月，初置西园八校尉，以小黄门蹇硕为上军校尉，虎贲中郎将袁绍为中军校尉，屯骑校尉鲍鸿为下军校尉，议郎曹操为典军校尉，赵融为助军左校尉，冯芳为助军右校尉，谏议大夫夏牟为左校尉，淳于琼为右校尉，皆统于蹇硕。帝自黄巾之起，留心戎事，硕壮健有武略，帝亲任之，虽大将军亦领属焉。

冬十月，望气者以为京师当有大兵，两宫流血。帝欲厌之，乃大发四方兵，讲武于平乐观下，起大坛，上建十二重华盖，高十丈；坛东北为小坛，复建九重华盖，高九丈。列步骑数万人，结营为陈。甲子，帝亲出临军，驻大华盖下，大将军进驻小华盖下。帝躬擐甲介马，称“无上将军”，行陈三匝而还，以兵授进。帝问讨虏校尉盖勋曰：“吾讲武如是，何如？”对曰：“臣闻‘先王曜德不观兵’。今寇在远而设近陈，不足昭果毅，祇黩武耳。”帝曰：“善，恨见君晚，群臣初无是言也。”勋谓袁绍曰：“上甚聪明，但蔽于左右耳。”与绍谋共诛嬖幸。蹇硕惧，出勋为京兆尹。

六年夏四月，蹇硕忌大将军进，典诸常侍共说帝，遣进西击韩遂，帝从之。进阴知其谋，奏遣袁绍收徐、兖二州兵，须绍还而西，以稽行期。

初，帝数失皇子，何皇后生子辩，养于道人史子眇家，号曰

"史侯"。王美人生子协,董太后自养之,号曰"董侯"。群臣请立太子,帝以辩轻佻无威仪,欲立协,犹豫未决。会疾笃,属协于蹇硕。丙辰,帝崩于嘉德殿。硕时在内,欲先诛何进而立协,使人迎进,欲与计事。进即驾往,硕司马潘隐与进早旧,迎而目之。进惊,驰从儳道归营,引兵入屯百郡邸,因称疾不入。

戊午,皇子辩即皇帝位,年十四。尊皇后曰皇太后,太后临朝。赦天下,改元为光熹。封皇弟协为渤海王,协年九岁。以后将军袁隗为太傅,与大将军何进参录尚书事。

进既秉朝政,忿蹇硕图己,阴规诛之。袁绍因进亲客张津,劝进悉诛诸宦官。进以袁氏累世贵宠,而绍与从弟虎贲中郎将术皆为豪桀所归,信而用之。复博征智谋之士何颙、荀攸及河南郑泰等二十余人,以颙为北军中候,攸为黄门侍郎,泰为尚书,与同腹心。攸,爽之从孙也。

蹇硕疑不自安,与中常侍赵忠、宋典等书曰:"大将军兄弟秉国专朝,今与天下党人谋诛先帝左右,扫灭我曹,但以硕典禁兵,故且沉吟。今宜共闭上合,急捕诛之。"中常侍郭胜,进同郡人也,太后及进之贵幸,胜有力焉,故亲信何氏。与赵忠等议,不从硕计,而以其书示进。庚午,进使黄门令收硕,诛之,因悉领其屯兵。

票骑将军董重,与何进权势相害,中官挟重以为党助。董太后每欲参干政事,何太后辄相禁塞,董后忿恚,詈曰:"汝今辀张,怙汝兄耶? 吾敕票骑断何进头,如反手耳。"何太后闻之,以告进。五月,进与三公共奏:"孝仁皇后使故中常侍夏恽等交通州郡,辜较财利,悉入西省。故事,蕃后不得留京师,请迁宫本国。"奏可。辛巳,进举兵围票骑府,收董重,免官,自杀。六月辛亥,董后忧怖暴崩，民间由是不附何氏。

秋七月，袁绍复说何进曰："前窦武欲诛内宠而反为所害者，但坐言语漏泄，五营兵士皆服畏中人，而窦氏反用之，自取祸灭。今将军兄弟并领劲兵，部曲、将吏皆英俊名士，乐尽力命，事在掌握，此天赞之时也。将军宜一为天下除患，以垂名后世，不可失也。"进乃白太后，请尽罢中常侍以下，以三署郎补其处。太后不听，曰："中官统领禁省，自古及今，汉家故事，不可废也。且先帝新弃天下，我奈何楚楚与士人共对事乎。"进难违太后意，且欲诛其放纵者。绍以为中官亲近至尊，出纳号令，今不悉废，后必为患。而太后母舞阳君及何苗数受诸宦官赂遗，知进欲诛之，数白太后为其障蔽。又言："大将军专杀左右，擅权以弱社稷。"太后疑以为然。进新贵，素敬惮中官，虽外慕大名，而内不能断，故事久不决。

绍等又为画策，多召四方猛将及诸豪杰，使并引兵向京城以胁太后。进然之。主簿广陵陈琳谏曰："谚称'掩目捕雀'，夫微物尚不可欺以得志，况国之大事，其可以诈立乎？今将军总皇威，握兵要，龙骧虎步，高下在心，此犹鼓洪炉燎毛发耳。但当速发雷霆，行权立断，则(夫)〔天〕人顺之，而反委释利器，更征外助。大兵聚会，强者为雄，所谓倒持干戈，授人以柄，功必不成，祇为乱阶耳。"进不听。典军校尉曹操闻而笑曰："宦者之官，古今宜有，但世主不当假之权宠，使至于此。既治其罪，当诛元恶，一狱吏足矣，何至纷纷召外兵乎？欲尽诛之，事必宣露，吾见其败也。"

初，灵帝征董卓为少府，卓上书言："所将湟中义从及秦、胡兵皆诣臣言：'牢直不毕，禀赐断绝，妻子饥冻。'牵挽臣车，使不得行。羌胡憋肠狗态，臣不能禁止，辄将顺安慰，增异复上。”朝廷不能制。及帝寝疾，玺书拜卓并州牧，令以兵属皇甫嵩。卓复上书言：“臣误蒙天恩，掌戎十年，士卒大小，相狎弥久，恋臣畜养之恩，为臣奋一旦之命，乞将之北州，效力边垂。”嵩从子郦说嵩曰：“天下兵柄，在大人与董卓耳。今怨隙已结，势不俱存。卓被诏委兵，而上书自请，此逆命也。彼度京师政乱，故敢踌躇不进，此怀奸也。二者，刑所不赦。且其凶戾无亲，将士不附，大人今为元帅，杖国威以讨之，上显忠义，下除凶害，无不济也。”嵩曰：“违命虽罪，专诛亦有责也。不如显奏其事，使朝廷裁之。”乃上书以闻。帝以让卓，卓亦不奉诏，驻兵河东，以观时变。

何进召卓，使将兵诣京师。侍御史郑泰谏曰：“董卓强忍寡义，志欲无厌，若借之朝政，授以大事，将恣凶欲，必危朝廷。明公以亲德之重，据阿衡之权，秉意独断，诛除有罪，诚不宜假卓以为资援也。且事留变生，殷鉴不远，宜在速决。”尚书卢植亦言不宜召卓，进皆不从。泰乃弃官去，谓荀攸曰：“何公未易辅也。”

进府掾王匡、骑都尉鲍信皆泰山人，进使还乡里募兵。并召东郡太守桥瑁屯成皋，使武猛都尉丁原将数千人寇河内，烧孟津，火照城中，皆以诛宦官为言。

董卓闻召，即时就道，并上书曰：“中常侍张让等窃幸承宠，浊乱海内。臣闻扬汤止沸，莫若去薪，溃痈虽痛，胜于内食。昔赵鞅兴晋阳之甲以逐君侧之恶，今臣辄鸣钟鼓如雒阳，请收让等以清奸秽。”太后犹不从。何苗谓进曰：“始共从南阳来，俱以贫贱依省内以致富贵，国家之事，亦何容易。覆水不收，宜深思之，且与省内和也。”卓至渑池，而进更狐疑，使谏议大夫种卲宣诏止之。卓不受诏，遂前至河南，卲迎劳之，因譬令还军。卓疑有变，使其军士以兵胁卲，卲怒，称诏叱之，军士皆披，遂前质责卓。卓辞屈，乃还军夕阳亭。卲，翯之孙也。

袁绍惧进变计，因胁之曰："交构已成，形势已露，将军复欲何待，而不早决之乎？事久变生，复为窦氏矣。"进于是以绍为司隶校尉，假节，专命击断；从事中郎王允为河南尹。绍使雒阳方略武吏司察宦者，而促董卓等使驰驿上奏，欲进兵平乐观。太后乃恐，悉罢中常侍、小黄门，使还里舍，唯留进素所私人以守省中。诸常侍、小黄门皆诣进谢罪，唯所措置。进谓曰："天下匈匈，正患诸君耳。今董卓垂至，诸君何不早各就国。"袁绍劝进便于此决之，至于再三，进不许。绍又为书告诸州郡，诈宣进意，使捕案中官亲属。

进谋积日，颇泄，中官惧而思变。张让子妇，太后之妹也，让向子妇叩头曰："老臣得罪，当与新妇俱归私门。唯受恩累世，今当远离宫殿，情怀恋恋，愿复一入直，得暂奉望太后陛下颜色，然后退就沟壑，死不恨矣。"子妇言于舞阳君，入白太后，乃诏诸常侍皆复入直。

八月戊辰，进入长乐宫，白太后，请尽诛诸常侍。中常侍张让、段圭相谓曰："大将军称疾，不临丧，不送葬，今欻入省，此意何为？窦氏事竟复起邪？"使潜听，具闻其语。乃率其党数十人持兵窃自侧闼入，伏省户下，进出，因诈以太后诏召进，入坐省阁。让等诘进曰："天下愦愦，亦非独我曹罪也。先帝尝与太后不快，几至成败，我曹涕泣救解，各出家财千万为礼，和悦上意，但欲托卿门户耳。今乃欲灭我曹种族，不亦太甚乎！"于是尚方监渠穆拔剑斩进于嘉德殿前。让、圭等为诏，以故太尉樊陵为司隶校尉，少府许相为河南尹。尚书得诏板，疑之，曰："请大将军出共议。”中黄门以进头掷与尚书曰:“何进谋反,已伏诛矣。”

进部曲将吴匡、张璋在外闻进被害,欲引兵入宫,宫门闭。虎贲中郎将袁术与匡共斫攻之,中黄门持兵守閤。会日暮,术因烧南宫青琐门,欲以胁出让等。让等入白太后,言大将军兵反,烧宫,攻尚书闼,因将太后、少帝及陈留王劫省内官属,从复道走北宫。尚书卢植执戈于閤道窗下,仰数段圭,圭惧,乃释太后,太后投閤,得免。袁绍与叔父隗矫诏召樊陵、许相,斩之。绍及何苗引兵屯朱雀阙下,捕得赵忠等,斩之。吴匡等素怨苗不与进同心,而又疑其与宦官通谋,乃令军中曰:“杀大将军者,即车骑也,吏士能为报仇乎?”皆流涕曰:“愿致死。”匡遂引兵与董卓弟奉车都尉旻攻杀苗,弃其尸于苑中。绍遂闭北宫门,勒兵捕诸宦者,无少长皆杀之,凡二千余人,或有无须而误死者。绍因进兵排宫,或上端门屋以攻省内。

庚午,张让、段圭等困迫,遂将帝与陈留王数十人步出谷门,夜至小平津,六玺不自随,公卿无得从者,唯尚书卢植、河南中部掾闵贡夜至河上。贡厉声质责让等,且曰:“今不速死,吾将杀汝!”因手剑斩数人。让等惶怖,叉手再拜,叩头向帝辞曰:“臣等死,陛下自爱。”遂投河而死。

贡扶帝与陈留王夜步逐萤光南行,欲还宫,行数里,得民家露车,共乘之,至雒舍止。辛未,帝独乘一马,陈留王与贡共乘一马,从雒舍南行,公卿稍有至者。董卓至显阳苑,远见火起,知有变,引兵急进;未明,到城西,闻帝在北,因与公卿往奉迎于北芒阪下。帝见卓将兵卒至,恐怖涕泣。群公谓卓曰:“有诏却兵。”卓曰:“公诸人为国大臣,不能匡正王室,至使国家播荡,何却兵之有?”卓与帝语,语不可了;乃更与陈留王语,问祸乱由起,王答，自初至终，无所遗失。卓大喜，以王为贤，且为董太后所养，卓自以与太后同族，遂有废立之意。

是日，帝还宫，赦天下，改光熹为昭宁。失传国玺，余玺皆得之。以丁原为执金吾。骑都尉鲍信自泰山募兵适至，说袁绍曰："董卓拥强兵，将有异志，今不早图，必为所制。及其新至疲劳，袭之可禽也。"绍畏卓，不敢发，信乃引兵还泰山。

董卓之入也，步骑不过三千，自嫌兵少，恐不为远近所服，率四五日辄夜潜出军近营，明旦乃大陈旌鼓而还，以为西兵复至，雒中无知者。俄而进及弟苗部曲皆归于卓，卓又阴使丁原部曲司马五原吕布杀原而并其众，卓兵于是大盛。乃讽朝廷，以久雨，策免司空刘弘而代之。

初，蔡邕徙朔方，会赦得还。五原太守王智，甫之弟也，奏邕谤讪朝廷，邕遂亡命江海，积十二年。董卓闻其名而辟之，称疾不就。卓怒，骂曰："我能族人。"邕惧而应命，到署祭酒，甚见敬重，举高第，三日之间，周历三台，迁为侍中。

董卓谓袁绍曰："天下之主，宜得贤明，每念灵帝，令人愤毒。董侯似可，今欲立之，为能胜史侯否？人有小智大痴，亦知复何如为当，且尔，刘氏种不足复遗。"绍曰："汉家君天下四百许年，恩泽深渥，兆民戴之。今上富于春秋，未有不善宣于天下，公欲废嫡立庶，恐众不从公议也。"卓按剑叱绍曰："竖子敢然！天下之事，岂不在我。我欲为之，谁敢不从！尔谓董卓刀为不利乎？"绍勃然曰："天下健者，岂惟董公！"引佩刀，横揖，径出。卓以新至，见绍大家，故不敢害。绍县节于上东门，逃奔冀州。

九月癸酉，卓大会百寮，奋首而言曰："皇帝暗弱，不可以奉宗庙，为天下主。今欲依伊尹、霍光故事，更立陈留王，何如？"公卿以下皆惶恐，莫敢对。卓又抗言曰："昔霍光定策，延年按剑。有敢沮大议，皆以军法从事。"坐者震动。尚书卢植独曰："昔太甲既立不明，昌邑罪过千余，故有废立之事。今上富于春秋，行无失德，非前事之比也。"卓大怒，罢坐。将杀植，蔡邕为之请，议郎彭伯亦谏卓曰："卢尚书海内大儒，人之望也。今先害之，天下震怖。"卓乃止，但免植官，植遂逃隐于上谷。卓以废立议示太傅袁隗，隗报如议。

甲戌，卓复集群僚于崇德前殿，遂胁太后策废少帝，曰："皇帝在丧，无人子之心，威仪不类人君，今废为弘农王，立陈留王协为帝。"袁隗解帝玺绶以奉陈留王，扶弘农王下殿，北面称臣。太后鲠涕，群臣含悲，莫敢言者。

卓又议："太后蹴迫永乐宫，至令忧死，逆妇姑之礼。"乃迁太后于永安宫。赦天下，改昭宁为永汉。丙子，卓酖杀何太后，公卿以下不布服，会葬，素衣而已。卓又发何苗棺，出其尸，支解节断，弃于道边。杀苗母舞阳君，弃尸于苑枳落中。

诏除公卿以下子弟为郎，以补宦官之职，侍于殿上。

董卓自为太尉，领前将军事，加节传、斧钺、虎贲，更封郿侯。

董卓率诸公上书追理陈蕃、窦武及诸党人，悉复其爵位，遣使吊祠，擢用其子孙。

十一月，以董卓为相国，赞拜不名，入朝不趋，剑履上殿。

十二月戊戌，以司徒黄琬为太尉，司空杨彪为司徒，光禄勋荀爽为司空。初，尚书武威周毖、城门校尉汝南伍琼说董卓矫桓、灵之政，擢用天下名士以收众望。卓从之，命毖、琼与尚书郑泰、长史何颙等沙汰秽恶，显拔幽滞。于是征处士荀爽、陈纪、韩融、申屠蟠。复就拜爽平原相，行至宛陵，迁光禄勋，视事三日，进拜司空。自被征命及登台司，凡九十三日。又以纪为五官中郎将，融为大鸿胪。纪，寔之子；融，韶之子也。爽等皆畏卓之暴，无敢不至，独申屠蟠得征书，人劝之行，蟠笑而不答，卓终不能屈，年七十余，以寿终。卓又以尚书韩馥为冀州牧，侍中刘岱为兖州刺史，陈留孔胄为豫州刺史，东平张邈为陈留太守，颍川张咨为南阳太守。卓所亲爱，并不处显职，但将校而已。

董卓性残忍，一旦专政，据有国家，甲兵珍宝，威震天下，所愿无极。语宾客曰："我相，贵无上也。"侍御史扰龙宗诣卓白事，不解剑，立挝杀之。是时，雒中贵戚，室第相望，金帛财产，家家充积，卓纵放兵士，突其庐舍，剽虏资物，妻略妇女，不避贵贱。人情崩恐，不保朝夕。

卓购求袁绍急，周毖、伍琼说卓曰："夫废立大事，非常人所及。袁绍不达大体，恐惧出奔，非有他志。今急购之，势必为变。袁氏树恩四世，门生故吏遍于天下，若收豪杰以聚徒众，英雄因之而起，则山东非公之有也。不如赦之，拜一郡守，绍喜于免罪，必无患矣。"卓以为然，乃即拜绍勃海太守，封邟乡侯。又以袁术为后将军，曹操为骁骑校尉。术畏卓，出奔南阳。

是时，豪杰多欲起兵讨卓者。袁绍在勃海，冀州牧韩馥遣数部从事守之，不得动摇。东郡太守桥瑁诈作京师三公移书与州郡，陈卓罪恶，云见逼迫，无以自救，企望义兵，解国患难。馥得移，请诸从事问曰："今当助袁氏邪？助董氏邪？"治中从事刘子惠曰："今兴兵为国，何谓袁、董。"馥有惭色。子惠复言："兵者凶事，不可为首。今宜往视他州，有发动者，然后和之。冀州于他州不为弱也，他人功未有在冀州之右者也。"馥然之。馥乃作书与绍，道卓之恶，听其举兵。

献帝初平元年春正月，关东州郡皆起兵以讨董卓，众各数万。事见曹操篡汉。

癸酉，董卓使郎中令李儒酖杀弘农王辩。

卓议大发兵以讨山东，尚书郑泰曰："夫政在德，不在众也。"卓不悦，曰："如卿此言，兵为无用邪？"泰曰："非谓其然也，以为山东不足加大兵耳。明公出自西州，少为将帅，闲习军事；袁本初公卿子弟，生处京师。张孟卓东平长者，坐不窥堂。孔公绪清谈高论，嘘枯吹生。并无军旅之才，临锋决敌，非公之俦也。况王爵不加，尊卑无序，若恃众怙力，将各棋峙以观成败，不肯同心共胆，与齐进退也。且山东承平日久，民不习战。关西顷遭羌寇，妇女皆能挟弓而斗，天下所畏者无若并、凉之人与羌胡义从，而明公拥之以为爪牙，譬犹驱虎兕以赴犬羊，鼓烈风以扫枯叶，谁敢御之？无事征兵以惊天下，使患役之民相聚为非，弃德恃众，自亏威重也。"卓乃悦。

董卓以山东兵盛，欲迁都以避之，公卿皆不欲，而莫敢言。卓表河南尹朱儁为太仆，以为己副。使者召拜，儁辞，不肯受。因曰："国家西迁，必孤天下之望，以成山东之衅，臣不知其可也。"使者曰："召君受拜而君拒之，不问徙事而君陈之，何也？"儁曰："副相国，非臣所堪也；迁都非计，事所急也。辞所不堪，言其所急，臣之宜也。"由是止不为副。

卓大会公卿议曰："高祖都关中，十有一世，光武宫雒阳，于今亦十一世矣。案石包谶，宜徙都长安，以应天人之意。"百官皆默然，司徒杨彪曰："移都改制，天下大事，故盘庚迁亳，殷民胥怨。昔关中遭王莽残破，故光武更都雒邑，历年已久，百姓安乐。今无故捐宗庙，弃园陵，恐百姓惊动，必有糜沸之乱。石包谶妖邪之书，岂可信用?”卓曰：“关中肥饶，故秦得并吞六国。且陇右材木自出，杜陵有武帝陶灶，并功营之，可使一朝而办。百姓何足与议，若有前却，我以大兵驱之，可令诣沧海。”彪曰：“天下动之至易，安之甚难，惟明公虑焉。”卓作色曰：“公欲沮国计邪!”太尉黄琬曰：“此国之大事，杨公之言，得无可思。”卓不答。司空荀爽见卓意壮，恐害彪等，因从容言曰：“相国岂乐此邪?山东兵起，非一日可禁，故当迁以图之，此秦、汉之势也。”卓意小解。琬退，又为驳议。二月乙亥，卓以灾异奏免琬、彪等，以光禄勋赵谦为太尉，太仆王允为司徒。城门校尉伍琼、督军校尉周毖固谏迁都，卓大怒曰：“卓初入朝，二君劝用善士，故卓相从，而诸君到官，举兵相图。此二君卖卓，卓何用相负。”庚辰，收琼、毖斩之。杨彪、黄琬恐惧，诣卓谢，卓亦悔杀琼、毖，乃复表彪、琬为光禄大夫。

卓征京兆尹盖勋为议郎。时左将军皇甫嵩将兵三万屯扶风，勋密与嵩谋讨卓。会卓亦征嵩为城门校尉，嵩长史梁衍说嵩曰：“董卓寇掠京邑，废立从意，今征将军，大则危祸，小则困辱。今及卓在雒阳，天子来西，以将军之众迎接至尊，奉令讨逆，征兵群帅，袁氏逼其东，将军迫其西，此成禽也。”嵩不从，遂就征。勋以众弱不能独立，亦还京师。卓以勋为越骑校尉。河南尹朱俊为卓陈军事，卓折俊曰：“我百战百胜，决之于心，卿勿妄说，且污我刀。”盖勋曰：“昔武丁之明，犹求箴谏，况如卿者，而欲杜人之口乎?”卓乃谢之。

卓遣军至阳城，值民会于社下，悉就斩之，驾其车重，载其妇女，以头系车辕，歌呼还雒，云攻贼大获。卓焚烧其头，以妇女与甲兵为婢妾。

丁亥，车驾西迁，董卓收诸富室，以罪恶诛之，没入其财物，死者不可胜计。悉驱徙其余民数百万口于长安，步骑驱蹙，更相蹈藉，饥饿寇掠，积尸盈路。卓自留屯毕圭苑中，悉烧宫庙、官府、居家，二百里内，室屋荡尽，无复鸡犬。又使吕布发诸帝陵及公卿以下冢墓，收其珍宝。卓获山东兵，以猪膏涂布十余匹，用缠其身，然后烧之，先从足起。

三月乙巳，车驾入长安，居京兆府舍，后乃稍葺宫室而居之。时董卓未至，朝政大小皆委之王允。允外相弥缝，内谋王室，甚有大臣之度，自天子及朝中皆倚允。允屈意承卓，卓亦雅信焉。

州郡举兵讨董卓。长沙太守孙坚亦起兵，前至南阳，众已数万人。南阳太守张咨不肯给军粮，坚诱而斩之，郡中震栗，无求不获。前到鲁阳，与袁术合兵。术由是得据南阳，表坚行破虏将军，领豫州刺史。

六月，董卓遣大鸿胪韩融、少府阴修、执金吾胡毌班、将作大匠吴修、越骑校尉王瑰安集关东，解譬袁绍等。胡毌班、吴修、王瑰至河内，袁绍使王匡悉收系杀之，袁术亦杀阴修，惟韩融以名德免。

冬，王匡屯河阳津，董卓袭击，大破之。

二年春正月，关东诸将议立宗室刘虞为主。韩馥、袁绍以书与袁术曰："帝非孝灵子，欲依绛、灌诛废少主迎立代王故事，奉大司马虞为帝。"术阴有不臣之心，不利国家有长君，乃外托公义以拒之。绍复与术书曰："今西名有幼君，无血脉之属，公卿以下皆媚事卓，安可复信。但当使兵往屯关要，皆自蹙死，东立圣君，太平可冀，如何有疑？又室家见戮，不念子胥，可复北面乎！"术答曰："圣主聪睿，有周成之质，贼卓因危乱之际，威服百寮，此乃汉家小厄之会，乃云今主'无血脉之属'，岂不诬乎？又曰'室家见戮，可复北面'，此卓所为，岂国家哉！懔懔赤心，志在灭卓，不识其他。"馥、绍竟遣故乐浪太守张岐等赍议上虞尊号。虞见岐等，厉色叱之曰："今天下崩乱，主上蒙尘，吾被重恩，未能清雪国耻，诸君各据州郡，宜共戮力，尽心王室，而反造逆谋以相垢污邪！"固拒之。馥等又请虞领尚书事，承制封拜，复不听，欲奔匈奴以自绝，绍等乃止。

二月丁丑，以董卓为太师，位在诸侯王上。

孙坚移屯梁东，为卓将徐荣所败，复收散卒进屯阳人。卓遣东郡太守胡轸督步骑五千击之，以吕布为骑督。轸与布不相得，坚出击，大破之，枭其都督华雄。

或谓袁术曰："坚若得雒，不可复制，此为除狼而得虎也。"术疑之，不运军粮。坚夜驰见术，画地计校曰："所以出身不顾者，上为国家讨贼，下慰将军家门之私仇。坚与卓，非有骨肉之怨也，而将军受浸润之言，还相嫌疑，何也？"术踧踖，即调发军粮。

坚还屯，卓遣将军李傕说坚欲与和亲，令坚疏子弟任刺史、郡守者，许表用之。坚曰："卓逆天无道，今不夷汝三族，县示四海，则吾死不瞑目，岂将与乃和亲邪！"复进军大谷，距雒九十里。卓自出与坚战于诸陵间，卓败走，却屯渑池，聚兵于陕。坚进至雒阳，击吕布，复破走。坚乃扫除宗庙，祠以太牢，得传国玺于城南甄官井中。分兵出新安、渑池间以邀卓。卓使东中郎将董越屯渑池，中郎将段煨屯华阴，中郎将牛辅屯安邑，其余诸将布在诸县，以御山东。辅，卓之婿也。卓引还长安，孙坚修塞诸陵，引军还鲁阳。

夏四月，董卓至长安，公卿皆迎拜车下。卓抵手谓御史中丞皇甫嵩曰："义真，怖未乎？"嵩曰："明公以德辅朝廷，大庆方至，何怖之有。若淫刑以逞，将天下皆惧，岂独嵩乎！"卓党欲尊卓比太公，称"尚父"，卓以问蔡邕。邕曰："明公威德诚为巍巍，然比之太公，愚意以为未可。宜须关东平定，车驾还反旧京，然后议之。"卓乃止。

卓使司隶校尉刘嚣籍吏民有为子不孝、为臣不忠、为吏不清、为弟不顺者，皆身诛，财物没官。于是更相诬引，冤死者以千数。百姓嚣嚣，道路以目。

初，董卓入关，留朱俊守雒阳，而俊潜与山东诸将通谋，惧为卓所袭，出奔荆州。卓以弘农杨懿为河南尹，俊复引兵还雒，击懿，走之。俊以河南残破，无所资，乃东屯中牟，移书州郡，请师讨卓。徐州刺史陶谦上俊行车骑将军，遣精兵三千助之，余州郡亦有所给。

三年春正月，董卓遣牛辅将兵屯陕，辅分遣校尉北地李傕、张掖郭汜、武威张济将步骑数万击破朱俊于中牟，因掠陈留、颍川诸县，所过杀虏无遗。

董卓以其弟旻为左将军，兄子璜为中军校尉，皆典兵事，宗族内外并列朝廷。卓侍妾怀抱中子皆封侯，弄以金紫。卓车服僭拟天子，召呼三台，尚书以下皆自诣卓府启事。又筑坞于郿，高厚皆七丈，积谷为三十年储，自云"事成，雄据天下；不成，守此足以毕老"。

卓忍于诛杀，诸将言语有蹉跌者，便戮于前，人不聊生。司徒王允与司隶校尉黄琬、仆射士孙瑞、尚书杨瓒密谋诛卓。中郎将吕布，便弓马，膂力过人，卓自以遇人无礼，行止常以布自卫，甚爱信之，誓为父子。然卓性刚褊，尝小失卓意，卓拔手戟掷布，布拳捷，避之，而改容顾谢，卓意亦解。布由是阴怨于卓。卓又使布守中閤，而私于傅婢，益不自安。王允素善待布，布见允，自陈卓几见杀之状，允因以诛卓之谋告布，使为内应。布曰："如父子何？"曰："君自姓吕，本非骨肉。今忧死不暇，何谓父子？掷戟之时，岂有父子情邪！"布遂许之。

夏四月丁巳，帝有疾新愈，大会未央殿。卓朝服乘车而入，陈兵夹道，自营至宫，左步右骑，屯卫周匝，令吕布等捍卫前后。王允使士孙瑞自书诏以授布，布令同郡骑都尉李肃与勇士秦谊、陈卫等十余人伪着卫士服，守北掖门内以待卓。卓入门，肃以戟刺之，卓衷甲不入，伤臂，堕车，顾大呼曰："吕布何在？"布曰："有诏讨贼臣！"卓大骂曰："庸狗，敢如是邪！"布应声持矛刺卓，趣兵斩之。主簿田仪及卓仓头前赴其尸，布又杀之，凡所杀三人。布即出怀中诏版以令吏士曰："诏讨卓耳，余皆不问。"吏士皆正立不动，大称万岁。百姓歌舞于道，长安中士女卖其珠玉衣装，市酒肉相庆者，填满街肆。弟旻、璜等及宗族老弱在郿，皆为其群下所斫射死。暴卓尸于市，天时始热，卓素充肥，脂流于地，守尸吏为大炷，置卓脐中然之，光明达曙，如是积日。诸袁门生聚董氏之尸，焚灰扬之于路。坞中有金二三万斤，银八九万斤，锦绮、奇玩积如丘山。以王允录尚书事，吕布为奋威将军、假节、仪比三司，封温侯，共秉朝政。

卓之死也，左中郎将高阳侯蔡邕在王允坐，闻之惊叹。允勃然叱之曰："董卓国之大贼，几亡汉室，君为王臣，所宜同疾，而怀其私遇，反相伤痛，岂不共为逆哉！"即收付廷尉。邕谢曰："身虽不忠，古今大义，耳所厌闻，口所常玩，岂当背国而向卓也。愿黥首刖足，继成汉史。”士大夫多矜救之，不能得。太尉马日磾谓允曰：“伯喈旷世逸才，多识汉事，当续成后史，为一代大典。而所坐至微，诛之无乃失人望乎？”允曰：“昔武帝不杀司马迁，使作谤书，流于后世。方今国祚中衰，戎马在郊，不可令佞臣执笔在幼主左右，既无益圣德，复使吾党蒙其讪议。”日磾退而告人曰：“王公其无后乎！善人国之纪也，制作国之典也，灭纪废典，其能久乎。”邕遂死狱中。

初，吕布劝王允尽杀董卓部曲，允曰：“此辈无罪，不可。”布欲以卓财物班赐公卿、将校，允又不从。允素以剑客遇布，布负其功劳，多自夸伐，既失意望，渐不相平。允性刚棱疾恶，初惧董卓，故折节下之。卓既歼灭，自谓无复患难，颇自骄傲，以是群下不甚附之。

允始与士孙瑞议，特下诏赦卓部曲，既而疑曰：“部曲从其主耳，今若名之恶逆而赦之，恐适使深自疑，非所以安之也。”乃止。又议悉罢其军，或说允曰：“凉州人素惮袁氏而畏关东，今若一旦解兵开关，必人人自危。可以皇甫义真为将军，就领其众，因使留陕以安抚之。”允曰：“不然。关东举义兵者，皆吾徒也。今若距险屯陕，虽安凉州，而疑关东之心，不可也。”

时百姓讹言当悉诛凉州人，卓故将校遂转相恐动，皆拥兵自守。更相谓曰：“蔡伯喈但以董公亲厚尚从坐。今既不赦我曹，而欲使解兵，今日解兵，明日当复为鱼肉矣。”吕布使李肃至陕，以诏命诛牛辅，辅等逆与肃战，肃败走弘农，布诛杀之。辅恇怯失守，会营中无故自惊，辅欲走，为左右所杀。李傕等还，辅已死，傕等无所依，遣使诣长安求赦。王允曰：“一岁不可再赦。”不许。傕等益惧，不知所为，欲各解散，间行归乡里。讨虏校尉武威贾诩曰："诸君若弃军单行，则一亭长能束君矣。不如相率而西以攻长安，为董公报仇。事济，奉国家以正天下，若其不合，走未后也。"傕等然之，乃相与结盟，率军数千，晨夜西行。王允以胡文才、杨整修皆凉州大人，召使东，解释之，不假借以温颜，谓曰："关东鼠子欲何为邪？卿往呼之。"于是二人往，实召兵而还。

傕随道收兵，比至长安，已十余万，与卓故部曲樊稠、李蒙等合围长安城。城峻，不可攻，守之八日。吕布军有叟兵内反，六月戊午，引傕众入城，放兵虏掠。布与战城中，不胜，将数百骑以卓头系马鞍出走，驻马青琐门外，招王允同去。允曰："若蒙社稷之灵，上安国家，吾之愿也；如其不获，则奉身以死之。朝廷幼少，恃我而已，临难苟免，吾不忍也。努力谢关东诸公，勤以国家为念。"太常种拂曰："为国大臣，不能禁暴御侮，使白刃向宫，去将安之！"遂战而死。

傕、汜屯南宫掖门，杀太仆鲁馗、大鸿胪周奂、城门校尉崔烈、越骑校尉王颀，吏民死者万余人，狼籍满道。王允扶帝上宣平门避兵，傕等于城门下伏地叩头，帝谓傕等曰："卿等放兵纵横，欲何为乎？"傕等曰："董卓忠于陛下，而无故为吕布所杀，臣等为卓报仇，非敢为逆也。请事毕诣廷尉受罪。"傕等围门楼，共表请司徒王允出，问"太师何罪？"允穷蹙，乃下见之。己未，赦天下，以李傕为扬武将军，郭汜为扬烈将军，樊稠等皆为中郎〔将〕。傕等收司隶校尉黄琬下狱，杀之。

初，王允以同郡宋翼为左冯翊，王宏为右扶风，傕等欲杀允，恐二郡为患，乃先征翼、宏。宏遣使谓翼曰："郭汜、李傕以我二人在外，故未危王公。今日就征，明日俱族，计将安出？"翼曰：

"虽祸福难量,然王命所不得避也。"宏曰:"关东义兵鼎沸,欲诛董卓,今卓已死,其党与易制耳。若举兵共讨傕等,与山东相应,此转祸为福之计也。"翼不从,宏不能独立,遂俱就征。甲子,傕收允及翼、宏并杀之,允妻子皆死。宏临命诟曰:"宋翼竖儒,不足议大计!"傕尸王允于市,莫敢收者,故吏平陵令京兆赵戬弃官收而葬之。始允自专讨卓之劳,士孙瑞归功不侯,故得免于难。

九月,以李傕为车骑将军,领司隶校尉、假节;郭汜为后将军,樊稠为右将军,张济为骠骑将军,皆封侯。傕、汜、稠管朝政,济出屯弘农。

初,董卓入关,说韩遂、马腾与共图山东,遂、腾率众诣长安。会卓死,李傕等以遂为镇西将军,遣还金城,腾为征西将军,遣屯郿。

兴平元年春正月甲子,帝加元服。

二月,马腾私有求于李傕,不获而怒,欲举兵相攻。帝遣使者和解之,不从。韩遂率众来和腾、傕,既而复与腾合。谏议大夫种卲、侍中马宇、左中郎将刘范谋使腾袭长安,己为内应,以诛傕等。壬申,腾遂勒兵屯长平观。卲等谋泄,出奔槐里。傕使樊稠、郭汜及兄子利击之,腾遂败走,还凉州。又攻槐里,卲等皆死。庚申,诏赦腾等。夏四月,以腾为安狄将军,遂为安降将军。

五月,以扬武将军郭汜为后将军,安集将军樊稠为右将军,并开府如三公,合为六府。

二年,董卓初死,三辅民尚数十万户,李傕等放兵劫略,加以饥馑,二年间,民相食略尽。李傕、郭汜、樊稠各相与矜功争权,欲斗者数矣。贾诩每以大体责之,虽内不能善,外相含容。

樊稠之击马腾、韩遂也,李利战不甚力,稠叱之曰:"人欲截汝父头，何敢如此，我不能斩卿邪！”及腾、遂败走，稠追至陈仓，遂语稠曰：“本所争者非私怨，王家事耳。与足下州里人，欲相与善语而别。”乃俱却骑，前接马，交臂相加，共语良久而别。军还，李利告傕，“韩、樊交马语，不知所道，意爱甚密。”傕亦以稠勇而得众，忌之。稠欲将兵东出关，从傕索益兵。二月，傕请稠会议，便于坐杀稠。由是诸将转相疑贰。

傕数设酒请郭汜，或留汜止宿。汜妻恐汜爱傕婢妾，思有以间之。会傕送馈，妻以豉为药，擿以示汜曰：“一栖不两雄，我固疑将军信李公也。”他日傕复请汜，饮大醉，汜疑其有毒，绞粪汁饮之，于是各治兵相攻矣。

帝使侍中尚书和傕、汜，傕、汜不从。汜谋迎帝幸其营，夜有亡者告傕。三月丙寅，傕使兄子暹将数千兵围宫，以车三乘迎帝。太尉杨彪曰：“自古帝王无在人家者，诸君举事，奈何如是？”暹曰：“将军计定矣。”于是群臣步从乘舆以出，兵即入殿中，掠宫人、御物。帝至傕营，傕又徙御府金帛置其营，遂放火烧宫殿、官府、居民悉尽。帝复使公卿和傕、汜，汜留杨彪及司空张喜、尚书王隆、光禄勋刘渊、卫尉士孙瑞、太仆韩融、廷尉宣播、大鸿胪荣郃、大司农朱俊、将作大匠梁邵、屯骑校尉姜宣等于其营以为质。朱俊愤懑，发病死。

夏四月，郭汜飨公卿，议攻李傕。杨彪曰：“群臣共斗，一人劫天子，一人质公卿，可行乎？”汜怒，欲手刃之。彪曰：“卿尚不奉国家，吾岂求生邪！”中郎将杨密固谏，汜乃止。傕召羌胡数千人，先以御物、缯彩与之，许以宫人、妇女，欲令攻郭汜。汜阴与傕党中郎将张苞等谋攻傕。丙申，汜将兵夜攻傕门，矢及帝帘帷中，又贯傕左耳。苞等烧屋，火不然。杨奉于外拒汜，汜兵退，苞等因将所领兵归汜。

是日，傕复移乘舆幸北坞，使校尉监坞门，内外隔绝，侍臣皆有饥色。帝求米五斗、牛骨五具以赐左右。傕曰："朝晡上饭，何用米为。"乃以臭牛骨与之。帝大怒，欲诘责之。侍中杨琦谏曰："傕自知所犯悖逆，欲转车驾幸池阳黄白城，臣愿陛下忍之。"帝乃止。司徒赵温与傕书曰："公前屠陷王城，杀戮大臣，今争睚眦之隙，以成千钧之仇，朝廷欲令和解，诏命不行，而复欲转乘舆于黄白城，此诚老夫所不解也。于易，一为过，再为涉，三而弗改，灭其顶凶。不如早共和解。"傕大怒，欲杀温，其弟应谏之，数日乃止。

傕信巫觋厌胜之术，常以三牲祠董卓于省门外。每对帝或言"明陛下"，或言"明帝"，为帝说郭汜无状，帝亦随其意应答之。傕喜，自谓良得天子欢心也。

闰月己卯，帝使谒者仆射皇甫郦和傕、汜。郦先诣汜，汜从命；又诣傕，傕不肯曰："郭多，盗马虏耳，何敢欲与吾等邪，必诛之。君观吾方略士众，足办郭多否？郭多又劫质公卿，所为如是，而君苟欲左右之邪？"郦曰："近者董公之强，将军所知也，吕布受恩而反图之，斯须之间，身首异处，此有勇而无谋也。今将军身为上将，荷国宠荣，汜质公卿，而将军胁主，谁轻重乎？张济与汜有谋，杨奉，白波贼帅耳，犹知将军所为非是，将军虽宠之，犹不为用也。"傕呵之令出。郦出，诣省门，白"傕不肯奉诏，辞语不顺"。帝恐傕闻之，亟令郦去。傕遣虎贲王昌呼，欲杀之，昌知郦忠直，纵令去，还答傕，言"追之不及"。辛巳，以车骑将军李傕为大司马，在三公之右。

李傕、郭汜相攻连月，死者以万數。六月，傕将杨奉谋杀傕，事泄，遂将兵叛傕，傕众稍衰。庚午，镇东将军张济自陕至，欲和傕、汜，迁乘舆权幸弘农。帝亦思旧京，遣使宣谕，十反，汜、傕许和，欲质其爱子。傕妻爱其男，和计未定，而羌胡数来窥省门，曰："天子在此中耶？李将军许我宫人，今皆何在？"帝患之，使侍中刘艾谓宣义将军贾诩曰："卿前奉职公忠，故仍升荣宠。今羌胡满路，宜思方略。"诩乃召羌胡大帅饮食之，许以封赏，羌胡皆引去，傕由此单弱。于是复有言和解之计者，傕乃从之，各以女为质。

秋七月甲子，车驾出宣平门，当度桥，汜兵数百人遮桥曰："此天子非也？"车不得前。傕兵数百人，皆持大戟在乘舆车前，兵欲交，侍中刘艾大呼曰："是天子也。"使侍中杨琦高举车帷，帝曰："诸兵何敢迫近至尊耶！"汜兵乃却。既度桥，士众皆称万岁。夜到霸陵，从者皆饥，张济赋给各有差。傕出屯池阳。

丙寅，以张济为票骑将军，开府如三公；郭汜为车骑将军，杨定为后将军，杨奉为兴义将军，皆封列侯。又以故牛辅部曲董承为安集将军。

郭汜欲令车驾幸高陵，公卿及济以为宜幸弘农，大会议之，不决，帝遣使谕汜曰："弘农近郊庙，勿有疑也。"汜不从。帝遂终日不食。汜闻之曰："可且幸近县。"八月甲辰，车驾幸新丰。丙子，郭汜复谋胁帝还都郿，侍中种辑知之，密告杨定、董承、杨奉，令会新丰。郭汜自知谋泄，乃弃军入南山。

冬十月〔戊戌〕，郭汜党夏育、高硕等谋胁乘舆西行。侍中刘艾见火起不止，请帝出幸一营以避火。杨定、董承将兵迎天子幸杨奉营，夏育等勒兵欲止乘舆，杨定、杨奉力战，破之，乃得出。

壬寅，行幸华阴。宁辑将军段煨具服御及公卿已下资储，欲上幸其营。煨与杨定有隙,定党种辑、左灵言煨欲反,太尉杨彪、司徒赵温、侍中刘艾、尚书梁绍皆曰"段煨不反,臣等敢以死保"。董承、杨定胁弘农督邮令言郭汜来在煨营,帝疑之,乃露次于道南。

丁未,杨奉、董承、杨定将攻煨,使种辑、左灵请帝为诏。帝曰:"煨罪未著,奉等攻之,而欲令朕有诏耶!"辑固请,至夜半,犹弗听。奉等乃辄攻煨营,十余日不下。煨供给御膳,禀赡百官,无有二意。诏使侍中尚书告喻定等,令与煨和解,定等奉诏还营。

李傕、郭汜悔令车驾东,闻定攻煨,相招共救之,因欲劫帝而西。杨定闻傕、汜至,欲还蓝田,为汜所遮,单骑亡走荆州。张济与杨奉、董承不相平,乃复与傕、汜合。十二月,帝幸弘农,张济、李傕、郭汜共追乘舆,大战于弘农东涧,承、奉军败,百官、士卒死者不可胜数,弃御物、符策、典籍,略无所遗。射声校尉沮俊被创坠马,傕谓左右曰:"尚可活否?"俊骂之曰:"汝等凶逆,逼劫天子,使公卿被害,宫人流离,乱臣贼子未有如此也!"傕乃杀之。

壬申,帝露次曹阳。承、奉乃谲傕等与连和,而密遣间使至河东,招故白波帅李乐、韩暹、胡才及南匈奴右贤王去卑,并率其众数千骑来,与承、奉共击傕等,大破之,斩首数千级。于是董承等以新破傕等,可复东引。庚申,车驾发东,董承、李乐卫乘舆,胡才、杨奉、韩暹、匈奴右贤王于后为拒。傕等复来战,奉等大败,死者甚于东涧。光禄勋邓渊、廷尉宣播、少府田芬、大司农张义皆死。司徒赵温、太常王绛、卫尉周忠、司隶校尉管郃为傕所遮,欲杀之,贾诩曰:"此皆大臣,卿奈何害之!"乃止。李乐曰:"事急矣,陛下宜御马。"上曰:"不可舍百官而去,此何辜哉。"兵相连缀四十里，方得至陕，乃结营自守。

时残破之余，虎贲、羽林不满百人，傕、汜兵绕营叫呼，吏士失色，各有分散之意。李乐惧，欲令车驾御船过砥柱，出孟津。杨彪以为河道险难，非万乘所宜乘，乃使李乐夜渡，潜具船，举火为应。上与公卿步出营，皇后兄伏德扶后，一手挟绢十匹。董承使符节令孙徽从人间斫之，杀旁侍者，血溅后衣。河岸高十余丈，不得下，乃以绢为辇，使人居前负帝，余皆匍匐而下，或从上自投，冠帻皆坏。既至河边，士卒争赴舟，董承、李乐以戈击之，手指于舟中可掬。帝乃御船，同济者皇后及杨彪以下才数十人，其宫女及吏民不得渡者，皆为兵所掠夺，衣服俱尽，发亦被截，冻死者不可胜计。卫尉士孙瑞为傕所杀。

傕见河北有火，遣骑候之，适见上渡河，呼曰："汝等将天子去邪！"董承惧射之，以被为幔。既到大阳，幸李乐营。河内太守张杨使数千人负米来贡饷。乙亥，帝御牛车幸安邑，河东太守王邑奉献绵帛，悉赋公卿以下。封邑为列侯，拜胡才为征东将军，张杨为安国将军，皆假节开府。其垒壁群帅竞求拜职，刻印不给，至乃以锥画之。

乘舆居棘篱中，门户无关闭，天子与群臣会，兵士伏篱上观，互相镇压以为笑。

帝又遣太仆韩融至弘农，与傕、汜等连和，傕乃放遣公卿百官，颇归所掠宫人及乘舆器服。已而粮谷尽，宫人皆食菜果。

乙卯，张杨自野王来朝，谋以乘舆还雒阳，诸将不听，杨复还野王。

是时长安城空四十余日，强者四散，羸者相食，二三年间，关中无复人迹。

沮授说袁绍曰："将军累叶台辅，世济忠义。今朝廷播越，宗庙残毁，观诸州郡虽外托义兵，内实相图，未有忧存社稷恤民之意。今州域粗定，兵强士附，西迎大驾，即宫邺都，挟天子而令诸侯，畜士马以讨不庭，谁能御之！"颍川郭图、淳于琼曰："汉室陵迟，为日久矣，今欲兴之，不亦难乎？且英雄并起，各据州郡，连徒聚众，动有万计，所谓秦失其鹿，先得者王。今迎天子自近，动辄表闻，从之则权轻，违之则拒命，非计之善者也。"授曰："今迎朝廷，于义为得，于时为宜。若不早定，必有先之者矣。"绍不从。

建安元年春正月，董承、张杨欲以天子还雒阳，杨奉、李乐不欲，由是诸将更相疑贰。二月，韩暹攻董承，承奔野王。韩暹屯闻喜，胡才、杨奉之坞乡。胡才欲攻韩暹，上使人谕止之。

张杨使董承先缮修雒阳宫。太仆赵岐为承说刘表，使遣兵诣雒阳助修宫室，军资委轮，前后不绝。夏五月丙寅，帝遣使至杨奉、李乐、韩暹营，求送至雒阳，奉等从诏，六月乙未，车驾幸闻喜。

庚子，杨奉、韩暹奉帝东还，张杨以粮迎道路。秋七月甲子，车驾至雒阳，幸故中常侍赵忠宅。丁丑，大赦。八月辛丑，幸南宫杨安殿。张杨以为己功，故名其殿曰杨安。杨谓诸将曰："天子当与天下共之，朝廷自有公卿大臣，杨当出捍外难。"遂还野王。杨奉亦出屯梁。韩暹、董承并留宿卫。癸卯，以安国将军张杨为大司马，杨奉为车骑将军，韩暹为大将军、领司隶校尉，皆假节钺。是时宫室烧尽，百官披荆棘，依墙壁间，州郡各拥强兵，委输不至。群僚饥乏，尚书郎以下自出采稆，或饥死墙壁间，或为兵士所杀。

八月，曹操迎车驾都许。事见曹操篡汉。

十九年。帝自都许以来，守位而已，左右侍卫莫非曹氏之人者。议郎赵彦尝为帝陈言时策，魏公操恶而杀之。操后以事入见殿中，帝不任其惧，因曰："君若能相辅，则厚；不尔，幸垂恩相舍。"操失色，俯仰求出。旧仪，三公领兵，朝见，令虎贲执刃挟之。操出，顾左右，汗流浃背，自后不复朝请。

董承女为贵人，操诛承，求贵人杀之。帝以贵人有妊，累为请，不能得。伏皇后由是怀惧，乃与父完书，言曹操残逼之状，令密图之，完不敢发。至是，事乃泄，操大怒，十一月，使御史大夫郗虑持节策收皇后玺绶，以尚书令华歆为副，勒兵入宫，收后。后闭户，藏壁中。歆坏户，发壁，就牵后出。时帝在外殿，引虑于坐，后被发徒跣行泣，过诀曰："不能复相活邪？"帝曰："我亦不知命在何时！"顾谓虑曰："郗公，天下宁有是邪？"遂将后下暴室，以幽死，所生二皇子，皆酖杀之，兄弟及宗族死者百余人。

魏文帝黄初元年春正月庚子，魏王操薨，太子即王位。冬十月乙卯，汉帝禅位于魏王。

黄巾之乱

汉灵帝光和六年。初，钜鹿张角奉事黄、老，以妖术教授，号"太平道"。咒符水以疗病，令病者跪拜首过，或时病愈，众共神而信之。角分遣弟子周游四方，转相诳诱，十余年间，徒众数十万，自青、徐、幽、冀、荆、扬、兖、豫八州之人，莫不毕应。或弃卖财产，流移奔赴，填塞道路，未至病死者亦以万数。郡县不解其意，反言角以善道教化，为民所归。

太尉杨赐时为司徒，上书言："角诳耀百姓，遭赦不悔，稍益滋蔓。今若下州郡捕讨，恐更骚扰，速成其患。宜切敕刺史、二千石，简别流民，各护归本郡，以孤弱其党，然后诛其渠帅，可不劳而定。”会赐去位，事遂留中。司徒掾刘陶复上疏申赐前议，言“角等阴谋益甚，四方私言，云角等窃入京师，觇视朝政。鸟声兽心，私共鸣呼，州郡忌讳，不欲闻之，但更相告语，莫肯公文。宜下明诏，重募角等，赏以国土，有敢回避，与之同罪”。帝殊不为意，方诏陶次第春秋条例。

角遂置三十六方，方，犹将军也。大方万余人，小方六七千，各立渠帅。讹言“苍天已死，黄天当立，岁在甲子，天下大吉”。以白土书京城寺门及州郡官府，皆作“甲子”字。大方马元义等先收荆、扬数万人，期会发于邺。元义数往来京师，以中常侍封谞、徐奉等为内应，约以三月五日内外俱起。

中平元年春，角弟子济南唐周上书告之。于是收马元义，车裂于雒阳。诏三公、司隶案验宫省直卫及百姓有事角道者，诛杀千余人，下冀州逐捕角等。角等知事已露，晨夜驰敕诸方，一时俱起，皆着黄巾以为标帜，故时人谓之“黄巾贼”。二月，角自称天公将军，角弟宝称地公将军，宝弟梁称人公将军，所在燔烧官府，劫略聚邑，州郡失据，长吏多逃亡，旬月之间，天下响应，京师震动。安平、甘陵人各执其王应贼。三月戊申，以河南尹何进为大将军，封慎侯，率左、右羽林五营营士屯都亭，修理器械，以镇京师。置函谷、太谷、广成、伊阙、轘辕、旋门、孟津、小平津八关都尉。发天下精兵，遣北中郎将卢植讨张角，左中郎将皇甫嵩、右中郎将朱俊讨颍川黄巾。

庚子，南阳黄巾张曼成攻杀太守褚贡。

帝问太尉杨赐以黄巾事，赐所对切直，帝不悦。夏四月，赐坐寇贼免，以太仆弘农邓盛为太尉。已而帝阅录故事，得赐与刘陶所上张角奏，乃封赐为临晋侯，陶为中陵乡侯。

皇甫嵩、朱俊合将四万余人共讨颍川，嵩、俊各统一军。俊与贼波才战，败；嵩进保长社。

汝南黄巾败太守赵谦于邵陵，广阳黄巾杀幽州刺史郭勋及太守刘卫。

波才围皇甫嵩于长社。嵩兵少，军中皆恐。贼依草结营，会大风，嵩约敕军士皆束苣乘城，使锐士间出围外，纵火大呼，城上举燎应之，嵩从城中鼓噪而出，奔击贼陈，贼惊，乱奔走。会骑都尉沛国曹操将兵适至，五月，嵩、操与朱俊合军，更与贼战，大破之，斩首数万级。封嵩都乡侯。

张曼成屯宛下百余日，六月，南阳太守秦颉击曼成，斩之。

皇甫嵩、朱俊乘胜进讨汝南、陈国黄巾，追波才于阳翟，击彭脱于西华，并破之，余贼降散，三郡悉平。嵩乃上言其状，以功归俊，于是进封俊西乡侯，迁镇贼中郎将。诏嵩讨东郡，俊讨南阳。北中郎将卢植连战破张角，斩获万余人，角等走保广宗。植筑围凿堑，造作云梯，垂当拔之。帝遣小黄门左丰视军，或劝植以赂送丰，植不肯，丰还言于帝曰："广宗贼易破耳，卢中郎固垒息军，以待天诛。"帝怒，槛车征植，减死一等，遣东中郎将陇西董卓代之。

秋八月，皇甫嵩与黄巾战于苍亭，获其帅卜巳。董卓攻张角无功，抵罪。乙巳，诏嵩讨角。

冬十月，皇甫嵩与张角弟梁战于广宗，梁众精勇，嵩不能克。明日，乃闭营休士以观其变，知贼意稍懈，乃潜夜勒兵，鸡鸣驰赴其陈，战至晡时，大破之，斩梁，获首三万级，赴河死者五万许人。角先已病死，剖棺戮尸，传首京师。十一月，嵩复攻角弟宝于下曲阳，斩之，斩获十余万人。即拜嵩为左车骑将军，领冀州牧，封槐里侯。嵩能温恤士卒，每军行顿止，须营幔修立，然后就舍，军士皆食，尔乃尝饭，故所向有功。

张曼成余党更以赵弘为帅，众复盛，至十余万，据宛城。朱儁与荆州刺史徐璆等合兵围之，自六月至八月不拔，有司奏征儁。司空张温上疏曰："昔秦用白起，燕任乐毅，旷年历载，乃能克敌。儁讨颍川，已有功效，引师南指，方略已设，临军易将，兵家所忌，宜假日月，责其成功。"帝乃止。儁击弘，斩之。

贼帅韩忠复据宛拒儁，儁鸣鼓攻其西南，贼悉众赴之。儁自将精卒掩其东北，乘城而入，忠乃退保小城，惶惧乞降。诸将皆欲听之，儁曰："兵固有形同而势异者。昔秦、项之际，民无定主，故赏附以劝来耳。今海内一统，唯黄巾造逆，纳降无以劝善，讨之足以惩恶。今若受之，更开逆意，贼利则进战，钝则乞降，纵敌长寇，非良计也。"因急攻，连战不克。儁登土山望之，顾谓司马张超曰："吾知之矣。贼今外围周固，内营逼急，乞降不受，欲出不得，所以死战也。万人一心，犹不可当，况十万乎？不如彻围，并兵入城，忠见围解，势必自出，自出则意散，易破之道也。"既而解围，忠果出战，儁因击，大破之，斩首万余级。

南阳太守秦颉杀忠，余众复奉孙夏为帅，还屯宛。儁急攻之，司马孙坚率众先登，癸巳，拔宛城。孙夏走，儁追至西鄂精山，复破之，斩万余级。于是黄巾破散，其余州郡所诛，一郡数千人。

二年。自张角之乱，所在盗贼并起，博陵张牛角、常山褚飞燕及黄龙、左校、于氐根、张白骑、刘石、左髭丈八、平汉大计、司隶缘城、雷公、浮云、白雀、杨凤、于毒、五鹿、李大目、白绕、眭固、苦蝤之徒，不可胜数，大者二三万，小者六七千人。张牛角、褚飞燕合军攻廮陶，牛角中流矢，且死，命其众奉飞燕为帅，改姓张。飞燕名燕，轻勇趫捷，故军中号曰“飞燕”。山谷寇贼多附之，部众寖广，殆至百万，号“黑山贼”，河北诸郡县并被其害，朝廷不能讨。燕乃遣使至京师，奏书乞降，遂拜燕平难中郎将，使领河北诸山谷事。

五年二月，黄巾余贼郭大等起于西河白波谷，寇太原、河东。

冬十月，青、徐黄巾复起，寇郡县。

六年冬十月，白波贼寇河东，董卓遣其将牛辅击之。

南单于于扶罗与白波贼合兵寇郡县。

献帝初平元年，青州刺史焦和起兵讨董卓，务及诸将西行，不为民人保障，兵始济河，黄巾已入其境。青州素殷实，甲兵甚盛，和每望寇奔北，未尝接风尘，交旗鼓。

二年冬十月，青州黄巾寇勃海，众三十万，欲与黑山合。公孙瓒率步骑二万人逆击于东光南，大破之，斩首三万余级。贼弃其辎重，奔走度河，瓒因其半济薄之，贼复大破，死者数万，流血丹水，收得生口七万余人，车甲财物不可胜算，威名大震。

初，陶谦，丹阳人，朝廷以黄巾寇乱徐州，用谦为刺史。谦至，击黄巾，大破走之，州境晏然。

三年春正月，曹操军顿丘，于毒等攻东武阳。操引兵西入山，攻毒等本屯。诸将皆请救武阳，操曰：“使贼闻我西而还，武阳自解也；不还，我能败其本屯，虏不能拔武阳必矣。”遂行。毒闻之，弃武阳还。操遂击眭固及匈奴于扶罗于内黄，皆大破之。

四月，青州黄巾寇兖州，刘岱欲击之，济北相鲍信谏曰：“今贼众百万，百姓皆震恐，士卒无斗志，不可敌也。然贼军无辎重，唯以钞略为资，今不若畜士众之力，先为固守，彼欲战不得，攻又不能，其势必离散，然后选精锐，据要害击之，可破也。”岱不从，遂与战，果为所杀。

十二月，曹操追黄巾至济北，悉降之，得戎卒三十余万，男女百余万口。

四年春正月，袁术屯封丘，黑山别部及匈奴于扶罗皆附之。曹操击破术军。

三月，袁绍在薄落津。魏郡兵反，与黑山贼于毒数万人共覆邺城，杀其太守。

六月，袁绍出军入朝歌鹿肠山，北行，击诸贼左髭丈八等，皆斩之。又击刘石、青牛角、黄龙、左校、郭大贤、李大目、于氐根等，复斩数万级，皆屠其屯壁，遂与黑山贼张燕及四营屠各、雁门乌桓战于常山。燕精兵数万，骑数千匹。绍与吕布共击燕，连战十余日，燕兵死伤虽多，绍军亦疲，遂俱退。

建安元年春二月，汝南、颍川黄巾何仪等拥众附袁术，曹操击破之。

三年，袁绍攻公孙瓒，瓒遣子续请救于黑山诸帅。

四年，黑山帅张燕率兵救之。事见袁绍讨公孙瓒。

五年秋七月，汝南黄巾刘辟等叛曹操应袁绍，绍遣刘备将兵助辟，郡县多应之。

十年夏四月，黑山贼帅张燕率其众十余万降，封安国亭侯。

韩马之叛

汉灵帝中平元年冬十一月，北地先零羌及枹罕、河关群盗反，共立湟中义从胡北宫伯玉、李文侯为将军，杀护羌校尉泠徵。金城人边章、韩遂素著名西州，群盗诱而劫之，使专任军政，杀金城太守陈懿，攻烧州郡。

二年春三月，北宫伯玉等寇三辅，诏左车骑将军皇甫嵩镇长安以讨之。

秋八月，以司空张温为车骑将军，执金吾袁滂为副，以讨北宫伯玉。拜中郎将董卓为破虏将军，与荡寇将军周慎并统于温。

九月，张温将诸郡兵步骑十余万屯美阳，边章、韩遂亦进兵美阳，温与战，辄不利。十一月，董卓与右扶风鲍鸿等并兵攻章、遂，大破之，章、遂走榆中。

温遣周慎将三万人追之。参军事孙坚说慎曰："贼城中无谷，当外转粮食，坚愿得万人断其运道，将军以大兵继后，贼必困乏而不敢战，走入羌中，并力讨之，则凉州可定也。"慎不从，引军围榆中城，而章、遂分屯葵园峡，反断慎运道，慎惧，弃车重而退。

温又使董卓将兵三万讨先零羌，羌胡围卓于望垣北，粮食乏绝，乃于所度水中伪立堰以捕鱼，而潜从堰下过军。比贼追之，决水已深，不得度，遂还屯扶风。张温以诏书召卓，卓良久乃诣温。温责让卓，卓应对不顺。孙坚前耳语谓温曰："卓不怖罪，而鸱张大语，宜以召不时至，陈军法斩之。"温曰："卓素著威名于河陇之间，今日杀之，西行无依。"坚曰："明公亲率王师，威震天下，何赖于卓？观卓所言，不假明公，轻上无礼，一罪也。章、遂跋扈经年，当以时进讨，而卓云未可，沮军疑众，二罪也。卓受任无功，应召稽留，而轩昂自高，三罪也。古之名将，仗钺临众，未有不断斩以成功者也。今明公垂意于卓，不即加诛，亏损威刑，于是在矣。"温不忍发，乃曰："君且还，卓将疑人。"坚遂出。

四年春三月，韩遂杀边章及北宫伯玉、李文侯，拥兵十余万，进围陇西，太守李相如叛，与遂连和。凉州刺史耿鄙率六郡兵讨遂。鄙任治中程球，球通奸利，士民怨之。汉阳太守傅燮谓鄙曰："使君统政日浅，民未知教。贼闻大军将至，必万人一心，边兵多勇，其锋难当，而新合之众，上下未和，万一内变，虽悔无及。不若息军养德，明赏必罚，贼得宽挺，必谓我怯，群恶争势，其离可必。然后率已教之民，讨成离之贼，其功可坐而待也。"鄙不从。夏四月，鄙行至狄道，州别驾反应贼，先杀程球，次害鄙，贼遂进围汉阳。城中兵少粮尽，燮犹固守。

时北地胡骑数千随贼攻郡，皆夙怀燮恩，共于城外叩头，求送燮归乡里。燮子干年十三言于燮曰："国家昏乱，遂令大人不容于朝。今兵不足以自守，宜听羌胡之请，还乡里，徐俟有道而辅之。"言未终，燮慨然叹曰："汝知吾必死邪？圣达节，次守节。殷纣暴虐，伯夷不食周粟而死。吾遭世乱，不能养浩然之志，食禄，又欲避其难乎！吾行何之，必死于此。汝有才智，勉之，勉之。主簿杨会，吾之程婴也。"

狄道人王国使故酒泉太守黄衍说燮曰："天下已非复汉有，府君宁有意为吾属帅乎？"燮按剑叱衍曰："若剖符之臣，反为贼说邪？"遂麾左右进兵，临陈战殁。耿鄙司马扶风马腾亦拥兵反，与韩遂合，共推王国为主，寇掠三辅。

五年冬十一月，王国围陈仓，诏复拜皇甫嵩为左将军，督前将军董卓，合兵四万人以拒之。

董卓谓皇甫嵩曰："陈仓危急，请速救之。"嵩曰："不然。百战百胜，不如不战而屈人兵。陈仓虽小，城守固备，未易可拔。王国虽强，攻陈仓不下，其众必疲，疲而击之，全胜之道也，将何救焉。"国攻陈仓八十余日,不拔。

六年春二月,国众疲敝,解围去。皇甫嵩进兵击之。董卓曰:"不可。兵法,穷寇勿迫,归众勿追。"嵩曰:"不然。前吾不击,避其锐也。今而击之,待其衰也。所击疲师,非归众也。国众且走,莫有斗志,以整击乱,非穷寇也。"遂独进击之,使卓为后拒,连战,大破之,斩首万余级。卓大惭恨,由是与嵩有隙。

韩遂等共废王国,而劫故信都令汉阳阎忠使督统诸部。忠病死,遂等稍争权利,更相杀害,由是寖衰。

献帝初平三年,韩遂、马腾率众诣长安,以遂为镇西将军,腾为征西将军。马腾攻李傕不克,走还凉州。事并见宦官亡汉。

建安十三年。初,前将军马腾与镇西将军韩遂结为异姓兄弟,后以部曲相侵,更为仇敌。朝廷使司隶校尉锺繇、凉州刺史韦端和解之,征腾入屯槐里。曹操将征荆州,使张既说腾,令释部曲还朝,腾许之。已而更犹豫,既恐其为变,乃移诸县促储偫,二千石郊迎,腾不得已,发东。操表腾为卫尉,以其子超为偏将军,统其众,悉徙其家属诣邺。

十六年春三月,曹操遣司隶校尉钟繇讨张鲁,使征西护军夏侯渊等将兵出河东,与繇会。仓曹属高柔谏曰:"大兵西出,韩遂、马超疑为袭己,必相扇动。宜先招集三辅,三辅苟平,汉中可传檄而定也。"操不从。

关中诸将果疑之,马超、韩遂、侯选、程银、杨秋、李堪、张横、梁兴、成宜、马玩等十部皆反,其众十万,屯据潼关。操遣安西将军曹仁督诸将拒之,敕令坚壁勿与战。命五官将丕留守邺,以奋武将军程昱参丕军事,门下督广陵徐宣为左护军,留统诸军,乐安国渊为居府长史,统留事。秋七月,操自将击超等。议者多言

“关西兵习长矛，非精选前锋，不可当也”。操曰：“战在我，非在贼也。贼虽习长矛，将使不得以刺，诸君但观之。”

八月，操至潼关，与超等夹关而军。操急持之，而潜遣徐晃、朱灵以步骑四千人渡蒲阪津，据河西为营。闰月，操自潼关北渡河，兵众先渡，操独与虎士百余人留南岸断后。马超将步骑万余人攻之，矢下如雨，操犹据胡床不动。许褚扶操上船，船工中流矢死，褚左手举马鞍以蔽操，右手刺船。校尉丁斐放牛马以饵贼，贼乱取牛马，操乃得渡，遂自蒲阪渡西河，循河为甬道而南。超等退拒渭口，操乃多设疑兵，潜以舟载兵入渭，为浮桥，夜，分兵结营于渭南。超等夜攻营，伏兵击破之，超等屯渭南，遣信求割河以西请和，操不许。九月，操进军，悉渡渭。超等数挑战，又不许。固请割地，求送任子，贾诩以为可伪许之。操复问计策，诩曰：“离之而已。”操曰：“解。”

韩遂请与操相见，操与遂有旧，于是交马语移时，不及军事，但说京都旧故，拊手欢笑。时秦、胡观者前后重沓，操笑谓之曰：“尔欲观曹公邪？亦犹人也，非有四目两口，但多智耳。”既罢，超等问遂“公何言”？遂曰：“无所言也。”超等疑之。他日，操又与遂书，多所点窜，如遂改定者，超等愈疑遂。操乃与克日会战，先以轻兵挑之，战良久，乃纵虎骑夹击，大破之，斩成宜、李堪等。遂、超奔凉州。

十七年秋七月，马超等余众屯蓝田，夏侯渊击平之。

十八年。初，魏公操追马超至安定，闻田银、苏伯反，引军还。参凉州军事杨阜言于操曰：“超有信、布之勇，甚得羌胡心。若大军还，不设备，陇上诸郡非国家之有也。”操还，超果率羌胡击陇上诸郡县，郡县皆应之，惟冀城奉州郡以固守。

超尽兼陇右之众，张鲁复遣大将杨昂助之，凡万余人，攻冀城，自正月至八月，救兵不至。刺史韦康遣别驾阎温出，告急于夏侯渊，外围数重，温夜从水中潜出。明日，超兵见其迹，遣追获之，超载温诣城下，使告城中，云“东方无救”。温向城大呼曰：“大军不过三日至，勉之。”城中皆泣称万岁。超虽怒，犹以攻城久不下，徐徐更诱温，冀其改意。温曰：“事君有死无二，而卿乃欲令长者出不义之言乎？”超遂杀之。

已而外救不至，韦康及太守欲降。杨阜号哭谏曰：“阜等率父兄子弟以义相励，有死无二，以为使君守此城。今奈何弃垂成之功，陷不义之名乎？”刺史、太守不听，开城门迎超。超入，遂杀刺史、太守，自称征西将军，领并州牧，督凉州军事。

魏公操使夏侯渊救冀，未到而冀败。渊去冀二百余里，超来逆战，渊军不利。氐王千万反应超，屯兴国，渊引军还。

会杨阜丧妻，就超求假以葬之。阜外兄天水姜叙为抚夷将军，拥兵屯历城。阜见叙及其母，歔欷悲甚。叙曰：“何为乃尔？”阜曰：“守城不能完，君亡不能死，亦何面目以视息于天下！马超背父叛君，虐杀州将，岂独阜之忧责，一州士大夫皆蒙其耻。君拥兵专制而无讨贼心，此赵盾所以书弑君也。超强而无义，多衅，易图耳。”叙母慨然曰：“咄，伯奕，韦使君遇难，亦汝之负，岂独义山哉！人谁不死，死于忠义，得其所也。但当速发，勿复顾我，我自为汝当之，不以余年累汝也。”叙乃与同郡赵昂、尹奉、武都李俊等合谋讨超，又使人至冀，结安定梁宽、南安赵衢使为内应。超取赵昂子月为质，昂谓妻异曰：“吾谋如是，事必万全，当奈月何？”异厉声应曰：“雪君父之大耻，丧元不足为重，况一子哉！”

九月，阜与叙进兵，入卤城，昂、奉据祁山，以讨超。超闻之，大怒，赵衢因谲说超，使自出击之。超出，衢与梁宽闭冀城门，尽杀超妻子。超进退失据，乃袭历城，得叙母。叙母骂之曰："汝背父之逆子，杀君之桀贼，天地岂久容汝，而不早死，敢以面目视人乎！"超杀之，又杀赵昂之子月。杨阜与超战，身被五创。超兵败，遂南奔张鲁。鲁以超为都讲祭酒，欲妻之以女。或谓鲁曰："有人若此，不爱其亲，焉能爱人。"鲁乃止。操封讨超之功侯者十一人，赐杨阜爵关内侯。

十九年春，马超从张鲁求兵北取凉州，鲁遣超还围祁山。姜叙等告急于夏侯渊，诸将议欲须魏公操节度。渊曰："公在邺，反覆四千里，比报，叙等必败，非救急也。"遂行，使张郃督步骑五千为前军。超败走。

韩遂在显亲，渊欲袭取之，遂走。渊追至略阳城，去遂三十余里，诸将欲攻之。或言当攻兴国氐。渊以为"遂兵精，兴国城固，攻不可卒拔。不如击长离诸羌，长离诸羌多在遂军，必归救其家。若舍羌独守则孤，救长离则官兵得与野战，必可虏也"。渊乃留督将守辎重，自将轻兵到长离，攻烧羌屯。遂果救长离，诸将见遂兵众，欲结营作堑乃与战。渊曰："我转斗千里，今复作营堑，则士众罢敝，不可复用。贼虽众，易与耳。"乃鼓之，大破遂军。进围兴国，氐王千万奔马超，余众悉降。转击高平屠各，皆破之。

夏四月，刘备围成都。马超知张鲁不足与计事，又鲁将杨昂等数害其能，超内怀於邑。备使建宁督邮李恢往说之，超遂从武都逃入氐中，密书请降于备。备使人止超，而潜以兵资之。超到，令引军屯城北，城中震怖。刘璋出降，备领益州牧，以偏将军

马超为平西将军。(军议校尉)

二十年春三月,魏公操自将击张鲁,将自武都入氐,氐人塞道,遣张郃、朱灵等攻破之。夏四月,操自陈仓出散关,至河池,氐王窦茂众万余人,恃险不服,五月,攻屠之。西平、金城诸将麴演、蒋石等共斩送韩遂首。

袁绍讨公孙瓒

汉灵帝中平四年。初,张温发幽州乌桓突骑三千以讨凉州,故中山相渔阳张纯请将之,温不听,而使涿令辽西公孙瓒将之。军到蓟中,乌桓以牢禀逋县,多叛还本国。张纯忿不得将,乃与同郡故泰山太守张举及乌桓大人丘力居等连盟,劫略蓟中,杀护乌桓校尉公綦稠、右北平太守刘政、辽东太守阳终等,众至十余万,屯肥如。举称天子,纯称弥天将军、安定王,移书州郡,云举当代汉,告天子避位,敕公卿奉迎。

五年春三月,太常江夏刘焉建议,以为:"四方兵寇,由刺史威轻,既不能禁,且用非其人,以致离叛。宜改置牧伯,选清名重臣以居其任。"朝廷从焉议,以宗正刘虞为幽州牧。虞,东海恭王之五世孙也。

诏发南匈奴兵配刘虞讨张纯。

冬十一月,张纯与丘力居钞略青、徐、幽、冀四州,诏骑都尉公孙瓒讨之。瓒与战于属国石门,纯等大败,弃妻子,逾塞走;悉得所略男女。瓒深入无继,反为丘力居等所围于辽西管子城,二百余日,粮尽众溃,士卒死者什五六。

六年春二月,幽州牧刘虞到部,遣使至鲜卑中,告以利害,责使送张举、张纯首，厚加购赏。丘力居等闻虞至，喜，各遣译自归。举、纯走出塞，余皆降散。虞上罢诸屯兵，但留降虏校尉公孙瓒将步骑万人屯右北平。三月，张纯客王政杀纯，送首诣虞。公孙瓒志欲扫灭乌桓，而虞欲以恩信招降，由是与瓒有隙。

献帝初平元年二月丁亥，车驾西迁。

二年冬十月，刘虞子和为侍中，帝思东归，使和伪逃董卓，潜出武关诣虞，令将兵来迎。和至南阳，袁术利虞为援，留和不遣，许兵至俱西，令和为书与虞。虞得书，遣数千骑诣和。公孙瓒知术有异志，止之，虞不听。瓒恐术闻而怨之，亦遣其从弟越将千骑诣术，而阴教术执和，夺其兵，由是虞、瓒有隙。和逃术来北，复为袁绍所留。

是时关东州郡务相兼并以自强大，袁绍、袁术亦自相离贰。术遣孙坚击董卓未返，绍以会稽周昂为豫州刺史，袭夺坚阳城。坚叹曰："同举义兵，将救社稷，逆贼垂破，而各若此，吾当谁与戮力乎！"引兵击昂，走之。袁术遣公孙越助坚攻昂，越为流矢所中死。公孙瓒怒曰："余弟死祸起于绍。"遂出军屯磐河，上疏，数绍罪恶，进兵攻绍。冀州诸城多畔绍从瓒，绍惧，以所佩勃海太守印绶授瓒从弟范，遣之郡，而范遂背绍，领勃海兵以助瓒。瓒乃自署其将帅，严纲为冀州刺史，田楷为青州刺史，单经为兖州刺史，又悉改置郡县守令。

三年春正月，袁绍自出拒公孙瓒，与瓒战于界桥南二十里。瓒兵三万，其锋甚锐。绍令麹义领精兵八百先登，强弩千张夹承之。瓒轻其兵少，纵骑腾之。义兵伏楯下不动，未至十数步，一时同发，欢呼动地。瓒军大败。斩其所置冀州刺史严纲，获甲首千余级，追至界桥。瓒敛兵还战，义复破之，遂到瓒营，拔其牙门，(敛)〔余〕众皆走。

初，兖州刺史刘岱与绍、瓒连和，绍令妻子居岱所，瓒亦遣从事范方将骑助岱。及瓒击破绍军，语岱令遣绍妻子，别敕范方："若岱不遣绍家，将骑还。吾定绍，将加兵于岱。"岱与官属议，连日不决，闻东郡程昱有智谋，召而问之。昱曰："若弃绍近援而求瓒远助，此假人于越以救溺子之说也。夫公孙瓒非袁绍之敌也，今虽坏绍军，然终为绍所禽。"岱从之。范方将其骑归，未至而瓒败。

十二月，公孙瓒复遣兵击袁绍，至龙凑，绍击破之。瓒遂还幽州，不敢复出。

四年春正月，袁绍与公孙瓒所置青州刺史田楷连战二年，士卒疲困，粮食并尽，互掠百姓，野无青草。绍以其子谭为青州刺史，楷与战，不胜。会赵岐来和解关东，瓒乃与绍和亲，各引兵去。

冬十月，刘虞与公孙瓒积不相能，瓒数与袁绍相攻，虞禁之，不可，而稍节其禀假。瓒怒，屡违节度，又复侵犯百姓。虞不能制，乃遣驿使奉章陈其暴掠之罪，瓒亦上虞禀粮不周。二奏交驰，互相非毁，朝廷依违而已。瓒乃筑小城于蓟城东南以居之，虞数请会，瓒辄称病不应。虞恐其终为乱，乃率所部兵合十万人以讨之。时瓒部曲放散在外，仓卒掘东城欲走。虞兵无部伍，不习战，又爱民庐舍，敕不听焚烧，戒军士曰："无伤余人，杀一伯圭而已。"攻围不下，瓒乃简募锐士数百人，因风纵火，直冲突之，虞众大溃。虞与官属北奔居庸，瓒追攻之，三日，城陷，执虞并妻子还蓟，犹使领州文书。会诏遣使者段训增虞封邑，督六州事，拜瓒前将军，封易侯。瓒乃诬虞前与袁绍等谋称尊號，胁训斩虞及妻子于蓟市。故常山相孙瑾、掾张逸、张瓒等相与就虞，骂瓒极口，然后同死。瓒传虞首于京师，故吏尾敦于路劫虞首，归葬之。虞以恩厚得众心，北州百姓流旧莫不痛惜。

兴平二年。公孙瓒既杀刘虞，尽有幽州之地，志气益盛，恃其才力，不恤百姓，记过忘善，睚眦必报。衣冠善士，名在其右者，必以法害之，有材秀者，必抑困使在穷苦之地。或问其故，瓒曰："衣冠皆自以职分当贵，不谢人惠。"故所宠爱，类多商贩、庸儿，与为兄弟，或结婚姻，所在侵暴，百姓怨之。刘虞从事渔阳鲜于辅等，合率州兵欲共报仇，以燕国阎柔素有恩信，推为乌桓司马。柔招诱胡、汉数万人，与瓒所置渔阳太守邹丹战于潞北，斩丹等四千余级。乌桓峭王亦率种人及鲜卑七千余骑，随辅南迎虞子和与袁绍将麹义合兵十万共攻瓒，破瓒于鲍丘，斩首二万余级。于是代郡、广阳、上谷、右北平各杀瓒所置长吏，复与鲜于辅、刘和兵合，瓒军屡败。

先是，有童谣曰："燕南垂，赵北际，中央不合大如砺，唯有此中可避世。"瓒自谓易地当之，遂徙镇易，为围堑十重，于堑里筑京，皆高五六丈，为楼其上。中堑为京，特高十丈，自居焉。以铁为门，斥去左右，男人七岁以上不得入门，专与姬妾居。其文簿、书记皆汲而上之。令妇人习为大声，使闻数百步，以传宣教令。疏远宾客，无所亲信，谋臣猛将，稍稍乖散。自此之后，希复攻战。或问其故，瓒曰："我昔驱畔胡于塞表，扫黄巾于孟津，当此之时，谓天下指麾可定。至于今日，兵革方始，观此非我所决，不如休兵力耕，以救凶年。兵法，百楼不攻。今吾诸营楼橹数十重，积谷三百万斛，食尽此谷，足以待天下之事矣。"

建安三年冬十二月，袁绍连年攻公孙瓒不能克，以书谕之，欲相与释憾连和。瓒不答，而增修守备。谓长史太原关靖曰："当今四方虎争，无有能坐吾城下相守经年者明矣，袁本初其若我何？"绍于是大兴兵以攻瓒。先是，瓒别将有为敌所围者，瓒不救，曰："救一人，使后将恃救，不肯力战。"及绍来攻，瓒南界别营，自度守则不能自固，又知必不见救，或降或溃。绍军径至其门，瓒遣子续请救于黑山诸帅，而欲自将突骑出傍西山，拥黑山之众侵掠冀州，横断绍后。关靖谏曰："今将军将士莫不怀瓦解之心，所以犹能相守者，顾恋其居处老小，而恃将军为主故耳。坚守旷日，或可使绍自退，若舍之而出，后无镇重，易京之危，可立待也。"瓒乃止。绍渐相攻逼，瓒众日蹙。

四年春三月，黑山帅张燕与公孙续率兵十万三道救之，未至，瓒密使行人赍书告续，使引五千铁骑于北隰之中，起火为应，瓒欲自内出战。绍候得其书，如期举火。瓒以为救至，遂出战，绍设伏击之，瓒大败，复还自守。绍为地道，穿其楼下，施木柱之，度足达半，便烧之，楼辄倾倒，稍至京中。瓒自计必无全，乃悉缢其姊妹、妻子，然后引火自焚。绍趣兵登台，斩之。田楷战死。关靖叹曰："前若不止将军自行，未必不济。吾闻君子陷人危，必同其难，岂可以独生乎！"策马赴绍军而死。续为屠各所杀。

通鉴纪事本末卷第九

曹操篡汉

汉灵帝中平元年。曹操父嵩为中常侍曹腾养子，不能审其生出本末，或云夏侯氏子也。操少机警，有权数，而任侠放荡，不治行业，世人未之奇也，唯太尉桥玄及南阳何颙异焉。玄谓操曰："天下将乱，非命世之才不能济也。能安之者，其在君乎？"颙见操，叹曰："汉家将亡，安天下者，必此人也。"玄谓操曰："君未有名，可交许子将。"子将者，训之从子劭也，好人伦，多所赏识，与从兄靖俱有高名，好共核论乡党人物，每月辄更其品题，故汝南俗有"月旦评"焉。尝为郡功曹，府中闻之，莫不改操饰行。曹操往造劭而问之曰："我何如人？"劭鄙其为人，不答。操乃劫之，劭曰："子治世之能臣，乱世之奸雄。"操大喜而去。

五年秋八月，初置西园八校尉，以议郎曹操为典军校尉。

六年，董卓之乱，以操为骁骑校尉。操变易姓名，间行东归，过中牟，为亭长所疑，执诣县。时县已被卓书，唯功曹心知是操，以世方乱，不宜拘天下雄俊，因白令释之。操至陈留，散家财，合兵得五千人。

献帝初平元年春正月，关东州郡皆起兵以讨董卓，推勃海太守袁绍为盟主。绍自号车骑将军，诸将皆板授官号。绍与河内太守王匡屯河内，冀州牧韩馥留邺，给其军粮。豫州刺史孔伷屯颍川，兖州刺史刘岱、陈留太守张邈、邈弟广陵太守超、东郡太守桥瑁、山阳太守袁遗、济北相鲍信与曹操俱屯酸枣，后将军袁术屯鲁阳，众各数万。豪杰多归心袁绍者，鲍信独谓曹操曰："夫略不世出，能拨乱反正者，君也。苟非其人，虽强必毙。君殆天之所启乎？"

三月，董卓在雒阳，袁绍等诸军皆畏其强，莫敢先进。曹操曰："举义兵以诛暴乱，大众已合，诸君何疑？向使董卓倚王室，据旧京，东向以临天下，虽以无道行之，犹足为患。今焚烧宫室，劫迁天子，海内震动，不知所归，此天亡之时也，一战而天下定矣。"遂引兵西，将据成皋，张邈遣将卫兹分兵随之。进至荥阳汴水，遇卓将玄菟徐荣，与战，操兵败，为流矢所中，所乘马被创。从弟洪以马与操，操不受。洪曰："天下可无洪，不可无君。"遂步从操，夜遁去。荣见操所将兵少，力战尽日，谓酸枣未易攻也，亦引兵还。

操到酸枣，诸军十余万，日置酒高会，不图进取。操责让之，因为谋曰："诸君听吾计，使勃海引河内之众临孟津，酸枣诸将守成皋，据敖仓，塞轘辕、太谷，全制其险，使袁将军率南阳之军军丹、析，入武关，以震三辅，皆高垒深壁，勿与战，益为疑兵，示天下形势，以顺诛逆，可立定也。今兵以义动，持疑不进，失天下望，窃为诸君耻之。"邈等不能用。操乃与司马沛国夏侯惇等诣扬州，募兵得千余人，还屯河内。顷之，酸枣诸军食尽，众散。刘岱与桥瑁相恶，岱杀瑁，以王肱领东郡太守。

二年春正月，关东诸将议，以朝廷幼冲，逼于董卓，远隔关塞，不知存否？幽州牧刘虞，宗室贤俊，欲共立为主。曹操曰："吾等所以举兵，而远近莫不响应者，以义动故也。今幼主微弱，制于奸臣，非有昌邑亡国之衅，而一旦改易，天下其孰安之？诸君北面，我自西向。"

袁绍在河内，云中张杨往归之，与南单于於扶罗屯漳水。韩馥以豪杰多归心袁绍，忌之，阴贬节其军粮，欲使其众离散。绍客逢纪谓绍曰："将军举大事而仰人资给，不据一州，无以自全。"绍曰："冀州兵强，吾士饥乏，设不能办，无所容立。"纪曰："韩馥庸才，可密要公孙瓒使取冀州，馥必骇惧，因遣辩士为陈祸福，馥必肯逊让。"绍即以书与瓒，瓒遂引兵谋袭馥。馥与战，不利，绍使外甥陈留高幹及馥所亲颍川辛评、荀谌、郭图等说馥曰："公孙瓒将燕、代之卒，乘胜来南，而诸郡应之，其锋不可当。袁车骑引军东向，其意未可量也。窃为将军危之。"馥惧，曰："然则为之奈何？"谌曰："君自料宽仁容众，为天下所附，孰与袁氏？"馥曰："不如也。""临危吐决，智勇过人，又孰与袁氏？"馥曰："不如也。""世布恩德，天下家受其惠，又孰与袁氏？"馥曰："不如也。"谌曰："袁氏一时之杰，将军资三不如之势，久处其上，彼必不为将军下也。夫冀州天下之重资也，彼若与公孙瓒并力取之，危亡可立而待也。夫袁氏将军之旧，且为同盟，当今之计，若举冀州以让袁氏，彼必厚德将军，瓒亦不能与之争矣。是将军有让贤之名，而身安于泰山也。"馥性恇怯，因然其计。馥长史耿武、别驾闵纯、治中李历闻而谏曰："冀州带甲百万，谷支十年。袁绍孤客穷军，仰我鼻息，譬如婴儿在股掌之上，绝其哺乳，立可饿杀，奈何欲以州与之？"馥曰："吾袁氏故吏，且才不如本初，度德而让，古人所贵，诸君独何病焉。”馥从事赵浮、程涣等谓馥曰：“袁本初军无斗粮，各已离散，虽有张杨、於扶罗新附，未肯为用，不足敌也。小从事等请自以见兵拒之，旬日之间，必土崩瓦解，明将军但当开合高枕，何忧何惧？”馥又不听，乃避位，出居中常侍赵忠故舍，遣子送印绶以让绍。绍遂领冀州牧，承制以广平沮授为奋武将军，使监护诸将，宠遇甚厚。魏郡审配、钜鹿田丰并以正直不得志于韩馥，绍以丰为别驾，配为治中，及南阳许攸、逢纪、颍川荀谌皆为谋主。

鲍信谓曹操曰：“袁绍为盟主，因权专利，将自生乱，是复有一卓也。若抑之，则力不能制，祇以遘难。且可规大河之南，以待其变。”操善之。会黑山于毒、白绕、眭固等十余万众略东郡，王肱不能御。曹操引兵入东郡，击白绕于濮阳，破之。袁绍因表操为东郡太守，治东武阳。

三年。初，荀淑有孙曰彧，少有才名，何颙见而异之，曰：“王佐才也。”及天下乱，彧谓父老曰：“颍川四战之地，宜亟避之。”乡人多怀土不能去，彧独率宗族去依韩馥。会袁绍已夺馥位，待彧以上宾之礼。彧度绍终不能定大业，闻曹操有雄略，乃去绍从操。操与语，大悦，曰：“吾子房也。”以为奋武司马。

曹操军顿丘，于毒等攻东武阳。曹攻毒等本屯，毒闻之，弃武阳还。事见黄巾之乱。

夏四月，青州黄巾寇兖州，刘岱与战，为所杀。曹操部将东郡陈宫谓操曰：“州今无主，而王命断绝，宫请说州中纲纪，明府寻往牧之，资之以收天下，此霸王之业也。”宫因往说别驾、治中曰：“今天下分裂，而州无主。曹东郡命世之才也，若迎以牧州，必宁生民。”鲍信等亦以为然，乃与州吏万潜等至东郡，迎操领兖州刺史。操遂进兵，击黄巾于寿张东，不利。贼众精悍，操兵寡弱，操抚循激励，明设赏罚，承间设奇，昼夜会战，战辄禽获，贼遂退走。鲍信战死。

冬十二月，曹操追黄巾至济北，悉降之，得戎卒三十余万，男女百余万口，收其精锐者，号“青州兵”。

操辟陈留毛玠为治中从事。玠言于操曰：“今天下分崩，乘舆播荡，生民废业，饥馑流亡，公家无经岁之储，百姓无安固之志，难以持久。夫兵义者胜，守位以财，宜奉天子以令不臣，修耕植以畜军资，如此，则霸王之业可成也。”操纳其言，遣使诣河内太守张杨欲假途西至长安，杨不听。

定陶董昭说杨曰：“袁、曹虽为一家，势不久群。曹今虽弱，然实天下之英雄也，当固结之。况今有缘，宜通其上事，并表荐之，若事有成，永为深分。”杨于是通操上事，仍表荐操。昭为操作书与李傕、郭汜等，各随轻重致殷勤。

傕、汜见操使，以为关东欲自立天子，今曹操虽有使命，非其诚实，议留操使。黄门侍郎钟繇说傕、汜曰：“方今英雄并起，各矫命专制，唯曹兖州乃心王室，而逆其忠款，非所以副将来之望也。”傕、汜乃厚加报答。繇，皓之曾孙也。

四年春正月，曹操军鄄城。袁术为刘表所逼，引军屯封丘，黑山别部及匈奴於扶罗皆附之。曹操击破术军，遂围封丘，术走襄邑，又走宁陵。操追击，连破之，术走九江。

夏，曹操还军定陶。

六月，前太尉曹嵩避难在琅邪，其子操令泰山太守应劭迎之。嵩辎重百余两，青、徐牧陶谦别将守阴平，士卒利嵩财宝，掩袭嵩于华、费间，杀之，并少子德。秋，操引兵击谦，攻拔十余城，至彭城，大战，谦兵败，走保郯。

初，京、雒遭董卓之乱，民流移东出，多依徐土，遇操至，坑杀男女数十万口于泗水，水为不流。操攻郯不能克，乃去，攻取虑、睢陵、夏丘，皆屠之，鸡犬亦尽，墟邑无复行人。

兴平元年春二月，陶谦告急于田楷，楷与平原相刘备救之。备自有兵数千人，谦益以丹阳兵四千，备遂去楷归谦，谦表为豫州刺史，屯小沛。曹操军食亦尽，引兵还。

曹操使司马荀彧、寿张令程昱守鄄城，复往攻陶谦，遂略地至琅邪、东海，所过残灭。还，击破刘备于郯东。谦恐，欲走归丹阳。会陈留太守张邈叛操迎吕布，操乃引军还。

初，张邈少时，好游侠，袁绍、曹操皆与之善。及绍为盟主，有骄色，邈正议责绍。绍怒，使操杀之。操不听，曰："孟卓亲友也，是非当容之。今天下未定，奈何自相危也。"操之前攻陶谦，志在必死，敕家曰："我若不还，往依孟卓。"后还见邈，垂泣相对。陈留高柔谓乡人曰："曹将军虽据兖州，本有四方之图，未得安坐守也。而张府君恃陈留之资，将乘间为变，欲与诸君避之，何如?"众人皆以曹、张相亲，柔又年少，不然其言。柔从兄幹自河北呼柔，柔举宗从之。

吕布之舍袁绍从张杨也，过邈，临别，把手共誓。绍闻之，大恨。邈畏操终为绍杀己也，心不自安。前九江太守陈留边让尝讥议操，操闻而杀之，并其妻子。让素有才名，由是兖州士大夫皆恐惧。陈宫性刚直壮烈，内亦自疑，乃与从事中郎许汜、王楷及邈弟超共谋叛操。宫说邈曰："今天下分崩，雄杰并起，君以千里之众，当四战之地，抚剑顾盼，亦足以为人豪，而反受制于人，不亦鄙乎？今州军东征，其处空虚，吕布壮士，善战无前，若权迎之，共牧兖州，观天下形势，俟时事之变，此亦纵横之一时也。”邈从之。

时操使宫将兵留屯东郡，遂以其众潜迎布为兖州牧。布至，邈乃使其党刘翊告荀彧曰：“吕将军来助曹使君击陶谦，宜亟供其军食。”众疑惑。彧知邈为乱，即勒兵设备，急召东郡太守夏侯惇于濮阳。惇来，布遂据濮阳。时操悉军攻陶谦，留守兵少，而督将、大吏多与邈、宫通谋。惇至，其夜诛谋叛者数十人，众乃定。

豫州刺史郭贡率众数万来至城下，或言与吕布同谋，众甚惧。贡求见荀彧，彧将往，惇等曰：“君一州镇也，往必危，不可。”彧曰：“贡与邈等，分非素结也，今来速，计必未定，及其未定说之，纵不为用，可使中立。若先疑之，彼将怒而成计。”贡见彧无惧意，谓鄄城未易攻，遂引兵去。

是时兖州郡县皆应布，唯鄄城、范、东阿不动。布军降者言“陈宫欲自将兵取东阿，又使氾嶷取范”。吏民皆恐。程昱本东阿人，彧谓昱曰：“今举州皆叛，唯有此三城，宫等以重兵临之，非有以深结其心，三城必动。君，民之望也，宜往抚之。”昱乃归过范，说其令靳允曰：“闻吕布执君母、弟、妻子，孝子诚不可为心。今天下大乱，英雄并起，必有命世能息天下之乱者，此智者所宜详择也。得主者昌，失主者亡。陈宫叛迎吕布而百城皆应，似能有为，然以君观之，布何如人哉？夫布粗中少亲，刚而无礼，匹夫之雄耳。宫等以势假合，不能相君也。兵虽众，终必无成。曹使君智略不世出，殆天所授。君必固范，我守东阿，则田单之功可立也，孰与违忠从恶，而母子俱亡乎？唯君详虑之。”允流涕曰：“不敢有贰心。”时氾嶷已在县，允乃见嶷，伏兵刺杀之，归，勒兵自守。

徐众评曰：允于曹公未成君臣，母至亲也，于义应去。卫公子开方仕齐，积年不返，管仲以为不怀其亲，安能爱君。是以求忠臣必于孝子之门；允宜先救至亲。徐庶母为曹公所得，刘备遣庶归北。欲为天下者恕人子之情也，曹公亦宜遣允。

昱又遣别骑绝仓亭津，陈宫至，不得渡。昱至东阿，东阿令颍川枣祗已率厉吏民拒城坚守，卒完三城以待操。操还，执昱手曰："微子之力，吾无所归矣。"表昱为东平相，屯范。吕布攻鄄城不能下，西屯濮阳。曹操曰："布一旦得一州，不能据东平，断亢父、泰山之道，乘险要我，而乃屯濮阳，吾知其无能为也。"乃进攻之。

秋八月，吕布有别屯在濮阳西，曹操夜袭破之，未及还，会布至，身自搏战，自旦至日昳，数十合，相持甚急。操募人陷阵，司马陈留典韦将应募者进当之，布弓弩乱发，矢至如雨，韦不视，谓等人曰："虏来十步乃白之。"等人曰："十步矣。"又曰："五步乃白。"等人惧，疾言"虏至矣！"韦持戟大呼而起，所抵无不应手倒者，布众退。会日暮，操乃得引去。拜韦都尉，令常将亲兵数百人绕大帐左右。

濮阳大姓田氏为反间，操得入城，烧其东门，示无反意。及战，军败，布骑得操而不识，问曰："曹操何在？"操曰："乘黄马走者是也。"布骑乃释操而追黄马者。操突火而出，至营，自力劳军，令军中促为攻具，进，复攻之，与布相守百余日。蝗虫起，百姓大饿，布粮食亦尽，各引去。

九月，操还鄄城。布到乘氏，为其县人李进所破，东屯山阳。

冬十月，操至东阿。袁绍使人说操，欲使操遣家居邺。操新失兖州，军食尽，将许之。程昱曰："意者将军殆临事而惧，不然何虑之不深也？夫袁绍有并天下之心，而智不能济也，将军自度能为之下乎？将军以龙虎之威，可为之韩、彭邪？今兖州虽残，尚有三城，能战之士，不下万人，以将军之神武，与文若、昱等收而用之，霸王之业可成也，愿将军更虑之。"操乃止。

二年春正月，曹操败吕布于定陶。

闰四月，吕布将薛兰、李封屯钜野，曹操攻之，布救兰等，不胜而走，操遂斩兰等。操军乘氏，以陶谦已死，欲遂取徐州，还乃定布。荀彧曰："昔高祖保关中，光武据河内，皆深根固本以制天下，进足以胜敌，退足以坚守，故虽有困败而终济大业。将军本以兖州首事，平山东之难，百姓无不归心悦服。且河、济天下之要地也，今虽残坏，犹易以自保，是亦将军之关中、河内也，不可以不先定。今已破李封、薛兰，若分兵东击陈宫，宫必不敢西顾，以其间勒兵收熟麦，约食畜谷，一举而布可破也。破布，然后南结扬州，共讨袁术，以临淮、泗。若舍布而东，多留兵则不足用，少留兵则民皆保城，不得樵采，布乘虚寇暴，民心益危，唯鄄城、范、卫可全，其余非己之有，是无兖州也。若徐州不定，将军当安所归乎？且陶谦虽死，徐州未易亡也。彼惩往年之败，将惧而结亲，相为表里。今东方皆已收麦，必坚壁清野以待将军，攻之不拔，略之无获，不出十日，则十万之众未战而自困耳。前讨徐州，威罚实行，其子弟念父兄之耻，必人自为守，无降心，就能破之，尚不可有也。夫事固有弃此取彼者，以大易小可也，以安易危可也，权一时之势，不患本之不固可也。今三者莫利，愿将军熟虑之。"操乃止。

布复从东缗与陈宫将万余人来战，操兵皆出收麦，在者不能千人，屯营不固。屯西有大堤，其南树木幽深，操隐兵堤里，出半兵堤外。布益进，乃令轻兵挑战，既合，伏兵乃悉乘堤，步骑并进，大破之，追至其营而还。布夜走。操复攻拔定陶，分兵平诸县。布东奔刘备。

冬十月，以曹操为兖州牧。

建安元年秋八月，曹操在许，谋迎天子。众以为山东未定，韩暹、杨奉负功恣睢，未可卒制。荀彧曰："昔晋文公纳周襄王而诸侯景从，汉高祖为义帝缟素而天下归心。自天子蒙尘，将军首唱义兵，徒以山东扰乱，未遑远赴。今銮驾旋轸，东京榛芜，义士有存本之思，兆民怀感旧之哀，诚因此时，奉主上以从人望，大顺也。秉至公以服天下，大略也。扶弘义以致英俊，大德也。四方虽有逆节，其何能为？韩暹、杨奉，安足恤哉！若不时定，使豪桀生心，后虽为虑，亦无及矣。"操乃遣扬武中郎将曹洪将兵西迎天子，董承等据险拒之，洪不得进。

议郎董昭以杨奉兵马最强而少党援，作操书与奉曰："吾与将军闻名慕义，便推赤心。今将军拔万乘之艰难，反之旧都，翼佐之功，超世无畴，何其休哉！方今群凶猾夏，四海未宁，神器至重，事在维辅。必须众贤，以清王轨，诚非一人所能独建，心腹四支，实相恃赖，一物不备，则有阙焉。将军当为内主，吾为外援。今吾有粮，将军有兵，有无相通，足以相济，死生契阔，相与共之。"奉得书喜悦，语诸将军曰："兖州诸军近在许耳，有兵有粮，国家所当依仰也。"遂共表操为镇东将军，袭父爵费亭侯。

韩暹矜功专恣，董承患之，因潜召操，操乃将兵诣雒阳。既至，奏韩暹、张杨之罪。暹惧诛，单骑奔杨奉。帝以暹、杨有翼车驾之功，诏一切勿问。辛亥，以曹操领司隶校尉，录尚书事。操于是诛尚书冯硕等三人，讨有罪也。封卫将军董承等十三人为列侯，赏有功也。赠射声校尉沮俊为弘农太守，矜死节也。

操引董昭并坐，问曰："今孤来此，当施何计？"昭曰："将军兴义兵以诛暴乱，入朝天子，辅翼王室，此五伯之功也。此下诸将，人殊意异，未必服从，今留匡弼，事势不便，惟有移驾幸许耳。然朝廷播越，新还旧京，远近跂望，冀一朝获安，今复徙驾，不厌众心。夫行非常之事，乃有非常之功，愿将军算其多者。"操曰："此孤本志也。杨奉近在梁耳，闻其兵精，得无为孤累乎？"昭曰："奉少党援，心相凭结，镇东、费亭之事，皆奉所定，宜时遣使，厚遗答谢，以安其意。说'京都无粮，欲车驾暂幸鲁阳，鲁阳近许，转运稍易，可无县乏之忧'。奉为人勇而寡虑，必不见疑，比使往来，足以定计，奉何能为累。"操曰："善。"即遣使诣奉。庚申，车驾出轘辕而东，遂迁都许。己巳，幸曹操营，以操为大将军，封武平侯，始立宗庙、社稷于许。

九月，车驾之东迁也，杨奉自梁欲邀之，不及。

冬十月，曹操征奉，奉南奔袁术，遂攻其梁屯，拔之。

诏书下袁绍，责以"地广兵多，而专自树党，不闻勤王之师，但擅相讨伐"。绍上书深自陈愬。戊辰，以绍为太尉，封邺侯。绍耻班在曹操下，怒曰："曹操当死数矣，我辄救存之，今乃挟天子以令我乎！"表辞不受。操惧，请以大将军让绍。丙戌，以操为司空，行车骑将军事。

操以荀彧为侍中，守尚书令。操问彧以策谋之士，彧荐其从子蜀郡太守攸及颍川郭嘉。操征攸为尚书，与语大悦，曰："公达非常人也，吾得与之计事，天下当何忧哉！"以为军师。

初,郭嘉往见袁绍,绍甚敬礼之,居数十日,谓绍谋臣辛评、郭图曰:"夫智者审于量主,故百全而功名可立。袁公徒欲效周公之下士,而不知用人之机。多端寡要,好谋无决,欲与共济天下大难,定霸王之业,难矣。吾将更举以求主,子盍去乎?"二人曰:"袁氏有恩德于天下,人多归之,且今最强,去将何之?"嘉知其不寤,不复言,遂去之。操召见,与论天下事,喜曰:"使孤成大业者,必此人也。"嘉出,亦喜曰:"真吾主也。"操表嘉为司空祭酒。

操以山阳满宠为许令。操从弟洪,有宾客在许界,数犯法,宠收治之,洪书报宠,宠不听。洪以白操,操召许主者。宠知将欲原客,乃速杀之。操喜曰:"当事不当尔邪!"

中平以来,天下乱离,民弃农业,诸军并起,率乏粮谷,无终岁之计,饥则寇略,饱则弃余,瓦解流离,无敌自破者,不可胜数。袁绍在河北,军人仰食桑椹。袁术在江、淮,取给蒲嬴,民多相食,州里萧条。羽林监枣祗请建置屯田,曹操从之,以祗为屯田都尉,以骑都尉任峻为典农中郎将。募民屯田许下,得谷百万斛。于是州郡例置田官,所在积谷,仓廪皆满,故操征伐四方,无运粮之劳,遂能兼并群雄。军国之饶,起于祗而成于峻。

骠骑将军武威张济自关中引兵入荆州界,攻穰城,为流矢所中死。济族子建忠将军绣代领其众,屯宛。

宣威将军贾诩往归绣。

二年春正月,曹操讨张绣,军于淯水。绣举众降,袭击操军,杀操长子昂。操中流矢败走。操引军还许。

袁绍与操书,辞语骄慢。操谓荀彧、郭嘉曰:"今将讨不义而力不敌,何如?"对曰:"刘、项之不敌,公所知也。汉祖唯智胜项羽,故羽虽强,终为所禽。今绍有十败,公有十胜。绍虽强,无能为也。绍繁礼多仪,公体任自然,此道胜也。绍以逆动,公奉顺以率天下,此义胜也。桓、灵以来,政失于宽,绍以宽济宽,故不摄,公纠之以猛,而上下知制,此治胜也。绍外宽内忌,用人而疑之,所任唯亲戚子弟,公外易简而内机明,用人无疑,唯才所宜,不间远近,此度胜也。绍多谋少决,失在后事,公得策辄行,应变无穷,此谋胜也。绍高议揖让,以收名誉,士之好言饰外者多归之,公以至心待人,不为虚美,士之忠正远见而有实者皆愿为用,此德胜也。绍见人饥寒,恤念之形于颜色,其所不见,虑或不及,公于目前小事时有所忽,至于大事,与四海接,恩之所加,皆过其望,虽所不见,虑无不周,此仁胜也。绍大臣争权,谗言惑乱,公御下以道,浸润不行,此明胜也。绍是非不可知,公所是进之以礼,所不是正之以法,此文胜也。绍好为虚势,不知兵要,公以少克众,用兵如神,军人恃之,敌人畏之,此武胜也。”操笑曰:“如卿所言,孤何德以堪之。”嘉又曰:“绍方北击公孙瓒,可因其远征,东取吕布。若绍为寇,布为之援,此深害也。”彧曰:“不先取吕布,河北未易图也。”操曰:“然,吾所惑者,又恐绍侵扰关中,西乱羌胡,南诱蜀汉,是我独以兖、豫抗天下六分之五也,为将奈何?”彧曰:“关中将帅以十数,莫能相一,唯韩遂、马腾最强,彼见山东方争,必各拥众自保。今若抚以恩德,遣使连和,虽不能久安,比公安定山东,足以不动。侍中、尚书仆射钟繇有智谋,若属以西事,公无忧矣。”操乃表繇以侍中守司隶校尉,持节督关中诸军,特使不拘科制。繇至长安,移书腾、遂等,为陈祸福,腾、遂各遣子入侍。

袁术称帝于寿春,置公卿百官,郊祀天地。以书召沛相陈珪，珪答书曰："曹将军兴复典刑，将拨平凶慝，以为足下当戮力同心，匡翼汉室，而阴谋不轨，以身试祸。欲吾营私阿附，有死不能也。"

初，袁术畏吕布为己害，乃为子求婚，布许之。夏五月，袁术遣使者韩胤以称帝事告吕布，因求迎妇。布遣女随之。陈珪恐徐、扬合从，为难未已，往说布曰："曹公奉迎天子，辅赞国政，将军宜与协同策谋，共存大计。今与袁术结昏，必受不义之名，将有累卵之危矣。"布亦怨术初不己受也，女已在涂，乃追还绝昏，械送韩胤，枭首许市。

陈珪欲使子登诣曹操，布固不肯。会诏以布为左将军，操复遗布手书，深加慰纳。布大喜，即遣登奉章谢恩，并答操书。登见操，因陈布勇而无谋，轻于去就，宜早图之。操曰："布狼子野心，诚难久养，非卿莫究其情伪。"即增珪秩中二千石，拜登广陵太守。临别，操执登手曰："东方之事，便以相付。"令阴合部众以为内应。

始，布因登求徐州牧，不得，登还，布怒，拔戟斫几曰："卿父劝吾协同曹操，绝婚公路。今吾所求无获，而卿父子并显重，但为卿所卖耳。"登不为动容，徐对之曰："登见曹公，言：'养将军譬如养虎，当饱其肉，不饱则将噬人。'公曰：'不如卿言。譬如养鹰，饥即为用，饱则飏去。'其言如此。"布意乃解。

袁术遣其大将张勋、桥蕤等与韩暹、杨奉连势，步骑数万趣下邳，七道攻布。布时有兵三千，马四百匹，惧其不敌，谓陈珪曰："今致术军，卿之由也，为之奈何？"珪曰："暹、奉与术，卒合之师耳，谋无素定，不能相维，子登策之，比于连鸡，势不俱栖，立可离也。"布用珪策，与暹、奉书曰："二将军亲拔大驾，而布手杀董卓，俱立功名，今奈何与袁术同为贼乎？不如相与并力破术，为国除害。”且许悉以术军资与之。暹、奉大喜，即回计从布。布进军，去勋营百步，暹、奉兵同时叫呼，并到勋营，勋等散走，布兵追击，斩其将十人首，所杀伤堕水死者殆尽。布因与暹、奉合军向寿春，水陆并进，到钟离，所过虏略，还渡淮北，留书辱术。术自将步骑五千扬兵淮上，布骑皆于水北大咍笑之而还。

秋九月，司空曹操东征袁术。术闻操来，弃军走，留其将桥蕤等于蕲阳以拒操。操击破蕤等，皆斩之。术走渡淮，时天旱岁荒，士民冻馁，术由是遂衰。操辟陈国何夔为掾，问以袁术何如，对曰：“天之所助者顺，人之所助者信。术无信顺之实，而望天人之助，其可得乎？”操曰：“为国失贤则亡，君不为术所用，亡，不亦宜乎？”操性严，掾属公事往往加杖，夔常畜毒药，誓死无辱，是以终不见及。

沛国许褚勇力绝人，聚少年及宗族数千家，坚壁以御外寇，淮、汝、陈、梁间皆畏惮之。操徇淮、汝，褚以众归操。操曰：“此吾樊哙也。”即日拜都尉，引入宿卫，诸从褚侠客，皆以为虎士焉。

冬十一月，曹操复攻张绣，拔湖阳。

三年春正月，曹操还许。三月，将复击张绣。荀攸曰：“绣与刘表相恃为强，然绣以游军仰食于表，表不能供也，势必乖离。不如缓军以待之，可诱而致也，若急之，其势必相救。”操不从，围绣于穰。

初，袁绍每得诏书，患其有不便于己者，欲移天子自近，使说曹操，以“许下埤湿，雒阳残破，宜徙都鄄城以就全实”。操拒之。田丰说绍曰：“徙都之计，既不克从，宜早图许，奉迎天子，动托诏书，号令海内，此算之上者。不尔，终为人所禽，虽悔无益也。”绍不从。会绍亡卒诣操，云田丰劝绍袭许，操解穰围而还，张绣率众追之。

五月，刘表遣兵救绣，屯于安众，守险以绝军后。操与荀彧书曰：“吾到安众，破绣必矣。”及到安众，操军前后受敌，操乃夜凿险伪遁，表、绣悉军来追。操纵奇兵步骑夹攻，大破之。他日，彧问操：“前策贼必破，何也？”操曰：“虏遏吾归师，而与吾死地，吾是以知胜矣。”

绣之追操也，贾诩止之曰：“不可追也，追必败。”绣不听，进兵交战，大败而还。诩登城谓绣曰：“促更追之，更战必胜。”绣谢曰：“不用公言，以至于此，今已败，奈何复追？”诩曰：“兵势有变，促追之。”绣素信诩言，遂收散卒更追，合战，果以胜还。乃问诩曰：“绣以精兵追退军，而公曰必败；以败卒击胜兵，而公曰必克。悉如公言，何也？”诩曰：“此易知耳。将军虽善用兵，非曹公敌也。曹公军新退，必自断后，故知必败。曹公攻将军，既无失策，力未尽而一朝引退，必国内有故也。已破将军，必轻军速进，留诸将断后，诸将虽勇，非将军敌，故虽用败兵，而战必胜也。”绣乃服。

吕布复与袁术通。曹操欲自击布，诸将皆曰：“刘表、张绣在后，而远袭吕布，其危必也。”荀攸曰：“表、绣新破，势不敢动。布骁勇，又恃袁术，若从横淮、泗间，豪杰必应之。今乘其初叛，众心未一，往可破也。”操曰：“善。”

冬十月，操屠彭城。广陵太守陈登率郡兵为操先驱，进至下邳。布自将屡与操战，皆大败，还保城，不敢出。操遗布书，为陈祸福。布惧，欲降。陈宫曰：“曹操远来，势不能久。将军若以步骑出屯于外，宫将余众闭守于内。若向将军，宫引兵而攻其背，若但攻城，则将军救于外。不过旬月，操军食尽，击之可破也。”布然之，欲使宫与高顺守城，自将骑断操粮道。布妻谓布曰：“宫、顺素不和，将军一出，宫、顺必不同心共城守也，如有蹉跌，将军当于何自立乎？且曹氏待公台如赤子，犹舍而归我。今将军厚公台不过曹氏，而欲委全城，捐妻子，孤军远出，若一旦有变，妾岂得复为将军妻哉！”布乃止。潜遣其官属许汜、王楷求救于袁术。术曰：“布不与我女，理自当败，何为复来？”汜、楷曰：“明上今不救布，为自败耳。布破，明上亦破也。”术乃严兵为布作声援。布恐术为女不至，故不遣救兵，以绵缠女身缚着马上，夜自送女出，与操守兵相触，格射不得过，复还城。

〔河〕内太守张杨素与布善，欲救之，不能，乃出兵东市，遥为之势。十一月，杨将杨丑杀杨以应操，别将眭固复杀丑，将其众北合袁绍。杨性仁和，无威刑，下人谋反发觉，对之涕泣，辄原不问，故及于难。

操掘堑围下邳，积久，士卒疲敝，欲还。荀攸、郭嘉曰：“吕布勇而无谋，今屡战皆北，锐气衰矣。三军以将为主，主衰则军无奋意。陈宫有智而迟。今及布气之未复，宫谋之未定，急攻之，布可拔也。”乃引沂、泗灌城，月余，布益困迫，临城谓操军士曰：“卿曹无相困，我当自首于明公。”陈宫曰：“逆贼曹操，何等明公？今日降之，若卵投石，岂可得全也！”

布将侯成亡其名马，已而复得之，诸将合礼以贺成，成分酒肉先入献布。布怒曰：“布禁酒而卿等酝酿，为欲因酒共谋布邪？”成忿惧。十二月癸酉，成与诸将宋宪、魏续等共执陈宫、高顺，率其众降。布与麾下登白门楼，兵围之急，布令左右取其首诣操，左右不忍，乃下降。

布见操曰:“今日已往,天下定矣。”操曰:“何以言之?”布曰:“明公之所患不过于布,今已服矣。若令布将骑,明公将步,天下不足定也。”顾谓刘备曰:“玄德,卿为坐上客,我为降虏,绳缚我急,独不可一言邪?”操笑曰:“缚虎不得不急。”乃命缓布缚。刘备曰:“不可。明公不见吕布事丁建阳、董太师乎?”操颔之。布目备曰:“大耳儿,最叵信。”

操谓陈宫曰:“公台平生自谓智有余,今竟何如?”宫指布曰:“是子不用宫言,以至于此。若其见从,亦未必为禽也。”操曰:“奈卿老母何?”宫曰:“宫闻以孝治天下者不害人之亲。老母存否,在明公,不在宫也。”操曰:“奈卿妻子何?”宫曰:“宫闻施仁政于天下者不绝人之祀。妻子存否,在明公,不在宫也。”操未复言。宫请就刑,遂出不顾。操为之泣涕,并布、顺皆缢杀之,传首许市。操召陈宫之母,养之终其身,嫁宫女,抚视其家,皆厚于初。

前尚书令陈纪、纪子群在布军中,操皆礼而用之。张辽将其众降,拜中郎将。臧霸自亡匿,操募索得之,使霸招吴敦、尹礼、孙观等,皆诣操降。操乃分琅邪、东海为城阳、利城、昌虑郡,悉以霸等为守相。

初,操在兖州,以徐翕、毛晖为将,及兖州乱,翕、晖皆叛。兖州既定,翕、晖亡命投霸。操语刘备,令霸送二首,霸谓备曰:“霸所以能自立者,以不为此也。霸受主公生全之恩,不敢违命;然王霸之君,可以义告,愿将军为之辞。”备以霸言白操,操叹息谓霸曰:“此古人之事,而君能行之,孤之愿也。”皆以翕、晖为郡守。陈登以功加伏波将军。

四年春三月,眭固屯射犬。夏四月,曹操进军临河,使将军史涣、曹仁渡河击之。仁，操从弟也。固自将兵北诣袁绍求救，与涣、仁遇于犬城，涣、仁击斩之。操遂济河围射犬，射犬降，操还军敖仓。

袁术既称帝，淫侈滋甚，媵御数百，无不兼罗纨，厌粱肉，自下饥困，莫之收恤。既而资实空尽，不能自立，乃烧宫室，奔其部曲陈简、雷薄于灊山，复为简等所拒，遂大穷，士卒散走，忧懑不知所为。乃遣使归帝号于从兄绍，曰："禄去汉室久矣，袁氏受命当王，符瑞炳然。今君拥有四州，人户百万，谨归大命，君其兴之。"袁谭自青州迎术，欲从下邳北过，曹操遣刘备及将军清河朱灵邀之，术不得过，复走寿春。六月，至江亭，坐箦床而叹曰："袁术乃至是乎！"因愤慨结病，欧血死。术从弟胤畏曹操，不敢居寿春，率其部曲奉术柩及妻子奔庐江太守刘勋于皖城。故广陵太守徐璆得传国玺，献之。

袁绍既克公孙瓒，心益骄，贡御稀简。主簿耿包密白绍，宜应天人，称尊号。绍以包白事示军府，僚属皆言包妖妄，宜诛，绍不得已，杀包以自解。

绍简精兵十万、骑万匹，欲以攻许。沮授谏曰："近讨公孙瓒，师出历年，百姓疲敝，仓库无积，未可动也。宜务农息民，先遣使献捷天子。若不得通，乃表曹操隔我王路，然后进屯黎阳，渐营河南，益作舟船，缮修器械，分遣精骑抄其边鄙，令彼不得安，我取其逸，如此，可坐定也。"郭图、审配曰："以明公之神武，引河朔之强众以伐曹操，易如覆手，何必乃尔？"授曰："夫救乱诛暴，谓之义兵；恃众凭强，谓之骄兵。义者无敌，骄者先灭。曹操奉天子以令天下，今举师南向，于义则违。且庙胜之策，不在强弱。曹操法令既行，士卒精练，非公孙瓒坐而受攻者也。今弃万安之术，而兴无名之师，窃为公惧之。”图、配曰：“武王伐纣，不为不义，况兵加曹操，而云无名。且以公今日之强，将士思奋，不及时以定大业，所谓‘天与不取，反受其咎’，此越之所以霸，吴之所以灭也。监军之计在于持牢，而非见时知几之变也。”绍纳图言。图等因是谮授曰：“授监统内外，威震三军，若其寖盛，何以制之？夫臣与主同者亡，此黄石之所忌也。且御众于外，不宜知内。”绍乃分授所统为三都督，使授及郭图、淳于琼各典一军。骑都尉清河崔琰谏曰：“天子在许，民望助顺，不可攻也。”绍不从。

许下诸将闻绍将攻许，皆惧。曹操曰：“吾知绍之为人，志大而智小，色厉而胆薄，忌克而少威，兵多而分画不明，将骄而政令不一，土地虽广，粮食虽丰，适足以为吾奉也。”孔融谓荀彧曰：“绍地广兵强，田丰、许攸智士也为之谋，审配、逢纪忠臣也任其事，颜良、文丑勇将也统其兵，殆难克乎？”彧曰：“绍兵虽多而法不整，田丰刚而犯上，许攸贪而不治，审配专而无谋，逢纪果而自用。此数人者，势不相容，必生内变。颜良、文丑，一夫之勇耳，可一战而禽也。”

秋八月，操进军黎阳，使臧霸等将精兵入青州以扞东方，留于禁屯河上。九月，操还许，分兵守官渡。

袁绍遣人招张绣，并与贾诩书结好。绣欲许之，诩于绣坐上显谓绍使曰：“归谢袁本初，兄弟不能相容，而能容天下国士乎？”绣惊惧曰：“何至于此。”窃谓诩曰：“若此，当何归？”诩曰：“不如从曹公。”绣曰：“袁强曹弱，又先与曹为仇，从之如何？”诩曰：“此乃所以宜从也。夫曹公奉天子以令天下，其宜从一也。绍强盛，我以少众从之，必不以我为重，曹公众弱，其得我必喜，其宜从二也。夫有霸王之志者，固将释私怨以明德于四海，其宜从三也。愿将军无疑。”冬十一月，绣率众降曹操。操执绣手，与欢宴，为子均取绣女，拜扬武将军，表诩为执金吾，封都亭侯。

关中诸将以袁、曹方争，皆中立顾望。凉州牧韦端使从事天水杨阜诣许，阜还，关右诸将问袁、曹胜败孰在，阜曰：“袁公宽而不断，好谋而少决。不断则无威，少决则后事，今虽强，终不能成大业。曹公有雄才远略，决机无疑，法一而兵精，能用度外之人，所任各尽其力，必能济大事者也。”

曹操使治书侍御史河东卫觊镇抚关中。时四方大有还民，关中诸将多引为部曲。觊书与荀彧曰：“关中膏腴之地，顷遭荒乱，人民流入荆州者十万余家。闻本土安宁，皆企望思归；而归者无以自业，诸将各竞招怀以为部曲，郡县贫弱，不能与争，兵家遂强，一旦变动，必有后忧。夫盐，国之大宝也，乱来放散，宜如旧置使者监卖，以其直益市犁牛，若有归民，以供给之，勤耕积粟，以丰殖关中，远民闻之，必日夜竞还。又使司隶校尉留治关中以为之主，则诸将日削，官民日盛，此强本弱敌之利也。”彧以白操，操从之。始遣谒者仆射监盐官，司隶校尉治弘农，关中由是服从。

袁绍使人求助于刘表，表许之而竟不至，亦不援曹操。从事中郎南阳韩嵩、别驾零陵刘先说表曰：“今两雄相持，天下之重在于将军。若欲有为，起乘其敝可也；如其不然，固将择所宜从。岂可拥甲十万，坐观成败，求援而不能助，见贤而不肯归，此两怨必集于将军，恐不得中立矣。曹操善用兵，贤俊多归之，其势必举袁绍，然后移兵以向江、汉，恐将军不能御也。今之胜计，莫若举荆州以附曹操，操必重德将军，长享福祚，垂之后嗣，此万全之策也。”蒯越亦劝之。表狐疑不断，乃遣嵩诣许，曰：“今天下未知所定，而曹操拥天子都许，君为我观其衅。”嵩曰：“圣达节，次守节，嵩守节者也。夫君臣名定，以死守之。今策名委质，唯将军所命，虽赴汤蹈火，死无辞也。以嵩观之，曹公必得志于天下。将军能上顺天子，下归曹公，使嵩可也；如其犹豫，嵩至京师，天子假嵩一职，不获辞命，则成天子之臣，将军之故吏耳。在君为君，则嵩守天子之命，义不得复为将军死也。惟加重思，无为负嵩。”表以为惮使，强之。至许，诏拜嵩侍中、零陵太守。及还，盛称朝廷、曹公之德，劝表遣子入侍。表大怒，以为怀贰，大会寮属，陈兵，持节，将斩之，数曰：“韩嵩敢怀贰邪！”众皆恐，欲令嵩谢。嵩不为动容，徐谓表曰：“将军负嵩，嵩不负将军。”具陈前言。表妻蔡氏谏曰：“韩嵩，楚国之望也，且其言直，诛之无辞。”表犹怒，考杀从行者，知无他意，乃弗诛而囚之。

十二月，曹操复屯官渡。操遣刘备邀袁术，备遂杀徐州刺史车胄，留关羽守下邳，行太守事。

五年春正月，曹操自讨刘备，备奔青州，归袁绍。曹操还军官渡，绍乃议攻许。田丰曰：“曹操既破刘备，则许下非复空虚。且操善用兵，变化无方，众虽少，未可轻也，今不如以久持之。将军据山河之固，拥四州之众，外结英雄，内修农战，然后简其精锐，分为奇兵，乘虚迭出，以扰河南，救右则击其左，救左则击其右，使敌疲于奔命，民不得安业，我未劳而彼已困，不及三年，可坐克也。今释庙胜之策而决成败于一战，若不如志，悔无及也。”绍不从。丰强谏忤绍，绍以为沮众，械系之。于是移檄州郡，数操罪恶。

二月，进军黎阳。沮授临行，会其宗族，散资财以与之，曰：

"势存则威无不加,势亡则不保一身,哀哉!"其弟宗曰:"曹操士马不敌,君何惧焉?"授曰:"以曹操之明略,又挟天子以为资,我虽克伯珪,众实疲敝,而主骄将忕,军之破败,在此举矣。扬雄有言'六国蚩蚩,为嬴弱姬',其今之谓乎!"

振威将军程昱,以七百兵守鄄城。曹操欲益昱兵二千,昱不肯,曰:"袁绍拥十万众,自以所向无前,今见昱少兵,必轻易,不来攻。若益昱兵,过则不可不攻,攻之必克,徒两损其势,愿公无疑。"绍闻昱兵少,果不往。操谓贾诩曰:"程昱之胆,过于贲、育矣。"

袁绍遣其将颜良攻东郡太守刘延于白马。沮授曰:"良性促狭,虽骁勇,不可独任。"绍不听。夏四月,曹操北救刘延,荀攸曰:"今兵少不敌,必分其势乃可。公到延津,若将渡兵向其后者,绍必西应之,然后轻兵袭白马,掩其不备,颜良可禽也。"操从之。绍闻兵渡,即分兵西邀之。操乃引军兼行趣白马,未至十余里,良大惊,来逆战。操使张辽、关羽先登击之。羽望见良麾盖,策马刺良于万众之中,斩其首而还,绍军莫能当者。遂解白马之围,徙其民,循河而西。绍渡河追之,沮授谏曰:"胜负变化不可不详,今宜留屯延津,分兵官渡,若其克获,还迎不晚,设其有难,众弗可还。"绍弗从。授临济叹曰:"上盈其志,下务其功,悠悠黄河,吾其济乎?"遂以疾辞。绍不许而意恨之,复省其所部,并属郭图。

绍军至延津南,操勒兵驻营南阪下,使登垒望之,曰:"可五六百骑。"有顷,复白:"骑稍多,步兵不可胜数。"操曰:"勿复白。"令骑解鞍放马。是时,白马辎重就道。诸将以为敌骑多,不如还保营。荀攸曰:"此所以饵敌,如何去之。"操顾攸而笑。绍骑将文丑与刘备将五六千骑前后至。诸将复白"可上马"。操曰:"未也。"有顷,骑至稍多,或分趣辎重。操曰:"可矣。"乃皆上马。时骑不满六百,遂纵兵击,大破之,斩丑。丑与颜良,皆绍名将也,再战,悉禽之,绍军夺气。操还军官渡。

秋七月,汝南黄巾刘辟等叛曹操应袁绍,绍遣刘备将兵助辟,郡县多应之。绍遣使拜阳安都尉李通为征南将军,刘表亦阴招之,通皆拒焉。或劝通从绍,通按剑叱之曰:"曹公明哲,必定天下,绍虽强盛,终为之虏耳。吾以死不贰。"即斩绍使,送印绶诣操。

袁绍军阳武,沮授说绍曰:"北兵虽众,而劲果不及南;南军谷少,而资储不如北。南幸于急战,北利在缓师,宜徐持久,旷以日月。"绍不从。八月,绍进营稍前,依沙堆为屯,东西数十里,操亦分营与相当。

九月,曹操出兵与袁绍战,不胜,复还,坚壁。绍为高橹,起土山,射营中,营中皆蒙楯而行。操乃为霹雳车,发石以击绍楼,皆破。绍复为地道攻操,操辄于内为长堑以拒之。操众少粮尽,士卒疲乏,百姓困于征赋,多叛归绍者。操患之,与荀彧书,议欲还许,以致绍师。彧报曰:"绍悉众聚官渡,欲与公决胜败。公以至弱当至强,若不能制,必为所乘,是天下之大机也。且绍布衣之雄耳,能聚人而不能用。以公之神武明哲而辅以大顺,何向而不济?今谷食虽少,未若楚、汉在荥阳、成皋间也。是时刘、项莫肯先退者,以为先退则势屈也。公以十分居一之众,画地而守之,搤其喉而不得进,已半年矣,情见势竭,必将有变。此用奇之时,不可失也。"操从之,乃坚壁持之。

操见运者,抚之曰:"却十五日,为汝破绍,不复劳汝矣。"绍运谷车数千乘至官渡。荀攸言于操曰:“绍运车旦暮至,其将韩猛锐而轻敌,击可破也。”操曰:“谁可使者?”攸曰:“徐晃可。”乃遣偏将军河东徐晃与史涣邀击猛,破走之,烧其辎重。

冬十月,绍复遣车运谷,使其将淳于琼等将兵万余人送之,宿绍营北四十里。沮授说绍:“可遣蒋奇别为支军于表,以绝曹操之钞。”绍不从。许攸曰:“曹操兵少而悉师拒我,许下余守,势必空弱。若分遣轻军,星行掩袭,许可拔也。许拔,则奉迎天子以讨操,操成禽矣。如其未溃,可令首尾奔命,破之必也。”绍不从,曰:“吾要当先取操。”会攸家犯法,审配收系之,攸怒,遂奔操。

操闻攸来,跣出迎之,抚掌笑曰:“子卿远来,吾事济矣。”既入坐,谓操曰:“袁氏军盛,何以待之?今有几粮乎?”操曰:“尚可支一岁。”攸曰:“无是,更言之。”又曰:“可支半岁。”攸曰:“足下不欲破袁氏耶?何言之不实也。”操曰:“向言戏之耳。其实可一月,为之奈何?”攸曰:“公孤军独守,外无救援,而粮谷已尽,此危急之日也。袁氏辎重万余乘,在故市、乌巢,屯军无严备,若以轻兵袭之,不意而至,燔其积聚,不过三日,袁氏自败也。”操大喜,乃留曹洪、荀攸守营,自将步骑五千人,皆用袁军旗帜,衔枚缚马口,夜从间道出,人抱束薪,所历道有问者,语之曰:“袁公恐曹操钞略后军,遣兵以益备。”闻者信以为然,皆自若。既至,围屯,大放火,营中惊乱。会明,琼等望见操兵少,出陈门外,操急击之,琼退保营,操遂攻之。

绍闻操击琼,谓其子谭曰:“就操破琼,吾拔其营,彼固无所归矣。”乃使其将高览、张郃等攻操营。郃曰:“曹公精兵往,必破琼等。琼等破,则事去矣,请先往救之。”郭图固请攻操营,郃曰:“曹公营固,攻之必不拔。若琼等见禽,吾属尽为虏矣。”绍但遣轻骑救琼,而以重兵攻操营,不能下。

绍骑至乌巢,操左右或言贼骑稍近,请分兵拒之。操怒曰:“贼在背后乃白。”士卒皆殊死战,遂大破之,斩琼等,尽燔其粮谷,杀士卒千余人,皆取其鼻,牛马割唇舌,以示绍军。绍军将士皆恟惧。郭图惭其计之失,复谮张郃于绍曰:“郃快军败。”郃忿惧,遂与高览焚攻具,诣操营降。曹洪疑不敢受,荀攸曰:“郃计画不用,怒而来奔,君有何疑?”乃受之。

于是绍军惊扰,大溃。绍及谭等幅巾乘马,与八百骑渡河。操追之不及,尽收其辎重、图书、珍宝。余众降者,操尽坑之,前后所杀七万余人。

沮授不及绍渡,为操军所执,乃大呼曰:“授不降也,为所执耳。”操与之有旧,迎谓曰:“分野殊异,遂用圮绝,不图今日乃相禽也。”授曰:“冀州失策,自取奔北。授知力俱困,宜其见禽。”操曰:“本初无谋,不相用计。今丧乱未定,方当与君图之。”授曰:“叔父、母弟,悬命袁氏,若蒙公灵,速死为福。”操叹曰:“孤早相得,天下不足虑也。”遂赦而厚遇焉。授寻谋归袁氏,操乃杀之。

操收绍书中,得许下及军中人书,皆焚之,曰:“当绍之强,孤犹不能自保,况众人乎?”冀州城邑多降于操。袁绍走至黎阳北岸,入其将军蒋义渠营,把其手曰:“孤以首领相付矣。”义渠避帐而处之,使宣号令。众闻绍在,稍复归之。

或谓田丰曰:“君必见重矣。”丰曰:“公貌宽而内忌,不亮吾忠,而吾数以至言迕之,若胜而喜,犹能赦我,今战败而恚,内忌将发,吾不望生。”绍军士皆拊膺泣曰:“向令田丰在此,必不至于败。”绍谓逢纪曰：“冀州诸人闻吾军败，皆当念吾，惟田别驾前谏止吾，与众不同，吾亦惭之。”纪曰：“丰闻将军之退，拊手大笑，喜其言之中也。”绍于是谓僚属曰：“吾不用田丰言，果为所笑。”遂杀之。初，曹操闻丰不从戎，喜曰：“绍必败矣。”及绍奔遁，复曰：“向使绍用其别驾计，尚未可知也。”

审配二子为操所禽，绍将孟岱言于绍曰：“配在位专政，族大兵强，且二子在南，必怀反计。”郭图、辛评亦以为然。绍遂以岱为监军，代配守邺。护军逢纪素与配不睦，绍以问之，纪曰：“配天性烈直，每慕古人之节，必不以二子在南为不义也。愿公勿疑。”绍曰：“君不恶之邪？”纪曰：“先所争者私情也，今所陈者国事也。”绍曰：“善。”乃不废配，配由是更与纪亲。冀州城邑叛绍者，绍稍复击定之。

绍为人宽雅有局度，喜怒不形于色，而性矜愎自高，短于从善，故至于败。

六年春三月，曹操就谷于安民，以袁绍新破，欲以其间击刘表。荀彧曰：“绍既新败，其众离心，宜乘其困遂定之；而欲远师江、汉，若绍收其余烬，承虚以出人后，则公事去矣。”操乃止。

夏四月，操扬兵河上，击袁绍仓亭军，破之。

秋九月，操还许。

七年春正月，操进军官渡。

袁绍自军败，惭愤发病，呕血，夏五月，薨。

初，绍有三子，谭、熙、尚。绍后妻刘氏爱尚，数称于绍，绍欲以为后，而未显言之。乃以谭继兄后，出为青州刺史。沮授谏曰：“世称万人逐兔，一人获之，贪者悉止，分定故也。谭长子，当为嗣，而斥使居外，祸其始此矣。”绍曰：“吾欲令诸子各据一州，以视其能。”于是以中子熙为幽州刺史，外甥高干为并州刺史。

逢纪、审配素为谭所疾，辛评、郭图皆附于谭而与配、纪有隙。及绍薨，众以谭长，欲立之。配等恐谭立而评等为害，遂矫绍遗命，奉尚为嗣。谭至，不得立，自称车骑将军，屯黎阳。尚少与之兵，而使逢纪随之。谭求益兵，审配等又议不与。谭怒，杀逢纪。

秋九月，曹操渡河攻谭，谭告急于尚，尚留审配等守邺，自将助谭，与操相拒。连战，谭、尚数败，退而固守。尚遣所置河东太守郭援与高干、匈奴南单于共攻河东，发使与关中诸将马腾等连兵，腾等阴许之。

曹操使司隶校尉钟繇围南单于于平阳，未拔而援至，繇使新丰令冯翊张既说马腾，为言利害，腾疑未决。傅干说腾曰：“古人有言‘顺道者昌，逆德者亡’。曹公奉天子诛暴乱，法明政治，上下用命，可谓顺道矣。袁氏恃其强大，背弃王命，驱胡虏以陵中国，可谓逆德矣。今将军既事有道，不尽其力，阴怀两端，欲以坐观成败；吾恐成败既定，奉辞责罪，将军先为诛首矣。”于是腾惧。干因曰：“智者转祸为福。今曹公与袁氏相持，而高干、郭援合攻河东，曹公虽有万全之计，不能禁河东之不危也。将军诚能引兵讨援，内外击之，其势必举。是将军一举断袁氏之臂，解一方之急，曹公必重德将军，将军功名无与比矣。”腾乃遣子超将兵万余人与繇会。

初，诸将以郭援众盛，欲释平阳去。钟繇曰：“袁氏方强，援之来，关中阴与之通，所以未悉叛者，顾吾威名故耳。若弃而去，示之以弱，所在之民，谁非寇仇，纵吾欲归，其得至乎？此为未战先自败也。且援刚愎好胜，必易吾军，若渡汾为营，及其未济击之，可大克也。”援至，果径前渡汾，众止之，不从。济水未半，繇击，大破之。南单于遂降。

八年春二月，曹操攻黎阳，与袁谭、袁尚战于城下，谭、尚败走，还邺。

夏四月，操追至邺，收其麦，诸将欲乘胜遂攻之，郭嘉曰：“袁绍爱此二子，莫适立也。今权力相侔，各有党与，急之则相保，缓之则争心生。不如南向荆州，以待其变，变成而后击之，可一举定也。”操曰：“善。”五月，操还许，留其将贾信屯黎阳。谭谓尚曰：“我铠甲不精，故前为曹操所败。今操军退，人怀归志，及其未济，出兵掩之，可令大溃，此策不可失也。”尚疑之，既不益兵，又不易甲。谭大怒，郭图、辛评因谓谭曰：“使先公出将军为兄后者，皆审配之谋也。”谭遂引兵攻尚，战于门外。谭败，引兵还南皮。

别驾北海王修率吏民自青州往救谭。谭欲更还攻尚，修曰：“兄弟者，左右手也。譬人将斗，而断其右手，曰‘我必胜’，其可乎？夫弃兄弟而不亲，天下其谁亲之？彼谗人离间骨肉，以求一朝之利，愿塞耳勿听也。若斩佞臣数人，复相亲睦，以御四方，可横行于天下。”谭不从。

秋八月，袁尚自将攻袁谭，大破之，谭奔平原，婴城固守。尚围之急，谭遣辛评弟毗诣曹操请救。辛毗至西平见曹操，致谭意。群下多以为刘表强，宜先平之，谭、尚不足忧也。荀攸曰：“天下方有事，而刘表坐保江、汉之间，其无四方之志可知矣。袁氏据四州之地，带甲数十万，绍以宽厚得众心，使二子和睦以守其成业，则天下之难未息也。今兄弟遘恶，其势不两全，若有所并则力专，力专则难图也；及其乱而取之，天下定矣，此时不可失也。”操从之。

后数日，操更欲先平荆州，使谭、尚自相敝。辛毗望操色，知有变，以语郭嘉。嘉白操，操谓毗曰：“谭必可信，尚必可克不？”毗对曰：“明公无问信与诈也，直当论其势耳。袁氏本兄弟相伐，非谓他人能间其间，乃谓天下可定于己也。今一旦求救于明公，此可知也。显甫见显思困而不能取，此力竭也。兵革败于外，谋臣诛于内，兄弟谗阋，国分为二，连年战伐，介胄生虮虱，加以旱、蝗，饥馑并臻。天灾应于上，人事困于下，民无愚智，皆知土崩瓦解，此乃天亡尚之时也。今往攻邺，尚不还救，即不能自守；还救即谭踵其后。以明公之威，应困穷之敌，击疲敝之寇，无异迅风之振秋叶矣。天以尚与明公，明公不取而伐荆州，荆州丰乐，国未有衅。仲虺有言'取乱侮亡'。方今二袁不务远略而内相图，可谓乱矣。居者无食，行者无粮，可谓亡矣。朝不谋夕，民命靡继，而不绥之，欲待他年；他年或登，又自知亡，而改修厥德，失所以用兵之要矣。今因其请救而抚之，利莫大焉。且四方之寇莫大于河北，河北平则六军盛，而天下震矣。”操曰：“善。”乃许谭平。

冬十月，操至黎阳。尚闻操渡河，乃释平原还邺。尚将吕旷、高翔畔归曹操，谭复阴刻将军印以假旷、翔。操知谭诈，乃为子整娉谭女以安之，而引军还。

九年春正月，曹操济河，遏淇水入白沟以通粮道。

二月，袁尚复攻袁谭于平原，留其将审配、苏由守邺。曹操进军至洹水，苏由欲为内应，谋泄，出奔操。操进至邺，为土山、地道以攻之。尚武安长尹楷屯毛城，以通上党粮道。夏四月，操留曹洪攻邺，自将击楷，破之而还。又击尚将沮鹄于邯郸，拔之。

易阳令韩范、涉长梁岐皆举县降。徐晃言于操曰："二袁未破，诸城未下者倾耳而听，宜旌赏二县以示诸城。"操从之，范、岐皆赐爵关内侯。

五月，操毁土山、地道，凿堑围城，周回四十里，初令浅，示若可越。配望见，笑之，不出争利。操一夜浚之，广深二丈，引漳水以灌之，城中饿死者过半。

秋七月，尚将兵万余人还救邺。尚兵既至，诸将皆以为"此归师，人自为战，不如避之"。操曰："尚从大道来，当避之；若循西山来者，此成禽耳。"尚果循西山来，东至阳平亭，去邺十七里，临滏水为营。夜举火以示城中，城中亦举火相应。配出兵城北，欲与尚对决围。操逆击之，败还，尚亦破走，依曲漳为营，操遂围之。未合，尚惧，遣使求降。操不听，围之益急。尚夜遁，保祁山，操复进围之。尚将马延、张顗等临阵降，众大溃，尚奔中山。尽收其辎重，得尚印绶、节钺及衣物以示城中，城中崩沮。审配令士卒曰："坚守死战，操军疲矣。幽州方至，何忧无主？"操出行围，配伏弩射之，几中。配兄子荣为东门校尉，八月戊寅，荣夜开门内操兵。配拒战城中，操兵生获之。

初，袁绍与操共起兵，绍问操曰："若事不辑，则方面何所可据？"操曰："足下意以为何如？"绍曰："吾南据河，北阻燕、代，兼戎狄之众，南面以争天下，庶可以济乎？"操曰："吾任天下之智力，以道御之，无所不可。"

九月，诏以操领冀州牧，操让还兖州。

初，袁尚遣从事安平牵招至上党督军粮，未还，尚走中山，招说高幹以并州迎尚，并力观变，幹不从。冬十月，高幹以并州降，操复以幹为并州刺史。

曹操之围邺也，袁谭复背之，略取甘陵、安平、勃海、河间。攻袁尚于中山，尚败走故安，从袁熙。谭悉收其众，还屯龙凑。操与谭书，责以负约，与之绝婚，女还，然后进讨。十二月，操军其门，谭拔平原。走保南皮，临清河而屯。操入平原，略定诸县。

十年春正月，曹操攻南皮，袁谭出战，士卒多死。操欲缓之，议郎曹纯曰："今悬师深入，难以持久，若进不能克，退必丧威。"乃自执桴鼓以率攻者，遂克之。谭出走，追斩之。李孚自称冀州主簿，求见操曰："今城中强弱相陵，人心扰乱，以为宜令新降为内所识信者宣传明教。"操即使孚往入城，告谕吏民，使各安故业，不得相侵，城中乃安。操于是斩郭图等及其妻子。

袁谭使王脩运粮于乐安，闻谭急，将所领兵往赴之，至高密，闻谭死，下马号哭曰："无君焉归？"遂诣曹操，乞收葬谭尸。操许之，复使脩还乐安督军粮。谭所部诸城皆服，唯乐安太守管统不下。操命脩取统首，脩以统亡国忠臣，解其缚，使诣操，操悦而赦之。辟脩为司空掾。

郭嘉说操多辟青、冀、幽、并名士以为掾属，使人心归附，操从之。官渡之战，袁绍使陈琳为檄书，数操罪恶，连及家世，极其丑诋。及袁氏败，琳归操，操曰："卿昔为本初移书，但可罪状孤身，何乃上及父祖邪？"琳谢罪，操释之，使与陈留阮瑀俱管记室。先是，渔阳王松据涿郡，郡人刘放说松以地归操，操辟放参司空军事。

袁熙为其将焦触、张南所攻，与尚俱奔辽西乌桓。触自号幽州刺史，驱率诸郡太守、令长背袁向曹，陈兵数万，杀白马而盟，令曰："敢违者斩！"众莫敢仰视，各以次歃。别驾代郡韩珩曰："吾受袁公父子厚恩，今其破亡，智不能救，勇不能死，于义阙矣；

若乃北面曹氏，所不能为也。”一坐为珩失色。触曰：“夫举大事，当立大义，事之济否，不待一人，可卒珩志，以厉事君。”乃舍之。触等遂降曹操，皆封为列侯。

冬十月，高幹复以并州叛，执上党太守，举兵守壶关口。操遣其将乐进、李典击之。河内张晟众万余人寇崤、渑间，弘农张琰起兵以应之。河东太守王邑被征，郡掾卫固及中郎将范先等诣司隶校尉锺繇请留之，繇不许。固等外以请邑为名，而内实与高幹通谋。曹操谓荀彧曰：“关西诸将，外服内贰，张晟寇乱崤、渑，南通刘表，固等因之，将为深害。当今河东天下之要地也，君为我举贤才以镇之。”彧曰：“西平太守京兆杜畿，勇足以当难，智足以应变。”操乃以畿为河东太守。

会白骑攻东垣，高幹入濩泽，畿将数十骑，赴坚壁而守之，吏民多举城助畿者。比数十日，得四千余人。固等与高幹、张晟共攻畿不下，略诸县，无所得。曹操使议郎张既西征关中诸将马腾等，皆引兵会，击晟等，破之，斩固、琰等首，其余党与皆赦之。

十一年春正月，曹操自将击高幹，留其世子丕守邺，使别驾从事崔琰傅之。操围壶关，三月，壶关降。高幹自入匈奴求救，单于不受。幹独与数骑亡，欲南奔荆州，上洛都尉王琰斩之。并州悉平。

是岁，乌桓乘天下乱，略有汉民十余万户，袁绍皆立其酋豪为单于，以家人子为己女，妻焉。辽西乌桓蹋顿尤强，为绍所厚，故尚兄弟归之，数入塞为寇，欲助尚复故地。曹操将击之，凿平虏渠、泉州渠以通运。

十二年春二月，曹操自淳于还邺。丁酉，操奏封大功臣二十余人，皆为列侯。因表万岁亭侯荀彧功状，三月，增封彧千户。

又欲授以三公，彧使荀攸深自陈让，至于十数，乃止。

曹操将击乌桓，诸将皆曰："袁尚亡虏耳，夷狄贪而无亲，岂能为尚用？今深入征之，刘备必说刘表以袭许，万一为变，事不可悔。"郭嘉曰："公虽威震天下，胡恃其远，必不设备，因其无备，卒然击之，可破灭也。且袁绍有恩于民夷，而尚兄弟生存。今四州之民，徒以威附，德施未加，舍而南征，尚因乌桓之资，招其死主之臣，胡人一动，民夷俱应，以生蹋顿之心，成觊觎之计，恐青、冀非己之有也。表坐谈客耳，自知才不足以御备，重任之则恐不能制，轻任之则备不为用，虽虚国远征，公无忧矣。"操从之。行至易，郭嘉曰："兵贵神速。今千里袭人，辎重多，难以趋利，且彼闻之必为备。不如留辎重，轻兵兼道以出，掩其不意。"

初，袁绍数遣使召田畴于无终，又即授将军印，使安辑所统，畴皆拒之。及曹操定冀州，河间邢颙谓畴曰："黄巾起来，二十余年，海内鼎沸，百姓流离。今闻曹公法令严。民厌乱矣，乱极则平，请以身先。"遂装还乡里。畴曰："邢颙，天民之先觉者也。"操以颙为冀州从事。畴忿乌桓多杀其本郡冠盖，意欲讨之而力未能。操遣使辟畴，畴戒其门下趣治严。门人曰："昔袁公慕君，礼命五至，君义不屈。今曹公使一来，而君若恐弗及者，何也？"畴笑曰："此非君所识也。"遂随使者到军，拜为蓨令，随军次无终。

时方夏水雨，而滨海洿下，泞滞不通，虏亦遮守蹊要，军不得进。操患之，以问田畴。畴曰："此道秋夏每常有水，浅不通车马，深不载舟船，为难久矣。旧北平郡治在平冈，道出卢龙，达于柳城；自建武以来，陷坏断绝，垂二百载，而尚有微径可从。今虏将以大军当由无终，不得进而退，懈弛无备。若嘿回军，从卢龙口越白檀之险，出空虚之地，路近而便，掩其不备，蹋顿可不战而禽也。"操曰："善。"乃引军还，而署大木表于水侧路傍曰："方今夏暑，道路不通，且俟秋冬，乃复进军。"虏候骑见之，诚以为大军去也。

操令畴将其众为乡导，上徐无山，堑山堙谷，五百余里，经白檀，历平冈，涉鲜卑庭，东指柳城。未至二百里，虏乃知之。尚、熙与蹋顿及辽西单于楼班、右北平单于能臣抵之等，将数万骑逆军。八月，操登白狼山，卒与虏遇，众甚盛。操车重在后，被甲者少，左右皆惧。操登高，望虏阵不整，乃纵兵击之，使张辽为先锋，虏众大崩，斩蹋顿及名王已下，胡、汉降者二十余万口。辽东单于速仆丸与尚、熙奔辽东太守公孙康，其众尚有数千骑。或劝操遂击之，操曰："吾方使康斩送尚、熙首，不烦兵矣。"

九月，操引兵自柳城还。公孙康欲取尚、熙以为功，乃先置精勇于厩中，然后请尚、熙入，未及坐，康叱伏兵禽之，遂斩尚、熙，并速仆丸首送之。诸将或问操："公还而康斩尚、熙何也？"操曰："彼素畏尚、熙，吾急之则并力，缓之则自相图，其势然也。"操枭尚首，令三军："敢有哭之者斩！"牵招独设祭悲哭，操义之，举为茂才。时天寒且旱，二百里无水，军又乏食，杀马数千匹以为粮，凿地入三十余丈方得水。既还，科问前谏者，众莫知其故，人人皆惧。操皆厚赏之，曰："孤前行乘危以徼幸，虽得之，天所佐也，顾不可以为常。诸君之谏，万安之计，是以相赏，后勿难言之。"

十三年春正月，曹操还邺。夏六月癸巳，以曹操为丞相。秋七月，曹操南击刘表。八月，表病卒，遂以琮为嗣。九月，操军至新野，琮遂举州降，以节迎操。事见刘备据蜀。

刘琮将王威说琮曰："曹操闻将军既降，刘备已走，必懈弛无备，轻行单进。若给威奇兵数千，徼之于险，操可获也。获操即威震四海，非徒保守今日而已。"琮不纳。

曹操进军江陵，以刘琮为青州刺史，封列侯，并蒯越等，侯者凡十五人。释韩嵩之囚，待以交友之礼，使条品州人优劣，皆擢而用之。以嵩为大鸿胪，蒯越为光禄勋，刘先为尚书，邓羲为侍中。

荆州大将南阳文聘别屯在外，琮之降也，呼聘，欲与俱。聘曰："聘不能全州，当待罪而已。"操济汉，聘乃诣操。操曰："来何迟邪?"聘曰："先日不能辅弼刘荆州以奉国家，荆州虽没，常愿据守汉川，保全土境，生不负于孤弱，死无愧于地下，而计不在己，以至于此。实怀悲惭，无颜早见耳。"遂歔欷流涕，操为之怆然，字谓之曰："仲业，卿真忠臣也。"厚礼待之，使统本兵，为江夏太守。

冬十二月，益州牧刘璋闻曹操克荆州，遣别驾张松致敬于操。松为人短小放荡，然识达精果。操时已定荆州，走刘备，不复存录松。主簿杨修白操辟松，操不纳。松以此怨，归，劝刘璋绝操，与刘备相结，璋从之。

习凿齿论曰：昔齐桓一矜其功而叛者九国，曹操暂自骄伐而天下三分。皆勤之于数十年之内，而弃之于俯仰之顷，岂不惜乎！

十五年春，〔操〕下令曰："孟公绰为赵、魏老则优，不可以为滕、薛大夫。若必廉士而后可用，则齐桓其何以霸世？二三子其佐我明扬仄陋，唯才是举，吾得而用之。"

冬十二月己亥，操下令曰："孤始举孝廉，自以本非岩穴知名之士，恐为世人之所凡愚，欲好作政教以立名誉，故在济南，除残去秽，平心选举。以是为强豪所忿，恐致家祸，故以病还乡里。时年纪尚少，乃于谯东五十里筑精舍，欲秋夏读书，冬春射猎，为二十年规，待天下清乃出仕耳。然不能得如意，征为典军校尉，意遂更欲为国家讨贼立功，使题墓道言'汉故征西将军曹侯之墓'，此其志也。而遭值董卓之难，兴举义兵。后领兖州，破降黄巾三十万众。又讨击袁术，使穷沮而死。摧破袁绍，枭其二子。复定刘表，遂平天下。身为宰相，人臣之贵已极，意望已过矣。设使国家无有孤，不知当几人称帝，几人称王。或者人见孤强盛，又性不信天命，恐妄相忖度，言有不逊之志，每用耿耿。故为诸君陈道此言，皆肝鬲之要也。然欲孤便尔委捐所典兵众以还执事，归就武平侯国，实不可也。何者？诚恐已离兵为人所祸，既为子孙计，又己败则国家倾危，是以不得慕虚名而处实祸也。然封兼四县，食户三万，何德堪之？江湖未静，不可让位，至於邑土，可得而辞。今上还阳夏、柘、苦三县户二万，但食武平万户，且以分损谤议，少减孤之责也。"

十六年春正月，以曹操世子丕为五官中郎将，置官属，为丞相副。

十七年春正月，曹操还邺。诏操赞拜不名，入朝不趋，剑履上殿，如萧何故事。

冬十月，董昭言于曹操曰："自古以来，人臣匡世，未有今日之功；有今日之功，未有久处人臣之势者也。今明公耻有惭德，乐保名节，然处大臣之势，使人以大事疑己，诚不可不重虑也。"乃与列侯诸将议，以丞相宜进爵国公，九锡备物，以彰殊勋。荀彧以为"曹公本兴义兵以匡朝宁国，秉忠贞之诚，守退让之实。

君子爱人以德,不宜如此”。操由是不悦。及击孙权,表请彧劳军于谯,因辄留彧,以侍中、光禄大夫、持节、参丞相军事。操军向濡须,彧以疾留寿春,饮药而卒。彧行义修整而有智谋,好推贤进士,故时人皆惜之。

臣光曰:孔子之言仁也重矣,自子路、冉求、公西赤门人之高第,令尹子文、陈文子诸侯之贤大夫,皆不足以当之,而独称管仲之仁,岂非以其辅佐齐桓,大济生民乎?齐桓之行若狗彘,管仲不羞而相之,其志盖以非桓公则生民不可得而济也。汉末大乱,群生涂炭,自非高世之才,不能济也。然则荀彧舍魏武将谁事哉?齐桓之时,周室虽衰,未若建安之初也。建安之初,四海荡覆,尺土一民,皆非汉有。荀彧佐魏武而兴之,举贤用能,训卒厉兵,决机发策,征伐四克,遂能以弱为强,化乱为治,十分天下而有其八,其功岂在管仲之后乎!管仲不死子纠而荀彧死汉室,其仁复居管仲之先矣。而杜牧乃以为:“彧之劝魏武取兖州则比之高、光,官渡不令还许则比之楚、汉,及事就功毕,乃欲邀名于汉代,譬之教盗穴墙发匮而不与同挈,得不为盗乎!”臣以为孔子称“文胜质则史”,凡为史者记人之言,必有以文之。然则比魏武于高、光、楚、汉者,史氏之文也,岂皆彧口所言邪?用是贬彧,非其罪矣。且使魏武为帝,则彧为佐命元功,与萧何同赏矣;彧不利此而利于杀身以邀名,岂人情乎!

十八年夏五月丙申,以冀州十郡封曹操为魏公,以丞相领冀州牧如故,又加九锡:大辂、戎辂各一,玄牡二驷;衮冕之服,赤舄副焉;轩县之乐,六佾之舞;朱户以居;纳陛以登;虎贲之士三百人;鈇、钺各一;彤弓一,彤矢百,玈弓十,玈矢千;秬鬯一卣,圭、瓒副焉。

秋七月，魏始建社稷、宗庙。

冬十一月，魏初置尚书、侍中、六卿。以荀攸为尚书令，凉茂为仆射，毛玠、崔琰、常林、徐弈、何夔为尚书，王粲、杜袭、卫觊、和洽为侍中，钟繇为大理，王修为大司农，袁涣为郎中令、行御史大夫事，陈群为御史中丞。

十九年春三月，诏魏公操位在诸侯王上，改授金玺、赤绂、远游冠。

二十一年夏五月，进魏公操爵为王。秋八月，魏以大理钟繇为相国。

二十二年夏四月，诏魏王操设天子旌旗，出入称警跸。

六月，魏以军师华歆为御史大夫。冬十月，命魏王操冕十有二旒，乘金根车，驾六马，设五时副车。魏以五官中郎将丕为太子。

二十四年秋七月，诏以魏王操夫人为王后。

冬十二月，魏王操表孙权为票骑将军，假节，领荆州牧，封南昌侯。权遣校尉梁寓入贡，又遣朱光等归，上书称臣于操，称说天命。操以权书示外曰："是儿欲踞吾着炉火上邪？"侍中陈群等皆曰："汉祚已终，非适今日。殿下功德巍巍，群生注望，故孙权在远称臣。此天人之应，异气齐声，殿下宜正大位，复何疑哉！"操曰："若天命在吾，吾为周文王矣。"

臣光曰：教化，国家之急务也，而俗吏慢之。风俗，天下之大事也，而庸君忽之。夫惟明智君子，深识长虑，然后知其为益之大而收功之远也。光武遭汉中衰，群雄糜沸，奋起布衣，绍恢前绪，征伐四方，日不暇给，乃能敦尚经术，宾延儒雅，开广学校，修明礼乐，武功既成，文德亦洽。继以孝明、孝章，遹追先志，临雍拜老，横经问道。自公卿、大夫至于郡县之吏，咸选用经明行修之人，虎贲卫士，皆习孝经，匈奴子弟，亦游太学，是以教立于上，俗成于下。其忠厚清修之士，岂唯取重于搢绅，亦见慕于众庶；愚鄙污秽之人，岂唯不容于朝廷，亦见弃于乡里。自三代既亡，风化之美，未有若东汉之盛者也。及孝和以降，贵戚擅权，嬖幸用事，赏罚无章，贿赂公行，贤愚浑淆，是非颠倒，可谓乱矣。然犹绵绵不至于亡者，上则有公卿大夫袁安、杨震、李固、杜乔、陈蕃、李膺之徒面引廷争，用公义以扶其危，下则有布衣之士符融、郭泰、范滂、许邵之流，立私论以救其败，是以政治虽浊而风俗不衰，至有触冒斧钺，僵仆于前，而忠义奋发，继起于后，随踵就戮，视死如归。夫岂特数子之贤哉？亦光武、明、章之遗化也。当是之时，苟有明君作而振之，则汉氏之祚犹未可量也。不幸承陵夷颓敝之余，重以桓、灵之昏虐，保养奸回，过于骨肉，殄灭忠良，甚于寇仇，积多士之愤，蓄四海之怒。于是何进召戎，董卓乘衅，袁绍之徒，从而构难，遂使乘舆播越，宗庙丘墟，王室荡覆，烝民涂炭，大命陨绝，不可复救。然州郡拥兵专地者，虽互相吞噬，犹未尝不以尊汉为辞。以魏武之暴戾强伉，加有大功于天下，其蓄无君之心久矣，乃至没身不敢废汉而自立，岂其志之不欲哉？犹畏名义而自抑也。由是观之，教化安可慢，风俗安可忽哉？

魏文帝黄初元年春正月，武王至洛阳，庚子，薨。王知人善察，难眩以伪。识拔奇才，不拘微贱，随能任使，皆获其用。与敌对阵，意思安闲，如不欲战然；及至决机乘胜，气势盈溢。勋劳宜赏，不吝千金，无功望施，分豪不与。用法峻急，有犯必戮，或对之流涕，然终无所赦。雅性节俭，不好华丽，故能芟刈群雄，几平海内。

是时太子在邺，军中骚动，群僚欲秘不发丧。谏议大夫贾逵以为事不可秘，乃发丧。或言宜易诸城守，悉用谯沛人。魏郡太守广陵徐宣厉声曰："今者远近一统，人怀效节，何必专任谯沛，以沮宿卫者之心。"乃止。青州兵擅击鼓，相引去，众人以为宜禁止之，不从者讨之。贾逵曰："不可。"为作长檄，令所在给其禀食。鄢陵侯彰从长安来赴，问逵先王玺绶所在。逵正色曰："国有储副，先王玺绶，非君侯所宜问也。"凶问至邺，太子号哭不已。中庶子司马孚谏曰："君王晏驾，天下恃殿下为命。当上为宗庙，下为万国，奈何效匹夫孝也！"太子良久乃止，曰："卿言是也。"时群臣初闻王薨，相聚哭，无复行列。孚厉声于朝曰："今君王违世，天下震动，当早拜嗣君，以镇万国，而但哭耶！"乃罢群臣，备禁卫，治丧事。群臣以为太子即位，当须诏命。尚书陈矫曰："王薨于外，天下惶惧。太子宜割哀即位，以系远近之望。且又爱子在侧，彼此生变，则社稷危矣。"即具官备礼，一日皆办。明旦，以王后令，策太子即王位，大赦。汉帝寻遣御史大夫华歆奉策诏，授太子丞相印绶、魏王玺绂，领冀州牧。于是尊王后曰王太后。

二月丁卯，葬武王于高陵。

秋七月，左中郎将李伏、太史丞许芝表言："魏当代汉，见于图纬，其事众甚。"群臣因上表劝王顺天人之望，王不许。

冬十月乙卯，汉帝告祠高庙，使行御史大夫张音持节奉玺绶诏册，禅位于魏。王三上书辞让，乃为坛于繁阳，辛未，升坛受玺绶，即皇帝位，燎祭天地、岳渎，改元，大赦。

十一月癸酉，奉汉帝为山阳公，行汉正朔，用天子礼乐。封公四子为列侯。追尊太王曰太皇帝；武王曰武皇帝，庙号太祖；尊王太后曰皇太后。以汉诸侯王为崇德侯，列侯为关中侯。群臣封爵、增位各有差。改相国为司徒，御史大夫为司空。山阳公奉二女以嫔于魏。

帝欲改正朔，侍中辛毗曰："魏氏遵舜、禹之统，应天顺民。至于汤、武，以战伐定天下，乃改正朔。孔子曰'行夏之时'，左氏传曰'夏数为得天正'，何必期于相反。"帝善而从之。时群臣并颂魏德，多抑损前朝。散骑常侍卫臻独明禅授之义，称扬汉美，帝数目臻曰："天下之珍，当与山阳共之。"

魏明帝青龙二年春三月庚寅，山阳公卒，帝素服发丧。秋八月，孝献皇帝葬于禅陵。

孙氏据江东

汉献帝兴平元年。初，孙坚娶钱唐吴氏，生四男策、权、翊、匡及一女。坚从军于外，留家寿春。策年十余岁，已交结知名。舒人周瑜与策同年，亦英达夙成，闻策声问，自舒来造焉，便推结分好，劝策徙居舒，策从之。瑜乃推道南大宅与策，升堂拜母，有无通共。及坚死，策年十七，还葬曲阿。已乃渡江，居江都，结纳豪俊，有复仇之志。

丹阳太守会稽周昕与袁术相恶，术上策舅吴景领丹阳太守，攻昕，夺其郡，以策从兄贲为丹阳都尉。策以母、弟托广陵张纮，径到寿春见袁术，涕泣言曰："亡父昔从长沙入讨董卓，与明使君会于南阳，同盟结好，不幸遇难，勋业不终。策感惟先人旧恩，欲自凭结，愿明使君垂察其诚。”术甚奇之，然未肯还其父兵，谓策曰：“孤用贵舅为丹阳太守，贤从伯阳为都尉，彼精兵之地，可还依召募。”策遂与汝南吕范及族人孙河迎其母诣曲阿，依舅氏，因缘召募，得数百人；而为泾县大帅祖郎所袭，几至危殆。于是复往见术，术以坚余兵千余人还策，表拜怀义校尉。策骑士有罪，逃入术营，隐于内厩，策指使人就斩之，讫，诣术谢。术曰：“兵人好叛，当共疾之，何为谢也。”由是军中益畏惮之。术初许以策为九江太守，已而更用丹阳陈纪。后术欲攻徐州，从庐江太守陆康求米三万斛，康不与。术大怒，遣策攻康，谓曰：“前错用陈纪，每恨本意不遂。今若得康，庐江真卿有也。”策攻康，拔之，术复用其故吏刘勋为太守，策益失望。

侍御史刘繇有盛名，诏用为扬州刺史。及策攻庐江，繇惧为袁、孙所并，遣将樊能屯横江，张英屯当利以拒之。术使吴景与孙贲共将兵击英等。

二年。初，丹阳人朱治尝为孙坚校尉，见袁术政德不立，劝孙策归取江东。时吴景攻樊能、张英等，岁余不克。策说术曰：“家有旧恩在东，愿助舅讨横江。横江拔，因投本土召募，可得三万兵，以佐明使君定天下。”术知其恨，而以刘繇据曲阿，王朗在会稽，谓策未必能定，乃许之，表策为折冲校尉。将兵千余人，骑数十匹，行收兵，比至历阳，众五六千。时周瑜从父尚为丹阳太守，瑜将兵迎之，仍助以资粮。策大喜曰：“吾得卿，谐也。”进攻横江、当利，皆拔之，樊能、张英败走。

策渡江转斗，所向皆破，莫敢当其锋者。百姓闻孙郎至，皆失魂魄。长吏委城郭，窜伏山草。及策至，军士奉令，不敢虏略，鸡犬菜茹，一无所犯，民乃大悦，竞以牛酒劳军。策为人美姿颜，能笑语，性阔达听受，善于用人，是以士民见者，莫不尽心，乐为致死。策攻刘繇牛渚营，尽得邸阁粮谷、战具。时彭城相薛礼、下邳相丹阳笮融依繇为盟主，礼据秣陵城，融屯县南，策皆击破之。又破繇别将于梅陵，转攻湖孰、江乘，皆下之，进击繇于曲阿。

繇同郡太史慈时自东莱来省繇，会策至，或劝繇可以慈为大将。繇曰："我若用子义，许子将不当笑我邪？"但使慈侦视轻重。时独与一骑卒遇策于神亭，策从骑十三，皆坚旧将辽西韩当、零陵黄盖辈也。慈便前斗，正与策对。策刺慈马，而揽得慈项上手戟，慈亦得策兜鍪。会两家兵骑并各来赴，于是解散。

繇与策战，兵败，走丹徒。策入曲阿，劳赐将士，发恩布令，告谕诸县："其刘繇、笮融等故乡部曲来降首者，一无所问，乐从军者一身行，复除门户，不乐者不强。"旬日之间，四面云集，得见兵二万余人，马千余匹，威震江东。

丙辰，袁术表策行殄寇将军。策将吕范言于策曰："今将军事业日大，士众日盛，而纲纪犹有不整者，范愿暂领都督，佐将军部分之。"策曰："子衡既士大夫，加手下已有大众，立功于外，岂宜复屈小职，知军中细事乎。"范曰："不然。今舍本土而托将军者，非为妻子也，欲济世务也。譬犹同舟涉海，一事不牢，即俱受其败。此亦范计，非但将军也。"策笑无以答。范出，便释褠，着裤褶，执鞭诣合下启事，自称领都督。策乃授传，委以众事，由是军中肃睦，威禁大行。

策以张纮为正议校尉，彭城张昭为长史，常令一人居守，一人从征讨。及广陵秦松、陈端等，亦参与谋谟。策待昭以师友之礼，文武之事，一以委昭。昭每得北方士大夫书疏，专归〔美〕于昭，策闻之，欢笑曰："昔管子相齐，一则仲父，二则仲父，而桓公为霸者宗。今子布贤，我能用之，其功名独不在我乎！"

刘繇自丹徒奔豫章，使太守朱皓攻袁术所用诸葛玄，使笮融助皓攻玄。融诈杀皓，代领郡事。繇进讨融，融走入山，为民所杀，诏以前太傅掾华歆为豫章太守。

建安元年秋八月，袁术以谶言"代汉者当涂高"，自云名字应之。又以袁氏出陈为舜后，以黄代赤，德运之次，遂有僭逆之谋。闻孙坚得传国玺，拘坚妻而夺之。及闻天子败于曹阳，乃会群下议称尊号，众莫敢对。主簿阎象进曰："昔周自后稷至于文王，积德累功，三分天下有其二，犹服事殷。明公虽奕世克昌，未若有周之盛；汉室虽微，未若殷纣之暴也。"术默然。

术聘处士张范，范不往，使其弟承谢之。术谓承曰："孤以土地之广，士民之众，欲徼福齐桓，拟迹高祖，何如？"承曰："在德不在强。夫用德以同天下之欲，虽由匹夫之资而兴霸王之功，不足为难。若苟欲僭拟，干时而动，众之所弃，谁能兴之？"术不悦。

孙策闻之，与术书曰："成汤讨桀称'有夏多罪'，武王伐纣曰'殷有重罚'。此二主者，虽有圣德，假使时无失道之过，无由逼而取也。今主上非有恶于天下，徒以幼小，胁于强臣，异于汤、武之时也。且董卓贪淫骄陵，志无纪极，至于废主自兴，亦犹未也，而天下同心疾之，况效尤而甚焉者乎？又闻幼主明智聪敏，有夙成之德，天下虽未被其恩，咸归心焉。使君五世相承，为汉宰辅，荣宠之盛，莫与为比，宜效忠守节，以报王室，则旦、奭之美，率土所望也。时人多惑图纬之言，妄牵非类之文，苟以悦主为美，不顾成败之计，古今所慎，可不熟虑。忠言逆耳，驳议致憎，苟有益于尊明，无所敢辞。"术始自以为有淮南之众，料策必与己合，及得其书，愁沮发疾，既不纳其言，策遂与之绝。

孙策将取会稽，吴人严白虎等众各万余人，处处屯聚。诸将欲先击白虎等，策曰："白虎等群盗，非有大志，此成禽耳。"遂引兵渡浙江。会稽功曹虞翻说太守王朗曰："策善用兵，不如避之。"朗不从，发兵拒策于固陵。

策数渡水战，不能克。策叔父静说策曰："朗负阻城守，难可卒拔。查渎南去此数十里，宜从彼据其内，所谓攻其无备，出其不意者也。"策从之。夜，多然火为疑兵，分军投查渎道袭高迁屯。朗大惊，遣故丹阳太守周昕等帅兵逆战，策破昕等，斩之。朗遁走，虞翻追随营护朗，浮海至东冶，策追击，大破之，朗乃诣策降。

策自领会稽太守，复命虞翻为功曹，待以交友之礼。策好游猎，翻谏曰："明府喜轻出微行，从官不暇严，吏卒常苦之。夫君人者，不重则不威，故白龙鱼服，困于豫且；白蛇自放，刘季害之。愿少留意。"策曰："君言是也。"然不能改。

二年夏五月，曹操遣议郎王誧以诏书拜孙策为骑都尉，袭爵乌程侯，领会稽太守，使与吕布及吴郡太守陈瑀共讨袁术。策欲得将军号以自重，誧便承制假策明汉将军。策治严，行到钱唐，瑀阴图袭策，潜结祖郎、严白虎等使为内应。策觉之，遣其将吕范、徐逸攻瑀于海西，瑀败，单骑奔袁绍。

三年冬十二月，孙策遣其正议校尉张纮献方物，曹操欲抚纳之，表策为讨逆将军，封吴侯，以弟女配策弟匡，又为子彰取孙贲女，礼辟策弟权、翊，以张纮为侍御史。

袁术以周瑜为居巢长，以临淮鲁肃为东城长。瑜、肃知术终无所成，皆弃官渡江从孙策，策以瑜为建威中郎将。肃因家于曲阿。

曹操表征王朗,策遣朗还,操以朗为谏议大夫,参司空军事。

袁术遣间使赍印绶与丹阳宗帅祖郎等,使激动山越,共图孙策。刘繇之奔豫章也,太史慈遁于芜湖山中,自称丹阳太守。策已定宣城以东,惟泾以西六县未服,慈因进住泾县,大为山越所附。于是策自将讨祖郎于陵阳,禽之。策谓郎曰:"尔昔袭孤,斫孤马鞍。今创军立事,除弃宿恨,惟取能用,与天下通耳,非但汝,汝勿恐怖。"郎叩头谢罪,即破械,署门下贼曹。又讨太史慈于勇里,禽之,解缚,捉其手曰:"宁识神亭时邪?若卿尔时得我,云何?"慈曰:"未可量也。"策大笑曰:"今日之事,当与卿共之。闻卿有烈义,天下智士也,但所托未得其人耳。孤是卿知己,勿忧不如意也。"即署门下督。军还,祖郎、太史慈俱在前导,军人以为荣。

会刘繇卒于豫章,士众万余人欲奉豫章太守华歆为主,歆以为"因时擅命,非人臣所宜",众守之连月,卒谢遣之,其众未有所附。策命太史慈往抚安之,谓慈曰:"刘牧往责吾为袁氏攻庐江,吾先君兵数千人尽在公路许,吾志在立事,安得不屈意于公路以求之乎?其后不遵臣节,谏之不从,丈夫义交,苟有大故,不得不离。吾交求公路及绝之本末如此,恨不及其生时与共论辨也。今儿子在豫章,卿往视之,并宣孤意于其部曲,部曲乐来者与俱来,不乐来者且安慰之。并观华子鱼所以牧御方规何如。卿须几兵,多少随意。"慈曰:"慈有不赦之罪,将军量同桓、文,当尽死以报德。今并息兵,兵不宜多,将数十人足矣。"左右皆曰:"慈必北去不还。"策曰:"子义舍我,当复从谁?"饯送昌门,把腕别曰:"何时能还?"答曰:"不过六十日。"慈行,议者犹纷纭，言遣之非计。策曰："诸君勿复言，孤断之详矣。太史子义虽气勇有胆烈，然非纵横之人，其心秉道义，重然诺，一以意许知己，死亡不相负，诸君勿忧也。"慈果如期而反，谓策曰："华子鱼良德也，然无他方规，自守而已。又丹阳僮芝自擅庐陵，番阳民帅别立宗部，言'我已别立郡海昏上缭，不受发召'，子鱼但睹视之而已。"策拊掌大笑，遂有兼并之志。

四年冬十一月，庐江太守刘勋以袁术部曲众多，不能赡，遣从弟偕求米于上缭诸宗帅，不能满数，偕召勋使袭之。孙策恶勋兵强，伪卑辞以事勋曰："上缭宗民数欺鄙郡，欲击之，路不便。上缭甚富实，愿君伐之，请出兵以为外援。"且以珠宝、葛越赂勋。勋大喜，外内尽贺。刘晔独否，勋问其故，对曰："上缭虽小，城坚池深，攻难守易，不可旬日而举也。兵疲于外，而国内虚，策乘虚袭我，则后不能独守。是将军进屈于敌，退无所归。若军必出，祸今至矣。"勋不听。遂伐上缭，至海昏，宗帅知之，皆空壁逃迁，勋了无所得。时策引兵西击黄祖，行及石城，闻勋在海昏，策乃分遣从兄贲、辅将八千人屯彭泽，自与领江夏太守周瑜将二万人袭皖城，克之，得术、勋妻子及部曲三万余人。表汝南李术为庐江太守，给兵三千人以守皖城。皆徙所得民东诣吴。勋还至彭泽，孙贲、孙辅邀击，破之。勋走保流沂，求救于黄祖，祖遣其子射率船军五千人助勋，策复就攻勋，大破之。勋北归曹操，射亦遁走。

策收得勋兵二千余人，船千艘，遂进击黄祖。十二月辛亥，策军至沙羡，刘表遣从子虎及南阳韩晞将长矛五千来救祖。甲寅，策与战，大破之，斩晞。祖脱身走，获其妻子及船六千艘，士卒杀溺死者数万人。

策盛兵将徇豫章，屯于椒丘，谓功曹虞翻曰："华子鱼自有名字，然非吾敌也。若不开门让城，金鼓一震，不得无所伤害。卿便在前，具宣孤意。"翻乃往见华歆曰："窃闻明府与鄙郡故王府君齐名中州，海内所宗，虽在东垂，常怀瞻仰。"歆曰："孤不如王会稽。"翻复曰："不审豫章资粮器仗士民勇果，孰与鄙郡？"歆曰："大不如也。"翻曰："明府言不如王会稽，谦光之谭耳。精兵不如会稽，实如尊教。孙讨逆智略超世，用兵如神，前走刘扬州，君所亲见，南定鄙郡，亦君所闻也。今欲守孤城，自料资粮，已知不足，不早为计，悔无及也。今大军已次椒丘，仆便还去，明日日中迎檄不到者，与君辞矣。"歆曰："久在江表，常欲北归，孙会稽来，吾便去也。"乃夜作檄，明旦遣吏赍迎。策便进军，歆葛巾迎策。策谓歆曰："府君年德名望，远近所归，策年幼稚，宜修子弟之礼。"便向歆拜，礼为上宾。

策分豫章为庐陵郡，以孙贲为豫章太守，孙辅为庐陵太守。会僮芝病，辅遂进取庐陵，留周瑜镇巴丘。

孙策之克皖城也，抚视袁术妻子；及入豫章收载刘繇丧，善遇其家，士大夫以是称之。

会稽功曹魏腾尝迕策意，策将杀之，众忧恐，计无所出。策母吴夫人倚大井谓策曰："汝新造江南，其事未集，方当优贤礼士，舍过录功。魏功曹在公尽规，汝今日杀之，则明日人皆叛汝。吾不忍见祸之及，当先投此井中耳。"策大惊，遽释腾。

五年夏四月，广陵太守陈登治射阳，孙策西击黄祖，登诱严白虎余党，图为后害。策还击登，军到丹徒，须待运粮。初，策杀吴郡太守许贡，贡奴客潜民间，欲为贡报仇。策性好猎，数出驱驰，所乘马精骏，从骑绝不能及，卒遇贡客三人，射策中颊，后骑寻至，皆刺杀之。策创甚，召张昭等谓曰："中国方乱，以吴、越之众，三江之固，足以观成败，公等善相吾弟。"呼权，佩以印绶，谓曰："举江东之众，决机于两陈之间，与天下争衡，卿不如我。举贤任能，各尽其心，以保江东，我不如卿。"丙午，策卒，时年二十六。

权悲号，未视事，张昭曰："孝廉，此宁哭时邪！"乃改易权服，扶令上马，使出巡军。昭率僚属，上表朝廷，下移属城，中外将校，各令奉职。周瑜自巴丘将兵赴丧，遂留吴，以中护军与张昭共掌众事。时策虽有会稽、吴郡、丹阳、豫章、庐江、庐陵，然深险之地，犹未尽从，流寓之士，皆以安危去就为意，未有君臣之固，而张昭、周瑜等谓权可与共成大业，遂委心而服事焉。

冬十月，曹操闻孙策死，欲因丧伐之。侍御史张纮谏曰："乘人之丧，既非古义，若其不克，成仇弃好，不如因而厚之。"操即表权为讨虏将军，领会稽太守。

操欲令纮辅权内附，乃以纮为会稽东部都尉。纮至吴，太夫人以权年少，委纮与张昭共辅之。纮思惟补察，知无不为。太夫人问扬武都尉会稽董袭曰："江东可保不？"袭曰："江东有山川之固，而讨逆明府恩德在民，讨虏承基，大小用命，张昭秉众事，袭等为爪牙，此地利人和之时也，万无所忧。"权遣张纮之部，或以纮本受北任，嫌其志趣不止于此，权不以介意。

鲁肃将北还，周瑜止之，因荐肃于权曰："肃才宜佐时，当广求其比以成功业。"权即见肃，与语，悦之。宾退，独引肃合榻对饮，曰："今汉室倾危，孤思有桓、文之功，君何以佐之？"肃曰："昔高帝欲尊事义帝而不获者，以项羽为害也。今之曹操犹昔项羽，将军何由得为桓、文乎！肃窃料之，汉室不可复兴，曹操不可卒除，为将军计，惟有保守江东，以观天下之衅耳。若因北方多务，剿除黄祖，进伐刘表，竟长江所极，据而有之，此王业也。”权曰：“今尽力一方，冀以辅汉耳，此言非所及也。”张昭毁肃年少粗疏，权益贵重之，赏赐储偫，富拟其旧。

权料诸小将兵少而用薄者，并合之。别部司马汝南吕蒙军容鲜整，士卒练习，权大悦，增其兵，宠任之。

功曹骆统劝权尊贤接士，勤求损益，飨赐之日，人人别进，问其燥湿，加以密意，诱谕使言，察其志趣。权纳用焉。统，俊之子也。

庐陵太守孙辅恐权不能保江东，阴遣人赍书呼曹操。行人以告，权悉斩辅亲近，分其部曲，徙辅置东。

曹操表征华歆为议郎，参司空军事。庐江太守李术不肯事权，而多纳其亡叛。权以状白曹操曰：“严刺史昔为公所用，而李术害之，肆其无道，宜速诛灭。今术必复诡说求救。明公居阿衡之任，海内所瞻，愿敕执事，勿复听受。”因举兵攻术于皖城。术求救于操，操不救，遂屠其城，枭术首，徙其部曲二万余人。严刺史者，扬州刺史严象也。

七年秋九月，曹操下书责孙权任子。权召群僚会议，张昭、秦松等犹豫不决。权引周瑜诣吴夫人前定议。瑜曰：“昔楚国初封，不满百里之地，继嗣贤能，广土开境，遂据荆、扬，至于南海，传业延祚，九百余年。今将军承父兄余资，兼六郡之众，兵精粮多，将士用命，铸山为铜，煮海为盐，境内富饶，人不思乱，有何逼迫，而欲送质。质一入不得不与曹氏相首尾，与相首尾则命召不得不往，如此便见制于人也。极不过一侯印，仆从十余人，车数乘，马数匹，岂与南面称孤同哉！不如勿遣，徐观其变。若曹氏能率义以正天下，将军事之未晚。若图为暴乱，彼自亡之不暇，焉能害人。”吴夫人曰：“公瑾议是也。公瑾与伯符同年，小一月耳，我视之如子也，汝其兄事之。”遂不送质。

八年冬十月，孙权西伐黄祖，破其舟军，惟城未克，而山寇复动。权还，过豫章，使征虏中郎将吕范平鄱阳、会稽，荡寇中郎将程普讨乐安，建昌都尉太史慈领海昏，以别部司马黄盖、韩当、周泰、吕蒙等守剧县令长，讨山越，悉平之。建安、汉兴、南平民作乱，聚众各万余人，权使南部都尉会稽贺齐进讨，皆平之，复立县邑，料出兵万人，拜齐平东校尉。

十二年，孙权西击黄祖，虏其人民而还。

权母吴氏疾笃，引见张昭等，属以后事而卒。

十三年。初，巴郡甘宁将僮客八百人归刘表，表儒人，不习军事，宁观表事势终必无成，恐一朝众散，并受其祸，欲东入吴。黄祖在夏口，军不得过，乃留，依祖三年，祖以凡人畜之。孙权击祖，祖军败走，权校尉凌操将兵急追之。宁善射，将兵在后，射杀操，祖由是得免。军罢还营，待宁如初。祖都督苏飞数荐宁，祖不用。宁欲去，恐不免，飞乃白祖，以宁为邾长。宁遂亡奔孙权，周瑜、吕蒙共荐达之，权礼异同于旧臣。

宁献策于权曰：“今汉祚日微，曹操终为篡盗。南荆之地，山川形便，诚国之西势也。宁观刘表虑既不远，儿子又劣，非能承业传基者也。至尊当早图之，不可后操。图之之计，宜先取黄祖。祖今昏耄已甚，财谷并乏，左右贪纵，吏士心怨，舟船战具，顿废不修，怠于耕农，军无法伍。至尊今往，其破可必。一破祖军，鼓行而西，据楚关，大势弥广，即可渐规巴、蜀矣。”权深纳之。张昭时在坐，难曰：“今吴下业业，若军果行，恐必致乱。”宁谓昭曰:“国家以萧何之任付君,君居守而忧乱,奚以希慕古人乎?”权举酒属宁曰:“兴霸,今年行讨,如此酒矣,决以付卿。卿但当勉建方略,令必克祖,则卿之功,何嫌张长史之言乎!”

权遂西击黄祖。祖横两蒙冲挟守沔口,以栟闾大绁系石为碇,上有千人,以弩交射,飞矢雨下,军不得前。偏将军董袭与别部司马凌统俱为前部,各将敢死百人,人被两铠,乘大舸突入蒙冲里。袭身以刀断两绁,蒙冲乃横流,大兵遂进。祖令都督陈就以水军逆战。平北都尉吕蒙勒前锋,亲枭就首。于是将士乘胜,水陆并进,傅其城,尽锐攻之,遂屠其城。祖挺身走,追斩之,虏其男女数万口。

权先作两函,欲以盛祖及苏飞首。权为诸将置酒,甘宁下席叩头,血涕交流,为权言:“飞畴昔旧恩,宁不值飞,固已捐骸于沟壑,不得致命于麾下。今飞罪当夷戮,特从将军乞其首领。”权感其言,谓曰:“今为君置之,若走去何?”宁曰:“飞免分裂之祸,受更生之恩,逐之尚必不走,岂当图亡哉!若尔,宁头当代入函。”权乃赦之。凌统怨宁杀其父操,常欲杀宁,权命统不得仇之,令宁将兵屯于他所。

秋八月,刘表卒。

初,鲁肃闻刘表卒,言于孙权曰:“荆州与国邻接,江山险固,沃野万里,士民殷富,若据而有之,此帝王之资也。今刘表新亡,二子不协,军中诸将,各有彼此。刘备天下枭雄,与操有隙,寄寓于表,表恶其能而不能用也。若备与彼协心,上下齐同,则宜抚安,与结盟好;如有离违,宜别图之,以济大事。肃请得奉命吊表二子,并慰劳其军中用事者,及说备使抚表众,同心一意,共治曹操,备必喜而从命。如其克谐,天下可定也。今不速往,恐为操所先。”权即遣肃行。

到夏口，闻操已向荆州，晨夜兼道，比至南郡，而琮已降，备南走，肃径迎之，与备会于当阳长坂。肃宣权旨，论天下事势，致殷勤之意。且问备曰：“豫州今欲何至？”备曰：“与苍梧太守吴巨有旧，欲往投之。”肃曰：“孙讨虏聪明仁惠，敬贤礼士，江表英豪，咸归附之，已据有六郡，兵精粮多，足以立事。今为君计，莫若遣腹心自结于东，以共济世业。而欲投吴巨，巨是凡人，偏在远郡，行将为人所并，岂足托乎？”备甚悦。肃又谓诸葛亮曰：“我，子瑜友也。”即共定交。子瑜者，亮兄瑾也，避乱江东，为孙权长史。备用肃计，进住鄂县之樊口。

曹操自江陵将顺江东下。诸葛亮谓刘备曰：“事急矣，请奉命求救于孙将军。”遂与鲁肃俱诣孙权。亮见权于柴桑，说权曰：“海内大乱，将军起兵江东，刘豫州收众汉南，与曹操并争天下。今操芟夷大难，略已平矣，遂破荆州，威震四海。英雄无用武之地，故豫州遁逃至此，愿将军量力而处之。若能以吴、越之众与中国抗衡，不如早与之绝；若不能，何不按兵束甲，北面而事之？今将军外托服从之名，而内怀犹豫之计，事急而不断，祸至无日矣。”权曰：“苟如君言，刘豫州何不遂事之乎？”亮曰：“田横，齐之壮士耳，犹守义不辱，况刘豫州王室之胄，英才盖世，众士慕仰，若水之归海。若事之不济，此乃天也，安能复为之下乎！”权勃然曰：“吾不能举全吴之地，十万之众，受制于人。吾计决矣！非刘豫州莫可以当曹操者，然豫州新败之后，安能抗此难乎？”亮曰：“豫州军虽败于长坂，今战士还者及关羽水军精甲万人，刘琦合江夏战士亦不下万人。曹操之众，远来疲敝，闻追豫州，轻骑一日一夜行三百余里，此所谓强弩之末，势不能穿鲁缟者也，故兵法忌之，曰‘必蹶上将军’。且北方之人，不习水战。又荆州之民附操者，逼兵势耳，非心服也。今将军诚能命猛将统兵数万，与豫州协规同力，破操军必矣。操军破，必北还，如此则荆、吴之势强，鼎足之形成矣。成败之机，在于今日。”权大悦，与其群下谋之。

是时，曹操遗权书曰：“近者奉辞伐罪，旌麾南指，刘琮束手。今治水军八十万众，方与将军会猎于吴。”权以示群下，莫不响震失色。长史张昭等曰：“曹公，豺虎也，挟天子以征四方，动以朝廷为辞，今日拒之，事更不顺。且将军大势可以拒操者，长江也。今操得荆州，奄有其地。刘表治水军，蒙冲斗舰乃以千数，操悉浮以沿江，兼有步兵，水陆俱下，此为长江之险已与我共之矣，而势力众寡又不可论。愚谓大计不如迎之。”鲁肃独不言。权起更衣，肃追于宇下。权知其意，执肃手曰：“卿欲何言？”肃曰：“向察众人之议，专欲误将军，不足与图大事。今肃可迎操耳，如将军不可也。何以言之？今肃迎操，操当以肃还付乡党，品其名位，犹不失下曹从事，乘犊车，从吏卒，交游士林，累官故不失州郡也。将军迎操，欲安所归乎？愿早定大计，莫用众人之议也。”权叹息曰：“诸人持议，甚失孤望。今卿廓开大计，正与孤同。”

时周瑜受使至番阳，肃劝权召瑜还。瑜至，谓权曰：“操虽托名汉相，其实汉贼也。将军以神武雄才，兼仗父兄之烈，割据江东，地方数千里，兵精足用，英雄乐业，当横行天下，为汉家除残去秽，况操自送死而可迎之邪！请为将军筹之。今北土未平，马超、韩遂尚在关西，为操后患，而操舍鞍马，杖舟楫，与吴、越争衡。又今盛寒，马无藁草，驱中国士众，远涉江、湖之间，不习水土，必生疾病。此数者，用兵之患也，而操皆冒行之。将军禽操，宜在今日。瑜请得精兵数万人，进住夏口，保为将军破之。”权曰：“老贼欲废汉自立久矣，徒忌二袁、吕布、刘表与孤耳。今数雄已灭，惟孤尚存。孤与老贼，势不两立。君言当击，甚与孤合，此天以君授孤也。”因拔刀斫前奏案曰：“诸将吏敢复有言当迎操者，与此案同！”乃罢会。

是夜，瑜复见权曰：“诸人徒见操书言水步八十万而各恐慑，不复料其虚实，便开此议，甚无谓也。今以实校之，彼所将中国人不过十五六万，且已久疲；所得表众亦极七八万耳，尚怀狐疑。夫以疲病之卒，御狐疑之众，众数虽多，甚不足畏。瑜得精兵五万，自足制之，愿将军勿虑。”权抚其背曰：“公瑾，卿言至此，甚合孤心。子布、元表诸人，各顾妻子，挟持私虑，深失所望，独卿与子敬与孤同耳，此天以卿二人赞孤也。五万兵难卒合，已选三万人，船粮战具俱办，卿与子敬、程公便在前发，孤当续发人众，多载资粮，为卿后援。卿能办之者诚决，邂逅不如意，便还就孤，孤当与孟德决之。”遂以周瑜、程普为左、右督，将兵与备并力逆操。以鲁肃为赞军校尉，助画方略。

刘备在樊口，日遣逻吏于水次候望权军。吏望见瑜船，驰往白备，备遣人慰劳之。瑜曰：“有军任，不可得委署。傥能屈威，诚副其所望。”备乃乘单舸往见瑜，问曰：“今拒曹公，深为得计。战卒有几？”瑜曰：“三万人。”备曰：“恨少。”瑜曰：“此自足用，豫州但观瑜破之。”备欲呼鲁肃等共会语，瑜曰：“受命不得妄委署；若欲见子敬，可别过之。”备深愧喜。进，与操遇于赤壁。

时操军众，已有疾疫，初一交战，操军不利，引次江北。瑜等在南岸，瑜部将黄盖曰：“今寇众我寡，难与持久。操军方连船舰，首尾相接，可烧而走也。”乃取蒙冲斗舰十艘，载燥荻、枯柴，灌油其中，裹以帷幕，上建旌旗，豫备走舸，系于其尾。先以书遗操，诈云欲降。时东南风急，盖以十舰最著前，中江举帆，余船以次俱进。操军吏士皆出营立观，指言盖降。去北军二里余，同时发火，火烈风猛，船往如箭，烧尽北船，延及岸上营落。顷之，烟炎张天，人马烧溺死者甚众。瑜等率轻锐继其后，雷鼓大进，北军大坏。操引军从华容道步走，遇泥泞，道不通，天又大风，悉使羸兵负草填之，骑乃得过。羸兵为人马所蹈藉，陷泥中，死者甚众。刘备、周瑜水陆并进，追操至南郡。时操军兼以饥疫，死者太半。操乃留征南将军曹仁、横野将军徐晃守江陵，折冲将军乐进守襄阳，引军北还。

周瑜、程普将数万众，与曹仁隔江，未战，甘宁请先径进取夷陵，往，即得其城，因入守之。益州将袭肃举军降，周瑜表以肃兵益横野中郎将吕蒙。蒙盛称“肃有胆用，且慕化远来，于义宜益，不宜夺也”。权善其言，还肃兵。曹仁遣兵围甘宁，宁困急，求救于周瑜，诸将以为兵少不足分。吕蒙谓周瑜、程普曰：“留凌公绩于江陵，蒙与君行，解围释急，势亦不久。蒙保公绩能十日守也。”瑜从之，大破仁兵于夷陵，获马三百匹而还。于是将士形势自倍，瑜乃度江屯北岸，与仁相距。十二月，孙权自将围合肥。

十四年春三月，孙权围合肥，久不下。权率轻骑欲身往突敌，长史张纮谏曰：“夫兵者凶器，战者危事也。今麾下恃盛壮之气，忽强暴之虏，三军之众，莫不寒心。虽斩将搴旗，威震敌场，此乃偏将之任，非主将之宜也。愿抑贲、育之勇，怀霸王之计。”权乃止。曹操遣将军张喜将兵解围，久而未至。扬州别驾楚国蒋济密白刺史，伪得喜书，云步骑四万已到雩娄，遣主簿迎喜。三部使赍书语城中守将：“一部得入城，二部为权兵所得。”权信之，遽烧围走。

冬十二月，周瑜攻曹仁岁余，所杀伤甚众，仁委城走。权以瑜领南郡太守，屯据江陵；程普领江夏太守，治沙羡；吕范领彭泽太守；吕蒙领寻阳令。

曹操密遣九江蒋幹往说周瑜。幹以才辩独步于江、淮之间，乃布衣葛巾，自托私行诣瑜。瑜出迎之，立谓幹曰："子翼良苦，远涉江湖，为曹氏作说客邪?"因延幹，与周观营中，行视仓库、军资、器仗讫，还饮宴，示之侍者、服饰、珍玩之物。因谓幹曰："丈夫处世，遇知己之主，外托君臣之义，内结骨肉之恩，言行计从，祸福共之，假使苏、张更生，能移其意乎！"幹但笑，终无所言。还白操，称瑜雅量高致，非言辞所能间也。

十五年冬十二月，周瑜诣京见权曰："今曹操新败，忧在腹心，未能与将军连兵相事也。乞与奋威俱进，取蜀而并张鲁，因留奋威固守其地，与马超结援，瑜还与将军据襄阳以蹴操，北方可图也。"权许之。奋威者，孙坚弟子丹阳太守瑜也。

周瑜还江陵为行装，于道病困，与权笺曰："修短命矣，诚不足惜，但恨微志未展，不复奉教命耳。方今曹操在北，疆埸未静；刘备寄寓，有似养虎；天下之事，未知终始，此朝士旰食之秋，至尊垂虑之日也。鲁肃忠烈，临事不苟，可以代瑜。傥所言可采，瑜死不朽矣。"卒于巴丘。权闻之，哀恸曰："公瑾有王佐之资，今忽短命，孤何赖哉！"自迎其丧于芜湖。瑜有一女二男，权为长子登娶其女，以其男循为骑都尉，妻以女；胤为兴业都尉，妻以宗女。

权以鲁肃为奋武校尉，代瑜领兵，令程普领南郡太守。鲁肃劝权以荆州借刘备，与共拒曹操，权从之。乃分豫章为番阳郡，分长沙为汉昌郡。复以程普领江夏太守；鲁肃为汉昌太守，屯陆口。

十七年。初，张纮以秣陵山川形胜，劝孙权以为治所。及刘备东过秣陵，亦劝权居之。权于是作石头城，徙治秣陵，改秣陵为建业。

秋九月，吕蒙闻曹操欲东兵，说孙权夹濡须水口立坞。诸将皆曰："上岸击贼，洗足入船，何用坞为？"蒙曰："兵有利钝，战无百胜，如有邂逅，敌步骑蹙人，不暇及水，其得入船乎？"权曰："善。"遂作濡须坞。

冬十月，曹操东击孙权。

十八年春正月，曹操进军濡须口，号步骑四十万，攻破孙权江西营，获其都督公孙阳。权率众七万御之，相守月余。操见其舟船器仗军伍整肃，叹曰："生子当如孙仲谋。如刘景升儿子，豚犬耳。"权为笺与操，说"春水方生，公宜速去"。别纸言："足下不死，孤不得安。"操语诸将曰："孙权不欺孤。"乃彻军还。

十九年。初，魏公操遣庐江太守朱光屯皖，大开稻田。吕蒙言于孙权曰："皖田肥美，若一收熟，彼众必增。宜早除之。"闰〔五〕月，权亲攻皖城。诸将欲作土山，添攻具，吕蒙曰："治攻具及土山，必历日乃成，城备既修，外救必至，不可图也。且吾乘雨水以入，若留经日，水必向尽，还道艰难，蒙窃危之。今观此城，不能甚固，以三军锐气，四面并攻，不移时可拔；及水以归，全胜之道也。"权从之。蒙荐甘宁为升城督。宁手持练，身缘城，为士卒先。蒙以精锐继之，手执枹鼓，士卒皆腾踊。侵晨进攻，食时破之，获朱光及男女数万口。既而张辽至夹石，闻城已拔，乃退。权拜吕蒙为庐江太守，还屯寻阳。

二十年秋八月，孙权率众十万围合肥。时张辽、李典、乐进将七千余人屯合肥。魏公操之征张鲁也，为教与合肥护军薛悌，署函边曰："贼至，乃发。"及权至，发教，教曰："若孙权至者，张、李将军出战，乐将军守，护军勿得与战。"诸将以众寡不敌，疑之。张辽曰："公远征在外，比救至，彼破我必矣。是以教指及其未合逆击之，折其盛势，以安众心，然后可守也。"进等莫对，辽怒曰："成败之机，在此一战，诸君若疑，辽将独决之。"李典素与辽不睦，慨然曰："此国家大事，顾君计何如耳，吾可以私憾而忘公义乎！请从君而出。"于是辽夜募敢从之士，得八百人，椎牛犒飨。明旦，辽被甲持戟，先登陷阵，杀数十人，斩二大将，大呼自名，冲垒入至权麾下。权大惊，不知所为，走登高冢，以长戟自守。辽叱权下战，权不敢动，望见辽所将众少，乃聚围辽数重。辽急击，围开，将麾下数十人得出。余众号呼曰："将军弃我乎？"辽复还突围，拔出余众。权人马皆披靡，无敢当者。自旦战至日中，吴人夺气。乃还修守备，众心遂安。

权守合肥十余日，城不可拔，彻军还。兵皆就路，权与诸将在逍遥津北，张辽觇望知之，即将步骑奄至。甘宁与吕蒙等力战扞敌，凌统率亲近扶权出围，复还与辽战，左右尽死，身亦被创，度权已免，乃还。权乘骏马上津桥，桥南已彻，丈余无版，亲近监谷利在马后，使权持鞍缓控，利于后着鞭以助马势，遂得超度。贺齐率三千人在津南迎权，权由是得免。权入大船宴饮，贺齐下席涕泣曰："至尊人主，常当持重，今日之事，几致祸败。群下震怖，若无天地，愿以此为终身之诫。"权自前收其泪曰："大惭，谨已刻心，非但书绅也。"

二十一年冬十月，魏王操治兵击孙权。

二十二年春正月，魏王操军居巢，孙权保濡须。二月，操进攻之。三月，操引军还，留伏波将军夏侯惇、都督曹仁、张辽等二十六军屯居巢。权令都尉徐详诣操请降，操报使修好，誓重结婚。权留平虏将军周泰督濡须。

冬十月，鲁肃卒，孙权以从事中郎彭城严畯代肃，督兵万人镇陆口。众人皆为畯喜，畯固辞以"朴素书生，不闲军事"，发言恳恻，至于流涕。权乃以左护军虎威将军吕蒙兼汉昌太守以代之。众嘉严畯能以实让。

定威校尉吴郡陆逊言于孙权曰："方今克敌宁乱，非众不济，而山寇旧恶，依阻深地。夫腹心未平，难以图远，可大部伍，取其精锐。"权从之，以为帐下右部督。会丹阳贼帅费栈作乱，扇动山越。权命逊讨栈，破之。遂部伍东三郡，强者为兵，羸者补户，得精卒数万人。宿恶荡除，所过肃清，还屯芜湖。会稽太守淳于式表逊"枉取民人，愁扰所在"。逊后诣都，言次称式佳吏。权曰："式白君而君荐之，何也。"逊对曰："式意欲养民，是以白逊。若逊复毁式以乱圣听，不可长也。"权曰："此诚长者之事，顾人不能为耳。"

二十四年秋七月，孙权攻合肥。时诸州兵戍淮南。扬州刺史温恢谓兖州刺史裴潜曰："此间虽有贼，然不足忧。今水潦方生，而子孝县军，无有远备，关羽骁猾，正恐征南有变耳。"已而关羽果使南郡太守糜芳守江陵，将军傅士仁守公安，羽自率众攻曹仁于樊。仁使左将军于禁、立义将军庞德等屯樊北。八月，大霖雨，汉水溢，平地数丈，于禁等七军皆没。禁与诸将登高避水，羽乘大船就攻之，禁等穷迫，遂降。庞德不降，骂羽，羽杀之。

冬十月，丞相军司马司马懿、西曹属蒋济言于操曰："于禁等为水所没，非战攻之失，于国家大计未足有损。刘备、孙权外亲内疏，关羽得志，权必不愿也。可遣人劝权蹑其后，许割江南以封权，则樊围自解。”操从之。

魏王操之出汉中也，孙权为笺与魏王操，请以讨羽自效。吕蒙袭公安、江陵，羽守将傅士仁、麋芳皆降。蒙入江陵，释于禁之囚，得关羽及将士家属，皆慰抚之。羽遁走，兵皆解散。潘璋司马马忠获羽及其子平于章乡，斩之。事见吴蜀通好。

十二月，魏王操表孙权为票骑将军，假节，领荆州牧，封南昌侯。

魏文帝黄初元年，文帝即位。秋七月，孙权遣使奉献。

二年夏四月，孙权自公安徙都鄂，更名鄂曰武昌。

秋八月，孙权遣使称臣，卑辞奉章，并送于禁等还。朝臣皆贺，刘晔独曰："权无故求降，必内有急。权前袭杀关羽，刘备必大兴师伐之。外有强寇，众心不安，又恐中国往承其衅，故委地求降，一以却中国之兵，二假中国之援，以强其众而疑敌人耳。天下三分，中国十有其八，吴、蜀各保一州，阻山依水，有急相救，此小国之利也。今还自相攻，天亡之也。宜大兴师，径渡江袭之，蜀攻其外，我袭其内，吴之亡不出旬月矣。吴亡则蜀孤，若割吴之半以与蜀，蜀固不能久存，况蜀得其外，我得其内乎？"帝曰："人称臣降而伐之，疑天下欲来者心，不若且受吴降而袭蜀之后也。"对曰："蜀远吴近，又闻中国伐之，便还军，不能止也。今备已怒，兴兵击吴，闻我伐吴，知吴必亡，将喜而进，与我争割吴地，必不改计抑怒救吴也。"帝不听，遂受吴降。

于禁须发皓白，形容憔悴，见帝，泣涕顿首。帝慰喻以荀林父、孟明视故事，拜安远将军，令北诣邺谒高陵。帝使豫於陵屋画关羽战克，庞德愤怒，禁降服之状。禁见，惭恚，发病死。

臣光曰：于禁将数万众，败不能死，生降于敌，既而复归；文帝废之可也，杀之可也，乃画陵屋以辱之，斯为不君矣。

丁巳，遣太常邢贞奉策即拜孙权为吴王，加九锡。刘晔曰："不可。先帝征伐天下，十兼其八，威震海内。陛下受禅即真，德合天地，声暨四远。权虽有雄才，故汉票骑将军、南昌侯耳，官轻势卑，士民有畏中国心，不可强迫与成所谋也。不得已受其降，可进其将军号，封十万户侯，不可即以为王也。夫王位去天子一阶耳，其礼秩服御相乱也。彼直为侯，江南士民未有君臣之分。我信其伪降，就封殖之，崇其位号，定其君臣，是为虎傅翼也。权既受王位，却蜀兵之后，外尽礼以事中国，使其国内皆闻，内为无礼以怒陛下；陛下赫然发怒，兴兵讨之，乃徐告其民曰：'我委身事中国，不爱珍货重宝，随时贡献，不敢失臣礼，而无故伐我，必欲残我国家，俘我民人以为仆妾。'吴民无缘不信其言也。信其言而感怒，上下同心，战加十倍矣。"又不听。诸将以吴内附，意皆纵缓，独征南大将军夏侯尚益修攻守之备。山阳曹伟素有才名，闻吴称藩，以白衣与吴王交书求赂，欲以交结京师，帝闻而诛之。

吴(人)〔又〕城武昌。

十一月，邢贞至吴，吴人以为宜称上将军、九州伯，不当受魏封。吴王曰："九州伯，于古未闻也。昔沛公亦受项羽封为汉王，盖时宜耳，复何损邪！"遂受之。吴王出都亭候贞，贞入门，不下车。张昭谓贞曰："夫礼无不敬，法无不行。而君敢自尊大，岂以江南寡弱，无方寸之刃故乎？"贞即遽下车。中郎将琅邪徐盛忿愤，顾谓同列曰："盛等不能奋身出命，为国家并许、洛，吞巴、蜀，而令吾君与贞盟，不亦辱乎！"因涕泣横流。贞闻之，谓其徒曰："江东将相如此，非久下人者也。"

吴王遣中大夫南阳赵咨入谢。帝问曰："吴王何等主也？"对曰："聪明仁智雄略之主也。"帝问其状，对曰："纳鲁肃于凡品，是其聪也。拔吕蒙于行阵，是其明也。获于禁而不害，是其仁也。取荆州兵不血刃，是其智也。据三州，虎视于天下，是其雄也。屈身于陛下，是其略也。"帝曰："吴王颇知学乎？"咨曰："吴王浮江万艘，带甲百万，任贤使能，志存经略，虽有余闲，博览书传，历史籍，采奇异，不效书生寻章摘句而已。"帝曰："吴可征否？"对曰："大国有征伐之兵，小国有备御之固。"帝曰："吴难魏乎？"对曰："带甲百万，江、汉为池，何难之有？"帝曰："吴如大夫者几人？"对曰："聪明特达者八九十人，如臣之比，车载斗量，不可胜数。"

帝遣使求雀头香、大贝、明珠、象牙、犀角、玳瑁、孔雀、翡翠、斗鸭、长鸣鸡于吴。吴群臣曰："荆、扬二州，贡有常典，魏所求珍玩之物，非礼也，宜勿与。"吴王曰："方有事于西北，江表元元，恃主为命。彼所求者，于我瓦石耳，孤何惜焉。且彼在谅暗之中，而所求若此，宁可与言礼哉？"皆具以与之。

十二月，帝欲封吴王子登为万户侯，吴王以登年幼，上书辞不受。复遣西曹掾吴郡沈珩入谢，并献方物。帝问曰："吴嫌魏东向乎？"珩曰："不嫌。"曰："何以？"曰："信恃旧盟，言归于好，是以不嫌。若魏渝盟，自有豫备。"又问："闻太子当来，宁然乎？"珩曰："臣在东朝，朝不坐，宴不与，若此之议，无所闻也。"帝善之。

三年。初，吴王遣于禁护军浩周、军司马东里衮诣帝，自陈诚款，辞甚恭悫。帝问周等："权可信乎？"周以为权必臣服，而衮谓其不可必服。帝悦周言，以为有以知之，故立为吴王，复使周至吴。周谓吴王曰："陛下未信王遣子入侍，周以阖门百口明之。"吴王为之流涕沾襟，指天为誓。周还而侍子不至，但多设虚辞。帝欲遣侍中辛毗、尚书桓阶往与盟誓，并责任子，吴王辞让不受。帝怒，欲伐之。刘晔曰："彼新得志，上下齐心，而阻带江湖，不可仓卒制也。"帝不从。九月，命征东大将军曹休、前将军张辽、镇东将军臧霸出洞口，大将军曹仁出濡须，上军大将军曹真、征南大将军夏侯尚、左将军张郃、右将军徐晃围南郡。吴建威将军吕范督五军，以舟军拒休等，左将军诸葛瑾、平北将军潘璋、将军杨粲救南郡，裨将军朱桓以濡须督拒曹仁。

冬十月，吴王以扬越蛮夷多未平集，乃卑辞上书，求自改厉；若罪在难除，必不见置，当奉还土地民人，寄命交州，以终余年。又与浩周书云："欲为子登求昏宗室。"又云："以登年弱，欲遣孙长绪、张子布随登俱来。"帝报曰："朕之与君，大义已定，岂乐劳师，远临江、汉。若登身朝到，夕召兵还耳。"于是吴王改元黄武，临江拒守。

帝自许昌南征，复郢州为荆州。十一月辛丑，帝如宛。曹休在洞口，自陈"愿将锐卒，虎步江南，因敌取资，事必克捷，若其无臣，不须为念"。帝恐休便渡江，驿马止之。侍中董昭侍侧，曰："窃见陛下有忧色，独以休济江故乎？今者渡江，人情所难，就休有此志，势不独行，当须诸将。臧霸等既富且贵，无复他望，但欲终其天命，保守禄祚而已，何肯乘危自投死地，以求徼幸。苟霸等不进，休意自沮，臣恐陛下虽有敕渡之诏，犹必沉吟，未便从命也。”顷之，会暴风吹吴吕范等船，绠缆悉断，直诣休等营下，斩首获生以千数，吴兵进散。帝闻之，敕诸军促渡。军未时进，吴救船遂至，收军还江南。曹休使臧霸追之，不利，将军尹卢战死。

吴将孙盛督万人据江陵中洲，以为南郡外援。

四年春正月，曹真使张郃击破吴兵，遂夺据江陵中洲。

二月，曹仁以步骑数万向濡须，先扬声欲东攻羡溪，朱桓分兵赴之。既行，仁以大军径进，桓闻之，追还羡溪兵，兵未到而仁奄至。时桓手下及所部兵在者才五千人，诸将业业，各有惧心。桓喻之曰：“凡两军交对，胜负在将，不在众寡。诸君闻曹仁用兵行师，孰与桓邪？兵法所以称‘客倍而主人半’者，谓俱在平原，无城隍之守，又谓士卒勇怯齐等故耳。今仁既非智勇，加其士卒甚怯，又千里步涉，人马罢困。桓与诸君共据高城，南临大江，北背山陵，以逸待劳，为主制客，此百战百胜之势，虽曹丕自来，尚不足忧，况仁等邪！”桓乃偃旗鼓，外示虚弱，以诱致仁。仁遣其子泰攻濡须城，分遣将军常雕、王双等乘油船别袭中洲。中洲者，桓部曲妻子所在也。蒋济曰：“贼据西岸，列船上流，而兵入洲中，是为自内地狱，危亡之道也。”仁不从，自将万人留橐皋，为泰等后援。桓遣别将击雕等，而身自拒泰。泰烧营退，桓遂斩常雕，生虏王双，临阵杀溺死者千余人。

初，吕蒙病笃，吴王问曰：“卿如不起，谁可代者？”蒙对曰：“朱然胆守有余，愚以为可任。”朱然者，九真太守朱治姊子也，本姓施氏，治养以为子，时为昭武将军。蒙卒，吴王假然节，镇江陵。及曹真等围江陵，破孙盛，吴王遣诸葛瑾等将兵往解围，夏侯尚击却之。江陵中外断绝，城中兵多肿病，堪战者裁五千人。真等起土山，凿地道，立楼橹临城，弓矢雨注，将士皆失色。然晏如无恐意，方厉吏士，伺间隙，攻破魏两屯。魏兵围然凡六月，江陵令姚泰领兵备城北门，见外兵盛，城中人少，谷食且尽，惧不济，谋为内应，然觉而杀之。

时江水浅狭，夏侯尚欲乘船将步骑入渚中安屯，作浮桥，南北往来，议者多以为城必可拔。董昭上疏曰："武皇帝智勇过人，而用兵畏敌，不敢轻之若此也。夫兵好进恶退，常然之数。平地无险，犹尚艰难，就当深入，还道宜利，兵有进退，不可如意。今屯渚中，至深也；浮桥而济，至危也；一道而行，至狭也。三者，兵家所忌，而今行之。贼频攻桥，误有漏失，渚中精锐，非魏之有，将转化为吴矣。臣私戚之，忘寝与食，而议者怡然不以为忧，岂不惑哉！加江水向涨，一旦暴增，何以防御？就不破贼，尚当自完，奈何乘危不以为惧！惟陛下察之。"帝即诏尚等促出，吴人两头并前，魏兵一道引去，不时得泄，仅而获济。吴将潘璋已作荻筏，欲以烧浮桥，会尚退而止。后旬日，江水大涨，帝谓董昭曰："君论此事，何其审也！"会天大疫，帝悉召诸军还。

三月丙申，车驾还洛阳。初，帝问贾诩曰："吾欲伐不从命以一天下，吴、蜀何先？"对曰："攻取者先兵权，建本者尚德化。陛下应期受禅，抚临率土，若绥之以文德而俟其变，则平之不难矣。吴、蜀虽蕞尔小国，依山阻水。刘备有雄才，诸葛亮善治国。孙权识虚实，陆逊见兵势。据险守要，泛舟江湖，皆难卒谋也。用兵之道，先胜后战，量敌论将，故举无遗策。臣窃料群臣无备、权对，虽以天威临之，未见万全之势也。昔舜舞干戚而有苗服，臣以为当今宜先文后武。"帝不纳，军竟无功。

丁未，陈忠侯曹仁卒。

五年秋七月，帝欲大兴军伐吴，侍中辛毗谏曰："方今天下新定，土广民稀，而欲用之，臣诚未见其利也。先帝屡起锐师，临江而旋。今六军不增于故，而复修之，此未易也。今日之计，莫若养民屯田，十年然后用之，则役不再举矣。”帝曰：“如卿意，更当以虏遗子孙邪？”对曰：“昔周文王以纣遗武王，惟知时也。”帝不从。留尚书仆射司马懿镇许昌。八月，为水军，亲御龙舟，循蔡、颍浮淮如寿春。九月，至广陵。

吴安东将军徐盛建计，植木衣苇，为疑城假楼，自石头至于江乘，联绵相接数百里，一夕而成。又大浮舟舰于江。

时江水盛涨，帝临望叹曰：“魏虽有武骑千群，无所用之，未可图也。”帝御龙舟，会暴风漂荡，几至覆没。帝问群臣：“权当自来否？”咸曰：“陛下亲征，权恐怖，必举国而应，又不敢以大众委之臣下，必当自来。”刘晔曰：“彼谓陛下欲以万乘之重牵己，而超越江湖者在于别将，必勒兵待事，未有进退也。”大驾停住积日，吴王不至，帝乃旋师。是时曹休表得降贼辞：“孙权已在濡须口。”中领军卫臻曰：“权恃长江，未敢亢衡，此必畏怖伪辞耳。”考核降者，果守将所作也。

六年春三月辛未，帝以舟师复征吴，群臣大议。宫正鲍勋谏曰：“王师屡征而未有所克者，盖以吴、蜀唇齿相依，凭阻山水，有难拔之势故也。往年龙舟飘荡，隔在南岸，圣躬蹈危，臣下破胆，此时宗庙几至倾覆，为百世之戒。今又劳兵袭远，日费千金，中国虚耗，令黠虏玩威，臣窃以为不可。”帝怒，左迁勋为治书执法。勋，信之子也。

夏五月戊申，帝如谯。

秋八月，帝以舟师自谯循涡入淮。尚书蒋济表言“水道难通”，帝不从。冬十月，如广陵故城，临江观兵，戎卒十余万，旌旗数百里，有渡江之志。吴人严兵固守。而大寒，冰，舟不得入江。帝见波涛汹涌，叹曰："嗟乎，固天所以限南北也！"遂归。孙韶遣将高寿等率敢死之士五百人，于径路夜要帝，帝大惊。寿等获副车、羽盖以还。于是，战船数千，皆滞不得行。

七年春正月壬子，帝还洛阳。夏五月，帝疾笃，丁巳，帝殂。

明帝泰和三年夏四月丙申，吴王即皇帝位，大赦，改元黄龙。百官毕会。吴主归功于周瑜。绥远将军张昭举笏欲褒赞功德，未及言，吴主曰："如张公之计，今已乞食矣。"昭大惭，伏地流汗。吴主追尊父坚为武烈皇帝，兄策为长沙桓王，立子登为皇太子。

刘备据蜀

汉献帝初平二年。初，涿郡刘备，中山靖王之后也，少孤贫，与母以贩履为业。长七尺五寸，垂手下膝，顾自见其耳。有大志，少语言，喜怒不形于色。尝与公孙瓒同师事卢植，由是往依瓒。瓒使备与田楷徇青州，有功，因以为平原相。备少与河东关羽、涿郡张飞相友善，以羽、飞为别部司马，分统部曲。备与二人寝则同床，恩若兄弟，而稠人广坐，侍立终日，随备周旋，不避艰险。常山赵云为本郡将吏兵诣公孙瓒，瓒曰："闻贵州人皆愿袁氏，君何独迷而能反乎？"云曰："天下讻讻，未知孰是，民有倒悬之厄。鄙州论议，从仁政所在，不为忽袁公，私明将军也。"刘备见而奇之，深加接纳，云遂从备至平原，为备主骑兵。

兴平元年十二月，徐州牧陶谦疾笃，谓别驾东海麋竺曰："非刘备，不能安此州也。"谦卒，竺率州人迎备。备未敢当，曰："袁公路近在寿春，君可以州与之。”典农校尉下邳陈登曰：“公路骄豪，非治乱之主。今欲为使君合步骑十万，上可以匡主济民，下可以割地守境，若使君不见听许，登亦未敢听使君也。”北海相孔融谓备曰：“袁公路岂忧国忘家者邪？冢中枯骨，何足介意。今日之事，百姓与能。天与不取，悔不可追。”备遂领徐州。

建安元年夏六月，袁术攻刘备以争徐州。备使司马张飞守下邳，自将拒术于盱眙、淮阴，相持经月，更有胜负。下邳相曹豹，陶谦故将也，与张飞相失，飞杀之，城中乖乱。袁术与吕布书，劝令袭下邳，许助以军粮。布大喜，引军水陆东下。备中郎将丹阳许耽开门迎之。张飞败走，布虏备妻子及将吏家口。备闻之，引还，比至下邳，兵溃。备收余兵东取广陵，与袁术战，又败，屯于海西，饥饿困踧，吏士相食，从事东海糜竺以家财助军。备请降于布，布亦忿袁术运粮不继，乃召备复以为豫州刺史，与并势击术，使屯小沛。

秋九月，袁术遣将纪灵等步骑三万攻刘备，备求救于布。诸将谓布曰：“将军常欲杀刘备，今可假手于术。”布曰：“不然。术若破备，则北连泰山诸将，吾为在术围中，不得不救也。”便率步骑千余驰往赴之。灵等闻布至，皆敛兵而止。布屯沛城西南，遣铃下请灵等，灵等亦请布，布往就之，与备共饮食。布谓灵等曰：“玄德，布弟也，为诸君所困，故来救之。布性不喜合斗，喜解斗耳。”乃令军候植戟于营门，布弯弓顾曰：“诸君观布射戟小支，中者当各解兵，不中可留决斗。”布即一发正中戟支。灵等皆惊，言：“将军天威也！”明日复欢会，然后各罢。

备合兵得万余人，布恶之，自出兵攻备。备败走，归曹操。操厚遇之，以为豫州牧。或谓操曰：“备有英雄之志，今不早图，后必为患。”操以问郭嘉，嘉曰：“有是。然公起义兵，为百姓除暴，推诚仗信以招俊杰，犹惧其未也。今备有英雄名，以穷归己而害之，是以害贤为名也。如此，则智士将自疑，回心择主，公谁与定天下乎？夫除一人之患，以沮四海之望，安危之机也，不可不察。”操笑曰：“君得之矣。”遂益其兵，给粮食，使东至沛，收散兵以图吕布。

三年夏四月，吕布复与袁术通，遣其中郎将高顺及北地太守雁门张辽攻刘备。曹操遣将军夏侯惇救之，为顺等所败。秋九月，顺等破沛城，虏备妻子，备单身走。

四年。初，车骑将军董承称受帝衣带中密诏，与刘备谋诛曹操。操从容谓备曰：“今天下英雄，惟使君与操耳。本初之徒，不足数也。”备方食，失匕箸，值天雷震，备因曰：“圣人云‘迅雷风烈必变’，良有以也。”遂与承及长水校尉种辑、将军吴子兰、王服等同谋。会操遣备与朱灵邀袁术，程昱、郭嘉、董昭皆谏曰：“备不可遣也。”操悔，追之，不及。术既南走，朱灵等还。备遂杀徐州刺史车胄，留关羽守下邳，行太守事，身还小沛。东海贼昌豨及郡县多叛操为备。备众数万人，遣使与袁绍连兵，操遣司空长史沛国刘岱、中郎将扶风王忠击之，不克。备谓岱等曰：“使汝百人来，无如我何；曹公自来，未可知耳。”

五年春正月，董承谋泄，壬子，曹操杀承及王服、种辑，皆夷三族。操欲自讨刘备，诸将皆曰：“与公争天下者，袁绍也。今绍方来而弃之东，绍乘人后，若何？”操曰：“刘备人杰也，今不击，必为后患。”郭嘉曰：“绍性迟而多疑，来必不速。备新起，众心未附，急击之，必败。”操师遂东。冀州别驾田丰说袁绍曰：“曹操与刘备连兵，未可卒解。公举军而袭其后，可一往而定。”绍辞以子疾，未得行。圭举杖击地曰："嗟乎，遭难遇之时，而以婴儿病失其会，惜哉，事去矣！"曹操击刘备，破之，获其妻子。进拔下邳，禽关羽。又击昌豨，破之。备奔青州，因袁谭以归袁绍。绍闻备至，身去邺二百里迎之。驻月余，所亡士卒稍稍归之。

初，操壮关羽之为人，而察其心神无久留之意，使张辽以其情问之。羽叹曰："吾极知曹公待我厚，然吾受刘将军恩，誓以共死，不可背之。吾终不留，要当立效以报曹公乃去耳。"辽以羽言报操，操义之。及羽杀颜良，操知其必去，重加赏赐。羽尽封其所赐，拜书告辞，而奔刘备于袁军。左右欲追之，操曰："彼各为其主，勿追也。"

秋七月，刘备略汝、颍之间，自许以南，吏民不安。曹操患之。曹仁曰："南方以大军方有目前急，其势不能相救，刘备以强兵临之，其背叛故宜也。备新将绍兵，未能得其用，击之，可破也。"操乃使仁将骑击备，破走之，尽复收诸叛县而还。备还至绍军，阴欲离绍，乃说绍南连刘表。绍遣备将本兵复至汝南，与贼龚都等合，众数千人。曹操遣将蔡杨击之，为备所杀。

六年秋九月，操自击刘备于汝南，备奔刘表，龚都等皆散。表闻备至，自出郊迎，以上宾礼待之，益其兵，使屯新野。备在荆州数年，尝于表坐起至厕，慨然流涕。表怪问备，备曰："平常身不离鞍，髀肉皆消。今不复骑，髀里肉生。日月如流，老将至矣，而功业不建，是以悲耳。"

十二年。初，琅邪诸葛亮寓居襄阳隆中，每自比管仲、乐毅，时人莫之许也，惟颍川徐庶与崔州平谓为信然。州平，烈之子也。刘备在荆州，访士于襄阳司马徽，徽曰："儒生俗士，岂识时务，识时务者在乎俊杰。此间自有伏龙、凤雏。"备问为谁？曰：

“诸葛孔明、庞士元也。”徐庶见备于新野，备器之。庶谓备曰：“诸葛孔明，卧龙也，将军岂愿见之乎？”备曰：“君与俱来。”庶曰：“此人可就见，不可屈致也。将军宜枉驾顾之。”

备由是诣亮，凡三往，乃见。因屏人曰：“汉室倾颓，奸臣窃命，孤不度德量力，欲信大义于天下，而智术浅短，遂用猖蹶，至于今日。然志犹未已，君谓计将安出？”亮曰：“今曹操已拥百万之众，挟天子而令诸侯，此诚不可与争锋。孙权据有江东已历三世，国险而民附，贤能为之用，此可与为援，而不可图也。荆州北据汉、沔，利尽南海，东连吴会，西通巴、蜀，此用武之国，而其主不能守，此殆天所以资将军也。益州险塞，沃野千里，天府之土，刘璋暗弱，张鲁在北，民殷国富而不知存恤，智能之士思得明君。将军既帝室之胄，信义著于四海，若跨有荆、益，保其岩阻，抚和戎、越，结好孙权，内修政治，外观时变，则霸业可成，汉室可兴矣。”备曰：“善。”于是与亮情好日密。关羽、张飞不悦，备解之曰：“孤之有孔明，犹鱼之有水也。愿诸君勿复言。”羽、飞乃止。

十三年。初，刘表二子琦、琮，表为琮娶其后妻蔡氏之侄，蔡氏遂爱琮而恶琦。表妻弟蔡瑁、外甥张允并得幸于表，日相与毁琦而誉琮。琦不自宁，与诸葛亮谋自安之术，亮不对。后乃共升高楼，因令去梯，谓亮曰：“今日上不至天，下不至地，言出子口，而入吾耳，可以言未？”亮曰：“君不见申生在内而危，重耳居外而安乎？”琦意感悟，阴规出计。会黄祖死，琦求代其任，表乃以琦为江夏太守。表病甚，琦归省疾。瑁、允恐其见表而父子相感，更有托后之意，乃谓琦曰：“将军命君抚临江夏，其任至重。今释众擅来，必见谴怒，伤亲之欢，重增其疾，非孝敬之道也。”遂遏于户外，使不得见，琦流涕而去。表卒，瑁、允等遂以琮为嗣。

琮以侯印授琦，琦怒，投之地，将因奔丧作难。会曹操军至，琦奔江南。

章陵太守蒯越及东曹掾傅巽等劝刘琮降操，曰："逆顺有大体，强弱有定势。以人臣而拒人主，逆道也。以新造之楚而御中国，必危也。以刘备而敌曹公，不当也。三者皆短，将何以待敌？且将军自料何如刘备？若备不足御曹公，则虽全楚不能以自存也。若足御曹公，则备不为将军下也。"琮从之。九月，操军至新野，琮遂举州降，以节迎操。诸将皆疑其诈，娄圭曰："天下扰攘，各贪王命以自重，今以节来，是必至诚。"操遂进兵。

时刘备屯樊，琮不敢告备。备久之乃觉，遣所亲问琮，琮令其官属宋忠诣备宣旨。时曹操已在宛，备乃大惊骇，谓忠曰："卿诸人作事如此，不早相语，今祸至方告我，不亦太剧乎！"引刀向忠曰："今断卿头，不足以解忿，亦耻丈夫临别复杀卿辈！"遣忠去，乃呼部曲共议。或劝备攻琮，荆州可得。备曰："刘荆州临亡托我以孤遗，背信自济，吾所不为，死何面目以见刘荆州乎？"备将其众去，过襄阳，驻马呼琮，琮惧，不能起。琮左右及荆州人多归备。备过辞表墓，涕泣而去。比到当阳，众十余万人，辎重数千两，日行十余里，别遣关羽乘船数百艘，使会江陵。或谓备曰："宜速行保江陵。今虽拥大众，被甲者少，若曹公兵至，何以拒之？"备曰："夫济大事必以人为本，今人归吾，吾何忍弃去。"

习凿齿论曰：刘玄德虽颠沛险难而信义愈明，势逼事危而言不失道。追景升之顾则情感三军，恋赴义之士则甘与同败。终济大业，不亦宜乎。

操以江陵有军实，恐刘备据之，乃释辎重，轻军到襄阳。闻备已过，操将精骑五千急追之，一日一夜行三百余里，及于当阳之长坂。备弃妻子，与诸葛亮、张飞、赵云等数十骑走，操大获其人众辎重。徐庶母为操所获，庶辞备，指其心曰："本欲与将军共图王霸之业者，以此方寸之地也。今已失老母，方寸乱矣，无益于事，请从此别。"遂诣操。

张飞将二十骑拒后，飞据水断桥，瞋目横矛曰："身是张益德也，可来共决死。"操兵无敢近者。或谓备："赵云已北走。"备以手戟擿之曰："子龙不弃我走也。"顷之，云身抱备子禅与关羽船会，得济沔，遇刘琦众万余人，与俱到夏口。

冬十月，刘备因鲁肃以归孙权。事见孙氏据江东。

十二月，刘备表刘琦为荆州刺史，引兵南徇四郡，武陵太守金旋、长沙太守韩玄、桂阳太守赵范、零陵太守刘度皆降。庐江营帅雷绪，率部曲数万口归备。备以诸葛亮为军师中郎将，使督零陵、桂阳、长沙三郡，调其赋税以充军实。以偏将军赵云领桂阳太守。

十四年冬十二月，孙权以备领荆州牧，周瑜分南岸地以给备。备立营于油口，改名公安。权以妹妻备，妹才捷刚猛，有诸兄风，侍婢百余人，皆执刀侍立，备每入，心常凛凛。

十五年冬十二月，刘表故吏士多归刘备，备以周瑜所给地少，不足以容其众，乃自诣京见孙权，求都督荆州。瑜上疏于权曰："刘备以枭雄之姿，而有关羽、张飞熊虎之将，必非久屈为人用者。愚谓大计，宜徙备置吴，盛为筑宫室，多其美女玩好，以娱其耳目；分此二人，各置一方，使如瑜者得挟与攻战，大事可定也。今猥割土地以资业之，聚此三人俱在疆埸，恐蛟龙得云雨，终非池中物也。"吕范亦劝留之。权以曹操在北，方当广揽英雄，不从。备还公安，久乃闻之，叹曰："天下智谋之士，所见略同。

时孔明谏孤莫行，其意亦虑此也。孤方危急，不得不往，此诚险途，殆不免周瑜之手。”

周瑜卒，权以鲁肃代瑜领兵。鲁肃劝权以荆州借刘备与共拒曹操，权从之。

十六年冬十二月，扶风法正为刘璋军议校尉，璋不能用，又为其州里俱侨客者所鄙，正邑邑不得志。益州别驾张松与正善，自负其才，忖璋不足与有为，常窃叹息。松劝璋结刘备，璋曰：“谁可使者？”松乃举正。璋使正往，正辞谢，佯为不得已而行。还，为松说备有雄略，密谋奉戴以为州主。

会曹操遣钟繇向汉中，璋闻之，内怀恐惧。松因说璋曰：“曹公兵无敌于天下，若因张鲁之资以取蜀土，谁能御之？刘豫州使君之宗室，而曹公之深仇也，善用兵，若使之讨鲁，鲁必破矣。鲁破则益州强，曹公虽来，无能为也。今州中诸将庞羲、李异等皆恃功骄豪，欲有外意。不得豫州，则敌攻其外，民攻其内，必败之道也。”璋然之，遣法正将四千人迎备。主簿巴西黄权谏曰：“刘左将军有骁名，今请到，欲以部曲遇之，则不满其心；欲以宾客礼待，则一国不容二君。若客有泰山之安，则主有累卵之危。不若闭境以待时清。”璋不听，出权为广汉长。从事广汉王累自倒悬于州门以谏，璋一无所纳。

法正至荆州，阴献策于刘备曰：“以明将军之英才，乘刘牧之懦弱，张松州之股肱，响应于内，以取益州，犹反掌也。”备疑未决。庞统言于备曰：“荆州荒残，人物殚尽，东有孙车骑，北有曹操，难以得志。今益州户口百万，土沃财富，诚得以为资，大业可成也。”备曰：“今指与吾为水火者，曹操也。操以急，吾以宽；操以暴，吾以仁；操以谲，吾以忠；每与操反，事乃可成耳。今以小利而失信义于天下,奈何?”统曰:“乱离之时,固非一道所能定也。且兼弱攻昧,逆取顺守,古人所贵。若事定之后,封以大国,何负于信?今日不取,终为人利耳。”备以为然。乃留诸葛亮、关羽等守荆州,以赵云领留营司马,备将步卒数万人入益州。

孙权闻备西上,遣舟船迎妹,而夫人欲将备子禅还吴,张飞、赵云勒兵截江,乃得禅还。

刘璋敕在所供奉备,备入境如归,前后赠遗以巨亿计。备至巴郡,巴郡太守严颜拊心叹曰:“此所谓‘独坐穷山,放虎自卫’者也。”备自江州北由垫江水诣涪,璋率步骑三万余人,车乘帐幔,精光耀日,往会之。张松令法正白备,便于会袭璋。备曰:“此事不可仓猝。”庞统曰:“今因会执之,则将军无用兵之劳,而坐定一州也。”备曰:“初入他国,恩信未着,此不可也。”璋推备行大司马,领司隶校尉;备亦推璋行镇西大将军,领益州牧。所将将士,更相之适,欢饮百余日。璋增备兵,厚加资给,使击张鲁,又令督白水军。备并军三万余人,车甲、器械、资货甚盛。璋还成都,备北到葭萌,未即讨鲁,厚树恩德,以收众心。

十七年冬十二月,刘备在葭萌,庞统言于备曰:“今阴选精兵,昼夜兼道,径袭成都,刘璋既不武,又素无豫备,大军卒至,一举便定,此上计也。杨怀、高沛,璋之名将,各杖强兵,据守关头,闻数有笺谏璋,使发遣将军还荆州。将军遣与相闻,说荆州有急,欲还救之,并使装束,外作归形,此二子既服将军英名,又喜将军之去,计必乘轻骑来见将军,因此执之,进取其兵,乃向成都,此中计也。退还白帝,连引荆州,徐还图之,此下计也。若沉吟不去,将致大困,不可久矣。”备然其中计。

及曹操攻孙权,权呼备自救。备贻璋书曰:“孙氏与孤本为唇齿，而关羽兵弱，今不往救，则曹操必取荆州，转侵州界，其忧甚于张鲁。鲁自守之贼，不足虑也。”因求益万兵及资粮，璋但许四千，其余皆给半。备因激怒其众曰：“吾为益州征强敌，师徒勤瘁，而积财吝赏，何以使士大夫死战乎！”张松书与备及法正曰：“今大事垂立，如何释此去乎。”松兄广汉太守肃恐祸及己，因发其谋。于是璋收斩松，敕关戍诸将文书皆勿复得与备关通。备大怒，召璋白水军督杨怀、高沛，责以无礼，斩之。勒兵径至关头，并其兵，进据涪城。

十八年夏五月，益州从事广汉郑度闻刘备举兵，谓刘璋曰：“左将军悬军袭我，兵不满万，士众未附，军无辎重，野谷是资，其计莫若尽驱巴西、梓潼民内、涪水以西，其仓廪野谷，一皆烧除，高叠深沟，静以待之。彼至，请战，勿许，久无所资，不过百日，必将自走。走而击之，此必禽耳。”刘备闻而恶之，以问法正。正曰：“璋终不能用，无忧也。”璋果谓其群下曰：“吾闻拒敌以安民，未闻动民以避敌也。”不用度计。

璋遣其将刘瑰、冷苞、张任、邓贤、吴懿等拒备，皆败，退保绵竹，懿诣军降。璋复遣护军南阳李严、江夏费观督绵竹诸军，严、观亦率其众降于备。备军益强，分遣诸将平下属县。刘璝、张任与璋子循退守雒城，备进军围之。任勒兵出战于雁桥，军败，任死。

十九年夏五月，诸葛亮留关羽守荆州，与张飞、赵云将兵溯流克巴东。至江州，破巴郡太守严颜，生获之。飞呵颜曰：“大军既至，何以不降，而敢拒战！”颜曰：“卿等无状，侵夺我州。我州但有断头将军，无降将军也。”飞怒，令左右牵去斫头。颜容止不变，曰：“斫头便斫头，何为怒邪？”飞壮而释之，引为宾客。分遣赵云从外水定江阳、犍为，飞定巴西、德阳。

刘备围雒城且一年，庞统为流矢所中，卒。法正笺与刘璋为陈形势强弱，且曰："左将军从举兵以来，旧心依依，实无薄意。愚以为可图变化，以保尊门。"璋不答。雒城溃，备进围成都，诸葛亮、张飞、赵云引兵来会。

马超知张鲁不足与计事。又鲁将杨昂等数害其能，超内怀於邑。备使建宁督邮李恢往说之，超遂从武都逃入氐中，密书请降于备。马超从张鲁事见韩马之叛。备使人止超，而潜以兵资之。超到，令引军屯城北，城中震怖。

备围城数十日，使从事中郎涿郡简雍入说刘璋。时城中尚有精兵三万人，谷帛支一年，吏民咸欲死战。璋言："父子在州二十余年，无恩德以加百姓。百姓攻战三年，肌膏草野者，以璋故也，何心能安！"遂开城，与简雍同舆出降。群下莫不流涕。备迁璋于公安，尽归其财物，佩振威将军印绶。

备入成都，置酒，大飨士卒。取蜀城中金银分赐将士，还其谷帛。备领益州牧，以军师中郎将诸葛亮为军师将军，益州太守南郡董和为掌军中郎将，并署左将军府事，偏将军马超为平西将军，军议校尉法正为蜀郡太守、扬武将军，裨将军南阳黄忠为讨虏将军，从事中郎糜竺为安汉将军，简雍为昭德将军，北海孙乾为秉忠将军，广汉长黄权为偏将军，汝南许靖为左将军长史，庞羲为司马，李严为犍为太守，费观为巴郡太守，山阳伊籍为从事中郎，零陵刘巴为西曹掾，广汉彭羕为益州治中从事。

初，董和在郡，清俭公直，为民夷所爱信，蜀中推为循吏，故备举而用之。备之自新野奔江南也，荆、楚群士从之如云，而刘巴独北诣魏公操。操辟为掾，遣招纳长沙、零陵、桂阳。会备略有三郡，巴事不成，欲由交州道还京师。时诸葛亮在临蒸，以书招之，巴不从，备深以为恨。巴遂自交址入蜀依刘璋。及璋迎备，巴谏曰："备，雄人也，入必为害。"既入，巴复谏曰："若使备讨张鲁，是放虎于山林也。"璋不听，巴闭门称疾。备攻成都，令军中曰："有害巴者，诛及三族。"及得巴，甚喜。是时益州郡县皆望风景附，独黄权闭城坚守，须璋稽服乃降。于是董和、黄权、李严等本璋之所授用也，吴懿、费观等璋之婚亲也，彭羕，璋之所摈弃也，刘巴，宿昔之所忌恨也，备皆处之显任，尽其器能，有志之士，无不竞劝，益州之民，是以大和。

初，刘璋以许靖为蜀郡太守，成都将溃，靖谋逾城降备，备以此薄靖不用也。法正曰："天下有获虚誉而无其实者，许靖是也。然今主公始创大业，天下之人不可户说，宜加敬重，以慰远近之望。"备乃礼而用之。

成都之围也，备与士众约："若事定，府库百物，孤无预焉。"及拔成都，士众皆舍干戈赴诸藏，竞取宝物。军用不足，备甚忧之。刘巴曰："此易耳。但当铸直百钱，平诸物价，令吏为官市。"备从之。数月之间，府库充实。

时议者欲以成都名田宅分赐诸将。赵云曰："霍去病以匈奴未灭，无用家为。今国贼非但匈奴，未可求安也。须天下都定，各反桑梓，归耕本土，乃其宜耳。益州人民初罹兵革，田宅皆可归还，令安居复业，然后可役调，得其欢心。不宜夺之，以私所爱也。"备从之。

备之袭刘璋也，留中郎将南郡霍峻守葭萌城。张鲁遣杨昂诱峻求共守城。峻曰："小人头可得，城不可得。"昂乃退。后璋将扶禁、向存等帅万余人由阆水上，攻围峻，且一年。峻城中兵才数百人，伺其怠隙，选精锐出击，大破之，斩存。备既定蜀，乃分广汉为梓潼郡，以峻为梓潼太守。

法正外统都畿，内为谋主，一餐之德，睚眦之怨，无不报复，擅杀毁伤己者数人。或谓诸葛亮曰："法正太纵横，将军宜启主公，抑其威福。"亮曰："主公之在公安也，北畏曹操之强，东惮孙权之逼，近则惧孙夫人生变于肘腋。法孝直为之辅翼，令翻然翱翔，不可复制。如何禁止孝直使不得少行其意邪！"

诸葛亮佐备治蜀，颇尚严峻，人多怨叹者。法正谓亮曰："昔高祖入关，约法三章，秦民知德。今君假借威力，跨据一州，初有其国，未垂惠抚，且客主之义，宜相降下，愿缓刑弛禁，以慰其望。"亮曰："君知其一，未知其二。秦以无道，政苛民怨，匹夫大呼，天下土崩。高祖因之，可以弘济。刘璋暗弱，自焉已来，有累世之恩，文法羁縻，互相承奉，德政不举，威刑不肃。蜀土人士，专权自恣，君臣之道，渐以陵替。宠之以位，位极则贱，顺之以恩，恩竭则慢，所以致敝，实由于此。吾今威之以法，法行则知恩；限之以爵，爵加则知荣；荣恩并济，上下有节，为治之要，于斯而著矣。"

二十年，操自将击张鲁，鲁奔南山，入巴中。事见曹操篡汉。

秋七月，丞相主簿司马懿言于操曰："刘备以诈力虏刘璋，蜀人未附，而远争江陵，此机不可失也。今克汉中，益州震动，进兵临之，势必瓦解。圣人不能违时，亦不可失时也。"操曰："人苦无足，既得陇，复望蜀邪？"刘晔曰："刘备，人杰也，有度而迟，得蜀日浅，蜀人未恃也。今破汉中，蜀人震恐，其势自倾，以公之神明，因其倾而压之，无不克也。若小缓之，诸葛亮明于治国而为相，关羽、张飞勇冠三军而为将，蜀民既定，据险守要，则不可犯矣。今不取,必为后忧。”操不从。居七日,蜀降者说“蜀中一日数十惊,守将虽斩之而不能安也”。操问晔曰:“今尚可击不?”晔曰:“今已小定,未可击也。”乃还。以夏侯渊为都护将军,督张郃、徐晃等守汉中。以丞相长史杜袭为驸马都尉,留督汉中事。

张鲁之走巴中也,黄权言于刘备曰:“若失汉中,则三巴不振,此为割蜀之股臂也。”备乃以权为护军,率诸将迎鲁。鲁已降,权遂击朴胡、杜濩、任约,破之。魏公操使张郃督诸军徇三巴,欲徙其民于汉中。进军宕渠,刘备使巴西太守张飞与郃相拒,五十余日,飞袭击郃,大破之。郃走还南郑,备亦还成都。

二十二年冬十月,法正说刘备曰:“曹操一举而降张鲁,定汉中,不因此势以图巴、蜀,而留夏侯渊、张郃屯守,身遽北还,此非其智不逮而力不足也,必将内有忧逼故耳。今策渊、郃才略,不胜国之将帅,举众往讨,必可克之。克之之日,广农积谷,观衅伺隙,上可以倾覆寇敌,尊奖王室,中可以蚕食雍、凉,广拓境土,下可以固守要害,为持久之计。此盖天以与我,时不可失也。”备善其策,乃率诸将进兵汉中,遣张飞、马超、吴兰等屯下辨。魏王操遣都护将军曹洪拒之。

二十三年夏四月,刘备屯阳平关,夏侯渊、张郃、徐晃等与之相拒。备遣其将陈式等绝马鸣阁道,徐晃击破之。张郃屯广石,备攻之,不能克,急书发益州兵。诸葛亮以问从事犍为杨洪,洪曰:“汉中,益州咽喉,存亡之机会,若无汉中,则无蜀矣。此家门之祸也,发兵何疑?”

秋七月,操自将击刘备。九月,至长安。

二十四年。初,夏侯渊战虽数胜,魏王操常戒之曰:“为将当有怯弱时，不可但恃勇也。将当以勇为本，行之以智计；但知任勇，一匹夫敌耳。”及渊与刘备相拒逾年，备自阳平南渡沔水，缘山稍前，营于定军山，渊引兵争之。法正曰：“可击矣。”备使讨虏将军黄忠乘高鼓噪攻之，渊军大败，斩渊及益州刺史赵颙，张郃引兵还阳平。是时新失元帅，军中扰扰，不知所为。督军杜袭与渊司马太原郭淮收敛散卒，号令诸军曰：“张将军国家名将，刘备所惮，今日事急，非张将军不能安也。”遂权宜推郃为军主。郃出，勒兵按阵，诸将皆受郃节度，众心乃定。明日，备欲渡汉水来攻，诸将以众寡不敌，欲依水为阵以拒之。郭淮曰：“此示弱而不足挫敌，非算也。不如远水为阵，引而致之，半济而后击之，备可破也。”既阵，备疑不渡，淮遂坚守，示无还心。

春三月，魏王操自长安出斜谷，军遮要以临汉中。刘备曰：“曹公虽来，无能为也，我必有汉川矣。”乃敛众拒险，终不交锋。操运米北山下，黄忠引兵欲取之，过期不还。翊军将军赵云将数十骑出营视之，值操扬兵大出，云猝与相遇，遂前突其阵，且斗且却。魏兵散而复合，追至营下，云入营更大开门，偃旗息鼓。魏兵疑云有伏，引去。云雷鼓震天，惟以劲弩于后射魏兵。魏兵惊骇，自相蹂践，堕汉水中死者甚多。备明旦自来至云营，视昨战处曰：“子龙一身都为胆也。”

操与备相守积月，魏军士多亡。夏五月，操悉引出汉中诸军还长安，刘备遂有汉中。

秋七月，刘备自称汉中王，设坛场于沔阳，陈兵列众，群臣陪位，读奏讫，乃拜受玺绶，御王冠。因驿拜章，上还所假左将军、宜城亭侯印绶。立子禅为王太子。拔牙门将军义阳魏延为镇远将军，领汉中太守，以镇汉川。备还治成都，以许靖为太傅，法正为尚书令，关羽为前将军，张飞为右将军，马超为左将军，黄忠为后将军，余皆进位有差。

遣益州前部司马犍为费诗即授关羽印绶，羽闻黄忠位与己并，怒曰："大丈夫终不与老兵同列！"不肯受拜。诗谓羽曰："夫立王业者，所用非一。昔萧、曹与高祖少小亲旧，而陈、韩亡命后至，论其班列，韩最居上，未闻萧、曹以此为怨。今汉中王以一时之功，隆崇汉室，然意之轻重，宁当与君侯齐乎！且王与君侯譬犹一体，同休等戚，祸福共之。愚谓君侯不宜计官号之高下，爵禄之多少为意也。仆一介之使，衔命之人，君侯不受拜，如是便还，但相为惜此举动，恐有后悔耳。"羽大感悟，遽即受拜。

魏文帝黄初二年春三月，蜀中传言汉帝已遇害，于是汉中王发丧制服，谥曰孝愍皇帝。群下竞言符瑞，劝汉中王称尊号。前部司马费诗上疏曰："殿下以曹操父子逼主篡位，故乃羁旅万里，纠合士众，将以讨贼。今大敌未克而先自立，恐人心疑惑。昔高祖与楚约，先破秦者王之。及屠咸阳，获子婴，犹怀推让，况今殿下未出门庭，便欲自立邪？愚臣诚不为殿下取也。"王不悦，左迁诗为部永昌从事。

夏四月丙午，汉中王即皇帝位于武担之南，大赦，改元章武。

臣光曰：天生烝民，其势不能自治，必相与戴君以治之。苟能禁暴除害以保全其生，赏善罚恶使不至于乱，斯可谓之君矣。是以三代之前，海内诸侯，何啻万国，有民人、社稷者，通谓之君。合万国而君之，立法度，班号令，而天下莫敢违者，乃谓之王。王德既衰，强大之国能帅诸侯以尊天下者，则谓之霸。故自古天下无道，诸侯力争，或旷世无王者，固亦多矣。秦焚书坑儒，汉兴，学者始推五德生、胜，以秦为闰位，在木火之间，霸而不王，于是正闰之论兴矣。及汉室颠覆，三国鼎峙，晋氏失驭，五胡云扰。宋、魏以降，南北分治，各有国史，互相排黜，南谓北为“索虏”，北谓南为“岛夷”。朱氏代唐，四方幅裂，朱邪入汴，比之穷、新，运历年纪，皆弃而不数，此皆私己之偏辞，非大公之通论也。臣愚诚不足以识前代之正闰，窃以为苟不能使九州合为一统，皆有天子之名而无其实者也。虽华夷仁暴，大小强弱，或时不同，要皆与古之列国无异，岂得独尊奖一国，谓之正统，而其余皆为僭伪哉！若以自上相授受者为正邪，则陈氏何所授？拓跋氏何所受？若以居中夏者为正邪，则刘、石、慕容、苻、姚、赫连所得之土，皆五帝、三王之旧都也。若以有道德者为正邪，则蕞尔之国必有令主，三代之季岂无僻王。是以正闰之论，自古及今，未有能通其义，确然使人不可移夺者也。臣今所述，止欲叙国家之兴衰，著生民之休戚，使观者自择其善恶、得失，以为劝戒，非若春秋立褒贬之法，拨乱世反诸正也。正闰之际，非所敢知，但据其功业之实而言之。周、秦、汉、晋、隋、唐皆尝混壹九州，传祚于后，子孙虽微弱播迁，犹承祖宗之业，有绍复之望，四方与之争衡者，皆其故臣也，故全用天子之制以临之。其余地丑德齐，莫能相壹，名号不异，本非君臣者，皆以列国之制处之。彼此钧敌，无所抑扬，庶几不诬事实，近于至公。然天下离析之际，不可无岁时月日以识事之先后。据汉传于魏而晋受之，晋传于宋以至于陈而隋取之，唐传于梁以至于周而大宋承之，故不得不取魏、宋、齐、梁、陈、后梁、后唐、后晋、后汉、后周年号，以纪诸国之事，非尊此而卑彼，有正闰之辨也。昭烈之于汉，虽云中山靖王之后，而族属疏远，不能纪其世数、名位，亦犹宋高祖称楚元王后，南唐烈祖称吴王恪后，是非难辨，故不敢以光武及晋元帝为比，使得绍汉氏之遗统也。